本书为国家社会科学基金资助项目

本书为安徽省人才开发资金资助项目

本书出版受国家文物局专项补助资金支持

潜山薛家岗

安徽省文物考古研究所

文物出版社

XUEJIAGANG IN QIANSHAN

(With Abstracts in English and Japanese)

by

Anhui Provincial Institute of Cultural Relics and Archaeology

Cultural Relics Publishing House

目　录

插 图 目 录

彩 版 目 录

图 版 目 录

第一章 概 说

第一节 自然环境

一 宏观地理环境

安徽省西南部地处长江中、下游交界地带，地貌特征是西北多山区，东南为沿长江的河谷平原区，长江自此进入安徽后（长江安徽段习称皖江）转而折向东北方向。在地质史上，中生代的燕山运动奠定了本区地质构造的基本框架，形成了大别山东南侧的桐（城）—太（湖）断裂带。第三纪以来的新构造运动继承了燕山期运动的特点，以间歇性升降运动为主，同时又具有掀斜和断裂活动的特点。第四纪以来，长江北岸受大别山地块较强烈的掀斜影响，远离长江地区表现为掀斜上升，近长江的绝大部分则表现为掀斜下降，而近期的下降尤为强烈。（图一）因此，长江河道的发育也受其影响，被不断推向南岸，随着长江河道的南移，在江北发育了宽广的冲积平原和一系列湖泊群，其中较大的有华阳群湖（包括龙感湖、大官湖、黄湖、泊湖等）、武昌湖（包括青草湖）、菜籽湖（包括白兔湖、嬉子湖、石塘湖）、白荡湖、陈瑶湖（包括升金湖、大青湖、七里湖）五大湖区。这些湖泊在地理位置上处于山前冲积倾斜平原和沿江冲积平原的交接部位，水位大都较浅，现平均水深不足 2 米，雨季汛期时绝大多数也在 4 米以内，而枯水季节水深仅在 1 米左右、

图一 皖江西部新构造运动图

（引自《安徽省国土资源遥感应用研究》）

强烈隆起区
微弱断陷
断陷盆地
活动断裂
断块运动方向

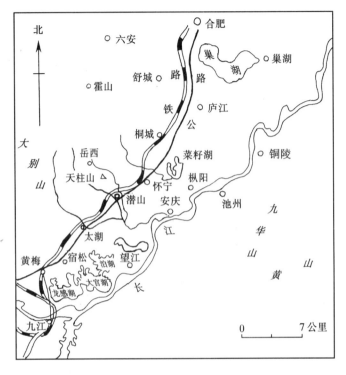

图二　潜山县位置图

甚至处于干涸状态，属于较典型的浅水湖泊，但是湖区面积则非常广阔，水生资源丰富，历来是安徽重要的水产基地。沿湖的低地海拔一般仅10余米，习惯上称为圩畈地区。在圩畈和大别山之间的庐江—太湖一线的断陷盆地中，河流的两侧和丘陵嘴部都堆积了一般厚度为3～20米的松散沉积物，而由潜水、皖水等一系列长江支流在这一带作用后形成的狭长洪冲积平原，成为自淮河中下游南下进入长江中游的交通走廊。现今在南北方向，自安徽江淮中、北部往江西九江、湖北黄梅和武汉的合肥—九江铁路、合肥—武汉高速公路等陆路交通干线均无一例外地选择这一交通走廊为最佳通道；而东西方向，皖江则是湖北与安徽、江苏之间的水路交通的唯一通道。（图二）

潜山县位于这条狭长走廊的中部、皖江的北侧，东南距长江不足50公里，全县面积1686.03平方公里，四周与怀宁、太湖、岳西、舒城、桐城诸县接壤。县境内山区、丘陵、平原三者兼有，整个地势由西北向东南呈梯状倾斜，依次为中低山区、丘陵、岗地、平原，其中山区占全县面积的49.3%，丘陵占9.9%，岗地占23.9%，平原占16.9%。西北部高山屏列，为大别山余脉，海拔多在500米以上，千米以上的山峰有69座，历史上曾封为"南岳"的天柱山即矗立其间。中部为海拔200米左右的小丘陵和平原坡地，地势起伏不大。东南部则为海拔10～40米的平原，薛家岗遗址即处在这片平原区中。在中生代以后，由于山区的大量泥沙在平原区沉积，逐渐形成了河流迂回曲折、沟渠纵横交错的现代地貌形态，其土壤母质为湖相沉积物和河流冲积物。

潜山县域地跨皖河、菜籽湖两个小流域。县境北部有大沙河，属菜籽湖流域。皖水、潜水和长河在中、南部，均属皖河流域，该流域在县内面积为1103.84平方公里，其中山区约占511平方公里，丘陵约占335平方公里，圩畈平原约占257平方公里。潜水又称前河，发源于岳西县境内的公界尖和黄茅尖之间的来榜坳，全长116公里，潜山境内长56.7公里，河道弯曲度为1.44。在上游牛肩岭—野寨段河宽约120～250米，纵波为1‰～5‰，河床自下而上为岩石、河卵石和纯沙河槽。下游野寨—袁家河段河宽300～500米，纵波为0.4‰～0.5‰，河底全系中细粒沙淤积，下游河底现已高出圩区田面1～4米。潜水向东南流经潜山县城（梅城镇）后再往南汇入皖河，最后流入长江。皖水又称后河，发源于岳西县境内的黄茅尖和乌牛石大岗，全长99.2公里，潜山境内长55.7公里。在乌石堰以上的上游，河宽60～250米，纵波2‰～10‰，河底岩石裸露。乌石堰以下的河宽250～600米，纵波0.5‰～1‰，在怀宁县小市镇以下，河底也高出圩区田面3米左右。皖水流经梅城镇后，向南与潜水汇合再入长江。长河在县境南界，为潜山、怀宁两县界河，发源于岳西县境内的黄茅尖西侧，全长137.5公里，潜山境内长18.75公里，河宽300～600米，纵波0.35‰，河底大量淤沙，但均低于周围田面。（图三）

据旧县志记载，潜山县因自然环境不同，"山多则缺粮，滨河则苦潦"，特别是潜、皖二水仅在县境内的落差即达数百米，在流经海拔40米以下的低矮丘陵和平原时，落差急剧缩小，因而所携泥沙发生大量堆积，致使河床逐渐抬高，每当涨水时"泥沙俱下"，水患较重。如清嘉庆十三年（1808年）五月大水溃梅城，城内房屋毁废殆尽；光绪八年（1882年）五月因山洪暴发，城墙再次崩溃，"城门漂至长江"，"各处堤坝无一完全者。冲毁屋宇、淹死人民无算"；1969年夏秋两季大水后，又迫使皖水在怀宁小市镇以下的河床改道东流入长江。

二　现代气候、土壤、植被、矿藏

潜山县位于北亚热带季风气候区，总的特点是四季分明，光照充足，雨量丰沛，无霜期长。县内气温年际变化不大，年变幅为1.6℃，多年平均气温为16.2℃，但东南部平原、岗地的年平均气温在16℃以上，而西北山区的年平均气温则在16℃以下，县内多数年份不会出现-10℃以下的低温。地表及地中各层的地温，除每年12月至次年2月低于10℃外，余月均在10℃以上。年平均相对湿度为77%。据有关部门的测量，县内1957～1987年间，累年平均降雨量为1378.7毫米，30年间最大降雨量为1983年的2306.2毫米，最少降雨量为1978年的772.5毫米。降雨量的季节分配不均，一般夏季最多，春、秋、冬季依次递减；此外，降雨量也按山区、圩畈、丘陵顺序递减。水分的年平均蒸发量为1343.1毫米，其变化趋势与气温变化基本相似。

由于受地形、母质、生物、气候及人为生产活动的影响，县内形成了多种不同类型的地带性和非地带性土壤。地带性土壤有红壤和黄棕壤两种，非地带性土壤有紫色土、石灰土、潮土、水稻土、棕壤、草甸土。红壤主要分布于海拔50～350米的大别山南麓丘陵地带和少数岗地，土壤表层颜色多较浅，呈灰、红棕色或黄红棕色，酸性，有机质

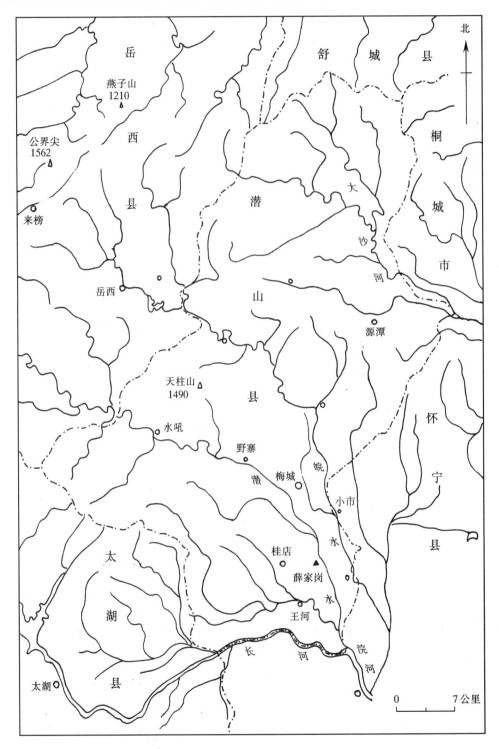

图三　潜山县水系图

一般小于1.6％，酸碱度在5~6之间，严重缺氮缺磷。黄棕壤分布于低山、丘陵和岗地，成土母质为酸性结晶岩类风化物和下蜀黄土，土体淋溶强烈，全剖面无石灰反应，颜色以棕色为主，表层多呈暗棕色，土内有机质含量小于3％，酸碱度在5~6之间，缺氮缺磷。在薛家岗遗址所处的圩畈平原区，则分布有麻沙土和沙泥土一类的潮土，以及大量的水稻土。在沿河两岸的圩畈平原，水稻土为第四纪河谷冲积物，有表潜沙泥田、粘底沙泥田、泥沙田和青沙泥田等多种类型，发育完整，土体肥厚，多数厚约13~18厘米，有机质含量为2.1％，酸碱度在4~6.5之间。

　　县境内原始植被现已残存无几，自然植被以落叶阔叶林为主，次为常绿阔叶林、针叶林、山地草甸、草丛。在海拔400米以下的丘陵、岗地、圩畈，自然植被以落叶阔叶与常绿阔叶混交林为主。圩畈平原上的主要树种现有枫树、泡桐、苦楝、刺槐、椿树、河柳、杨柳以及竹类等，尤其是竹类栽培面积很大，历史上南乡一带（王河、油坝、梅城）所产竹席颇负盛名，又被誉为"舒席"。

　　县境内矿产资源较为丰富，其中金属矿产有金红石砂矿、锆石砂矿、铁砂、黄金矿、铁矿、铜钼矿，大都分布在山区和丘陵地带，但铁砂因水流搬运分选，带入到潜水、皖水和大沙河中，蕴藏量达到1800多万吨。非金属矿产有瓷土、瓷石、大理石、花岗石、高岭土、蛭石、石棉、滑石、石英石、石灰石等。

第二节　历史背景

一　历史沿革与重要事件

　　潜山自古以来一直是文化比较发达的地区之一。据传说周武王时封伯益之后于此建皖国，春秋后期被楚所灭，为楚邑。[①] 秦属庐江郡。西汉初属淮南国，后属庐山国、庐江郡皖县之地。东汉元和二年（85年）改属六安国，章和二年（88年）改属庐江郡，建安四年（199年）为庐江郡治，后为吴、魏分领，建安五年袁术叛孙权使皖城遭破坏，建安十九年入吴，仍为庐江郡治，并为军事重镇。东晋时废庐江郡和皖县，义熙元年（405年）改设晋熙郡和怀宁县，属豫州。南北朝刘宋时改属南豫州，萧齐改属豫州，梁时在此设晋州，北齐改江州，陈时又复为晋州。隋改晋州为熙州，废晋熙郡留怀宁县，大业年间改为同安郡。唐武德四年（621年）改设舒州，五年又在境内同时增设

---

　　① 皖国之史，先秦文献未见记载，而常有称"潜"或"舒"者当属此地，汉代该地始有"皖"之称，至后世诸志则皖国之史陆续有记，如唐代杜佑撰《通典·州郡十一》载同安郡（舒州）为"古皖国也"；唐代李吉甫撰《元和郡县图志》载"舒州，春秋为皖国也，汉为皖县"；宋代乐史撰《太平寰宇记》载舒州为"《禹贡》扬州之域，春秋时皖国也"等等。但皖国的史迹一直模糊，建国年代也无定论，若确有国，或以春秋时为是。

皖城、梅城、皖阳、安乐四县，当年废安乐，武德七年三县并入怀宁县，天宝元年
（742年）改为同安郡，至德二年（757年）改为盛唐郡，乾元元年（758年）复为舒州
怀宁县，属淮南道。吴、南唐、后周仍为舒州怀宁县治。北宋为舒州同安郡，政和五年
（1115年）改属德庆军，南宋绍兴十七年（1147年）改安庆军，庆元时改为安庆府，两
宋时期州、军、府均属淮西路。元至治三年（1323年），析怀宁县清朝、玉照二乡另置
潜山县，属河南江北行省安庆路，治于原皖城故地，因县西北有潜山，故以为县名。明
代属江南行省安庆府，其中安庆府在洪武元年（1368年）属中书省，洪武十三年直隶
六郡，永乐元年（1403年）直隶南京，清顺治二年（1645年）属江南省，康熙元年
（1662年）改属安徽省。民国元年（1912年）直属安徽省，1914年属安庆道，1928年
8月废道又直属安徽省。1932年10月起至解放前属第一专区。解放后属安徽省安庆专
区，1971年改安庆专区为地区，1979年改安庆地区为行署，现已改行署为安庆市，潜
山县行政隶属安庆市。

　　潜山地处江淮西南部，是由淮河中下游向西南入长江，特别是进入长江中游的必经
之路；同时，自潜山以南的大别山东南麓至沿江一带也是连接长江中游和下游地区的重
要地段，因而其地理位置十分重要。早在春秋之际吴楚征战时，潜山的重要地位便已显
现，如周敬王五年（公元前515年）"吴子欲因楚丧而伐之。使公子掩馀、公子烛庸帅
师围潜"，楚国"左尹卻宛、工尹寿帅师至于潜……吴师不能退"，最后吴公子光杀王
僚，掩馀奔徐，烛庸奔钟吾，楚师闻吴乱而还。（《春秋左传》昭公二十七年）周敬王九
年秋，吴人再次侵楚时又"伐夷，侵潜、六。楚沈尹戌帅师救潜，吴师还。楚师迁潜于
南冈而还"。（《春秋左传》昭公三十一年）此外，汉武帝于元封五年（公元前106年）
冬曾封天柱山为南岳，"上巡南郡，至江陵而东。登礼潜之天柱山，号曰南岳"（《汉书
·郊祀志》），直至隋文帝时，始改定江南衡山为南岳。虽然有关南岳之争尚有很多问题，
但汉武帝之封南岳则是确凿无疑的，《宋史》曾载秘书丞董温其言："汉以霍山为南岳，
望令寿州长吏春秋致祭。"礼官言："虽前汉尝以霍山为南岳，缘今岳庙已在衡山，难于
改制"（《宋史·志第五十五·礼五》），可资佐证。东汉末年，袁术、曹操、孙策交替据有
此地，潜山成为魏、吴征战的要地，建安三年（198年）"策欲起荆州，以瑜为中护军，
领江夏太守，从攻皖，拔之"（《三国志·吴书·周瑜传》），时得乔公二女皆国色，因而留
下了孙策、周瑜于此地纳二乔的千古佳话。

　　二　方言、人口、民族、民俗

　　据当地居民相传，现今这一带的居民（包括潜山、怀宁县小市等地）祖辈均是在元
末明初从江西迁移而来，在此生息已很久。因此，潜山话在汉语方言中属于赣方言区，
在安徽方言中它和太湖、岳西、望江、宿松、怀宁同属于"潜怀方言区"，而与毗邻的
安庆、枞阳一带的方言有异。

旧志记载，在明洪武年间（1358～1398 年），全县有 9977 户，约 4.26 万人；至正德时，全县已达 14.84 万人；清宣统元年（1909 年）已有 45 800 户，57.2 万多人；1987 年人口普查时有 119 724 户，计 51.74 万人。据统计，现今县内人口多集中在圩畈和丘陵区，山区人口较少。黄柏、水吼两个山区平均每平方公里仅 189 人，黄铺、余井、源潭三个丘陵区达到每平方公里 345 人，梅城、王河两处圩畈区平均每平方公里则有 489 人。

县内人口历来以汉族为主，建国后相继迁入了少量壮族、满族、朝鲜族、门巴族等，至 1987 年，少数民族仅占全县人口的 0.018%。1987 年末全县 16 岁以上的 30 多万人口中，共有姓氏 317 个，长期以来人口数量居前几位的姓氏是张、王、徐、李、杨、周、汪等，薛姓很少，在遗址所在的村、镇，现以徐、何为大姓，薛姓人口数量较少。

在潜山、怀宁和附近一带，至今尚保留有一些较独特的民俗，尤其是在葬俗上表现出了不少的特点。如死者出殡，除"非命死"者外，灵柩并不直接下葬，而是采取"浮厝"的形式，即将灵柩置于旷野之地，其下垫砖块等物，上面或加盖草顶、瓦顶，四面不加围遮，任由风吹日晒。浮厝满三年后，则须择定山场和日期，将原来的普通棺材改为"条棺"，或者另用新木做成"条棺"，并将枯骨殓于"条棺"中，然后抬到葬地挖穴埋葬。葬坑一般为普通的长方形竖穴土坑，但在下葬前，要在坑中烧一些芝麻梗、稻草，并趁热将棺放入坑中，当地俗称"暖坑"。棺入土后，还要先由子孙用衣兜兜土掩棺，俗称"兜发"。最后，再堆土成冢，完成整个丧葬过程。

三 薛家岗周围的先秦遗址概况

在薛家岗遗址所处的皖河流域范围内，古文化遗址非常丰富。目前仅在潜山、怀宁两地就已发现了旧石器地点 5 处，从石器特征看，有两种不同的文化类型：一种是以砍砸器为主的砾石工具类型，另一种是以刮削器为主的石片工具类型。砾石工具类型主要分布在小石器文化层下面和其他几个地点，总计有 5 处，石制品均出土于网纹红土中，种类有石核、石片、砍砸器、刮削器、石锤，石片比例相对较多，砍砸器、刮削器都较丰富，时代属中更新世。以石片工具为主的小石器文化类型发现于潜山彭岭和怀宁的腊树乡两地，石制品出于二级阶地的灰白色粉沙质黏土中，种类有石核、石片、刮削器，以刮削器为主，石器组合接近于北方工业类型，时代可能是晚更新世晚期。[1]

皖河流域的新石器时代遗址数量更多，分布更广泛。据文物普查的不完全统计，目前已知在流域内的太湖、怀宁、潜山、岳西县和安庆市均有较多分布，总数约超过 70

---

[1] 韩立刚：《安徽远古文化的发现与研究》，《"元谋人"发现三十周年纪念暨古人类国际学术研讨会文集》，云南科技出版社，1998 年 1 月。

处，时代上至距今 6000 年左右，下至距今 4000 年前后，其中较多的为距今 5000 年前后也即属于"薛家岗文化"的遗址，早于薛家岗文化的遗址数量很少，文化面貌不很清楚，晚于薛家岗文化的龙山时代遗址数量也较多，但文化面貌与薛家岗文化有相当大的差异，缺乏直接的传承关系。在潜山、怀宁两县之间的潜水、皖水及其支流附近，遗址分布更为密集。据不完全统计，在以薛家岗遗址为中心、半径约 10 公里的范围内，就有新石器时代遗址 10 余处。

皖河流域相当于夏代的遗址目前发现还极少，但商、周两代的遗址数量则大量增加，分布也遍及整个流域，据调查初步认定的有 120 处以上，文化面貌基本一致，且具有一定的地方特征。

第三节　薛家岗遗址概况

薛家岗遗址位于潜山县王河镇（原王河区河镇乡）永岗行政村永明村民组北部与利华行政村新华村民组交界地带，北纬 30°40′、东经 116°30′，北距潜山县城直线约 10 公里。由梅城向南通往王河有一条柏油公路，其间有桂店行政村，从桂店折而向东，为一条能通行两辆车的沙石路，它穿过一段分布着红壤的低矮岗地后，到永岗行政村永兴村民组的晒稻场又折向东南，而向东顺着一条狭长山岗——薛家岗——则只有村间小道通到山岗的尽头，遗址即在这山岗之上。（图四；彩版一）

遗址所处地带为平原圩畈区，但西边有较大一片低矮的岗地，它从永岗村永兴组所在地开始急剧收缩并向东延伸，因而在广袤的农田中间形成一条呈东西走向的狭长山岗，岗身长约 1400 米，西端宽约 400 米，中间最窄处宽不过 50 米，到东端又渐增宽到约 200 米。山岗四周为大面积的水稻田，海拔高度在 20 米左右，山岗相对于周围稻田的高度则自西向东递增，西端仅为 1～2 米，中间达到 4 米左右，而东端则达 6 米左右，最高可达 8 米以上。山岗上面较为平坦，

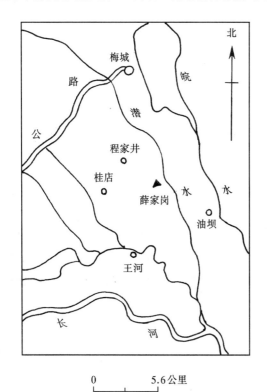

图四　薛家岗遗址位置图

现大都为村民所居。整个山岗称为薛家岗，又因岗身自西向东伸向潜水，形似长龙探水，故也俗称"龙山"。其中位于山岗最东头的"龙头"部位为一台地，这是当地习称的狭义上的薛家岗，在其东部约350米，现有潜水自西北向东南流过。台地大体呈椭圆形，中间有一道土埂将其分为两部分，东部俗称汪家山，东、南、西三面较陡峭，北面较平缓，整个地势呈东、南高，西、北低，东南部高亢而平坦，相对于周围水稻田的高度达6～8米不等，明显高于西北部；西南部和中间部位有断续的土埂，高约1～3米，南部土埂与东南的高台地渐渐连接；西、北部台地本身相对于周围水稻田的高度约2～4米，与东南部相比显得较为低平。台地西部当地俗称张家山，相对于周围水稻田的高度约2～4米，较为平坦。整个台地总面积约6万平方米，也就是现在公布为全国重点文物保护单位的"薛家岗遗址"的范围。其中，汪家山文化层较厚，东半部主要是商周时期堆积，西半部则有新石器时代和商周时期堆积，在汪家山之西的张家山，也有新石器时代和商周两个时期的堆积，但文化层较薄。

根据初步的钻探，薛家岗遗址分布范围实际上顺着岗身一直向西延伸至少有500米，但多数地点只有很少量的文化层和遗物，堆积厚度也较薄，而且是断断续续地不太连贯，较集中的只有狭义的薛家岗地点（现保护区）和岗身中段的永兴村民组晒稻场两处，两地相距约300多米。经钻探分析，永兴晒稻场的文化堆积面积较小，估计只有数千平方米，但发现了较单纯、大面积的新石器时代碎红烧土块堆积，文化面貌与薛家岗地点相似。而在岗身周围的农田中，则历年来从未发现过遗物，经钻探也未发现文化层。因此根据现有材料来看，薛家岗地点和永兴地点这两处应是遗址的主要部分，而广义的薛家岗遗址的总面积可能超过10万平方米。（图五；彩版二，1、2）

千百年来，因为人为活动和水土流失，永兴地点的上层文化堆积已破坏了相当厚的一部分，现今距地表很浅即可见到新石器时代的文化堆积。在薛家岗地点，宋、明时期曾大规模地兴建过永明寺，在局部地方甚至形成了厚达1米多的宋、明堆积，直到解放前，寺庙才渐渐败落，近几十年来，遗址上又建起多处民房和一处小学，并有较多坟墓，因而新石器和商周时期的堆积遭到相当大的破坏。但从总体上来说，这两处地点还是保存得相对比较完整，原先建在薛家岗地点保护区内的小学和大部分民居已被拆迁，地表植被茂密，南半部有大片竹园和树林，西边为草被植物，其他地方则茅草盛长。

在该遗址被发现的次年即1978年，薛家岗地点就被公布为县级重点文物保护单位。1979～1982年，经过对薛家岗地点五次大规模的发掘，确认了它是一处十分重要的新石器和商周时期的遗址，1981年成为安徽省第一批省级重点文物保护单位。1996年经国务院批准，又成为第四批全国重点文物保护单位。

到目前为止，薛家岗地点前后共经过了六次发掘，布51个大小不等的探方（图六；图版一～三），并在永兴地点的晒稻场东南角布探方1个，发掘面积达2331.25平方米，

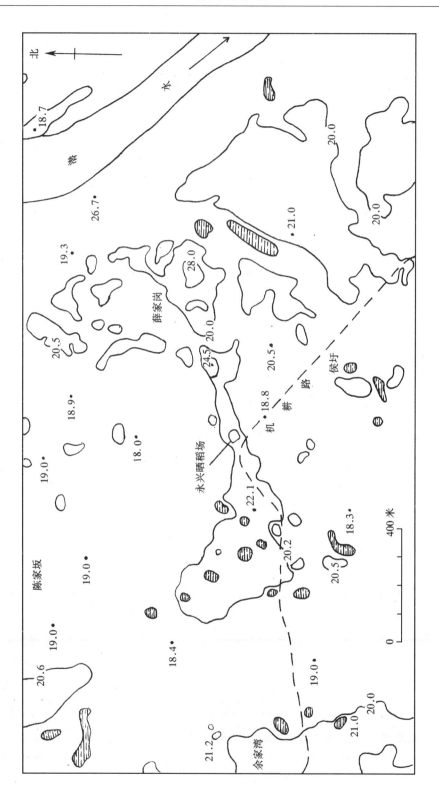

图五　薛家岗遗址地形图

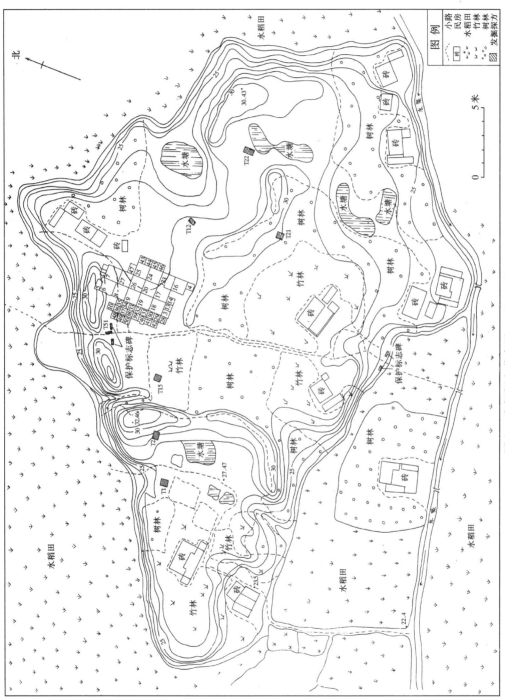

图六 发掘探方分布图（方格中的数字为探方号）

其中在薛家岗地点中北部的发掘面积最大,因而造成了发掘区土壤的部分减少和水土的少量流失,使地貌有了些微的改变,发掘区显得更加低洼,但其他地方则基本保持了原貌。

　　附带需要说明的是,由于遗址所处为圩畈平原区,地势低平,又邻潜水,所以该地的土壤具有一些不同的特性,水田中的土壤质地沙性较重,靠近河边的土壤甚至含有大量的细沙,致使漏水漏肥现象较多。遗址上的土壤也明显含有较多细沙,质地松软,黏性很差。根据发掘的情况看,商周文化层基本上呈灰褐色或近似的颜色,含细沙量较多,铲刮时有明显的沙感,质地也很松软,含水分较多;新石器时代文化层则有不同的颜色,但以黄或黄褐色为主,常含有一定量的细沙,大多数质地紧密,酸性较强。据发掘时的观察,这种黄或黄褐色土壤吸水性较差,当土中含有稍多水分时便成为烂泥状,而稍经风吹日晒则又成为质地十分坚硬的土块,因此,即便在一场持续数小时的大雨之后,只要连续日晒半天,土壤便坚硬得难以铲刮。正是这种土壤的特殊性,增加了发掘过程中对土质、土色变化的辨认难度,使发掘工作难免有失误之处。

第二章　遗址考古小史*

这一章尝试介绍薛家岗遗址的发现和每一次的发掘过程，便于读者了解当时的发掘情况，以提供一些有助于判断材料、取舍材料的背景知识。为了更好地描述发掘过程，在文中还较多地引用了最原始的材料（即现场的发掘日记和发掘记录）①，以增强考古史的客观性。

第一节　发现与发掘经过

一　遗址的发现与发掘的缘起

1977年11月，原安庆地区文化局在枞阳县举办了一次为期半个月的文物普查培训班，由安徽省文物工作队殷涤非主讲，参加培训的潜山县文化馆余本爱在培训结束后，回到潜山即着手准备调查。调查主要是依据民间传说寻找线索，当时据传利华村的古城山有一古洞，因此，12月底余本爱便与原王河区文化站的赵林前去调查，但并未发现文物，后听一农民说其家中有带圆孔的石头，两人又根据这一线索找到永岗村与利华村交界处的薛家岗（汪家山），并在取土的地方发现一处灰坑，内含有陶片和网坠，随后又在断面上掏出一件五孔石刀，当时他们判断这是一处商代遗址，面积约4万平方米。回到县城后，余本爱便给殷涤非发了一份电报，请求派人来调查。1978年5月，殷涤非委托省博物馆卢茂村、阚绪杭来潜山调查，由安庆地区文化局文图科张超儒陪同，11日阚、张、余三人和当地文化站的许光培到现场勘查（卢因故未去），采集到较多的鼎足、鬲足和石器等，确认是一处内涵较丰富的古文化遗址，初步将该遗址定为一处面积约4.48万平方米的新石器时代至唐宋时期的遗址，并由阚绪杭做了详细的调查记录。此后，安徽省文物工作队殷涤非、杨德标等人也多次实地调查过，并征集到了三孔石刀

---

* 本章考古史偏重于从认识论的角度对整个工作进行叙述，同时也将每次考古的工作内容纳入本章介绍，重点则是介绍工作中认识的变化以及由此而对考古目的、方法、技术等方面的影响。从某种程度上而言，这对提高全部材料的研究和利用价值有较大的作用，或许还会有新的作用。但因为是尝试，文中不可避免地会有很多不足之处。

① 本章中引用的原始材料均按原文引用，个别原文因脱漏文字或语句不通顺则稍加了修改，但均加以注明。

等遗物。① 经过数次调查后，最终大家一致确认该遗址为一处内涵较丰富、保存较完好、以新石器时代文化为主的遗址。

在当时，因为安徽的考古工作比较薄弱，特别是新石器时代考古更近于空白，国内考古界在研究探讨各地区文化的关系时，一直难以援引安徽的材料，研究工作往往出现"卡壳"现象，因此，国内考古界对安徽的新石器时代考古产生了一种既期盼、又无奈的情绪，这种情绪在一定程度上触动了安徽的考古工作者。1978 年 10 月杨德标等人在调查遗址之后，回到合肥即向时任安徽省委统战部副部长兼省文物管理局局长的洪沛作了汇报，重点讲了三个方面：一、安徽新石器时代考古无人专门从事，因此全国的新石器时代考古研究在安徽总是"卡壳"；二、安徽的考古工作要发掘才能出成果；三、江苏北阴阳营曾出土了七孔石刀，而薛家岗遗址中也出土了类似的石刀，值得发掘。为了让安徽的考古工作尽快出成果，洪沛同意对薛家岗遗址进行发掘，并决定由 50 年代在华东文物工作队参加过南京锁金村遗址发掘培训、具有初步遗址发掘经验的省文物工作队的杨德标主持发掘。虽然此次发掘的主要目的是为了尽可能地获得遗物，但作为安徽新石器时代遗址的首次大面积正式发掘，还是得到了各方面较多的重视。

二　六次发掘经过

1. 第一次发掘

1979 年 3 月下旬，由安徽省文物工作队杨德标、张少安和安庆行署文化局张超儒、潜山县文化馆余本爱、怀宁县文化馆许闻、望江县文化馆宋康年组成的发掘队开始了对遗址的发掘（后来增加了阚绪杭）。在发掘之前，考古队员阅读了 1978 出版的、由吉林大学历史系考古专业和河北省文物管理处编写的《工农考古基础知识》一书，并讨论了田野工作中应注意的事项。之后考古队根据遗址的地貌状况，以中间的两条土埂为界将其分为东、中、西三区，东、中区即汪家山，西区即张家山。因中、西区曾为茂密的竹园、树林，牛马难入，直到 1958 年大炼钢铁时才伐之烧炭，并形成了大面积的空地，因而土地未经大的翻动，发掘时运输出土的条件也较好，而东区则破坏较大，近现代墓葬很多，不便发掘，因此，首次发掘地点定在中、西区。在发掘之始考虑到今后继续发掘的问题，考古队还曾对发掘区作了统一安排，在遗址上设计了 48 个坑位。

第一次发掘的野外工作自 3 月 22 日始，至 4 月 22 日发掘结束。② 这次发掘为了了解发掘区内的文化堆积保存情况，布方比较分散，在西区、中西区之间的土埂旁和中区共布 5×5 米探方 4 个（T1~T4），后在中区西北角增开了 5×5 米探方一个（T5），最

---

① 参看本书附录 2：《拂去历史轻尘，倾听远古回声——薛家岗考古散记》。
② 野外工作时间专指从第一个探方开挖到最后一个探方结束的发掘时间，不包括在发掘前后的其他工作时间（如前期准备、后期整理等），以下均同。

后连同 T1 和 T5 扩方在内，实际发掘面积 133.75 平方米。因为发掘区地表高低不平，各个探方的坐标基点选择有所不同，大多数在西南角，但 T5 因地势西北高东南低，坐标基点选择在西北角。此外，各个探方出土的小件遗物均按统一要求记录了三维空间坐标。

由于这次发掘的人员大多数没有田野考古工作经验，所以在开始阶段只布了一个探方（T1），这个探方的发掘带有教学示范性质，大家边发掘、边讨论、边总结，每天晚上还要进行集体讨论。在第一个探方挖掘完毕之后，每个人便各自负责起了其他探方的发掘工作，"这样的分工，对一个初学者的我来说，又胆怯又高兴，高兴的是能够更好地发挥主观能动性，对自己是一次很好的锻炼机会，胆怯的是对遗址发掘工作没有经验，怕不能完成任务……总之我应该时刻抱着学习态度，处处做个有心人，不懂就问，切不可不懂装懂"（T4 探方日记）。正是由于考古队员都具有强烈的责任感和求知欲，因此整个发掘工作在主观意识上还是十分认真的。

发掘伊始，限于当时南方地区考古工作水平，更由于本省田野考古工作尤其是遗址发掘工作的薄弱，在田野考古操作过程中，虽然在具体的遗物出土环境方面，注意到了土质土色的变化，如 T4 "从黄土的一出现，陶片几乎没有。出现较为完整的器物一组计 5 件"（T4 发掘记录）；T5 发掘到 4 月 8 日时在表土层下的灰黄土层

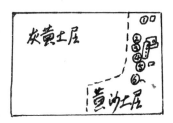

图七　T5 发掘日记之土层划分图

之东发现了一片黄沙土层，两者判然有别（图七），后来在黄沙土层中"发现一件完整的'▱'形状的玉璜，继后不久在玉璜稍南部又发现一组石器，……完全出在黄沙土层，这种堆积中无任何遗物混杂而出这组石器，我作了墓葬处理"（T5 探方日记），等等。但是，从总的方面来看，发掘工作采取的是水平发掘法，即每次按一定深度同时下挖，速度也较快，平均每天下掘有 10～20 厘米，有时进度更快，地层划分未及时进行，一般在发掘工作完成大半或结束前，再从探方的剖面上划分出耕土层、扰乱层、商代文化层和新石器时代文化层共四层堆积，并对照遗物的出土环境将遗物分别归于各自的层次堆积中。这样在操作过程中，不可避免地使很多遗迹现象未能辨别处理，一些不太集中的遗物归入地层时也容易造成混乱。

通过这次发掘，除 T1 因地层破坏严重而未弄清堆积情况外，其他几个探方都了解了各时期地层的堆积情况，在中区发现了唐宋时期的永明寺部分遗迹，并发现商周灰坑 3 个和新石器时代 10 组遗物，明确了这 10 组器物均出自黄沙土层中，而且判断"在这一层之中未曾出现过红烧土块及灰坑等，这样看来，它应当是当时的墓葬区，否则不会有成组的器物出现，而无其他遗物"（T4 发掘记录），基本上认识到这些成组器物应属墓葬，但并未完全加以肯定。另外，因为未见人骨架和墓坑，发掘者分析"由于土壤呈

酸性所以骨架不易保存，没有墓坑是否反映了当地先民的习俗"（T2 发掘记录），或者"可能与黄沙土层或土质有关"（T5 发掘记录）？

这次发掘最后共出土较完整或可复原的遗物 120 余件，尤其是 T5 出土的七孔石刀、石钺等引起了各级部门的重视，4 月 21 日，省文物局洪沛局长及文物工作队殷涤非等人在枞阳开完部分地区文物工作会议后，专程到现场参观指导工作，对出土遗物表现出极大的兴趣，因而当年秋天，又安排了第二次发掘。

2. 第二次发掘

第二次发掘的野外工作于 1979 年 9 月 20 日开始，至 11 月 14 日最后结束。本次发掘由杨德标主持，先后参加的人员有省文物工作队葛伯和、张少安、阚绪杭、高一龙，以及参加过第一次发掘的张超儒、许闻、宋康年和潜山县文物管理所余本爱，还新增蚌埠市展览博物馆孙华楚、太湖县文化馆王玉祥、枞阳县文化馆刘润泉。

在第一次发掘找到墓葬的前提下，为发现更多墓葬，尽可能地多出遗物，考古队参考了其他几个省考古部门的做法，较多地采用大探方，并在布方时改变布方的方式，先于 T5 南侧布 10×10 米探方 4 个（T6～T9），于其西南布 5×5 米探方一个（T10），于其东侧布 4×8 米探方 1 个（T11），同时为增加对遗址全局的了解，在东区与中区之间布 3×6 米探沟一条（T12）。T10 东侧一块地因有一现代坑，深已达生土，因此未再布方，T11 之北也因有树木和道路未能布方。这批探方经发掘出土了大批精美器物，特别是十一孔和十三孔石刀更为引人注目。发掘完毕之后，考古队便准备结束野外工作，但再次前来工地的洪沛局长则要求大家继续发掘。为了再多获得一些遗物，同时也为了寻找居住址和解决遗址的文化分期问题，于是又在所挖探方南侧分散增开了 5×5 米探方 3 个（T13～T15）。这样连同 T6 向西南、东北和 T7 向南扩方在内，除去 T9 北隔梁未发掘的 10 平方米，共计发掘面积 556 平方米。

这次发掘在总体操作方法上仍是以水平挖掘为主，即每次以一定深度水平向下挖掘，但也更加认识到了不同土块之间的区别，收集遗物时则尽可能地按不同土质、土色的出土环境分别收集。同时，个别灰坑（如 T6 中的 H6）已开始按早晚关系集中先行清理。不过由于，水平发掘法仍然未被纠正，遗物归入地层时容易产生混乱也就不可避免了。此外，由于部分探方中出土的成组遗物较多，而它们均未发现明显边界，因而在遗物的组别划分上，会出现一些不足，如 T7 第 3 层中除去 3 个灰坑外，成组器物仍有12 组之多，其中的第 5 组与第 11 组之间、第 8 组与第 9 组以及 1 号器物（即石锛 M12:3，原编为 T7:1）与第 2 组、3 组之间的关系，都需重新斟酌。但由于出土新石器时代遗物的黄沙土与其上层的商周时期灰色土之间土质、土色差异极大，同时成形或完整遗物大多数记录有三维坐标和出土环境，遗物混层的现象还是可以被极大限度地降低了。

在发掘过程中，关于墓葬的问题仍然困扰着发掘者。如 T6 中发掘出土了 17 组器物，而"在清理这些组器物中铲平没有发现骨骼及任何遗迹现象，故很难确认为墓葬。但这些密集的成组器物出土只有墓地才能解释。是否与这里土壤和土质有很大关系，出这些器物的土质均为黄色沙土层。除成组器物出土外，几乎没有陶片出土及其他遗物"（T6探方日记）。由于当时长江下游地区的不少新石器遗址中的墓葬都未发现墓坑，又受江南土墩墓墓葬形制的影响，所以在试图解释此问题时，大家逐步认为："关于土坑葬问题，据我们了解潜、怀一带素有堆棺葬的葬俗，并不掘坑，而是棺置于地面，以土堆成高冢①。因此，这里墓地未发现坟圹，并非缺乏根据"（T10发掘记录）。这一认识后来逐渐发展为"薛家岗三期文化的墓葬为不挖墓穴，堆土掩埋"的观点。但因为对墓坑问题极其重视，所以在具体操作过程中，发掘者还是十分注意且试图解决。在发掘T12的第12组器物时，就注意到"在这组器物周围有烧土块及陶片，沙质内含有比地层较多一点土质，但无明显迹象"，第13组器物旁的"沙质内黏土似比周围沙质内多些，故色深些，但无明显界限，内含有木炭颗粒及红烧土粒、陶片等"（T6探方日记）。此外在发掘T8的几组器物时，"在本探方的第五、六两组器物的周围发现有一条东北—西南走向的类似墓圹的痕迹，虽然不太明显，但也能隐约可见"（T8发掘记录），只是最后并未确认墓坑迹象。

这次发掘对于遗物的摆放位置，也较前次有了更多的关注，如T6"根据第10组石器叠压成六层及陶器立放可以推测其位置没有移动过"，第14组器物"石器成堆叠压六层"（T6发掘记录）；T7出土的成组器物，"器物在三件以上的均有石器、陶器，有两件石器的一般是叠压在一起的，而且是铲在上，刀被铲所压，玉饰在其周围，陶器一般是鼎、豆、壶，凡有盆、钵的大都是底向上，但其器物周围无其他任何遗迹"（T7发掘记录）。（图版三，1、2）

在第二次发掘中，探方大都比较接近，地层也相对简单，因而在T7等几个主要探方中的地层（除个别探方的个别地层偶有缺失外），被统一划分为耕土层、扰乱层、商代层、新石器时代晚期文化层共4层。

这次发掘继续发现永明寺部分遗迹；发现新石器时代成组的器物（墓葬）61组，并发现多处红烧土堆积，此外还在T13、T14发现成堆的陶片堆积；商周灰坑8个；唐代灰坑1个。10个探方中出土较完整或可复原的遗物总计约470余件。

3. 第三次发掘

在第二次发掘之后，发掘人员对出土材料进行了初步的整理，并与良渚文化和屈家岭文化等相对比，发现该遗址材料既与周围文化有相似性，但也有较多不同点。另外由

---

① 这里所说的堆棺葬，是指当地的浮厝习俗，但浮厝并不堆土，三年后仍挖坑埋葬，因而此处"以土堆成高冢"是据景象推测的。

于遗址的重要性越来越被感知，因此在第三次发掘中搞清地层并着重研究其文化特点，便成为发掘的主要任务。

第三次发掘的野外工作于 1980 年 4 月 4 日开始，至 5 月 16 日结束。参加这次发掘工作的有 20 多人，仍由杨德标全面主持发掘工作，除参加过发掘的阚绪杭、张超儒、余本爱、许闻、宋康年、王玉祥外，还增加了省文物工作队贾庆元、李德文，庐江县文化馆吕定一、朗溪县文化馆宋永祥、嘉山县文化馆吕品、绩溪县文化局颜振吾、涡阳县文化馆刘香亭、灵璧县文化馆陈旭东、宿县文化馆徐长祥、宿松县图书馆姚中亮、东至县文化局黄光新、安庆行署文化局陈秀英、枞阳县文物管理所刘兴汉，后期新增泾县文化馆郑千里。省文物工作队葛伯和队长及泾县文化局郑国贞则参加了后期的整理工作。这批成员中各地区、县的文物、文化干部田野工作经验很少甚或是从未接触过田野考古，因而这次发掘实际上也是全省文博系统的一次教学与实践相结合的田野考古短训班。为了将这次发掘工作做好，在开始发掘前和发掘过程中还由杨德标、阚绪杭等人讲授了一些考古学理论、方法以及常见遗迹的发掘和出土遗物的处理等课程，并要求一定要记好探方日记、遗迹记录和发掘记录。

这次发掘除了为获得遗物外，还试图解决遗址的分期、建筑遗迹等问题，在目标上有了很大的变化，因而先在原发掘区南侧布 10×10 米大探方 5 个（T16～T20），T14 到 T16 之间因有大水坑而未布方，另外 T17、T18 在探方南边留了半米的隔梁。后为进一步了解整个遗址的分布范围和相关问题，又在东区的南侧布 5×5 米探方 1 个（T21）和 4×8 米探沟 1 条（T22）。本次发掘面积连同 T17 向东扩方在内，共计 562.25 平方米。（图版一，1）

第三次发掘在操作方法上有了进一步的改进，首先是在发掘进度上明显放慢，前二次发掘日进度均在 10～20 厘米，而此次发掘大都在 5～10 厘米之间，如 T16 在 4 月 20 日"深度 110～115 厘米，进度 5 厘米"，4 月 21 日"深度 115～120 厘米，进度 5 厘米"（T16 探方日记）；T17 在 4 月 5 日"从西南角开始，逐层下掘，为控制平面，每次仅下掘 10 公分"（T17 探方日记）。其次，对土质土色的认识有所增强，并开始贯彻清理遗迹要先晚后早的原则，对遗迹也大都开始单独进行清理，如 T16 在 4 月 21 日"上午绘地层土色变化平面图，先清瓦砾土层和商代层"（图八）；从 4 月 23 日起清理 H20 的黑灰土，到 26 日"继续清理黑灰层，已成为长圆形坑"（T16 探方日记）。同样，T19 在 4 月 18 日"清理划分平面土层，划分灰坑"，到 4 月 22 日"H16 号灰坑已进行到底，深度为 3.2m"，而同日下午在"黄沙土层内掘出一组器物计三件，形成一直线放置"，但深度才 1.40 米，（T19 探方日记）说明是先将 H16 清理到底而后才挖黄沙土层中的成组器物的。

在发掘过程中，随着发现的增多，困扰发掘者多时的墓葬问题也逐渐得到了更多的了解。4月23日在T19黄土层内发现一组器物，四周有坑，大致长2米、宽约0.8米；4月29日，T17开始清理黄土层中的五座墓葬，"墓圹清晰可辨"；5月13日，在T16北半部清理第5层时发现两处墓葬，"其两墓呈东北走向西南……在［第］5组器物长方坑南端发现人牙齿几枚……在两墓北端为一打破关系，［第］4组器物长方形坑较浅，而［第］5组器物［的墓坑］较深打破［第］4组长方坑坑壁"①，5月15日又发现第7组遗物，"墓坑深25厘米，开口在黄土层，填土为第4层灰黄夹红烧土，长方形，发现骨骼似肢骨"（T16探方日记）。如此，墓坑终于被发现，而个别墓中还残存有人牙和骨骼残块，特别值得一提的是还发现了一

图八　T16发掘日记之土层划分图

组墓葬的打破关系。但是，这批墓葬均是在第4层之下并有打破生土层的，而同时在T17、T21的黄沙土或红沙土中发现的几组器物却仍旧未发现墓坑，因而在当时就进一步认为"平地埋葬"确实是真实存在的一种习俗。

所以，在经过第三次发掘后，考古工作者对遗物和遗迹的各方面情况有了更深刻的了解，"解决了第一、二次发掘的成组器物是否随葬品的问题……器物的组合与第二次发掘器物组合大不相同，最主要的区别就在于第二次发掘几乎都有石器……而这次发现的器物组合不见一把石刀，石钺也极少……从感觉和理论上讲，出土大量石器的北部墓葬区，应较南部的墓葬区晚"（T16发掘记录）。总体上来说，第三次发掘已在思想上基本摆脱了水平发掘的观念，树立了逐层发掘的意识，不过在具体操作上，也还没有完全纠正过来，水平发掘在某些时候仍然存在。而且，探方的地层剖面也不是随着新地层的出现而及时划分，仍旧在发掘到相当深度后才集中划分，这样虽然在平面操作上比较注意土质、土色的变化，但平、剖结合较少，就难免再度出现部分遗物归层容易混乱的问题。此外，在具体的地层划分上也还存在一些分歧和不足。因此，5月5日国家文物局黄景略同志应邀专程从北京来到田野工作已近尾声的薛家岗遗址发掘现场，仔细察看了各探方地层的划分，并对出土遗物进行了认真的鉴定，8日晚在发掘现场开会提出了自

---

① 本章所引探方日记或发掘记录的内容因系现场所记，个别语句表述比较口语化，为便于理解，引用时添加了个别关键字或词，但均以［ ］区别开，以下同。

己的看法，将原来划分的四层地层修正为耕土层、唐宋时代层、商文化层、新石器时代晚期文化层、新石器时代中晚期文化层共五层，还对发掘工作进行了小结："1. 根据文化层的堆积和各层间的土质土色定五层。2. 根据器物和墓坑的［情况］认为该遗址是由母系社会进入［了］父系社会。…… 3.［针］对遗址的特点提出文化面貌特点：①有房基出现；②有墓坑；③有灰坑；④成组葬器出现。4. 该遗址的关系因素：①有青莲岗文化的因素；②有大汶口文化的因素；③有良渚文化的因素；④有［与］南京北阴阳营相似的因素；⑤器物也［含有］屈家岭、大溪文化类型［因素］"（T19 探方日记）。他还对地层的划分原则、陶片的整理方法、发掘记录的撰写等提出了自己的建议。

这次讨论和总结是薛家岗遗址发掘的转折点。此后，在发掘程序上有了较大的改进："（一）统一发掘概念。……即逐层发掘、逐层记录、逐层清理。先掘迹象，后掘一般；先掘灰坑，后掘红烧土层；先掘近代，后掘古代。（二）分清层次关系。发掘工作的关键在于对［各］层次的土壤、土色、土质的分析，注意层次间打破、叠压、扰乱的关系。……（三）捡清［各］层次出土的器物、陶片、石片，对小物件出土即时量出坐标，记清编号……"（T19 发掘记录）。

第三次发掘最后共发现新石器时代房址 3 座，墓葬 39 座，灰坑 1 个，红烧土坑 1 个，红烧土堆积 1 处；商周房址 1 座，灰坑 11 个，红烧土坑 1 个，红烧土堆积 1 处；宋代墓葬 1 座，水井 1 口。出土较完整或可复原的遗物 270 余件。而墓坑和墓葬打破关系的发现更是此次发掘的主要收获。

4. 第四次发掘

经过三次大规模发掘，薛家岗遗址的总体特征已基本显现出来，大家对其文化特征也有了较深的认识，发掘的最初目的已经达到。在此情况下，发掘人员开始更多地考虑到一些其他问题，诸如历次发掘中地层和遗迹等方面的不足、与墓地相对应的居住址在何处等问题。带着这些问题，在一年之后，又进行了第四次发掘。

第四次发掘的野外工作自 1981 年 9 月 9 日开始，至 10 月 13 日结束。参加发掘的有杨德标（发掘主持）、阚绪杭、贾庆元、姚中亮，新增省文物工作队张敬国、六安县文化局文物组胡仁宜、南陵县文化馆刘平生、五河县文化馆沈长春、广德县文化局柴新建、潜山县文化馆陈传志，此外省文物工作队褚有菊书记也在现场参加了绘图等工作。这次发掘仅在第三次发掘探方的东、北两侧，一次性布 10×10 米探方 4 个（T23～T26），10×9 米探方一个（T27），除去 T23 已被 T17 扩方挖掉的部分，实际发掘总面积 484.75 平方米。（图版一，2）

在总结前三次发掘经验和教训的基础上，第四次发掘的田野技术进一步提高，在一些主要方面已接近于规范，这主要表现在两个方面：首先，在 10×10 米大探方中间加留一道宽约 50 厘米的控制梁，如 T24"为控制平面地层变化，又于中间留了一南北向

的宽 50 厘米、长 5 米的控制梁"（T24
探方日记）（图九）；T23 "为了更好地控
制地层变化，提供更多的剖面，在方内
留有南北长 4 米、宽 50 厘米一道一字形
中间隔梁"（T23 探方日记），这种将探
方一分为二的方法在很大程度上克服了
大探方控制地层的困难。其次，因为确
立了逐层发掘的观念，逐步重视遗迹间
的叠压打破关系，因而在发掘过程中对
"找平面"比较重视，如 T27 在 9 月 17
日布方后，"下午耕土基本除去，所以将
底部铲平，划分土质、土色，结果在探
方内的西南部发现现代土坑一个，……

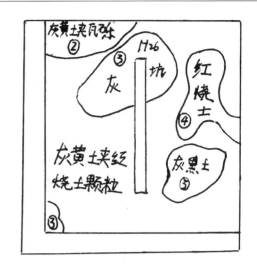

图九　T24 发掘日记之探方发掘图

其余部分均显出红烧土和黄土层"（T27 探方日记）；T24 在 9 月 22 日清理完一批遗物
后，"将地面铲平，据其土色的不同，分开来掘"（T24 探方日记）。由于对遗迹现象有
了一定程度的把握，因此对出土遗物的收集也就基本上遵循了分别保留的原则，尽可能
地避免了混乱。但是，此次发掘虽然在技术上有了较大的改进，毕竟还不能完全摆脱以
往工作模式的影响，开 10×10 米大探方便是一例。此外，水平下挖的现象还是时有发
生，如 T27 在发掘耕土层下现代土坑的同时，"本探方的红烧土和黄土层被清除 20 厘
米"，不过出土的陶片"我们还是按土质、土色，分别区分开来"；9 月 20 日在清理黑
土层时，"在此土层中的一处，显得比周围的土色更深得多，……我们就先行清理此处，
并把它作为一个灰坑处理。……同时，我们也继续清理周围黑色土层"。不过在该探方
发掘过程中，大的地层变化还是比较注意的，如该探方就发现了一个特殊的现象，"就
是在每下掘一层黑土即 20cm 时，有一层（5cm 左右）的黄泥沙土的现象，可下掘去又
是黑土"（T27 探方日记）。以上情况说明，第四次田野发掘工作已摆脱了粗放、简单的
状态，使工作更为细致，并注意到了更多的现象，但田野方法仍未完善和成熟，处于徘
徊状态。

　　第四次发掘在对一些遗迹的判断处理上，也值得一提。首先还是墓葬问题。这次发
掘发现新石器时代墓葬 11 座，其中在 T26 发现 7 座，当时即根据层位叠压关系将其初
步划分为二期 3 座、三期 2 座、四期 1 座，并认为这种叠压关系具有难得的分期意义。
但 7 座墓仅二期墓有墓坑，余皆未找到墓坑，此外，T24 于黄土层中发掘的 3 座墓、
T25 发现的 1 座墓也均无墓坑，因此薛家岗遗址三期文化墓葬无墓坑的认识再次得到了
巩固。其次还有一个重要遗迹 H25 的发掘：它发现于 T23，"中心几乎全是纯草木灰形

成的深黑色堆积层，内含大量陶片，层层混叠，无法用工具下掘……但是向四周仍为黑色灰坑堆积，陶片有的地方多有的地方少，今天出土有比较完整的鼎、斝、罐形器，似与中间出土器物风格有别，这很像二里头文化风格，而中心部分类似二里岗风格。故这种商文化堆积是否含有两期，而这两期在 H25 则表现［的］不是叠压形式，而是打破形式出现"（T23 探方日记）。这是一组比较重要的打破关系，而且遗物丰富，当时的发掘者即有清楚的认识，但唯惜最后并未将遗物分开来处理。

总体上来说，第四次发掘的操作方法与前三次相比有了较大的进步，同时由于薛家岗文化面貌逐渐为外界所认识，因而也使发掘者加深了对其文化内涵的理解。这次发掘，最后共发现新石器时代墓葬 9 座，红烧土堆积多处；夏商周时期的灰坑 7 个；宋代墓葬 1 座。出土较完整或可复原的遗物约 300 件。

5. 第五次发掘

第四次发掘后，针对该遗址的学术性发掘工作大体告一段落。但 1982 年，又进行了第五次发掘。这次发掘的动因与其他四次不太一样，不单纯是为获取器物或学术上的问题，更主要是为了给中山大学历史系考古专业 79 级的学生提供一次实习的机会；同时，由于安徽省内各县、市的文物保护工作陆续走上了正轨，大多数地方有了专职文物干部，不少地方还成立了文物管理所或文物组，而这些新的文物干部基本上缺乏考古方面的知识，因此第五次发掘目的也在于培训一批地方文物干部，为安徽的地方文物工作打下一定的基础。

第五次发掘的野外工作自 1982 年 9 月 19 日开始，至 10 月 7 日结束。参加发掘的有杨德标（发掘主持）、余本爱，新增省文物工作队杨立新、泾县文化局文物组陈家刚、怀远县文化馆嵇培君、宿县文化馆冀和、宿松县文化局彭骏、宿松县文化馆张振华、东至县文化馆张先法、岳西县文化馆詹旭初、桐城县文化局文物组汪明、亳县博物馆王阜明、涡阳县文化局文物组刘书平；中山大学考古专业 79 级 15 名实习学生由教师曾骐（发掘前期）和李始文、李抱荣、冯永驱带队，学生有傅宪国、李果、吕烈丹、廖平原、黄杰玲、毛依明、黄琪、罗德振、陈江、李秀国、张文国、程建、张永钊、黄宝玮、彭全民。此次发掘在原发掘区西侧布 5×5 米探方 15 个（T28～T42），由中山大学实习学生负责发掘；在原发掘区东侧布 5×5 米探方 4 个（T43～T46），由省文物工作队和各县、市文物干部负责发掘。T31 四周的隔梁共 20 平方米因当时考虑应保留作将来验证和复原参观之用而未予发掘，因此本次发掘面积包括 T40 扩方在内，总计 458 平方米。（图版二，1）

在经历前四次发掘之后，第五次发掘的野外工作水平又向前迈了一步，在思想认识和具体操作上基本符合了当时通行的发掘原则，与长江中下游和南方地区当时的田野操作水平已相差无几了。由于南方土壤的特性，这次发掘工作在对一些遗迹的辨识上仍不可能达到像中原地区那样精确，但总体上还是颇有进步。第五次发掘的进步主要表现在以下几个方面：第一，全部探方已规范为 5×5 米的小探方，布方整齐合理，为更好地控制地层提供了前提条件。第二，基本上牢固确立了发掘程序"先晚后早"的原则，水平下挖方法已被彻底摒弃，所发现的遗迹，均进行了单独的清理。第三，对遗迹与遗迹、遗迹与地层之间的打破关系较为重视。第四，关于墓葬的坑位问题，一直是历年发掘十分关注的现象，此次发掘在第 4、第 5 层中都发现了数座墓葬，其中有一部分仍未找到墓坑，但 M117、M125、M133 等在第 5 层中的墓坑的发现，为讨论墓坑的问题提供了新的线索。如 9 月 22 日 M117 器物露头后，"当时并没有马上取出器物，而是在器物附近逐铲抹平地层，但很难发现墓圹，经过二天耐心探寻，发现器物周边一长条形地带与同一地层土色不同，阳光下可见潮湿的泥土中有灰褐土、红黏土、细炭粒掺杂（已取炭粒一包作测析标本）前后延伸三米多，我们怀疑一个墓圹范围不会这么大，于是放弃寻找，取出器物。但 9 月 24 日上午在 M117 基线东北约一米处发现 M125，器物旁泥土与 M117 相同，再次判断可能与回填土有关，后掘出一长方形浅坑，长 1.5、宽 0.6、深 0.3 米，估计即是原来墓圹"（T33 探方日记）。根据这一经验，后来在 T40 果然又发现了 M133。但同时，同在 T33 的 M115、M116 以及其他探方中的墓均未发现墓圹，说明该地土壤的区分确实具有一定的复杂性和难度。正因为如此，薛家岗遗址第三期墓葬"平地掩埋"的认识还是一直存在着。

这次发掘还有一些收获也值得一提，特别是地层方面，如第 4、第 5 层均为黄色土质，在平面操作时容易混淆，但 T31、T40 在两层土中间夹有一层陶片，在剖面上"只要稍加注意，就可发现一圈同等高度的陶片堆积层都位在四层稍下的壁面上，虽然较薄，但却很有规章。这圈陶片层和以下文化层就属于第五层"（T31 发掘记录），这为准确区分两层的包含物提供了极好的条件。

第五次发掘由于技术的进步和认识的加强，最终为薛家岗遗址长达 4 年的大规模发掘提供了一批更加翔实的材料，特别是在遗迹方面。这次发掘最后共发现新石器时代墓葬 25 座，灰坑 4 个，石料堆 1 处，红烧土坑 6 个，红烧土堆积数处；商周墓葬 1 座，灰坑 9 个。出土较完整或可复原的遗物 360 余件。但尽管如此，这次发掘也还存在着一些不足之处，如少数明显属墓葬性质的遗物未作墓葬处理而归入地层中；少数墓葬因出土器物残破严重而未登记为墓葬，等等。另外，在文字的表述上，"三层墓"、"四层墓"之类仍难以让人了解其开口层位究竟是三层下、四层下还是三层上、四层上，层位关系因而显得有些模糊。

在前述五次发掘中，还有一个问题未引起足够的关注，即遗址中出土的一批周代遗物。实际上薛家岗遗址除新石器和商代遗存外，周代遗存也十分丰富，各种遗迹很多，遗物特征也比较明显，是该遗址中比较重要的一个组成部分，但前五次发掘和整理均未能加以注意。

　　薛家岗遗址从 1979 年春到 1982 年秋经过五次发掘，共开大小探方 46 个，发掘面积达 2194.75 平方米。总计发现了新石器时代房址 3 座，墓葬 144 座（包括未编号的残墓等），灰坑 5 个，其他遗迹有石料堆 1 处，红烧土坑 7 个，红烧土堆积多处，出土较完整或可复原的遗物 1150 余件；夏商周房址 1 座，墓葬 1 座，灰坑 38 个，红烧土坑 1 个，红烧土堆积数处，出土较完整或可复原的遗物 350 余件；唐代灰坑 1 个；宋代墓葬 2 座，水井 1 口，出土较完整或可复原的遗物 10 余件。

　　通过这几次发掘，基本上将新石器时代墓地的主要部分揭露了出来，并初步树立了皖西南地区的新石器时代文化框架，还发现了一批具有地方特点的夏商周时期遗物。同时，薛家岗遗址的发掘是安徽境内首次大规模的遗址考古工作，这一发掘过程实际上也是安徽遗址考古工作从起步到逐步完善的过程，经过不断地总结经验和教训，一种适应本地区状况、相对较为规范的田野考古操作方法逐渐形成，一批田野考古的骨干力量通过实践逐渐成长起来，大批地方文物干部经过培训后逐渐成为各市、县文物工作的中坚力量。可以说，安徽新石器时代田野考古工作的开展与成长、各地文物工作业务水平的提高与薛家岗遗址的发掘有着密不可分的关系，在这一过程中，很多失误和不足是客观存在的，但成绩和进步也是十分突出的。

　　6. 第六次发掘

　　经过五次发掘后，对薛家岗遗址的面貌已有了相当的了解。为了进一步探究该遗址所代表的文化的分布和特点，考古工作的重点随后转移到了附近的其他县市，因此薛家岗遗址本身的考古工作告一段落。直到 20 世纪 90 年代末，在编写考古发掘报告时，随着时代的变迁，考古工作在思想和技术上都有了较大的改变，因而原先的材料便显得有些不足。考古界关注薛家岗遗址的领导、专家、学者都希望能够再进行一次发掘，以补充一些必要的材料和数据。1999 年 11 月底，《中国文物地图集·安徽分册》初稿在潜山县进行审稿时，编审组的专家黄景略、叶学明、叶小燕等数人又专程去薛家岗遗址进行了考察，也认为重新发掘是必要而又可行的。因此，安徽省文物考古研究所开始着手筹备进行第六次发掘并于 2000 年 5 月获得了国家文物局的批准（考执字（2000）第 171 号）。

　　第六次发掘的野外工作自 2000 年 10 月 24 日始，至 11 月 24 日结束。本次发掘由朔知领队，已退休的杨德标不顾年事已高和田野考古工作的辛苦也热心地参加了发掘并给予了指导，发掘人员还有特别邀请的铜陵市文物管理所唐杰平；另外潜山县文物局徐礼智、邓国来、周敏也参加了发掘。

　　本次发掘的目的性很强，主要是为了进一步弄清地层关系、补充地层中出土材料的不足、初步了解清楚遗址的分布范围和遗址上土埂的年代与性质以及永兴地点的晒稻场上红烧土块堆积的性质。鉴于明确的发掘目的，又由于精于业务的人手不足，因此在布方位置和发掘面积大小的选择上都比较慎重。考虑到遗址南半部尚有大片的竹林，其他不少地方或有坟丘、或有房屋、或地形不利，都不便于发掘，在现场经过一天的仔细勘察和讨论后，最后决定在原T25、T26、T27三个探方的拐角处尽最大限度地布了一个5×7米的探方（T47）①，可以和第四次发掘中这三个探方的地层联系起来；在原T36、T37、T38之西布5×5米探方3个（T48、T49、T50），可以和第五次发掘的西边地层联系起来；此外，为解决对遗址上断续呈环形的土埂的疑惑，还在西边土埂上开探沟一条，但因土埂上近现代坟密布，又有一条小路穿过，所以只能在坟丘间的空地中勉强布一条1.5×5米的探沟对土埂进行解剖（T51）。以上三处布方面积共计117.5平方米，但T48~T50东隔梁15平方米因当地政府希望能够保留作为将来参观之用，在田野工作中也具有留备验证之作用，因而最后未予发掘，而T47则向西扩方2平方米，实际总发掘面积104.5平方米。在发掘完毕之后，11月20日又在西边约300多米永兴地点的晒稻场进行试掘，考虑到发掘前对该处堆积一无所知，为避免盲目发掘造成损失，仅在晒稻场东南角边缘已暴露出红烧土块堆积剖面的地方因地制宜地布4×8米探方一个，编号为QYT1（后改为QXYT1）②。当红烧土块堆积揭露出来之后，为在弄清它的性质以前尽可能避免破坏，又仅在探方中间开了一条1×4米的小探沟下挖至生土以了解其堆积情况，因此该探方的发掘时间较短，24日便告结束。这样连同前面的发掘在内，第六次发掘总计发掘面积为136.5平方米。（图版二，2）

第六次发掘总的原则是"补缺释疑"，虽然发掘的面积很小，但在发掘过程中按照田野考古的要求尽可能地进行了细致的工作，针对发掘中出现的每一片不同的土块，都在现场经过集体讨论确定之后再行发掘，同时在现场也尝试着运用"过程"概念来考虑遗迹、遗物及其关系问题，收集了各个方面的材料，对于现场暂时不能解决或一些无法解决的问题，都做了详细的说明以存疑。具体有以下几方面收获：一是验证了前几次发掘的地层，增加了一批地层中出土的材料，并增补了大批商周尤其是西周时期的遗迹和遗物材料；二是明确了土埂不是新石器时代的遗迹，而是至少西周以后才形成的，它不具备"城"的性质，仅是具有防洪或其他性质的遗迹；三是了解到永兴地点晒稻场的红烧土堆积属于新石器时代，年代与薛家岗地点的新石器时代墓葬较为接近，器物风格相似但也有所不同，而烧土块堆积本身也不是房址所直接形成的；四是经过钻探了解到新

① 由于本次发掘布方数量少，面积大小不一，分布也不集中，而前五次发掘布方数量较大，本次发掘为避免混乱，探方编号未采用目前习用的四位数坐标法，而是仍袭因旧法以求前后统一。
② 因该处原来意义上的薛家岗遗址有一段距离，在布方时两者的关系还未弄清楚，所以当时仍按传统的命名原则将其称为永兴遗址，探方编号为QYT1。后经整理资料发现两者面貌比较接近，应属同一时期的新石器文化，因而在本报告中归为薛家岗遗址的永兴地点，编号改为QXYT1。

石器时代文化堆积在整个狭长山岗上的很多地点均有分布，但并不连续，以薛家岗地点和永兴地点为主要分布地带。

不过，由于技术、认识的局限和一些客观条件的限制，这次发掘的部分工作还是显得不够细致，有些方面也留下了遗憾。首先需要指出的是，发掘过程中发现的一些遗迹如灰坑、小洞之类，现场迹象都比较明显，当无多少差错，但这次发现的 6 座墓葬，只有 M140 是先确认为遗迹，后出土随葬器物的，M139、M144 是在出现遗物后经仔细铲刮平面才发现墓坑，M142 是先将填土当作可疑迹象，后因掘出随葬品才确认为墓葬的，而 M143 是在发现 M142 后，根据 M142 的启发而确认其墓坑并最后发掘出随葬品。以上几墓虽确认的难易程度不同，但最后均证实有墓坑，然而 M141 因在黄沙土层中，是先发现一组器物，后虽使用泼水、遮阳等各种方法经 3 天的仔细铲刮后，却始终只能感到墓坑与周围土壤的模糊界线而不能找到确切的墓坑边线，但其遗物特点又明显应属一墓葬，故也编了墓号。其次，T48 第 6 层夹杂少量碎红烧土，在探方中呈分隔状断续分布，开始时试图将其作为若干处遗迹，但形状并不规则，其中首先下掘的一处直至生土也未发现遗物，在此情况下，又将这种土层改为第 6 层地层。而实际上，它与另两处出土遗物的墓葬填土并无区别，甚至很可能与墓葬有必然的联系，但这在现场并未能及时弄清。第三，T49 出现的一批小洞（或柱洞）与半地穴遗迹和红烧土堆积 2 的关系未完全明了。第四，T51 作为了解土埂性质的唯一发掘地点，在早先的操作中因地层相对简单，发掘速度过快，后虽经纠正，却已失去了部分原可获得的信息。第五，永兴地点因未进行详尽的工作，红烧土块堆积的性质也还不能完全确定，等等。此外由于准备不足，在发掘过程中基本上未能运用一些先进的科技手段来获得信息，发掘方法也没有新的突破。但从总体上看，这次发掘还是基本达到了预想的目的。

这次发掘新发现新石器时代墓葬 6 座，灰坑 3 个，红烧土堆积 2 处；夏商周灰坑 9 个，半地穴房址 1 处，红烧土堆积 1 处，出土较完整或可复原的遗物 60 余件。

薛家岗遗址经过六次发掘，总的探方数量达到 52 个，实际总发掘面积达到 2331.25 平方米，共发现房址 5 座、墓葬 153 座、灰坑 56 个、小坑 5 个、红烧土坑 9 个、红烧土堆积 3 处、石料堆 1 处、水井 1 口以及多处性质不明的红烧土堆积等，共计出土各类较完整或可复原的遗物 1600 件左右。（图一○）其中，新石器时代房址 3 座、墓葬 150 座、灰坑 8 个、石料堆 1 处、红烧土坑 8 个、红烧土堆积 2 处以及多处性质不明的红烧土堆积，遗物 1200 件左右；夏商周时期的房址 2 座、墓葬 1 座、灰坑 47 个和小坑 5 个、红烧土坑 1 个、红烧土堆积 1 处以及少量性质不明的红烧土堆积，遗物近 400 件；宋代墓葬 2 座、灰坑 1 个、水井 1 口，此外还有零散的寺庙遗迹，遗物共 10 余件。

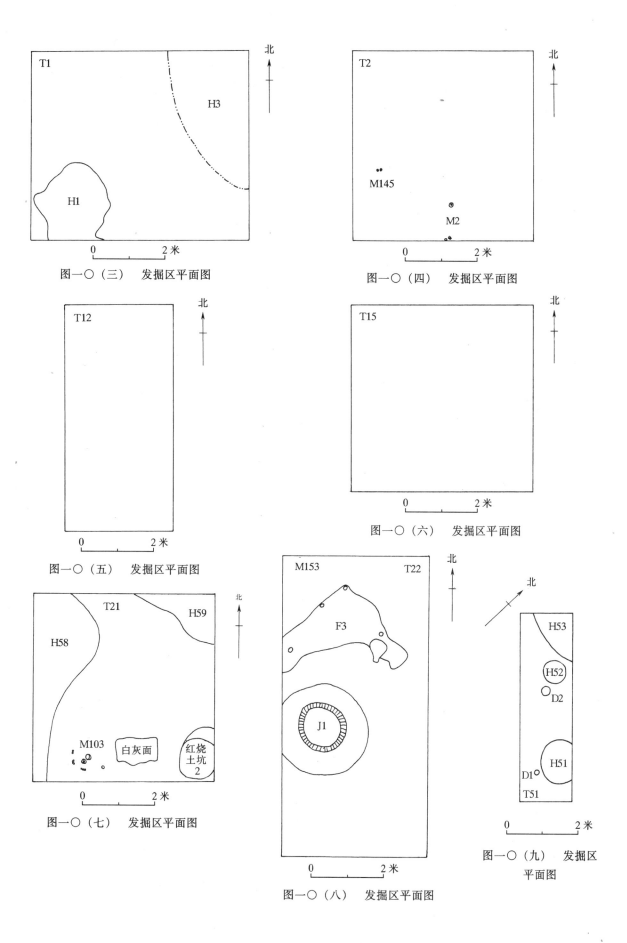

图一〇（三）　发掘区平面图

图一〇（四）　发掘区平面图

图一〇（五）　发掘区平面图

图一〇（六）　发掘区平面图

图一〇（七）　发掘区平面图

图一〇（八）　发掘区平面图

图一〇（九）　发掘区平面图

第二节　资料整理

一　整理经过

薛家岗遗址前三次发掘之后，所得成果在全国具有了相当的影响。为尽快公布这一收获，1981 年春天由杨德标负责在条件十分简陋的情况下进行了发掘材料的第一次整理，并由周群绘图、林绍忠摄影，为时约两个月，最后写出了报告文稿，发表于《考古学报》1982 年第 3 期。

1982 年第五次发掘工作结束后，薛家岗的田野考古工作告一段落。1991 年，仍由杨德标负责对发掘材料的第二次整理，并于次年申请到国家社会科学基金的资助。1997 年该项目结项，1998 年送交文物出版社审稿。鉴于这批材料十分丰富并具有重要的意义，经专家审阅后希望该报告能够尽可能多地将材料发表，同时补充一些新的内容，并在体例上进行一些必要的更动。在各个方面的大力支持下，1998 年编者决定对原报告做进一步修改和补充，其间张钟云协助进行了一些有益的工作，后因其他任务在身而暂停。

2000 年 1 月，安徽省文物考古研究所决定加快该报告的整理编写、出版进度，由杨德标、朔知对全部材料进行第三次整理工作。为充分而系统地把握好全部原始材料，上半年将资料进行通读和核对后，撰写出了报告的编写提纲初稿。之后针对这批材料的优点和缺点，9 月份又重新思索了该报告的编写方法，写出编写提纲的第二稿。10 月至 12 月初，由于第六次发掘任务又暂缓了室内整理工作。当年 12 月至次年 1 月，由朔知、唐杰平先集中精力将第六次发掘材料整理完毕，并编写出了发掘简报[1]。这期间，编者多方征求了业内人士对该报告编写的期望和要求，形成了编写提纲的第三稿，并寄送给各地的部分专家和同仁审阅。2001 年 2 月下旬，在收集了各方面的意见后，编者最后确定了编写的原则、方法，形成了编写提纲的第四稿（即初定稿）。从 3 月份开始，室内整理工作正式启动，由杨德标负责部分器物的修复、绘图、照相和器物编号的核对工作，并根据需要请安徽省地质调查研究院专业人员对部分石器进行了鉴定；朔知负责再次核对原始材料和拼绘遗迹总平面图。7 月份开始由杨德标、朔知分章节分别撰写文字稿，至 2002 年 5 月初步完成草稿，之后由张捷开始补充绘图工作，同时三人还对散存于各家单位的部分遗物进行了描述、绘图、摄影等资料收集工作。其后一段时间，因其他工作任务较多，编写工作时断时续。2003 年 11 月，文字编写和绘图工作最终得以完成，由中国科技大学科技史与科技考古系的冯敏同志负责的玉器鉴定、测试工作也基

---

[1]　安徽省文物考古研究所：《安徽潜山县薛家岗遗址第六次发掘简报》，《江汉考古》2002 年 2 期。

本完成。2004年春，又由朔知、杨德标最终完成了器物摄影工作。

二　整理方法

薛家岗遗址历次发掘的材料，由于多方原因造成了资料有一些方面的不足，而且在历经二十余年后，个别资料也有了缺损或错漏。第三次整理时根据现有资料的实际情况，认为有必要制定一个切合实际的整理原则，并且对一些情况进行必要的说明。

1．整理原则

鉴于考古发掘报告的宗旨在于真实、客观而系统地报道发掘所获得的信息，而且要便于研究者检索材料，因而在整理过程中，我们制定了以下原则：

（1）在指导思想上，我们认为考古报告只是研究的起点而非终点，其根本目的不仅在于编写者能提供较多结论性的信息，而且更在于让更多的研究者能充分利用材料。有鉴于此，我们在编写该报告时试图转换角度和角色，尽可能地从主要是资料研究者兼报道者向主要是资料报道者兼研究者转换，即从"以研究为核心"转向"以报道为核心"，确定编写的指导思想之核心——"为研究服务"。

（2）在理论上，我们以整体论的观点将发掘所获得的全部物质材料和相关信息视为一个整体，以一个遗迹或地层单位的全部内容（包括遗迹形态、遗物特征和摆放方式等）为该整体下的一个基本材料单元，遗迹和遗物形态特征及相关信息只是各基本材料单元中的分子，而不再将单个遗迹和该遗迹中的遗物分别作为基本材料单元。

（3）以上述指导思想和理论为基础，在整理时我们始终运用"单元卡片式"方法（即一个基本材料单元的所有内容均集中在一处）对各单元逐个进行整理，避免将基本材料单元中的内容加以分割，便于整理时获得更多的信息。同时我们拟定材料的发表方式也按"单元卡片式"，便于研究者获得各基本材料单元的完整信息。

（4）尊重原始发掘记录，充分保证发表资料的客观性和真实性，对不足之处不做凭空无据修改。

（5）针对原始记录中一些明显的错漏之处，尝试运用校勘法，根据发掘日记、发掘记录、平剖面图和照片进行适当的校勘，但更正或调整内容均在相关位置予以说明。

（6）墓葬材料全部发表，其他遗迹材料尽可能全部发表，所有修复或成形器物也尽可能予以发表。

2．前五次发掘材料的一些说明

（1）由于前几次参加发掘的人员大多数是首次参加田野工作，在田野技术上存在一定不足，但在原始的探方日记中详细真实地记录了现场发掘过程，对当时可辨认出的所有迹象和遗物也记录得较为详细，因而留下了一批很好的原始材料，具有很高的客观性和真实性。

（2）出土的大多数非成组的单件遗物均记录了三维坐标，同时还记录了器物所在的土层及周围环境，这可以最大限度地复原器物的出土位置，但测量数据有时会出现误差，个别坐标因部分发掘人员对坐标概念认识模糊，偶尔改变了测量基点，造成数据与文字记录和平面图不符。

（3）前三次发掘的墓葬在当时并未定性为墓葬，因而编号是各探方分别以成组器物来编的，即某探方第一组、第二组……在第三次发掘以后，才将全部墓葬按先后出土的顺序统一改编为M1、M2……

（4）原二期的墓葬大多数打入了生土层，因而基本上都发现了墓坑，遗物的组合没有太大问题。原三期墓葬因在黄沙土层中则没有找到墓坑，遗物出土时是按相邻的器物作为一组来编号的，由于包含这些器物的土层为黄沙土，而其上层为灰褐色的商周地层，两种土色极易区分，总体上应该不存在遗物的混层问题。

（5）在发掘日记中记录了一批资料，当时明确记为残墓或已按成组器物记录，但未编墓号，盖因出土器物均较为破碎之故（有器物的三维坐标）。

（6）有少数遗迹中的个别器物因较为破碎，现场未提取，所以原始记录中对器物的陶质、陶色、纹饰和形态大多数未加详细描述，仅说明了此器存在。

（7）前两次发掘的地层基本上是按四层划分，即表土、扰乱层、商周层、新石器时代层，第三次发掘的地层共分五层即表土、扰乱层、商周层、新石器时代晚期地层（黄沙土层）、新石器时代中晚期地层（黄土层），这五层的划分后来也成为第四、五次发掘的标准，前两次的地层在第一次整理中也按这一标准进行了归类。虽然这些地层已不存在，但经过仔细核对原始材料和第六次发掘的验证，除少量地层当时未再细分或遗漏外，这一套地层在大的框架方面没有多少错误（尤其是在发掘区的中间主要部分），因而编写报告时仍将以这一套地层划分作为重要参考。

（8）前三次发掘有一张总平面图，大多数墓葬也均有1∶10的平面图和测量的基点坐标；后两次发掘没有总平面图，但绝大多数遗迹都有1∶10或1∶50的平面图和测量的基点坐标，因此也可以较容易地将其归入总平面图中。

（9）前五次发掘材料在发掘结束后，因展览、收藏、研究等各方面需要，有部分遗物被分藏于国家、省和县级共7家展览单位或研究机构，第三次整理时部分单位给予了大力配合，但因时间、手续等各种条件所限，在信息获取上仍有一些不足之处；另有部分器物因各种原因已无法核对，因而在器物描述中这些器物均未详加介绍。

3. 整理方法

（1）整理之初将全部文字材料、线图、照片和实物分别按遗迹单位归类、登记，为"单元卡片式"描述做好准备。

（2）在遗迹描述中为了提供背景知识，增添了发现和发掘过程的内容。

（3）鉴于墓葬、灰坑和其他遗迹、遗物在原始记录中的编号与整理后的编号有所不同，为便于将来检索原始记录，在书后增加了新、旧编号的对应表。

（4）线图的绘制，比例均尽可能统一按 1:2，一些很小的器物则按 1:1，个别特大的按 1:4 或 1:8，总之是要便于描绘细部和大小的转换。

（5）少数探方因为地表有一定的倾斜度，前五次发掘在选取探方的坐标基点时并未按统一的西南角，在本次编写报告时，对以这些基点测量的坐标进行统一，即全部转换为以西南角为坐标基点。

（6）未找到墓坑的墓葬判定之理由

未找到墓坑的墓葬遗物绝大多数都在黄沙土层内，仅有很少数位于其他地层中。黄沙土层中的这类墓葬判定依据如下：

a. 由于黄沙土层很纯净，除了成组的遗物外，地层中很少出土陶片等遗物，如发掘区北部 T6 和南部 T17 中的黄沙土层在 100 平方米的发掘面积中都仅出土陶片 100 余片（不包括归墓葬的成组器物），平均每平方米才 1 片陶片，因而墓葬遗物和一般的地层遗物之间的区分还是具有相当大的可信性。

b. 黄沙土层大多数墓葬出土遗物距地表的深度差别不是太大，很多组遗物出土时是在同一地层的同水平面上，而各组遗物之间有一定的间距。这些情况都便于将遗物按组别进行划分，因而各组的划分在总体上具有较大的可信性，仅局部有一些不妥或者是因出土时间不一致而形成分割。

c. 开口于④层黄沙土之下的墓葬大多数均发现了墓坑，其方向基本上为东北—西南向，为判定黄沙土层中的未找到墓坑的墓葬之方向提供了重要的参考标准。

d. 较多的墓葬出土了多孔石刀、（玉）石钺、斧、锛，它们的摆放也具有一定的规律性，特别是多孔石刀和石锛的长轴方向绝大多数是东北—西南向，（玉）石钺或斧的刃部绝大多数均朝西北或东南，这些特点应该是判定墓葬方向的一个重要指征，根据该遗址已发现墓坑的墓葬、潜山天宁寨和湖北武穴鼓山等几处已发现的薛家岗文化竖穴土坑墓情况看，绝大多数墓向为东北—西南向，多孔石刀的长轴方向与墓向一致，这也为判定这批未找到墓坑的墓葬的方向、性质提供了佐证。此外这些成组器物之间既有一定的间距，又有一定的排列规则。这些特点均符合了新石器时代墓葬的一般规律，因而判定为墓葬应无问题。

e. 不出或少出石、玉器的成组器物，陶器出土时较为完整（或破碎但成形），器形大多数均较小巧而不具有实用性，器表或器内基本不见烟炱或其他使用痕迹，陶豆的豆把（即该器的长轴指向）与石刀一样也基本上是东北—西南向，同样应是判定墓葬方向的一个重要指征。此外，每组器物大多数分布较集中并与周围遗物有一定的间距，较多的成组器物从摆放位置看也呈东北—西南向，与出土石刀、石（玉）钺的墓葬方向一致。所以判定它们为墓葬也应无太大问题。

少数其他地层中的未找到墓坑之墓葬，则是参考黄沙土层中墓葬的判定依据并结合经验加以判定的。

（7）对于不足之处的处理方式

尽管薛家岗遗址的发掘材料十分丰富，具有很高的研究价值，但由于时代的局限和其他主客观条件的制约，原始的发掘材料中还是存在一些不足之处，对于这些不足之处，我们在编写报告时作了适当的处理，主要有以下几个方面：

a. 地层堆积剖面。由于大多数探方的四壁剖面图在当时未能与相邻探方的地层进行拼接和消除误差，在地层堆积介绍中我们无法拼接出一个横穿主要发掘区的大剖面，而只能用局部的剖面来介绍。此外，个别剖面图中遗迹的位置与平面图也因未消差而不尽吻合，但在无充足证据的情况下，一般未予更改。

b. 遗迹开口层位。对于墓葬开口层位的描述，原来均记为几层的墓，现根据实际情况，可以将其分为两大部分：黄沙土层中的未找到墓坑的墓葬均为新石器时代，因其上覆的基本上是商周地层或晚近地层，因此只能叠压（或开口）于这些地层之下；而有土坑的墓对照原始记录，也能够确定其开口层位，但前三次发掘的墓葬开口层位不一定十分准确，报告中如实报道，以供参考。极个别不能确定层位的墓葬均提供相关信息。

c. 少数墓葬的合并。有些墓葬如 M11 和 M12、M17 和 M18、M37 和 M42、M124 和 M129、M126 和 M127 等，当时因不是同一时间出土或认识上的原因，故编了两个号，但两者距离很近，方向、深度相同，周围没有其他墓的随葬遗物，似乎应属同一座墓或有密切关系的两墓，在遗迹描述时尊重原始记录而未将其合并，但遗迹图和文字发表在一起便于检索。其他一些如 T7、T36、T37、T38 等探方中不少墓葬也有类似情况，但证据不是特别充足，仍按独立墓葬发表，研究者可自行斟酌。

d. 疑为非墓葬或墓葬范围过大而又无法否定的，尊重原始记录未予更改，仅在文字中加以说明。

e. 残墓和未编号墓葬的处理。凡原始记录中明确记为残墓而未编号的，在报告中均重新予以编号和描述，但缺少遗迹图和器物图。还有极少数当时归入地层中的完整遗物，出土时集中在一起，明显属同一组器物，整理时根据墓葬判定标准将其编了墓号。上述编号顺序列在已编号墓葬之最后（即 M144 之后）并予以说明。

f. 单个墓葬范围与遗物的局部调整。有极少量地层中出土的遗物，器形较完整甚至未破裂，查其三维坐标也与某一墓的位置在一起，再查原始日记，知两者不是同一时间所出（当时是挖 10×10 米的大探方，遗物出土有时间差异）或当时未归入墓葬中，因而一部分编了墓号，另一部分则编了地层号，整理时这部分地层遗物划归到了与其邻近的墓葬中。还有部分遗物从特征看也明显属墓葬遗物，但在没有充分证据的情况下仍将它们按地层遗物发表。所以，个别无墓坑墓葬发表出的遗物并不能代表它们是墓葬中的全部遗物。

　　g. 少数墓葬中的破碎器物在原始记录中未编号或未详细记录的，整理时则给予了编号并尽可能根据原始记录加以描述，以说明此器之存在。

　　h. 无遗迹图的墓葬遗物、墓葬中破碎未记录的遗物以及地层中归入墓葬的遗物，根据其原有坐标用黑点（·）标出了其相对位置。少数墓葬的平面图中器物形态与记录略有不合处（如 M2 带盖鼎在图中无盖），或个别遗迹、遗物未加准确表现（如 M125 墓圹痕迹），原图不予更动，以文字说明为准。

　　i. 个别遗物坐标与文字记录和平面图不符者，经转换基点核对后则能吻合，这些坐标最后均转换为以西南角为基点。

　　j. 有墓坑的墓葬因人骨基本腐朽无存，因而头向的判定无充足依据，文中所记墓葬方向均以北偏东××度表示，系指墓坑朝向，并不具有表明头向的意义。

　　k. 遗址中有大量红烧土坑或红烧土堆遗迹，因发掘时未作遗迹编号，故而记录或详或略，报告中择其详者作了客观报道，但部分要素可能缺失。其中还有少数红烧土坑当时是按地表堆积处理，第三次整理时根据原始记录改为坑。

　　l. 少数遗迹在发掘时未能完整地做出，因而平面图也存在残缺，在整理中根据日记、发掘记录将基本可以补全的用 -------- 线补上，另有极少数遗迹属当时未辨认出，但日记和四壁剖面图上都有反映的（如 H60），也根据原始材料进行了恢复但用 −·−··−··−··线表示以示区别。还有少量遗迹剖面图当时未绘，是根据四壁剖面图中的内容补绘的。

　　m. 前五次发掘的遗物编号是以探方为单位统编流水号，未按基本遗迹单元编号，如某探方第 1、第 2 层出土 3 件遗物，按流水号编为①:1、②:2、②:3。属于墓葬和灰坑的，后来又按单位各自编了号，但地层中的遗物未再各自编号。

　　在前两次整理过程中，对各探方地层进行了统一，即按五大层对前五次发掘地层进行了合并，遗物编号也随之改动。如某探方第 2 层相当于统编地层的第 5 层，则将该层出土遗物的编号由②:2、②:3 改为⑤:2、⑤:3，并将改动后的编号写在了器物之上。

　　第三次整理时，考虑到编号的更动会造成较多的混乱，且不便于检索原始材料，因而这部分遗物一律据原始记录仍编为②:2、②:3。

　　n. 第六次发掘时遗迹的编号因考虑到前五次材料可能有一些更动，因而当时是独立编的，最后整理时则与前五次发掘进行了统一，即接续到前五次发掘编号之后。前五次发掘中个别未统编号的遗迹也同时统一了编号。

第三章 地层堆积及层位关系

整个薛家岗遗址分布范围较大,其中的薛家岗地点和永兴地点文化层堆积较厚,六次发掘的探方绝大多数是在薛家岗地点的平坦地带集中布方,但为了了解这一带的地层状况,也在周围的土埂和其他高地上分散地布了7个探方,此外还在稍远的永兴地点布了1个探方。

第一节 薛家岗地点的地层堆积

一 地层成因概述

这里是薛家岗遗址的最主要分布地带,东部的汪家山地势高亢,东、南、西三面均很陡峭,中部及北部则显得相对低矮平缓,其东距潜水仅300余米。根据目前的发掘材料和遗址上的自然剖面推测,汪家山连同西侧的张家山在内,在晚更新世形成的土壤为黄色夹褐斑的生土。在人类在此活动之前,这里最后由自然力堆积了一层很厚的由红沙层和红沙夹泥层交替堆积而成的红沙土层,据我们在T48文化层发掘结束后下挖的一条长、宽约1×2米、深约1.3米(尚未到该层底面)的小沟了解,该层仅在1.3米的厚度内就有12层纯红沙层和12层红沙夹泥层交替堆积,总计有24个小层,每层厚度都在5厘米左右。这种沙层在台地上分布很广,特别是在台地东南部因面向潜水,沙层的堆积更加频繁,T21、T22的地层即是很好的证明。但根据现有发掘材料,我们在主要发掘区的大部分探方中,均未发现该层,最早的文化层常明显低于红沙土层表面而直接叠压在黄色生土之上或打破生土;在主要发掘区的东、西边缘,文化层则就在这层之上形成,因此我们有理由推测,人类在此活动之初,至少在现主要发掘区一带对红沙土层进行了一定规模的整治,并在发掘区南部留下了一批早期墓葬,而在周围也留下了一系列活动遗迹,这是遗址上文化堆积的最早形成期。根据整理结果,我们将这一时期形成的以黄土层为主体的文化层称为新石器下层。这一层分布于发掘区的大部分探方中。

在稍晚的时期,台地上仍不断有沙层覆盖,我们在东南角的T21、T22和西部的T2、北部的T5等多个探方的文化层之下及自然断面上都能够观察到,这些沙层均为淡黄色,叠压在红沙土层之上,与红沙土层的区别还是比较明显的。我们推测发掘区中所见的黄沙土层，应是人类在整治黄沙层或在黄沙层上活动后所形成，发掘的大多数墓葬便出于这些黄沙土层中，遗物也以该层出土的最为丰富，并形成了薛家岗文化的代表性因素。这一时期人类活动的范围明显大于前期，整个台地的多个地方均发现了这一时期的遗迹或遗物，是人类活动的第一个活跃期，也是遗址上文化堆积的一个最重要的形成期。我们将这一时期形成的以黄沙土为主体的文化层称为新石器中层。这一层分布于发掘区的绝大多数地方。

到了更晚一个时期，台地上形成的文化层含沙较少，基本上以灰黄土为主，它们只分布在 T36、T39、T44～T46 及其他少数几个探方，而且厚度也相当薄，并极少发现遗迹。这种现象虽然有商周及以后各时期人为的破坏原因，但同时也应该反映出这一时期的人类活动似乎有较明显的减少，从出土遗物观察，它们的数量也急剧减少，与新石器中层的遗物相比发生了较大的变异。我们将这一时期形成的以灰黄土为主体的文化层称为新石器上层。

龙山时代末期到夏代这一时期，遗址上只零散地发现几处灰坑或小坑类遗迹，遗物也相当少见，应该说是人类活动的低谷期。

从商代开始，人类的活动再一次活跃起来，文化层的分布范围进一步扩大，基本上覆盖了整个台地且普遍较厚，灰坑、灰沟到处分布而且数量较多，在不少地方还曾对原先的新石器时代文化层进行了较大的破坏，特别是在主要发掘区的西部，很多探方所见的新石器时代文化层很薄或几乎缺失，但周围探方常有新石器文化层，其上覆的商周文化层内也包含了大量新石器遗物，如发掘区西南角跨 T29、T30、T41、T42 几个探方的 H60，内含遗物大多数为新石器时代，却仅有少量商周遗物。这一时期是否有沙层覆盖目前尚不知晓，但各探方此期的地层堆积中均含较多细沙，在 T22 还发现了连续 3 层较厚的近灰色沙土层，里面包含物很少。此外，从遗址西部边缘的 T15、T51 的地层堆积看，自西周开始地层堆积较为迅速，并且局部有了隆起的趋势，因此汪家山西、南部和中部断续的土埂，应该就在这一时期渐渐形成。这一时期是人类活动的第二个活跃期，也是遗址上文化堆积的主要形成期。

到了汉代及以后一段时期，遗址上又一次衰落，整个台地上似乎很少有人类活动，迄今为止还没有在台地上发现确切的汉代或六朝遗迹，各时期的遗物也同样极少见。

唐代遗迹也很少，但遗物略多了一些。到宋代，台地上因建永明寺而兴盛起来，在整个台地上都可见到这一时期的地层堆积和遗物，局部的地层堆积达 1 米多厚，T17 还发现过宋代庙基残存部分，T23 出土了少量与佛教有关的铜质用器。这一时期是人类活动的第三个活跃期，在形成新的文化堆积的同时，对早期的地层堆积又一次形成了大规模的破坏。

到了近现代，最终形成了现今的地貌，台地上基本为耕土所覆盖，汪家山的四周向外略有扩展，更进一步形成了四周高、中间低的形态，但东北部 T12 所处地带，地势明显低平，呈缺口状，已发掘的地层显示这一带只有近现代文化堆积，但地层中却包含了较多的新石器和商周时期的遗物，因此该地带的地貌应是近现代破坏了早期堆积后所致。

若选择自 T51 至 T43 东西一线的地层为参考，可以将主要发掘区的地层堆积过程简单化处理后模拟如图示（图一一）。

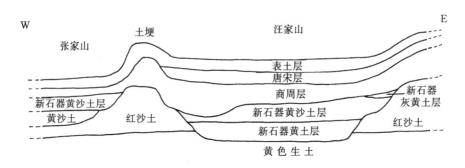

图一一　遗址地层堆积模拟示意图

二　地层堆积介绍

因为遗址上的地层堆积在不同的地点各不相同，同时更考虑到对不同遗迹所处的地层环境应有所交代，如 T6、T33、T38 附近是未找到墓坑的墓葬密集分布区，T17、T18 附近则是土坑墓的密集分布区，而东部 T43～T46、西部 T48～T50 以及其他零散分布的探方中地层堆积各不相同，所以选择了以下数组地层剖面为例分别对探方的地层予以介绍，为便于描述和参考，下面的描述将主要发掘区的各探方地层介绍相对集中于前，而零散探方的地层介绍在其后。

主要发掘区的地层堆积情况如下：

1. T6 东壁剖面（图一二）

文化层厚度达 120 厘米。

第①层：耕土层。土质松软，内含少量红烧土颗粒。厚约 10～15 厘米。包含有红陶、灰陶、黑衣陶、印纹陶。此层下有灰坑 2 个（H5、H6）。

第②层：新石器时代文化层。黄沙土，质地很硬，尤其是干燥后极为坚硬，内含极少的红烧土颗粒。距地表深 10～15 厘米[①]，厚约 110 厘米。本层较为纯净，仅出土陶片 110 余片，以泥质陶为主，其中红陶约占 17%，灰陶约占 14%，黑衣陶占近 70%，夹砂陶较少；器表绝大多数为素面，仅少量弦纹、镂孔、刻划纹；可辨器形有鼎足、豆

---

① 指该层表面距地表最浅和最深处的数值，是就剖面上所显示的数值而言。以下同。

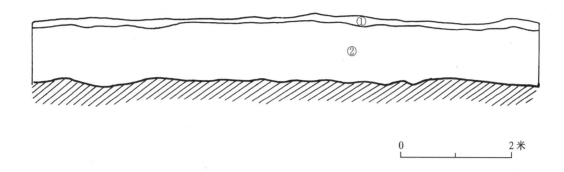

图一二　T6 东壁剖面图

把、罐口沿、钵口沿等。本层中发现墓葬遗物 17 组[1]，为 M26～M28、M31～M40、M43、M44、M46、M47（图版三，1）、M49、M58、M59。

②层以下为纯黄沙生土。

2．T17 北壁剖面（图一三）

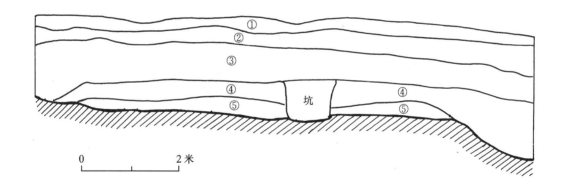

图一三　T17 北壁剖面图

文化层最厚达 240 厘米。

第①层：耕土层。土质松软。厚 12～35 厘米。内含少量碎瓦片和陶片。

第②层：宋代文化层。灰黑色土，土质较硬。距地表深 12～35 厘米，厚 15～60 厘米。内含大量碎瓦砾、唐宋时期的瓷片和"政和通宝"铜钱 1 枚。另有商周时期的绳纹陶片和鬲足、甗残片等。此层下发现宋代庙基残存部分和商代灰坑 2 座（H13、H19）。

----

[1]　凡未找到墓坑的墓葬均描述为"本层中发现墓葬遗物"，有墓坑的则描述为"此层下发现土坑墓"，以下同。

第③层：商周文化层。局部缺失，为灰褐色土，土质较硬，夹杂有较多红烧土颗粒。距地表深45～80厘米，厚45～120厘米。出土有少量石锛、陶网坠、陶纺轮。陶片数量较多，计410余片，以夹砂和泥质灰陶为主，黑、红陶次之；纹饰以绳纹、弦纹为主；可辨器形有鼎足、鬲足、豆把、罐残片等。另出有新石器时代的玉璜1件、陶球2个。此层下有新石器时代的F4。

第④层：新石器时代文化层。黄沙土，土质坚硬。距地表深120～130厘米，厚10～110厘米。出土有石球、砺石、陶棒等。陶片仅60余片以夹砂和泥质红陶为主，黑陶次之，灰陶最少；纹饰有弦纹、刻划纹、附加堆纹等；可辨器形有鼎足、豆把、罐和盆的残片等。本层中发现墓葬遗物4组（M69～M72），并发现新石器时代的F2。

第⑤层：新石器时代文化层。黄褐色土，土质坚硬。距地表深150～170厘米，厚10～38厘米。出土陶片不足100片，以夹砂和泥质红、黑陶为主；纹饰有划纹、弦纹、方格纹、附加堆纹等；可辨器形有鼎足、器盖以及盆、壶、罐的残片。此层下发现土坑墓7座（M79～M82、M87、M91、M92）。

⑤层以下为夹黑斑的黄色生土。

3. T18、T19东壁剖面（图一四）

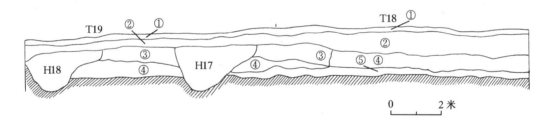

图一四 T18、T19东壁剖面图

文化层厚度达200厘米。

第①层：耕土层。土质松软。厚15～35厘米。包含有少量瓦片和陶片。

第②层：宋代文化层。灰色土，土质较松。距地表深15～35厘米，厚约25～90厘米。含较多瓦砾和少量唐宋时期的瓷片。另出土有商周时期的绳纹陶片。此层下有商周灰坑4个（H14、H16、H17、H18）。

第③层：商周文化层。灰褐色沙质土，潮湿时质地松软，干燥后质地坚硬，夹杂有大量红烧土块或颗粒，但分布无规律。距地表深50～80厘米，厚40～80厘米。出土遗物有石钺、小件石器、陶网坠等。陶片数量很多，T18、T19共计4600余片，以夹砂陶为主，泥质陶次之，其中红陶、黑陶约占80%以上，灰陶较少；纹饰以绳纹为主，另有弦纹、篮纹、刻划纹、附加堆纹等；可辨器形有长圆锥状实心鼎（或鼎式鬲）足和袋状矮鬲足、豆、罐口沿、钵口沿等。该层还出土了大量的新石器时代夹砂或泥质红陶鼎足，仅 T19 就有 154 个，以凿形为多，另外还有镂孔陶球等。此层下有商代灰坑 1 个（H15）。

第④层：新石器时代文化层。灰黄色沙土，含很少量红烧土颗粒。距地表深 110～140 厘米，厚 5～65 厘米。共出土陶片 1700 余片，素面陶占绝大多数，纹饰有弦纹等；可辨器形有扁平鼎足、豆盘、鬶把等。本层中发现墓葬遗物 4 组（M74～M77）。

第⑤层：新石器时代文化层。黄沙土，土质较硬，含少量红烧土颗粒。距地表深 140～155 厘米，厚 5～50 厘米。质地很纯，出土陶片仅 100 余片，以夹砂红陶为主，灰陶次之，黑陶极少。本层中发现墓葬遗物 4 组（M78、M83、M84、M99），另外此层下发现土坑墓 3 座（M85、M88、M90）。

⑤层以下为夹黑斑的黄色生土。

4．T33、T38 北壁剖面（图一五）

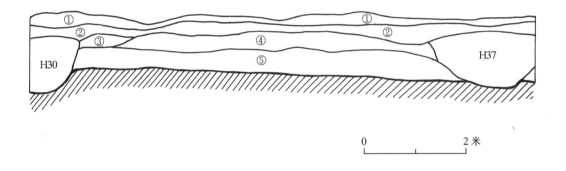

图一五　T33、T38 北壁剖面图

文化层厚度约 125 厘米。

第①层：耕土层。土质松软。厚 10～20 厘米。内含少量碎陶片。

第②层：明代文化层。深灰色土。距地表深 10～20 厘米，厚 5～35 厘米。含有较多瓦砾，出土有明代小瓷杯等，以及商周时期的石镞、陶纺轮等。此层下有商周灰坑 2 个（H30、H37）。

第③层：商周文化层。灰褐色土，土质较硬，内含少量红烧土颗粒。此层只存在于 T33 东南和 T38 西南、西北，距地表深 35～50 厘米，在 T33 东部厚超过 60 厘米，在 T38 北部厚仅 5～30 厘米。出土有石镞、凿和陶罐、鬲、网坠等。陶片较多，计 400 余片，以夹砂陶为主，其中黑陶居多，红陶次之，灰陶再次，另有少量印纹硬陶；纹饰以绳纹最多，少量篮纹、附加堆纹、压印纹，印纹则有叶脉纹；可辨器形有鬲足、鼎和罐口沿等。

第④层：新石器时代文化层。黄沙土，土质坚硬，含有部分红烧土颗粒。距地表深25～50厘米，厚20～50厘米。出土陶片仅110余片，以泥质陶为主，夹砂陶稍次，其中泥质黑陶、夹砂红陶最多，其他陶色较少，并有少量外红内黑或外黑内红陶及磨光黑陶；器表多素面，纹饰有弦纹、戳印纹、附加堆纹；可辨形有宽扁瓦状鼎足、壶、豆把、盆口沿等。本层中发现墓葬遗物1组（M118）。

第⑤层：新石器时代文化层。黄色土，土质坚硬。距地表深50～75厘米，厚40～60厘米。出土陶片仅40余片，且较破碎，以夹砂红陶最多，另有泥质黑陶和外红内黑陶，少量磨光黑陶；器表大多数均素面，纹饰有刻划纹、指甲纹等；可辨器形有宽扁瓦状鼎足、罐口沿、带錾碗残片等。本层中发现墓葬遗物6组（M115～M117、M125、M134、M138）。

⑤层以下为夹黑细沙粒的生土。

5．T36南壁剖面（图一六）

文化层最厚约110厘米。

第①层：耕土层。土质松软。厚10～20厘米。内含少量陶鼎足、陶片。

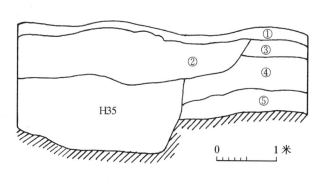

图一六　T36南壁剖面图

第②层：现代层。为现代挖坑后的填土，深灰色。距地表深10～20厘米。厚50～95厘米。内含瓦片、残瓷器、陶鼎足等。

第③层：商周文化层。灰黑色土，分布在探方大部分的地方，西北角缺失。距地表深10～20厘米，厚20～30厘米。出土少量陶片，有夹砂红褐陶鬲腹片、残石器等。此层下有灰坑2个（H31、H35）。

第④层：新石器时代文化层。灰黄色土，含有少量红烧土颗粒。距地表深45～50厘米，厚约50厘米。出土陶片150余片，以夹砂红、灰陶为主，次为外红内黑陶，泥质灰、红陶稍少，另有少量磨光黑陶；器表绝大多数素面，纹饰有凹弦纹、篮纹、刻划波浪纹；器形有鼎、豆、罐、杯。

第⑤层：新石器时代文化层。黄沙土，分布在除探方东北、东南角以外的大部分地方。距地表深100～115厘米，厚20～40厘米。较纯净，几乎不含遗物。

⑤层以下为质地松软的红沙土即生土。

6．T43、T44、T45东壁剖面（图一七）

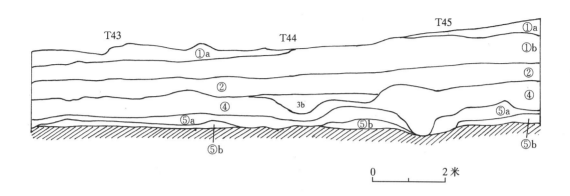

图一七　T43、T44、T45 东壁剖面图

　　地表自北往南逐渐抬高，文化层厚 205～275 厘米。在发掘过程中与 T46 共 4 个探方的地层统一编号，而③a 层仅存在于 T46 中。

　　第①层：近现代堆积层。可分 a、b 两个亚层。

　　①a 层：表土层。土色灰黄，土质松软，含沙较多。厚 0～45 厘米。含较多现代砖瓦。

　　①b 层：近现代文化层。灰褐土，土质松软。距地表深 0～45 厘米，厚 40～85 厘米。含较多近现代瓦砾。

　　第②层：宋代文化层。黄褐土，土质较松软。距地表深 80～90 厘米，厚 30～65 厘米。出土较多唐宋时期的瓦砾和少量影青瓷片、黑釉瓷片等。

　　第③层：商周文化层。仅存③b 亚层，③a 层在三个探方中缺失。

　　③b 层：黑灰土，土质较硬，夹杂少量红烧土颗粒。距地表深约 125～135 厘米，厚 0～60 厘米。出土有石钺、锛、凿、镰和陶鼎、罐、鬲、网坠、纺轮等。陶片数量较多，计 1900 多片，绝大多数为夹砂陶，泥质陶很少，黑、灰、红陶比例相近，另有少量印纹硬陶；纹饰以绳纹最多，弦纹、附加堆纹较少，另有很少量的篮纹、压印纹、方格纹，印纹则有叶脉纹和回纹；可辨器形有鬲足、鼎足以及甗、罐、豆、盆、缸的残片。

　　第④层：新石器时代文化层。灰黄土，土质疏松。距地表深 100～165 厘米，厚 30～130 厘米。出土有石钺、斧、锛、镞和陶球等。陶片数量很多，计 2200 多片，泥质、夹砂陶比例相当，泥质黑陶数量最多，占 30% 以上，其中大多数为黑皮陶，夹砂红陶次之，余为夹砂灰、黑陶和泥质红、灰、黑陶；器表大多数素面，纹饰以凹弦纹为主，另有少量刻划纹、镂孔、戳印、绞索纹、附加堆纹、压印纹；可辨器形有大量鼎足和部分豆、罐、盆、钵、碗、壶的口沿、鬶残片。

第⑤层：新石器时代文化层，可分 a、b 两个亚层。

⑤a 层：深灰色花斑土，土质板结。距地表深 170 厘米左右，厚 0～40 厘米。出土有石网坠、陶罐及大量陶片。

⑤b 层：浅黄色花斑土，土质板结。距地表深 190～250 厘米，厚 0～25 厘米。出土打制石器、陶鼎、陶纺轮及大量陶片。

⑤层出土的陶片数量很多，约有 2000 片，泥质陶接近 80%，夹砂陶不到 20%，以泥质黑陶最多，约占 30%，夹植物壳的泥质红陶或外红（黑）内黑（红）陶数量也较多，占 25% 左右，但未见黑皮陶；器表素面占绝对多数，纹饰则以凹弦纹最多，附加堆纹次之，另有少量戳印、镂孔、压印和指甲纹；可辨器形有大量宽扁凹鼎足、少量凿形或扁平鼎足和豆、壶、罐、釜的口沿、鬶把等。

⑤层以下为黄色生土。

7. T48 东西壁剖面（图一八）

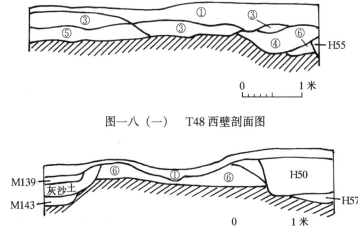

图一八（一） T48 西壁剖面图

图一八（二） T48 东壁剖面图

文化层最厚约 85 厘米。

第①层：表土层。土质松软。厚 5～40 厘米。包含有碎砖块、夹砂红陶圆锥状鼎式鬲足和鼎足等。此层下有周代灰坑 2 个（H49、H57 局部）和新石器时代墓葬 1 座（M139），M139 下尚叠压着 M143。

第②层：周代文化层。仅分布于探方中间呈长条状，黄褐色土，土质较松，含沙，并夹有红烧土颗粒。距地表深 5～40 厘米，厚 0～25 厘米。出土陶片以夹砂红褐陶为主；纹饰有绳纹和弦断绳纹；可辨器形有鬲足、罐口沿等。此层下有周代灰坑 1 个（H45）、新石器时代灰坑 1 个（H48）和小坑 3 个（K1、K2、K4）。

第③层：西周文化层。主要分布于探方西南部，为灰褐色土，土质较硬，含沙较多但仍较坚密，并含有大小不等的红烧土颗粒。距地表深 10～40 厘米，厚 0～35 厘米。出土有残石钺、石凿、陶纺轮。陶片仅 20 余片，夹砂陶约占 82%，余为泥质陶；器表多饰绳纹，约占 68%，余均素面。可辨器形有鬲裆片、豆盘等。此层下有新石器时代墓葬 1 座（M140）。

第④层：新石器时代末期（或夏代？）文化层。仅分布于探方西北部，为灰黄沙土，土质较硬，夹较多红烧土颗粒。距地表深 20～50 厘米，厚 0～65 厘米。出土陶片 130 余片，夹砂和泥质陶比例相差不大，陶色以红、褐、灰陶为主，另有红胎黑陶、灰黄陶，并有极少量的夹云母片和植物壳的红陶；器表以素面为主，纹饰有刻划、凹弦、凸棱、附加堆纹和按窝；可辨器形有鼎足、壶口沿、钵形豆口沿、豆盘残片、罐底等。此层下有灰坑 1 个（H54）和浅坑 1 个（K5）。

第⑤层：新石器时代文化层。仅分布于探方的西南部，为黄沙土，土质坚密，含沙很多。距地表深 25～35 厘米，厚 15～25 厘米。该层质地极纯，未见包含物。

第⑥层：新石器时代文化层。该层分布于探方的大部分地方，但不太连续，为红褐土，含沙较多，土质细软，夹有较多细碎的红烧土颗粒。距地表深 10～60 厘米，厚 0～30 厘米。出土陶片以泥质黑皮陶为主，另有少量泥质灰陶和夹植物壳的红陶，夹砂陶极少；器表以素面为主，纹饰有凹弦、凸棱、刻划、镂孔、磨光、篮纹和红衣；可辨器形有鼎足、鋬把、豆盘口沿等。此层下有灰坑 1 个（H56）。

⑥层以下为质地松软的红沙土即生土层。

8. T49、T50 西壁剖面（图一九）

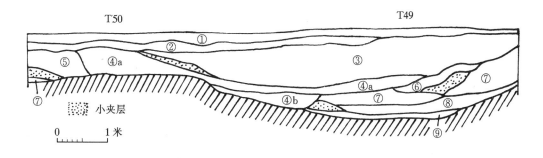

图一九　T49、T50 西壁剖面图

T49、T50 在发掘过程中地层是统一编号的，因此两个探方地层编号均有缺失现象。

文化层最厚达 180 厘米。

第①层：表土层。土质松软，含沙。厚 5～20 厘米。内含有明、清和现代瓷片、灰砖块，并有商代夹砂红陶圆锥状鼎式鬲足等陶片。此层下有灰坑 3 个（H46、H49、H57）。

第②层：周代文化层。黄褐色土，土质较松，含沙和红烧土颗粒。距地表深 5～20 厘米，厚 0～50 厘米。出土有青铜削 1 件和残石斧。陶片 200 余片，以夹砂灰、红褐陶占绝大多数，泥质陶极少，另有个别印纹硬陶和釉陶；器表纹饰以绳纹为主，可分粗、细绳纹和弦断绳纹几种，还有篮纹、凹弦纹、附加堆纹，印纹只见叶脉纹；可辨器形有鬲足、鬲裆片、甗腰、盆口沿、罐残片等。此外还出土少量新石器时代夹砂红陶和泥质红、灰、黑皮红胎陶片。此层下有灰坑1个（H47）、小洞3个（D1、D2、D3）。

第③层：西周文化层。灰褐色土，土质较硬，虽含沙但仍很紧密，内含大小不等的红烧土颗粒。距地表深10～75厘米，厚0～101厘米，在T49西南角和T50西北角最厚，而往北、东、南渐薄。出土有一定量的石锛、镞、斧及残石料和石英。陶片390余片，以夹砂陶占绝对多数，约为93%，其余为极少量的泥质陶、硬陶和施青黄釉的红褐陶（原始瓷），其中红陶数量较多，灰黄陶次之，另有红褐陶、灰陶等；器表素面较多，但绳纹数量也很多，可分粗、细绳纹和弦断绳纹几种，另有凹弦、凸棱、篮纹、方格纹、附加堆纹和小圆泥饼贴片等；可辨器形有鬲口沿、平跟鬲足、平底罐、甗腰、盆口沿、缸口沿等。此外还出土新石器时代的黑皮陶、外红内黑陶等。此层下出露1座半地穴房址（F5）口部的局部、小洞5个（D4、D7、D8、D9、D10）。

第④层：西周文化层。可分a、b两个亚层。

④a层：红褐色土，土质稍硬，含沙，并夹杂红烧土颗粒和炭末。距地表深26～115厘米，厚0～55厘米。出土有少量石锛、砺石、陶纺轮。陶片仅数十片，夹砂陶占大多数，泥质陶较少，以红、灰褐陶为主，另有少量灰、褐陶和灰胎印纹硬陶；器表除少量的素面外，大都饰有粗、细绳纹或弦断绳纹，另有极少的凹弦、凸棱和小圆泥饼贴片，印纹则有云雷纹和叶脉纹；可辨器形有平跟柱状鬲足、凹底罐、缸片等。此外还出土新石器时代的陶鬶足、豆盘口沿等。

④b层：深褐色土稍显灰黑，土质较软，含沙，并夹杂红烧土颗粒和炭末。距地表深100～140厘米，厚0～30厘米。出土残石斧1件。陶片仅100余片，以夹砂陶居多，泥质陶极少，红、灰陶略占优势；器表多素面，纹饰以绳纹为主，另有篮纹、凹弦、附加堆纹；可辨器形有鬲口沿、罐残片等。

第⑤层：西周文化层。仅分布于T50中，为灰黑色土，因夹炭末而形成较多的黑斑，土质松软，略含沙。距地表深30～116厘米，厚0～58厘米。出土陶片130余片，夹砂陶占95%，陶色有红、灰黑、灰黄、褐几种，除此而外仅有1片泥质陶和2片印纹硬陶；纹饰以粗、细绳纹和弦断绳纹为多，另有篮纹、附加堆纹、曲折纹、细凹弦纹，印纹则有云雷纹和叶脉纹；可辨器形有鬲口沿和裆片、折肩罐残片、甑片等。此外还出土新石器时代的陶鬶足等。

第⑥层：西周文化层。灰褐略显红色土，土质稍软，含沙较多，并夹少量红烧土颗粒。距地表深40～115厘米，厚0～45厘米。出土陶片130余片，以夹砂陶为主，泥质陶较少但多于前面几层中所出，黑陶较多，红陶次之，另有灰、灰黄陶，不见印纹硬陶；器表以素面和粗、细绳纹为多，另有弦断绳纹和少量附加堆纹、方格纹、联珠纹、按窝、凸棱；可辨器形很少，仅有折肩罐、鬲足、鼎足、豆把、缸片等。此层下有灰坑1个（H55），并开始出露红烧土堆积2的上部和F5半地穴房址口部的大部分。

第⑦层：西周文化层。深灰色土，土质松软，夹有部分炭末和细碎的红烧土颗粒。距地表深63～120厘米，厚0～60厘米。出土有陶纺轮、网坠和砺石。陶片仅90余片，以夹砂陶为主，泥质陶较少但比⑥层明显增多，陶色以红、红褐、黑为主，灰陶次之；器表多粗、细绳纹，还有交错绳纹、弦断绳纹以及附加堆纹、篮纹、凸棱、戳印；可辨器形有锥状鬲足、凹底罐残片、器盖捉手、缸片等。此层下仍叠压着红烧土堆积2和F5口部的局部。

第⑧层：西周文化层。仅分布于T49中的半地穴房址内，为浅灰褐色土，土质松软，夹少许细碎的红烧土颗粒。距地表深120～150厘米，厚0～30厘米。出土夹砂灰黄陶罐1件、网坠1件。陶片计100余片，均为夹砂陶，以灰白色为主，次为灰黄、红褐和黑色，红陶较少；器表素面较少，绳纹约占64%，次为附加堆纹、篮纹、凸棱和按窝；可辨器形有锥状鬲足、鼎足、鬲身等。

第⑨层：西周文化层。分布范围与⑧层相同，为深灰褐色土，土质较密而稍硬，含沙很多。距地表深160～170厘米，厚5～10厘米。出土遗物极少，仅见夹砂黑褐陶鼎1件和数片陶片。

第⑩层：新石器时代文化层。主要分布在T49东北和T50南部，为黄沙土，土质坚硬而细密，含沙极多。距地表深15～95厘米，厚0～60厘米。质地相当纯净，基本不见包含物，仅见一片碎石英和4片夹砂碎陶片。此层下有小洞2个（D5、D6）。

⑩层以下为质地松软的红沙土即生土层，F5半地穴房址开口于此层面上。

零散探方的地层堆积分别介绍如下：

9．T2北壁剖面（图二〇）

文化层最厚约200厘米。

第①层：耕土层。土质松软。厚25～54厘米。内含夹砂红陶瓦状鼎足、锥状鬲足、网坠、隋唐瓷豆残片。

第②层：商代文化层。灰色土，土质松软。距地表深25～54厘米，厚100～138厘米。出土有石斧、锛、凿、长方形磨石、石镞、石环、铲和陶纺轮、网坠、环等。陶片以黑皮陶为主，另有灰陶、红陶和少量印纹硬陶；纹饰有绳纹、

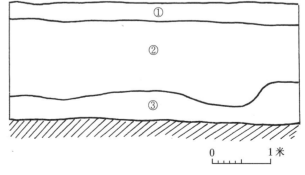

图二〇　T2北壁剖面图

弦纹、篮纹、涡纹、附加堆纹、方格纹、乳丁纹、圆圈纹等，印纹则有云雷纹；可辨器形有罐、盆、豆、盘之类的口沿。另出土有新石器时代的瓦状鼎足、鸭嘴状鼎足、鬶把等。

第③层：新石器时代文化层。夹褐斑黄色土，土质较硬。距地表深135～160厘米，厚40～60厘米。该层土质很纯，未见陶片，仅含极少量红烧土颗粒。本层中发现墓葬遗物2组（M2、M145）。

③层以下为纯黄沙土。

10．T12西壁剖面（图二一）

文化层最厚达170厘米。

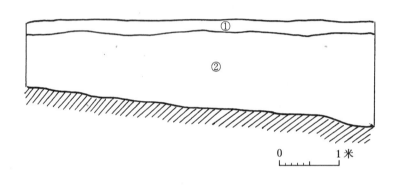

图二一　T12西壁剖面图

第①层：耕土层。土质松软。厚20～30厘米。含有少量现代残砖碎瓦。

第②层：近代文化层。灰褐色土，土质较硬。距地表深20～30厘米，厚85～150厘米。出土有近代瓷片、砖瓦。另出土新石器时代和商周时期的残石刀和陶豆把、鼎足、鬲足及陶片。

②层以下为黄沙土即生土层。

11．T15北壁剖面（图二二）

文化层最厚达330厘米。

第①层：表土层，原为竹园，黄沙土。厚40～60厘米。含少许瓦片、砖块。

第②层：宋代文化层。灰色或黄色沙黏土。距地表深40

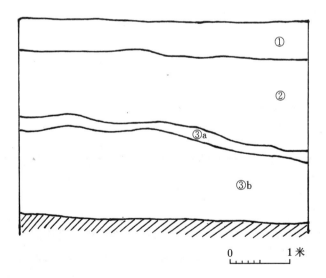

图二二　T15北壁剖面图

～60 厘米，厚 100～150 厘米。出土白瓷碗底、黑釉碗及 "天圣元宝" 铜钱一枚。

第③层：商周文化层。可分 a、b 两个亚层。

③a 层：灰黑土。距表深 160～215 厘米，厚 10～20 厘米。无遗物。

③b 层：灰褐土。距地表深 180～225 厘米，厚 105～140 厘米。仅出土绳纹、方格纹陶片各 1 片。

③b 层以下为生土。

12. T21 南壁剖面（图二三）

文化层最厚达 180 厘米。

第①层：耕土层。灰白色沙土，土质松软，含沙较多。厚 20～32 厘米。无包含物。

第②层：宋代文化层。可分 a、b 两个亚层。

②a 层：灰色沙土，土质松软。距地表深 20～32 厘米，厚 20～65 厘米。无遗物。

②b 层：灰色土，土质松软。距地表深 55～90 厘米，厚 0～45 厘米。夹杂较多的瓦砾。此层下发现商周灰坑 1 个（H59）。

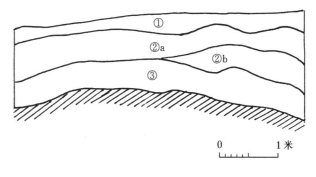

图二三　T21 南壁剖面图

第③层：商代文化层。黑灰色沙土。距地表深 75～130 厘米，厚 45～60 厘米。仅出土陶片 30 余片，以夹砂黑陶和灰陶为主，红陶较少；纹饰仅见绳纹、弦纹和刻划纹；可辨器形有鬲足、罐口沿等。此层下发现残存的白灰面 1 处、含有红烧土堆积的沙坑 1 个、商代灰坑 1 个（H58）。

③层以下为质地松软的红沙土即生土层。本层中发现新石器时代墓葬遗物 1 组（M103）。

13. T22 东壁剖面（图二四）

文化层最厚达 330 厘米。

第①层：耕土层。灰沙土，土质松软。厚 10～25 厘米。无遗物。

第②层：近代文化层。淡灰黄沙土，土质较软。距地表深 10～25 厘米，厚 30～65 厘米。出土有近代瓦砾及唐宋时期的瓷片。此层下发现宋墓 1 座（M153）、宋井 1 口（J1）。

第③层：商代文化层。可分 a、b、c 三个亚层。

③a 层：淡灰沙土。距地表深 55～90 厘米，厚 45～115 厘米。

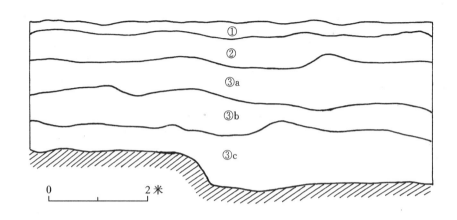

图二四　T22 东壁剖面图

③b 层：淡灰黄沙土。距地表深 125～170 厘米，厚 35～75 厘米。

③c 层：黑灰沙土。距地表深 190～230 厘米，厚 40～130 厘米。

③层中出土了石钺、锛，铜镞，陶罐、钵、柱状陶器和小陶饼。陶片数量较多，夹砂陶占绝对优势，其中以灰陶为主，红、黑陶较少；纹饰以绳纹、弦纹为主，少量附加堆纹；可辨器形有鬲足、鬲口沿、罐口沿等。此层下发现商代房址 1 座（F3）。

③层以下为黄沙土即生土层。

14. T51 东北、西南壁剖面（图二五）

T51 位于汪家山西北部的土埂上，是遗址的边缘地带，遗址从这儿往西北呈陡坡状倾斜。文化层最厚处约 335 厘米。现以东北壁、西南壁为例说明如下：

第①层：表土层。灰黄色土，土质较硬。厚 0～75 厘米。出土有现代砖瓦和瓷片。

第②层：近现代文化层。灰黑土，土质松软。距地表深 0～75 厘米，厚 0～185 厘米。出土有近现代砖块、瓷片。另出土有新石器时代和商周时期的陶片。

第③层：周代文化层。灰褐色土，土质稍硬，夹少量红烧土颗粒。距地表深 30～65 厘米，厚 0～65 厘米。出土残铜削 1 件，陶片仅 30 余片，以夹砂陶为主，约占 97%，有红、红褐、黑、红胎黑陶等，另有印纹硬陶 1 片；器表以素面居多，占 44.1%，纹饰多见细绳纹、粗绳纹、弦断绳纹，而篮纹、附加堆纹、压印纹较少，印纹则有云雷纹；可辨器形有鬲足、罐口沿、罐底、盆口沿、缸片等。另出土新石器时代的陶片和商代残铜削 1 件。

第④层：西周文化层。黄褐土，土质硬密，夹少量红烧土颗粒。距地表深 35～205 厘米，厚 0～125 厘米。出土有残石锛 1 件，陶片仅 40 余片，均为夹砂陶，有黑、红、红褐、灰、灰黄陶几种；器表素面较多，纹饰以粗绳纹最多，占 34%，其余有细绳纹、弦断绳纹、篮纹等；可辨器形有鬲足、鬲口沿、罐口沿等。此层下有灰坑1个（H51）。

第⑤层：西周文化层。深灰色土略显黑，土质稍软，夹少量红烧土颗粒。距地表深110～205厘米，厚0～40厘米。仅出土陶片10余片，均为夹砂陶，以黑褐陶为主，余为红褐陶、红胎黑陶、灰陶和灰黄陶；纹饰仅见细绳纹一种；可辨器形只有罐身。此层下有灰坑2个（H52、H53）和小洞1个。

第⑥层：西周文化层。黄沙土，土质松软，含水分较大。距地表深125～260厘米，厚0～90厘米。出土石镞1件，陶片计110余片，以夹砂陶为主，有黑陶、红陶、红褐陶和红胎黑陶，泥质陶有黑陶、红陶和红胎黑陶，另有灰色印纹硬陶1片；器表素面占46%，纹饰以粗绳纹、细绳纹和弦断绳纹为主，占49%，余为篮纹、凸棱、凹弦，印纹有云雷纹；可辨器形有鬲足、盆口沿、器盖等。

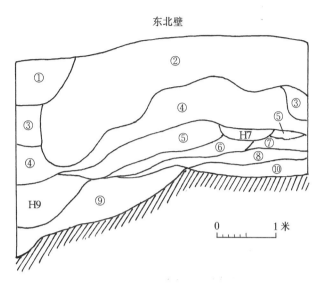

图二五（一）　T51东北壁剖面图

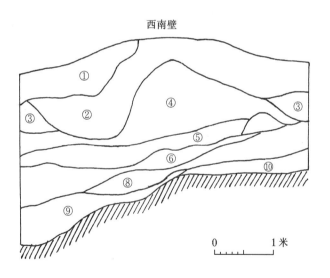

图二五（二）　T51西南壁剖面图

第⑦层：深黄色沙土，土质松软，含水分较多。距地表深105～190厘米，厚0～25厘米。土质极纯，仅出土残石器1件。

第⑧层：灰色土，土质松软，含水分较多。距地表深95～225厘米，厚0～47厘米。土质极纯，无任何包含物。

第⑨层：西周文化层。灰褐色土，土质松软，含水分较多。距地表深215～324厘米，厚0～75厘米。出土砺石1件，陶片仅20余片，均为夹砂陶，有黑、灰、红褐陶三种；纹饰以细绳纹占绝对多数，为81%，另有凹弦和粗绳纹、弦断绳纹；可辨器形仅有鬲足。

第⑩层：深灰色土，土质松软。距地表深145～230厘米，厚0～35厘米。土质极纯，无任何包含物。

⑩层以下为红沙土即生土层。

发掘区各探方的地层关系可参照地层关系对应表（附表一）。

三　遗迹的叠压打破关系

该地点发掘所发现的遗迹间的叠压、打破关系不多，一部分尚存疑问，其中大多数为唐宋或商周遗迹叠压在新石器时代遗迹之上，没有太多的分期意义，可能具有分期意义的叠压、打破关系有如下几组（→表示打破，==表示叠压）：

新石器时代遗迹间的叠压打破关系如下：

M11、M12 == M15 之上　　　　　M139 == M143 之上

M70 == M79 东南部之上　　　　　F1 == M102 之上

M73 == 红烧土坑1 之上　　　　　H48 == M142 之上

M86 == M96 西南部之上　　　　　红烧土坑9 == M144 北部之上

M93 == M96 北部之上　　　　　　H54 → K5 西部

M94 → M96 西北角　　　　　　　H41 == 红烧土坑3 西北角之上

相当于新石器时代末期或夏代的遗迹叠压或打破新石器时代遗迹如下：

K2 == K5 之上　　　　　　　　　K2 → M139 西部

商周遗迹间的叠压打破关系如下：

H11 → H12 西南角　　　　　　　H19 → H13 东南角

H49 → H57 → H30 → H55

此外，还有两处商周时期的遗迹叠压或打破两处遗迹，有助于判断后者相对年代：

H60 == 石料堆1 之上　　　　　　F5 → 红烧土堆积2 的西北角

第二节　永兴地点的地层堆积

永兴地点在晒稻场附近的调查、钻探中未发现商周时期的遗物，晒稻场本身因为文化堆积已被历年修整晒稻场削去很厚一层，很多地方便直接出露了夹大量红烧土块的新石器时代文化层，所以现存文化堆积最厚处不足100厘米。现以T1中的小探沟东壁剖面为例说明如下（图二六）：

第①层：表土层。灰黄色土，局部深灰色，土质疏松，含大量细沙。厚2～20厘

米。包含有少量新石器时代陶片和
现代瓦片等。

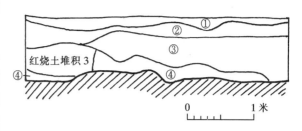

图二六　永兴 T1 中的探沟东壁剖面图

　　第②层：新石器时代文化层。
红褐色土，土质较硬，但结构不紧
密，夹杂大量红烧土块和颗粒。距
地表深 2～20 厘米，厚 4～45 厘
米。出土石镞 1 件，陶片计 230 余
片，以夹砂陶为主，泥质陶次之，
其中夹砂红陶、褐陶和泥质红胎黑皮陶占主导地位；器表素面占 95.2%，纹饰则有凸
棱、凹弦、刻划、按窝；可辨器形有方柱状鼎足、横装扁平鼎足、豆盘口沿、盆口沿、
豆把、器鋬、罐口沿等，以鼎、豆、罐占大多数。

　　第③层：新石器时代文化层。灰褐色土，土质较软，含沙，夹少量红烧土颗粒。距
地表深 20～40 厘米，厚 0～65 厘米。出土有石锛 1 件、凿 1 件。陶片计 180 余片，以
夹砂陶为主，泥质陶次之，其中夹砂红陶、红褐陶、泥质红（灰）胎黑皮陶占大多数，
另有少量夹植物壳或蚌末的红陶；器表素面占 82%，此外有附加堆纹、戳印纹、刻划、
按窝、凸棱、凹弦、镂孔等；可辨器形有凿形和扁平三角形鼎足、罐口沿、盆口沿、壶
口沿、豆盘口沿、豆把等，以鼎、豆、罐为主。此层下叠压有红烧土堆积 3。

　　第④层：新石器时代文化层。黄褐色土，结构细密而软，夹极少量红烧土、颗粒或
碎粒。距地表深 45～95 厘米，厚 0～35 厘米。仅出土夹砂红陶 1 片。

　　④层以下为含铁锰结核颗粒的黄色生土。

第四章 新石器时代遗存

第一节 总论

新石器时代遗存是薛家岗遗址的主要内涵（详见第一章第三节和第三章第一节），根据发掘和钻探的情况，可以确定薛家岗地点是最主要的分布区域。在这一区域中，共发现新石器时代房址 3 座、墓葬 150 座、灰坑 8 个、石料堆 1 处、红烧土坑 8 个、红烧土堆积 2 处以及多处性质不明的红烧土堆积，出土遗物 1200 件左右。

在已发掘的区域中，以墓葬为主，它们集中分布在南部和西、北部，形成了大片的墓地，而东部、中部则比较零散；早期墓葬主要分布在南部，西、北部的绝大多数发现于黄沙土层中的墓葬和南部少部分以及零散分布的墓葬年代较晚。

红烧土坑和红烧土堆积主要分布在墓葬区的外围边缘地带，在中部一带也有零散的红烧土堆积，但北部却极少，它们均晚于早期墓葬的年代而与黄沙土层中发现的墓葬年代较近，两者之间很可能有着密切的关系。

3 座房址中，F2 位于早期墓葬区西南侧，两者年代较为接近，而 F1 和 F4 均在黄沙土面上或打破黄沙土层，应与黄沙土层中发现的墓葬年代相近，两者是否有关也未可知。

灰坑则集中分布在墓葬区外围的东南、西南、西北部。

出土的遗物以陶器占大多数，达 700 件左右；次为石器，近 400 件；玉器数量较少，只有 150 余件。其中玉器 80% 以上均出土于墓葬之中，地层中出土较少；陶器近70% 也出于墓葬之中；石器则只有 33% 左右是出于墓葬之中，大多数为地层中所出，但墓葬所出石器绝大多数为多孔石刀、钺、锛，其他种类的数量很少，与地层所出有所不同。

陶器中以鼎、豆、壶、鬶、盆、碗为最主要器类，数量较多、纹饰多样的陶球和器表粗糙的陶棒也颇具特色，此外还有较多的纺轮和陶饼、器盖，而罐、杯、簋、钵、觚、盒、盂、甗、拍子等器类数量很少。

石器中以具有礼器性质的多孔石刀、钺类和与木作有关的工具锛、斧为最主要器类，武器类的石镞、农具类的石镰数量极少，此外还有少量凿、杵、磨棒、砺石、研磨用的石球，以及少量装饰类的石环、石饰等。其中最具特点的为基本呈奇数孔的一至十三孔石刀，扁平石钺也富有特色。石器的制作工艺较为发达，其中钻孔和定位技术达到了相当高的水平。

玉器的数量和种类都较少，主要有钺、镯、环、璜、管、坠，此外还有半球形、圆饼形等形态的小玉饰，另有 2 件器体很小的玉琮。以小件玉器为主，其中玉管占半数以上，器体较大的钺、镯、环数量不多。在制作工艺上以线切割为主，钻孔、镂空技术也较为常见，但雕刻技术不发达，仅见 2 件小玉琮上有简单的刻线。

第二节　房　　址

仅发现 3 座，编号为 F1、F2、F4，都位于南部墓葬区的附近。2 座为圆角长方形半地穴式，另 1 座仅发现红烧土地面，从形态上看也属圆角长方形。3 座房址上的废弃堆积中都发现了一面平整、另一面凸凹不平的红烧土块，部分烧土块上还带有半圆形的木杆类朽痕，推测应有木骨泥墙类的墙壁。房址内的地面上均遗留有少量石器和陶器。（附表三）

F1

（一）概　况

位于 T20 东北角，叠压在②层宋代堆积下，④层新石器时代黄沙土上，距地表深约 130 厘米。为一平面呈圆角长方形的红烧土面，北半部略高，南半部略低，高差约 5 厘米，全长约 470 厘米，宽 290～320 厘米，厚 25～35 厘米。西南角向西伸出平行两道较窄的红烧土面，长约 50 厘米，最宽 50～60 厘米，间距约 60～80 厘米，应为门道所在。门道之北约 2 米处的红烧土面上，有一椭圆形灶，长径 50 厘米，短径 33 厘米，深 7 厘米，灶底为圜底，也是红烧土面，并与房屋的红烧土面连为一体，灶底红烧土面上有一层厚 1～2 厘米的黑灰色烧结面，较坚硬，内存有木炭类灰烬。（图二七、图二八）

红烧土面上及周围散落一些较大的红烧土块，有的一面平整，另一面凸凹不平；并发现半圆筒形的红烧土块数段；有些红烧土块一面呈转角状，转角处残留有圆形小洞，这些应属墙壁之类，是 F1 废弃之后的堆积。

（二）遗　物

红烧土面上有石锛 3 件，砺石、穿孔石器、陶球及陶棒各 1 件，门道内有陶罐

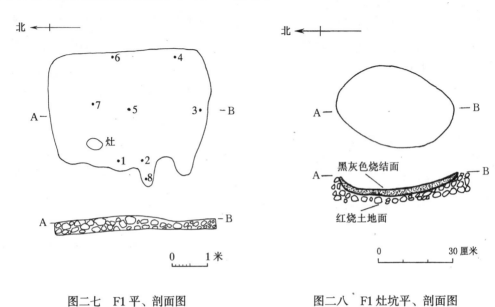

图二七　F1平、剖面图

1.穿孔石器　2.砾石　3.石锛　4.陶球　5.陶棒

6.石锛　7.石锛　8.陶罐

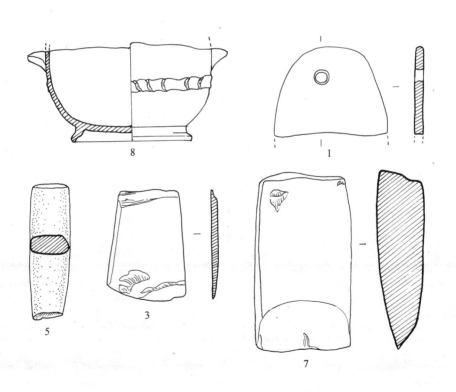

图二九　F1出土器物图（8为1/4，余为1/2）

1件。①

陶罐 F1：8，夹细砂红陶，略加少量粗砂。口及上腹部残，尚存部分带流口沿。圆唇，口部一部分向外撇成短流状，球腹，圜底，矮圈足。中腹有 1 对鸡冠状鋬，鋬边沿有斜向压印纹；下方饰 1 圈附加堆纹，并加饰连续按窝。器残高约 10.8、最大腹径 17.8 厘米。（图二九，8；图版四，1）

陶球 F1：4。

陶棒 F1：5，泥质红陶，夹较多植物壳，器表较多小凹坑，质地疏松。呈扁平状，一端残断，另一端稍平。残长 7.1、最宽 2.4、最厚 1.4 厘米。（图二九，5；图版四，2）

石锛 F1：3，青灰色粉砂质板岩。器体扁平，平面呈长方形，磨制不精。顶端及一侧残，另一侧略磨。单面刃。器最长 6、最厚 0.5、刃宽 4.3 厘米。（图二九，3）

F1：6，青灰色粉砂质板岩。器体稍厚，平面呈长方形，磨制不精。顶端磨平及两侧磨平。单面刃。器最长 9、最厚 2、刃宽 3.5 厘米。

F1：7，青灰色粉砂质板岩。器体厚重，平面呈长方形，磨制不精。顶端有深凹槽，略磨。两侧面磨平，侧面均有数个椭圆形凹窝。单面刃。器最长 9.5、最厚 2.4、刃宽 5.1 厘米。（图二九，7）

穿孔石器 F1：1，白云母花岗片麻岩。器体扁平，残缺一半，一面精磨，另一面未磨，边缘粗磨。一端两面管钻 1 孔，外孔径约 0.9 厘米。器残长约 4.9、宽 6.2、厚 0.7 厘米。（图二九，1；图版四，3）

砺石 F1：2。

F2

（一）概 况

位于 T17 西南角，叠压在④层新石器时代黄沙土下，打破生土，部分伸入 T17 南隔梁（未发掘）。从暴露部分看为一圆角长方形半地穴房址，口部距地表深约 190 厘米，已知长超过 240 厘米，宽约 235 厘米，深约 50 厘米以上。穴底为红烧土面，厚 6~7 厘米，未发现柱洞，但有几块呈一定形状类似柱础的红烧土块。中部偏东有 1 处瓢形灶，长 55 厘米，宽 33 厘米，深 6 厘米，灶口部有 2 块红烧土块各置一侧，灶底为黑色土，

---

① 这批遗物当时是按地层遗物处理的，第三次整理时根据探方日记和器物坐标将其归位后，认为确与 F1 有关，故归入 F1 中。另在红烧土面西边 2 米以内、基本处于同一水平面的黄沙土表层，尚留有石锛 2 件（编号 T20：15，坐标 480×960~105 厘米；T20：18，坐标 570×910~130 厘米）、砺石 1 件（编号 T20：36，坐标 600×800~120 厘米）、穿孔石片 1 件（编号 T20：22，坐标 480×720~135 厘米）、陶纺轮 1 件（编号 T20：29，坐标 690×900~140 厘米），这些器物与 F1 相距很近，同处于黄沙土层面上，附近并无其他遗迹或遗物，很可能亦与 F1 有关。

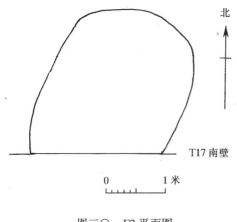

北

T17 南壁

0   1 米

图三〇 F2 平面图

质地十分坚硬[①]。(图三〇)

穴内堆积为黑色土,夹杂较多的红烧土块和颗粒,红烧土块堆积并延伸到穴口以外,大多数一面较平,另一面凸凹不平,有的带有木杆类朽后形成的凹槽,应属 F2 废弃后的堆积。

(二) 遗 物

红烧土面上遗留有残石器 1 件、陶豆、盆残片数片。

F4

(一) 概 况

位于 T17 东北部,叠压在③层商周灰褐土下,打破④层新石器时代黄沙土和⑤层黄褐土。为一圆角近长方形的半地穴房址,口部距地表深约 160 厘米,长 228 厘米,宽 146～165 厘米,深约 30 厘米。(图三一)

穴内堆积为大量红烧土块和成片的黑色土,红烧土块在穴口向外溢出并形成很厚的地上堆积,但排列杂乱无序。其中部分烧土块一面较平,另面不平整,个别的边缘还残留木杆类朽后留下的半圆形痕迹。穴底为红烧土面,厚 6～7 厘米。

(二) 遗 物

穴底红烧土面内含大量陶片,可辨识少量鼎足。在红烧土面上遗留有陶杯 1 件、插簪器 1 件、陶球 1 件、石锛 1 件,应与 F4 同时,属 F4 内的遗物。[②]

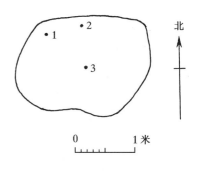

·1   ·2

·3

北

0   1 米

图三一 F4 底部平面图
1. 陶杯 2. 石锛 3. 陶插簪器

烧土堆积中发现有很少量碎骨以及石锛 1 件 (T17:108)、陶纺轮 1 件 (T17:110)、陶球 2 件 (T17:68,T17:69)、陶鼎 1 件 (T17:111),陶片数量也较多,以泥质红陶为

---

① F2 清理之初是按红烧土堆积处理的,因而部分信息 (包括图) 有所缺失。在 F2 南部约 3 米范围内的 T14 中北部,也即 M63、M67 附近及西、南部,发现了较多的陶片堆和 30 余件完整或可修复的石器、陶器 (包括 M63、M67 在内),不少陶器是出土于陶片堆中。它们与 F2 或有关联。

② 这批遗物当时是按地层遗物处理的,第三次整理时根据探方日记和器物坐标将其归位后,认为与 F4 有关,故归入 F4 中。陶球在穴底部,但具体位置不清,图中未标出。

主。它们应是 F4 废弃之后的堆积。

陶杯　F4:1，泥质红陶。器体小巧，圆唇，敞口，直腹，高圈足。腹部饰 4 圈宽凹弦纹，圈足上有不太规整的刮抹痕迹并在其中部饰对称 2 个圆镂孔。圈足内壁可见左轮拉坯指印，当属轮制。器最高 6.8、外口径 6.5 厘米。（图三二，1；图版四，4）

陶球　F4:4。

陶插簪器　F4:3，夹砂红褐陶。手制，器表较粗糙，为长方体，体内中空，正面有横向 3 排口斜向上的插孔，每排 5 个，每孔均穿透器壁。背面器体内塞满了泥块，周缘也粘有大片泥块，泥块中残留有夹植物壳的痕迹，经火烧后泥块均成为红烧土块，局部有类似窑汗的小空隙。该器应为粘于墙体之上的插簪之器。器最长 12、最宽 9.4、厚约 5.3 厘米，壁厚 1.5～1.8 厘米左右。（图三二，3；图版四，5）

石锛　F4:2。

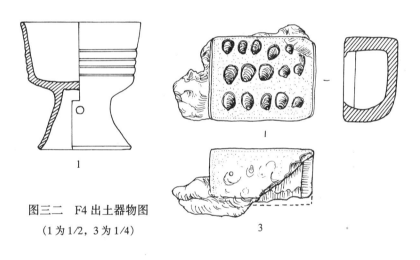

图三二　F4 出土器物图

（1 为 1/2，3 为 1/4）

第三节　灰　坑

共发现 8 个，编号为 H22、H39、H41、H42、H44、H48、H54、H56，其中 3 个位于南部墓葬区的外围东侧，2 个位于南部墓葬区的外围西南角，3 个位于北部墓葬区的西北侧边缘。按坑口的形状划分，有圆形、椭圆形、弯月形、圆角长方形几种，以圆形或椭圆形为主；坑的大小不一，大多数的口径都在 1.5 米以上，个别小的口径仅 0.6 米；坑底大都较平或斜平；壁斜弧或斜直，其中 H22、H54、H56 的壁、底都较为规整。坑内遗物绝大多数为陶片，仅 H41 出土石器 2 件；各坑出土陶片的数量不一，多者达 760 片，少者仅 12 片。（参见附表四、五相关部分）

H22

（一）概　况

1980 年 5 月 12 日，在 T16 北隔梁东部灰黄土下发现灰坑一个，次日将隔梁打掉一部分后开始清理，15 日结束，编号 H22。

开口于 T16 东北角④层新石器时代灰黄土下，打破⑤层黄土和黄色生土。坑口上距 H21 坑底仅隔约 20 厘米，平面近圆形，坑壁斜直，底较平。坑口距地表深约 180 厘米，口径约 150～170 厘米，底径约 110 厘米，深约 65 厘米。填土为深黑色土，质地疏松，表面的中间部分较四周凹陷约 20 厘米，内含大量陶片。（图三三）

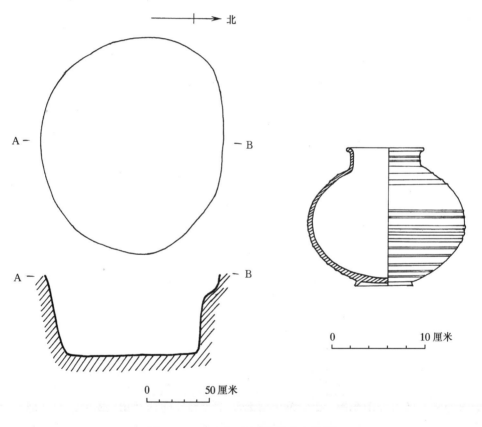

图三三　H22 平、剖面图及出土陶罐

（二）遗　物

出土陶罐 1 件、陶片 760 片。陶片以夹砂陶为主，泥质陶为次；黑陶占陶片总数的71.5%，尤以黑皮（衣）陶为多，红陶占 15.5%，灰陶仅占约 13%。器表以素面为主，约占 52%，次为弦纹，约占 43.4%，其余为少量的附加堆、刻划、按印、锥刺纹。可辨器形以鼎足数量最多，计 21 个，基本为夹砂陶，仅 1 个为泥质陶，另有较多的壶、罐、钵、豆盘的口沿，还有少量盆口沿、器底、把手。

陶小口罐　H22：1，泥质灰胎黑衣陶，黑衣部分脱落。厚圆唇外翻，矮直领，小口，圆腹较大，圜底，极矮的小圈足。通体饰凸棱，其中颈部饰 2 圈，上腹饰 3 圈，中腹饰 4 圈，下腹饰 5 圈。器最高 29、外口径 14.8 厘米。（图三三；图版五，1）

H39

（一）概　况

1982 年 9 月 28 日，在 T45 灰黄土下发现灰坑一个，清理后编号 H39。

开口于 T45 东北部的④层新石器时代灰黄土下，打破⑤a 层深灰色花斑土、⑤b 层浅黄花斑土、生土。平面近椭圆形，坑的东、北壁斜直，西、南壁斜弧，底较平。坑口距地表深约 185 厘米，长径约 160 厘米，短径 113 厘米，坑底长 125 厘米，宽仅约 20 厘米，坑深 46 厘米。填土为黑土，内含少量陶片。（图三四）

（二）遗　物

出土陶片 116 片，以泥质陶为主，约占 79%，夹砂陶为次；黑陶约占 43%，次为灰陶，约占 36%，红陶仅占 21%。器表素面占 60%，弦纹占 35%，余为少量附加堆纹和镂孔。可辨器形有少量鼎足、豆柄、壶口沿、带流罐口沿等。

陶鼎足　H39：5，夹砂红陶。横装扁平足。足正面饰曲折刻划纹。残高 6.4 厘米。（图三五，5；图版五，2）

陶豆柄　H39：1，泥质灰胎黑衣陶。柄上部鼓凸似算珠

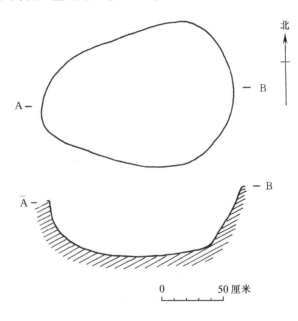

图三四　H39 平、剖面图

状，中间内凹。上部饰圆镂孔 3 组，每组 2 个；圈足上饰凹弦纹数圈，其下饰圆镂孔 1 圈 13 个，孔周围以刻划弧线环绕，每孔之间的上、下各加饰 1 对弧三角形戳印。器残高 13.6 厘米。（图三五，1；图版五，3）

H39：2，泥质灰黄胎黑衣陶。柄上部鼓凸似算珠状，中间内凹，足下半部折成台阶状。上部饰等距圆镂孔 4 个，圈足上饰凸棱数圈。残高 9.2 厘米。（图三五，2）

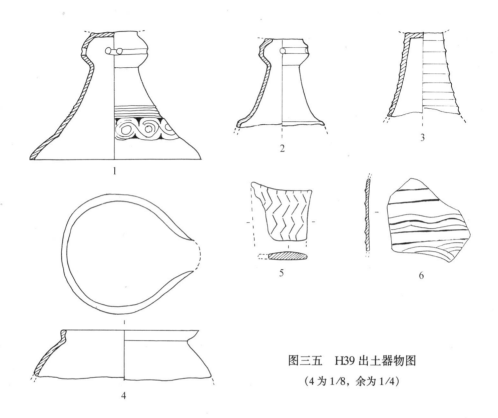

图三五　H39 出土器物图

(4 为 1/8，余为 1/4)

　　H39∶3，夹细砂灰黄胎黑衣陶。高柄。上饰多圈凸棱。残高 9 厘米。(图三五，3)

　　带流陶罐口沿　H39∶4，泥质灰黄胎黑衣陶。器体较大，圆唇，敛口，窄平沿，口局部向外撇成短流。残高 10 厘米。(图三五，4)

　　陶片　H39∶6，泥质红胎黑衣陶。器表饰多道直凸棱和 1 道曲线形凸棱，凸棱下方饰弧线刻划纹。残高 9 厘米。(图三五，6)

H41

　　(一) 概　况

　　1982 年 9 月 24 日，在 T28 灰褐土下发现灰坑一个，25 日清理后编号 H41。

　　开口于 T28 东南部的③层商周灰褐土下，打破④层新石器时代黄沙土和生土[①]，东南角打破红烧土坑 3 的西北角。坑口平面近椭圆形，圜底。坑口距地表深约 130 厘米，口部长径约 200 厘米，短径 146 厘米，坑深 42 厘米。填土为灰褐土，夹杂部分红烧土块，内含残石器、猪牙和大量陶片。

---

　　①　该坑所处位置沙土分布不多，是否打破该层，存疑。

（二）遗　物

出土遗物有残石斧 1 件、石饰 1 件、猪牙 1 个及可复原的陶豆 1 件、鬶 1 件，余为陶片，计 300 片。陶片中泥质陶占绝对多数，夹砂陶仅占 3％；其中泥质红陶最多，占 57％，次为泥质黑皮（衣）陶，占 22.3％；纹饰仅有少量凸棱和附加堆纹，素面占 92％。可辨器形有鬶 1、豆 1、残罐 1、残陶球 1、宽扁凹鼎足 4、凿形鼎足 2、豆盘口沿 8、豆柄 2、残圈足碗 5、残觚形器 1、鸡冠状錾 1、残壶 2 以及鬶足 4、鬶把 2。

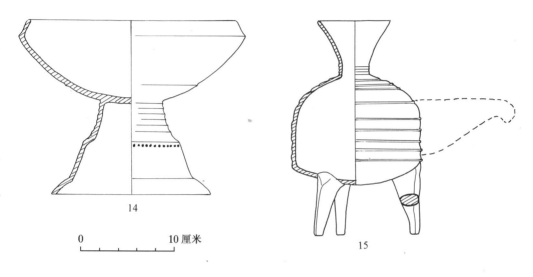

14

0　　　　　　　10 厘米

图三六　H41 出土器物图

陶钵形豆　H41:14，泥质灰胎黑衣陶。圆唇，敛口，弧腹，柄较矮，喇叭形圈足。腹下部饰细凸棱 1 圈；柄上饰细凸棱数圈，其下饰密集的小圆形戳印 1 圈。器最高 18.6、内口径 22.2 厘米。（图三六，14；图版五，4）

陶鬶　H41:15，泥质灰胎黑衣陶，黑衣部分脱落。圆唇，敞口，颈略长、下部内收，腹壁略直而深，3 个小凿形足已残缺，侧安扁平三角形把手 1 个，把手也已断缺。腹部饰多圈瓦棱纹。器最高 22.8、外口径 8 厘米。（图三六，15；图版五，5）

H42

（一）概　况

1982 年 10 月 6 日，在 T28 打北隔梁时于灰褐土下发现灰坑一个，7 日清理完毕，编号 H42。

开口于 T28 东北角的③层商周灰褐土下，打破④层新石器时代黄沙土。坑口平面近椭圆形，圜底。坑口距地表深约 125 厘米，长径 96 厘米，短径 80 厘米，坑深约 35

厘米。填土为灰褐色土，内含少量陶器和大量陶片。

（二）遗　物

出土陶片252片，夹砂陶极少，仅占不到9%，均为红陶；泥质陶以黑皮（衣）陶为主，约占41%，次为灰陶、红陶等；器表素面约占64%，纹饰以凸棱为大宗，约占28%，其次为少量的附加堆纹、刻划纹和镂孔。可辨器形有陶鬶1、陶盆1。

陶鬶　H42:17，泥质灰陶。圆唇，口微侈，长颈，圆腹，腹下部斜收，圜底近平，3个凿形足，侧安环形宽扁把手1个。把手系用2根泥条弯曲而成，中间空，中空部分一端宽，另一端尖。腹饰凹弦纹数圈。器最高22.2、外口径7.4厘米。（图三七，17；图版六，1）

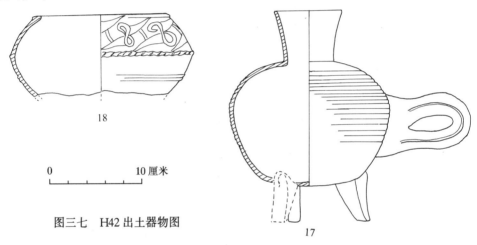

图三七　H42出土器物图

陶盆　H42:18，泥质灰胎黑衣陶，黑衣大都已脱落。盆底残，圆唇，卷沿，敛口，圆腹。肩部刻划"8"字形纹1圈，"8"字两侧各刻三角形纹1个，每两组间上下相对的三角形纹以2条平行刻划线相连；腹中部附加堆纹1圈，上加饰斜向压印纹，类似绞索状；下腹饰凸棱1圈。器残高8.8、内口径13.2厘米。（图三七，18；彩版七，3）

H44

（一）概　况

1982年9月25日，在T46黑灰土下发现灰坑一个，至28日清理完毕，编号H44，但一部分压在南壁之外未扩方。

开口于T46南侧的③层商周黑灰土下，打破④层新石器时代灰黄土和⑤b层浅黄色花斑土。一部分压在南壁之外（未扩方），坑口暴露部分呈半圆形，直径约230厘米，坑深72厘米。填土为黑灰土，质地较松软，夹有少量红烧土颗粒和木炭，内含少量陶片。

（二）遗　物

出土少量夹砂红陶和泥质黑陶片，器形不辨。

H48

（一）概　况

2000 年 10 月 30 日，在 T48 黄褐土下发现一片夹红烧土块较多的红褐土，与周围土色明显不同，清理后编号第六次发掘 H4，第三次整理时改为 H48。

开口于 T48 中部的②层周代黄褐土下，打破⑥层新石器时代红褐土和红沙土（即生土）。坑口平面呈弯月形，坑壁斜弧，底较平。坑口距地表深约 35 厘米，长径约 210 厘米，短径约 90 厘米，坑深约 40 厘米。填土为红褐色，质地较硬，夹较多红烧土块和碎颗粒，内含较多陶片。（图三八）

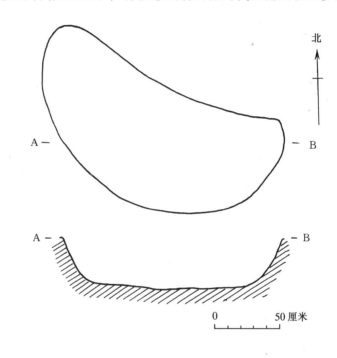

图三八　H48 平、剖面图

（二）遗　物

出土遗物仅有陶片 60 余片，以夹砂陶为主，约占 61%，其中夹砂红陶占约 48%；泥质陶以黑皮（衣）陶为主，约占 32%。以素面为主，纹饰有少量凹弦、凸棱、刻划、按窝、戳印，并有少量绳纹出现。可辨器形有夹砂灰陶和泥质灰黄陶鼎足各 1、夹砂红陶鼎足 10、壶口沿、豆盘

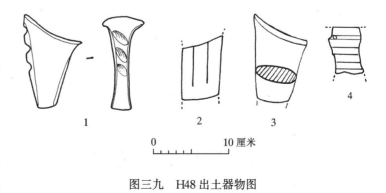

图三九　H48 出土器物图

口沿、豆柄等。

陶鼎足　H48：1，夹砂红陶。侧装近似鸭嘴形足。足正面饰 3 个椭圆形按窝。残高 12.4 厘米。（图三九，1）

H48：2，夹砂红褐陶。横装扁平足，足内面中间微凹。正面饰竖向划纹 2 条。残高 8.8 厘米。（图三九，2）

H48：3，夹砂灰陶。侧装扁平足。残高 9.6 厘米。（图三九，3）

陶豆柄残片　H48：4，泥质灰胎黑衣陶。上部似算珠形。柄上有多道凸棱。残高 6.4 厘米。（图三九，4）

H54

（一）概　况

2000 年 11 月 9 日，在 T48 灰黄沙土下发现一片明显不同于周围土色的灰褐土，10 日确认为灰坑并清理完毕，编号第六次发掘 H10，第三次整理时改为 H54。但伸出探方之外部分未扩方。

开口于 T48 西北角④层新石器时代（或相当于夏代？）灰黄色沙土下，打破⑥层新石器时代红褐土和红沙土（即生土），并打破 T48 的 K5 西部。伸出探方之外部分未扩方，坑口暴露部分呈圆角长方形，坑边均向外略弧凸，坑壁斜直，坑底由南向北呈倾斜状，高差约 20 厘米。坑口距地表深 45～60 厘米，已知长约 140 厘米，宽 122 厘米，坑深 30～50 厘米。填土为颜色较深的灰褐色土，质地很松，内含很少量陶片。（图四〇）

（二）遗　物

仅出土陶片 49 片，其中夹砂红陶约占 49%，泥质黑陶约占 29%；以素面为主，纹饰仅有少量绳纹、凹弦纹、凸棱、篮纹和镂孔；可辨器形有夹砂红陶鼎足和罐、甑、盆、壶、豆残片。

陶鼎足　H54：1，夹砂灰黄陶。侧状扁平三角形足，下半部残缺。足根饰按窝 2 个。残高 8.6 厘米。（图四一，1；图版六，2 上左）

H54：2，夹砂红陶。横装扁平足。足正面饰 1 道竖向凸棱，棱上加饰横向压印纹。残高 5.3 厘米。（图四一，

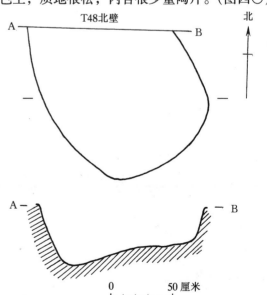

图四〇　H54 平、剖面图

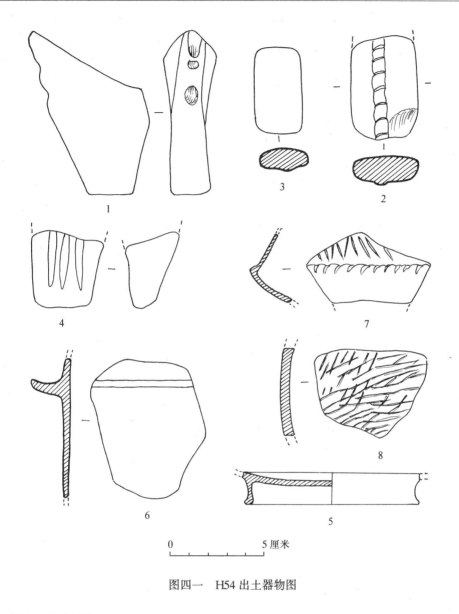

0　　　　　　　　5厘米

图四一　H54 出土器物图

2；图版六，2 上右）

　　H54:3，夹砂红陶。横装扁平足，较短小。残高 4.6 厘米。（图四一，3；图版六，2 下左）

　　H54:4，夹砂红陶。横装扁平足，下半部残缺。足正面饰竖向凹槽 3 道。残高 4.2 厘米。（图四一，4；图版六，2 下右）

　　陶壶腹片　H54:7，夹砂灰胎黑衣陶。折腹。上腹饰刮抹成的条纹，折腹处起折棱，棱上加饰压印纹。残高 3.6 厘米。（图四一，7）

陶盆残片 H54∶6，夹砂红陶。腹壁较深而直，残存扁平器錾 1 个。残高 7.5 厘米。（图四一，6）

陶罐底 H54∶5，夹砂红胎黑衣陶。底较大，圜底，矮圈足。圈足外径 9.5 厘米。（图四一，5）

陶片 H54∶8，夹砂红褐陶。应为罐类腹片。上饰交错篮纹。残片长 6.2 厘米。（图四一，8；图版六，3）

H56

（一）概　况

2000 年 11 月 11 日，在 T48 发掘完文化层后，于红沙土面上发现明显不同的一片灰黑土，14 日进行了清理，编号第六次发掘 H12，第三次整理时改为 H56。

开口于 T48 东北部的⑥层新石器时代红褐土下，被⑥层打破西南一角，本身打破红沙土（即生土）。坑口平面呈圆形，口大底小，壁陡直，底平，形制规整。坑口距地表深约 30 厘米，口径约 60 厘米，底径约 40 厘米，深约 50 厘米。填土为灰黑土，质地较松，夹少量红烧土块和颗粒，内含极少量陶片。（图四二）

（二）遗　物

仅出土陶片 12 片，夹砂红陶 33.3%、黑陶 16.7%，泥质红胎（或灰胎）黑皮陶 41.7%、泥质红陶 8.3%；器表基本为素面，占 91.7%，仅见凸棱 1 片；可辨器形仅鼎足 1 个。

陶鼎足 H56∶1，夹砂红陶。鸭嘴形。高 6.8 厘米。（图四三，1）

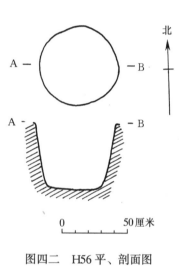

图四二　H56 平、剖面图

图四三　H56 出土器物图

第四节　墓　葬

一　分布概况

共发现新石器时代墓葬 150 座，除个别分布零散外，绝大多数都分布在发掘的主要区域内，是一个规模较大的墓地。从现已了解的情况看，在南部的墓葬主要集中在

T16、T17、T18 和 T3、T13、T14 六个探方内，在 T16 的南部和更南的 T4 中只有零星分布，这可能已近墓地的南缘，但也不排除 T4 以东、以南和 T3、T13、T14 以南还有少量墓葬的可能；在西南部 T28～T32、T39～T42 九个探方中，只有 3 座墓葬且分布十分零散，可能为墓地的西南边缘；在西部，墓葬最集中地分布在 T33、T37、T38、T48 四个探方中，而 T38 西南部大片范围和再向西紧挨它们的 T49、T45 则基本不见，向北到 T10 只发现了 1 座墓葬，因此这可能已到墓地的西部边缘；在北部的 T5～T8、T11 几个探方中，墓葬分布十分密集，可能墓地边缘还在发掘区之外；而在东部的 T24、T25 和 T43～T46 的大片区域内，墓葬分布则十分稀疏，显然已是墓地的边缘了；T47 附近分布了少量的墓葬，也许再向东、北方向还会有少量墓葬，但离墓地边缘可能不会太远。因此整个墓地的分布范围南北长应超过 70 米，东西宽约 50 米，面积 3000 多平方米。

二　形制和方向

全部 150 座墓葬中，有 26 座找到明确的墓坑，2 座有墓坑迹象但较模糊，其余 122 座墓葬未能找到墓坑。从已有的墓坑形制看，均为长方形浅穴土坑，部分墓葬如 M80、M81 等略呈长梯形，一端稍宽而另一端稍窄，只有 1 座较特殊（M133），为较宽的斜四边形。

因骨骼和其他有机质的物品均已腐朽不存，葬具、葬式未知。

已知的 28 座可以确定墓葬方向的土坑墓，其中的 25 座均为东北—西南向，另 2 座（M133、M144）为正南北向，还有 1 座（M102）为西北—东南向。其余 122 座墓葬根据具体情况判断（详见第二章第二节之二·3（6）部分），可以基本确定为东北—西南向的有 21 座，可能为东北—西南向的 22 座，可能为正南北向的 3 座，难以确定方向的 76 座。根据已知的墓葬方向并结合整个墓地中各墓列均呈西北—东南向排列分析，墓地中的墓葬方向应是以东北—西南向为主，正南北向为次，并存在极少量其他方向。

三　随葬器物概况

若以单件器物计算，150 座墓葬共随葬陶、石、玉、骨器 759 件。其中陶器 483 件，占随葬器物总数的 63.6%；器类以鼎、豆、壶、鬶、碗、盆、球、纺轮为主，另外还有数量较少的簋、罐、杯，其他如甗、钵、盖、拍子、棒、盂、饼、盒、觚形杯、缸只有 1～3 件不等。石器 144 件，占随葬品总数的 19%；器类以多孔石刀、钺、锛为主，另有少量的斧、凿、镞、环、砺石、球、杵、饰等。玉器 130 件，占随葬品总数的 17.1%；器类以管占大多数，次为璜、钺、镯、环，还有 10 余件半球形、圆饼形等形态的小饰件和 2 件小玉琮。骨器仅 2 件，占随葬品总数的 0.3%；器类仅环、璜各 1 件。

从随葬器物的统计数据来看，陶器、石器是随葬品的基本组合，陶器则是最主要的随葬品，有141座墓均随葬有陶器，仅9座墓葬无陶器；随葬石器的有53座；而随葬玉器的只有26座。陶器的基本组合为鼎、豆、壶，鬹、碗、盆、球、纺轮也较常见；石器的基本组合为多孔石刀、钺、锛，其他器类均少见，尤其是石镞只见于3座墓葬之中；玉器只有玉管最常见，钺、璜、环、镯只见于少数墓葬之中。各墓的随葬器多少不一，最多的达45件，也有无随葬品的，其中20件以上的只有2座，10～20件的有10座，6～9件的有30座，1～5件的有107座，另有1座为空墓。（附表六）

　　随葬品的放置具有一定的规律，特别值得一提的是，多孔石刀和石锛的长轴方向绝大多数是东北—西南向，（玉）石钺或斧的刃绝大多数均朝西北或东南，这些器物在一墓中还常层层叠压，部分斧、钺还侧立于土中。陶豆的豆柄（即该器的长轴方向）与石刀一样也基本上是东北—西南向。此外，陶盆或碗类器物存在着较多的口朝下、底朝上倒扣现象，陶纺轮常与陶壶同出，且有较多的纺轮直立于土中。

　　随葬的器物中，陶器以泥质或夹粉砂的红胎、灰胎或灰黄胎黑衣（皮）陶最具特色，此外还有部分泥质或夹砂红陶、灰陶以及少量的泥质夹蚌末陶。绝大多数器物为手制，但部分器物上已有慢轮修整的痕迹，能够观察到的明确具有快轮制作痕迹的只有M76∶2陶壶、M112∶2陶豆和M112∶3陶高柄杯、F4∶1陶杯，这4件器物上均可见到清晰的拉坯指印。在陶器器表，常可观察到较多的刮抹痕，部分夹细砂陶的器表已刮抹得近似泥质陶器表，此外还有少数器表施有红色陶衣。陶器器表的纹饰较为简单，主要有凹弦、凸棱、刻划纹、镂孔、戳印，其他纹饰很少，个别器表上有朱绘。石器绝大多数为青灰色或灰黄色的砂质板岩、粉砂质板岩，其他质地的较少。石器的制作特别是钻孔定位技术较为发达。玉器的制作技术尚未显现出十分发达的迹象。

四　各墓介绍

　　以下按照墓葬的编号顺序逐一加以介绍，仅个别墓葬（如M42、M129）因可能与其他墓葬有密切关系而调整到与之可能相关的墓葬之后。

M1

（一）概　况

　　1979年4月9日下午，在T5黄沙土中发现1件玉璜，随后在其南部约1米处发现石钺、石刀、残玉环和玉管（M1∶6）各1件较集中地分布在一起，在这些遗物周围，几乎没有其他遗物混杂，当即作为墓葬处理，编号T5第一组。11日在玉管旁取土时又发现玉管1件（M1∶7）和圆形玉饰1件，也归入该组。

　　遗物位于T5东侧偏北的③层黄沙土中，周围无任何其他遗物，其上层为①层表

土、下层为纯黄沙生土。① 墓坑、葬具和人骨架均未
发现。出土遗物共 8 件，计玉器 5 件、石器 3 件，距
地表深 185 厘米。② 遗物所跨最长边距约 180 厘米，
最宽约 25 厘米，③ 除玉璜外，余均集中分布在一起，
其中 3 件石器交错叠压，即 3 号石钺部分叠压于 4 号
石钺之上，而 2 号七孔石刀又叠压于 3、4 号钺的刃
端。石钺刃部朝东南、西北者各一；石刀刃部朝向西
北，长轴指向为东北—西南向。根据器物摆放特点和
石刀长轴指向，墓葬应为东北—西南向。（图四四）

（二）遗　物

玉环　1 件。M1∶5，暗绿色杂白斑。器体扁平，
平面呈环形，仅剩残段，磨制精细。一端对钻 1 个小
圆孔，外孔径约 0.5 厘米。器残长 4.5、最厚 0.4 厘
米。（图四五，5；图版七，1）

玉璜　1 件。M1∶1，乳白色。器体扁平，平面呈
扇形，磨制精细。一侧对钻 2 个圆孔。器最长 7、最
厚 0.5 厘米。（图四五，1；图版七，2）

玉管　2 件。M1∶6，乳白色微泛黄。圆柱体，磨
制精细。两端对钻 1 个小圆孔。器最长 2.4、最大直
径 1.3 厘米。（图四五，6；图版七，3 左）

M1∶7，乳白色微泛黄。扁圆柱体，磨制精细。
一端齐平，另一端中心内凹，两端对钻 1 个小圆孔，
一端孔径大，另一端孔径小。器最长 1.8、最大直径
1.6 厘米。（图四五，7；图版七，3，右）

玉饰　1 件。M1∶8，乳白色。器体扁平，呈圆饼
形，但两侧略平直，磨制精细。两面对钻 1 个小圆
孔。器最大直径 1.5 厘米。（图四五，8；图版七，4）

七孔石刀　1 件。M1∶2，青灰色粉砂质板岩。器体扁平，平面呈斜梯形，磨制精
细，窄端一拐角残。顶端齐平，上有细密的摩擦痕。两侧面磨平。平刃，刃口锋利。两

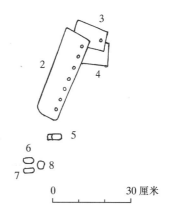

图四四　M1 平面图

1. 玉璜　2. 七孔石刀　3. 石钺　4. 石钺
5. 残玉环　6. 玉管　7. 玉管　8. 玉饰

---

① 上层和下层指遗物所处的土层之垂直方向的上覆和下伏土层，不表示墓葬的开口层位，此描述有助于判断
　　该墓的层位关系。找到墓坑的墓葬则表述为"开口于几层下"。以下同。

② 指以探方西南角为准，该组器物中距地表最深的距离，即应视为墓底的深度。以下同。

③ 所跨最长、最宽边距指两遗物最外边缘的距离，后文有遗物"间距"指两遗物最内边缘的距离。以下同。

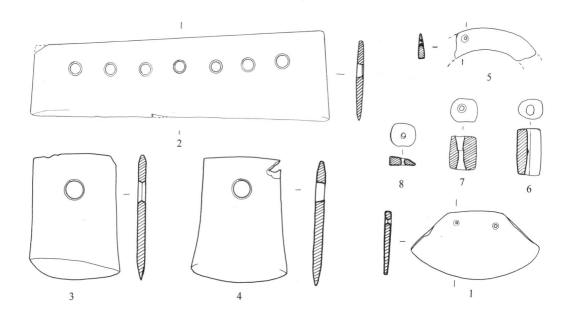

图四五　M1 出土器物图（2~4 为 1/4，余为 1/2）

面对钻 7 孔，均管钻，但一面钻孔较深，而另一面钻孔较浅，孔壁可见数道旋切痕。刃长 32.7、两端宽分别为 9.6 和 7.2、最厚 0.7 厘米。（图四五，2；图版八，1）

　　石钺　2 件。M1:3，青灰色砂质板岩。器体扁平，平面呈斜梯形，磨制精细。顶端和一角各有 1 处崩缺。斜刃，刃口较锋利，上有数处小崩口。器中间偏顶部钻 1 孔，两面管钻，外孔径 2.5 厘米。器最长 13、最厚 1、刃宽 10 厘米。（图四五，3；图版八，2）

　　M1:4，青灰色砂质板岩。器体扁平，平面呈正梯形，磨制精细。顶部一角残损。弧刃，一角残缺，刃口锋利，上有多处极细碎崩口。器中间偏顶部对钻 1 孔，两面管钻，一面钻孔较深，约 0.8 厘米，另一面钻孔较浅，约 0.2 厘米，外孔径 2.3 厘米。器最长 13.3、最厚 1、刃宽 10.5 厘米。（图四五，4；图版八，3）

M2

（一）概　况

　　1979 年 4 月 10 日，在 T2 黄色土中发现长方形玉器、带盖陶鼎、陶杯各 1 件相距较近，周围无任何遗物。当时疑非墓葬而作为地层遗物，后改定为墓葬，编号 T2 第一组。

　　遗物位于 T2 中部的③层黄色土中，周围无任何中其他遗物，其上层为②层商周灰色土，下层为纯黄沙生土。墓坑、葬具和人骨架均未发现。出土遗物共 3 件，计玉器 1 件、陶器 2 件，距地表深约 142 厘米。遗物分布相对较近，所跨最长边距约 65 厘米，最宽约 20 厘米，但距地表深度各不相同，其中长方形玉器深 116 厘米，陶鼎深 130 厘米，陶杯深 142 厘米。从遗物排列方向看，墓葬应为近乎南北向。（图四六）

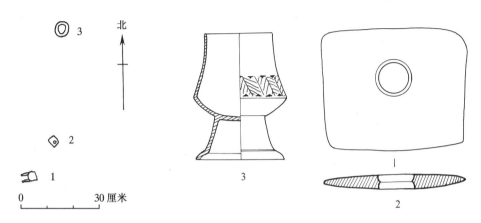

图四六　M2 平面图　　　　　图四七　M2 出土器物图（2 为 1/2，3 为 1/4）
1. 陶鼎　2. 长方形玉器　3. 陶杯

（二）遗　物

陶鼎　1 件。M2:1，破碎不能复原。

陶杯　1 件。M2:3，泥质灰陶。尖圆唇，口微外侈，腹向内弧，腹下部折收，圜底，矮柄，喇叭形圈足。折腹处有折棱 1 圈，折腹上部饰叶脉纹 1 圈，上下两端又各戳印 1 组三角形盲孔。器最高 13.4、口径 7.2 厘米。（图四七，3；图版九，1）

长方形玉器　1 件。M2:2，乳白色。器体扁平，平面呈长方形，磨制精细。两短边磨薄类似刃，但不锋利；两长边较厚，均磨平，一边平面上还可见清晰的线切割形成的短弧线。器身中部对钻 1 孔，两面管钻，外孔径 2 厘米。此器似为玉钺改制而成。器最长 8.1、最宽 6.5、最厚 1 厘米。（图四七，2；彩版九，2；图版九，2）

M3

（一）概　况

1979 年 4 月 10 日下午，在 T5③层黄沙土中发现相距较近的陶鬶、壶、豆各 1 件，即按墓葬处理，编号 T5 第二组。

遗物位于 T5 南侧中段的③层黄沙土中，其上层为①层表土，下层为纯黄沙生土。墓坑、葬具和人骨架均未发现。出土遗物仅陶器 3 件，距地表深 195 厘米。遗物分布相对集中成三角状，所跨最长边距约 50 厘米，最宽约 30 厘米。墓葬方向不清。（图四八）

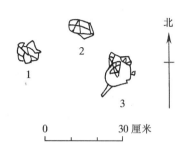

北

0　　　　　30 厘米

图四八　M3 平面图
1.鬶 2.壶 3.豆

（二）遗　物

陶盘形豆　1 件。M3∶3，泥质红胎黑皮陶。厚圆唇，略敛口，折腹，盘腹稍深，柄较粗矮，喇叭形圈足。折腹处起折棱，下腹饰 1 圈宽凸棱，柄上饰 3 圈小圆镂孔，上 12 孔，中 8 孔，下 4 孔，孔间以刻划线相连。器最高 14、外口径 20 厘米。（图四九，3；图版九，3）

陶扁腹壶　1 件。M3∶2，泥质红胎黑衣陶，黑衣部分脱落。扁圆腹，圜底，矮圈足。器残高 7.0、腹径 12.4 厘米。（图四九，2；图版九，4）

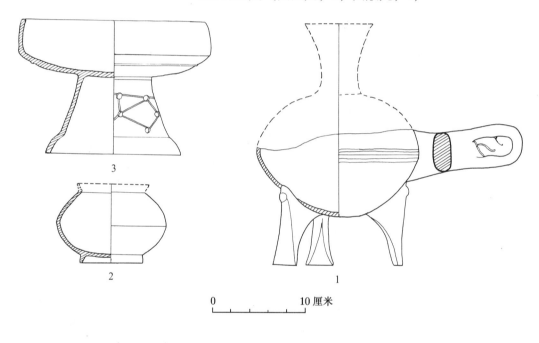

3

2

1

0　　　　　10 厘米

图四九　M3 出土器物图

陶鬶　1 件。M3∶1，泥质灰白胎黑衣陶，黑衣部分脱落。上腹及颈、口部残，扁圆腹，圜底，3 个凿形足，侧面 1 个把手。把手仅用泥条卷成类似麻花的形态，中间无空，尾部平。腹中部饰凹弦纹数周，足根正面饰 1 个泥突。器残高约 14.4 厘米。（图四九，1；图版九，5）

M4

（一）概　况

1979 年 4 月 14 日上午，在 T5 东壁南段修整阶梯时于黄沙土中发现相距较近的玉坠、石钺、石刀、陶壶各1件，即按墓葬处理，编号 T5 第三组。

遗物位于 T5 东部扩方之东南角的③层黄沙土中，其上层为①层表土，下层为纯黄沙生土。墓坑、葬具和人骨架均未发现。出土遗物4件，计玉器1件、石器2件、陶器1件，距地表深约210厘米。遗物分布相对集中，所跨最长边距约65厘米，最宽45厘米，其中石钺斜立于土中，与石刀左右相对，两者刃部均朝向东南，石刀长轴指向为东北—西南向。根据器物摆放和石刀长轴指向，墓葬应为东北—西南向。（图五〇）

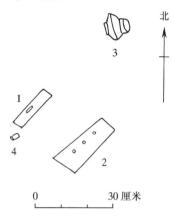

图五〇　M4平面图
1.石钺　2.三孔石刀　3.陶壶　4.玉坠

（二）遗　物

陶扁腹壶　1件。M4：3，泥质灰陶。圆唇，敞

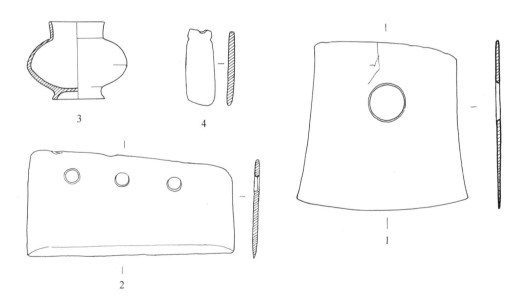

图五一　M4出土器物图（4为1/2，余为1/4）

口，扁圆腹折收，圈足。器最高8.2、口径6厘米。（图五一，3；图版一〇，1）

玉坠　1件。M4：4，乳白色。器体扁平，平面呈梯形，磨制精细。顶部残缺。近顶部两面对钻1个小圆孔。两边缘各垂直切割1道凹槽。器最长4、宽1～1.5厘米。（图五一，4；图版一〇，2）

三孔石刀　1件。M4：2，灰黄色粉砂质板岩。器体扁薄，平面呈斜梯形，磨制略精。顶部有数处缺口。平刃，刃口略锋利，上有几处小崩口。两面对钻3孔，均管钻。

刃长 22.5、两端宽分别为 11.4 和 9.3、最厚 0.8 厘米。(图五一, 2; 图版一〇, 4)

石钺　1 件。M4:1,深灰色砂质板岩。器体扁薄,平面呈"风"字形,两腰微束,磨制精细。斜弧刃,刃口锋利。单面钻 1 孔,外孔径 4.2 厘米。器最长 18、刃宽 19、最厚 0.8 厘米。(图五一, 1; 图版一〇, 3)

M5

(一) 概 况

1979 年 4 月 17 日,于 T4 东壁黄色黏土下的生土中略下挖时发现 1 件器物,遂扩大寻找,发现有打破生土的墓坑,编号 T4 第一组。墓坑东北部在东壁外,未扩方。

遗物位于 T4 东侧中段偏北处,开口于④层黄色黏土下,打破夹褐斑的黄色生土。为长方形浅穴土坑墓,墓口距地表深约 230 厘米,暴露部分长近 150 厘米,宽约 66 厘米,残存坑深约 15 厘米,方向北偏东 39°。未见葬具和人骨架。出土遗物仅陶器 6 件,均集中放置于墓坑中间偏南。(图五二)

(二) 遗 物

陶圆腹罐形鼎　1 件。M5:2,夹细砂红陶。伞形盖,圆柱形纽。鼎身圆唇,口微外侈,圆腹下垂,3 个侧装扁凿形足。器身上有较多横向刮抹痕。器通高 17.2、口径 8.8 厘米。(图五三, 2; 彩版三, 1; 图版一一, 1)

陶盘形豆　1 件。M5:3,泥质灰陶。圆唇,敛口,弧壁,高柄,喇叭形圈足。豆盘中部起 1 圈折棱,柄饰等距凹弦纹 4 组,上三组每组 3 圈,下一组为 4 圈,每组之间再刻划对称竖直线。器最高 25.3、内口径 22 厘米。(图五三, 3; 图版一一, 2)

陶双折腹壶　1 件。M5:5,泥质红胎黑衣陶,黑衣大都脱落。圆唇,小口外侈,直颈,双折腹,最大腹径

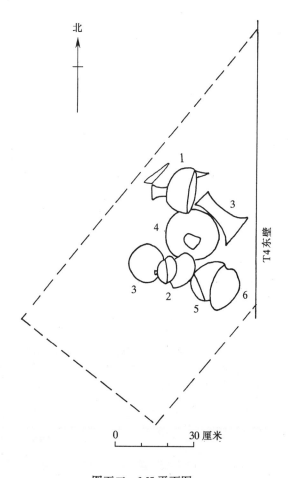

图五二　M5 平面图

1. 陶鬶　2. 陶鼎　3. 陶豆　4. 陶簋　5. 陶壶　6. 陶碗

偏下，平底。颈饰凸棱数圈。器最高 17.4、外口径 7 厘米。(图五三，5；图版一一，3)

陶鬹　1件。M5:1，夹细砂灰胎黑衣陶，黑衣大都脱落。尖圆唇，喇叭口，长颈，弧肩，直腹，圜底，3 个凿形足。侧面 1 个把手为泥块捏成，呈三角形，尾部上翘。腹下饰凹弦纹 2 圈。器最高 22、外口径 7.6 厘米。(图五三，1；彩版七，1；图版一一，4)

陶碗　1件。M5:6，泥质红胎黑皮陶。圆唇，口微敛，弧腹下折收，圜底近平。侧面 1 个较宽半环形鋬。器最高 8.6、外口径 19.4 厘米。(图五三，6；图版一一，5)

陶簋　1件。　M5:4，泥质红陶，夹蚌末，炭化后器表留下小凹窝，质地略疏松，器表施一层红衣，大都已脱落。子母口微敛，圆唇，深弧腹，圈足稍高。器最高 10.8、外口径 12.6 厘米。(图五三，4；图版一一，6)

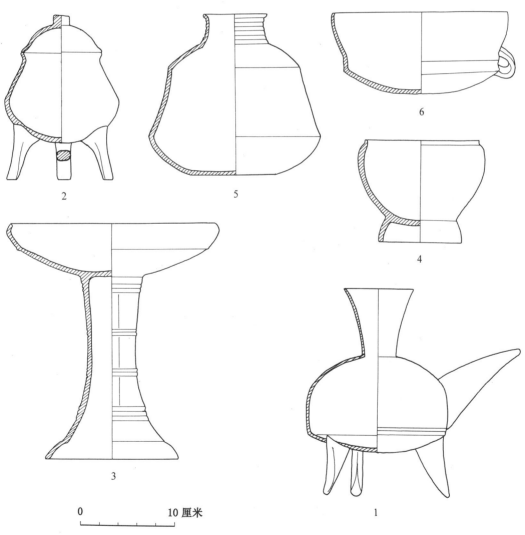

0　　　　　　　10 厘米

图五三　M5 出土器物图

M6

（一）概　况

1979 年 4 月 18 日下午，在 T5 黄沙土中发现相距很近的石刀、陶盆、陶壶各 1 件，清理后编号 T5 第四组。19 日上午在同一处又发现石刀 1 件，归于同一组。

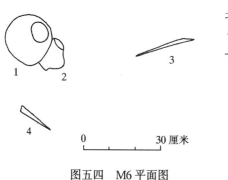

遗物位于 T5 中部的③层黄沙土中，其上层为①层表土，下层为纯黄沙生土。墓坑、葬具和人骨架均未发现。出土遗物共 4 件，计石器 2 件、陶器 2 件，距地表深约 310 厘米。遗物呈三角形放置，所跨最长边距约 75 厘米，最宽约 45 厘米，其中石刀 2 件分散放置，皆侧向直立于土中，陶盆底朝上倒扣于陶壶之上。（图五四）

图五四　M6 平面图

1. 陶盆　2. 陶壶　3. 三孔石刀　4. 一孔石刀

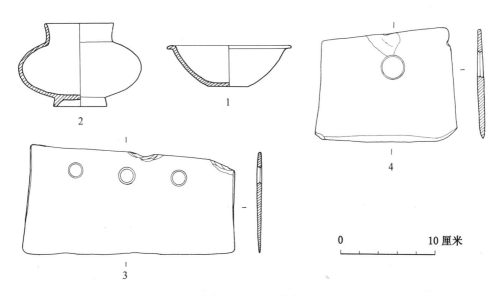

图五五　M6 出土器物图

（二）遗　物

陶扁腹壶　1 件。M6：2，夹细砂灰黑陶，器表刮抹平滑。圆唇，直口略敞，颈较长，扁圆腹，平底，小圈足。器最高 9、外口径 7.6 厘米。（图五五，2；图版一二，1）

陶盆　1 件。M6：1，夹细砂泥质灰陶。圆唇，宽沿，沿面弧凸，斜弧壁，平底。器最高 4.5、外口径 14 厘米。（图五五，1；图版一二，2）

三孔石刀　1件。M6:3，灰黄色粉砂质板岩。器体扁平，平面呈斜梯形，磨制略精。顶部有崩损痕迹。平刃，刃口较钝，上有多处细小崩口。两面对钻3孔，均管钻。刃长23.3、两端宽分别为11.5和9.5、最厚0.6厘米。（图五五，3；图版一二，3）

一孔石刀　1件。M6:4，灰黄色粉砂质板岩。器体扁平，平面呈斜梯形，磨制略精。顶与两侧均有崩损痕迹。平刃，刃口较钝，一刃尖断损。对钻1孔，两面管钻，外孔径2.6厘米。刃长15.5、两端宽分别为12和10.5、最厚0.8厘米。（图五五，4；图版一二，4）

M7

（一）概　况

1979年4月19日，在T3黄色黏土中发现分布在一起的陶鼎、豆、鬶各1件，当时确定为一墓葬，但仅按成组器物绘制了平面图而未编号，第一次整理时编号M7。

遗物位于T3西南部④层黄色黏土中，其上层为③层新石器时代灰黄土，下层为黄色生土。墓坑、葬具和人骨架均未发现。出土遗物仅陶器3件，距地表深约160厘米。（图五六）

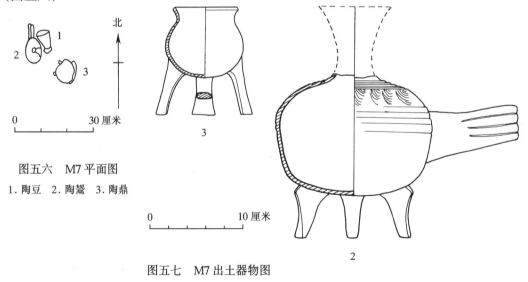

北

0　　　　　30 厘米

图五六　M7 平面图
1. 陶豆　2. 陶鬶　3. 陶鼎

0　　　　　10 厘米

图五七　M7 出土器物图

（二）遗　物

陶圆腹罐形鼎　1件。M7:3，夹细砂黑褐陶，底、足红色。圆唇略方，口外侈，束颈，圆腹，3个横装扁平足。器最高11.2、外口径7厘米。（图五七，3；图版一三，1）

陶豆　1件。M7:1，破碎不能复原。

陶鬶　1件。M7:2，泥质灰陶。颈、口残缺，弧肩，直腹略内收，圈底，3个侧装凿形足，侧面 1 个扁平把手。把手由 4 根泥条并列捏成宽扁形。肩上部饰凹弦纹 5 圈，下刻划羽状纹 1 圈 12 组，每个羽状纹的末端都刻划点状椭圆形窝，其下再饰凹弦纹 5 圈。底部有数处刮抹痕。器残高 17.4 厘米。（图五七，2；图版一三，2）

M8

（一）概　　况

1979 年 4 月 20 日上午，在 T5 东部扩方处修整阶梯时于黄沙土中发现一组分布较集中的器物，有玉、石、陶器，即作为墓葬处理，编号 T5 第五组。第三次整理时发现 4 月 23 日探方结束时出土的陶壶 T5:47（坐标 600×200－200 厘米）位于该组器物西南约 45 厘米处，周围并无其他遗物，在位置、深度上均应与该组有关，乃归入该组，为 11 号。

遗物位于 T5 东部扩方的③层黄沙土中，其上层为①层表土，下层为纯黄沙生土。墓坑、葬具和人骨架均未发现。出土遗物共 18 件，计玉器 10 件、石器 5 件、陶器 3 件，距地表深约 200 厘米。遗物呈东北—西南向长条形分布，所跨最长边距约 180 厘米，最宽约 65 厘米，其中 7 号石钺叠压于 8 号石刀之西南端。除 6 号石钺为侧向直立于土中外，其余石钺和石刀的刃部均朝向东南，石刀长轴指向为东北—西南向，3 号石锛则在它们右侧，长轴指向为东南—西北向。玉管饰 1 组分布较散。从器物摆放位置和石刀长轴方向分析，该墓应为东北—西南向。（图五八）

（二）遗　　物

陶釜形鼎　1 件。M8:10，夹砂红陶。碟形盖，大圈足纽。鼎身为圆唇，侈口，束腰，折腹，圜底，3 个横装扁平条形足较高。折腹处饰凹弦纹 2 圈，足根部饰 1 个按窝。器最高 23.2、外口径 15 厘米。（图五九，10；图版一三，3）

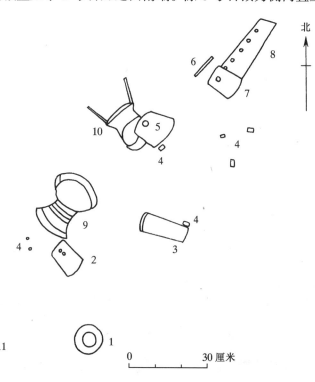

图五八　M8 平面图

1.玉镯　2.玉钺　3.石锛　4.玉管、饰（8件）　5.石钺　6.石钺　7.石钺　8.五孔石刀　9.陶豆　10.陶鼎　11.陶壶

图五九 M8 出土器物图（4 为 1/2，余为 1/4）

陶盘形豆　1件。M8:9，泥质灰陶。尖圆唇，敞口，斜壁，平底，粗柄较高，喇叭形圈足。柄饰凸棱3组，每组2圈，上、中两组凸棱在每组中间再镂对称横向长方形孔各4个。器最高14.8、外口径19.4厘米。(图五九，9；图版一三，4)

陶折腹壶　1件。M8:11，泥质红胎黑衣陶。圆唇，敞口，肩略折，腹斜弧，圜底，圈足。折肩处有凹弦纹1圈。器最高11.6、外口径7.8厘米。(图五九，11)

玉钺　1件。M8:2，乳白色微泛黄。器体扁平，平面呈梯形，磨制精细并抛光。顶部两拐角有崩缺痕。弧刃，刃口较锋利，上有一处稍大崩口和多处细小崩口。竖行对钻2孔，均两面管钻，外孔径约1.8厘米。器表一面光滑，另一面上孔右上侧、下孔右下侧均有线切割形成的弧形深凹槽数道。器最长14.6、最厚1.6、刃宽10.2厘米。(图五九，2；彩版九，1；图版一四，1)

玉镯　1件。M8:1，乳白色。平面呈圆形，断面呈正方形，磨制精细，一边缘有崩损痕迹。器最大直径11、厚2.6厘米。(图五九，1)

玉管　6件。均乳白色。M8:4-3，圆角长方形，磨制精细，两端对钻1个小圆孔。长1.5厘米。(图五九，4-3；图版一四，3左4)

M8:4-4，长2.2厘米。(图五九，4-4；图版一四，3左3)

M8:4-5，长2厘米。(图五九，4-5；图版一四，3左2)

M8:4-6，在圆柱面上磨制成近四方形，在一个侧面上有切割的弧线1条。长2厘米。(图五九，4-6；图版一四，3左5)

M8:4-7，长2厘米。(图五九，4-7；图版一四，3左6)

M8:4-8，长1.8厘米。(图五九，4-8；图版一四，3左1)

玉饰　2件。均乳白色。半球形，磨制精细，在半球的平面处，斜向对钻1个隧孔。M8:4-1，直径1.2厘米。(图版一四，2)

M8:4-2，直径1.1厘米。

五孔石刀　1件。M8:8，灰黄色粉砂质板岩。器体扁薄，平面呈斜梯形，器表粗磨。顶部有崩损痕迹。平刃略内凹。对钻5孔，均两面管钻，其中一面钻孔较深，另一面钻孔较浅。刃长26.4、两端宽分别为9.3和7.3、最厚0.6厘米。(图五九，8；图版一五，1)

石钺　3件。M8:5，青灰色砂质板岩。器体扁平，平面呈梯形，磨制精细。弧刃，刃口较锋利。单面钻1孔，为管钻，外孔径2.2厘米，在孔周围有数道浅旋切痕。器最长11.8、最厚1、刃宽12厘米。(图五九，5)

M8:6，青灰色砂质板岩。器体扁平，平面呈斜梯形，磨制稍精。顶弧凸，一角断残后又加磨制，另一角有崩缺痕。斜刃微弧，刃口锋利。两面对钻1孔，为管钻，外孔径1.8厘米。器最长10.5、最厚1.2、刃宽9.7厘米。(图五九，6；图版一五，2)

M8∶7，青灰色砂质板岩。器体扁平，平面呈梯形，磨制稍精。顶部一角有崩缺痕迹。平刃，刃口稍锋利，上有较多细小崩口。两面对钻1孔，似为实心钻，两面孔壁均倾向一侧，孔壁内留下细密的旋切痕，外孔径2.2厘米。器最长11.6、最厚1、刃宽8.6厘米。（图五九，7；图版一五，3）

石锛　1件。M8∶3，青灰色粉砂质板岩。器体稍厚，平面呈长方形，有段，弧背，磨制精细。段脊在器身上部，顶面、背面及两侧面均留有琢制形成的凹窝，凹窝有圆形、椭圆形等，以圆形最多，窝内表面均十分光滑。单面刃，刃两端有崩口。器最长19、最厚2、刃宽6.4厘米。（图五九，3；图版一五，4）

M9

（一）概　况

1979年9月21日下午，清理完T7的表土层后，即在出露的黄沙土上部发现完整的陶壶、盆各1件置于一处，清理后编号T7第一组。

遗物位于T7近中间部位的③层黄沙土偏上部，其上层为①层表土，下层为纯黄沙生土。墓坑、葬具和人骨架均未发现。出土遗物仅陶器2件，距地表深约30厘米。2件遗物放置在一起，盆的放置方式不清。（图六○）

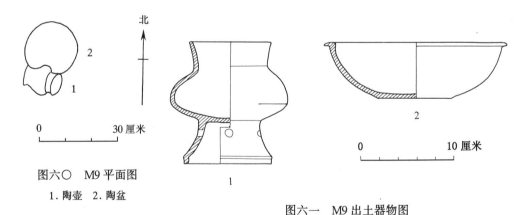

图六○　M9平面图
1. 陶壶　2. 陶盆

图六一　M9出土器物图

（二）遗　物

陶高圈足壶　1件。M9∶1，夹砂灰黄胎黑衣陶，黑衣大都脱落，上部器表刮抹光滑，圈足未刮抹显粗糙。圆唇，敞口，短颈，扁圆腹，高圈足，足沿陡折成台状并在中部内收。圈足上部饰等距圆镂孔4个。器最高13.2、外口径8.8厘米。（图六一，1；图版一六，1）

陶盆　1件。M9∶2，夹砂灰黄陶。圆唇，宽沿，沿面略凸，弧壁，平底。器最高6、外口径20厘米。（图六一，2；图版一六，2）

M10

（一）概　况

1979 年 9 月 22 日，在 T8 揭去表面一层厚约 40 厘米的土层后，发现陶器 2 件分布一起，清理后编号 T8 第一组。

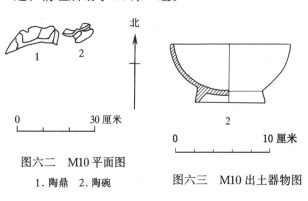

北

0　　　　30 厘米

图六二　M10 平面图

1. 陶鼎　2. 陶碗

2

0　　　　　　　10 厘米

图六三　M10 出土器物图

遗物位于 T8 西部中段，遗物出土层位不清①。墓坑、葬具和人骨架均未发现。出土遗物仅陶器 2 件，距地表深约 40 厘米。陶碗放置方式不清。（图六二）

（二）遗　物

陶鼎　1 件。M10:1，夹粉砂黑陶。破碎不能复原。

陶碗　1 件。M10:2，泥质黑陶。圆唇，敞口，弧壁，平底，圈足。器最高 6.2、外口径 13 厘米。（图六三，2；图版一六，3）

M11

（一）概　况

1979 年 9 月 22 日上午，清理完 T7 表土层后，即在出露的黄沙土上部发现相距甚近的陶鼎、豆、壶、球各 1 件，清理后编号 T7 第二组。

遗物位于 T7 西北部的③层黄沙土中，其上层为①层表土，下层为纯黄沙生土。墓坑、葬具和人骨架均未发现。出土遗物仅陶器 4 件，距地表深约 30 厘米。遗物分布较集中，其中 3 件呈东北—西南向直线分布，另 1 件在东南一侧，器物所跨最长边距不到 50 厘米，最宽不过 40 厘米。（图六四）

（二）遗　物

陶鼎　1 件。M11:2，夹细砂黑陶，底与足为灰黄色。破碎不能复原，侈口，外折沿，束颈，浅圆腹，平底，3 个鸭嘴形足。

陶盘形豆　1 件。M11:4，泥质灰陶。尖圆唇，侈口，斜直壁，细高柄，柄下半部

---

① 从原始材料看，该处有①层表土和②层商周灰黑色沙土，共计厚度 30 多厘米，其下即为原记录中的③层红色沙土，该层十分纯净，基本不含陶片，应为生土，遗物当出在红沙土内，但该组器物是否墓葬尚存疑。

与圈足残缺。柄上部饰凹弦纹 2 圈，并加饰
对称的横向长镂孔 4 个。该器属残器随葬。
器残高 8、外口径 14.4 厘米。（图六五，4；
图版一七，1）

陶折腹壶　1 件。M11：1，夹砂灰黄
陶，中腹以上刮抹光滑，以下未刮抹显粗
糙。尖圆唇，口微外侈，折腹，圜底，小圈
足。折腹处饰凸棱 1 圈。器最高 9、口径 8
厘米。（图六五，1；图版一七，2）

陶球　1 件。M11：3，泥质灰黄陶。呈
球状，球面饰盲孔 6 个，呈立体十字形分
布，盲孔之间各刻划 2 条平行篦点纹相连。
器最大直径 4.4 厘米。（图六五，3；图版一
七，3）

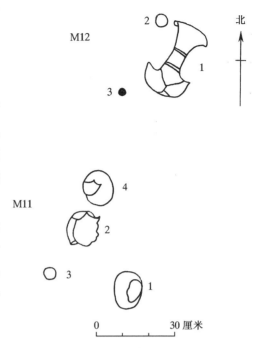

图六四　M11、M12 平面图

M11：1.陶壶　2.陶鼎　3.陶球　4.残陶豆

M12：1.陶豆　2.陶球　3.石锛

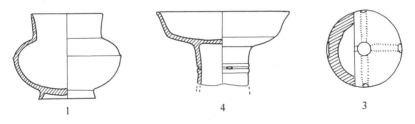

图六五　M11 出土器物图（3 为 1/2，余为 1/4）

M12

（一）概　况

1979 年 9 月 22 日上午，清理完 T7 表土层后，即在出露的黄沙土上部与 M11 同时
出现另一组陶豆、球各 1 件，清理后编号 T7 第三组。第三次整理时发现 9 月 21 日出土
的 T7：1 石锛（坐标 372×857－32 厘米）位置在豆之西侧约 10 厘米，仅比前 2 件器物
略深 2 厘米，似应归入该组，为 3 号。

遗物位于 T7 西北部的③层黄沙土中，其上层为①层表土，下层为纯黄沙生土，在

M11 北部偏东，两者相距 30 厘米左右。[①] 墓坑、葬具和人骨架均未发现。出土遗物 3 件，计石器 1 件、陶器 2 件，距地表深约 32 厘米。遗物放置较为集中。（图六四）

（二）遗　物

陶盘形豆　1 件。M12:1，夹砂灰陶。浅盘，圆唇，矮直口，斜壁，粗高柄，喇叭形圈足，足沿陡折成台阶状并在中部内收。柄上饰上、中、下 3 组凹弦纹，上部为 2 圈，中部和下部各饰 5 圈，三组弦纹之间的两圈空白处再各饰等距圆镂孔 3 个，每孔两侧各刻三角形纹 1 个。器最高 18.4、外口径 17.2 厘米。（图六六，1；图版一七，4）

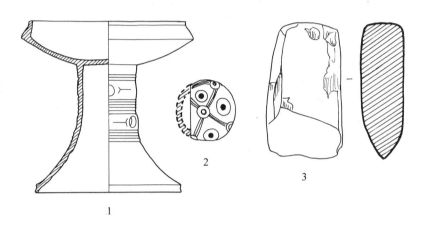

图六六　M12 出土器物图（1 为 1/4，余为 1/2）

陶球　1 件。M12:2，泥质红褐陶。呈球状，略残，体内中空，内有小陶丸。器表有 14 孔，其中 6 孔为圆镂孔，呈立体十字形分布，孔间刻划 3 条平行线相连，在每三孔间形成的 8 个空白区域中再随意戳印小盲孔 1 个。14 个孔缘外均各加刻 1 个圆圈。器最大直径 3.2 厘米。（图六六，2；图版一七，5）

石锛　1 件。M12:3，平面呈长方形，通体粗磨，器表残留多处打制痕迹。顶部磨平。单面刃，刃部一面磨制，另一面保留了数处打击点和石片疤。器最长 7.2、最宽 4.1、最厚 2.8 厘米。（图六六，3；图版一七，6）

M13

（一）概　况

1979 年 9 月 24 日上午，在 T7 黄沙土中发现，清理后编号 T7 第四组。

[①]　M11、M12 在位置、深度上均较一致，若两组器物合为一组，则器物排列方向更清楚地表现为东北—西南向，豆的长轴指向也与此相同，器物所跨最长边距约 110 厘米，宽约 50 厘米。疑为同一墓葬或关系密切的两座墓葬。

遗物位于 T7 西北部的③层黄沙土中，其上层为①层表土，下层为纯黄沙生土。墓坑、葬具和人骨架均未发现。出土遗物仅陶器 2 件，距地表深 52 厘米。2 件遗物呈东北—西南向直线分布，相距仅 20 厘米。陶碗放置方式不清。（图六七）

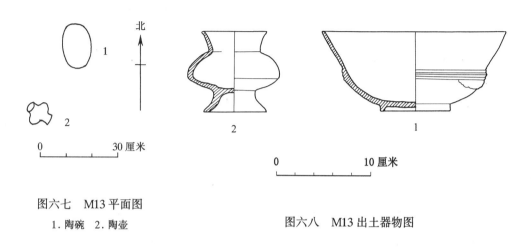

图六七　M13 平面图
　　1. 陶碗　2. 陶壶

图六八　M13 出土器物图

（二）遗　物

陶高圈足壶　1 件。M13:2，泥质红陶。尖圆唇，敞口，扁折腹，平底，喇叭形圈足稍高。器最高 8.6、口径 7 厘米。（图六八，2；图版一八，1）

陶碗　1 件。M13:1，泥质红胎黑皮陶。圆唇，敞口，腹较深，斜壁，平底，圈足，侧安鸡冠形鋬 1 个。腹饰凸棱 4 圈，鋬边沿饰按压纹。器最高 8.5、外口径 20.2厘米。（图六八，1；图版一八，2）

M14

（一）概　况

1979 年 9 月 24 日下午，在 T7 黄沙土中发现相距甚近的石钺、刀和陶壶各 1 件，清理后编号 T7 第五组。

遗物位于 T7 中部的③层黄沙土中，其上层为①层表土，下层为纯黄沙生土。墓坑、葬具和人骨架均未发现。出土遗物共 3 件，计石器 2 件、陶器 1 件，距地表深约57 厘米。遗物呈东北—西南向直线放置，所跨最长边距约 65 厘米，陶器在东北端，石器在西南端。其中石钺叠压在七孔石刀西南端之上，两者刃部均朝向东南，石刀长轴指向为东北—西南向。根据器物摆放特点和石刀长轴指向，墓葬应为东北—西南向。（图六九）

（二）遗　物

陶扁腹壶　1 件。M14:3，泥质灰胎黑衣陶。圆唇，敞口，扁圆腹，矮圈足。器最

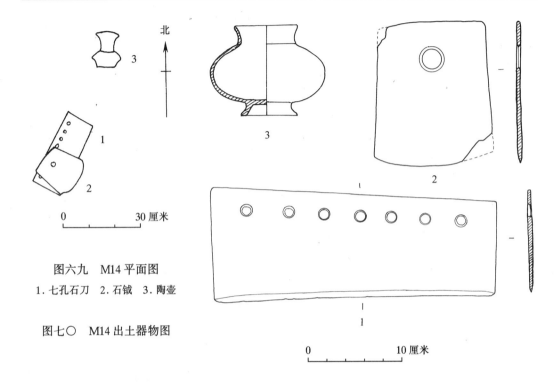

图六九　M14平面图

1. 七孔石刀　2. 石钺　3. 陶壶

图七〇　M14出土器物图

高 9.7、外口径 7 厘米。(图七〇,3)

七孔石刀　1件。M14:1,青灰色砂质板岩。器体扁平,平面呈斜梯形,两侧面陡直,磨制精细。平刃,刃口稍锋利。两面对钻 7 孔,均管钻。刃长 31.1、两端宽分别为 12.3 和 10.1、最厚 0.5 厘米。(图七〇,1;图版一八,3)

石钺　1件。M14:2,灰黄色粉砂质板岩。器体扁薄,平面略呈"风"字形,磨制略精。顶端一角残缺。弧刃,一角残缺,刃口锋利。两面对钻 1 孔,为管钻,外孔径 3 厘米。器最长 15.2、最厚 0.8、刃宽约 13 厘米。(图七〇,2;图版一八,4)

M15

(一)概　况

1979 年 9 月 25 日下午,在 T7 黄沙土底部接近生土面处发现相距很近的石、陶器各 3 件,清理后编号 T7 第六组。

遗物位于 T7 西北部③层黄沙土的最底部,其上层为①层表土,下为纯黄沙生土,该墓之上约 50 厘米有 M11、M12。墓坑、葬具和人骨架均未发现。出土遗物共 6 件,计石器 3 件、陶器 3 件,距地表深约 80 厘米。遗物大体呈东北—西南向放置,所跨最长边距约 115 厘米,最宽约 55 厘米,其中陶器置于东北端,石器在西南端并递次叠压成 3 层,2 件十一孔石刀分左右错位摆放,刃部朝内相对,长轴指向均为东北—西南

向，1 件石钺置于 2 件石刀中间，刃部朝向西北。从器物摆放特点和石刀长轴指向看，墓葬应为东北—西南向。（图七一）

（二）遗　物

陶圆腹罐形鼎　1 件。M15：4，夹砂红陶。圆唇，敞口，束颈，圆腹，圜底近平，3 个横装扁平足较厚。下部断损。器表有多处刮抹痕迹，足根部饰平行按窝 2 个。该器应属残器随葬。器残高 8、口径 8.5 厘米。（图七二，4；图版一九，1）

陶盘形豆　1 件。M15：5，泥质灰陶。圆唇，极矮直口，斜壁内收，近平底，粗高柄，喇叭形圈足，足沿陡折成台阶状并且中间内收。柄饰凹弦纹 4 组，上组 2 圈，中间两组各 6 圈，下组 5 圈，凹弦纹之间加饰 3 组圆镂孔，每组均为等距的 3 个。器最高 28.6、外口径 19.8 厘米。（图七二，5）

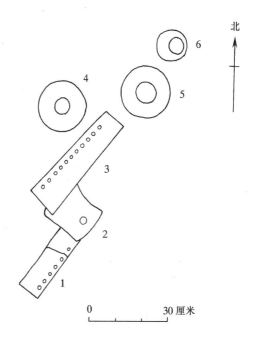

图七一　M15 平面图
1. 十一孔石刀　2. 石钺　3. 十一孔石刀
4. 陶鼎　5. 陶豆　6. 陶壶

陶扁腹壶　1 件。M15：6，夹砂灰陶。尖唇，口微侈，短颈，扁圆腹略垂，最大腹径偏下，矮圈足。器最高 10.2、口径 7.2 厘米。（图七二，6）

十一孔石刀　2 件。M15：1，青灰色砂质板岩。器体扁薄，平面呈斜梯形，磨制精细。平刃，刃中部残缺一块，刃口锋利。两面对钻 11 孔，均管钻。刃长 41.3、两端宽分别为 11.2 和 8.4、最厚 0.5 厘米。（图七二，1；彩版一三，1；图版一九，3）

M15：3，青灰色砂质板岩。器体扁薄，平面呈斜梯形，磨制精细。顶端有崩损痕迹。平刃，刃口较锋利。两面对钻 11 孔，均管钻，靠窄端的边孔一侧下，有 1 个钻孔未透的小圆窝。刃长 44.9、两端宽分别为 11.6 和 8.6、最厚 0.6 厘米。（图七二，3）

石钺　1 件。M15：2，灰黄色粉砂质板岩。器体扁薄，平面呈“风”字形，磨制精细。单面钻 1 个大孔，为管钻，外孔径 4.4 厘米。器最长 20.4、最厚 1、刃宽 19 厘米。（图七二，2；图版一九，2）

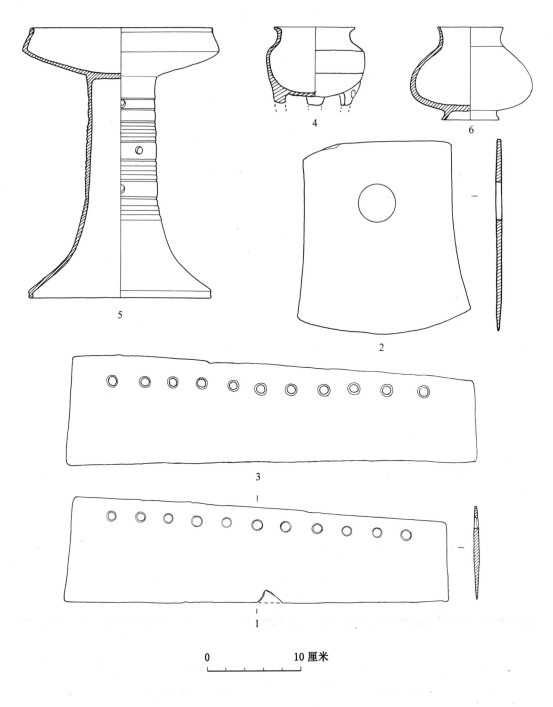

0   10 厘米

图七二　M15 出土器物图

M16

（一）概　况

1979 年 9 月 26 日下午，在 T7 下挖至约 70 厘米深时，黄沙土中出现了 4 组器物，其中一组陶器 3 件清理后编号 T7 第七组。

遗物位于 T7 中部略偏西北的③层黄沙土中，接近于生土面，其上层为①层表土，下层为纯黄沙生土。墓坑、葬具和人骨架均未发现。出土遗物仅陶器 3 件，距地表深约 73 厘米。遗物呈南—北向直线分布，所跨最长边距约 65 厘米，自北向南依次为豆、鼎、壶。豆的长轴指向为南—北向。（图七三）

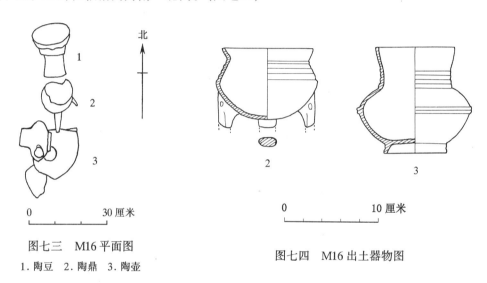

北

0　　　　　　30 厘米

图七三　M16 平面图
1. 陶豆　2. 陶鼎　3. 陶壶

0　　　　　10 厘米

图七四　M16 出土器物图

（二）遗　物

陶折腹罐形鼎　1 件。M16：2，泥质红陶，夹蚌末，炭化后器表留下小凹窝，质地较疏松。尖圆唇，敞口，折腹，圜底，3 个横装窄扁平足下部断缺。肩饰凹弦纹 4 圈。该器应属残器随葬。器残高 8.4、口径 9.8 厘米。（图七四，2；图版二〇，1）

陶豆　1 件。M16：1，破碎不能复原。

陶折腹壶　1 件。M16：3，泥质红胎黑衣陶。尖圆唇，长颈较直，扁圆折腹，平底，圈足。颈饰凹弦纹 4 圈，折腹处饰凸棱 2 圈，圈足足沿上有 2 个对称的按窝。器最高 11.4、口径 8.6 厘米。（图七四，3；图版二〇，2）

M17

（一）概　况

1979 年 9 月 26 日下午，在 T7 下挖至约 70 厘米深时，黄沙土中出现了 4 组器物，

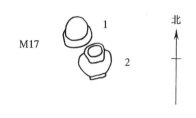

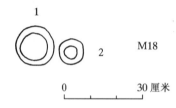

图七五　M17、M18 平面图

M17：1. 陶鼎　2. 陶壶　M18：1. 陶壶　2. 陶壶　3. 残陶器

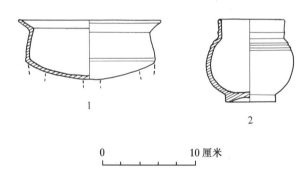

图七六　M17 出土器物图

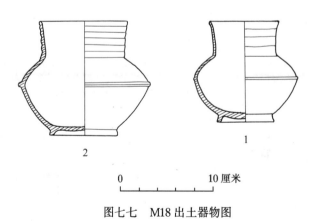

图七七　M18 出土器物图

其中一组有陶器 2 件，清理后编号 T7 第八组。

遗物位于 T7 中部略偏西的③层黄沙土中，接近于生土面，其上层为①层表土，下层为纯黄沙生土。墓坑、葬具和人骨架均未发现。出土遗物仅陶器 2 件，距地表深约 73 厘米。遗物紧挨在一起。（图七五）

（二）遗　物

陶盆形鼎　1 件。M17:1，夹砂灰黄陶。厚圆唇，敞口，宽斜沿，折腹，圜底近平，三足残缺。器残高 6.4、外口径 15.6 厘米。（图七六，1；图版二〇，3）

陶直口壶　1 件。M17:2，夹砂红陶。圆唇，直口，圆腹较深，平底，矮圈足。颈及肩部饰凸棱。器最高 9、外口径 7.5 厘米。（图七六，2；图版二〇，4）

M18

（一）概　况

1979 年 9 月 26 日下午，在 T7 下挖至约 70 厘米深时，黄沙土中出现了 4 组器物，其中一组有陶器 3 件，其中 1 件残碎过甚，无法提取，器形也不辨，此处还注意到器物周围的土色较灰，为较硬的灰沙土。清理后编号 T7 第九组。

遗物位于 T7 中部略偏西的③层黄沙土中，接近于生土面，其上层为①层表土，下层为纯黄沙生土。墓坑、葬具和人骨架均未发现，但有填土迹象，填土似为灰沙土。出土遗物仅陶器3件，距地表深约71厘米。遗物紧挨在一起。东北约50厘米处为M17的2件陶器。[①]（图七五）

（二）遗　物

陶折腹壶　2件。M18∶1，泥质红胎黑衣陶，黑衣大都已脱落。尖圆唇，口微侈，颈较长，圆折腹，圜底，圈足。颈部有不明显宽凸棱数道，折腹处饰凸棱1圈。器最高10.8、外口径7.4厘米。（图七七，1；图版二〇，5）

M18∶2，夹砂灰黄陶。圆唇，口微侈，颈较长，圆折腹，平底，圈足。颈饰凸棱6圈，折腹处饰凸棱1圈。器最高12、外口径10厘米。（图七七，2；图版二〇，6）

残陶器　1件。M18∶3，破碎不能复原。

M19

（一）概　况

1979年9月26日下午，在T7下挖至约70厘米深时，黄沙土中出现了4组器物，其中一组为3件玉饰，清理后编号T7第十组。

遗物位于T7中部偏东的③层黄沙土中，其上层为①层表土，下层为纯黄沙生土。墓坑、葬具和人骨架均未发现。出土遗物仅玉器3件，距地表深约67厘米。遗物呈三角状分布，所距最长边距约50厘米，最宽约25厘米，均直立于土中。

（二）遗　物

玉环　2件。M19∶1，乳白色微泛黄，局部有黄色沁。横剖面呈弧三角形，磨制精细。器表有少量切割痕。器最大直径14.4、最厚0.6厘米。（图七八，1；图版二一，1）

M19∶2，乳白色，褐色沁呈花斑状分布。残

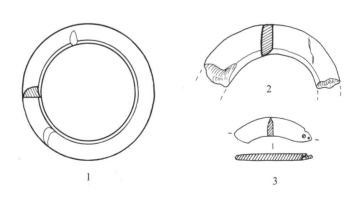

图七八　M19出土器物图（3为1/2，余为1/4）

---

① M17、M18两者所处层位相同，深度基本相同，器物间距仅约50厘米，若将遗物合并，所跨最长边距约90厘米，且呈东北—西南向分布，正符合该墓地的墓葬特点。因此两者似同属同一墓或关系密切的两座墓。

缺一大半，横剖面呈长条形，磨制精细。环的一端在两面各残留有切割痕。器最大直径约16.5、最厚0.6厘米。（图七八，2；图版二一，2）

玉坠 1件。M19:3，乳白色。平面似鱼形，横剖面似圭形，磨制精细。首呈圆锥形，首端一面先钻1个小盲孔，后又移至下面对钻小圆孔1个。首端的背上横向切割1道凹槽。器最长4.3、最厚0.4厘米。（图七八，3；彩版一二，2；图版二一，3）

M20

（一）概　况

1979年9月27日上午，在T7黄沙土中发现陶壶、盆、豆各1件分布在一起，清理后编号T7第十一组，其中陶豆因火候较低出土时即粉碎。

遗物位于T7中部的③层黄沙土中，接近于生土面，其上层为①层表土，下层为纯黄沙生土。墓坑、葬具和人骨架均未发现。出土遗物仅陶器3件，距地表深约85厘米。遗物集中分布在一起。（图七九）

（二）遗　物

陶豆 1件。M20:3，破碎不能复原。

陶扁腹壶 1件。M20:2，夹砂灰胎黑衣陶，黑衣大都已脱落。圆唇，侈口，扁圆腹，上腹略折呈肩状，最大腹径在下部，平底，小圈足。器最高8.4、外口径7厘米。（图八〇，2；图版二一，4）

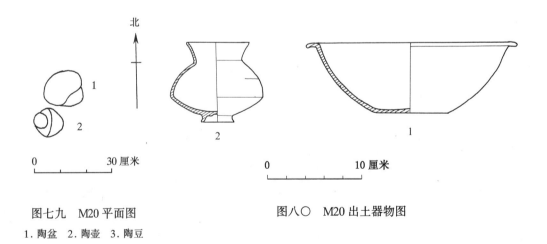

图七九　M20平面图
1.陶盆　2.陶壶　3.陶豆

图八〇　M20出土器物图

陶盆 1件。M20:1，夹砂灰胎黑衣陶，黑衣大都已脱落。圆唇，宽沿略外翻，沿面弧凸，敞口，弧腹，平底。器最高7.4、外口径23厘米。（图八〇，1；图版二一，5）

M21

（一）概　况

1979 年 9 月 27 日下午，在 T8 发掘红沙土时发现陶器 3 件，28 日铲刮平面后未找到墓边，清理后编号 T8 第二组。

遗物位于 T8 西南部的红沙土中，其上层为②层商周灰黑色沙土，下即红沙土（生土）。墓坑、葬具和人骨架均未发现。出土遗物仅陶器 3 件，距地表深约 105 厘米。遗物集中分布在一起。纺轮水平放置。（图八一）

（二）遗　物

陶鼎　1 件。M21:2，破碎不能复原。

陶折腹壶　1 件。M21:3，泥质灰黄胎黑衣陶，黑衣大都已脱落。圆唇，口略外侈，颈略长，扁圆折腹，平底，圈足。颈饰不明显凹弦纹 1 圈，肩饰刻划绞索纹 1 圈，折腹处饰宽扁凸棱 1 圈，圈足上饰凹弦纹 2 圈。器最高 9.6、外口径 7.2 厘米。（图八二，3；图版二二，1）

陶纺轮　1 件。M21:1，夹细砂灰陶，圆饼形，两面扁平，中间一孔，外缘中部鼓凸折成棱。器最大直径 5.3、最厚 1.7 厘米。（图八二，1；图版二二，2）

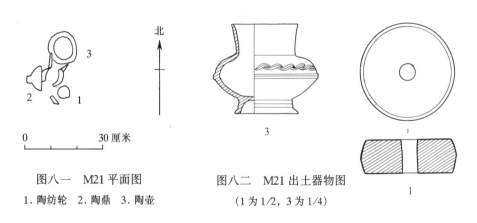

图八一　M21 平面图
1. 陶纺轮　2. 陶鼎　3. 陶壶

图八二　M21 出土器物图
（1 为 1/2，3 为 1/4）

M22

（一）概　况

1979 年 9 月 29 日，在 T8 距地表深 105～110 厘米深的红沙土中出土几件器物，其中 1 件纺轮和 1 件陶球在同一水平面上，当时归为同一组，编号 T8 第三组，另 1 件编号 T8:24 陶壶（坐标 160×585－105 厘米）在纺轮之东约 20 厘米，周围并无其他遗物，但比纺轮高出约 5～10 厘米，因此在现场时认为合为一组的理由不充分，但也不排除是同组的可能性。第三次整理时将其归入同一组，为 3 号。

遗物位于T8西半部中段的红沙土中，其上层为②层商周灰黑色沙土，下即红沙土（生土）。墓坑、葬具和人骨架均未发现。出土遗物仅陶器3件，距地表深110厘米。遗物呈三角状分布，所跨最长边距约55厘米，最宽约25厘米。

（二）遗　物

陶圆腹壶　1件。M22:3，夹粉砂灰胎黑衣陶，黑衣大都已脱落。圆唇，敞口，圆腹，圜底，矮圈足。颈、肩结合处起凸棱1圈。器最高10.8、外口径7.4厘米。（图八三，3）

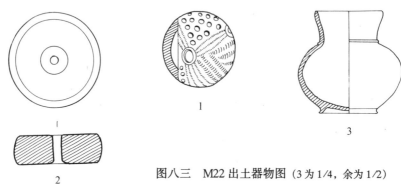

图八三　M22出土器物图（3为1/4，余为1/2）

陶纺轮　1件。M22:2，泥质红陶。圆饼形，两面扁平，中间一孔，壁向外鼓凸。器最大直径5.1、厚1.6厘米。（图八三，2；图版二二，4）

陶球　1件。M22:1，泥质红褐陶。呈球状，体内中空，内有小陶丸。球面上有4孔，分布无规律，两孔之间分别用3条平行篦点纹相连，在孔之间形成的2个三角形区域内戳印了密集的小圆窝。器最大直径4厘米。（图八三，1；图版二二，3）

M23

（一）概　况

1979年9月29日，在T8红沙土中发现石锛、陶鼎、壶各1件集中分布在一起，30日清理后编号T8第四组，并找出一条类似墓圹的痕迹，但并未确定。

遗物位于T8东北部的红沙土中，其上层为②层商周灰黑色沙土，下即红沙土（生土）。墓坑、葬具和人骨架均未发现，但有墓圹痕迹。出土遗物共3件，计石器1件、陶器2件，距地表深约110厘米。石锛长轴指向为西北—东南向。（图八四）

（二）遗　物

陶圆腹罐形鼎　1件。M23:3，鼎身为泥质红陶，夹蚌末，炭化后器表留下小凹窝，质地疏松。盖为覆钵形，夹粉砂红陶，圆柱形纽已残断。鼎口厚圆唇外翻，矮领，

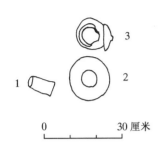

图八四　M23 平面图

1. 石锛　2. 陶壶　3. 陶鼎

圆腹，圜底，3 个侧装凿形足。腹部留有部分刮抹条痕。器通高 16、口径 11 厘米。（图八五，3；图版二三，1）

陶圆腹壶　1 件。M23:2，泥质红胎黑皮陶。圆唇，直口，颈略长，圆腹，平底，圈足。腹部留有较多细长的刮痕。器最高 14、外口径 8.2 厘米。（图八五，2；图版二三，2）

石锛　1 件。M23:1，深灰色变质砂岩。器体较厚重，平面呈长方形，略精磨。顶端两侧至刃部及背部均有较多的打制疤痕。单面刃，刃口锋利，上有 1

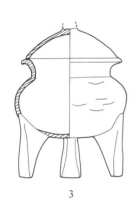

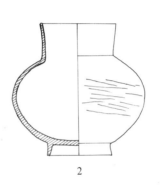

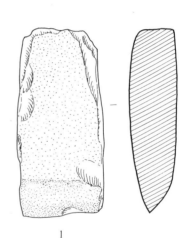

图八五　M23 出土器物图（1 为 1/2，余为 1/4）

处较大崩口和数处较小崩口。器最长 10、最厚 2.6、刃宽 4.3 厘米。（图八五，1；图版二三，3）

M24

（一）概　况

1979 年 9 月 29 日，在 T8 红沙土中发现陶鼎 2 件、壶 1 件分布在一起，30 日清理后编号 T8 第五组，但陶壶过于破碎未予登记。在清理时还发现两条并行的墓圹痕迹。

遗物位于 T8 东北部的红沙土中，其上层为②层商周灰黑色沙土，下即红沙土（生土）。有不太清晰的墓圹痕迹，呈东北—西南走向，宽约 90~95 厘米，长度不清，葬具和人骨架均未发现。出土遗物仅陶器 3 件，距地表深约 110 厘米。遗物呈西北—东南向分布，所跨最宽边距约 55 厘米，分布在两条墓圹边线之内。墓葬方向应为东北—西南向。（图八六）

（二）遗 物

陶折腹罐形鼎 2 件。M24:1，夹砂红胎黑衣陶，局部黑衣脱落，足部无黑衣。覆钵形盖，柱状纽，纽顶边缘捏成花瓣形。鼎身为方唇，斜窄沿，折腹，3 个鸭嘴形足。肩部饰宽浅不明显的凹弦纹 1 圈，折腹处饰宽浅的凹弦纹 1 圈，其下饰凸棱 2 圈；足根正面饰斜向按窝 2 个，两侧再戳印浅凹窝各 1 个。器通高 16、外口径 10 厘米。（图八七，1；图版二四，1）

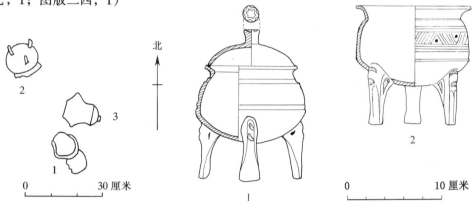

图八六　M24 平面图
1.陶鼎　2.陶鼎　3.陶壶

图八七　M24 出土器物图

M24:2，夹砂灰黄胎黑衣陶，局部黑衣脱落，足部无黑衣。圆唇，宽斜沿，折腹，圜底，3 个较粗壮的鸭嘴形足。上腹饰上、下 2 组凹弦纹，其间刻划 8 组斜线，每组斜线宽度不一，各组斜线中间再戳印 1 个起分割作用的小圆窝；足根正面饰横向按窝 2 个，两侧再戳印竖凹窝各 1 个。器最高 12.5、外口径 12.4 厘米。（图八七，2；图版二四，2）

陶壶 1 件。M24:3，破碎不能复原。

M25

（一）概 况

1979 年 9 月 29 日，在 T8 红沙土中发现陶鼎、豆、壶、盆各 1 件集中分布在一起，30 日清理，并在其东南 20～30 厘米处发现部分豆圈足和豆盘的残片，编号 T8 第六组，其中鼎、豆因破碎而未登记。清理时还在器物东南、西北两侧发现两条并行的墓圹痕迹。

遗物位于 T8 东北角的红沙土中，其上层为②层商周灰黑色沙土，下即红沙土（生土）。有不太清晰的墓圹痕迹，呈东北—西南走向，宽约 85 厘米，长度不清，葬具和人骨架均未发现。出土遗物仅陶器4件，另有数片豆圈足和豆盘残片，距地表深约110厘米。遗物呈西北—东南向分布，所跨最长边距约80厘米，均分布在两条墓圹边线之内。豆的长轴指向为西北—东南向，陶盆口朝上正放。墓葬方向为东北—西南向。（图八八）

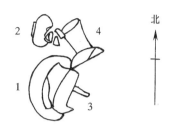

（二）遗　物

陶鼎　1件。M25:3，破碎不能复原。

陶豆　1件。M25:4，破碎不能复原。

陶扁腹壶　1件。M25:2，泥质红胎黑衣陶，局部黑衣脱落。口部残，略扁圆腹，平底，圈足。上、中腹各饰2组凹弦纹，每组2圈。器残高约8厘米。（图八九，2；图版二四，3）

陶盆　1件。M25:1，夹砂灰黄陶。厚圆唇，窄沿

图八八　M25平面图

1.陶盆　2.陶壶　3.陶鼎　4.陶豆
5.陶豆、豆圈足残片

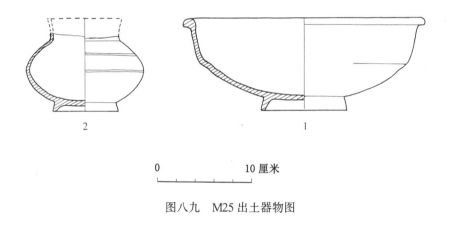

图八九　M25出土器物图

略外翻，上腹较直，下腹折收，平底，小圈足。器最高10、外口径26.4厘米。（图八九，1；图版二四，4）

M26

（一）概　况

1979年9月29日，在T6黄沙土中发现1块彩绘陶豆的残片，30日上午在其南部又发现1件陶壶，取出这2件器物后下午又发现其他器物。10月1日打掉此处隔梁后，铲平周围平面未找到墓边，便开始清理。因周围几乎不出陶片等杂物，遂按墓葬处理，在此之前取回的2件器物也归入该组，编号T6第一组。

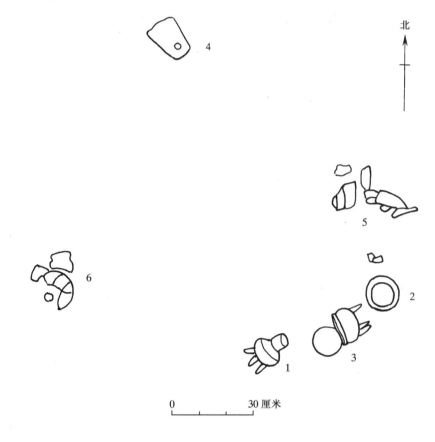

图九〇　M26 平面图

1.陶鬶　2.陶壶　3.陶鼎　4.石钺　5.陶豆　6.陶碗

　　遗物位于 T6 东隔梁中段的②层黄沙土中，周围几乎不出陶片等杂物，其上层为①层表土，下层为纯黄沙生土。墓坑、葬具和人骨架均未发现。出土遗物共 6 件，计石器 1 件、陶器 5 件，距地表深约 60 厘米。遗物分布范围较大，明显可分西北、东南两部分，两者之间最小间距达 70 厘米，遗物所跨最长边距约 140 厘米，最宽约 110 厘米，东南部的鼎、壶、鬶大体集中呈东北—西南向直线分布，豆稍偏北；而西北部的石钺、陶碗也呈东北—西南向分布，两器间距约 80 厘米，其中石钺刃部朝向西北，陶钵为底朝上倒扣放置。(图九〇)

　　(二) 遗　物

　　陶折腹罐形鼎　1 件。M26∶3，夹细砂黑陶，底与足呈灰黄色。覆钵形盖，圆形纽，纽缘刻成齿状。鼎口圆唇，口微侈，窄斜沿，折腹，折腹部位居下腹，圜底，3 个鸭嘴形足。颈以下饰凹弦纹 2 圈，腹饰凹弦纹 4 圈，折腹处有凸棱 1 圈；足根正面饰按窝 2 个，两侧各戳印 1 个深凹窝，其中两足的凹窝内各戳穿 2 个圆孔，另一足戳穿 1 个

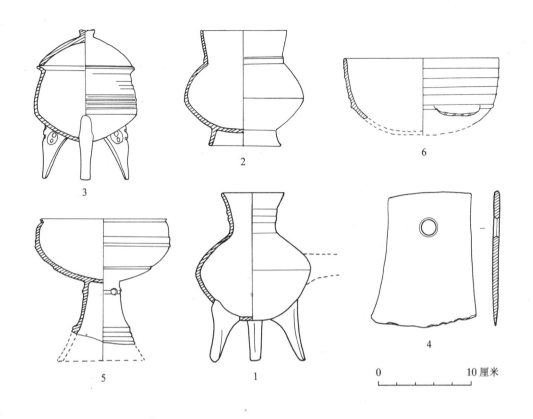

图九一　M26 出土器物图

圆孔。器通高 16、外口径 10.8 厘米。（图九一，3；图版二五，1）

陶钵形豆　1 件。M26:5，泥质红胎黑皮陶，豆盘外表原有红色彩绘。尖圆唇，敞口，细高柄，柄下半部残缺。豆盘中、下部各饰宽扁的凸棱 1 圈，柄上部饰等距离圆形镂孔 4 个，下饰凹弦纹数圈。该器应为残器随葬。器残高 13.2、外口径 13.8 厘米。（图九一，5；图版二五，2）

陶折腹壶　1 件。M26:2，泥质红胎黑皮陶。尖圆唇，直口微外侈，颈略长，圆腹，平底，圈足。颈饰凹弦纹 1 圈。器最高 12、口径 9.4 厘米。（图九一，2；图版二五，3）

陶鬶　1 件。M26:1，夹细砂红胎黑衣陶，局部黑衣脱落，器表刮抹光滑，但器底及三足未刮显粗糙。圆唇，喇叭形口，颈略长，圆腹由中部折收，圜底，3 个凿形足，腹侧面把手已残缺。颈部饰不明显凸棱数圈。该器应为残器随葬。器最高 17.6、外口径 6.8 厘米。（图九一，1；图版二五，4）

陶碗　1 件。M26:6，泥质红胎黑衣陶，黑衣大都已脱落。尖圆唇，敞口，深腹，腹壁中部折收，侧安 1 个鸡冠形鋬，底残。上腹饰数圈宽浅的凸棱，折腹处饰 1 圈宽凸

棱。器残高 6.5、口径 17 厘米。(图九一,6;图版二五,5)

石钺　1 件。M26:4,青灰色砂质板岩。器体扁平,平面呈"风"字形,磨制稍粗。顶端磨平。两侧面均磨成似刃一样薄。斜刃弧凸,刃口稍锋利,上有数处较大崩口。两面对钻 1 孔,为实心钻,孔壁内粗糙不平,外孔径约 2 厘米。器最长 14、最厚 0.8、刃宽 11.4 厘米。(图九一,4;图版二五,6)

M27

(一) 概　况

1979 年 10 月 2 日上午,在 T6 黄沙土中发现玉饰、陶鼎、陶球等相距较近的一组器物,下午清理后编号 T6 第二组。

遗物位于 T6 西侧中段的②层黄沙土中[①],其上层为①层表土,下层为纯黄沙生土。墓坑、葬具和人骨架均未发现。出土遗物共 5 件,计玉器 2 件、陶器 3 件,距地表深约 64 厘米。遗物呈东西向分布较散,所跨最大边距约 95 厘米。(图九二)

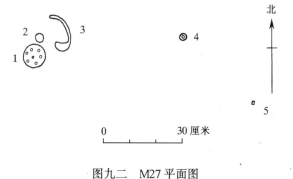

图九二　M27 平面图
1. 陶球　2. 陶球　3. 陶鼎　4. 玉饰　5. 玉管

(二) 遗　物

陶圆腹罐形鼎　1 件。M27:3,夹细砂红陶,局部烧成黑色。方唇,敞口,沿面略内凹,圆腹,圜底,3 个侧装扁平足。上腹饰数圈凹弦纹,足根正面突出成拐角状。器最高 16.8、外口径 13 厘米。(图九三,3;图版二六,1)

陶球　2 件。M27:1,泥质红陶。器体很大,制作极精细,呈球状,体内中空,内有 7 个小陶丸。器表共饰 14 个较大的圆镂孔,其中 6 孔呈立体十字形分布,每两孔间各以 3 道篦点纹相连,形成了 8 个三角形区域。每个三角形区域的中心又各饰较大圆镂孔 1 个,孔周围再饰 3 组篦纹呈三角形,每组三角形篦纹中间又竖向用 1 道篦纹分割。此外,14 个圆孔外缘均饰 1 圈圆圈。器最大直径 8.8 厘米。(图九三,1;彩版八,1;图版二六,2)

M27:2,泥质灰黄陶,器表原饰有一层较薄的红陶衣,现仅存局部。器表共 10 孔,

---

① 该墓测量基点坐标为 477×105−64 厘米,应在探方南侧中段,但探方日记中记载遗物位于西壁附近,草图位置也在西壁附近,误差明显。而坐标若从西北角计算则正相符,应为当时误从西北角测量的数据,今改之。

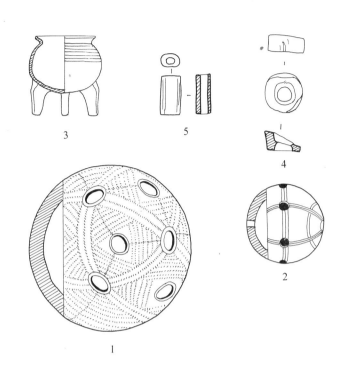

图九三　M27 出土器物图（3 为 1/8，余为 1/2）

其中 2 孔为圆镂孔，呈上、下对称分布，另 8 孔为圆形盲孔，以两圆镂孔为中轴横向分布，孔间饰以 2～3 道线纹，类似经纬线。器最大直径 4.2 厘米。（图九三，2；图版二六，3）

玉管　1 件。M27：5，灰黄色。扁圆柱形，磨制精细，两端对钻 1 个圆孔。器最长 2.1 厘米。（图九三，5）

玉饰　1 件。M27：4，乳白色。器体稍扁，一面较平，另一面斜，侧面有切割痕，两面对钻 1 个较大孔。器最高 1、最大直径 2 厘米。（图九三，4；图版二六，4）

M28

（一）概　况

1979 年 10 月 2 日上午，在 T6 黄沙土中发现石钺、陶豆、陶碗各 1 件，下午清理并编号为 T6 第三组。3 日在陶豆东侧不足 30 厘米处又发现陶壶 1 件，也归入该组。

遗物位于 T6 东南角的②层黄沙土中，其上层叠压有商周时期 H6 口部的堆积向东南延伸的一部分，下层为纯黄沙生土。墓坑、葬具和人骨架均未发现。出土遗物共 4 件，计石器 1 件、陶器 3 件，距地表深约 60 厘米。陶器分布不太集中，所跨最长边距约 90 厘米，最宽约 70 厘米，其中石钺偏于陶器南部约 50 厘米，刃部朝向东偏南，豆的长轴指向为东北—西南向。（图九四）

（二）遗　物

陶盘形豆　1 件。M28：3，夹砂灰黄陶，口沿外侧原涂有 1 圈带状红色彩绘，极易脱落。圆唇，极矮的直口，折腹，底略平，高柄，喇叭形圈足，足沿陡折成台阶状并且中部内收。柄上部饰凹弦纹6圈，凹弦中间饰等距离圆镂孔3个。器最高18.6、外口径12.6厘米。（图九五，3；图版二七，1）

陶扁腹壶　1件。M28：4，泥质灰胎黑皮陶，器表磨光。尖圆唇，侈口，折肩，折腹，平底，圈足。器最高8、口径7.4厘米。（图九五，4；图版二七，2）

陶碗　1件。M28：2，泥质灰黄胎黑衣陶，局部黑衣脱落。圆唇，侈口，上腹向内弧、下腹向外弧，中间有1圈凸棱，平底，圈足，侧面1个鸡冠形錾。器最高7.8、外口径17.2厘米。（图九五，2；图版二七，3）

石铖　1件。M28：1，灰黄色粉砂质板岩。器体扁薄，平面呈"风"

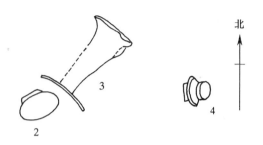

北

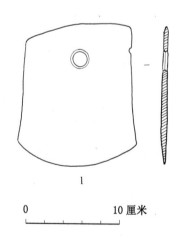

0　　　　　　30厘米

图九四　M28平面图

1. 石铖　2. 陶碗　3. 陶豆　4. 陶壶

字形，磨制稍精。顶部倾斜，上有崩损痕迹。弧刃，刃口稍锋利，上无崩口。器中间偏顶部两面对钻1孔，为管钻，孔壁留有多道旋切痕，外孔径2.2厘米。器最长15、最

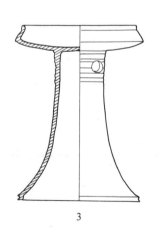

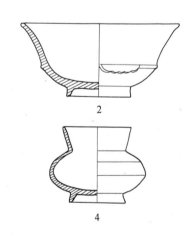

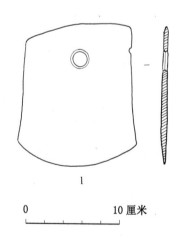

0　　　　　　10厘米

图九五　M28出土器物图

厚 0.8、刃宽 12.8 厘米。（图九五，1；图版二七，4）

M29

（一）概　况

1979 年 10 月 2 日，开始清理 T8 红沙土中的 7 件集中分布的石、陶器，编号 T8 第七组，其中 1 件陶豆因破碎未登记。

遗物位于 T8 北侧中段的红沙土中，其上层为①层表土，下即红沙土（生土）。墓坑、葬具和人骨架均未发现。出土遗物共 7 件，计石器 2 件、陶器 5 件，距地表深约 127 厘米。遗物密集分布在一起，所跨最长边距约 62 厘米，最宽 54 厘米。其中 2 件石钺刃部均朝向东南，豆的长轴指向为东北—西南向，2 件陶碗均底朝上倒扣放置。（图九六）

（二）遗　物

陶盆形鼎　1 件。M29：1，夹砂灰黄陶

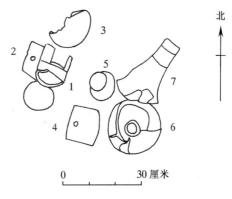

图九六　M29 平面图

1. 陶鼎　2. 石钺　3. 陶碗　4. 石钺
5. 陶壶　6. 陶碗　7. 陶豆

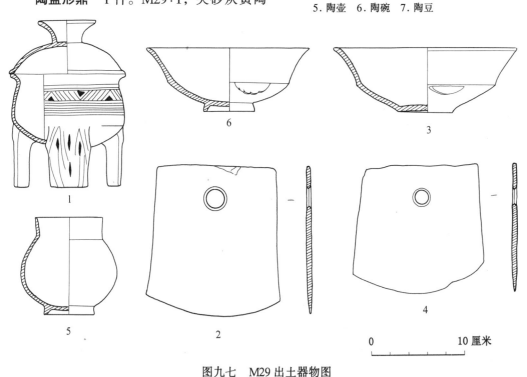

图九七　M29 出土器物图

略泛红色，鼎身腹以上及盖外表面刮抹光滑并施黑陶衣，局部黑衣脱落，鼎底和足泛红色。钵形盖，盖边沿饰凹弦纹1圈，喇叭形盖纽。鼎口圆唇外侈，腹壁略直，下腹折收，圜底，3个横装宽扁足，近根部两侧向外伸展，正面略弧凸。上腹部饰刻划短斜线纹1圈，斜线纹中间再戳印等距离三角形盲孔1圈共10个，中腹刻划凹弦纹数圈。足正面饰竖行刻划纹数条，中间刻划较深、粗短的竖凹槽4道。器通高18、外口径12.8厘米。（图九七，1；彩版三，2；图版二八，1）

陶豆　1件。M29:7，破碎不能复原。

陶直口壶　1件。M29:5，泥质红胎黑衣陶，表面磨光，局部黑衣脱落，颈与腹表面黑衣脱落处还可见部分红色陶衣。圆唇，直口，圆鼓腹较深，圜底，矮直圈足。颈内表面有数道轮旋痕迹。器最高10.4、外口径7.4厘米。（图九七，5；图版二八，2）

陶碗　2件。M29:3，泥质红胎黑衣陶，局部黑衣脱落。圆唇，大敞口外撇，上腹向内微弧，下腹折收，平底略内凹。侧面1个半月形錾。器最高7、外口径20.2厘米。（图九七，3；图版二八，3）

M29:6，泥质灰胎黑衣陶，局部黑衣脱落。圆唇，敞口外撇，上腹微向内弧，下腹略外弧，圜底，圈足。侧面1个鸡冠形錾。器最高6.8、外口径17.6厘米。（图九七，6；图版二八，4）

石钺　2件。M29:2，灰黄色粉砂质板岩。器体扁薄，平面呈"风"字形，磨制精细。顶齐平，两侧微内弧。弧刃，刃口较锋利，上仅有少量细碎崩口。两面对钻1孔，似为实心钻，孔壁较粗糙，外孔径2.2厘米。器最长16、最厚0.6、刃宽14.8厘米。（图九七，2；图版二八，5）

M29:4，灰黄色粉砂质板岩。器体扁薄，平面呈不规整的斜梯形，磨制略精。顶端有崩损痕迹。斜弧刃，刃口中部突出，稍锋利，上无崩口。两面对钻1孔，为管钻，外孔径1.8厘米。器最长13.6、最厚0.6、刃最宽14.4厘米。（图九七，4；图版二八，6）

M30

（一）概　况

1979年10月3日，在T8挖掘红沙土的过程中发现相距较近的2组器物，其中一组分布较散的3件陶器，清理后编号T8第八组。

遗物位于T8西半部偏南的红沙土中，其上层为②层商周灰黑色沙土，下即红沙土（生土）。墓坑、葬具和人骨架均未发现。出土遗物仅陶器3件，距地表深约127厘米。遗物分布较散，呈南北向，所跨最长边距约120厘米，其中鼎、纺轮相距约10厘米，

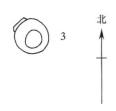

北

3

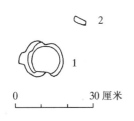

2

1

0 ——————— 30 厘米

图九八　M30 平面图

1. 陶鼎　2. 陶纺轮　3. 陶壶

壶在其北约 80 厘米处①。纺轮竖立于土中。(图九八)

（二）遗　物

陶盆形鼎　1 件。M30：1，夹砂红胎黑衣陶，鼎身腹以上表面刮抹光滑并施黑陶衣，鼎底和足泛红色。方唇敞口，斜沿，沿面略内凹，腹较直，腹下部折收成圜底，3 个横装宽扁形足，足根两侧向外伸展突出。腹上、下饰不规则凹弦纹各 2 圈，中间刻划斜线纹 1 圈，斜线纹中间再戳印等距离三角形盲孔 1 圈共 8 个。足正面刻划竖长条形凹槽 3 排，每排 3 道，足根横向饰 1 道凸棱。器最高 12、口外径 14 厘米。(图九九，1；图版二九，1)

陶扁腹壶　1 件。M30：3，夹细砂灰胎黑衣陶，器表刮抹光滑。口残，直领，扁圆折腹，平底，圈足。折腹处有凸棱 1 圈，凸棱上压印对称 2 组小凹窝，每组分别为 7 和 10 个。圈足足沿上也压印对称小凹窝 2 组，每组 7 个。器残高 8 厘米。(图九九，3；图版二九，2)

陶纺轮　1 件。M30：2，夹细砂灰黄陶。圆饼形，两面扁平，中间一孔，壁向外鼓凸。器最大直径 4.8、最厚 1.8 厘米。(图九九，2；图版二九，3)

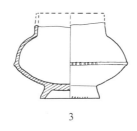

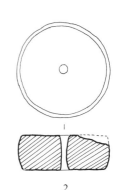

1

3

1

2

图九九　M30 出土器物图（2 为 1/2，余为 1/4）

---

① 该组遗物分布较散，壶仅在 M33 之东约 40 厘米，深度相差 8 厘米，两者也是同时发现，或有关联。而同一天在 M30 南侧约 50 厘米处出土的 T8：44 陶球（坐标 265×212－126 厘米）、T8：48 石镞（坐标 243×225－127 厘米）在位置上与 M30 更近，深度一致，似与 M30 有关。

M31

（一）概 况

1979 年 10 月 2 日，在 T6 东北角阶梯下的黄沙土中发现一组器物，其中中间有一排鼎、甂和盖，西北边有一排甂、壶，东边有碗、盖。3 日上午清理后编号 T6 第四组。

遗物位于 T6 东北角的②层黄沙土中，其上层为①层表土，下层为纯黄沙生土。墓坑、葬具和人骨架均未发现。出土遗物计陶器 7 件①，距地表深约 82 厘米。遗物所跨最长和最宽边距均约 110 厘米，中间一组单件共 5 件（实为 3 件，其中 3 件可合而为甂）呈东北—西南向排成一排，3 件鼎（1 件为甂之鼎）由大到小逐个套叠；在其西北约 20 厘米处，另有甂、壶各 1 件也呈东北—西南向排成一排；东边遗物则较分散。陶碗 1 件口朝下扣置。（图一〇〇）

（二）遗 物

陶鼎 2 件。M31：3，折腹罐形鼎。夹砂红陶。覆

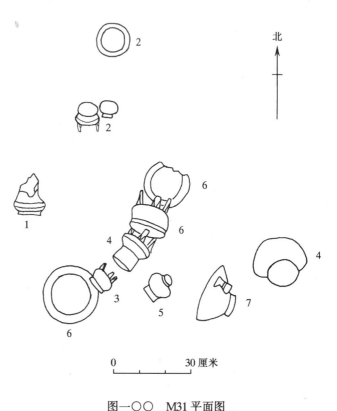

图一〇〇 M31 平面图

1.陶壶 2.陶甂 3.陶鼎 4.陶鼎 5.陶壶 6.陶甂 7.陶碗

钵形盖，纽呈喇叭形。鼎口圆唇，敞口，最大腹径偏下，圜底，3 个凿形足。器通高 12.2、外口径 7.6 厘米。（图一〇一，3；图版二九，4）

M31：4，壶形鼎。夹砂红陶。圆唇，侈口，长颈，扁圆腹，圜底，3 个较粗壮的鸭嘴形足。颈饰凹弦纹 3 圈，足根正面饰按窝 3 个，两侧各划 1 道凹槽。器最高 15、外口径 9.6 厘米。（图一〇一，4；图版二九，5）

---

① 实物编号与遗迹图编号不统一，盖因甂为组合器之故，此处依实物编号将遗迹图编号更改，略有不合，供参考。

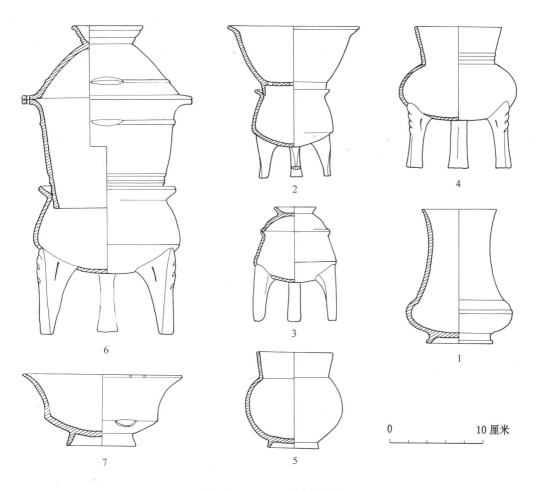

图一〇一　M31 出土器物图

陶壶　2 件。M31：1，长颈壶。泥质红胎黑衣陶，黑衣大都已脱落。尖圆唇，侈口，长颈内收，扁圆腹，平底，圈足。颈下部与腹上部接合处凹折，腹中部饰不规则凹弦纹 2 圈，圈足接合处有不规则压印痕迹。器最高 14.4、外口径 8.2 厘米。（图一〇一，1；图版三〇，1）

M31：5，直口壶。泥质灰胎黑衣陶，表面磨光。圆唇，直口微外侈，颈略长，圆鼓形腹，圜底，矮圈足。器最高 10.2、外口径 8.4 厘米。（图一〇一，5；图版三〇，2）

陶碗　1 件。M31：7，泥质灰胎黑衣陶，黑衣大都已脱落。圆唇，大敞口，上腹向内弧，下腹折收，平底，圈足。折腹处有凸棱 1 圈，侧面 1 个半月形錾，口沿有 2 个圆形穿孔。器最高 7.6、外口径 17.4 厘米。（图一〇一，7；图版三〇，3）

陶甗　2 件。M31：2，甑、鼎套合，无盖。夹细砂红陶，甑内壁口沿下呈黑色。甑圆唇，侈口，折沿，长筒腹下收，平底，直圈足。底部中间1个大圆孔，孔外圈等距离分布着4个圆孔。鼎圆唇，敞口，折沿，最大腹径偏下，圜底，3个凿形足。器通高16.2、甑最大口径14.5、鼎最大口径8.2厘米。（图一〇一，2；图版三〇，5）

M31:6，由盖、甑、鼎套合而成。夹砂红陶。碗形盖，盖沿宽平，沿边有凹槽1圈，沿面上另有对称小圆孔2组，每组各2个；盖中部饰1圈凸棱，棱上饰对称半圆形錾2个；喇叭形盖纽，纽中部饰凸棱2圈。甑为圆筒形，方唇，宽平沿，上部粗，下部细，无算。甑边沿亦有对称小圆孔2组，每组各2个，可与盖扣合捆牢，甑上部有凸棱1圈，凸棱处附加左右对称的半圆形錾各1个，下部饰凸棱4圈。鼎口近方形，下部折收成圜底，最大腹径偏下，3个鸭嘴形足。足根正面饰按窝3个，两侧各刻划深竖凹槽1道。器通高32.2、鼎口径15厘米。（图一〇一，6；彩版三，4；图版三〇，4）

M32

（一）概　况

1979年10月1日，在T6黄沙土中发现玉璜、玉管、玉饰和陶鼎、豆、球一组器物，3日清理后编号为T6第五组。

遗物位于T6南壁中段以北的②层黄沙土中，其上叠压商周时期的H6，下层为纯黄沙生土。墓坑、葬具和人骨架均未发现。出土遗物10件，计玉器5件、陶器5件，距地表深约83厘米。遗物所跨最长边距约80厘米，最宽约70厘米。玉器分布在中间，陶器则在两侧，其中陶球3件在最北端且呈东南—西北向排成一排，间距均10厘米。豆柄的长轴指向为东北—西南向。（图一〇二）

（二）遗　物

陶圆腹罐形鼎　1件。M32:8，夹砂灰黄陶。带盖，盖已破碎不能复原。鼎口方唇，沿面略内凹，深圆腹，3个鸭嘴形足。腹上部布满类似篮纹的短斜线压印纹，腹下部饰宽附加堆纹1圈，堆纹边缘饰斜向按压纹；足根正面饰按窝2个，两侧靠近器底部饰平行戳印圆窝2个。器最高18.8、口径13.4厘米。（图一〇三，8；图版三一，1）

陶盘形豆　1件。M32:5，泥质灰胎黑衣陶。圆唇，极矮的直口，斜壁折收，平底微凹，高粗柄，喇叭形圈足，足沿陡折成台阶状并在中间内收。柄上饰凹弦纹3组，上组2圈，其下饰等距离圆镂孔3个，圆孔两侧各饰三角形镂孔1个；中间一组7圈，其下也饰等距离圆镂孔3个，圆孔两侧各饰三角形镂孔1个；下组6圈。器最高30、外口径22.6厘米。（图一〇三，5；图版三一，2）

陶球　3件。M32:6，泥质红陶。呈球状，体内中空，内有小陶丸。器表饰圆镂孔6个，呈立体十字形分布，各孔之间用平行细篦点纹3行相连接，中间再横向饰数行篦点纹。器最大直径4.8厘米。（图一〇三，6）

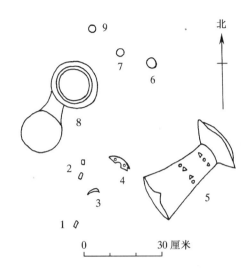

北

0　　　　　　30 厘米

图一〇二　M32 平面图

1. 玉饰　2. 玉管（2件）　3. 玉坠　4. 玉璜　5. 陶豆　6. 陶球　7. 陶球　8. 陶鼎　9. 陶球

M32∶7，泥质红陶。呈球状，体内中空，内有小陶丸。器表饰圆孔 10 个，4 个为镂孔，呈立体十字形分布，孔间以 2 行平行细篦点纹相连，篦纹之间形成的三角形空白区域中再饰盲孔 6 个。器最大直径 3.8 厘米。（图一〇三，7；图版三一，3 左）

M32∶9，泥质红陶。体内中空，球内壁凸凹不平，内是否有小陶丸未知。器表饰圆镂孔 6 个，孔周围刻呈放射状细线纹 1 圈，孔间以 2 条平行直线相连。器最大直径 4.5 厘米。（图一〇三，9；图版三一，3 右）

玉璜　1 件。M32∶4，乳白色。器体扁平，平面近似半月形，磨制光滑。一侧齐平，中间切割出一个三角形。一端对钻并排

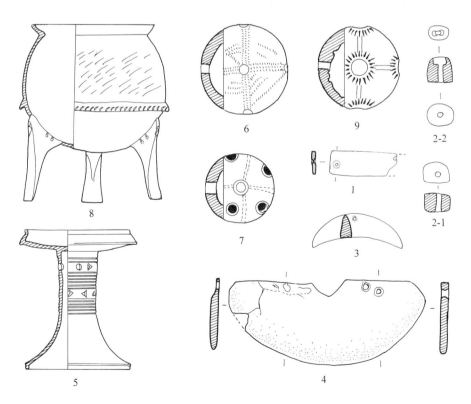

图一〇三　M32 出土器物图（8 为 1/4，5 为 1/8，余为 1/2）

小圆孔 2 个。器最长 10.8 厘米。(图一○三, 4)

玉管 2 件。M32:2-1, 乳白色。圆柱体, 磨制精细。圆柱的一侧面略被磨平, 两端对钻 1 孔。在一端平面上用减地法琢出一个略凸出的面, 似眼形。器最长 1.1、直径 1.4 厘米。(图一○三, 2-1; 彩版一二, 7; 图版三一, 5 左)

M32:2-2, 乳白色。近圆柱体, 磨制精细。一端磨成圆球状, 另一端磨成平面, 在一端中间斜向对钻小圆孔 2 个。器最长 1.5、直径 1.4 厘米。(图一○三, 2-2; 彩版一二, 7; 图版三一, 5 右)

玉坠 1 件。M32:3, 乳白色。平面呈月牙形, 剖面呈三角形, 一侧厚, 一侧薄, 磨制精细。中部对钻小圆孔 1 个。器最长约 5 厘米。(图一○三, 3; 彩版一二, 3; 图版三一, 4)

玉饰 1 件。M32:1, 乳白色, 局部见沁斑。一端微残, 器体扁平, 平面呈长方形, 磨制精细。残端原有 1 个两面对钻小圆孔, 尚存小半; 另一端 1 个两面对钻小圆孔。靠残端的一个平面上有线切割痕 5 道, 有一半后被磨平。器最长 3.6、宽 1.4 厘米。(图一○三, 1; 图版三一, 5)

M33

(一) 概 况

1979 年 10 月 3 日, 在 T8 挖掘红沙土的过程中发现相距较近的 2 组器物, 其中 5 件陶器相距很近, 清理后编号 T8 第九组。10 月 6 日, 又在该组器物之下 9 厘米处出土编号 T8:77 陶球 1 件 (坐标 201×437-144 厘米), 与该组深度差距很小, 又因红沙土质地相当纯净, 基本不出陶片, 第三次整理时将其归于 M33 之中, 为 6 号。

遗物位于 T8 西半部偏南的红沙土中, 其上层为②层商周灰黑色沙土, 下即红沙土 (生土)。墓坑、葬具和人骨架均未发现。出土遗物仅陶器 6 件, 距地表深 135~144 厘米。遗物呈东北—西南向分布, 所跨最长边距约 75 厘米, 最宽 34 厘米。陶盆底朝上倒扣放置。(图一○四)

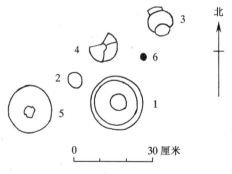

图一○四 M33 平面图

1. 陶盆 2. 陶纺轮 3. 陶壶 4. 陶器盖
5. 残陶豆圈足 6. 陶球

(二) 遗 物

陶豆圈足 1 件。M33:5, 泥质灰陶。仅残存豆柄的下半部分喇叭形足。应属残器随葬。足外径约 15 厘米。

陶扁腹壶 1 件。M33:3, 泥质灰胎黑衣陶, 局部黑衣脱落。方唇, 侈口, 扁圆腹, 腹

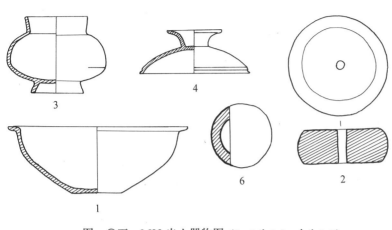

略折，最大腹径偏下，圈足。器最高8.2、外口径7厘米。（图一〇五，3；图版三二，1）

图一〇五　M33 出土器物图（2、6 为 1/2，余为 1/4）

陶盆　1件。M33：1，夹砂灰黄胎黑衣陶。圆唇，平沿，大敞口，弧壁内收，小平底。器最高7、外口径19.6厘米。（图一〇五，1；图版三二，2）

陶纺轮　1件。M33：2，泥质红陶。圆饼形，两面扁平，中间一孔，壁向外鼓凸。最大直径5厘米。（图一〇五，2；图版三二，3）

陶球　1件。M33：6，泥质红陶，夹极细的粉沙。呈扁圆球状，体内中空，内有约3个小陶丸。无纹饰。最大直径3.4、最小3.1厘米。（图一〇五，6；图版三二，4）

陶器盖　1件。M33：4，泥质灰胎黑衣陶。覆钵形，喇叭形纽。口边沿饰凹弦纹1圈。器最大直径12厘米。（图一〇五，4；图版三二，5）

M34

（一）概　况

1979年10月4日上午，在T6黄沙土中发现相距较近的玉管、饰各1件和陶鼎、豆各1件，清理后编号T6第六组。

遗物位于T6中部略偏西的②层黄沙土中，其上层为①层表土并局部叠压商周时期H6的部分堆积，下层为纯黄沙生土。墓坑、葬具和人骨均未发现。出土遗物共4件，计玉器2件、陶器2件，距地表深约72厘米。遗物所跨最大边距约70厘米，其中陶鼎、豆口部相对，玉管2件散布于西侧，豆柄的长轴指向为东北—西南向。（图一〇六）

（二）遗　物

陶圆腹罐形鼎　1件。M34：2，夹细砂红陶。残甚。圆唇，球腹，圜底，3个鸭嘴形足。腹部饰凸棱1圈，棱上加饰斜向压印纹；足根正面饰按窝2个，两侧刻划竖凹槽各1道。器高16.8、足高8.6厘米。（图一〇七，2；图版三三，1）

陶盘形豆　1件。M34：1，泥质灰黄胎黑衣陶，黑衣大都脱落。方唇，大敞口，斜

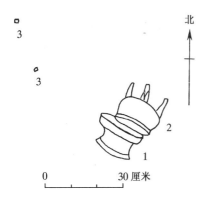

北

图一〇六　M34 平面图

1. 陶豆　2. 陶鼎　3. 玉管、饰（2 件）

直壁，平底，粗筒状柄。口沿下饰极浅不明显的凹弦纹 2 圈，壁与底接合处有凹槽 1 圈，柄部饰 2 圈凸棱，凸棱上戳印等距离横长方形孔各 3 个，孔均未戳透故内壁面凸出。器最高 12、外口径 19.6 厘米。（图一〇七，1；彩版四，1；图版三三，2）

玉管　1 件。M34：3－1，乳白色。最长 1.2 厘米。（图版三三，3 左）

玉饰　1 件。M34：3－2，乳白色。半球形，较平的一面斜向对穿一孔。最大径 0.9 厘米。（图版三三，3 右）

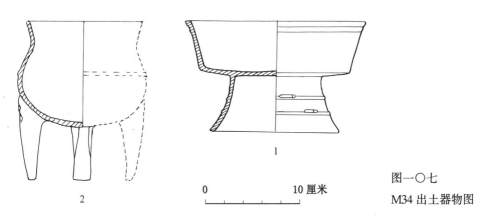

图一〇七

M34 出土器物图

M35

（一）概　况

1979 年 10 月 4 日，在 T6 黄沙土中发现陶壶、碗、纺轮各 1 件呈直线分布，清理后编号 T6 第七组。

遗物位于 T6 中部的②层黄沙土中，其上叠压着商周时期的 H6，下层为纯黄沙生土。墓坑、葬具和人骨架均未发现。出土遗物仅陶器 3 件，距地表深约 80 厘米。遗物呈西北—东南向直线分布，所跨最长边距约 75 厘米，遗物间距 15～25 厘米。陶碗底朝上倒扣放置，纺轮水平放置。（图一〇八）

（二）遗　物

陶折腹壶　1 件。M35：1，泥质灰黄胎黑衣陶，黑衣多已脱落。近方唇，侈口，颈稍长，圆腹折收，平底，圈足。颈下部饰凹弦纹 3 圈，折腹处饰凸棱 1 圈，底与圈足接

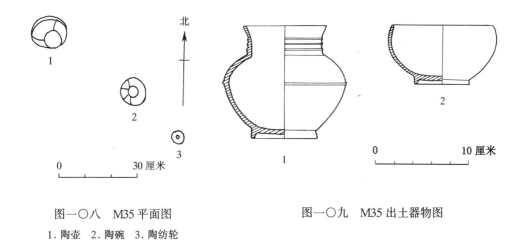

图一〇八　M35 平面图　　　　　　　图一〇九　M35 出土器物图
1. 陶壶　2. 陶碗　3. 陶纺轮

合处有不规则压划痕。器最高 12、外口径 8.8 厘米。(图一〇九,1;图版三三,4)

　　陶碗　1 件。M35:2,泥质灰黄胎黑衣陶,黑衣大都已脱落。尖圆唇,口微敛,弧腹,平底,矮圈足。器最高 6.4、口径 11.2 厘米。(图一〇九,2;图版三三,5)

　　陶纺轮　1 件。M35:3,夹细砂红陶。圆饼形,两面扁平,中间一孔,壁向外鼓凸。最大直径 5.1、最厚 1.7 厘米。

M36

　　(一) 概　况

　　1979 年 10 月 4 日,在 T6 黄沙土中发现相距较近的一组陶鼎、豆、盆、纺轮,另有壶 1 件相距稍远,清理后编号 T6 第八组。

　　遗物位于 T6 西侧中段的②层黄沙土中,其上层为①层表土,下层为纯黄沙生土。墓坑、葬具和人骨架均未发现。出土遗物计陶器 6 件,距地表深约 82 厘米。所跨最长边距 125 厘米,最宽 70 厘米。其中陶鼎、豆和 1 件纺轮呈东北—西南向直线分布成一排,紧靠其东南侧有陶壶、盆各 1 件,4 号纺轮之西约 60 厘米尚有 1 件纺轮。盆底朝上倒扣放置,纺轮均水平放置。(图一一〇)

　　(二) 遗　物

　　陶鼎　1 件。M36:2,破碎不能复原。

　　陶豆(柄)　1 件。M36:3,泥质红胎黑衣陶,黑衣大都脱落。盘已残。豆柄竹节形,喇叭形圈足下半部残。柄上、中部各饰凸棱 1 圈,上部凸棱之下饰浅凹弦纹 2 圈,中部凸棱的上、下方各饰凸棱数圈;上、中部凸棱中间戳印近等距圆圈 4 个,戳印时因用力不均,每一个圆圈均未能闭合,同时圆圈右下方印槽深、而左上方印槽浅;中部凸棱之下还饰近等距的戳印圆圈 4 个和圆镂孔 1 个,在 4 个戳印圆圈中间又戳印 1 个小圆

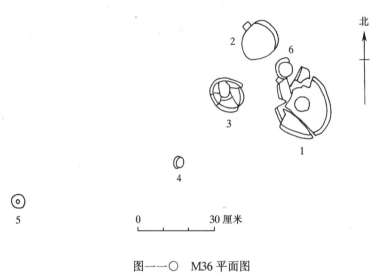

北

圈，每个圆圈或孔的两侧再饰斜向刻划线及三角形戳印，在柄内壁，三角形盲孔戳印形成的鼓凸清晰可见。此器应属残件随葬。器残高 16 厘米。（图一一一，3；图版三四，1）

陶高圈足壶

1 件。M36：6，泥质红胎黑衣陶，表

0   30 厘米

图一一〇　M36 平面图

1.陶盆　2.陶鼎　3.残陶豆　4.陶纺轮　5.陶纺轮　6.陶壶

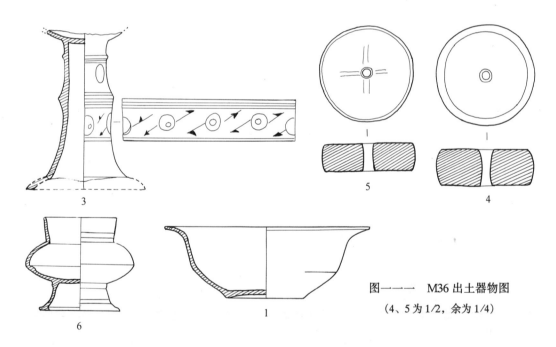

图一一一　M36 出土器物图

（4、5 为 1/2，余为 1/4）

面磨光，局部黑衣脱落。圆唇，直颈，扁圆折腹，平底，喇叭形圈足稍高。颈部、圈足上部各饰凹弦纹 2 圈。器最高 10、外口径 8 厘米。（图一一一，6；图版三四，2）

　　陶盆　1 件。M36：1，夹砂灰黄胎黑衣陶，局部黑衣脱落。厚圆唇，宽斜沿，沿面弧凸，弧腹略折，底内凹。器最高 7.6、外口径 22.5 厘米。（图一一一，1；图版三四，3）

陶纺轮　2件。M36:4,夹细砂灰陶。圆饼形,两面扁平,中间一孔,壁向外鼓凸。最大直径5.4、最厚2厘米。(图一一一,4;图版三四,4)

M36:5,夹细砂红陶。圆饼形,两面扁平,中间一孔,壁直略鼓。其中一面的孔四周各刻划2条很细的平行直线。最大直径5、最厚1.5厘米。(图一一一,5;图版三四,5)

M37

(一)概　况

1979年10月4日,在T8红沙土中发现置于一处的玉、石、陶器10件,清理后编号T8第十组。此外3日出土的T8:46陶豆(坐标535×580-128厘米)在该组器物东北角约10厘米处并高出7厘米,因红沙土质地很纯净,基本没有包含物,其周围也无其他遗迹或遗物,两者相距极近、高差很小,第三次整理时将该豆归入M37中,为11号。

遗物位于T8中部的红沙土中,其上层所覆土层不详,下即红沙土(生土)。墓坑、葬具和人骨架均未发现。出土遗物11件,计玉器2件、石器6件、陶器3件,距地表深135厘米。遗物分布集中,所跨最长边距约50厘米,最宽45厘米。石器中2件石刀左右错位、刃部朝内相对,其中三孔石刀与其下的2件石钺逐层叠压,五孔石刀西南端压着1件石钺,钺的刃部均朝西北(陶盆下另1件石钺方向不清),石刀长轴指向为东北—西南向。陶器置于石器的东北端,陶盆底朝上倒扣于五孔石刀和2件石钺之上。玉器散置。(图一一二)

(二)遗　物

陶豆　1件。M37:11。

陶壶　1件。M37:10,破碎不能复原。

陶盆　1件。M37:3,破碎不能复原。

玉管　2件。M37:7,乳白色。柱形中部略鼓,横剖面略呈弧三角形,磨制精细。两端对钻一圆孔。器最长1.8厘米。(图一一三,7;图版三五,1左)

M37:8,乳白色。柱形,横剖面略呈三角形,磨制精细。两端对钻1个圆孔,一端孔大,另一端孔小,在小孔一端的顶端平面上留有线切割弧线。器最长1.8厘米。(图一一三,8;图版三五,1右)

五孔石刀　1件。M37:2,灰黄色粉砂质板岩。器体扁平,平面呈斜梯形,磨制精细。顶部有崩损痕迹,窄端顶尖残损。平刃,刃口不锋利,上有数处小崩口。两面对钻5孔,均管钻。刃长30.5、两端宽分别为10.1和9.2、最厚0.7厘米。(图一一三,2;图版三五,2)

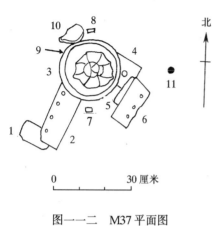

图一一二　M37 平面图

1. 石钺　2. 五孔石刀　3. 陶盆　4. 石钺
5. 石钺　6. 三孔石刀　7. 玉管　8. 玉管
9. 石钺　10. 残陶壶　11. 陶豆

三孔石刀　1 件。M37：6，灰黄色粉砂质板岩。器体扁平，平面呈斜梯形，磨制稍精。顶部在加工切割时一部分被打击破损，破损处后又进行打磨处理。平刃，刃口不锋利，上无崩口。单面钻 3 孔，为管钻。刃长 18.8、两端宽分别为 9.9 和 8.5、最厚 0.8 厘米。（图一一三，6；图版三五，3）

石钺　4 件。M37：1，青灰色粉砂质板岩。器体稍厚，平面呈梯形，磨制精细。顶端齐平。两侧面磨平。弧刃，刃口稍锋利，上有几处较大的崩口。两面对钻 1 孔，为管钻，孔壁有旋切痕迹，外孔径 1.8 厘米。器最长 12.4、最厚 1.3、刃最宽 8.1 厘米。（图一一三，1；

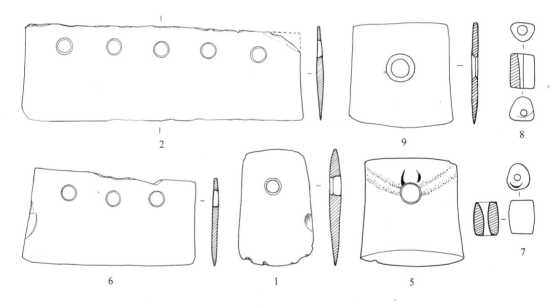

图一一三　M37 出土器物图（7、8 为 1/2，余为 1/4）

图版三五，4）

M37：4，灰黄色变质砂岩。器体扁平，平面呈正方形，磨制精细。顶端齐平。两边磨平。双面刃。单面钻 1 孔，为管钻，外孔径 2 厘米。器最长 12、最厚 1、刃宽 11 厘米。（图版三六，1）

M37：5，青灰色粉砂质板岩。器体扁平，平面呈梯形，磨制精细。顶部两角略有残缺。刃略斜，刃口锋利，上有多处大小不一的崩口。两面对钻 1 孔，为管钻，孔壁较光滑无凸棱，壁上可见较细的旋切痕，外孔径 1.9 厘米。在器体两面孔的周围，绘有红色的花纹和条纹，部分已脱落。器最长 11.6、最厚 1、刃宽 11.4 厘米。（图一一三，5；图版三六，2）

M37:9，青灰色粉砂质板岩。器体扁平，平面呈斜梯形，磨制精细。顶部经过 5 次磨制，即横向磨一次，再将两长边棱各磨一次，然后将两侧顶角又各磨一次。斜刃，刃口锋利，上有多处极细小的崩口。器中间两面对钻 1 孔，为管钻，外孔径 2.9 厘米。器最长 11.2、最厚 0.8、刃宽 11.2 厘米。（图一一三，9；彩版一六，1；图版三六，3）

M42

（一）概　况

1979 年 10 月 6 日下午，在 T8 内 M37 西南约 40 厘米处取土时发现玉器 5 件，清理后编号 T8 第十三组。

遗物位于 T8 中部的红沙土中，其上层所覆土层不详，下即红沙土（生土）。墓坑、葬具和人骨架均未发现。出土遗物仅玉器 5 件①，距地表深 144 厘米。遗物分布较集中，其中 3 件玉管放在一起，玉钺刃部朝向东南，玉镯竖立于土中。（图一一四）

（二）遗　物

玉钺　1 件。M42:1，灰白与深黑相间。器体稍厚，平面呈长方形但一端凸出，磨制精细，器表抛光亮泽。顶端因残断而凸凹不平，局部残断处又略加磨光。刃弧凸向外伸出较多，刃口一侧微残，残断处局部略加磨光，刃上有 2 处较大崩口。在刃上部器表一面有 1 处切割形成的凹窝。两面对钻 1 孔，为管钻，孔壁光滑，外孔径 2.1 厘米。器最长 12.4、最厚 1、刃宽 8.5 厘米。（图一一五，1；图版三六，4）

玉镯　1 件。M42:2，灰白色，布局泛绿。器体厚重，平面呈环形，剖面呈长方形，磨制精细。器表一面的外边缘原有 2 处残损后又被磨平滑，器厚不均。器最大直径 8、最厚 2.5 厘米。（图一一五，2；图版三六，5）

玉管　3 件。M42:3，乳白色。三角柱状，横剖面略呈弧三角形，磨制精细。圆柱一面被切割出 1 道凹槽。两端对钻 1 个小圆孔。器最长 1.5 厘米。（图一一五，3；图版三六，6 左）

M42:4，灰黄色。三角柱状，横剖面呈三角形，磨制精细。两面对钻 1 个小圆孔。

---

① M37、M42 两者所处层位相同，深度仅相差 9 厘米，器物间距仅约 40 厘米。若两墓合并，器物摆放方向与石刀长轴方向同，所跨最长边距约 110 厘米，且两墓周围红沙土很纯净，几乎无其他遗物，极可能同属一墓或有密切关系的两墓。此外，在 M37 西侧约 40 厘米处出土的 T8:78 玉管（坐标 430×568－147 厘米）也可能与之有关，但此处未列入，存疑。

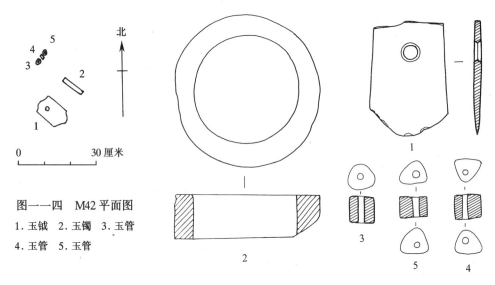

图一一四 M42 平面图

1.玉钺 2.玉镯 3.玉管

4.玉管 5.玉管

图一一五 M42 出土器物图

（1为1/4，余为1/2）

长1.3厘米。（图一一五，4；图版三六，6中）

M42:5，淡黄色。三角柱状，横剖面呈三角形，磨制精细。两面对钻1个小圆孔。长1.1厘米。（图一一五，5；图版三六，6右）

M38

（一）概　况

1979年10月4日，在T8红沙土中发现陶壶、盆各1件置于一处，清理后编号T8第十一组。其中一件陶壶破碎未登记。

遗物位于T8中北部的红沙土中，其上层所覆土层不详，下即红沙土（生土）。出土陶器2件[①]，距地表深约129厘米。陶盆底朝上倒扣放置。（图一一六）

（二）遗　物

陶壶　1件。M38:2，破碎不能复原。

陶盆　1件。M38:1，夹砂灰胎黑衣陶，局部黑衣已脱落。尖圆唇，宽斜沿，大敞口，平底。口沿与腹接合处有用工具压划不规则凹槽1圈。器最高7、外口径22.4厘米。（图一一七，1；图版三七，1）

---

① 4日在其东侧偏北约60厘米处出土的T8:64玉管（坐标590×780－130厘米）位置相近，深度基本相同，周围无其他遗物，可能与之有关。

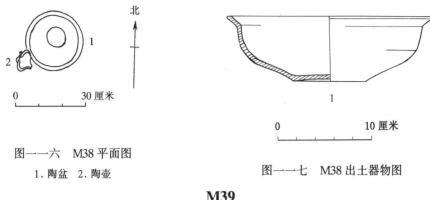

图一一六　M38 平面图

1.陶盆　2.陶壶

图一一七　M38 出土器物图

M39

（一）概　况

1979 年 10 月 4 日下午，在 T6 东北角阶梯处发现玉环、石钺、七孔石刀各 1 件，未及仔细清理，仅将器物取回。6 日在该处向北扩方后仔细发掘，又在周围发现集中分布在一起的几件器物，清理完后统一编号 T6 第九组。

遗物位于 T6 东北角的②层黄沙土中，其上层为①层表土，下层为纯黄沙生土。墓坑、葬具和人骨架均未发现。出土遗物共 7 件，计玉器 3 件、石器 4 件，另外还有陶鬶把 1 个，距地表深约 65 厘米。遗物所跨最长边距 76 厘米，最宽 57 厘米，其中 6 号石钺叠压于 5 号三孔石刀东北端之上，刃部均朝向西北，石刀长轴指向为东北—西南向[①]。从石刀的长轴指向看，墓葬应为东北—西南向。（图一一八）

（二）遗　物

陶鬶把　1 件。M39:7，夹砂灰陶。扁平三角形。最长约 14 厘米。

玉环　1 件。M39:1，乳白色，器表局部显黄。磨制光滑，器体厚薄不均，平面呈环形，内缘厚，外缘薄，断面似弧三角形。外壁边上有切割凹槽 2 个。器最大直径 7.8 厘米。（图一一九，1；图版三七，2）

玉管　1 件。M39:2-2，乳白色。扁圆柱体。最长 1.5 厘米。（图一一九，2-2；图版三七，4）

玉饰　1 件。M39:2-1，乳白色。器体扁薄，平面呈不规则圆形，中心钻 1 个小圆孔。平面上有线切割留下的弧线凹槽数道。器最大直径 2 厘米。（图一一九，2-1；图版三七，3）

七孔石刀　1 件。M39:4，灰黄色粉砂质板岩。器体扁平，平面呈斜梯形，磨制略

---

① 因部分遗物是修整探方阶梯时发现，除石刀位置未动外，余均被移动，器物平面位置不甚准确，仅供参考。

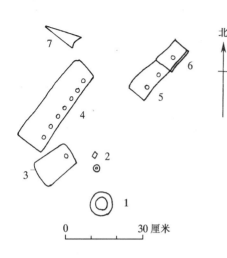

图一一八　M39 平面图
1. 玉环　2. 玉管、饰（2件）　3. 石钺　4. 七孔
石刀　5. 三孔石刀　6. 石钺　7. 陶鬶把

精。顶部多处残缺。宽端有一崩缺。平刃，刃口略锋利。两面对钻 7 孔，为管钻。刃长 36.2、两端宽分别为 11.8 和 8.7、最厚 0.6 厘米。（图一一九，4；图版三八，1）

三孔石刀　1 件。M39:5，灰黄色粉砂质板岩。器体扁薄，平面呈斜梯形，磨制略精。顶部有崩损痕迹。平刃，刃口稍锋利，上无崩口。单面钻孔，似为管钻，孔壁较直。刃长 22.8、两端宽分别为 11.5 和 10.7、最厚 0.6 厘米。（图一一九，5；图版三八，2）

石钺　2 件。M39:3，青灰色粉砂质板岩。器体扁薄，平面呈梯形，磨制精细。顶部在切割时，遗留有一长条切割凹槽痕迹，一角崩缺。刃略斜，刃口锋利，上有几处细小崩口。两面对钻 1 孔，为管钻，外孔径 1.9 厘米。器

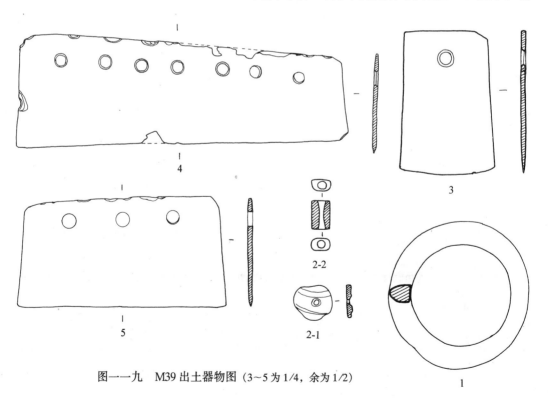

图一一九　M39 出土器物图（3~5 为 1/4，余为 1/2）

最长 15.2、刃宽 10.4、最厚 0.6 厘米。（图一一九，3；图版三八，3）

M39：6，青灰色粉砂质板岩。器体扁薄，平面呈梯形，磨制精细。

M40

（一）概　况

1979 年 10 月 6 日下午，开始清理 T6 黄沙土中的这组器物，先发现玉、石、陶器 20 余件，分布相当集中，清理后编号 T6 第十组。8 日上午继续发掘 T6 时又在该组器物西南约 30 厘米处出土玉璜 1 件、玉管 2 件，归入该组，玉璜为 23 号，玉管归入 10 号。

遗物位于 T6 东北部的②层黄沙土中，其上层为①层表土，下层为纯黄沙生土。墓坑、葬具和人骨架均未发现。出土遗物共 30 件，计玉器 11 件、石器 13 件、陶器 6 件，距地表深约 97 厘米。遗物放置大体上呈东北—西南向，所跨最长边距约 120 厘米，最宽约 100 厘米。石器的摆放最具特点，14 件石器密集重叠成六层堆放在一起，6 号、16 号两件九孔石刀分左右对称放置，刃部相对，4 号三孔石刀在 6 号西南端，刃部朝内，三件石刀的长轴指向均为东北—西南向；与此相似，西南端的石钺也分为两排左右对称放置，刃部朝内相对分别为东南和西北方向；中部压于 6 号石刀之下的 14、15 号石钺呈重叠状放置，刃部朝向东南；压在西南部 4 号石钺下的最下层的 12、13 号石锛，两

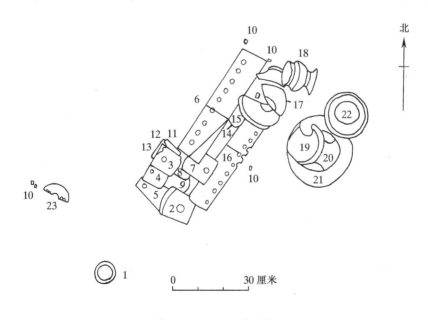

图一二〇　M40 平面图

1. 玉环　2. 石钺　3. 石钺　4. 三孔石刀　5. 石钺　6. 九孔石刀　7. 石钺　8. 石钺　9. 玉钺
10. 玉管（8 件）　11. 石钺　12. 石锛　13. 石锛　14. 石钺　15. 石钺　16. 九孔石刀　17.
陶盆　18. 陶壶　19. 陶豆　20. 陶壶　21. 陶盆　22. 陶鼎　23. 玉璜

者也重叠放置。玉璜、环主要置于西南角，另有几件玉饰环绕石器外围分布较散。陶器则分布在东北一片，其中21号盆在偏东一侧口朝上正放，盆上置豆、壶各1件，22号鼎压其边缘；17号盆则底朝上倒扣于2件石钺和1件石刀之上。从石刀长轴指向和器物摆放位置看，墓葬应为东北—西南向。（图一二○；图版三九）

(二) 遗　物

陶壶形鼎　1件。M40:22，夹砂红陶，并夹部分蚌末，炭化后器表留下小凹窝，显得粗糙不平，质地稍松。圆唇，口微外侈，颈较高，扁圆腹，圜底，侧装扁凿形3足。颈部1圈凸棱，腹中部加宽檐1圈。器最高16、外口径9.8厘米。（图一二一，22；图版四○，1）

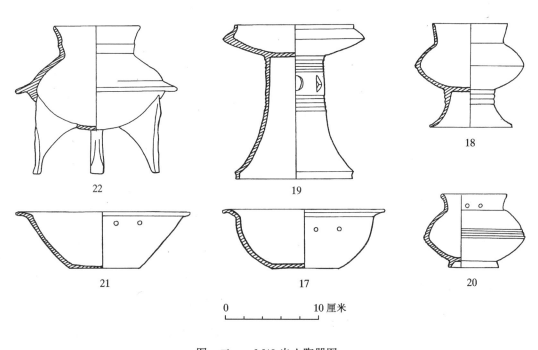

22　19　18　21　17　20

0   10 厘米

图一二一　M40出土陶器图

陶盘形豆　1件。M40:19，夹砂灰胎黑衣陶，器表刮抹光滑，黑衣经磨光，有光泽，但大部分已脱落。圆唇，极矮的直口，扁折腹内收，底近平，高柄，喇叭形圈足，足沿陡折成台阶状并中部内收。柄上部饰凹弦纹2组，每组4或5圈，两组凹弦纹之间饰等距离圆镂孔3个，孔间再饰等距离三角形镂孔3个。器最高16.4、外口径13.2厘米。（图一二一，19；图版四○，2）

陶壶　2件。M40:18，高圈足壶。夹砂灰胎黑衣陶，器腹、口部刮抹光滑，圈足未刮抹而显粗糙，黑衣大都已脱落。尖唇，口微外侈，颈略高，扁圆腹折收，圜底，喇

叭形高圈足。圈足上部饰凹弦纹 3 圈。器最高 11、口径 8.2 厘米。（图一二一，18；图版四〇，3）

M40：20，扁腹壶。夹粉砂灰黄陶。圆唇，口微外侈，扁圆折腹，平底，矮圈足。颈下部饰对称横排小圆镂孔 2 组，每组各 2 个，腹部饰凹弦纹 4 圈。器最高 8、外口径 7.2 厘米。（图一二一，20；图版四〇，4）

陶盆　2 件。M40：17，夹砂灰胎黑衣陶，器腹、口部刮抹光滑，黑衣经磨光，但大都已脱落。圆唇，窄沿外翻，弧腹较深，平底。腹偏上部有横排对称圆镂孔 2 组，每组各 2 个。器最高 6.4、外口径 17.8 厘米。（图一二一，17；图版四〇，5）

M40：21，泥质灰黄陶。圆唇，沿稍宽而外翻，弧腹近斜直，平底。口沿下有横排对称小圆镂孔 2 组，每组各 2 个。器最高 6、外口径 19.2 厘米。（图一二一，21；图版四〇，6）

玉钺　1 件。M40：9，黄绿色。器体扁平，平面呈梯形，磨制精细，器表抛光。顶端及拐角残断，但断面两侧又经简单磨制，两侧面磨制齐平。器表一面尚存线切割时留下的几道切割弧线或浅凹面。刃弧凸，刃口锋利，上仅有少量细小崩口。两面对钻竖行 2 孔，均管钻，上孔小，外孔径 1.1 厘米；下孔大，外孔径 1.9 厘米。器最长 16.6、最厚 1、刃宽 11.5 厘米。（图一二二 A，9；图版四一，1）

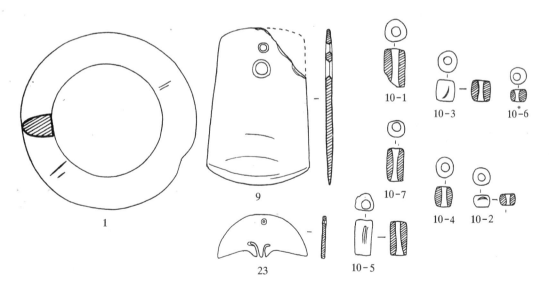

图一二二 A　M40 出土玉器图（9 为 1/4，余均为 1/2）

玉环　1 件。M40：1，乳白色。器体稍厚，平面呈环形，剖面近弧三角形，内缘厚，外缘薄，器表及内缘均经磨制，较平滑。器表一面因切割不齐而不平，另一面在孔两侧残留对称状线切割形成的横向短弧线各 2 道，器外缘有 1 处切割时形成的缺口。器

最大直径 9.5、最厚 1.2 厘米。（图一二二 A，1；图版四一，2）

玉璜 1 件。M40:23，乳白色。器体扁平，平面呈半圆形，近似蝶状。弧顶部两面对钻 1 个小圆孔，弦部中间两侧琢磨成弧形，再由中间部位分别用线切割成反方向弧形缺口。器最长 5、最厚 0.2 厘米。（图一二二 A，23；彩版一一，1；图版四一，3）

玉管 8 件。均乳白色。分圆柱形和鼓形两种，两端对钻 1 个圆孔。（图版四一，4）M40:10-1，圆柱形。一端被切割成斜面。长 2 厘米。（图一二二 A，10-1）

M40:10-2，鼓形。一端被切一小凹槽。长 0.7 厘米。（图一二二 A，10-2）

M40:10-3，鼓形。一侧被磨成平面。长 1.2 厘米。（图一二二 A，10-3）

M40:10-4，鼓形。长 1.1 厘米。（图一二二 A，10-4）

M40:10-5，圆柱形。长 2 厘米。（图一二二 A，10-5）

M40:10-6，鼓形。长 0.7 厘米。（图一二二 A，10-6）

M40:10-7，圆柱形。顶面上切一凹窝。长 1.8 厘米。（图一二二 A，10-7）

M40:10-8，柱状。横剖面近三角形，一侧面被切割一弧形凹槽。长 1.9 厘米。

九孔石刀 2 件。M40:6，灰黄色粉砂质板岩。器体扁平，平面呈斜梯形，磨制稍精。平刃，刃口稍锋利。两面对钻 9 孔，均管钻，窄端一侧先钻一半圆形未穿孔的凹槽，接着向右移位再钻孔，因此，该器的横排孔间距宽窄不一。刃长 42、两端宽分别约为 11 和 8、最厚 0.7 厘米。

M40:16，青灰色粉砂质板岩。器体扁平，但一面稍鼓，表面微弧凸，而另面平直，平面呈梯形，磨制精细。顶部齐平，宽端刃尖残。平刃，刃口锋利。该器为残器改制而成，顶部原有 4 孔，单面管钻，系从平直的一面下钻，其中 3 个已钻穿，1 个未钻穿尚留一半圆弧圈，石芯仍在。改制时从弧凸的一面下钻，单面钻 9 孔，均管钻。刃长 40.5、两端宽分别为 8.1 和 7.9、最厚 0.7 厘米。（图一二二 B，16；图版四二，1）

三孔石刀 1 件。M40:4，灰黄色粉砂质板岩。器体扁平，平面呈斜梯形，磨制稍精。顶部有崩损痕迹。平刃，刃口稍锋利，上有少量小崩口。该器为残器改制而成，窄端遗留 1 个半圆形残孔，其余 3 孔为两面对钻，均管钻。刃长 17.9、两端宽分别为 8.6 和 7.7、最厚 0.7 厘米。（图一二二 B，4；图版四二，2）

石钺 8 件。M40:2，青灰色变质砂岩。器体扁平，平面呈梯形，磨制精细。顶部边棱不明显并留有 2 道清晰的类似片切割的平直切割线，一角尖被磨圆。弧刃，刃口锋利，上仅有极少量细小崩口。两面对钻 1 孔，为管钻，孔壁上有多道旋切痕，外孔径 2.4 厘米。器最长 12.3、最厚 1、刃最宽 12 厘米。（图一二二 B，2；图版四三，1）

M40:3，青灰色夹大片灰黄斑流纹岩。残。器体扁平，平面呈长方形，磨制精细。顶部未磨制，显得凸凹不平。刃弧凸，刃口较锋利，上有大小不一的崩口。该器为改制而成，原先两面对钻 1 孔，应为残断后再从此孔下方重新两面对钻 1 孔，均为管钻，下孔外

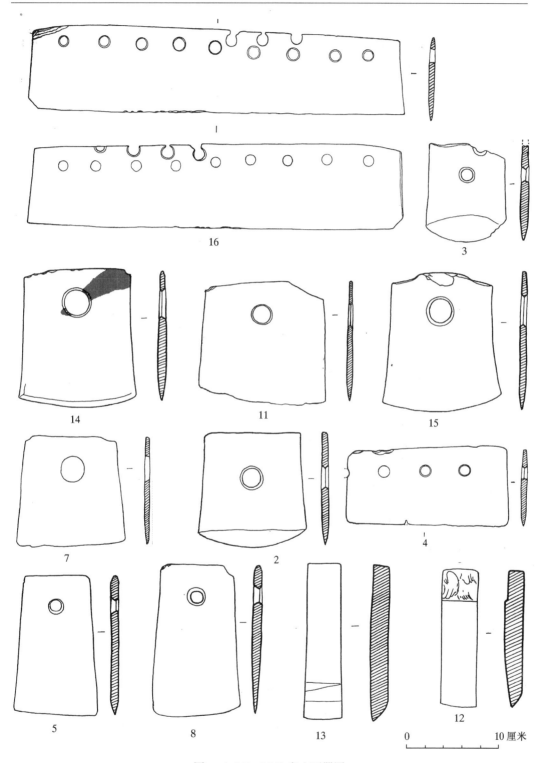

图一二二 B　M40 出土石器图

孔径1.7厘米。器最长10.5、最厚1、刃宽9厘米。(图一二二B,3;图版四三,2)

M40:5,灰绿色变质砂岩。器体扁平,平面呈长梯形,磨制精细,器表略抛光。顶部一次磨平,两边缘磨制很薄似刃状。孔上方磨制粗糙,留下较密的摩擦痕。平刃,两角有崩损,刃口锋利,刃上有少量小崩口。两面对钻1孔,为管钻,一面钻孔较深,而另一面钻孔则较浅,外孔径1.8厘米。器最长15、最厚1、刃宽9.2厘米。(图一二二B,5;图版四三,3)

M40:7,灰黄色粉砂质板岩。器体扁平,平面呈梯形,磨制稍精。顶斜平,两角略呈肩状。平刃略弧凸,刃口稍锋利,上有较多细小崩口。单面钻1孔,为管钻,外孔径2.3厘米。器最长11.7、最厚0.7、刃宽11.9厘米。(图一二二B,7;图版四三,4)

M40:8,青灰色变质砂岩。器体稍厚,平面为长梯形,磨制稍精。顶端和两边端均磨制平整,但顶端一角断损。斜弧刃,刃口锋利,上有1处较大崩口和数处细小崩口。两面对钻1孔,为管钻,孔壁倾斜,孔壁上留有数道较粗的旋切痕,外孔径2厘米。器最长16、最厚1.2、刃宽9.8厘米。(图一二二B,8;图版四四,1)

M40:11,青灰色粉砂质板岩。器体扁平,平面呈斜梯形,磨制精细。顶部及两侧面均磨制平整。斜刃,刃口锋利,上有较多大小不一的崩口。两面对钻1孔,为管钻,外孔径2厘米。器最长13.5、最厚0.6、刃最宽14厘米。(图一二二B,11;图版四四,2)

M40:14,青灰色绿泥石英片岩。器体扁平,平面呈"风"字形,磨制精细。顶端略微弧,一角残损后又略加琢磨,但未磨平整,另一角尖为小半圆孔形,似为原先钻孔残损后所遗,此器应为改制而成。弧刃,刃口锋利,上仅有极少的细小崩口。两面对钻1孔,为管钻,外孔径3.2厘米,在孔内壁及孔的侧上方尚保留了局部红彩。器最长14.6、最厚0.8、刃宽13厘米。(图一二二B,14;图版四四,3)

M40:15,灰绿色粉砂质板岩。器体扁平,平面呈"风"字形,磨制精细,器表抛光亮泽。顶端中间弧凸,两角略低呈肩状。两侧微内弧。弧刃,刃口锋利,上几无崩口。两面对钻1孔,为管钻,外孔径3厘米。孔周围原绘有红色花纹,花纹大部分随土脱落,纹饰不清。器最长14.8、最厚0.9、刃宽13.2厘米。(图一二二B,15;彩版一六,2;图版四四,4)

石锛 2件。M40:12,青灰色粉砂质板岩。器体较厚,平面呈长条形,磨制精细,器表经抛光处理,表面亮泽。有段,段脊在器身上部。段以上部分以及两侧面均有琢制时留下的凹窝,凹窝点有圆形和椭圆形,且窝点很光滑;此外还有一些长条形凹槽,似是用有刃的工具打制而成。单面刃,刃口锋利。器最长14.8、最厚2、刃宽4厘米。(图一二二B,12;图版四二,3)

M40:13,青灰色变质砂岩。器体稍厚,平面呈长条形,简单磨制。顶齐平。器身上部有加工时遗留的数个小凹窝。单面刃，刃稍锋利。器最长 16.5、最厚 2、刃宽 4.2 厘米。（图一二二 B，13；图版四二，4）

M41

（一）概　况

1979 年 10 月 4 日，在 T8 红沙土中出露一组分布集中的陶器，6 日上午清理后编号 T8 第十二组，其中 1 件陶盆因破碎未登记。

遗物位于 T8 西侧中段的红沙土中，其上层为②层商周灰黑色沙土，下即红沙土（生土）。墓坑、葬具和人骨架均未发现。出土遗物仅陶器 5 件，距地表深约 139 厘米。遗物集中堆放在一起，其中陶盆底朝上倒扣放置，陶豆置于盆上。（图一二三）

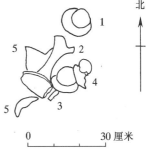

图一二三　M41 平面图
1. 陶壶　2. 陶豆　3. 陶鼎
4. 陶球　5. 残陶盆

（二）遗　物

陶折腹罐形鼎　1 件。M41:3，夹砂灰黄陶，底和三足均为橘黄色，器表有黑衣，大都已脱落。覆钵形盖，喇叭形盖纽。鼎口圆唇，敞口，扁圆腹略折，圜底，侧装 3 个鸭嘴形足。器最高 16.2、外口径 10.5 厘米。（图一二四，3；图版四五，1）

陶钵形豆　1 件。M41:2，泥质灰陶。圆唇，极矮的小敞口，平底，细高柄，喇叭形圈足。豆盘下部饰宽扁的凸棱 1 圈，柄上饰凹弦纹 4 组，上组 4 圈，中间两组各 3 圈，下组 4 圈，每组之上饰等距离圆镂孔各 1 组，由上而下的第一组饰圆镂孔 3 个；第二组饰 4 个，其中有 1 孔尚未戳穿，且每圆孔周缘又

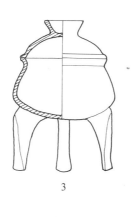

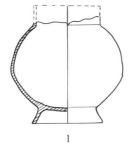

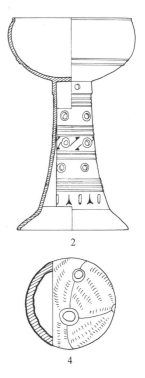

图一二四　M41 出土器物图（4 为 1/2，余为 1/4）

戳印圆圈 1 个；第三组饰 6 个，每孔周缘又戳印圆圈 1 个，且在孔与孔之间再饰斜向直线 1 条，直线尾端加三角形盲孔 1 个；第四组饰 4 个，每孔周缘也戳印圆圈 1 个；在下组凹弦纹之下，刻划等距离竖行长方形孔 6 个，孔间又饰刻划纹 1 条，刻划纹下端各戳印三角形盲孔 1 个。器最高 22.2、外口径 13.3 厘米。（图一二四，2；图版四五，2）

陶圆腹壶　1 件。M41:1，夹砂灰白陶。口残缺，圆腹，圜底，圈足。器残高 11.4 厘米。（图一二四，1；图版四五，3）

陶盆　1 件。M41:5，破碎不能复原。

陶球　1 件。M41:4，泥质红陶。呈球状，体内中空，内有小陶丸。球面有 6 孔，呈立体十字形分布，每孔周缘刻印圆圈 1 个，孔间刻划一条直线连接，球面布满不规则的指甲纹。器最大直径 5 厘米。（图一二四，4；图版四五，4）

M43

（一）概　况

1979 年 10 月 7 日上午，开始清理 T6 黄沙土中的这组分布相对集中呈直线的陶鼎、豆、壶、碗和纺轮，编号 T6 第十一组。

遗物位于 T6 西南部的②层黄沙土中，其上层为①层表土，下层为纯黄沙生土。墓坑、葬具和人骨架均未发现。出土陶器 6 件，距地表深约 80 厘米。遗物呈东北—西南向直线分布，所跨最长边距约 150 厘米，最宽约 60 厘米，其中鼎、豆、碗、纺轮各一件集中在一起，东北、西南端 30～50 厘米处又各置一壶、碗。陶豆长轴指向为东北—西南向，纺轮竖立于土中。（图一二五）

（二）遗　物

陶盆形鼎　1 件。M43:3，夹砂灰陶，底及三足为灰黄色。近方唇，敞口，束颈，扁折腹，圜底，3 个横装宽扁足，足根两侧向外伸展。腹上部饰凹弦纹 2 组，每组 3 圈，两组之间饰刻划短斜线纹 1 圈；足正面刻划竖行直线数道。器最高 12.6、外口径 14.8 厘米。（图一二六，3；图版四六，1）

陶盘形豆　1 件。M43:2，夹砂灰陶，出土时豆柄上可见红、绿两色间隔的宽带状彩绘[①]，已剥落。方唇，极矮的直口，弧折腹，小平底，高柄，喇叭形圈足，足沿陡折成台阶状并中部内收。柄上部饰不等距圆镂孔 4 个，其下饰不规则斜向粗凹弦纹数周，中间留空白一段，再下饰较规则的细凹弦纹数周。器最高 25.2、外口径 16.8 厘米。（图一二六，2；图版四六，2）

陶扁腹壶　1 件。M43:1，夹砂灰黄胎黑衣陶，黑衣大都已脱落，器表上半部分刮

---

① 关于颜色的记录，探方日记原文如此。

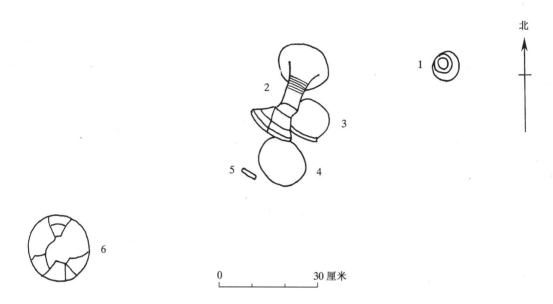

0　　　　　　30厘米

图一二五　M43平面图

1.陶壶　2.陶豆　3.陶鼎　4.陶碗　5.陶纺轮　6.陶碗

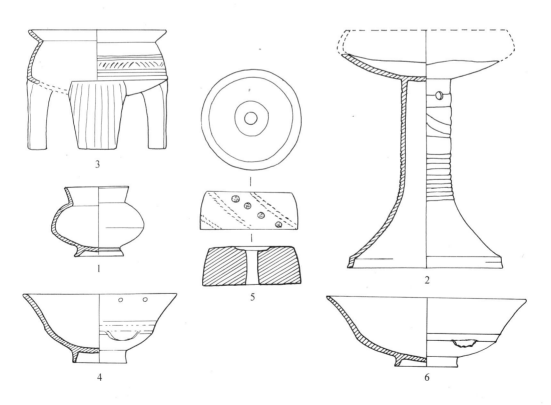

图一二六　M43出土器物图（5为1/2，余为1/4）

抹光滑，下腹及圈足未刮抹显粗糙。圆唇，口外侈，扁圆折腹，圜底，矮圈足。器最高
7.4、外口径7厘米。（图一二六，1；图版四六，3）

　　陶碗　2件。M43:4，泥质红胎黑衣陶，黑衣多已脱落。圆唇，大敞口，斜壁内弧
折收，圜底，小圈足。口沿下有不对称圆镂孔2组，每组2个；腹饰凸棱2圈，棱下一
侧有半圆形錾1个。器最高7.4、外口径16.7厘米。（图一二六，4；图版四六，4）

　　M43:6，泥质红胎黑衣陶。圆唇，敞口，斜壁内弧折收，圜底，圈足稍高。折腹处
有凸棱2圈，棱下有鸡冠形錾1个。器最高7.2、外口径22厘米。（图一二六，6；图
版四六，5）

　　陶纺轮　1件。M43:5，泥质灰黄陶。圆饼形，上小下大，剖面呈梯形，两面扁
平，中间1孔，孔周缘低凹。壁向外鼓凸，周边饰平行斜箅纹5组，其中有4组为两
行，另一组为1行，箅纹之间又戳印小圆形盲孔2组，每组4个。器最大直径5.4、最
厚2厘米。（图一二六，5；图版四六，6）

M44

　　（一）概　况

　　1979年10月7日下午，在T6黄沙土中发现陶缸、豆各1件，缸内尚有玉璜1件，
当时即作为一组。后在取器物时豆旁又出现陶鼎1件，并发现这组器物周围沙土层中含
有烧土块、陶片，内含有较多一点的土质，与周边黄沙土有所不同，但无明显迹象。8
日上午将器物取出，编号T6第十二组。11日中午又在该组器物西边发现大型石凿1
件，下午就近扩大范围清理，出土石刀4件、石铖3件、玉铖和镯、璜各1件、小玉饰
30件，最后合并为第十二组。

　　遗物位于T6东北部②层黄沙土中，其上叠压①层表土和唐宋时期的H5，下层为
纯黄沙生土。墓坑、葬具和人骨架均未发现，但有填土的迹象。出土遗物共45件①，
计玉器33件、石器9件、陶器3件，距地表深约120厘米。陶器均置于东侧，石器置
于西侧，玉器则散布于石器的东南一侧，仅1件玉璜置于陶缸内。器物所跨最长边距约
190厘米，最宽约145厘米，除13号石锛单独放置外，其余石器均呈东北—西南向摆
成一线，在东北一端还叠压成4层。石刀、锛、凿的长轴指向为东北—西南向，玉铖、
石铖、石刀的刃部均朝向东南。根据器物摆放位置和石刀长轴指向判断，墓葬应为东北
—西南向。（图一二七）

　　（二）遗　物

　　陶缸　1件。M44:1，夹砂红陶。器体硕大，方唇，敞口，口沿下方有宽凹槽1

---

　　①　10日在石器西南方向出土的T6:106号小玉饰3件（坐标54×68－100厘米），似与此有关。

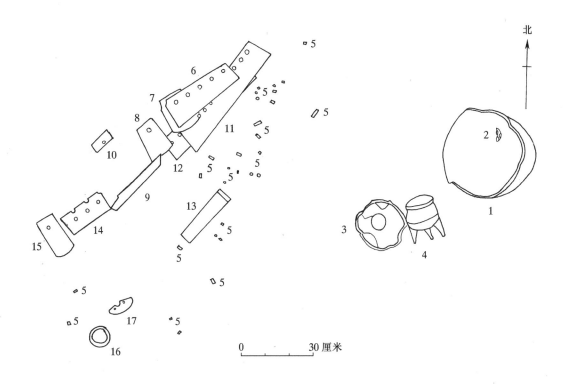

图一二七　M44 平面图

1. 陶缸　2. 玉璜　3. 陶豆　4. 陶鼎　5. 玉管、饰（29 件）　6. 五孔石刀　7. 石钺　8. 石钺　9. 石凿　10.
石钺　11. 十三孔石刀　12. 十一孔石刀　13. 石锛　14. 三孔石刀　15. 玉钺　16. 玉镯　17. 玉璜

圈，深腹，小圈底。腹饰斜向或交错粗篮纹。器最高 37.2、外口径 36.4、壁厚 0.6～
0.8 厘米。（图一二八，1；图版四七，1）

　　陶折腹罐形鼎　1 件。M44:4，夹砂红陶。圆唇，侈口，沿面略内凹，束颈，圆腹
中部折收，圜底，3 个侧装扁凿形足。腹中部有折棱 1 圈。器最高 15.5、外口径 10.6
厘米。（图一二八，4）

　　陶钵形豆　1 件。M44:3，泥质红胎黑衣陶，黑衣部分脱落。圆唇，敛口，钵形
盘，圜底，高柄，喇叭形圈足，足沿略折成台阶状并中部略内收。盘外壁下部饰凸棱 1
圈，柄上饰凹弦纹 2 组，上组 6 圈，下组 8 圈；在每组凹弦纹中间各饰等距离圆孔 1
组，每组各 3 个，圆孔上下之间互相对称。器最高 22.5、外口径 17.2 厘米。（图一二
八，3；图版四七，2）

　　玉钺　1 件。M44:15，青绿色。器体扁平，平面呈长梯形，磨制精细，器表抛光
亮泽。顶端先切割成一半弧形凹槽，后用力掰断，故顶端留有一凸出的棱脊。刃弧凸，
刃口锋利，上无崩口。两面对钻 1 孔，为管钻，外孔径 1.4 厘米。器最长 16.4、最厚

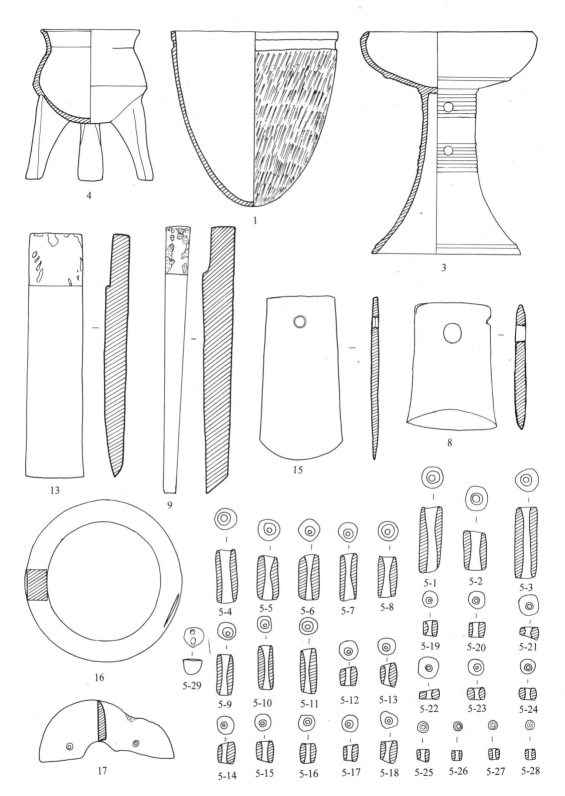

图一二八　M44 出土器物图（1 为 1/8，5、16、17 为 1/2，余为 1/4）

0.8、刃宽 8.6 厘米。（图一二八，15；图版四七，3）

玉镯　1 件。M44:16，乳白色。器体稍厚重，平面呈环形，剖面呈长方形，磨制精细。环体在切割时被切割成一边厚、一边薄，器表靠薄的一面凹凸不平，另一面靠近边缘处有 1 条呈梭形的长切割线。器最大直径 8.6、最厚 1.5 厘米。（图一二八，16；彩版一〇，1；图版四七，4）

玉璜　2 件。M44:2，乳白色。似蝶形。

M44:17，乳白色。弓背形，磨制精细。内缘厚、外缘薄，外缘有一处残缺但又经磨制。器表一面弧凸，另一面平整，弧凸面有切割弧线 2 条，平整面两端均有切割弧线 2 或 3 条。器内缘中间钻 1 个半圆形大孔，孔两侧各对钻 1 个小圆孔。器最长 7.4、最厚 0.5 厘米。（图一二八，17；图版四七，5）

玉管　28 件。乳白色，或微泛黄。圆柱形或鼓形、圆饼形，磨制精细。大多数两面对钻 1 孔，两端孔径大，中间孔径小。（图一二八，5-1~28；图版四七，6）M44:5-1，两端不齐平，器最长 3.6 厘米。

M44:5-2，器最长 2.2 厘米。

M44:5-3，一端略齐平，另一端孔边有一缺口。器最长 3.8 厘米。

M44:5-4，孔边都有一个小缺口。器最长 2.9 厘米。

M44:5-5，一端孔边有一缺口，另一端无缺口，但向下有一倾斜面。器最长 2.4 厘米。

M44:5-6，器最长 2.5 厘米。

M44:5-7，一端孔边有一缺口，柱外表两边有切割形成的凹槽。器最长 2.6 厘米。

M44:5-8，器最长 2.2 厘米。

M44:5-9，孔边缘的壁较薄。器最长 2.2 厘米。

M44:5-10，两端均有一个缺口，器表中间被切割出一个凹槽。器最长 2.4 厘米。

M44:5-11，孔边缘的壁较薄，一端有缺口。器最长 2.5 厘米。

M44:5-12，器最长 1.1 厘米。

M44:5-13，器最长 1.3 厘米。

M44:5-14，器最长 1.2 厘米。

M44:5-15，器最长 1.2 厘米。

M44:5-16，器最长 1.1 厘米。

M44:5-17，器最长 0.9 厘米。

M44:5-18，仅在管表面有 3 处被磨平，剖面略呈弧三角形。器最长 0.8 厘米。

M44:5-19，器最长 0.8 厘米。

M44:5-20，器最长 0.8 厘米。

M44:5-21,圆饼形。一面钻孔。器最高0.7、最大直径1厘米。

M44:5-22,圆饼形。器最高0.6、最大直径1.1厘米。

M44:5-23,鼓形。一面钻孔。器最高0.7厘米。

M44:5-24,鼓形。器最高0.7厘米。

M44:5-25,鼓形。器最高0.7厘米。

M44:5-26,鼓形。器最高0.5厘米。

M44:5-27,鼓形。器最高0.6厘米。

M44:5-28,鼓形。一面钻孔。器最高0.5厘米。

玉饰 1件。M44:5-29,乳白色。半球形,一面磨制齐平。在平面上呈倾斜状对钻1孔,进处孔径大,中间孔径极小。平面直径1.1、高0.8厘米。(图一二八,5-29;图版四七,6)

十三孔石刀 1件。M44:11,土黄色粉砂质板岩。器体扁薄,平面呈斜梯形,磨制稍精。平刃略内凹,刃口稍锋利,上有少量细小崩口。单面钻13孔,均为管钻。孔周围原绘有红色花纹,但大都脱落,花纹不清。刃长50.9、两端宽分别为11.6和9、最厚0.6厘米。(图一二九,11;彩版一四;图版四八,1)

十一孔石刀 1件。M44:12,深灰色砂质板岩。器体扁薄,平面呈斜梯形,磨制稍精。顶端齐平,有少量崩损痕迹。平刃略内凹,刃口锋利,上有几处小崩口。单面钻11孔,均管钻。孔周围绘有红色花纹,但大都脱落,仅存少量痕迹。刃长48.2、两端宽分别为9.9和7.1、最厚0.5厘米。(图一二九,12;图版四八,2)

五孔石刀 1件。M44:6,土黄色粉砂质板岩。器体扁薄,平面呈斜梯形,磨制稍精。顶端有崩损痕迹。平刃略内凹,一端刃尖残损,刃口锋利,上仅有很少量小崩口。单面钻5孔,均管钻。刃长32.6、两端宽分别为11和8.6、最厚0.5厘米。(图一二九,6;图版四八,3)

三孔石刀 1件。M44:14,深灰色砂质板岩。器体扁薄,平面呈斜梯形,磨制精细,器表光滑。平刃,刃一角有崩损痕迹并被磨成圆角,刃口锋利,上有少量小崩口。该器为残器改制而成,顶端有3个残缺的大钻孔,为两面对钻,3孔残断处在断面上又经3次磨制,形成3个摩擦面,并有2孔被磨去一小部分。其下有3个小孔,为单面钻孔,各孔均管钻。刃长19、两端宽分别为10.5和8.8、最厚0.6厘米。(图一二九,14;彩版一五,1;图版四八,4)

石钺 3件。M44:7,青灰色粉砂质板岩。器体扁平,平面呈"风"字形,磨制精细。顶及两侧面均磨制齐平。弧刃,刃口锋利,上几无崩口。两面对钻1孔,为管钻,孔壁倾斜,外孔径2.5厘米。器表一面绘红色花果形花纹,大都脱落,但器表留有花纹印迹,清晰可见;另一面仅存少部分花纹印迹仍可见。器最长13.4、最厚1、刃宽

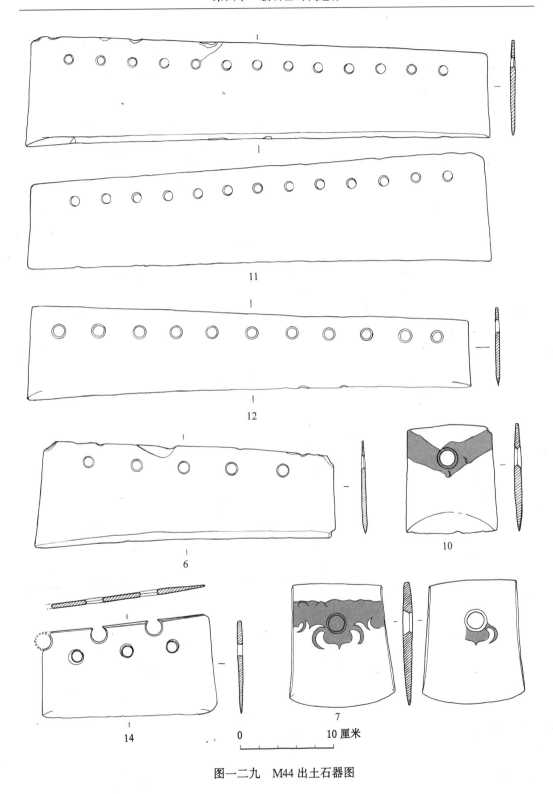

图一二九　M44 出土石器图

11.5厘米。（图一二九，7；彩版一七；图版四九，1）

M44∶8，青灰色变质砂岩。器体扁平稍厚，平面呈梯形，磨制精细。顶弧凸，两角磨成圆弧形，一侧面近顶部边缘有一切割出的横向缺口。刃略斜，刃口锋利，上有部分极细碎的崩口。单面钻1孔，为管钻，孔壁陡直，壁上有细密旋切痕，外孔径1.9厘米。器最长13.4、最厚1.2、刃宽11.2厘米。（图一二八，8；图版四九，2）

M44∶10，灰色夹白斑闪长岩。器体稍厚，平面呈梯形，磨制精细。顶端一角残留有小半圆孔，应属残器改制。平刃略弧，刃口锋利，上有多处大小不一的崩口。两面对钻1孔，似为实心钻，外孔径2.3厘米。器表两面孔周围均绘有红色花纹，大部脱落，纹饰不清，但其中一面可以看出孔两侧有斜向条纹，孔上下则有类似花果形的图案。器最长11.5、最厚1.1、刃宽10厘米。（图一二九，10；彩版一六，3；图版四九，3）

石锛 1件。M44∶13，青灰色粉砂质板岩。器体较厚重，平面呈长条形，磨制精细。有段，段脊在上部。顶、背、两侧面及段脊以上均有较多琢制时形成的凹窝，凹窝呈圆形、椭圆形或长条形，器身除凹窝外均抛光亮泽。单面刃，刃口锋利，几无崩口。器最长25、最厚2.5、刃宽6.2厘米。（图一二八，13；图版四九，4）

石凿 1件。M44∶9，浅灰色硅质板岩。器体较厚重，平面呈长条形，横剖面近正方形，磨制精细。有段，段脊在上部。顶端有两角尖崩缺，段脊以上的部分有较多琢制时形成的凹窝，凹窝呈圆形、椭圆形或不规则形，器表除顶端、段脊以外，余均抛光亮泽。单面刃较窄平，刃口锋利，无崩口。器最长28.7、最厚3、刃宽1.4厘米。（图一二八，9；彩版二〇，2；图版四九，5）

M45

（一）概　况

1979年10月7日，在T8挖掘红沙土的过程中发现一组相距甚近的石、陶器，清理后编号T8第十四组，其中1件陶豆残碎未登记。

遗物位于T8东部中段的红沙土中，其上层所覆土层不详，下即红沙土（生土）。墓坑、葬具和人骨架均未发现。出土遗物5件，计石器2件、陶器3件，距地表深151厘米。遗物分两处，东南一侧为3件陶器，呈东北—西南向直线分布，所跨最长边距约50厘米；西北一侧为2件石器，石钺刃部朝向西北，而石镞半压于石钺之下。两处间距约35厘米，横跨最大边距58厘米。（图一三〇）

（二）遗　物

陶圆腹罐形鼎 1件。M45∶1，夹细砂灰黑陶。圆唇，侈口，圆腹，3个侧装凿形足。腹中部有凸棱1圈，足根两侧各刻划1道弧形短凹槽。器最高18.4、口径12厘米。（图一三一，1）

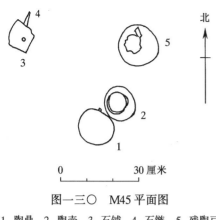

图一三〇　M45 平面图

1.陶鼎　2.陶壶　3.石钺　4.石镞　5.残陶豆

陶豆　1件。M45:5，破碎不能复原。

陶折腹壶　1件。M45:2，夹粉砂灰黄陶。圆唇，口微外侈，颈较直，扁折腹，平底，圈足。折腹处有折棱 1 圈。器最高10.4、外口径 7.8 厘米。（图一三一，2；图版五〇，1）

石钺　1件。M45:3，青灰色粉砂质板岩。器体扁平，平面呈梯形，磨制精细。顶端齐平，一角残损。弧刃略斜，刃一角残缺，口锋利，上有多处似锯齿小崩口。单面

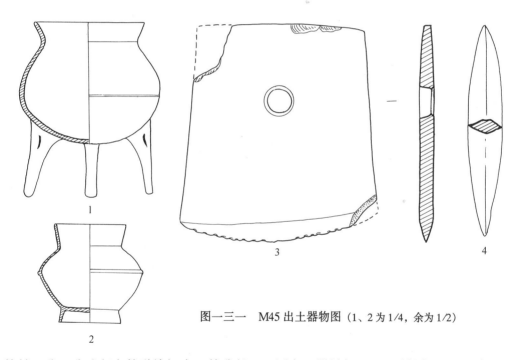

图一三一　M45 出土器物图（1、2 为 1/4，余为 1/2）

管钻 1 孔，孔壁留有数道旋切痕，外孔径 1.6 厘米。器最长 11.7、最厚 0.7、刃宽 10.8 厘米。（图一三一，3；图版五〇，2）

石镞　1件。M45:4，青灰色粉砂质板岩。平面为柳叶形，两端尖，横剖面近扁菱形，磨制稍精。器最长 11.2、最厚 0.7 厘米。（图一三一，4）

M46

（一）概　况

1979 年 10 月 8 日，开始清理在 T6 西侧黄沙土中的一组较为分散的陶壶和玉饰，

北

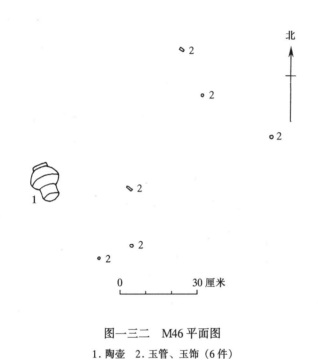

0　　　　　　　30 厘米

图一三二　M46 平面图
1. 陶壶　2. 玉管、玉饰（6件）

编号 T6 第十三组。清理中发现包含器物的黄沙土内含黏土较周围黄沙土稍多一些，色稍深，内含有木炭颗粒及红烧土颗粒、少量陶片，但无明显界线。

遗物位于 T6 西侧中段的②层黄沙土中，其上层为①层表土，下层为纯黄沙生土。墓坑、葬具和人骨架均未发现，但有填土迹象。出土遗物共 7 件，计玉器 6 件、陶器 1 件，距地表深约 84 厘米。遗物分布很散，大略呈梯形，所跨最长边距约 85 厘米，最宽约 50 厘米。（图一三二）

（二）遗　物

陶长颈壶　1 件。M46：1，夹砂灰黄胎黑衣陶。圆唇，侈口，长颈中部内收，肩斜平，扁圆腹，平底，圈足。肩部及腹部各饰凹弦纹 2 圈。器最高 13.6、外口径 8.8 厘米。（图一三三，1；图版五〇，3）

玉管　2 件。均乳白色。鼓形，磨制精细。M46：2－1，

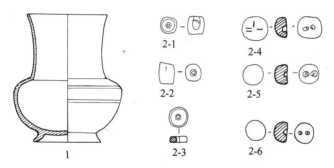

图一三三　M46 出土器物图（1 为 1/4，余为 1/2）

两端对钻 1 孔。器最长 0.9 厘米。（图一三三，2－1；图版五〇，5 左 1）

M46：2－2，一端较平，另一端呈斜面。两端对钻 1 孔，器最长 1.1 厘米。（图一三三，2－2；图版五〇，5 左 2）

玉饰　4 件。均乳白色。M46：2－3，圆饼形。两面对钻 1 孔，直径 0.9 厘米。（图一三三，2－3；图版五〇，5 左 5）

M46：2－4，半球形。一面弧凸，其上有 4 道短切割痕；另一面平，平面的中心斜向对钻 1 个小隧孔。最大直径 1.4 厘米。（图一三三，2－4；图版五〇，4）

M46：2－5，半球形。一面弧凸，另一面平。平面的中心斜向对钻 1 个小隧孔。直

径 1.1 厘米。(图一三三, 2-5; 图版五〇, 5 左 3)

M46:2-6, 半球形。一面弧凸, 另一面平。平面的中心斜向对钻 1 个小隧孔。直径 1.2 厘米。(图一三三, 2-6; 图版五〇, 5 左 4)

M47

(一) 概　况

1979 年 10 月 8 日上午, 在 T6 南壁旁取土时于黄沙土中发现陶罐 1 件和压在隔梁下的石刀一部分, 遂打掉隔梁, 清理出相互叠压的玉、石器和陶器 10 余件, 编号 T6 第十四组。15 日下午在该处西南侧又发现玉环 1 件、玉璜 1 件、玉饰 2 件, 并入第十四组。(参见图版三, 1)

遗物位于 T6 南隔梁中段的②层黄沙土中, 其上层为①层表土, 下层为纯黄沙生土。墓坑、葬具和人骨架均未发现。出土遗物共 20 件[1], 计玉器 10 件、石器 9 件、陶器 1 件, 距地表深 106 厘米, 下距生土面仅约 10 厘米。器物所跨最长边距约 100 厘米, 最宽约 40 厘米, 基本上呈东北—西南向摆成一线, 2 件小玉琮在该组遗物的东北端, 出土时上下叠压在一起, 2 件玉璜则在西南端, 也上下叠压在一起, 12、14 号石锛叠压在 11 号三孔石刀下。玉、石质地的刀、钺、锛叠压一起, 最多的达 6 层。处于最下面的 2 件石锛刃部朝内相对, 除 5 号石刀刃部朝向西北处, 其余刀、钺刃部均朝向东南, 而石刀长轴指向均为东北—西南向。根据器物摆放特点和石刀的长轴指向判断, 墓葬应为东北—西南向。(图一三四)

(二) 遗　物

陶高圈足壶　1 件。M47:13, 夹砂红胎黑皮陶, 器表刮抹光滑, 圈足内壁粗糙。尖圆唇, 口微外侈, 束颈略长, 扁圆折腹, 平底, 喇叭形圈足。圈足上饰凹弦纹 5 圈, 再饰等距圆镂孔 3 个。器最高 10.5、外口径 7.2 厘米。(图一三五, 13; 图版五一, 1)

玉钺　1 件。M47:7, 黄绿色。整个器体上半部较薄, 下半部较厚, 因切割不齐, 器体不太平整, 一面凸鼓, 一面内凹, 平面呈梯形, 磨制光滑。顶部未磨制, 不平。刃弧凸, 一角残缺, 刃口锋利, 上仅有几处小崩口。单面钻 1 孔, 为管钻, 外孔径 1 厘米。器表内凹的一面在孔附近有 5 道清晰的线切割弧线。器最长 17、刃最宽 9、最厚 1.2 厘米。(图一三六, 7; 图版五一, 2)

玉环　1 件。M47:15, 乳白色。器体扁平, 平面呈环形, 内缘厚, 外缘渐薄, 剖面近似弧三角形, 琢磨精细。器最大直径 8.5、最厚 0.6 厘米。(图一三六, 15; 图版

---

[1]　另同一处出土的 T6:33 号纺轮(坐标 540×10-80 厘米)在该组器物上方, 同属②层中, 但深度相差 26 厘米, 或也有关。

五一，3)

玉璜　2 件。M47：1，乳白色。器体扁平，平面呈半环形，内缘稍厚，外缘稍薄，磨制精细。器外沿有锯齿状纹，两端各对钻 1 个小圆孔。其中一面在齿纹内侧用减地法将边缘减薄，另在孔边沿留下一条线切割弧线；另一面有两条线切割形成的弧形浅凹槽，两条凹槽间距 1.5 厘米。器最长 13、最厚 0.5 厘米。(图一三六，1；图版五一，4)

M47：16，乳白色。器体扁平，弓背形，一端较尖，内缘厚，外缘薄，磨制精细。内缘中间有 1 个半圆形孔，两端各对钻 1 个小圆孔。器表一面磨制光滑，另一面凸凹不平，上有多道线切割时留下的弧线。器最长 8、最厚 0.6 厘米。(图一三六，16；彩版一一，3；图版五一，5)

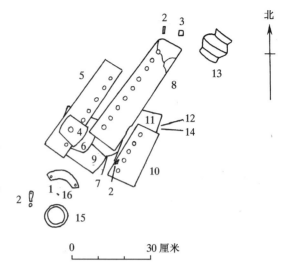

图一三四　　M47 平面图

1. 玉璜　2. 玉饰(4件)　3. 玉琮(2件)　4. 石钺

5. 七孔石刀　6. 石钺　7. 玉钺　8. 九孔石刀　9. 石钺

10. 五孔石刀　11. 三孔石刀　12. 石锛　13. 陶壶

14. 石锛　15. 玉环　16. 玉璜

玉饰　4 件。均乳白色。M47：2－1，半球形，一面弧凸，一面较平，磨制精细。由平面两侧斜向对钻 1 个小圆孔相贯通，其中一孔的外缘有弧线凹槽 1 道。器最大直径 2.2 厘米。(图一三六，2－1；图版五一，6左)

M47：2－3，半球形，一面弧凸，另一面较平，磨制精细。由球面两侧斜向对钻 1 个小圆孔相通。器最大直径 0.8 厘米。(图一三六，2－3；图版五一，6中)

M47：2－2，器体扁平，平面呈三角形，磨制精细。由顶端中心对钻 1 个小圆孔，孔下有 1 道凹槽。器最长 3 厘米。(图一三六，2－2)

M47：2－4，器体扁平，平面呈三角形，磨制精细。由顶端中心对钻 1 个小圆孔。器最长 2.7 厘米。(图一三六，2－4；图版五一，6右)

玉琮　2 件。形制相同，均乳白色。近似长方体，外方内圆，一端略大，另一端略小，横剖面近正方形，但一侧稍宽而另侧稍窄。每个侧面中部有 1 条较宽浅的竖槽，竖槽系从左、右分两次切割，槽中间留下 1 条纵向不明显的凸棱。每个转角两侧上部有 2～4 道短浅的横向刻划纹，其下琢成三角形凹陷，类似鼻梁。器中间竖向对钻 1 孔，器四角均琢去 2～3 毫米形成明显的射口。M47：3－1，器最高 2.2、边长 1.7 厘米。(图一

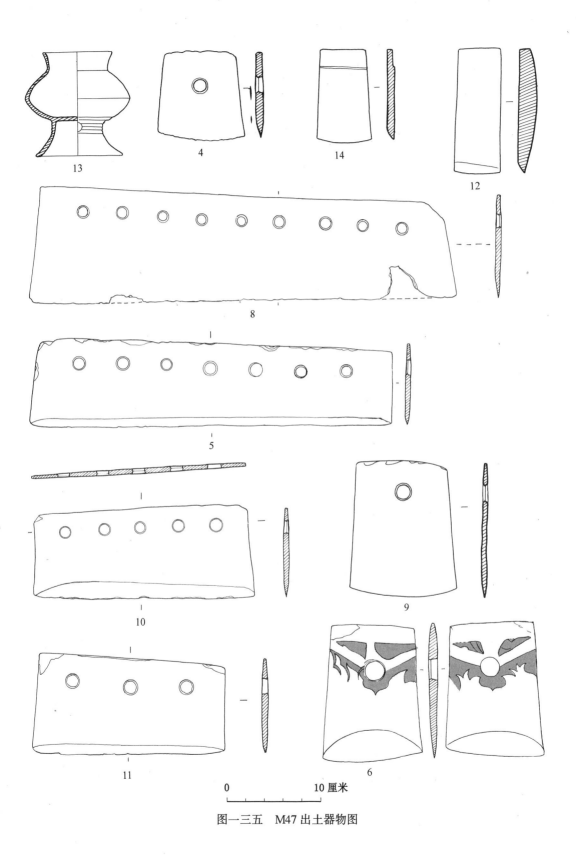

0   10 厘米

图一三五　M47 出土器物图

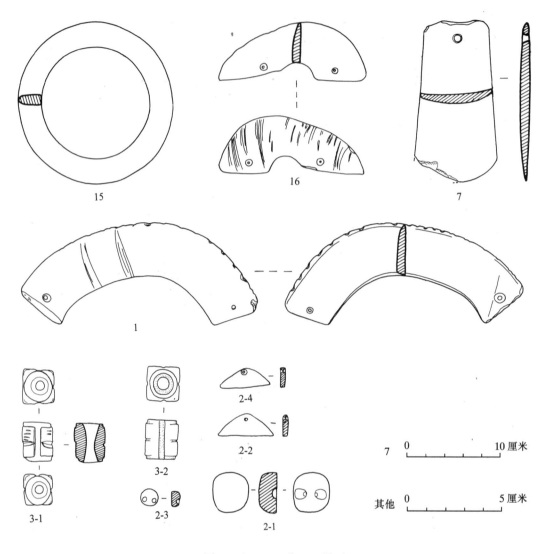

图一三六　M47 出土玉器图

三六，3－1)

　　M47:3－2，器最高 2.1、边长 1.8 厘米。(图一三六，3－2；彩版一二，8；图版五一，7)

　　九孔石刀　1 件。M47:8，青灰色砂质板岩。器体扁平，平面呈斜梯形，磨制精细。顶端齐平，窄端一拐角被磨成斜面。平刃，刃口锋利，上有部分小崩口，2 处大的缺损系出土时所致。两面对钻 9 孔，均管钻。刃长 46.9、两端宽分别为 12.2 和 9.9、最厚 0.6 厘米。(图一三五，8；图版五二，1)

　　七孔石刀　1 件。M47:5，灰黄色粉砂质板岩。器体扁平，平面呈斜梯形，磨制稍精。顶部齐平，上有崩损痕迹。平刃，刃口锋利，上有几处小崩口。两面对钻7孔，均管钻，孔周围绘红色花纹，大都已随土脱落，纹饰不清，仅可见花纹的模糊印痕。刃长39.2、两端宽分别为9.5和7.6、最厚0.6厘米。（图一三五，5；图版五二，2）

五孔石刀 1件。M47：10，土黄色粉砂质板岩。器体扁平，斜梯形，磨制稍精。顶部齐平，两角略崩损。平刃，刃口稍锋利，上有小崩口。单面管钻5孔，孔壁较直。刃长24、两端宽分别为9.5和8.6、最厚0.6厘米。（图一三五，10；图版五二，3）

三孔石刀 1件。M47：11，灰黄色粉砂质板岩。器体扁平，平面呈斜梯形，磨制稍精。顶部齐平。两侧面各经2次打磨成似刃状。平刃，刃口锋利，上有少量小崩口。单面钻3孔，为管钻。孔周围原绘有红色花纹，已基本脱落，仅局部尚可见红彩。刃长21、两端宽分别为10.7和9.1、最厚0.7厘米。（图一三五，11；图版五二，4）

石钺 3件。M47：4，绿泥片岩。器体稍厚，平面呈梯形，器表风化严重。顶凸凹不平。刃微斜，刃口锋利，上有崩口。两面对钻1孔，为管钻，外孔径1.7厘米。孔壁上尚保留了部分红彩，原先应有彩绘。器最长9.4、刃宽9、最厚0.8厘米。（图一三五，4；图版五三，1）

M47：6，青灰色砂质板岩。器体扁平，平面呈梯形，磨制精细。顶端齐平，一角有崩损痕迹。斜刃，刃口锋利，上几无崩口。单面钻1孔，孔壁上有数周细旋切痕，外孔径2.3厘米，器表两面孔的周围均绘有红色花纹，部分已脱落，花纹不太清晰。器最长14.4、刃宽10.5、最厚1厘米。（图一三五，6；图版五三，2）

M47：9，青灰色砂质板岩。器体扁平，平面呈梯形，磨制精细。顶端一角残损，另一角被磨平。弧刃，刃口锋利，上有少量崩口。两面对钻孔，为管钻，外孔径1.6厘米。器最长14、最厚0.6、刃宽11.5厘米。（图一三五，9）

石锛 2件。M47：12，灰黄色变质砂岩。器体厚重，平面呈长条形，弧背，通体粗磨。正面与背面均有打制疤痕。单面平刃，刃口稍钝，上几无崩口。器最长13、最厚2.3、刃宽5厘米。（图一三五，12；图版五三，3）

M47：14，灰黄色变质砂岩。器体扁平，平面呈长梯形，背较平，通体粗磨。有段，段脊偏上部。单面平刃，刃口锋利，上几无崩口。器最长9.8、最厚0.8、刃宽5.8厘米。（图一三五，14；图版五三，4）

M48

（一）概 况

1979年10月9日，在T9的黄色沙土中发现一组玉、石、陶器，分布范围较大，因周围无其他遗物，清理后编号T9第一组。

遗物位于T9西南部的③层黄沙土中，其上层为②层商周灰黑色沙土，下层为夹褐斑黄色生土。墓坑、葬具和人骨架均未发现。出土遗物 8 件，计玉器 1 件、石器 2 件、陶器 5 件，距地表深 127 厘米。遗物放置较为分散，但大体呈略偏东北—西南向，若按此方向计算，遗物所跨最长边距为 160 厘米，最宽超过 108 厘米。西北端为 2 件石钺和 1 件玉钺呈等腰三角形分布，其间置 1 个陶鼎足，石钺分置左、右两边，刃部均朝向东南，玉钺刃部朝向西北；在其东、南有 5 件陶器呈东北—西南向直线分布，纺轮为水平放置。根据器物摆放位置，墓葬似应为东北—西南向。（图一三七）

（二）遗　物

陶折腹罐形鼎　1 件。M48:7，夹砂红陶，口残，腹中部折收，圜底，3 个侧装窄扁长足，似退化的鸭嘴形。足根正面饰竖行小按窝 3 个，两侧各刻划竖凹槽 1 道。器残高 16 厘米。（图一三八，7；图版五四，1）

陶钵形豆　2 件。M48:4，泥质灰黄陶。器不规整，口部倾斜，圆唇，敛口内折，弧腹，平底，柄较高，喇叭形圈足，足沿陡折成台阶状并中部内收。柄上部戳印等距圆盲孔 3 个，其下又饰等距圆镂孔 3 个，与盲孔上下错位。器最高 18.5、口径 17.6 厘米。（图一三八，4；图版五四，2）

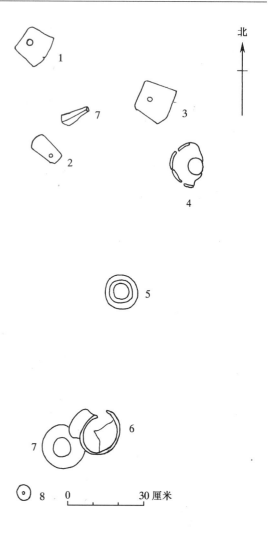

图一三七　M48 平面图

1. 石钺　2. 玉钺　3. 石钺　4. 陶豆　5. 陶壶
6. 陶豆　7. 陶鼎　8. 陶纺轮

M48:6，夹砂灰黄胎黑衣陶，器表刮抹光滑，圈足内壁粗糙。厚圆唇，敛口，弧腹，粗矮柄，喇叭形圈足。柄上饰凹弦纹 3 圈，并饰等距圆镂孔 3 个。圈足内壁上可见清晰的慢轮修整所致的同心圆凸棱数圈。器最高 11.4、外口径 16.6 厘米。（图一三八，6；图版五四，3）

陶扁腹壶　1 件。M48:5，泥质红陶。圆唇，侈口，颈稍长，扁圆腹，圜底，矮圈足。器最高 8.2、外口径 9.6 厘米。（图一三八，5；图版五四，4）

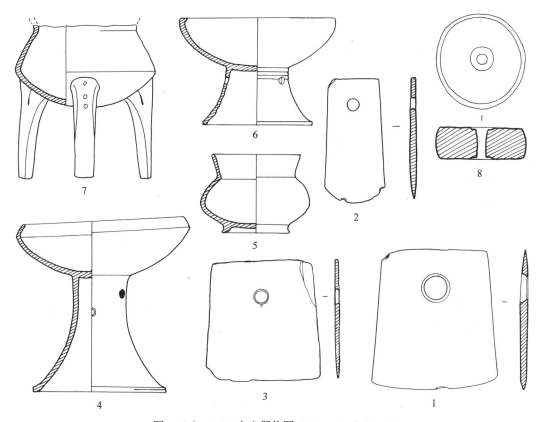

图一三八　M48 出土器物图（8 为 1/2，余为 1/4）

陶纺轮　1 件。M48：8，夹细砂红陶，圆饼形，两面扁平，中间一孔，壁向外鼓凸。器最大直径 5、最厚 1.8 厘米。（图一三八，8；图版五四，5）

玉钺　1 件。M48：2，灰绿色。器体扁薄，平面呈长梯形，磨制精细，未抛光。顶平，一角残损。弧凸刃，刃口锋利，上几无崩口，几处缺口系出土时所致。两面对钻 1 孔，对钻准确，孔壁近直，孔较小，外孔径 1.1 厘米。器最长 13.2、最厚 1、刃宽 6.4 厘米。（图一三八，2；图版五五，1）

石钺　2 件。M48：1，灰黄色砂质板岩。器体扁平，正梯形，磨制稍精。顶部磨薄似刃状，一角残缺。弧刃，刃口锋利，上有 1 处稍大崩口和较多细小崩口。单面管钻 1 孔，钻孔较浅未透，敲击石芯脱落后孔边缘粗糙不平，但孔壁经简单打磨，孔较大，外孔径 2 厘米。器最长 14.2、最厚 0.8、刃宽 13.4 厘米。（图一三八，1；图版五五，2）

M48：3，青灰色。器体扁平，平面呈梯形，磨制精细。顶端齐平，两角有崩损痕。一侧面上半部被磨去一块，有磨痕。平刃，一角残缺，刃口较锋利，上有数处崩口。单面钻 1 孔，为管钻，孔壁留有数道旋切痕，外孔径 1.1 厘米。器最长 12.8、最厚 0.6、刃宽 12.2 厘米。（图一三八，3；图版五五，3）

M49

（一）概　况

1979 年 10 月 9 日，在 T6 西壁旁取土时于黄沙土中发现遗物，旋即扩方，10 日上午清理出 4 件遗物，编号 T6 第十五组。下午又在陶豆东侧 30 厘米处发现陶纺轮 1 件，补入第十五组中。11 日上午，在陶豆之北约 30 厘米处，又发现 2 件石刀和 1 件石钺，一同并入第十五组。

遗物位于 T6 西壁外的②层黄沙土中，其上层为①层表土，下层为纯黄沙生土。墓坑、葬具和人骨架均未发现。出土遗物共 8 件，计玉器 1 件、石器 3 件、陶器 4 件，距地表深约 60 厘米。遗物分布较分散，大体呈南—北向摆成一线，若以东北—西南向计算，遗物所跨最长边距为 188 厘米，最宽 140 厘米，其中的 3 件石器是石钺在下、四孔石刀在中间、五孔石刀在上叠压成 3 层。石刀刃部朝向西北，石刀与陶豆的长轴指向均为东北—西南向。[①]陶纺轮竖立于土中。（图一三九）

（二）遗　物

陶钵形豆　1 件。M49:3，泥质灰黄陶。尖圆唇，敛口，弧腹，圜底，台阶状细高柄上部鼓凸，喇叭形圈足。柄上部饰等距小圆镂孔 3 组，每组 2 个横排；其下方饰凹弦纹 3 圈。柄中部有台阶状凸棱 1 圈，其上方饰凹弦纹 4 圈，下方饰等距离竖长方形小镂孔 5 个；再下方饰凹弦纹 3 圈、等距离竖长方形镂孔 5 个。器最高 24.8、外口径 18.4 厘米。（图一四○，3；图版五六，1）

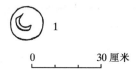

图一三九　M49 平面图

1.陶壶　2.陶碗　3.陶豆　4.玉璜　5.陶纺轮　6.五孔石刀
7.四孔石刀　8.石钺

0　　　　　　30 厘米

---

① 该墓若按南北向计算仅器物所距长度即超过 235 厘米，各器物间相距甚远，如属一墓则为正南北向，且与石刀、陶豆的长轴指向颇不吻合，恐非同一墓中遗物。若将 3、5、6、7、8 号与 1、2、4 号各为一组，可能更合适。

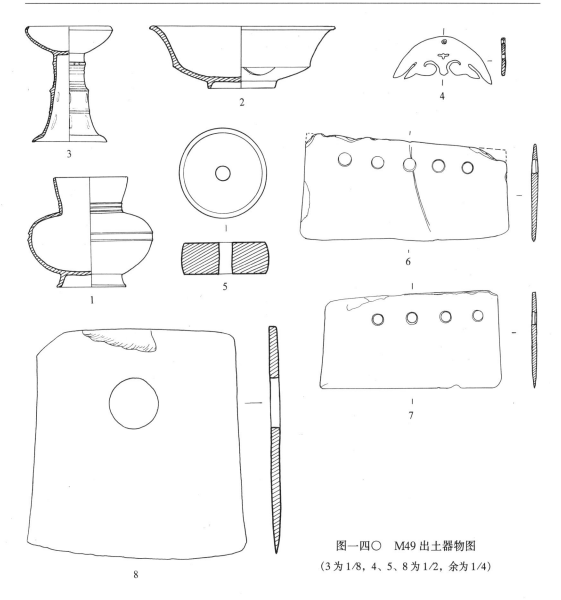

图一四〇 M49 出土器物图

（3 为 1/8，4、5、8 为 1/2，余为 1/4）

陶扁腹壶 1 件。M49:1，泥质红胎黑衣陶，局部黑衣脱落。圆唇，口微外侈，颈较长，扁圆腹，平底，圈足。颈下饰凸棱 3 圈，腹中部饰凸棱 2 圈。器最高 11.6、外口径 8.2 厘米。（图一四〇，1；图版五六，2）

陶碗 1 件。M49:2，泥质灰黄胎黑衣陶，黑衣大部分脱落。近方唇，大敞口，壁上半部向内弧，下部折收，平底，圈足。折腹处有折棱 1 圈，棱下有半圆形錾 1 个。器最高 6.4、外口径 20.2 厘米。（图一四〇，2；图版五六，3）

陶纺轮 1 件。M49:5，泥质红陶。圆饼形，两面扁平，中间一孔，壁向外鼓凸。器最大直径 4.8、最厚 1.7 厘米。（图一四〇，5；图版五六，4）

玉璜 1件。M49：4，乳白色。器体扁平，平面呈半圆形，琢制精细，类似蝴蝶状。顶部中间两面对钻小圆孔1个。器中间用线切割镂雕出对称的花纹。器最长5.4、厚约0.2厘米。（图一四〇，4；彩版一一，4；图版五六，5）

五孔石刀 1件。M49：6，灰黄色粉砂质板岩。器体扁平，斜梯形，磨制稍精。顶部不平整，两角崩损。平刃，刃口锋利，上有极少量小崩口。自窄端向左第一、二孔为单面钻孔，第三、四、五孔为两面钻孔，均管钻。器表一面切割不匀，自中部至窄端被切割较多，刀身宽端的半边略厚于窄端的一边，中间尚保留了1道线切割的弧线。刃长22.6、两端宽分别为11.2和9.1、最厚0.7厘米。（图一四〇，6；图版五七，1）

四孔石刀 1件。M49：7，灰黄色粉砂质板岩。器体扁平，平面呈斜梯形，磨制稍精。顶端磨平，上有崩损痕。平刃，刃口锋利，上仅1处大崩口但已被磨制光滑。两面对钻4孔，均管钻。该器系遗址中所出唯一一件偶数孔石刀，但窄端孔边距与宽端孔边距相差较大，足可容再钻1孔。刃长19.8、两端宽分别为10.3和9.3、最厚0.5厘米。（图一四〇，7；图版五七，2）

石钺 1件。M49：8，灰黄色砂质板岩。器体扁平，平面呈梯形，磨制稍精。顶端齐平，一角磨成斜面。弧刃，刃口锋利，上有部分小崩口。单面钻1孔，为管钻，孔较大，外孔径2.8厘米。器表一面与孔壁上均留有一些零散红色涂料，原应有红色彩绘。器最长12.2、最厚0.6、刃宽12厘米。（图一四〇，8；图版五七，3）

M50

（一）概　况

1979年10月11日，开始清理T8红沙土中置于一处的2件陶器，编号为T8第十五组。

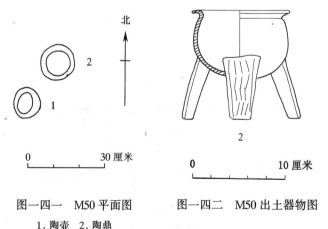

图一四一　M50平面图
1.陶壶　2.陶鼎

图一四二　M50出土器物图

遗物位于T8东侧略偏南的红沙土中，其上层叠压着商周的H9，下即红沙土（生土）。墓坑、葬具和人骨架均未发现。出土遗物仅陶器2件，距地表深166厘米，所跨最长边距32厘米。（图一四一）

（二）遗　物
陶圆腹罐形鼎 1件。

M50:2，夹砂红胎黑衣陶，局部黑衣脱落，器表刮抹光滑，但足表面未着黑衣也未刮抹。尖唇，窄平沿，圆腹，圈底，3 个横装扁平足。足正面饰竖行曲折刻划纹数道。器最高 11.6、外口径 10.8 厘米。(图一四二，2；图版五八，1)

陶壶　1 件。M50:1，泥质黑陶。破碎不能复原。

M51

(一) 概　况

1979 年 10 月 11 日，在 T9 黄沙土中发现分布相对分散的一组陶器，因周围无其他遗物，清理后编号 T9 第二组。

遗物位于 T9 东北角的③层黄沙土中，其上层为②层商周灰黑色沙土，下层为夹褐斑黄色生土。墓坑、葬具和人骨架均未发现。出土遗物仅陶器 6 件，距地表深 140 厘米。遗物放置较分散，所跨最大边距 82 厘

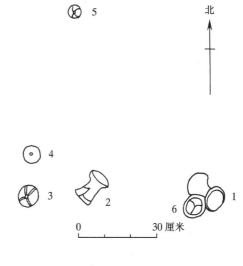

图一四三　M51 平面图

1.陶豆　2.陶豆　3.陶球　4.陶纺轮　5.陶球

6.陶鼎

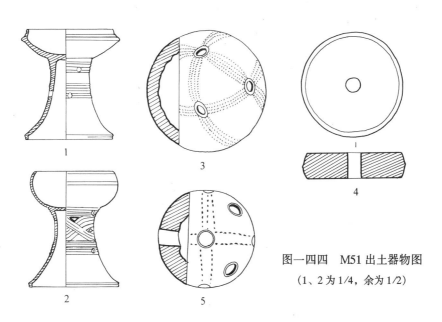

图一四四　M51 出土器物图

(1、2 为 1/4，余为 1/2)

米，其中5件偏于南部，另1件陶球偏于北部约50厘米。陶豆的长轴指向一为东北—西南向，另一为西北—东南向，纺轮为水平放置。（图一四三）

（二）遗 物

陶鼎 1件。M51:6，破碎不能复原。

陶豆 2件。M51:1，盘形豆。夹砂黑胎黑陶，器外表刮抹光滑，内表粗糙。圆唇，子口，口下1圈宽折棱，弧腹近斜直，圜底，高柄，喇叭形圈足，足沿陡折成台阶状并中部内收。柄上部饰凹弦纹6圈，其间饰等距圆镂孔4个；柄中部饰凹弦6圈，其间也饰等距圆孔4个。器最高11.6、外口径9.5厘米。（图一四四，1；图版五八，2）

M51:2，钵形豆。夹砂黑胎黑陶，器外表刮抹光滑，内表未刮抹显粗糙。口稍残，敛口，高柄，喇叭形圈足，足沿陡折成台阶状并中部内收。柄上部饰凹弦纹4圈，其间饰等距离圆孔4个，每两孔间中间偏下镂倒三角形孔4个；柄下部饰凹弦纹8圈，其间饰等距离圆镂孔4个，柄中部还饰绞索状刻划纹1组，空白处饰菱形镂孔。器最长12.2、外口径8.8厘米。（图一四四，2；图版五八，3）

陶纺轮 1件。M51:4，夹砂红陶。圆饼形，两面扁平，中间一孔，壁向外鼓凸。器最大直径5.6、最厚1.4厘米。（图一四四，4；图版五八，4）

陶球 2件。M51:3，泥质红陶，一半呈浅灰色。呈球状，体内中空，内有小陶丸。球面饰6个圆镂孔，呈立体十字形分布，孔缘外戳印圆圈1个，孔间各以6条平行篦纹相连，每条篦纹旁都有1条细线，系施篦纹前作为定位之用。器最大直径6.5厘米。（图一四四，3；图版五八，5）

M51:5，泥质红陶。体内中空，有无陶丸未知。球面饰6个圆镂孔，呈立体十字形分布，孔间以2~3条戳印的平行剔纹相连，每三孔形成的8个空白区域，其中4个区域之中各加饰1个圆形盲孔。器最大直径5.2厘米。（图一四四，5；图版五八，6）

M52

（一）概 况

1979年10月10日，在T11黄沙土中发现一组陶器集中分布在一起，清理后编号T11第一组。

遗物位于T11中部偏北的②层黄沙土中，其上层为①层表土，下层为生土。墓坑、葬具和人骨架均未发现。出土遗物计陶器7件，距地表深46厘米。其中6件叠压在一起，3号盂置于1号碗上，陶球在碗下。豆的长轴指向为东北—西南向，碗的放置方式不清。（图一四五）

（二）遗 物

陶鼎 1件。M52:5，破碎不能复原。

陶盘形豆　1件。M52:4，夹砂灰黄陶。厚圆唇，直口微敛，斜直腹，平底，细高柄，喇叭形圈足，足沿陡折成台阶状并中部内收。豆盘腹下饰凸棱1圈，柄上饰凹弦纹4组，其中上两组间又饰不规则斜向宽凹弦纹，最上一组凹弦纹中间饰等距离圆镂孔4个，下三组凹弦纹之间饰2组圆镂孔，每组各4个。器最高28.4、外口径21.5厘米。（图一四六，4；图版五九，1）

陶壶　1件。M52:2，破碎不能复原。

陶碗　1件。M52:1，泥质红胎黑衣陶，器外表面黑衣大都已脱落，器表中腹以上刮抹光滑，中腹以下未刮抹显粗糙。圆唇，大敞口，上腹内弧，下腹折收，折腹处饰宽凸棱一圈，棱下有鸡冠形鋬1个。器残高8、

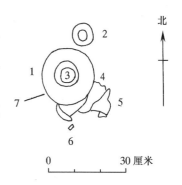

图一四五　M52平面图

1.陶碗　2.陶壶　3.陶盂　4.陶豆
5.陶鼎　6.陶杯　7.陶球

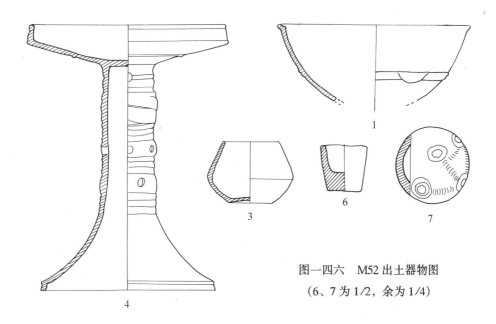

图一四六　M52出土器物图

（6、7为1/2，余为1/4）

外口径21.2厘米。（图一四六，1）

陶杯　1件。M52:6，夹砂红陶，色近灰黄。器形很小，手工捏制而成，直壁，小平底。器最高2.5、外口径2.6厘米。（图一四六，6；图版五九，2）

陶盂　1件。M52:3，泥质红胎黑衣陶。圆唇，敛口，折腹，上腹斜直，下腹略弧凸，平底略内凹。器最高6.6、外口径6.2厘米。（图一四六，3；图版五九，3）

陶球　1件。M52:7，泥质灰黄陶。呈球状，体内中空，内有小陶丸3个。器表饰

圆镂孔 11 个，分布无规律。孔缘外均加戳印圆圈 1 个，部分孔间以细小指甲纹 1 行相连。器最大直径 4.2 厘米。（图一四六，7；图版五九，4）

M53

（一）概　况

1979 年 10 月 12 日上午，在 T10 黄沙土中发现陶鼎、豆、纺轮、器盖各 1 件和壶 2 件，分布较为分散，当时考虑到该层中无其他陶片，器物较完整，有成组现象，其组合基本形式为鼎、豆、壶，与其他探方中的成组器物组合形式大致相同，因而视为墓葬，编号 T10 第一组，其中 1 件陶鼎残碎过甚未予登记。

遗物位于 T10 西北部的③层黄沙土中，其上层为②层商周灰黑土，下层为生土。墓坑、葬具和人骨架均未发现。出土遗物仅陶器 6 件，距地表深 112 厘米。遗物分布大致可分西北、东南两部分①，两排器物最小间距约 80 厘米，所跨最长边距 155 厘米，最宽 68 厘米。西北为壶、纺轮各 1 件，相距不到 20 厘米，纺轮为水平放置；东南为鼎、豆、壶和器盖各 1 件，器物相距 25 ～45 厘米，壶置于豆盘内。（图一四七）

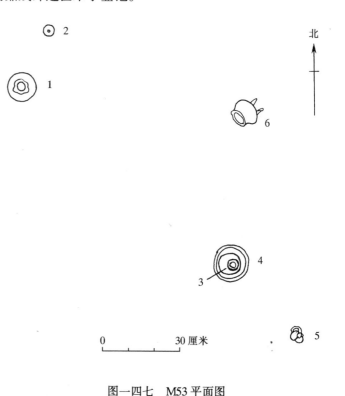

图一四七　M53 平面图

1. 陶壶　2. 陶纺轮　3. 陶壶　4. 陶豆　5. 陶器盖　6. 陶鼎

（二）遗　物

陶鼎　1 件。M53：6，破碎不能复原。

---

①　两部分相距较远，若是同一墓则应为西北—东南向，与整个墓地中墓葬的方向颇不吻合，但若独立则可能分别为东北—西南向；此外西北部的 1、2 号壶、纺轮组合和位置也与第六次发掘的邻方 T48 中的 M139、M140 器物组合相符，而东南部的 3～6 号鼎、豆、壶、盖组合也与其他墓相似，因此，不排除 M53 是两座墓的可能。

陶钵形豆　1件。M53:4，夹砂红陶，器表刮抹得略光滑。方唇，口微敛，盘腹微向内收，圆底，短柄，喇叭形圈足。下腹有凸棱1圈。器最高11.4、外口径13厘米。（图一四八，4；图版六〇，1）

陶壶　2件。M53:1，扁腹壶。夹砂红胎黑衣陶，黑衣大都已脱落，器表刮抹光滑，圈足内壁未刮抹显粗糙。圆唇，口微侈，颈稍长，扁圆折腹，平底，圈足。器最高8.8、口径7.2厘米。（图一四八，1；图版六〇，2）

M53:3，直口壶。夹砂红陶，器表较为粗糙。口残，直颈略内收，折肩，圆鼓形腹，平底，圈足。器残高9.4厘米。（图一四八，3；图版六〇，3）

陶纺轮　1件。M53:2，夹砂红陶。圆饼形，两面扁平，中间一孔，壁向外鼓凸。器最大直径5.2、最厚1.5厘米。（图一四八，2；图版六〇，4）

陶器盖　1件。M53:5，夹砂灰黄胎黑衣陶，局部黑衣脱落，器表刮抹得略光滑，内壁粗糙。覆钵形，喇叭形纽。器最大直径11.2厘米。（图一四八，5；图版六〇，5）

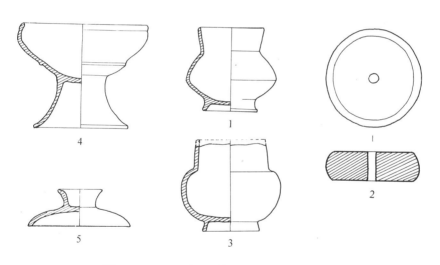

图一四八　M53出土器物图（2为1/2，余为1/4）

M54

（一）概　况

1979年10月13日，在T7发掘结束前于黄沙土中发现玉、石、陶器一组11件，清理后编号为T7第十二组。另9月25日出土的一件编号T7:32陶壶（坐标96×878-63厘米），在发掘工地初步整理时归于商周时期的H4，第三次整理时据其位置在11号陶鼎之旁，深度已在H4底部之下而与本组器物平面仅高出5厘米，器形完整，特征为

新石器时代，故改归入 M54，为 12 号。(参见图版三，2)

　　遗物位于 T7 西北角的③层黄沙土中，其上层为①层表土，下层为纯黄沙生土。墓坑、葬具和人骨架均未发现。出土遗物共 17 件，计玉器 7 件、石器 5 件、陶器 5 件，距地表深 68 厘米。遗物呈东北—西南向分布，所跨最长边距约 150 厘米，最宽约 70 厘米。陶器均置于东北端，玉器置于西南端，石器在中间。除 3 号石锛外，其余石器均相互叠压在一起，其中三孔、七孔石刀在最下，三孔石刀南端压有一孔石刀 1 件，最上层则为五孔石刀所压。石刀的刃部均朝东南，而石刀和石锛的长轴指向均为东北—西南向。根据器物摆放特点和石刀、锛的长轴指向，墓葬应为东北—西南向。(图一四九)

　　(二) 遗　物

　　陶鼎　1 件。M54:11，夹砂灰黄陶。圆唇，口外侈，扁折腹，圜底，3 足。颈中部饰对称小圆孔 2 组，每组 2 个。折腹上部饰凹弦纹 3 圈。前二足为侧装凿形，足根各饰泥突 1 个；后一足为横装扁平长方形，外表面饰竖向刻划纹 6 道，足根部安装角状把手 1 个。器最高 13.4、外口径 9.2 厘米。(图一五〇，11；图版六一，1)

　　陶盘形豆　1 件。M54:10，泥质灰黄胎黑衣陶，部分黑衣已脱落。圆唇，敛口，弧腹，平底，矮粗柄，喇叭形圈足。腹下部饰宽扁的凸棱 1 圈，柄上部饰凸棱 4 圈，其间饰等距离圆孔 3 组，每组 2 个；凸棱下方饰刻划绞索纹 1 圈，绞索纹中间加饰等距离圆孔 11 个，每两孔中间部位上下相对戳印三角形盲孔各 1 个；再下有 1 圈凸棱。器最高 10.4、外口径 14.4 厘米。(图一五〇，10；图版六一，2)

　　陶壶　2 件。M54:9，扁腹壶。夹砂灰黄陶。口残，扁折腹，平底，小圈足。折腹上部饰凹弦纹 3 圈。器残高 8.4 厘米。(图一五〇，9；图版六一，3)

　　M54:12，折腹壶。泥质红胎黑衣陶。口残，折肩，腹斜直，平底，圈足。折腹处有折棱 1 圈，腹

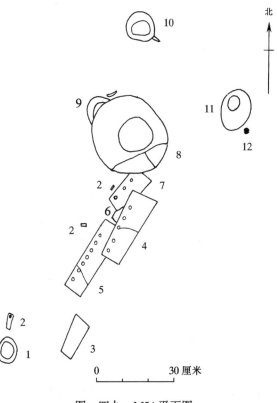

图一四九　M54 平面图

1. 玉镯　2. 玉管、饰、坠 (6 件)　3. 石锛　4. 五孔石刀
5. 七孔石刀　6. 一孔石刀　7. 三孔石刀　8. 陶碗　9. 陶壶
10. 陶豆　11. 陶鼎　12. 陶壶

饰粗凸棱 3 圈。器高 7.5 厘米。（图一五〇，12；图版六一，4）

　　陶碗　1 件。M54:8，泥质红胎黑衣陶。破碎不能复原，有鸡冠状鋬 1 个。

　　玉镯　1 件。M54:1，乳白色略泛黄。器体稍厚重，平面呈环形，剖面呈长方形，磨制精细。器最大直径 8.5、最厚 1.7 厘米。（图一五〇，1；图版六二，1）

　　玉管　2 件。均为乳白色。圆柱形，磨制精细。两侧面略磨平，两端对钻 1 孔。

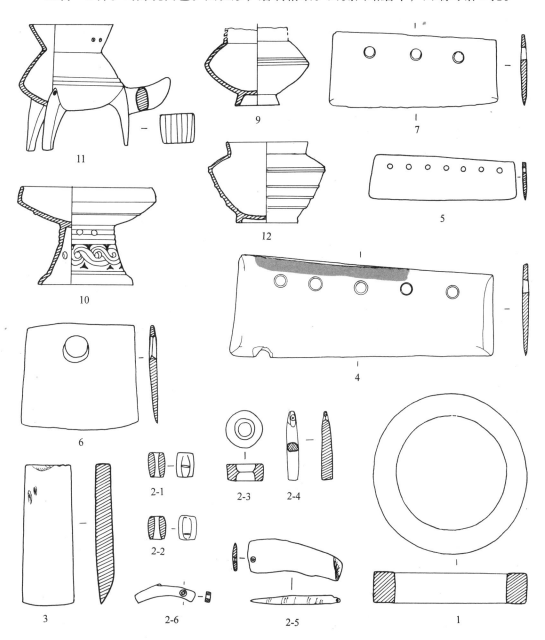

图一五〇　M54 出土器物图（1、2 为 1/2，5 为 1/8，余为 1/4）

M54:2-1，器最长 1.5 厘米。（图一五〇，2-1）

M54:2-2，器最长 1.2 厘米。（图一五〇，2-2；图版六二，4 左）

玉坠 2 件。M54:2-4，乳白色。圆柱形，一面被切平，顶部略呈锥状，磨制精细。顶端扁，两侧对钻 1 个小圆孔。器最长 3.6 厘米。（图一五〇，2-4；图版六二，2）

M54:2-6，乳白色。平面弓形，横剖面正方形，一端稍薄，磨制精细。弓顶中心有凸脊。一端两面对钻小圆孔 1 个。器最长 3.3 厘米。（图一五〇，2-6；图版六二，3）

玉饰 2 件。M54:2-3，乳白色。圆饼形，磨制精细。两面对钻 1 个大孔。直径 2 厘米。（图一五〇，2-3；图版六二，4 右）

M54:2-5，乳白色夹杂绿色。器体扁平，平面近似长方形但略弯弧，一端宽，一端窄，宽端磨出似刃口的边缘，两平面及内侧面均有切割时留下的数道短弧线，磨制精细。在宽端对钻小圆孔 1 个。器最长 5.2 厘米。（图一五〇，2-5；图版六二，5）

七孔石刀 1 件。M54:5，深灰色变质砂岩。器体扁平，平面呈斜梯形，磨制精细。顶部有崩损痕迹。平刃，刃口锋利。单面钻 7 孔，均管钻。刃长 32.4、两端宽分别为 9.6 和 8、最厚 0.6 厘米。（图一五〇，5）

五孔石刀 1 件。M54:4，深灰色变质砂岩。器体扁平，平面呈斜梯形，磨制稍精。顶端在磨制过程中，自宽端至窄端第 4 个孔上部为止，被磨成一斜面，仅窄端一孔上部被磨平。平刃，刃口锋利，上几无崩口，宽端 1 处大的缺口系出土时所致。单面钻 5 孔，为管钻。器表一面的孔上部原绘有红色花纹，但已脱落，仅宽端至第 4 个孔上方留有 1 条彩绘的印痕。刃长 28.8、两端宽分别为 10.7 和 8.6、最厚 0.6 厘米。（图一五〇，4；图版六三，1）

三孔石刀 1 件。M54:7，灰黄色粉砂质板岩。器体扁平，斜梯形，磨制稍精。顶端有崩损痕迹。刃略弧凸，刃口稍锋利，上有较多细小崩口。单面管钻 3 孔，孔壁近直。刃长 18.5、两端宽分别为 7.9 和 6.5、最厚 0.7 厘米。（图一五〇，7；图版六三，2）

一孔石刀 1 件。M54:6，青灰色砂质板岩。器体扁平，平面呈梯形，磨制精细。顶齐平。弧刃，刃口锋利。两面对钻 1 孔，孔壁较斜，外孔径约 2.6 厘米。器最宽 11、最厚 0.7、刃长 12.4 厘米。（图一五〇，6；图版六三，3）

石锛 1 件。M54:3，灰黄色砂质板岩。器体稍厚重，平面呈长梯形，磨制不精。顶端及两边端均有琢制形成的凹窝。单面刃，刃口锋利，上几无崩口。器最长 15、最厚 1.8、刃宽 5.8 厘米。（图一五〇，3；图版六三，4）

M55

（一）概 况

1979 年 10 月 13 日，在 T9 黄沙土近底部发现一组石、陶器分布较集中，清理后编号 T9 第三组。

遗物位于 T9 西侧偏北③层黄沙土中，上层为②层商周灰黑色沙土，下层为夹褐斑黄色生土。墓坑、葬具和人骨架均未发现。出土遗物 4 件，计石器 1 件、陶器 3 件，距地表深约 134 厘米。遗物集中分布在一起，石钺刃部朝向东南，豆的长轴指向为东西向。（图一五一）

（二）遗　物

陶圆腹罐形鼎　1 件。M55：2，夹砂红陶。圆唇，侈口，扁圆腹，圜底，3 足。前二足为侧装凿形足，下半部已扁平，后一足为横装宽扁平长方形，后足根部之上原有 1 个把手，随葬时把手即已断缺，属残器随葬，现器表尚存与把手接合的痕迹。器最高 13.2、外口径 10 厘米。（图一五二，2；图版六四，1）

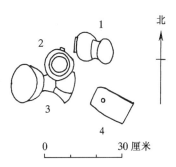

图一五一　M55 平面图
1. 陶壶　2. 陶鼎　3. 陶豆　4. 石钺

陶钵形豆　1 件。M55：3，夹砂灰黄陶。厚圆唇，口内敛，弧腹，平底，高柄，喇叭形圈足，足沿陡折成台阶状并中部略内收。盘腹下部折出棱状，棱上方饰凹弦纹数圈；柄上部饰刻划不规整凹弦纹数圈，其间饰等距离圆镂孔 4 个。器最高 15.6、外口径 15.4 厘米。（图一五二，3；图版六四，2）

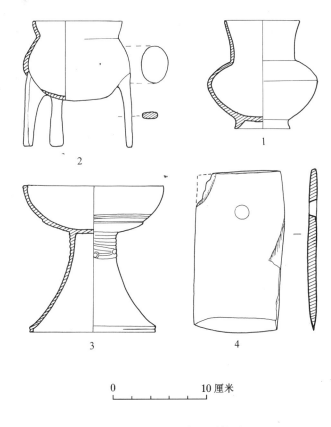

图一五二　M55 出土器物图

陶折腹壶　1 件。M55：1，夹砂灰黄陶。圆唇，侈口，颈稍长，扁圆折腹，圜底，圈足。器最高 11.6、外口径 8.2 厘米。（图一五二，1；图版六四，3）

石钺　1 件。M55：4，深灰色变质砂岩。残器改制而成，器体稍厚，平面呈长方形，磨制精细。顶端齐平，一角残缺，两侧边缘略斜。器两侧厚薄不一，一侧边缘较薄，磨制平整；另一侧边缘较厚，原属器体残缺处，大部分已磨平，但近刃处仍保留了断痕。刃略弧，刃部未开口较钝。双面对钻1孔，为管钻，一面钻孔较深，达0.9厘米，另一面仅略钻，深仅约0.1厘米，外孔径1.6厘米。器最长17.2、最厚1、刃宽9厘米。（图一五二，4；图版六四，4）

M56

（一）概　况

1979年10月13日，在T9黄沙土中发现相距甚近的4件陶器呈直线分布，清理后编号T9第四组。

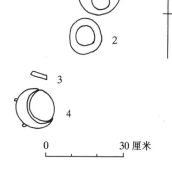

图一五三　M56平面图
1. 陶豆　2. 陶壶　3. 陶纺轮　4. 陶鼎

遗物位于T9西北角的③层黄沙土中，其上层为②层商周灰黑色沙土，下层为夹褐斑黄色生土。墓坑、葬具和人骨架均未发现。出土遗物仅陶器4件，距地表深约134厘米。遗物呈东北—西南向直线分布，所跨最长边距67厘米。纺轮竖立于土中。（图一五三）

（二）遗　物

陶釜形鼎　1件。M56：4，夹砂灰黄胎黑衣陶。圆唇，侈口，束颈，扁折腹，圜底，3个侧装凿形足。折腹处有宽深凹槽1圈，足根两侧各饰刻划凹槽1道，三足下半部原即残断，应属残器随葬。器最高

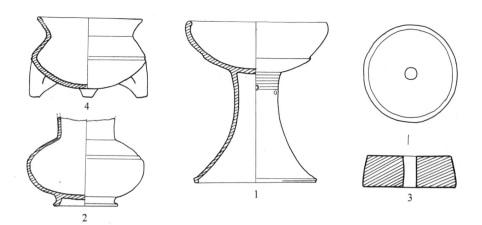

图一五四　M56出土器物图（3为1/2，余为1/4）

8.4、外口径 11.8 厘米。(图一五四，4；图版六五，1)

陶钵形豆　1 件。M56:1，夹细砂灰黄胎黑衣陶，黑衣大都已脱落。厚圆唇，口内敛，弧腹，平底，高柄，喇叭形圈足，足沿陡折成台阶状并中部略内收。盘腹下部折出棱状，柄上部饰凹弦纹数圈，并饰上下相错的 2 圈圆镂孔，每圈为等距离 3 个。器最高17.2、外口径 15.2 厘米。(图一五四，1；图版六五，2)

陶扁腹壶　1 件。M56:2，夹砂灰黄陶。口略残，扁圆腹，圜底，圈足。腹饰凹弦纹 2 组，每组 2 圈。器残高 9.2 厘米。(图一五四，2；图版六五，3)

陶纺轮　1 件。M56:3，夹粗砂红陶，器表极粗糙。圆饼形，剖面呈梯形，两面扁平，中间一孔。器最大直径 5.2、最厚 1.6 厘米。(图一五四，3；图版六五，4)

M57

(一) 概　况

1979 年 10 月 14 日，在 T11 黄沙土中发现一组分布较散的玉、石、陶器，因周围无其他遗物，清理后将其归为一组，编号 T11 第二组，其中 1 件残陶豆破碎未登记。

遗物位于 T11 中部偏西的②层黄沙土中，其上层为①层表土，下层为生土。墓坑、葬具均未发现，在西南侧有碎骨 1 片，是否人骨未知。出土遗物 13 件，计玉器 4 件、石器 4 件、陶器 5 件，距地表深 76 厘米。遗物可分东、西两部分，两部分器物最小间距约 60 厘米，东南—西北向所跨最宽边距约 140 厘米，东北—西南向所跨最长边距约260 厘米。[①] 东侧为一组玉、石器 6 件，呈东北—西南向分布，所跨最长边距 123 厘米，最宽约 35 厘米，3 件石钺刃部均朝向西北，其中 2 件上下叠压，石锛长轴指向为东北—西南向。西侧一组玉、陶器 8 件，也呈东北—西南向分布，所跨最长边距 144 厘米，最宽 65 厘米，5 件陶器集中置于东北端，4 号陶罐倒扣放置，3、6 号盆放置方式不清，1 号玉璜、2 号玉饰相叠压放置于陶器西南端约 80 厘米处。从器物摆放位置看，墓葬应为东北—西南向。(图一五五)

(二) 遗　物

陶豆　1 件。M57:12，破碎不能复原。

陶扁腹壶　1 件。M57:5，夹砂灰胎黑衣陶，黑衣部分脱落。圆唇，略敞口，扁圆腹，平底，圈足。器最高 7.2、外口径 6.8 厘米。(图一五六，5；图版六六，1)

陶盆　2 件。M57:3，泥质灰黄陶。圆唇，侈口，深腹，上腹内弧，下腹折收，平底。颈部饰凹弦纹 3 圈。器最高 8.2、外口径 18 厘米。(图一五六，3；图版六六，2)

M57:6，夹砂灰胎黑衣陶，黑衣大都已脱落。圆唇外翻，沿面弧凸，浅腹，腹壁

---

① 该墓范围很大，两部分之间无任何遗物，或为一大墓，或可分为并行但略错位的两墓。

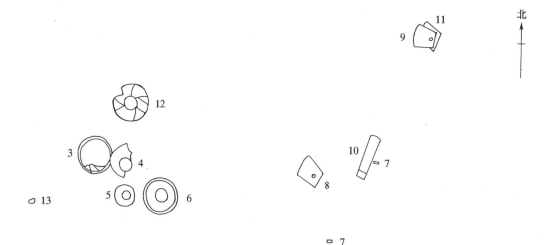

图一五五　M57平面图

1.玉璜　2.玉饰　3.陶盆　4.陶罐　5.陶壶　6.陶盆　7.玉管（2件）　8.石钺　9.石钺　10.石锛　11.石钺　12.陶豆

弧，平底。器最高5.2、外口径17.8厘米。（图一五六，6；图版六六，3）

陶罐　1件。M57:4，泥质灰黄胎黑衣陶。上半部缺，属残器随葬。圆鼓形腹，圈底，圈足。腹中部刻划斜线纹1圈，下部附加堆纹1圈，堆纹上饰"人"字形压印纹。在堆纹上有2个半圆形穿孔耳左右对称。器残高8厘米。（图一五六，4；图版六六，4）

玉璜　1件。M57:1，色不匀，表面呈乳白色、灰白色。两头残断，器体扁平，平面呈弧形，磨制精细。两端各对钻圆孔1个。器最长3.6厘米。（图一五六，1；图版六六，5左）

玉管　2件。均乳白色。圆柱形，磨制精细。两端对钻1孔。

M57:7-1，器最长1.8厘米。（图一五六，7-1；图版六六，5右）

M57:7-2，器最长1.9厘米。（图一五六，7-2）

玉饰　1件。M57:2，乳白色。大体呈长方形，一边缘内凹，器身上有1个对钻小孔。器最长4、最宽1.5厘米。（图一五六，2；图版六六，6）

石钺　3件。M57:8，灰绿色粉砂质板岩。器体扁平，平面呈斜梯形，磨制精细。

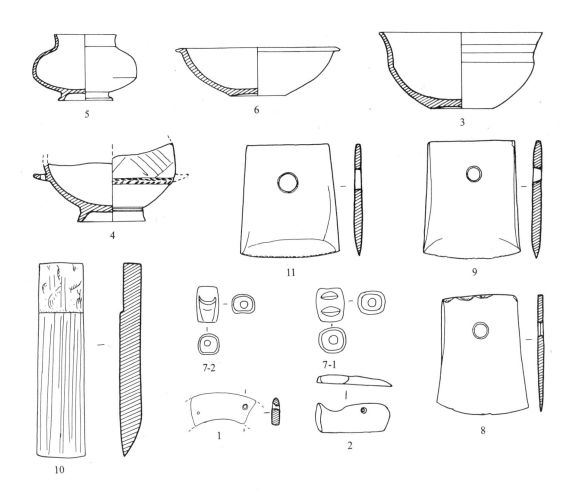

图一五六　M57 出土器物图（1、2、7 为 1/2，余为 1/4）

顶端齐平，但边缘有数处崩损痕迹。斜刃，刃口锋利，上有较多大崩口。两面对钻 1 孔，为管钻，外孔径 1.6 厘米。器最长 12.7、最厚 0.8、刃宽 10.5 厘米。（图一五六，8；图版六七，1）

M57:9，青灰色变质砂岩。器体扁平，平面近长方形，磨制精细。顶端齐平，一侧缘有崩损痕迹。刃微弧，刃口锋利，上有较多小崩口。单面钻 1 孔，为管钻，外孔径 1.8 厘米。孔周围原绘有红色花纹，已脱落，仅孔壁上尚存少量红彩。器最长 12.4、最厚 0.8、刃宽 11 厘米。（图一五六，9；图版六七，2）

M57:11，青灰色变质砂岩。器体扁平，平面呈梯形，磨制精细。顶端磨制齐平，器表近顶部磨制粗糙。弧刃，刃口锋利，上布满了小崩口。单面钻 1 孔，孔壁近直，上有多圈旋切痕，外孔径 2.2 厘米。器最长 12、最厚 0.8、刃宽 10.8 厘米。（图一五六，

11；图版六七，3)

石锛　1件。M57:10，灰绿色砂质板岩。器体厚重，平面呈长条形，磨制精细，器表打磨精细。有段，段脊偏上部。顶部、段以上表面、器体两侧和一个平面上均有琢制时留下的凹窝，凹窝大小不一，未磨平。单面刃，刃单锋利，上几无崩口。器最长20.5、最厚2.4、刃宽5.3厘米。(图一五六，10；彩版二〇，1；图版六七，4)

M58

(一)概　况

1979年10月14日，在打T6北隔梁时于黄沙土近底部发现相距较近的玉管、陶壶等8件器物，15日继续出土玉、石、陶器10件，编号T6第十六组。

遗物位于T6北隔梁中段的②层黄沙土中，其上层为①层表土，下层为纯黄沙生土。墓坑、葬具和人骨架均未发现。出土遗物共18件，计玉器6件、石器9件、陶器3件，距地表深约120厘米，下近生土面。遗物所跨最长边距约110厘米，最宽约80厘米，摆放可分两排，均呈东北—西南向，东南侧一排有玉钺、石钺、石锛、九孔石刀、五孔石刀各1件，集中叠压成3层，石锛和玉钺、石钺在最下，中间压着五孔石刀，上层为九孔石刀，周围有玉管散布，西南稍远处有玉镯1件；西北侧一排有石刀1件、石钺3件、石锛1件，其中11号石钺压于三孔石刀之上，另有陶壶、盆各1件置于东北端；15号纺轮则相对独立地置于它们的东边约50厘米处。两排玉、石器中玉钺、石钺背部相对，刃部向外分别朝向东南和西北；3件石刀刃部均朝向西北，长轴指向为东北—西南向；2件石锛的长轴方向也为东北—西南向；陶钵底朝上倒扣放置；

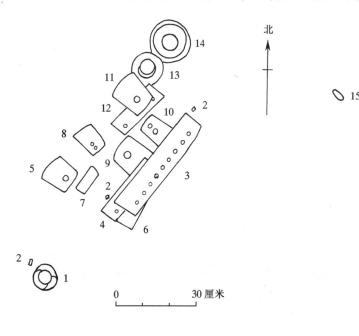

图一五七　M58平面图

1.玉镯　2.玉管(4件)　3.九孔石刀　4.五孔石刀　5.石钺　6.石锛
7.石锛　8.石钺　9.一孔石刀　10.玉钺　11.石钺　12.三孔石刀
13.陶壶　14.陶盆　15.陶纺轮

陶纺轮竖立于土中。根据器物摆放特点和石刀长轴指向,墓葬应为东北—西南向。(图一五七)

(二) 遗　物

陶扁腹壶　1件。M58:13,夹砂灰陶。圆唇,口微外侈,扁圆腹,平底,圈足。肩上部对称饰圆镂孔2组,每组各2个。折腹处饰凹弦纹4圈。器最高6.6、外口径6.6厘米。(图一五八,13;图版六八,1)

陶盆　1件。M58:14,夹砂灰黄陶。圆唇,大敞口,斜沿,弧腹,平底略内凹。腹饰对称圆镂孔2组,每组2个。器最高3.6、外口径16厘米。(图一五八,14;图版六八,2)

陶纺轮　1件。M58:15,夹粉砂红陶。圆饼形,两面扁平,中间一孔,壁向外鼓凸。器最大直径4.7、最厚1.4厘米。(图一五八,15)

玉钺　1件。M58:10,乳白色。器体扁平,平面呈长梯形,琢磨精细。顶部两侧磨圆无锐角。刃弧凸,刃口锋利。两面对钻2孔,为管钻,上孔小,下孔大,下孔壁有旋切痕,上外孔径1.4、下外孔径1.6厘米。器最长17.7、最厚1、刃宽8.2厘米。(图一五九,10;图版六八,3)

玉镯　1件。M58:1,淡乳白黄色。器体稍厚重,平面呈环形,磨制精细。其中一面被切割得凸凹不平,另一面留有密集的切割线,其中有线切割弧线,也有片切割形成的直线。器最大直径9、最厚0.8厘米。(图一五九,1;彩版一〇,2;图版六八,4)

玉管　4件。(图版六八,5) M58:2-1,乳白色。腰鼓形,磨制精细。两端对钻1孔。器最长2厘米。(图一五九,2-1)

M58:2-2,乳白色。腰鼓形,磨制精细。鼓腹中部对称两侧各磨出一个平面。两端对钻1孔。器最长1.6厘米。(图一五九,2-2)

M58:2-3,乳白色。腰鼓形,磨制精细。两端对钻1孔。器最长1.4厘米。(图一五九,2-3)

M58:2-4,乳白色泛灰。近似圆柱形,一端呈斜面,磨制精细。两端对钻1个大孔。器最大直径2.2、长1.3厘米。(图一五九,2-4)

九孔石刀　1件。M58:3,青灰色砂质板岩。器体扁薄,平面呈斜梯形,磨制精细。顶端磨平,窄端一段略斜弧。平刃,刃口锋利,上几无崩口。两面对钻9孔,均管钻,其中一面钻孔较深,另一面钻孔较浅,两面孔壁上均可见明显旋切痕。器表两面孔的周围均绘图案一致的红色花果形图案,已脱落,但印痕仍清晰可见。刃长42.7、两端宽分别为11.2和8.3、最厚0.5厘米。(图一五八,3;彩版一三,2;图版六九,1)

五孔石刀　1件。M58:4,青灰色砂质板岩。器体扁薄,平面呈斜梯形,磨制精细。顶端有崩缺痕,窄端边缘略斜弧。平刃,刃口锋利。两面对钻5孔,均管钻。刃长

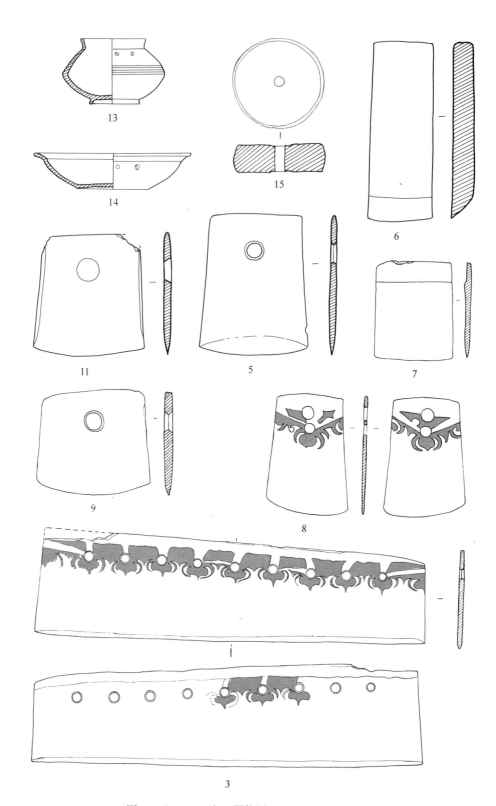

图一五八　M58 出土器物图（15 为 1/2，余为 1/4）

27、两端宽分别为 8 和 7、最厚 0.6 厘米。

三孔石刀　1 件。M58：12，青灰色砂质板岩。器体扁薄，平面呈斜梯形，磨制精细。顶端平齐，窄端有崩缺。单面钻 3 孔，均管钻，孔壁较斜。刃长 20.6、两端宽分别为 8 和 6.7、最厚 0.7 厘米。

一孔石刀　1 件。M58：9，灰绿色砂质板岩。器体扁平，平面呈斜梯形，磨制略精。顶端有崩缺。斜弧刃，刃口锋利，上有较多小崩口。两面对钻 1 孔，为管钻，外孔径 2.3 厘米。刃长 12.5、两端宽分别为 9.4 和 8.3、最厚 0.8 厘米。（图一五八，9；图版六九，2）

石钺　3 件。M58：5，深灰色粉砂质板岩。器体扁平，平面呈梯形，磨制精细，表面磨光。器顶及左右侧面均细磨，顶端一角崩缺，一侧面有 1 处缺口。弧刃，刃口锋利，上仅有极少量小崩口。两面对钻 1 孔，为管钻，外孔径 2.3 厘米。孔周围原绘有红色图案，但已脱落，仅在孔壁上残存零星红彩。器最长 14.2、最厚 1、刃宽 11.2 厘米。（图一五八，5；图版六九，3）

M58：8，土黄色粉砂质板岩。器体扁薄，平面呈斜梯形，磨制略精。顶端磨平，一面有崩缺痕。斜弧刃，刃口稍锋利。竖向两面钻 2 孔，上孔大，下孔小，均管钻，上外

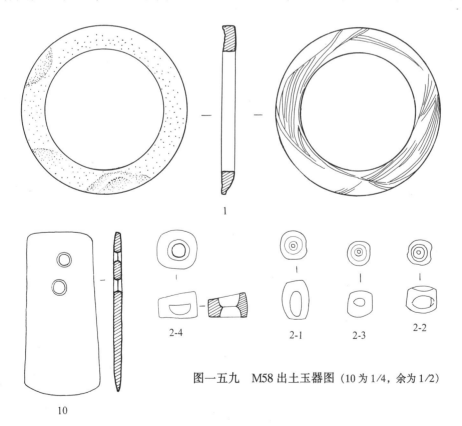

图一五九　M58 出土玉器图（10 为 1/4，余为 1/2）

孔径 1.3、下外孔径 1 厘米。在两面的双孔周围仍可见绘有一致的红花果形图案，在孔壁上也仍有红彩。器最长 12、刃宽 8.4、最厚 0.5 厘米。(图一五八，8；彩版一八；图版六九，4)

M58:11，深灰色变质砂岩。器体扁平，平面略呈"风"字形，磨制精细。顶端平齐，两角崩缺。弧刃，刃口锋利，上有少量小崩口。单面管钻 1 个大孔，孔壁近直，外孔径 2.4 厘米。器最长 13.2、最厚 1、刃宽 12.6 厘米。(图一五八，11；图版六九，5)

石铲 2 件。M58:6，青灰色砂质板岩。器体稍厚重，平面呈长条形，磨制精细。单面刃，刃口锋利。器最长 18.2、最厚 2.4、刃宽 6.6 厘米。(图一五八，6)

M58:7，土黄色砂质板岩。器体扁薄，平面呈长方形，磨制精细。有段，段脊偏上部。顶端有崩缺痕。单面刃，刃口锋利。器最长 10、最厚 0.8、刃宽 8.2 厘米。(图一五八，7；图版六八，6)

M59

(一) 概　况

1979 年 10 月 14 日，在打 T6 北隔梁时于黄沙土中发现玉环等，16 日上午清理周围，又发现零散分布的器物一组，统一编号 T6 第十七组。

遗物位于 T6 北隔梁东段的②层黄沙土中，其上层为①层表土，下层为纯黄沙生土。墓坑、葬具和人骨架均未发现。出土遗物共 8 件，计玉器 3 件、石器 3 件、陶器 2 件，距地表深约 85 厘米。遗物分布较分散，大体呈东北—西南向，所跨最长边距约 125 厘米。石环 3 件上下叠放，纺轮竖立于土中。(图一六〇)

(二) 遗　物

陶扁腹壶 1 件。M59:4，夹砂灰黄陶。尖圆唇，小口，口沿不平，口微外侈，扁折腹，平底，小圈足。器最高 7.2、外口径 5 厘米。(图一六一，4；图版七〇，1)

陶纺轮 1 件。M59:5，泥质红陶，器表粗糙。圆饼形，两面扁平，中间一孔，壁向外鼓凸。器最大直径

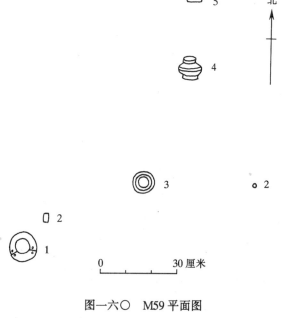

图一六〇　M59 平面图

1. 玉环　2. 玉坠 (2 件)　3. 石环 (3 件)
4. 陶壶　5. 陶纺轮

4.2、最厚1.7厘米。（图一六一，5；图版七〇，2）

玉环　1件。M59:1，绿色夹杂白色。器体扁平，平面呈环形，磨制精细。内缘厚，外缘薄。此器原断成两半，后又在断处各对钻2个小圆孔，以便连接。器最大直径11.2厘米。（图一六一，1；图版七〇，3）

玉坠　2件。M59:2-1，乳白色。器体扁平，平面呈梯形，磨制精细。顶端对钻1个小圆孔，底端两角内收。器长、宽各约2.5厘米。（图一六一，2-1；图版七〇，4左）

M59:2-2，乳白色。器体扁平，平面呈长梯形，磨制精细。顶齐平，上端对钻2个小圆孔，一孔大，一孔小。器最长3.2厘米。（图一六一，2-2；图版七〇，4右）

石环　3件。均灰黄色砂质板岩。磨制精细。M59:3-1，器体扁平，平面呈环形，环内孔是由两面对钻而成，孔内壁有凸棱，内缘厚，外缘薄。器最大直径7.8厘米。（图一六一，3-1；图版七〇，5左）

M59:3-2，器体扁平，平面呈环形，内缘厚，外缘薄。器最大直径8.5厘米。（图一六一，3-2；图版七〇，5右）

M59:3-3，仅剩半个，器体扁平，内缘厚，外缘薄。断处一端磨平，另一端未磨。器最大直径8.1厘米。（图一六一，3-3）

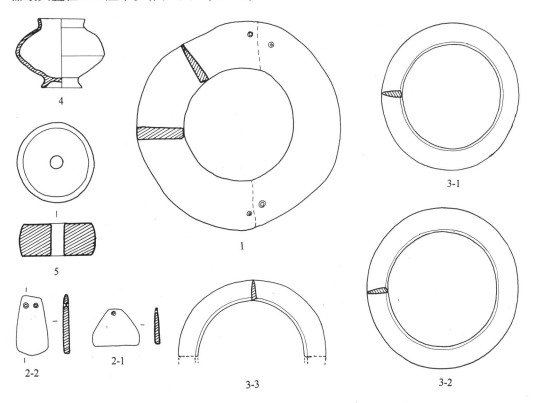

图一六一　M59出土器物图（4为1/4，余为1/2）

M60

（一）概　况

1979 年 10 月 16 日，在 T11 黄沙土中发现相距甚近的 2 件陶器，清理后编号 T11 第三组。

遗物位于 T11 西北部的②层黄沙土中，其上层为①层表土，下层为生土。墓坑、葬具和人骨架均未发现。出土遗物仅陶器 2 件，距地表深约 120 厘米。两器大体呈东西向分布，相距约 30 厘米，所跨最大边距约 65 厘米。（图一六二）

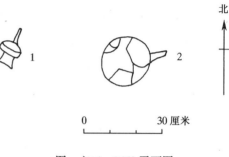

北

0　　　　　　30 厘米

图一六二　M60 平面图
1. 陶壶形器　2. 陶鬶

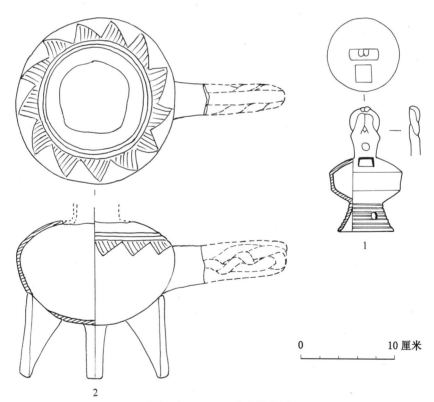

0　　　　　10 厘米

图一六三　M60 出土器物图

（二）遗　物

陶壶形器　1 件。M60:1，泥质红胎黑皮陶，器表磨光。纽、身与圈足成一整体，腹顶中部用两根泥条绕成一个近似手握圆环的长纽，纽下部镂 1 个圆孔。壶折肩，直腹，腹下部折收，平底，喇叭形圈足。肩部纽旁开 1 个小方形口，柄上饰凸棱数圈，棱中间饰等距圆镂孔 3 个。器通高 13.2 厘米。（图一六三，1；彩版六，3；图版七一，1）

陶鬶 1 件。M60：2，泥质灰黄陶。口、颈残。扁圆腹，3 个凿形足。腹上部饰凹弦纹 4 圈，其下刻划三角形纹 1 圈，三角形纹中间刻满斜线纹。腹一侧装 1 个泥条盘的宽扁把手，已残断。该器属残器随葬。器残高 16.4 厘米。（图一六三，2；图版七一，2）

M61

（一）概　况

1979 年 11 月 9 日，在 T14 夹红烧土块的土层中发现带盖陶鼎和陶壶各 1 件置于一处，清理后编号 T14 第一组。第三次整理时发现 11 日出土的编号 T14：14 陶壶（坐标 380×80－180 厘米）和 13 日出土的 T14：31 陶壶（坐标 350×50－175 厘米）分别在该组器物的东北和西南端，与该组器物间距不到 10 厘米，出土层位相同，深度稍深 5～10 厘米，周围无其他遗物，应属同一组器物，乃并入该组，分别为 3 号、4 号。

遗物位于 T14 东南角③层夹红烧土块较多的黑灰色土中，其上层为②层宋代瓦砾堆积，下层为④层新石器时代黄土。墓坑、葬具和人骨架均未发现。出土遗物仅陶器 4 件，距地表深 170～180 厘米。遗物分布较为集中，大体呈东北—西南向分布，所跨最长边距大约 50 厘米，最宽约 20 厘米。（图一六四）

（二）遗　物

陶圆腹罐形鼎 1 件。M61：2，夹砂灰黄胎黑衣陶，黑衣部分脱落。盖覆钵形，喇叭形纽。鼎口圆唇，侈口，

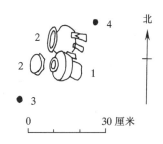

图一六四　M61 平面图

1. 陶壶　2. 陶鼎　3. 陶壶　4. 陶壶

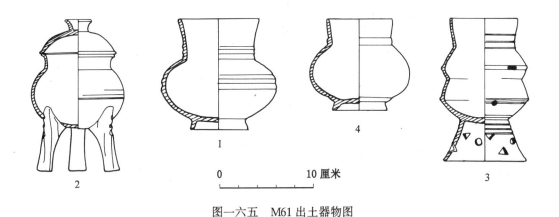

图一六五　M61 出土器物图

圆腹，圜底，3个鸭嘴形足。腹饰凹弦纹2圈，足根正面饰按窝3个。器通高16.2、外口径8厘米。（图一六五，2；图版七一，3）

陶壶 3件。M61:1，扁腹壶。泥质灰胎黑衣陶。圆唇，口微外侈，颈稍长，扁圆折腹，圜底，圈足。颈饰凹弦纹4圈，腹中部饰较宽凹弦纹2圈。器最高11.6、口径8.8厘米。（图一六五，1；图版七一，4）

M61:3，形态颇异。泥质灰胎黑衣陶。圆唇，直口略敞，双腹，中间内收，高圈足。颈部饰3圈凸棱，上腹中部1圈宽凸棱，棱上加饰对称2组小泥饼，每组2个；下腹中部饰细凹弦纹数圈，其上加饰小泥饼2个；圈足上部饰凹弦纹3圈，下饰三角形间圆形镂孔。器最高15.2、外口径7.4厘米。（图一六五，3；图版七一，5）

M61:4，直口壶。泥质灰陶。圆唇，直口，圆腹，平底，圈足。颈部饰宽凸棱1圈。器最高9.6、外口径7.2厘米。（图一六五，4）

M62

（一）概 况

1979年11月10日，在T13黄沙土底部接近生土处发现7件玉、石、陶器排列有序，清理后编号T13第一组。

遗物位于T13西南部的④层黄沙土近底部，其上层为③层新石器时代夹红烧土块较多的土层，下层为黄色生土。墓坑、葬具和人骨架均未发现。出土遗物7件，计玉器1件、石器2件、陶器4件，距地表深约175厘米。遗物呈东北—西南向直线分布，所跨最长边距77厘米，最宽约30厘米。玉璜置于西南端，陶纺轮水平放置于东北端。（图一六六）

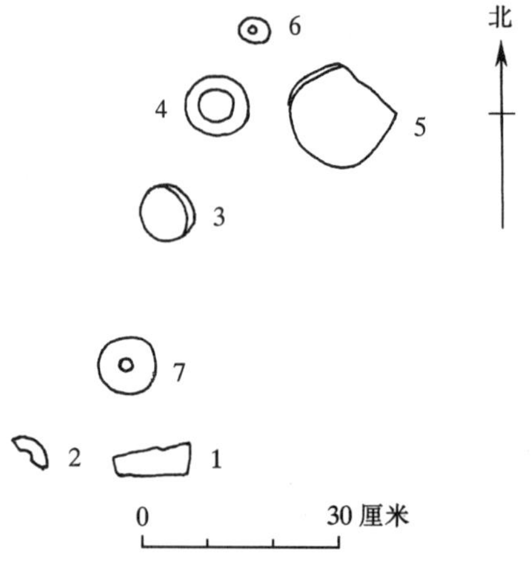

（二）遗 物

陶鼎 1件。M62:7，带盖，破碎不能复原。

陶直口壶 1件。M62:4，夹砂灰黄胎黑衣陶，黑衣大都脱落。圆唇，直口，圆腹，平底。器最高8.6、外口径6.4厘米。（图一六七，4；图版七二，1）

陶簋 1件。M62:5，夹细砂灰陶。圆唇，子口内敛，斜腹，圜底，喇叭形圈足。腹下部饰凸棱1圈。器最高9.6、内口径15.8厘米。（图一六七，5；图版七二，2）

图一六六 M62平面图
1. 砺石（?） 2. 玉璜 3. 石球 4. 陶壶 5. 陶簋 6. 陶纺轮 7. 陶鼎

陶纺轮　1件。M62∶6，泥质红陶。圆饼形，两面扁平，中间一孔，壁向外鼓凸。器最大直径5.1、最厚1.5厘米。（图一六七，6；图版七二，3）

玉璜　1件。M62∶2，灰绿色。器体扁平，平面呈半环形，内缘厚，外缘薄，磨制精细。两端各对钻小圆孔1个。器最长7.6厘米。（图一六七，2；图版七二，4）

砺石（？）　1件。M62∶1，灰黄色花岗岩。形状不规则，大体呈长条形，其中一面隆起，通体光滑。在隆起一面两旁的两个侧面略内凹，器表微显粗糙，似经打磨过，可能属砺石类。器最长11.8厘米。（图一六七，1；图版七二，6）

石球　1件。M62∶3，花岗岩。器体厚重，呈扁球体，器表粗糙。器最大径所在的边缘一圈略相对于整个器表而言微光滑，似属研磨所致。器最大直径8.6、最厚5厘米。（图一六七，3；图版七二，5）

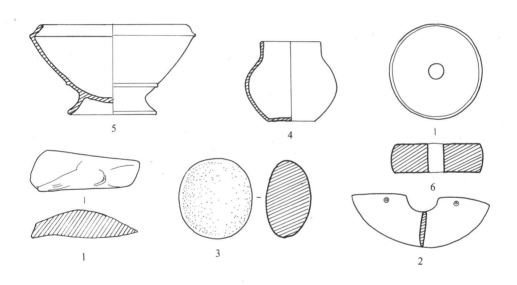

图一六七　M62出土器物图（2、6为1/2，余为1/4）

M63

（一）概　况

1979年11月11日，在T14夹红土块较多的土层之下半部露出陶壶1件，继又发现豆、鼎和石钺各1件，现场未按成组遗物处理，随后改编号T14第二组。第三次整理时发现11月9日出土的编号T14∶6陶豆（坐标270×420－180厘米）在其西南20余厘米处，层位相同，深度相近，周围无其他遗物，乃并入该组，为5号。

遗物位于T14东北部的③层夹红烧土块较多的黑灰色土中，其上层为②层宋代瓦砾堆积，下层为④层新石器时代黄土。墓坑、葬具和人骨架均未发现。出土遗物5件，计石器1件、陶器4件，距地表深约180厘米。遗物大体呈东北—西南向分布，所跨最长边距约50厘米。

（二）遗　物

陶盆形鼎　1件。M63:2，夹细砂浅灰陶，灰白色足。尖圆唇，侈口，扁折腹，圜底，3个鸭嘴形足。腹上部刻划凹弦纹2组，每组3圈，两组间刻划方向相对的短斜线纹10组，每组刻划数量不一；足正面饰"人"字形刻划纹，一侧面将边缘内卷捏合，中间留下长凹槽1道。器最高12.4、外口径13.4厘米。（图一六八，2；图版七三，1）

陶豆　2件。M63:4，破碎不能复原。

M63:5，泥质灰陶。圆唇，极矮的直口，弧折腹，圜底，细高柄，喇叭形圈足，足沿陡折成台状。柄上部饰等距离圆镂孔3个，中部饰不规整凹弦纹10圈，下部饰等距离圆镂孔3个。器最高28.2、外口径19.2厘米。（图一六八，5）

陶扁腹壶　1件。M63:3，泥质灰胎黑衣陶。圆唇，侈口，扁圆腹下部折收，圜底，圈足。器最高10.2、外口径8.4厘米。（图一六八，3；图版七三，2）

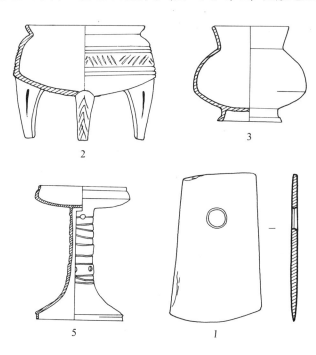

图一六八　M63出土器物图（5为1/8，余为1/4）

石钺　1件。M63:1，青灰色砂质板岩。器体扁平，平面呈斜梯形，磨制精细，器表抛光亮泽。顶齐平，一角有崩损痕迹。刃斜弧，刃口锋利。两面对钻1孔，为管钻，外孔径2.2厘米。器最长16、最厚0.8、刃宽10厘米。（图一六八，1）

M64

（一）概　况

1979年11月11日，在T13夹红烧土块较多的土层中发现陶器2件置于一处，12

日、13 日清理后编号 T13 第二组。

遗物位于 T13 东隔梁中段的③层夹红烧土块较多的土层中，其上层为②层宋代堆积，下层为④层新石器时代黄沙土。墓坑、葬具和人骨架均未发现。出土遗物仅陶器 2 件，分布在一起，距地表深约 173 厘米。陶豆长轴指向为东北—西南向。（图一六九）

（二）遗　物

陶盘形豆　1 件。M64：1，夹砂灰胎黑衣陶，局部黑衣脱落，器表刮抹光滑，柄内壁则未刮抹显粗糙。方唇，直口，平底，粗柄，喇叭形圈足，足沿陡折成台阶状并中部内收。盘壁中部饰宽凹弦 2 圈。柄部饰上、中、下 3 组宽凹弦，上组 1 圈；中组分上、下两部分共 5 圈，中间以斜向宽凹弦隔开；下组 5 圈。在上、中组间饰等距圆镂孔 4 个，中、下组间也饰等距离圆镂孔 4 个，两组镂孔上下相错位。器最高 19.6、外口径 19.8 厘米。（图一七○，1；图版七三，3）

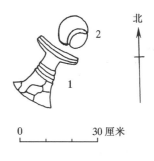

图一六九　M64 平面图
1. 陶豆　2. 陶壶

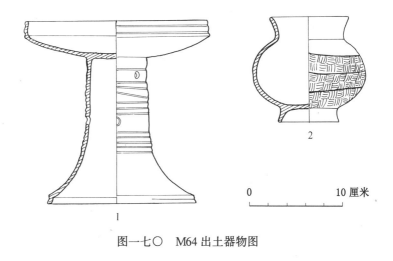

图一七○　M64 出土器物图

陶圆腹壶　1 件。M64：2，夹砂灰白陶，器表略粗糙。器形规整，圆唇，侈口，圆腹，平底，圈足。腹部分上、中、下刻划编织状席纹 3 组，形态类似于印纹，每组间各刻 1 道凹弦纹相隔。器最高 11、外口径 8.6 厘米。（图一七○，2；图版七三，4）

M65

（一）概　况

1979 年 11 月 11 日，在 T13 黄沙土中发现一组呈直线状分布的陶器，12 日、13 日清理后编号 T13 第三组。

遗物位于 T13 西北角的④层黄沙土中，其上层为③层新石器时代夹红烧土块较多的土层，下层为黄色生土。墓坑、葬具和人骨架均未发现。出土遗物仅陶器 6 件，距地表深 182 厘米。遗物呈东北—西南向分布，所跨最长边距 95 厘米，最宽约 40 厘米，陶豆的长轴指向为东北—西南向。根据器物摆放位置和豆柄指向，墓葬应为东北—西南向。（图一七一）

（二）遗　物

陶盆形鼎　1 件。M65:6，夹砂红陶。器口倾斜，近方唇，敞口，腹壁较直，平底，3 个横装宽扁倒梯形足。腹饰不规整凸棱数圈，足正面饰竖向浅刻划纹 1 排，根部饰刻划较深的曲折纹。器最高 15.2、最大口径 19.3 厘米。（图一七二，6；图版七四，1）

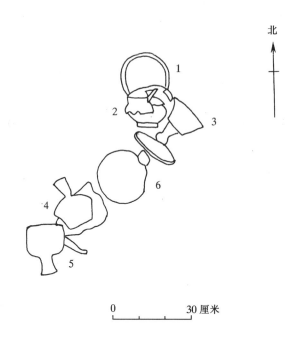

图一七一　M65 平面图
1.陶碗　2.陶壶　3.陶豆　4.陶壶　5.陶鬶　6.陶鼎

陶豆　1 件。M65:3，泥质灰黄胎黑衣陶，破碎不能复原。

陶壶　2 件。M65:2，扁腹壶。夹细砂灰陶，器表刮抹光滑。圆唇，口微侈，扁折腹，平底，矮圈足。折腹处与下腹各饰附加堆纹 1 圈，堆纹上加饰按压纹似绞索状。器最高 10.6、口径 6.6 厘米。（图一七二，2；图版七四，2）

M65:4，夹细砂灰胎黑衣陶，局部黑衣脱落。圆唇，侈口，长颈，广肩微弧，腹部内收，平底。颈下半部饰凹弦纹 3 圈，肩中部往下折成矮台阶状，肩、腹结合处刮抹成 1 圈宽凹槽。器最高 19、口径 7.5 厘米。（图一七二，4；图版七四，3）

陶鬶　1 件。M65:5，泥质灰陶。尖圆唇，喇叭形口，长颈，弧肩，直腹较深，最大腹径在下，圈底，3 个凿形足。腹侧安 1 个泥块捏成的扁平三角形把手，把手尾部平直稍下弯。腹饰瓦棱纹数圈。器最高 25、口径 8.4 厘米。（图一七二，5；图版七四，4）

陶碗　1 件。M65:1，泥质红胎黑皮陶。方唇，大敞口，斜弧腹，平底。腹壁下部折出凸棱 1 圈，一侧有很窄的鸡冠形錾 1 个。器最高 7.6、外口径 20 厘米。（图一七二，1；图版七四，5）

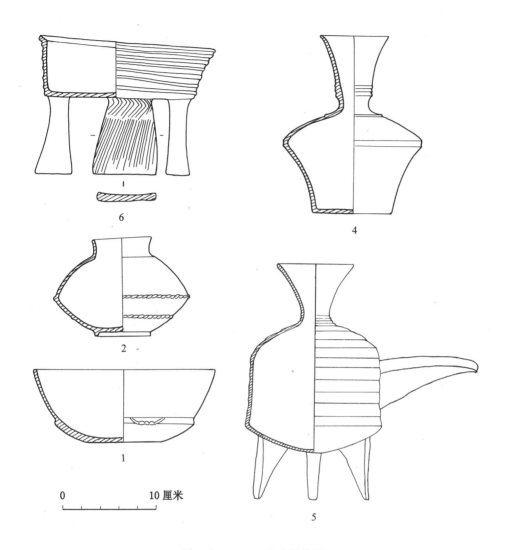

图一七二　M65 出土器物图

M66

（一）概　况

1979 年 11 月 13 日，在 T14 夹红烧土块较多的土层之底部发现相距甚近的 5 件陶器，个别器物已伸入下层黄土中，清理后编号 T14 第三组。

遗物位于 T14 东南部的③层夹红烧土块较多的黑灰土之底部，个别器物已伸入下层黄土中，其上层为②层宋代瓦砾堆积，下层为④层新石器时代黄土。墓坑、葬具和人骨架均未发现。出土遗物仅陶器 5 件，距地表深约 173 厘米。遗物大体呈西北—东南向

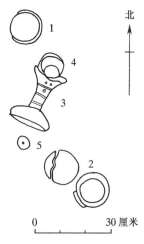

图一七三　M66 平面图
1.陶碗　2.陶鼎　3.陶豆
4.陶壶　5.陶纺轮

分布，与一般墓向不合，但所跨最长边距仅约 85 厘米。豆的长轴指向则为东北—西南向，陶碗为口朝上正放，纺轮水平放置。(图一七三)

(二)遗　物

陶盆形鼎　1 件。M66:2，夹砂红胎黑衣陶，器盖和器身的口、腹部施黑衣并经刮抹光滑，器底及三足未施黑衣且未刮抹。覆钵形盖，喇叭形钮。鼎口圆唇，侈口，斜沿，腹壁近直微弧、腹下部折收成圜底，3 个横装扁平足，足根两侧向外伸展。腹饰凹弦纹，其间刻划粗短斜线纹，足正面刻划曲折纹和斜线纹数道。器通高 20.5、外口径 15.4 厘米。(图一七四，2；图版七五，1)

陶钵形豆　1 件。M66:3，泥质灰胎黑衣陶，黑衣大部脱落。方唇，敛口，弧腹，细高柄，喇叭形圈足。

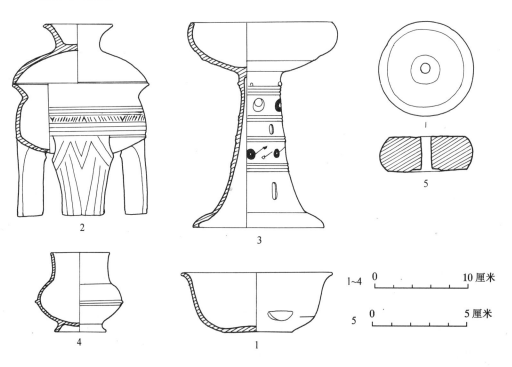

图一七四　M66 出土器物图

盘壁下部饰凸棱 1 圈，柄上部有凸棱 1 圈并在棱上饰等距离圆镂孔 3 个。柄中部饰凹弦纹 4 组，上、下两组各 4 圈，中间两组各 2 圈；上两组凹弦纹间饰等距离大圆镂孔 3

个，大圆孔之间又饰小圆镂孔 3 个，每个小圆孔外缘戳印 1 个圆圈；中间两组凹弦纹间饰等距竖长方形镂孔 4 个；下两组凹弦纹间饰等距小圆孔 5 个，孔缘外均戳印 1 个圆圈，圆圈两侧各斜向刻 1 条斜线，斜线尾端戳印三角形盲孔；最下一组凹弦纹下饰等距离竖长方形镂孔 4 个。器最高 22、内口径 15.2 厘米。（图一七四，3；图版七五，2）

陶折腹壶　1 件。M66:4，泥质灰胎黑衣陶，黑衣大都脱落。圆唇，口微外侈，颈较长，扁圆折腹，圜底，圈足。折腹处饰凸棱 1 圈。器最高 8.4、外口径 6.4 厘米。（图一七四，4；图版七五，3）

陶碗　1 件。M66:1，泥质红胎黑衣陶，黑衣部分脱落。圆唇，侈口，窄沿，弧腹较深，平底。腹一侧有半圆形錾 1 个，錾较小。器最高 6.4、外口径 16.6 厘米。（图一七四，1；图版七五，4）

陶纺轮　1 件。M66:5，泥质红陶。圆饼形，两面扁平，中间一孔，壁向外鼓凸。器最大直径 5.2、最厚 1.8 厘米。（图一七四，5；图版七五，5）

M67

（一）概　况

1979 年 11 月 14 日，T14 发掘结束前在夹红烧土块较多的土层中发现相距不远的石、陶器各 2 件，清理后编号 T14 第四组。

遗物位于 T14 东北角的③层夹红烧土块较多的黑灰色土中，其上层为②层宋代瓦砾堆积，下层为④层新石器时代黄土。墓坑、葬具和人骨架均未发现。出土遗物 4 件，计石器 2 件、陶器 2 件，距地表深约 160 厘米。遗物大致呈东北—西南向直线分布，所跨最长边距约 75 厘米。

（二）遗　物

陶盘形豆　1 件。M67:3，夹砂灰陶。圆唇，极矮的直口，浅弧腹，圜底，细高柄，喇叭形圈足，足沿陡折成台阶状并中部内收。柄上部饰等距离圆镂孔 3 个，中部饰凹弦纹 3 组，上组为不规整宽凹弦纹数圈，中组为细凹弦纹 3 圈，下组为细凹弦纹 4 圈，柄下部饰等距离圆镂孔 3 个。柄内壁下半部有刮削痕，上半部有凸凹不平的竖向手指抹痕。器最高 28.8、外口径 17.6 厘米。（图一七五，3；图版七六，1）

陶盆　1 件。M67:4，泥质灰陶。圆唇，宽沿外翻，沿面弧凸，大敞口，弧腹，平底略内凹。器最高 7、外口径 23.8 厘米。（图一七五，4；图版七六，3）

三孔石刀　1 件。M67:1，青灰色砂质板岩。器体扁平，平面呈斜梯形，磨制稍精。顶部窄端在割切时致残。平刃，刃口锋利，上有小崩口。两面对钻 3 孔，均管钻。刃长 22.9、两端宽分别为 9.7 和 8.4、最厚 0.6 厘米。（图一七五，1；图版七六，4）

石钺　1 件。M67:2，青灰色砂质板岩。器体扁薄，平面呈近"风"字形略斜，磨

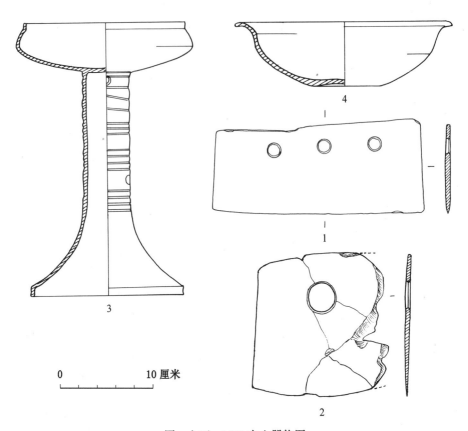

0　　　　　　　　10 厘米

图一七五　　M67 出土器物图

制精细。器体残破，系出土时所致。弧刃，刃口锋利，上有极少量小崩口。两面对钻 1
孔，为管钻，孔壁上留有多道旋切痕，外孔径 3 厘米。器表一面孔的两侧斜向上及孔壁
上原绘有红色花纹，大部分已脱落，但仍保留了少量红色。器最长 15、刃宽约 14.5、
最厚 0.7 厘米。（图一七五，2；图版七六，2）

M68

（一）概　况

1979 年 10 月 17 日，在 T9 发掘结束前于西隔梁的黄沙土中发现叠放于一起的石、
陶器各 1 件，清理后编号 T9 第五组。

遗物位于 T9 西北角的③层黄沙土中，其上层为②层商周灰黑色沙土，下层为夹褐
斑黄色生土。墓坑、葬具和人骨架均未发现。出土遗物 2 件，计石器 1 件、陶器 1 件，
距地表深约 90 厘米。其中石刀叠压于陶壶之上，刃部朝向东南，长轴指向为东北—西
南向。（图一七六）

（二）遗　物

陶扁腹壶　1件。M68：1，夹砂灰胎黑衣陶，黑衣附着较好，器表刮抹光滑，圈足及底未刮抹显粗糙。圆唇，口微侈，扁圆折腹，圜底，圈足。折腹处有折棱1圈。器最高7.4、外口径7.4厘米。（图一七七，1；图版七七，2）

三孔石刀　1件。M68：2，青灰色砂质板岩。器体扁平，稍厚，平面呈长方形，磨制稍粗，器表可见大量摩擦痕。顶齐平，上有摩擦留下的细密纹。刃略弧凸，刃部被磨光滑，刃口

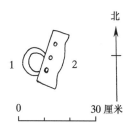

图一七六　M68 平面图

1. 陶壶　2. 三孔石刀

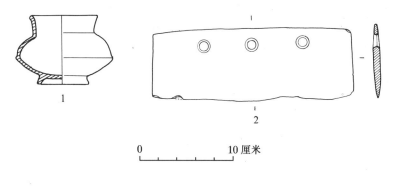

图一七七　M68 出土器物图

锋利，上有多处大小不一的崩口。两面对钻3孔，孔壁均较斜，孔壁上留有多道旋切痕。刃长21.7、两端宽分别为7.2和6.8、最厚0.8厘米。（图一七七，2；彩版一五，2；图版七七，1）

M69

（一）概　况

1980年4月17日下午，开始清理T17黄沙土中出现的一组陶豆、壶、盆，编号T17第一组。

遗物位于T17西南部的④层黄沙土中，其上层为②层宋代瓦砾堆积，下层为⑤层新石器时代黄褐土。墓坑、葬具和人骨架均未发现。出土遗物仅陶器3件，距地表深约142厘米。遗物呈东北—西南向直线分布，所跨最长边距约150厘米。盆的放置方式不清。（图一七八）

（二）遗　物

陶盘形豆　1件。M69：3，泥质灰胎黑衣陶，黑衣附着较好。圆唇，极矮的直口，弧折腹，平底，粗高柄，喇叭形圈足，足沿陡折成台阶状并中部内收。柄上部饰凹弦纹

1圈，中部饰凹弦纹4圈，中间饰等距离圆镂孔3个，孔与孔之间用1条斜向宽凹弦纹相连结。器最高18、外口径16.2厘米。（图一七九，3；图版七七，3）

陶扁腹壶　1件。M69:1，夹砂灰胎黑衣陶，黑衣附着较好，器表刮抹光滑。圆唇，口微侈，扁圆折腹，圜底，圈足。器最高9.2、外口径8厘米。（图一七九，1；图版七七，4）

陶盆　1件。M69:2，泥质灰胎黑衣陶，黑衣附着较好。方唇，宽斜沿，沿面较平，大敞口，弧腹下收，平底略内凹。器最高7.2、外口径24.8厘米。（图一七九，2；图版七七，5）

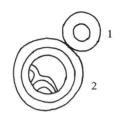

北

0　　　　　30厘米

图一七八　M69平面图
1.陶壶　2.陶盆　3.陶豆

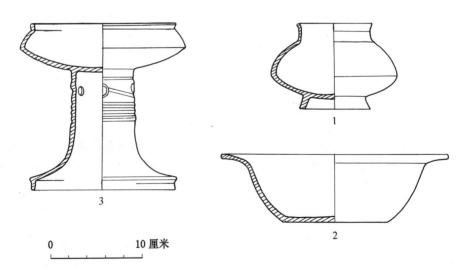

0　　　　10厘米

图一七九　M69出土器物图

M70

（一）概　况

1980 年 4 月 17 日，开始清理 T17 黄沙土中的一组分布不太集中的石钺、陶豆、壶、盆、纺轮、陶球和另一件残陶器，编号 T17 第二组。

遗物位于 T17 西南部的④层黄沙土中，其上层为②层宋代瓦砾堆积，下层为⑤层新石器时代黄褐土。墓坑、葬具和人骨均未发现。出土遗物 9 件，计石器 2 件、陶器 7 件，距地表深 142 厘米。遗物分布不太集中，所跨最长边距约 120 厘米，最宽约 105 厘米。2 件石钺刃部均朝向东南，7 号钺上置有半个纺轮，在豆和 7 号钺之间有牙齿 1 颗，是否人牙未知。陶豆的长轴指向为东北—西南向，纺轮均水平放置。（图一八〇）

（二）遗　物

陶盘形豆　1 件。M70∶3，夹砂灰胎黑衣陶，黑衣大部分已脱落。厚圆唇，极矮的直口，腹壁略直，略圜底，高柄，喇叭形圈足，足沿陡折成台阶状并中部略内收。柄上部饰凹弦纹 2 圈，下饰等距离圆镂孔 3 个，孔与孔之间用两条斜宽凹弦纹相连；柄中部饰凹弦纹 6 圈，下饰等距离大圆镂孔 3 个，孔两侧各戳印三角形纹 1 个；柄下部又饰凹弦纹 6 圈，其下饰等距离大圆镂孔 3 个，圆孔两侧也各戳印三角形纹 1 个。圈足内壁可见慢轮修整的旋转痕。器最高 25、口径 19.4 厘米。（图一八一，3；彩版四，2；图版七八，1）

陶扁腹壶　1 件。M70∶6，夹砂灰胎黑衣陶，部分黑衣脱落，器表圈足以上刮抹光滑，圈足及底未刮抹显粗糙。圆唇，口微侈，扁圆折腹，圜底，圈足。器最高 9.8、外口径 8 厘米。（图一八一，6；图版七八，2）

陶盆　1 件。M70∶9，破碎

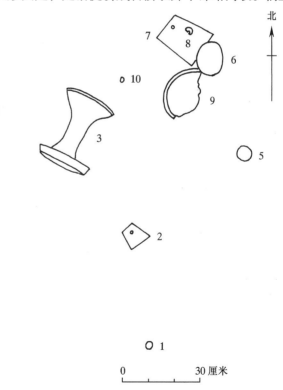

图一八〇　M70 平面图

1.陶球　2.石钺　3.陶豆　4.陶纺轮　5.陶拍
6.陶壶　7.石钺　8.残纺轮　9.残陶盆　10.牙

无法复原。

陶纺轮　2件。M70:4，夹砂灰陶，圆饼形，两面扁平，中间一孔，中间厚，边缘薄，壁向外鼓凸。器最大直径5、最厚1.7厘米。(图一八一，4)

M70:8，残缺一半，形制基本同M70:4，应属残器随葬。

陶球　1件。M70:1，夹砂灰陶。呈球状，体内中空，内有小陶丸。器表饰13个圆镂孔，分布无规律，孔缘外均戳印圆圈1圈，孔与孔之间刻3道平行细线相连。器最大直径3.6厘米。(图一八一，1；图版七八，3)

陶拍　1件。M70:5，夹砂灰黄陶。柄已残，拍面呈圆形，表面有20个整齐的小圆窝，周缘也戳印等距小圆窝13个。该器应属残器随葬。拍子平面最大直径5.5、残高2.2厘米。(图一八一，5；图版七八，4)

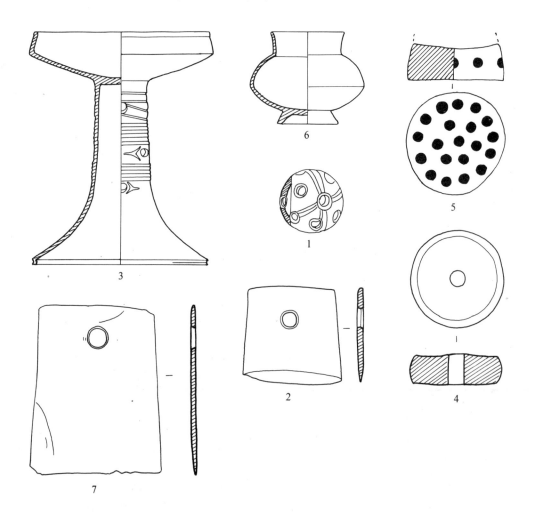

图一八一　M70出土器物图（1、4、5为1/2，余为1/4）

石钺　2 件。M70:2，青灰色变质砂岩。器体扁平，平面近正方形，磨制精细。顶部齐平。弧刃，一角残缺，刃口锋利，上有部分崩口。两面对钻 1 个大孔，为管钻，外孔径 2 厘米。器最长 10.5、最厚 0.8、刃宽 11 厘米。（图一八一，2；图版七八，5）

M70:7，青灰色砂质板岩。器体扁薄，平面呈梯形，磨制较细。器表两面均有一处切割时留下的弧形凹面，器体一侧较厚，另一侧较薄。顶端磨平，一角残缺。平刃，刃口锋利，上有少量小崩口。单面钻 1 孔，为管钻，在钻孔的背面孔缘留有敲击石芯脱落时形成的碎小崩缺。外孔径 2.4 厘米。器最长 18、最厚 0.8、刃宽 14.6 厘米。（图一八一，7；图版七八，6）

M71

（一）概　况

1980 年 4 月 18 日，开始清理 T17 黄沙土中的一组陶豆、壶、盆、纺轮以及残陶拍（?）。在清理中发现随葬品周围的土壤为灰褐色土夹少量红烧土颗粒，而其东北角、东边、南边均为黄沙土，界线明显，但西边界线不清。清理后编号 T17 第三组。

遗物位于 T17 南部中段④层黄沙土中，其上层为②层宋代瓦砾堆积，下层为⑤层新石器时代黄褐土。墓坑未全部确认，但有明显迹象，随葬品周围的土壤为灰褐色土夹少量红烧土颗粒，而其东北角、东边、南边均为黄沙土，界线明显，但西边界线不清[1]，应为长方形浅穴土坑，墓口距地表深约 142 厘米，长约 170 厘米，宽超过 55 厘米，方向约北偏东 12°。葬具和人骨架均未发现。出土遗物仅陶器 5 件，分置于墓坑南、北两端，其中豆的长轴指向为东北—西南向，陶盆口朝上正放，纺轮水平放置。（图一八二）

（二）遗　物

陶盘形豆　1 件。M71:2，夹砂灰胎黑衣陶，大部分黑衣已脱落，器表刮抹光滑，内壁未刮抹显粗糙。圆唇，极矮的直口，折腹，平底，粗高柄，喇叭形圈足，足沿陡折成台阶状并中部内收。柄上部饰凹弦纹 3 组，上组 3 圈，中、下组各 4 圈，每组凹弦纹下均饰等距离圆镂孔 3 个，每孔两侧各戳印对称三角形盲孔 1 个。器最高 22.6、口径 19.2 厘米。（图一八三，2；图版七九，1）

陶高圈足壶　1 件。M71:5，夹砂纯黑陶，器表刮抹光滑。圆唇，口微侈，颈较长，扁圆腹，腹下垂，圈足较高。折腹处刻划等距离"人"字形纹 6 个，圈足上饰凹弦纹 4 圈，其间再饰等距离小圆镂孔 3 个，每孔两侧各刻划对称"人"字形纹 1 个。器最高 13.2、口径 8 厘米。（图一八三，5；图版七九，2）

---

① 不知 M71 与 M91 是否具有打破关系。

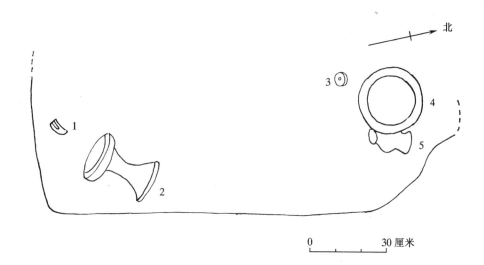

图一八二　M71平面图

1.陶拍（?）　2.陶豆　3.陶纺轮　4.陶盆　5.陶壶

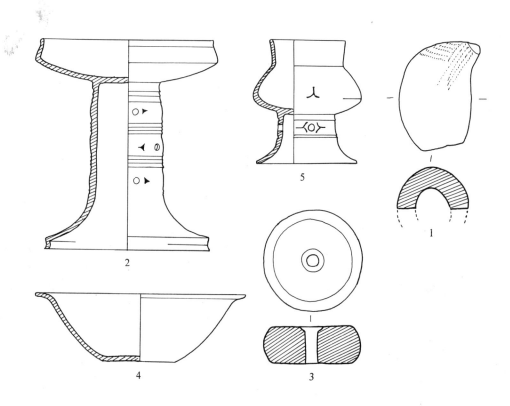

图一八三　M71出土器物图（1、3为1/2，余为1/4）

陶盆　1件。M71:4，夹砂灰胎黑衣陶，黑衣大都已脱落。圆唇，宽斜沿，沿面略弧凸，大敞口，弧腹，平底。器最高7.4、外口径23.4厘米。（图一八三，4）

陶纺轮　1件。M71:3，泥质灰陶。圆饼形，两面扁平，中间一孔，壁向外鼓凸。器最大直径5.2、最厚2厘米。（图一八三，3；图版七九，3）

陶拍（?）　1件。M71:1，夹粉砂橘黄陶。属残器随葬，仅剩一半，器体呈椭圆形，一端半圆形，另一端翘尖，体内中空，靠尖角一端饰篾纹。器残长6厘米。（图一八三，1；图版七九，4）

M72

（一）概　况

1980年4月19日下午，在T17西南的黄沙土底部出现一片夹杂大量红烧土块的灰黑色土，红烧土块之间置有陶盆1件、陶球2组15件，清理后编号T17第四组[①]。

遗物位于T17西南部黄沙土底部夹红烧土块的灰黑土中，其上层为④层新石器时代黄沙土，下为F2之上的红烧土堆积。墓坑、葬具和人骨均未发现。出土遗物只有陶器16件，另在西南边的陶球堆旁尚有牙齿1颗，是否人牙未知，距地表深约163厘米。遗物大致呈东北—西南向直线分布，所跨最长边距约150厘米。其中陶盆居中，口朝上正放，在盆的东北30厘米、西南约55厘米处各有7个和8个陶球分别堆成一堆。（图一八四）

（二）遗　物

陶盆　1件。M72:7，夹砂灰胎黑衣陶，黑衣部分脱落，器表刮抹光滑，器底未刮抹显粗糙。圆唇，斜窄沿，沿面弧凸，大敞口，弧腹，平底。器最高6、外口径21厘米。（图一八五，7；图版八〇，1）

陶球　15件。均呈球状，体内中空，内有小陶丸（图版八〇，2~5）。

M72:1，夹砂灰黄陶。器表饰8个圆镂孔，孔缘外刻划1个圆圈，分布无规律，其中有两孔并排；另在空白处刻划大小不等的圆圈6个。器最大直径4厘米。（图一八五，1；图版八〇，2前左）

M72:2，夹砂灰黄陶。器表饰6个圆镂孔，呈立体十字形分布，孔间都刻划平行数条细线相连，其中几孔周围还饰1圈戳印的小三角形纹。器最大直径2.4厘米。（图一八五，2；图版八〇，2前中）

M72:3，夹砂红陶。器表饰3个圆镂孔，其中2孔分布在球体两端，两孔间的球表

---

①　因该组遗物四周均为大量红烧土块堆积，现场清理时即怀疑是随葬品还是制作陶器的作坊之遗留。后在该红烧土堆积之下发现F2，则红烧土堆积应为F2废弃后形成的堆积，所以该墓是否能确认尚存疑问。

面以多道篦纹相连结，类似经线；另有1孔靠近其中一孔。3个孔的外缘均刻划1个圆圈。器最大直径3.2厘米。（图一八五，3；图版八〇，2前右）

M72:4，夹砂灰黄陶。器表饰11个圆镂孔，分布无规律，孔缘外刻划1个圆圈，空白处还刻划有4个圆圈。器最大直径4.6厘米。（图一八五，4；图版八〇，2后左）

M72:5，泥质红陶，局部呈灰色。器体系捏制而成，不规整，器表仅饰1个圆镂孔，球面上饰较多纵横交错的篦纹，无规律。器最大直径4.8厘米。（图一八五，5；图版八〇，2后右）

M72:6，泥质灰黄陶。器表饰10个圆镂孔，其中9孔大致等距，另外在两孔之间又饰1个稍大的圆镂孔，每孔缘外刻划1个圆圈。器最大直径4.5厘米。（图一八五，6；图版八〇，4）

M72:8，泥质灰黄陶。器表饰6个圆镂孔，呈立体十字形分布，孔间以3条平行剔纹相连。器最大直径6.8厘米。（图一八五，8；图版八〇，5）

M72:9，泥质红褐陶，部分表面呈黑色。器表饰34个圆镂孔，分布密集无规律，有大孔和小孔，孔缘外各刻划1个圆圈；另在孔间空白处戳印盲孔19个，深浅不一。器最大直径4.8厘米。（图一八五，9；图版八〇，3前左1）

M72:10，泥质灰黄陶，一半表面呈灰色，器体略呈椭圆。器表饰13个圆镂孔，大部分集中在呈灰黄色的半面，分布无规律，孔缘外均刻划1个圆圈；球面空白处饰满单行指甲纹。器最大直径4.6厘米。（图一八五，10；图版八〇，3前左2）

M72：11，泥质红陶。器表饰6个圆镂孔，呈立体十字形分布，每个孔缘外刻划1～3圈圆圈，球体有一半面刻满小圆圈，另一半面刻满指甲纹。器最大直径3.4厘米。（图一八五，11；图版八〇，3前左3）

M72：12，泥质红陶。器表饰4个圆镂孔，分布无

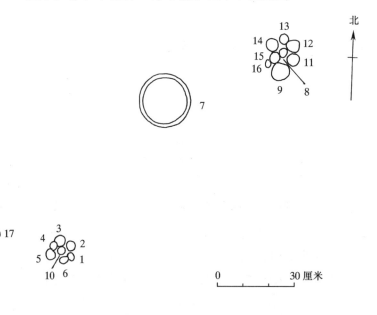

图一八四　M72平面图

1～6.陶球　7.陶盆　8～16.陶球　17.牙

规律，部分球面戳印盲孔 18 个，另一部分球面刻划圆圈 10 个，均似随意刻划而成，镂孔与盲孔外缘都刻 1 个圆圈。器最大直径 4.2 厘米。（图一八五，12；图版八〇，3 前左 4）

M72:13，泥质红陶。器表饰 6 个圆镂孔，大体呈立体十字形分布，孔很小，孔缘外刻划 1 个圆圈，孔间各刻划 2 条细长线相连结；球面另外刻划有不规则圆圈 1 个。器最大直径 4 厘米。（图一八五，13；图版八〇，3 后左 1）

M72:14，泥质红陶，器表一半呈灰色。器表饰 5 个圆镂孔，孔较小，其中 4 个绕陶球的最大径均匀分布，另 1 个分布在球体一端，孔间各刻划 4 道细凹槽相连结，凹槽边均有 1 道极细的刻线，当属刻槽前定位之用。器最大直径 3.6 厘米。（图一八五，14；图版八〇，3 后左 2）

M72:15，泥质红陶。器体稍扁圆，器表饰 6 个圆镂孔，大体呈立体十字形分布，每个孔缘外刻划 1 个圆圈，孔间各刻划 1 道长线相连。器最大直径 3.6 厘米。（图一八

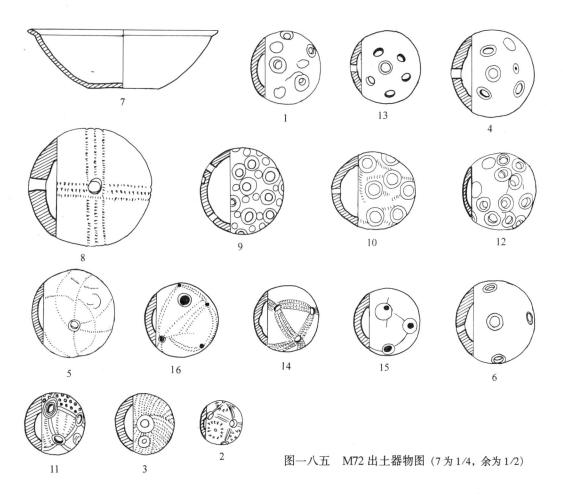

图一八五　M72 出土器物图（7 为 1/4，余为 1/2）

五，15；图版八〇，3后左3）

M72:16，泥质灰黄陶，器表一半呈灰色。器表饰5个圆镂孔和3个盲孔以及2个刻划圆圈，孔大小不一。其中4个圆镂孔和3个盲孔分布成经纬线形式，孔间各以3条平行篦纹相连结；其余孔和圆圈分布无规律。器最大直径4.1厘米。（图一八五，16；图版八〇，3后左4）

M73

（一）概　况

1980年4月20日下午，在T16西南角宋代瓦砾层之下发现一小块土层，其下即为红烧土坑1。该土层中发现4件陶球交错堆放在一起，当时考虑到陶球常在墓中所出，故将其视为墓葬处理，编号T16第一组。[①]

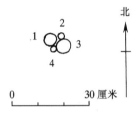

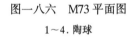

图一八六　M73平面图

1~4.陶球

遗物位于T16西南角的红烧土坑1之上的小片土层中，其上层为②层宋代瓦砾堆积，周围为红烧土坑所打破的④层新石器时代灰黄土。墓坑、葬具和人骨架均未发现。出土遗物仅陶球4件置于一起，距地表深约115厘米。（图一八六）

（二）遗　物

陶球　4件。M73:1，泥质红陶。器表饰18个圆镂孔，其中6个孔呈立体十字形分布，孔间以2条平行刻划线相连结，类似经纬线；在每三孔形成的8个三角形区域中间，又各加1个孔，共8孔；其余4孔则零散分布在经纬线上。每个孔缘外均刻划1个圆圈。器最大直径4.3厘米。（图一八七，1；图版八一，1左）

M73:2，泥质红陶。器表饰6个

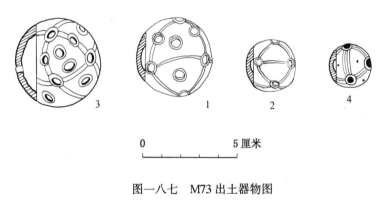

图一八七　M73出土器物图

圆镂孔，呈立体十字形分布，孔缘外均刻划1个圆圈，孔间以2条平行刻划线相连结。

[①] 经仔细检索原始资料，发现该土层与红烧土坑位置相同，范围也大体吻合，应为红烧土坑的上部堆积，而该墓无其他可证为墓葬的证据。存疑。

器最大直径 2.8 厘米。（图一八七，2）

M73：3，泥质红陶。器表饰 21 个圆镂孔，其中 6 个大孔呈立体十字形分布，孔间以 2 条平行刻划线相连结，类似经纬线，其余孔则或分布在经纬线上，或分布在每三孔间形成的三角形区域中。孔缘外均刻划 1 个圆圈。器最大直径 4.7 厘米。（图一八七，3）

M73：4，夹砂红陶。器表饰 6 个圆盲孔，呈立体十字形分布，孔缘外均刻划 1 个圆圈，孔间各以数道刻划线相连结，在每三个孔形成的三角形区域中间再饰 1 个很小的戳孔。器最大直径 2.4 厘米。（图一八七，4；图版八一，1 右）

M74

（一）概　况

1980 年 4 月 20 日，在 T18 灰黄色土近底部发现陶壶、纺轮各 1 件放置在一起，清理后编号 T18 第一组。

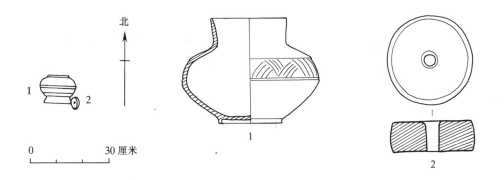

图一八八　M74 平面图　　　　图一八九　M74 出土器物图（1 为 1/4，2 为 1/2）

　1. 陶壶　2. 陶纺轮

遗物位于 T18 东北部的④层灰黄土底部，其上层为③层商周深灰色土，下层为⑤层新石器时代黄沙土。墓坑、葬具和人骨架均未发现。出土遗物仅陶器 2 件，距地表深约 135 厘米。其中纺轮侧斜立于土中。（图一八八）

（二）遗　物

陶扁腹壶　1 件。M74：1，泥质灰胎黑衣陶，黑衣附着较好。圆唇，口微侈，扁圆腹，圜底，圈足。肩部有折棱 1 圈，中腹饰相邻的凸棱 2 圈，凸棱上方交错刻划 3～4 道弧线。器最高 11.2、外口径 8.2 厘米。（图一八九，1；彩版五，1；图版八一，2）

陶纺轮　1 件。M74：2，夹砂灰陶。圆饼形，两面扁平，中间一孔，壁向外鼓凸。器最大直径 4.7 厘米。（图一八九，2；图版八一，3）

M75

（一）概　况

1980 年 4 月 22 日上午，在 T19 黄沙土中发现一组器物，铲平周围平面后可见一大

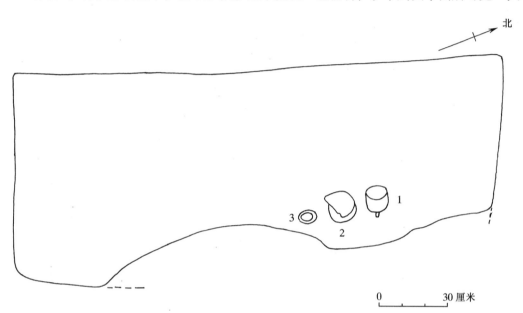

北

0　　　　　30 厘米

图一九〇　M75 平面图

1．陶鼎　2．陶簋　3．陶双鼻壶

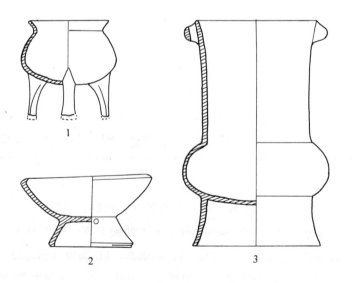

图一九一　M75 出土器物图（3 为 1/2，余为 1/4）

致呈长方形的墓坑，坑内为灰色土，与四周的黄沙土截然有别，但偏东部分可能被破坏。下午清理出土陶鼎、簋、壶各 1 件，编号 T19 第一组。

开口于 T19 西北部③层商周灰褐土下，打破④层黄沙土。墓口距地表深约 125 厘米，坑长 218 厘米，西南端宽 93 厘米，东北端残宽 68 厘米，残深 5 厘米，方向北

偏东23°。葬具和人骨均未发现。填土为灰色土，夹有红烧土颗粒。出土遗物仅陶器3件，置于墓坑北半部偏东一侧。（图一九〇）

（二）遗　物

陶圆腹罐形鼎　1件。M75∶1，夹砂红胎黑衣陶，黑衣大都已脱落，三足未施黑衣，器表底以上刮抹光滑，底及三足未刮抹显粗糙。尖圆唇，侈口，扁圆腹，圜底，最大腹径偏下，3个侧装凿形足。三足足尖残断，应属残器随葬。器残高10.2、外口径9厘米。（图一九一，1；图版八二，1）

陶双鼻壶　1件。M75∶3，泥质灰胎黑衣陶，黑衣部分脱落。尖唇，敞口，口外侧2个小贯耳，长颈，扁圆腹，圜底，高圈足。器最高12.1、口径6.6厘米。（图一九一，3；图版八二，2）

陶簋　1件。M75∶2，泥质灰胎黑衣陶，黑衣大都已脱落。尖唇内勾，敛口，斜直腹略弧，圜底，喇叭形圈足，足沿陡折成台阶状并且下部内收。圈足上部饰等距离小圆镂孔3个。器最高7.6、内口径12.8厘米。（图一九一，2；图版八二，3）

M76

（一）概　况

1980年4月22日，在T19黄沙土中发现陶鼎、壶各1件分布在一起，23日清理后编号T19第二组。

遗物位于T19西部中段的④层黄沙土中，其上层为③层商周灰褐土，下层为⑤层新石器时代黄沙土。墓坑、葬具和人骨架均未发现。出土遗物仅陶器2件，距地表深约140厘米。遗物呈东北—西南向分布，两者间距约15厘米，所跨最长边距43厘米。（图一九二）

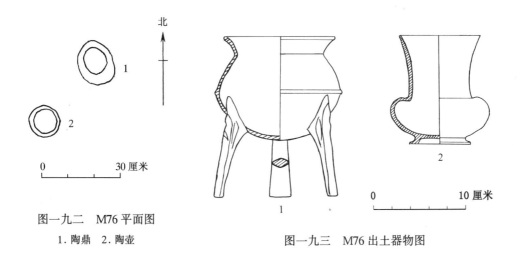

图一九二　M76平面图
1.陶鼎　2.陶壶

图一九三　M76出土器物图

（二）遗　物

陶折腹罐形鼎　1件。M76：1，夹砂红胎黑衣陶，黑衣仅施于口沿及腹部，大部分已脱落，施衣部分刮抹平整；器内壁及底、三足均未施黑衣，也未刮抹，显粗糙。圆唇，侈口，折腹较深，圜底，3个瘦长鸭嘴形足。折腹处有折棱1圈，足根正面各饰按窝2个，足两侧各刻划似眼形的弧线2条。器最高17.2、外口径12.2厘米。（图一九三，1；图版八二，4）

陶长颈壶　1件。M76：2，泥质红胎黑衣陶，局部黑衣脱落。圆唇，侈口，长颈，肩微平，扁圆腹，圜底，矮圈足，足沿向外撇。长颈内壁有清晰轮制拉坯指印痕，颈与腹交接处有凹槽1圈。器最高11.6、外口径8.4厘米。（图一九三，2；图版八二，5）

M77

（一）概　况

1980年4月22日，在T19黄沙土中发现相距较近的陶鼎、豆各1件，23日清理后编号T19第三组。

遗物位于T19西北部的④层黄沙土中，其上层为③层商周灰褐土，下层为⑤层新石器时代黄沙土。墓坑、葬具和人骨架均未发现。出土遗物仅陶器2件，距地表深约145厘米。遗物呈西北—东南向分布，两者间距约45厘米，所跨最长边距约70厘米。（图一九四）

（二）遗　物

陶折腹罐形鼎　1件。M77：1，夹砂红胎黑衣陶，口沿及腹部施黑衣，并刮抹平

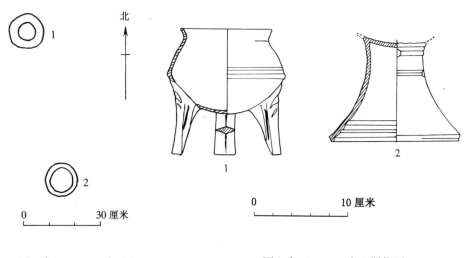

北

图一九四　M77平面图
1.陶鼎　2.陶豆

图一九五　M77出土器物图

整；底和足未施黑衣也未刮抹。圆唇，侈口，折腹较深，圜底，3 个侧装鸭嘴形足，下半部较扁平。腹饰凹弦纹数圈，足根正面饰按窝 2 个，两侧各饰 1 条长刻划凹槽，足正、背面均有 1 道竖棱。器最高 13.4、外口径 10 厘米。（图一九五，1；图版八三，1）

陶豆柄　1 件。M77：2，夹砂灰陶，器表施一层黑衣，大都已脱落。无豆盘，仅有短柄，喇叭形圈足，足沿陡折成台阶状并且下部内收。柄上部饰凹弦纹 4 圈，弦纹间饰等距离圆镂孔 4 个；再下饰凹弦纹 3 圈，弦纹间饰等距离圆镂孔 3 个。该器应属残器随葬。豆柄高 11 厘米。（图一九五，2；图版八三，2）

M78

（一）概　况

1980 年 4 月 23 日，在 T18 黄沙土中发现陶鼎、壶、碗各 1 件放置在一起，清理后编号 T18 第二组。

遗物位于 T18 东北部的⑤层黄沙土中，其上层为④层新石器时代灰黄土，下为生

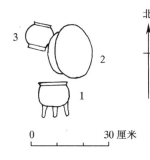

图一九六　M78 平面图
1.陶鼎　2.陶碗　3.陶壶

土。墓坑、葬具和人骨架均未发现。出土遗物仅陶器 3 件，距地表深约 155 厘米。其中碗口部斜向上放置。（图一九六）

（二）遗　物

陶圆腹罐形鼎　1 件。M78：1，夹砂红胎黑衣陶，器口、腹及内壁均施黑衣，黑衣部分脱落，器外表底以上刮抹光滑；底、足未施黑衣也未刮抹显粗糙。圆唇，侈口，圆腹，圜底，3 个鸭嘴形足。折腹上方饰凹弦纹 2 圈，足根正面各饰按窝 2 个，两侧各刻划 1 道竖划纹，足尖内侧也刻划 1 道短凹槽。器最高 14.2、外口径 11 厘米。（图一九七，1；图版八三，3）

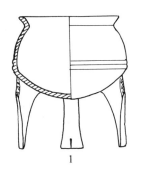
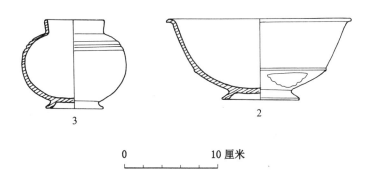

图一九七　M78 出土器物图

陶圆腹壶　1件。M78:3，泥质灰胎黑衣陶，黑衣附着较好。圆唇，直口微外侈，圆腹，圜底，圈足足沿外撇。肩部饰凹弦纹4圈。器最高9.6、外口径6.6厘米。（图一九七，3；图版八三，4）

陶碗　1件。M78:2，泥质红胎黑衣陶，黑衣部分脱落。圆唇外卷，大敞口，斜腹较深，圜底，圈足。腹壁下部饰折棱1圈，一侧饰鸡冠形錾1个。器最高8.8、外口径20.4厘米。（图一九七，2；图版八三，5）

M79

（一）概　况

1980年4月29日，在T17发掘完文化层后，于生土面上发现一长方形土坑边线，清理后出土陶鼎、壶各1件，另有牙齿1颗，编号T17第五组。

开口于T17西半部中南的⑤层新石器时代黄褐土下（?）[①]，打破黄色生土。为长方形浅穴土坑，墓口距地表深196厘米，坑长约165厘米，宽51~53厘米，深约10厘米，方向北偏东35°。葬具和人骨均未发现。出土遗物仅陶器2件，置于墓坑东北端，另有1颗类似猪的牙齿同出一处。（图一九八）

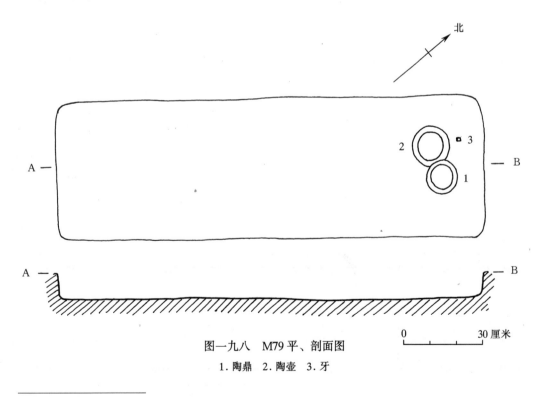

北

图一九八　M79平、剖面图
1.陶鼎　2.陶壶　3.牙

0　　　　　　　30厘米

---

① 该墓开口层位可能需斟酌。以下M80~82、87、91、92同。

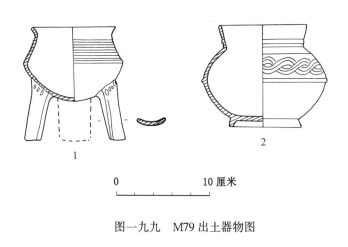

图一九九 M79 出土器物图

（二）遗　物

陶折腹罐形鼎　1件。M79:1，泥质红陶，夹少量蚌末，炭化后器表留下小凹窝，质地较疏松。圆唇，侈口，折腹，圜底，3个横装宽扁凹形足。折腹处有深凹弦纹1圈，上腹饰凹弦纹数圈，足根部饰按窝4个。器最高12.4、外口径9.2厘米。（图一九九，1；图版八四，1）

陶折腹壶　1件。M79:2，泥质灰黄胎黑衣陶。圆唇，口微外侈，圆腹，腹中部略折，圜底，圈足。颈下饰凸棱2圈，上腹部刻划绞索状纹1圈，折腹处有凸棱1圈。器最高11、口径9.8厘米。（图一九九，2；彩版五，2；图版八四，2）

M80

（一）概　况

1980年4月29日，在T17发掘完文化层后，于生土面上发现一墓坑边线，清理后出土陶鼎、豆各1件，编号T17第六组。5月4日在清理墓坑西北壁未尽填土时又发现1件陶杯。

开口于T17西半部中偏北的⑤层新石器时代黄褐土下（?），打破生土。为长方形浅穴土坑，东北端略窄，西南端略宽，墓口距地表深196厘米，坑长213厘米，宽62～73厘米，深约15厘米，方向北偏东30°。葬具和人骨均未发现。出土遗物仅陶器3件，分置于坑内北部和中部偏西一侧。（图二〇〇）

（二）遗　物

陶折腹罐形鼎　1件。M80:1，夹砂灰黄胎黑衣陶，口、腹部施黑衣并刮抹光滑，底及足显粗糙。盖为泥质红陶，夹少量蚌末，炭化后器表留下小凹窝，质地疏松，呈覆钵形，纽扁平而稍长，顶似倒弓形。鼎口圆唇，侈口，腹斜直，圜底，3个近凿形足。器通高15.6、外口径10厘米。（图二〇一，1；图版八四，3）

陶盘形豆　1件。M80:2，泥质灰陶，外表施红衣，大部分已脱落。器形不整，尖圆唇，敛口，上腹弧壁内收，下腹外弧，圜底，高柄，喇叭形圈足呈斜台阶状。腹中部有折棱1圈。柄上部鼓凸似算珠状，上有等距离小圆盲孔1圈6个；柄中部饰凸棱3

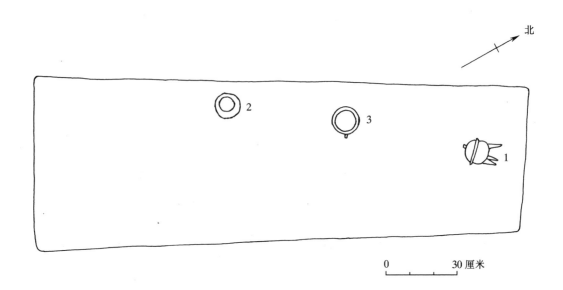

0　　　　　　　30 厘米

图二〇〇　M80 平面图

1. 陶鼎　2. 陶豆　3. 陶杯

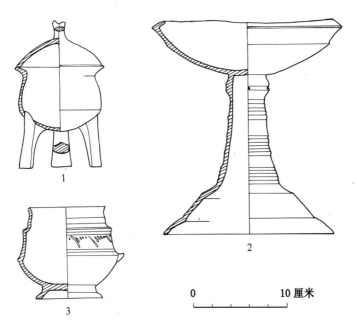

0　　　　　　　10 厘米

图二〇一　M80 出土器物图

组，上、下两组各 5 圈，中间一组 6 圈。器最高 22.8、内口径 18.2 厘米。（图二〇一，2；图版八四，4）

　　陶杯　1 件。M80：3，泥质红胎黑衣陶。圆唇，口微侈，双折腹，平底，圈足。上、下折腹处各有折棱 1 圈，在折棱上下处，又各饰凹弦纹 2 圈，中间刻划斜线纹。在下折棱一侧安小扁形鋬 1 个。器最高 9.8、外口径 8.4 厘米。（图二〇一，3；图版八四，5）

M81

（一）概　况

1980 年 4 月 29 日，在 T17 发掘完文化层后，于生土面上发现一墓坑边线，并在坑内进行了简单清理，出土陶鬶 1 件，编号 T17 第七组。5 月 9 日对墓坑仔细清理，又发现陶碗、鼎各 1 件，另有牙齿数颗。

开口于 T17 西半部中段的⑤层新石器时代黄褐土下（?），打破生土，西与 M80 仅距 20 厘米。为长方形浅穴土坑，墓口距地表深 196 厘米，坑长 205 厘米，宽 73～80 厘米，深 28 厘米，方向北偏东 31°。葬具和人骨均未发现。出土遗物仅陶器 3 件，置于墓坑东北端，另有类似猪的牙齿数颗置于西南端。（图二〇二；图版八五，1）

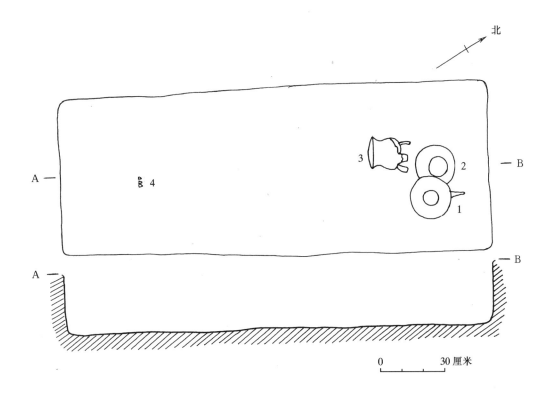

图二〇二　M81 平、剖面图
1.陶鬶　2.陶碗　3.陶鼎　4.牙

（二）遗　物

陶圆腹罐形鼎　1 件。M81:3，泥质内黑外红陶，夹少量蚌末，炭化后器表留下小凹窝，质地疏松。覆钵形盖，纽呈圆柱形。鼎身圆唇，侈口，外折沿，束颈稍长，深圆腹，圜底，3 个横装宽扁凹形足。颈部饰不规则凹弦纹数周，颈腹结合处起折棱，足根

正面饰按窝 5 个。器通高 19.2、外口径 11.5 厘米。(图二〇三, 3; 图版八五, 2)

　　陶鬶 1 件。M81:1, 夹粉砂红胎黑衣陶, 器把为夹粉砂灰陶, 足尖未着黑衣。尖圆唇, 侈口, 长颈稍短, 圆腹, 圜底, 3 个凿形足, 腹侧安 1 个把手。中腹以上饰多圈不太规整的凹弦纹; 把手用 2 根圆泥条并列捏成宽扁形, 中间为一端宽、一端尖的中空。器最高 22.8、外口径 8 厘米。(图二〇三, 1; 图版八五, 3)

　　陶碗 1 件。M81:2, 泥质红胎黑皮陶。圆唇, 侈口, 上腹斜壁内收, 下腹外弧, 圜底, 矮圈足。折腹处有宽凹弦和折棱各 1 圈, 棱下方一侧安装鸡冠形錾 1 个。器最高 6.8、外口径 19.6 厘米。(图二〇三, 2; 图版八五, 4)

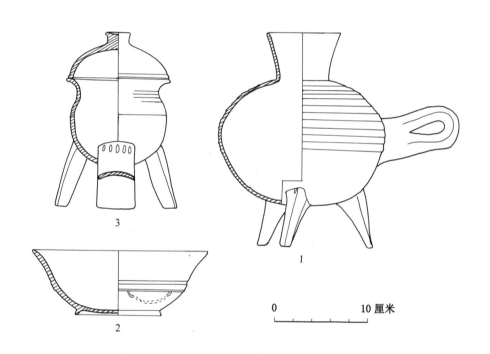

图二〇三　M81 出土器物图

M82

(一) 概　况

　　1980 年 4 月 29 日, 在 T17 发掘完文化层后, 于生土面上发现一墓坑边线, 清理后出土陶豆 1 件, 编号 T17 第八组。

　　开口于 T17 中部的⑤层新石器时代黄褐土下 (?), 打破生土。为长方形浅穴土坑, 东北端稍宽, 西南端稍窄, 墓口距地表深 196 厘米, 坑长 211 厘米, 宽 69~73 厘米,

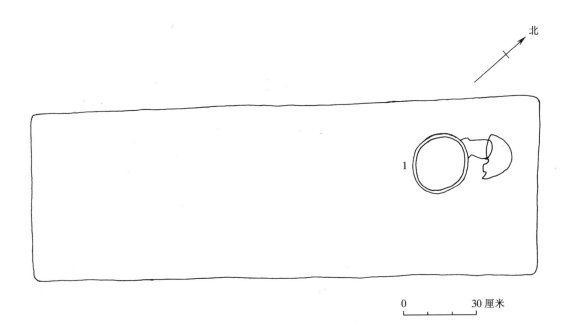

图二〇四　M82平面图

1. 陶豆

残深 11 厘米，方向北偏东 38°。葬具和人骨均未发现。出土遗物仅陶器 1 件，置于墓坑东北端。（图二〇四）

（二）遗　物

陶盘形豆　1 件。M82：1，泥质灰陶。尖圆唇，敛口，折腹，上、下腹壁均内收，圜底，高柄，喇叭形圈足呈斜台阶状。折腹处起折棱。柄上部鼓凸似算珠状，上饰等距离小圆盲孔 1 圈；柄中部饰凸棱 3 组，每组 4 圈，在圈足上部折台处饰较密的等距离小圆形孔 1 圈；其下又饰间距较大的小圆孔 1 圈，并以小圆孔为中心，各用弧线围绕，弧线一端加三角形孔。器最高 22.6、内口径 19.6 厘米。（图二〇五，1；图版八六，1）

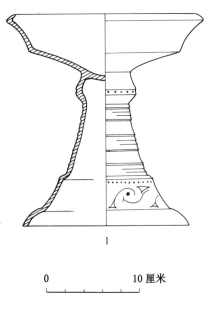

图二〇五　M82 出土器物图

M83

(一) 概　况

1980 年 4 月 29 日，在 T18 黄沙土中发现石锛 1 件、陶鼎和杯形器各 1 件集中分布在一起，清理后编号 T18 第三组。

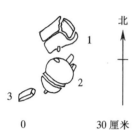

北

0　　　　　30 厘米

图二〇六　M83 平面图
1.陶杯　2.陶鼎　3.石锛

遗物位于 T18 西部偏南的⑤层黄沙土中①，其上层为④层新石器时代灰黄土，下层为生土。墓坑、葬具和人骨架均未发现。出土遗物 3 件，计石器 1 件、陶器 2 件，距地表深 158 厘米，所跨最长边距 38 厘米。石锛长轴指向为东北—西南向。（图二〇六）

(二) 遗　物

陶圆腹罐形鼎　1 件。M83∶2，夹砂红陶。覆钵形盖，圆柱形纽，顶端略下凹。鼎口圆唇，侈口，圆腹，圜底，3 个横装宽扁凹形足。颈饰宽凸棱 1 圈。足尖残断，似为残器随葬。器通高 16.6、外口径 8.3 厘米。（图二〇七，2；图版八六，2）

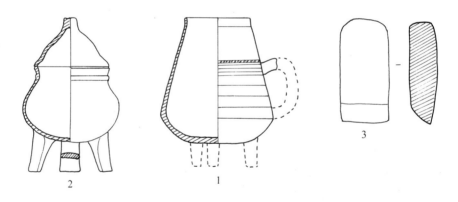

图二〇七　M83 出土器物图（3 为 1/2，余为 1/4）

陶杯　1 件。M83∶1，夹细砂灰黄胎黑衣陶。圆唇，小敞口，深筒形腹，腹下部折收，最大腹径偏下，平底，3 个足为横装扁平足，均残缺，环形把手剖面呈圆形，也已残缺大半。腹上部饰间距较小的凸棱 1 组 5 圈，最上一圈凸棱上加饰按压纹；腹下部饰间距较宽的凸棱 1 组 4 圈。该器应为残器随葬。器残高 13.4、外口径 7.2 厘米。（图二

———————————

① 该墓与 M85 同一日发现，但深度相差 30 厘米以上，当日文化层即发掘完毕，而该墓也已近生土面，原始记录或有疏忽？该墓层位可能需斟酌，M84 同。

〇七，1；图版八六，3）

石锛　1件。M83:3，灰绿色砂质板岩。器体稍厚重，平面呈长条形，磨制精细光滑。顶端两拐角被磨成圆弧形。单面刃，刃口锋利，上无崩口。器最长5.5、刃宽2.6厘米。（图二〇七，3；图版八六，4）

M84

（一）概　况

1980年4月29日，在T18黄沙土中发现陶鼎、壶、鬶、簋、纺轮各1件分布相对集中，清理后编号T18第四组。

遗物位于T18西南部的⑤层黄沙土中（?），其上层为④层新石器时代灰黄土，下层为生土。墓坑、葬具和人骨架均未发现。出土遗物仅陶器5件，距地表深约160厘米。遗物大致呈东北—西南向分布，所跨最长边距约

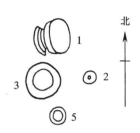

图二〇八　M84平面图
1.陶簋　2.陶纺轮　3.陶鼎　4.陶鬶　5.陶壶

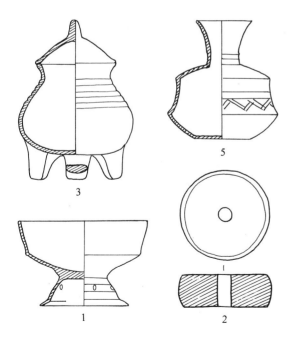

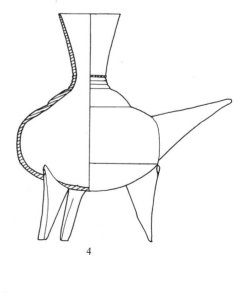

图二〇九　M84出土器物图（2为1/2，余为1/4）

90 厘米，最宽 30 厘米。其中东北端 4 件分布在一起，西南约 30 厘米处单放 1 件陶鬶。豆的长轴指向为东西向，纺轮水平放置。（图二〇八）

（二）遗 物

陶圆腹罐形鼎 1 件。M84:3，夹细砂红陶。覆钵形盖，纽呈圆柱形。鼎口残，束颈，圆腹，最大腹径偏下，圜底，3 个凿形足。颈部饰凹弦纹 4 圈，足均残断一半，应属残器随葬。器通高 17、外口径 8.8 厘米。（图二〇九，3；图版八七，1）

陶双折腹壶 1 件。M84:5，泥质灰胎黑衣陶。圆唇，敞口，长颈，肩向外弧凸，双折腹，平底。腹中部刮抹出宽窄不等的凹弦纹 2 圈，其下饰双刻划线连接而成的曲折纹。器最高 12.5、外口径约 6.4 厘米。（图二〇九，5；图版八七，3）

陶鬶 1 件。M84:4，泥质红胎黑衣陶，把手和三足为夹砂灰陶，均施黑衣。喇叭形口，细长颈，肩部折成台状，腹较直而扁，腹侧安一把手，为泥块捏成的扁平三角形，尾部略上翘。3 个凿形足。颈下部饰凸棱 4 圈，最上一圈加饰压印纹，折腹处起折棱 1 圈；三足根部均有 1 个泥突。器最高 24.4、口径 6.6 厘米。（图二〇九，4；图版八七，4）

陶簋 1 件。M84:1，泥质红胎黑皮陶。圆唇，口微外侈，直壁微外斜，斜平底，喇叭形圈足。折腹起凸棱 1 圈，柄饰凹弦纹 3 圈，其间饰不等距离椭圆形孔 5 个。器最高 9、外口径 14.2 厘米。（图二〇九，1；图版八七，2）

陶纺轮 1 件。M84:2，泥质红陶。圆饼形，两面扁平，中间一孔，壁略向外鼓凸。器最大直径 5.1、最厚 1.7 厘米。（图二〇九，2；图版八七，5）

M85

（一）概 况

1980 年 4 月 29 日，在 T18 挖掘完文化层后，铲平生土面发现一墓坑边线，清理出土陶鼎、簋、杯、碗、纺轮各 1 件，编号 T18 第五组。

开口于 T18 东南的⑤层新石器时代黄沙土下，打破生土。为长方形圆角浅穴土坑，墓口距地表深约 180 厘米，坑长约 200 厘米，宽 46～56 厘米，方向北偏东约 20°。葬具和人骨均未发现。填土为灰黄土。出土遗物仅陶器 5 件，均置于墓坑北半部，簋的长轴指向为西北—东南向，纺轮竖立于土中。（图二一〇）

（二）遗 物

陶圆腹罐形鼎 1 件。M85:2，夹砂红陶。圆唇，侈口，外卷沿，圆腹，3 个横装窄扁平足，足上半部厚，下半部扁平，正面略凹。上腹有刮抹形成的不规整凸棱 3 圈。器最高 13、外口径 9.4 厘米。（图二一一，2；图版八八，1）

陶碗 1 件。M85:4，夹细砂灰黑陶。方唇，大敞口，斜直壁略内收，壁下部折

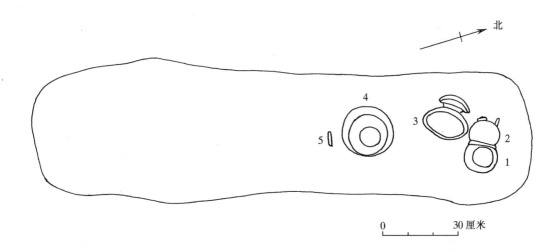

图二一〇　M85 平面图

1.陶杯　2.陶鼎　3.陶簋　4.陶碗　5.陶纺轮

收，平底。侧安鸡冠形鋬 1 个。壁中部与折壁处各有凸棱 1 圈。器最高 8.4、外口径 19.8 厘米。(图二一一，4；图版八八，2)

陶簋　1 件。M85：3，泥质红胎黑衣陶，黑衣大都已脱落。圆唇，敛口，弧腹，圈底，喇叭形圈足。腹下部有凸棱 1 圈，圈足上部饰不明显凸棱 2 圈。器最高

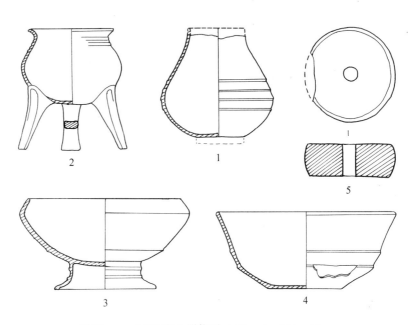

图二一一　M85 出土器物图（5 为 1/2，余为 1/4）

9.8、内口径 16 厘米。(图二一一，3；图版八八，3)

陶杯　1 件。M85：1，夹粉砂红胎黑衣陶，器表光滑，原涂有红彩，已脱落，仅局部尚存零星红彩。口略残，小口，圆腹较深，最大腹径偏下，圜底，圈足已缺。中腹饰

凸棱 4 圈。器残高 10.8、残口径 6.4 厘米。（图二一一，1；图版八八，4）

陶纺轮　1 件。M85:5，泥质红陶。两面扁平，中间一孔，壁向外鼓凸。器最大直径 5.1、最厚 1.7 厘米。（图二一一，5；图版八八，5）

M86

（一）概　况

1980 年 4 月 30 日下午，在 T16 灰黄土中发现相距甚近的石、陶器 5 件，清理后编号 T16 第二组。

遗物位于 T16 西北角的④层灰黄土中，其上层为②层宋代瓦砾堆积，下层为⑤层新石器时代黄土。墓坑、葬具和人骨架均未发现。出土遗物 5 件，计石器 1 件、陶器 4 件，距地表深约 140 厘米。遗物大略呈三角形分布，东北侧有 1 件带盖陶罐，西南侧有陶鼎 1 件和壶 2 件呈直线排列，石钺在中间，刃部朝向西北。最远两处器物所跨边距分别为东北—西南向约 70 厘米，西北—东南向约为 80 厘米。（图二一二）

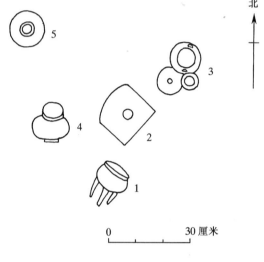

图二一二　M86 平面图

1. 陶鼎　2. 石钺　3. 陶罐　4. 陶壶　5. 陶壶

（二）遗　物

陶折腹罐形鼎　1 件。M86:1，夹砂灰胎黑衣陶，器表除底、足外均刮抹光滑。方唇，侈口，圆腹，腹下部折收，圜底，3 个凿形足。足正、背面均有 1 道竖向凸脊，使足中部横剖面呈六边形；足尖则扁平，剖面呈四边形；足根正面饰斜向压印纹 1 个，一侧戳印 1 道竖凹槽，已戳透到另一面。器最高 12、外口径 8.8 厘米。（图二一三，1；图版八九，1）

陶壶　2 件。M86:4，圆腹壶。泥质红胎黑皮陶。圆唇，侈口，颈较直，圆腹，圈底，矮圈足。腹中部饰凸棱 3 圈。器最高 11.2、外口径 9 厘米。（图二一三，4；图版八九，2）

M86:5，扁腹壶。夹细砂灰陶。圆唇，口微侈，扁圆腹，圜底，矮圈足。器最高 8.4、外口径 6.6 厘米。（图二一三，5；图版八九，3）

陶双鋬罐　1 件。M86:3，罐为夹粉砂灰黄胎黑衣陶，盖为泥质红胎黑衣陶。覆钵形盖，柱状纽，纽缘捏成六角形。罐圆唇，口微侈，深筒形腹，腹下部折收成平底，最

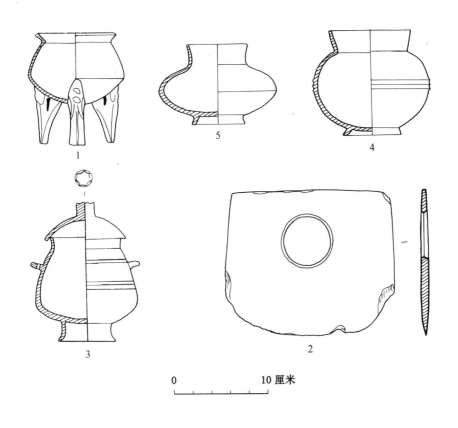

图二一三　M86 出土器物图

大腹径靠下，圈足略高。腹部上、下各饰刮抹的凹弦纹 1 组，每组 4 圈，肩上部对称有半月形穿孔耳各 1 个。器通高 15、罐外口径 7.8 厘米。（图二一三，3；图版八九，4）

　　石钺　1 件。M86:2，青灰色砂质板岩。器体扁平，平面近正方形，磨制精细。顶部一面有竖行细摩擦痕，一角残缺。弧凸刃，刃两角残缺，刃口锋利，上有一较大崩口和多处小崩口。两面钻 1 孔，孔较大，孔壁上均留数道旋切痕，外孔径 5.8 厘米。器最长 15.6、最厚 1、刃最宽 18.6 厘米。（图二一三，2；图版八九，5）

M87

（一）概　况

　　1980 年 4 月 30 日，在 T17 挖掘完文化层后，铲平生土面发现一墓坑边线，清理出土缺三足的陶鼎 1 件，编号 T17 第十一组。

　　开口于 T17 东南的⑤层新石器时代黄褐土下（?），打破生土。为长方形浅穴土坑，墓口距地表深 196 厘米，坑长 182 厘米，东西坑壁略向外弧凸，最宽处 72 厘米，坑的

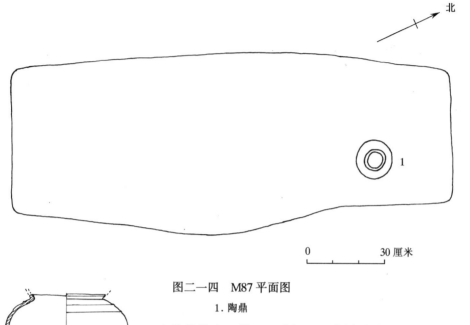

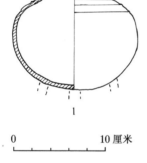

北

0　　　　　　　　30 厘米

图二一四　M87 平面图
1. 陶鼎

东北端较窄，约 54 厘米，西南端稍宽，约 58 厘米，深
13 厘米，方向北偏东 28°。葬具和人骨均未发现。出土
遗物仅残陶鼎 1 件，置于墓坑东北角。（图二一四）

（二）遗　物

陶壶形鼎　1 件。M87：1，夹砂红陶。口、足缺，
侈口，圆腹，圜底，底部有侧装三足的印痕。应属残器
随葬。器残高 10.4 厘米。（图二一五，1；图版八九，6）

0　　　　　　10 厘米

图二一五　M87 出土器物图

M88

（一）概　况

1980 年 4 月 30 日，在 T18 发掘完文化层后，铲平生土面发现一墓坑边线，清理出
土陶鼎、豆、壶、碗、罐 5 件和器耳 1 个，以及残存的骨骼，编号 T18 第六组。

开口于 T18 南部中段的⑤层新石器时代黄沙土下，打破生土。为长方形浅穴土坑，
但南端界线不清，应被扰动。墓口距地表深 181 厘米，残长约 150 厘米，宽约 100 厘
米，深仅剩 7 厘米，方向北偏东 20°。葬具未发现，但坑内发现残碎骨骼和牙齿较多，
骨骼多在遗物北端，牙齿则出在遗物的南侧，可能属人牙。出土遗物仅陶器 5 件和器耳
1 个，集中置于墓坑东北端，其中豆的长轴指向为东北—西南向，碗底朝上略倾斜向下
扣置。（图二一六）

（二）遗　物

陶圆腹罐形鼎　1件。M88:1，泥质内黑外红陶，夹较多蚌末，炭化后器表留下小凹窝，质地疏松。圆唇，侈口，圆腹，圜底，3个横装扁凹形足。三足从中部断缺，足根部饰小凹窝数个。该器属残器随葬。器残高11、外口径9厘米。（图二一七，1；图版九〇，1）

陶盘形豆　1件。M88:2，夹砂黑陶。尖圆唇，敛口，窄平沿，斜直壁略内折收，折腹，圜底，高柄，喇叭形圈足呈斜台阶状。柄上部鼓凸似算珠，上戳印等距离小圆形盲孔1圈17个；中部饰细凸棱2组，上组6圈，下组5圈；圈足上部在折台处戳印等距离小圆形盲孔1圈27个。器最高22.6、内口径22厘米。（图二一七，2；图版九〇，2）

陶折腹壶　1件。M88:5，夹砂灰胎黑衣陶，黑衣附着较好。圆唇，口微侈，长颈，折肩，扁折腹，圜底，圈足已缺，器底部留1圈粘接圈足的痕迹。腹下部有凸棱1圈。该器应属残器随葬。器残高11、外口径7.2厘米。（图二一七，5；图版九〇，3）

陶碗　1件。M88:3，泥质红胎黑衣陶。圆唇，敞口，深弧腹，平底。腹中部起折棱1圈，一侧安鸡冠形鋬1个。器最高8.2、外口径19.6厘米。（图二一七，3；图版九〇，4）

陶小口罐　1件。M88:6，泥质红陶，盖为泥质红胎黑衣陶。覆碟形盖，子口，纽

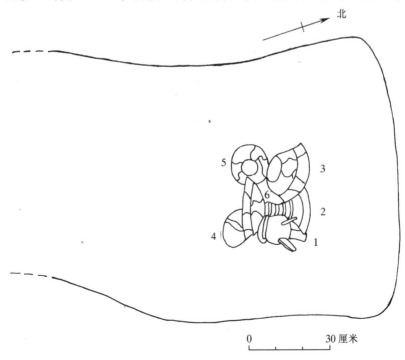

图二一六　M88平面图

1.陶鼎　2.陶豆　3.陶碗　4.陶器耳　5.陶壶　6.陶罐

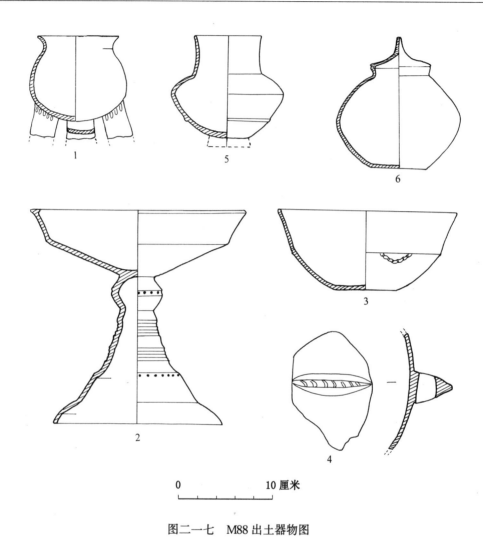

0　　　　　　　　10 厘米

图二一七　M88 出土器物图

为截顶圆锥形。圆唇，小口外侈，束颈，圆腹，最大腹径在中部，平底。器通高 14.2、外口径 6.4 厘米。(图二一七，6；图版九〇，5)

陶器耳　1 个。M88:4，泥质红陶，夹较多蚌末，炭化后器表留下小凹窝，质地疏松。为器腹残片，耳呈半圆形，中间穿 1 个圆孔。该器应属残器随葬。器耳横向最长 8.8 厘米。(图二一七，4；图版九〇，6)

M89

(一) 概　况

1980 年 4 月 30 日，在 T20 西隔梁生土层内出土石、陶器一组 10 余件，后经铲平生土面，找到一墓坑边线。经清理，除器物外还发现了相当数量的兽骨、兽牙，据痕迹看可分 4 组，为兽类下颌骨或猪头之类，个体至少在 2 个以上。该墓编号 T20 第一组。

开口于 T20 西隔梁北段的⑤层新石器时代黄沙土下，打破黄色生土。为长方形浅穴土坑，坑口距地表深约 190 厘米，坑长约 180 厘米，宽约 110 厘米，深约 35 厘米，方向约为北偏东 20°。葬具和人骨均未发现。出土遗物 18 件，计玉器 1 件、石器 7 件、陶器 9 件、骨器 1 件；另有兽骨朽痕 4 处，为兽类下颌骨或猪头之类，个体至少在 2 个以上。器物可分两排，置于墓坑中部和偏东部，其中 2 件石钺并列放置，刃部朝向东南，石锛长轴指向基本为东北—西南向，陶豆的长轴指向也为东北—西南向，陶碗口朝上正放。（图二一八）

（二）遗 物

陶鼎 2 件。M89：13，夹细砂灰陶，破碎不能复原。

M89：14，夹细砂灰陶，破碎不能复原。

陶盘形豆 1 件。M89：1，泥质灰胎黑衣陶。浅盘，圆唇，敞口，斜平底，高柄，大喇叭形圈足折出斜台阶状。柄上部鼓凸，中部饰凸棱数圈，棱下方折台处戳印等距离小圆形盲孔 1 圈。器最高 18.6、外口径 17.8 厘米。（图二一九，1；图版九一，1）

陶圆腹壶 2 件。M89：5，泥质红胎黑衣陶。圆唇，侈口，束颈稍长，圆腹，平底。肩部刻凹弦纹 2 圈，其间刻划斜线纹，并于斜线纹中间再戳印弧三角形盲孔。器最高 10.8、外口径 8.8 厘米。（图二一九，5；图版九一，3）

M89：6，泥质灰黄胎黑衣陶，黑衣基本脱落。圆唇，直口略外撇，圆腹，平底。器内壁底部有手指压抹痕。器最高 8.6、外口径 6 厘米。（图二一九，6；图版九一，4）

陶碗 1 件。M89：2，泥质灰黄陶。圆唇，敞口，腹壁斜弧，中部略内收，平底略内凹。中腹饰凸棱 1 圈，一侧安半圆形錾 1 个，錾边沿印斜凹窝。器最高 8.3、外口径 20 厘米。（图二一九，2；图版九一，5）

陶钵 1 件。M89：3，泥质灰胎黑衣陶。圆唇，敛口，圆腹，平底，一侧安小把手 1 个。把手弯曲，尾部上翘，横剖面呈扁平状。器最高 5.4、外口径 7.4 厘米。（图二一九，3）

陶瓠 1 件。M89：4，泥质灰胎黑衣陶，黑衣大多脱落。圆唇，筒形深腹，腹中部内收，矮圈足。腹中部饰凹弦纹 2 圈，其间用双线刻划类编织纹的纹饰，已不太清楚；圈足上饰凹弦纹数圈。器最高 25.6、外口径 8.6 厘米。（图二一九，4；图版九一，2）

陶棒 1 件。M89：17，泥质红陶，夹较多蚌末，炭化后器表留下小凹窝，器表凸凹不平，质地疏松。器体呈扁圆柱状，横剖面呈椭圆形。器最长 11.5 厘米。（图二一九，17；图版九一，6）

滑石饰 1 件。M89：18，粉白色。残。器体扁平，平面不规则形，磨制稍精。断缺处残存大小圆孔各半个。残长 3.3、残宽 3 厘米。（图二一九，18；图版九二，1）

石钺 2件。M89:15，青灰色绿泥石英片岩。器体扁平，平面呈梯形，磨制稍精。顶弧凸，磨制平整，一角崩损。刃弧凸，刃口锋利，上有很少量细小崩口。两面对钻1孔，为实心钻，孔壁均较斜，外孔径2.5厘米。器最长12.3、最厚1.2、刃宽9.3厘米。（图二一九，15；图版九二，2）

M89:16，青灰色绿泥石英片岩。器体扁平，平面呈梯形，磨制稍精，器表经抛光。顶弧凸，崩缺较多，表面粗糙不平。刃弧凸，刃口锋利，上有很少量细小崩口。两面对钻1孔，为实心钻，孔壁均较斜，外孔径2.5厘米。器最长14、最厚1.2、刃宽10厘米。（图二一九，16；图版九二，3）

石锛 3件。M89:8，青灰色变质砂岩。器体厚重，平面呈长条形，磨制略精。顶磨平，顶四缘及器体各面均留下数处打制疤痕。单面刃，刃口锋利，上有1处小崩口。器最长10、最厚2.6、刃宽2.8厘米。（图二一九，8；图版九三，1）

M89:9，灰绿色砂质板岩。器体较厚，平面呈长条形，磨制精细，器表抛光亮泽。顶齐平。单面刃，刃锋利，上无任何崩口。器最长6.2、最厚1.5、刃宽2.1厘米。（图二一九，9；图版九三，2）

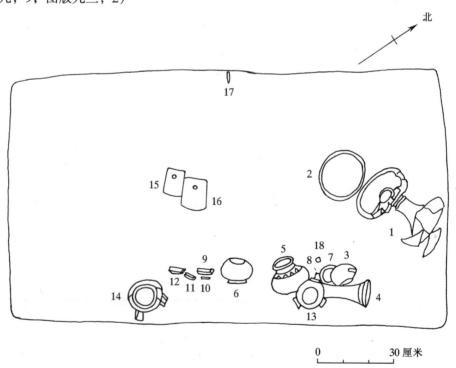

图二一八　M89平面图

1. 陶豆　2. 陶碗　3. 陶钵　4. 陶瓿　5. 陶壶　6. 陶壶　7. 骨环　8、9、12. 石锛　10、11. 石凿　13. 陶鼎　14. 陶鼎　15. 石钺　16. 石钺　17. 陶棒　18. 滑石饰

　　M89:12，灰白色粉砂质板岩。器体扁平，平面呈长方形，磨制精细。顶齐平，顶中间有凿制形成的凹槽与凹窝各 1 个，器体两侧也均有琢制形成的凹窝。单面刃，一角

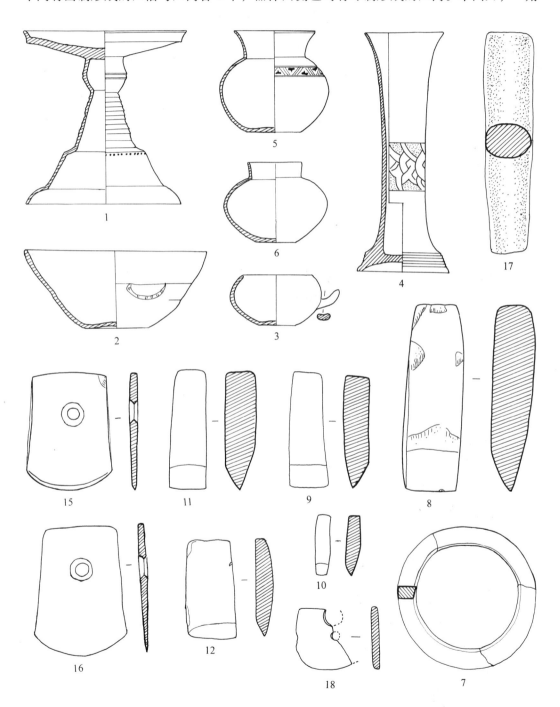

图二一九　M89 出土器物图（1~6、15、16 为 1/4，余为 1/2）

残缺，刃口锋利，上几无崩口。器最长5.3、最厚1、刃宽2.6厘米。（图二一九，12；图版九三，3）

石凿 2件。M89：10，青灰色砂质板岩。器体小巧，平面呈长条形，磨制精细。顶齐平，单面刃，刃口锋利。器最长3.2、最厚0.8、刃宽0.6厘米。（图二一九，10；图版九三，4）

M89：11，青灰色砂质板岩。器体厚，平面呈长条形，磨制精细。顶平齐。单面刃，刃口锋利。器最长6.4、最厚1.7、刃宽2厘米。（图二一九，11；图版九三，5）

骨环 1件。M89：7，乳白色。平面呈圆形，横剖面呈长方形。器最大直径7.8、最厚0.7厘米。（图二一九，7；图版九二，4）

M90

（一）概 况

1980年5月3日，在T18挖掘完文化层后，铲平生土面发现一墓坑边线，清理出石器1件和陶鼎、豆、壶、鬶、碗等，编号T18第七组。但南部压在隔梁中，未扩方。

开口于T18南侧中段的⑤层新石器时代黄沙土下，打破生土。南部压在南隔梁中，未扩方，为长方形浅穴土坑，东北端稍宽，南半部分略窄，墓口距地表深约180厘米，暴露部分长约100厘米，宽约50~70厘米，深仅剩5厘米，方向北偏东25°。葬具和人骨均未发现。出土遗物7件，计石器1件、陶器6件，集中置于墓坑北半部。（图二二〇）

（二）遗 物

陶圆腹罐形鼎 1件。M90：4，夹砂红陶。覆钵形盖，短纽，纽顶平。鼎口圆唇，侈口，圆腹，圜底，3个横装窄扁平足，足横剖面呈扁椭圆形，下半部残断。应属残器随葬。器通高17、外口径10.6厘米。（图二二一，4；图版九四，1）

陶盘形豆 1件。M90：6，夹粉砂红胎黑衣陶。圆唇，敛口，折腹，圜底，柄稍矮，喇叭形圈足。柄上部略鼓凸不太明显，上饰凹弦纹3圈；中部

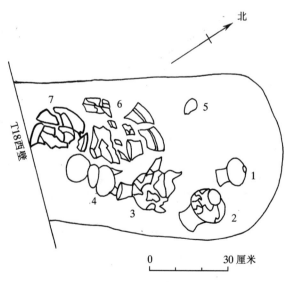

图二二〇 M90平面图

1.陶壶 2.陶壶 3.陶鬶 4.陶鼎 5.石器 6.陶豆 7.陶碗

变细，上、下刻划等距离竖长直线 2 组，每组各 3 条，上组 3 条直线之间又饰等距离竖短直线 3 条。器最高 18、内口径 20.2 厘米。（图二二一，6；图版九四，2）

陶长颈壶　2 件。M90∶1，泥质灰黄胎黑衣陶。圆唇，口微侈，长颈，扁折腹，平底。颈部饰不明显凹弦纹 4 圈。器最高 10.2、外口径 6.6 厘米。（图二二一，1；图版九四，3）

M90∶2，泥质灰陶。圆唇，口微侈，长颈，扁折腹，平底。颈部饰凸棱 6 圈；折腹处饰粗凸棱 1 圈，上加饰斜向压印纹。器最高 15、外口径 7 厘米。（图二二一，2；图版九四，4）

陶鬶　1 件。M90∶3，夹细砂灰胎黑衣陶，器表刮抹光滑，把手和足夹砂稍粗且未刮抹显粗糙。圆唇，喇叭形口，长颈，折肩，直腹，腹下部折收成圜底，3 个凿形足。腹侧安 1 个把手，把手系泥块捏成三角形，尾部较平。器最高 22、外口径 7.4 厘米。（图二二一，3；图版九四，5）

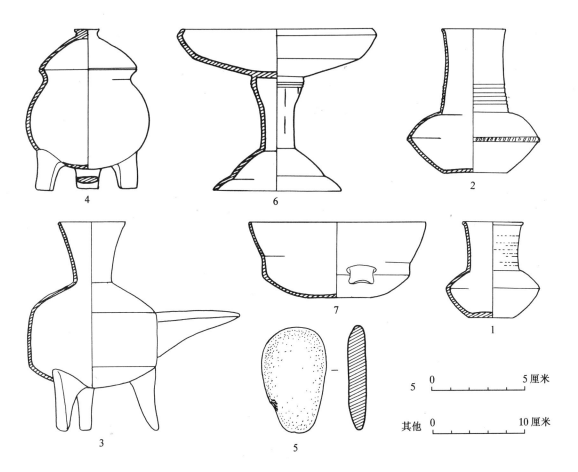

图二二一　M90 出土器物图

陶碗　1件。M90:7，夹细砂灰胎黑衣陶。圆唇，侈口，上腹略外弧，中腹直，下腹折收，平底，一侧安扁平錾1个。器最高8、外口径19.2厘米。（图二二一，7；图版九四，6）

石器　1件。M90:5，深青灰色粉砂质板岩。为河卵石，器体扁平，平面呈椭圆形，器表光滑亮泽，基本未加工，但窄端一侧有1个缺口，缺口内经过打磨平整。器最长5.6、最宽3.6厘米。（图二二一，5；图版九三，6）

M91

（一）概　况

1980年4月30日，在T17发掘完文化层后，铲平生土面发现一墓坑边线，清理掉一薄层填土后未发现遗物，乃编号T17第十组。5月5日上午继续清理填土时发现石锛、凿，陶鼎、豆、壶、碗和1颗牙齿，6日清理完毕。

开口于T17中部偏南的⑤层新石器时代黄褐土下（?），打破生土。为长方形浅穴土坑，东北端稍窄，西南端稍宽，墓口距地表深196厘米，坑长230厘米，宽96～99厘米，深约45厘米，方向北偏东30°。葬具和人骨未发现。出土遗物11件，计石器4

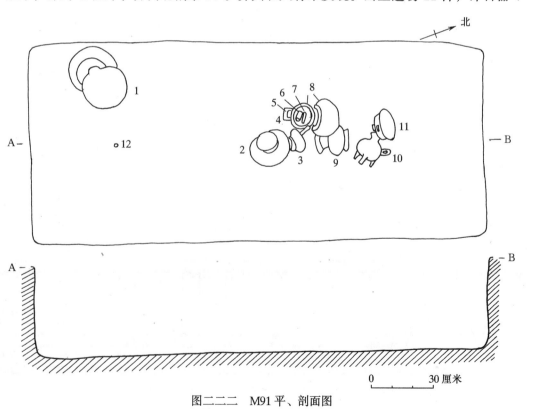

图二二二　M91平、剖面图

1.陶豆　2.陶壶　3.陶鼎　4～6.石锛　7.石凿　8.陶盒　9.陶壶　10.陶鬶　11.陶碗　12.牙

件、陶器 7 件，其中陶豆置于坑的西南角，其东侧约 20 厘米处有牙齿 1 颗，是否人牙未知，其余遗物均置于墓坑中北部，陶碗口部斜朝上正放。（图二二二）

（二）遗　物

陶圆腹罐形鼎　1 件。M91：3，泥质红胎黑衣陶。覆钵形盖残缺。圆唇，侈口，圆腹，圜底，3 个凿形足。器通高 12.4、外口径 8.2 厘米。（图二二三，3；图版九五，1）

陶盘形豆　1 件。M91：1，泥质灰胎黑衣陶，器表通施红彩，大部分已脱落，但尚存部分。圆唇，敛口，折腹，上腹壁内收，圜底，高柄，喇叭形圈足。豆盘下腹饰凸棱

图二二三　M91 出土器物图（4～7 为 1/2，余为 1/4）

1 圈；豆柄上部鼓凸似算珠状，上加饰等距离小圆镂孔 1 圈 6 个，中部饰凸棱 3 组，上组 2 圈，中、下组各 3 圈，在三组凸棱之间，各饰斜向三角形夹圆形镂孔 4 组；圈足上部饰等距离竖长方形镂孔 1 圈 7 个，每两个竖长方形孔下再饰等距离三角形孔 1 圈 7 个。器最高 24.4、内口径 20 厘米。(图二二三，1；彩版四，3；图版九五，2)

陶壶　2 件。M91:2，折腹壶。泥质灰胎黑衣陶。折唇，稍敞口，圆腹，最大腹径偏上，圜底，矮圈足。颈下部饰凸棱 1 圈；肩上部饰凸棱 3 圈，下方等距离刻划近似"米"字形纹 7 个；腹至圈足等距离饰凸棱 6 圈；圈足足沿刻对称短凹槽 4 组，其中两组各 4 道相对称，另两组各 2 道相对称。器最高 14.4、外口径 10.4 厘米。(图二二三，2；彩版五，3；图版九五，3)

M91:9，高圈足壶。泥质灰黄胎黑衣陶。圆唇，口微侈，扁折腹，圜底，高圈足。折腹处起折棱 1 圈，圈足上部饰凸棱 3 圈。器最高 13.2、外口径 8.8 厘米。(图二二三，9；图版九五，4)

陶鬶　1 件。M91:10，泥质灰胎黑衣陶。圆唇，侈口，颈稍长，圆腹略扁，圜底，3 个凿形足。腹侧安 1 个把手，系 2 根泥条并列弯折而成，中空，一端宽另端尖。足根两侧各戳印 1 个小盲孔。器最高 15.4、口径 6.2 厘米。(图二二三，10；图版九五，5)

陶碗　1 件。M91:11，泥质红胎黑衣陶。圆唇，侈口，上腹内收，下腹折收，平底。折腹处起折棱 1 圈，一侧安 1 个鸡冠形錾。器最高 5.6、口径 15.4 厘米。(图二二三，11；图版九六，1)

陶盒　1 件。M91:8，泥质红胎黑衣陶。盖呈覆钵形，喇叭形纽，子口。盒身为母口，圆唇，圆弧腹，小平底，最大腹径偏上。纽上 2 个对称的圆镂孔，盖边缘与盒的口边缘各有 2 个相对称的斜穿孔，扣合后，可捆扎牢固。器通高 12.4、内口径 11.6 厘米。(图二二三，8；图版九六，2)

石铸　3 件。M91:4，浅灰色粉砂质板岩。器体扁平，平面近正方形，磨制稍精。顶端磨成圆弧形，一角磨斜。单面刃，刃口稍钝，上无明显崩口。器最长 4、最厚 0.7、刃宽 3.5 厘米。(图二二三，4；图版九六，3)

M91:5，灰绿色粉砂质板岩。器体稍厚，平面呈长方形，磨制精细。顶端磨平，两角圆钝粗糙，似为砸击所致。单面刃，刃口锋利，上无崩口。器最长 4.2、最厚 1.2、刃宽 3.3 厘米。(图二二三，5；图版九六，4)

M91:6，灰色粉砂质板岩。器体较厚，平面呈长条形，有段，段脊不太明显，段上方内凹，磨制精细。顶端齐平，上有 1 个琢制形成的凹窝。器表其他四面均留有打制疤痕。单面刃，刃口锋利，上仅有 1 个小崩口。器最长 4.8、最厚 1.5、刃宽 2.3 厘米。(图二二三，6；图版九六，5)

石凿　1 件。M91:7，浅灰色粉砂质板岩。器体小巧，平面呈长条形，磨制精细。

顶端磨光，一拐角被磨成斜面。单面刃，刃口锋利，刃角有 1 处小崩口。器最长 4.2、最厚 1.1、刃宽 1 厘米。（图二二三，7；图版九六，6）

M92

（一）概　况

1980 年 4 月 29 日，在 T17 挖掘完文化层后，铲平生土面发现一墓坑边线，初步清理填土时未发现遗物，乃编号 T17 第九组。5 月 9 日仔细清理填土时出 1 件陶纺轮。

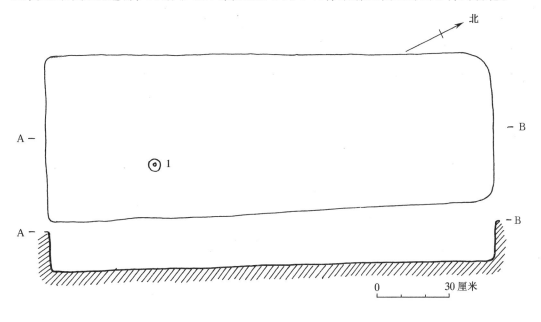

图二二四　M92 平、剖面图
1. 陶纺轮

开口于 T17 中部偏东南的⑤层新石器时代黄褐土下（?），打破生土。为长方形浅穴土坑，东北端稍窄，西南端稍宽，墓口距地表深 196 厘米，坑长 197 厘米，宽 64~72 厘米，深 17 厘米，方向北偏东 30°。葬具和人骨均未发现。出土遗物仅陶纺轮 1 件，水平置于墓坑南端。（图二二四）

（二）遗　物

陶纺轮　1 件。M92：1，泥质红陶。圆饼形，两面扁平，中间一孔，壁向外鼓凸。器最大直径 5、最厚 1.2 厘米。（图二二五，1；图版九七，1）

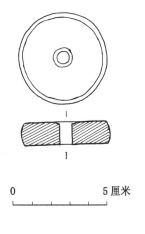

图二二五　M92 出土器物图

M93

（一）概　况

1980年5月10日，在T16的H20坑壁边沿发现陶豆、壶、盆各1件，清理后编号T16第三组，12日下午在同一地点又出土1件已破碎陶壶并入该组。

遗物位于T16西北角的④层灰黄土中，其上层为②层宋代瓦砾堆积，下层为⑤层新石器时代黄土。墓坑、葬具和人骨架均未发现。出土遗物仅陶器4件，距地表深约140厘米。遗物大体呈西北—东南向分布，所跨最长边距约76厘米，陶盆口朝上正放。（图二二六）

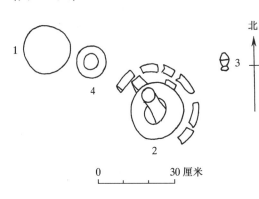

图二二六　M93平面图

1.陶盆　2.陶豆　3.陶壶　4.陶壶

（二）遗　物

陶盘形豆　1件。M93：2，泥质灰胎黑衣陶，黑衣大都已脱落。尖圆唇，敛口，折腹，上腹壁略内收，圜底，高柄，喇叭形圈足折成斜台阶状。折腹处起折棱1圈；豆柄上部凸鼓似算珠状，上加饰等距离小圆镂孔11个，中部饰细凸棱15圈；圈足上部起折棱2圈。器最高21.6、内口径20.4厘米。（图二二七，2；图版九七，2）

陶壶　2件。M93：4，扁腹壶。泥质灰胎黑衣陶。圆唇，侈口，扁圆折腹，最大腹径偏下，圜底，圈足。器最高9.2、外口径7厘米。（图二二七，4；图版九七，3）

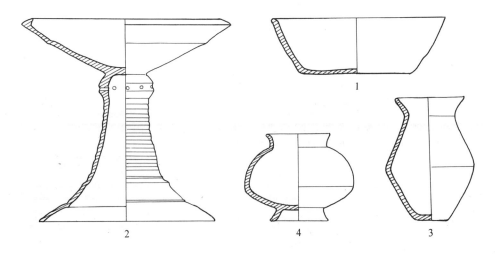

图二二七　M93出土器物图（3为1/2，余为1/4）

M93:3，泥质黑陶。手捏而成，圆唇，侈口，束颈，折腹较深，平底。器体很小，捏制粗糙，应属明器。器最高6.6、外口径3.8厘米。(图二二七，3；图版九七，4)

陶盆　1件。M93:1，夹砂黑陶。器体较重，胎较厚，圆唇，侈口，斜直腹，大平底。器最高6、外口径19厘米。(图二二七，1；图版九七，5)

M94

(一) 概　况

1980年5月13日，在T16清理M96时于其西北侧黄土层中发现陶鼎1件，铲平周围平面后发现墓坑边线，经清理在坑内又出陶球2件，编号T16第五组。西南角因压在西隔梁中，未清理。

开口于T16西北角的④层新石器时代灰黄土下，打破⑤层黄土和生土，东北角打破M96一角。西南角因压在西隔梁中，未清理，为长方形浅穴土坑，东北端略宽，西南端略窄，坑壁向内略斜收，墓口距地表深约180厘米，暴露部分长约185厘米，宽约60厘米，深约20厘米，方向北偏东44°。葬具未发现，仅在西南端发现人牙数个，已

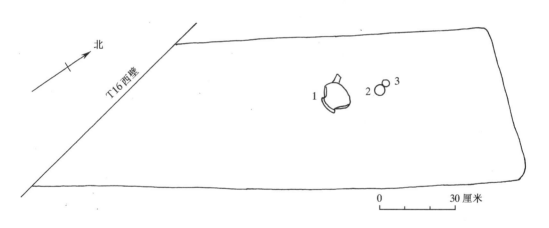

图二二八　M94平面图
1.陶鼎　2.陶球　3.陶球

朽。填土为灰黄土夹红烧土颗粒。出土遗物仅陶器3件，置于墓坑中部偏东北处。(图二二八)

(二) 遗　物

陶折腹罐形鼎　1件。M94:1，夹砂灰陶，

图二二九　M94出土器物图 (1为1/4，余为1/2)

器表粗糙。圆唇，窄沿略凹，侈口，下腹折收，圜底，最大腹径居下，3 个横装扁平足，下半部残缺，足根向两侧伸展，似枫叶形。腹部饰 3 组凹弦纹，上组 4 圈，中组 3 圈，下组 4 圈，在三组凹弦纹之间，各戳印上下斜对的小三角形盲孔 1 组；足正面刻划曲折或斜线纹。器残高 8.6、外口径 8.8 厘米。（图二二九，1；图版九八，1）

陶球　2 件。M94:2，夹砂灰陶。呈球状，体内中空，已残缺一小半。器表 6 孔呈立体十字形分布，其中仅 2 孔为圆镂孔，另外 4 孔为圆盲孔，孔缘外均刻 1 个圆圈，球表面饰满篦纹。器最大直径 3.8 厘米。（图二二九，2；图版九八，2 右）

M94:3，夹砂灰黄陶。呈球状，体内中空，内有小陶丸。器表 6 孔呈立体十字形分布，其中仅 1 孔穿透，另 5 孔为盲孔，孔缘外均刻 1 个圆圈，各孔之间及球表面饰满篦纹。器最大直径 3.4 厘米。（图二二九，3；图版九八，2 左）

M95

（一）概　况

1980 年 5 月 13 日下午，在 T16 黄土层面上发现一墓坑边线，清理后出土陶鼎、壶各 1 件，编号 T16 第六组。

开口于 T16 北半部中段的④层新石器时代灰黄土下，打破⑤层黄土和生土。为长方形浅穴土坑，东北端略宽，西南端略窄，东北、西南两壁略向外弧凸，其余两壁较直，墓口距地表深约 185 厘米，坑长约 205 厘米，宽 57～65 厘米，深约 20 厘米，方向

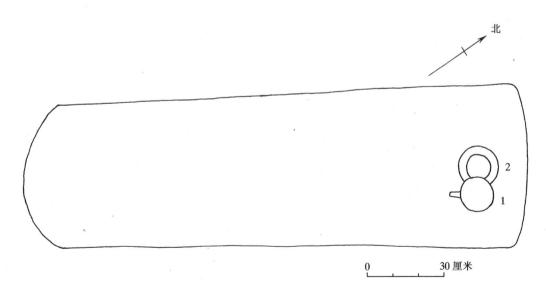

图二三〇　M95 平面图

1. 陶鼎　2. 陶壶

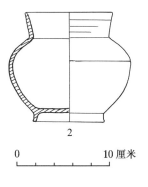

0　　　　　　　10 厘米

图二三一　M95 出土器物图

北偏东 26°。葬具和人骨均未发现。填土为灰黄土。出土遗物仅陶器 2 件，置于墓坑东北端。（图二三〇）

（二）遗　物

陶鼎　1 件。M95:1，夹细砂灰黄陶，破碎不能复原。

陶折腹壶　1 件。M95:2，泥质红胎黑衣陶。圆唇，口微侈，圆腹，最大腹径偏上，平底，圈足。颈部饰不明显凸棱 3 圈。器最高 11.8、外口径 9.8 厘米。（图二三一，2；图版九八，3）

M96

（一）概　况

1980 年 5 月 12 日下午，清理完 T16 中的 M93 后，在其西南方向略深处的黄土中发现陶鼎、簋、壶和纺轮各 1 件出露。13 日清理时又发现墓坑，编号 T16 第四组。

开口于 T16 西北角的④层新石器时代灰黄土下，打破⑤层黄土，北部一角被 M94 打破。为长方形浅穴土坑，东北端略宽，西南端略窄，墓口距地表深约 180 厘米，坑长约 200 厘米，宽约 48～53 厘米，深 8～10 厘米，方向北偏东 35°。葬具和人骨架均未发现。出土遗物仅陶器 4 件，置于墓坑东北端，其中纺轮竖立于土中。（图二三二）

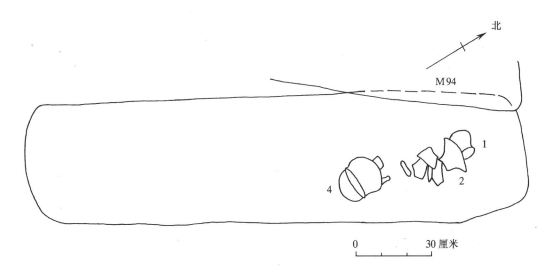

0　　　　　30 厘米

图二三二　M96 平面图

1.陶壶　2.陶簋　3.陶纺轮　4.陶鼎

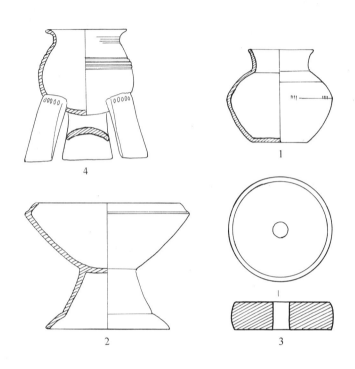

图二三三　M96 出土器物图（3 为 1/2，余为 1/4）

（二）遗　物

陶圆腹罐形鼎　1 件。M96：4，泥质内黑外红陶，夹较多蚌末，炭化后器表留下小凹窝，质地疏松。圆唇，侈口，圆腹，圜底，3 个宽扁凹形足。腹饰凹弦纹 3 圈，足根各饰按窝 5 个。器最高 13.8、外口径 8.8 厘米。（图二三三，4；图版九九，1）

陶折腹壶　1 件。M96：1，泥质灰胎黑衣陶。圆唇，侈口，圆腹，中部略折，平底。上腹饰凹弦纹 1 圈，其下方刻划竖线纹数组，每组 4 条，器内壁有刮抹痕。器最高 9.8、外口径 7.2 厘米。（图二三三，1；图版九九，2）

陶簋　1 件。M96：2，泥质红胎黑衣陶。子母口，圆唇，敛口，斜腹稍弧，平底，高圈足。器最高 13.4、内口径 15.6 厘米。（图二三三，2；图版九九，3）

陶纺轮　1 件。M96：3，夹细砂红陶。圆饼形，两面扁平，中间一孔，壁向外鼓凸。器最大直径 5.6、最厚 1.5 厘米。（图二三三，3；图版九九，4）

M97

（一）概　况

1980 年 5 月 15 日，在 T16 挖掘黄土层时发现陶鼎、壶、罐各 1 件分布在一起，铲平周围平面后找到墓坑，编号 T16 第七组。

开口于 T16 北半部中段的④层新石器时代灰黄土下，打破⑤层黄土，但西南半部未能找到坑壁，应为 H20 打破所至。为长方形浅穴土坑，墓口距地表深约 180 厘米，残长约 130 厘米，宽约 60 厘米，深 25 厘米，方向北偏东 36°。葬具和人骨均未发现。出土遗物仅陶器 3 件，置于墓坑东北端。（图二三四）

（二）遗　物

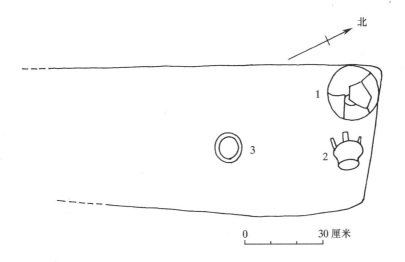

图二三四　M97平面图
1.陶罐　2.陶鼎　3.陶壶

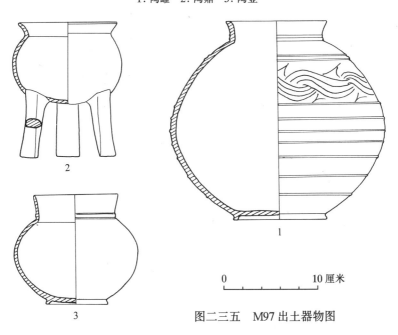

图二三五　M97出土器物图

陶圆腹罐形鼎　1件。M97:2，夹细砂红陶。厚圆唇，侈口，圆腹，圜底，3个横装扁长方形足。器最高14.4、外口径11厘米。（图二三五，2；图版一〇〇，1）

陶圆腹壶　1件。M97:3，泥质灰胎黑衣陶。圆唇，口微侈，圆腹，圜底，矮圈足。颈下部饰凸棱2圈。器最高11.6、外口径9.2厘米。（图二三五，3）

陶小口罐　1件。M97:1，泥质红胎黑衣陶，大部分黑衣脱落。圆唇，小口，口微侈，圆腹，平底，圈足。颈部饰凹弦纹2圈；肩上部饰宽扁凸棱1圈，其下方刻划由4

条平行曲线组成的绞索纹 1 圈，绞索纹交结处上、下再刻划"人"字形纹；下腹饰粗凸棱 7 圈。器最高 21.2、外口径 9 厘米。（图二三五，1；图版一〇〇，2）

M98

（一）概　况

1980 年 5 月 15 日，在 T16 黄土层土中发现陶鼎和纺轮各 1 件分布在一起，但未找到墓坑，清理后编号 T16 第九组①。

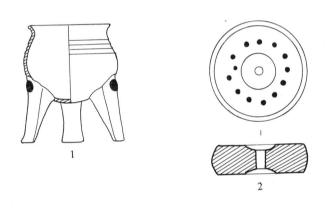

图二三六　M98 出土器物图（1 为 1/4，2 为 1/2）

遗物位于 T16 近西壁偏北的⑤层黄土中，其上层为④层新石器时代灰黄土，下层为黄色生土。墓坑、葬具和人骨架均未发现。出土遗物仅陶器 2 件，距地表深约 180 厘米。

（二）遗　物

陶圆腹罐形鼎　1 件。M98∶1，夹砂灰黄陶，局部显黑。圆唇，侈口，圆腹，圜底，3 个粗壮凿形足。肩饰凹弦纹 4 圈，足根正面贴泥凸 1 个。器最高 12.4、外口径 9 厘米。（图二三六，1；图版一〇〇，3）

陶纺轮　1 件。M98∶2，泥质红陶。圆饼形，两面扁平，中间一孔，孔缘外低凹，壁向外鼓凸。器表一面戳印小圆形盲孔 1 圈。器最大直径 5.3、最厚 1.5 厘米。（图二三六，2；图版一〇〇，4）

M99

（一）概　况

1980 年 5 月 14 日，在 T18 打北隔梁时于黄沙土中发现一组相距较近、呈直线分布的陶鼎、豆、壶、碗、球共 6 件，清理后编号 T18 第八组。

遗物位于 T18 北隔梁中段的⑤层黄沙土中，其上层为④层新石器时代灰黄土，下层为生土。墓坑、葬具和人骨架均未发现。出土遗物仅陶器 6 件，距地表深约 145 厘米。遗物呈西北—东南向直线分布，所跨最长边距约 110 厘米，最宽约 45 厘米，其中豆的长轴指向为东北—西南向，陶碗底朝上倒扣放置。（图二三七）

----

① 该墓在清理时未绘平面图、位置图，也无详细文字记录，仅在日记和器物登记表中记载，故详情不清。

（二）遗　物

陶折腹罐形鼎　1件。M99：1，夹砂红胎黑衣陶，器身刮抹平整，三足未施黑衣也未刮抹。方唇，唇缘中间1道凹弦，斜沿，沿面略向内凹，侈口，斜直腹，下腹折收，圜底近平，3个较粗壮的鸭嘴形足。腹饰凸棱数圈，折腹处起折棱1圈，足根正面各饰按窝3个，两侧各戳划凹槽1个。器最高13.2、外口径10.6厘米。（图二三八，1；图版一〇一，1）

陶钵形豆　1件。M99：5，

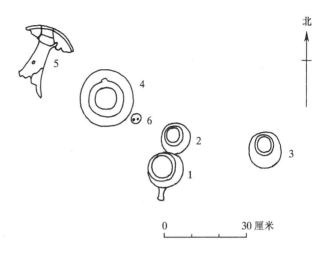

北

图二三七　M99平面图
1.陶鼎　2.陶壶　3.陶壶　4.陶碗　5.陶豆　6.陶球

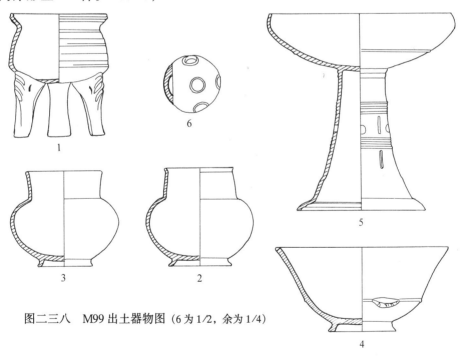

图二三八　M99出土器物图（6为1/2，余为1/4）

泥质灰胎黑衣陶。圆唇，略敛口，高柄，喇叭形圈足。豆盘下部饰凸棱1圈；柄饰宽浅的凹弦纹3组，上组2圈，中、下组各3圈，中组之下饰等距离圆镂孔4个，孔间加饰等距离竖长镂孔4个，下组之下饰等距离竖长镂孔4个。器最高21、内口径19.2厘米。（图二三八，5；图版一〇一，2）

陶壶 2件。M99:2，直口壶。泥质灰胎黑衣陶，黑衣大都已脱落。圆唇，口沿微侈，颈较长稍内敛，圆腹，圜底，圈足。器最高10.6、外口径7.6厘米。（图二三八，2；图版一〇一，3）

M99:3，圆腹壶。泥质灰胎黑衣陶，黑衣大都已脱落。圆唇，侈口，圆腹，圜底，圈足。器最高10.2、外口径8.4厘米。（图二三八，3；图版一〇一，4）

陶碗 1件。M99:4，夹细砂灰胎黑衣陶。圆唇，大敞口，上腹内弧，下腹壁稍内收，平底，圈足。折腹处饰凸棱1圈，一侧安鸡冠形鋬1个。器最高9、外口径19厘米。（图二三八，4；图版一〇一，5）

陶球 1件。M99:6，泥质红陶。中空，内有小陶丸。器表6个圆镂孔，呈立体十字形分布，孔缘外均刻1个圆圈。器最大直径3.2厘米。（图二三八，6；图版一〇一，6）

M100

（一）概　况

1980年5月15日，在T16黄土层上部接近上层灰黄土底部的位置发现陶甗和豆各1件，但未找到墓坑，清理后编号T16第八组。

遗物位于T16西部中段的⑤层黄土中，其上层为④层新石器时代灰黄土，下层为生土。墓坑、葬具和人骨架均未发现。出土遗物仅陶器2件，距地表深约175厘米。两器间距约40厘米，所跨最大边距约80厘米，其中豆的长轴指向为东北—西南向。（图二三九）

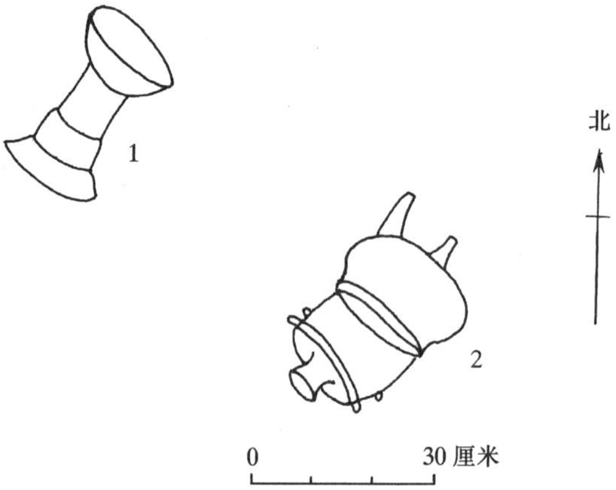

图二三九　M100平面图
1. 陶豆　2. 陶甗

（二）遗　物

陶钵形豆 1件。M100:1，泥质灰胎黑衣陶。圆唇，敛口，弧腹，圜底，高柄，喇叭形圈足折出斜台阶状。柄上部鼓凸，上饰等距离小圆形盲孔6个，柄中部饰凸棱2组，上组5圈，下组4圈；折出台阶的下方饰等距离小圆镂孔9个，每孔两侧各刻划三角形纹1个；再下饰凸棱4圈，棱下方饰等距离竖长镂孔1圈10个，每个长孔之间再刻划1条直线相隔，直线下端各戳印三角形盲孔1个。器最高23、内口径16厘米。（图二四〇，1；图版一〇二，1）

陶甗 1件。M100:2，由盖、甑、鼎组合而成。盖为泥质红胎黑衣陶，覆钵形，纽呈喇叭形。甑为夹砂红胎黑衣陶，器表稍粗糙。筒形，方唇，斜沿较宽，无底，腹部饰凸棱2组，每组2圈，上组凸棱处安对称鸡冠形鋬各1个。鼎为夹砂红胎黑衣陶，鼎身刮抹平整，足未施黑衣也未刮抹平整，方唇，敛口，斜沿，沿面略凹，折腹，圜底，3个鸭嘴形足。鼎腹上部饰凸棱数圈，折腹处饰附加堆纹1圈，堆纹上加饰按窝；足根正面有按窝1个，两侧各刻划竖划纹1条。器通高36.2、甑高13.6、甑外口径19、鼎高18.4、鼎外口径17.2厘米。(图二四〇，2；图版一〇二，2)

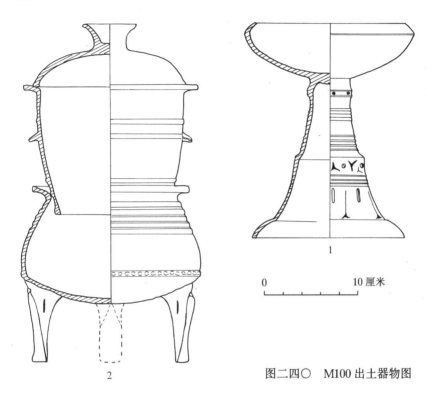

图二四〇　M100 出土器物图

M101

(一)概　况

1980年5月15日，在T16黄土上部接近上层灰黄土底部位置发现陶鼎、壶、纺轮各1件集中分布在一起，但未发现墓坑，清理后编号T16第十组。

遗物位于T16西北角的⑤层黄土偏上部，接近上层灰黄土底部，其上层为④层新石器时代灰黄土，下层为黄色生土。墓坑、葬具和人骨架均未发现。出土遗物仅陶器3件，距地表深约180厘米。纺轮竖立于土中。(图二四一)

(二)遗　物

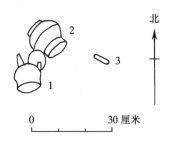

图二四一　M101 平面图

1.陶鼎　2.陶壶　3.陶纺轮

陶折腹罐形鼎　1件。M101：1，夹砂红胎黑衣陶，器表刮抹平整，足未施黑衣也未刮抹平整。盖为泥质红胎黑衣陶，覆钵形，纽呈短柱状，纽顶缘捏成多角形。鼎口方唇，侈口，斜沿，沿面略内凹，折腹，圜底，3个鸭嘴形足。腹饰凹弦纹4圈，足根正面饰按窝3个，两侧各刻划凹槽1道。器通高15、外口径8.4厘米。（图二四二，1；图版一〇二，3）

陶圆腹壶　1件。M101：2，泥质红胎黑衣陶。口微残，敞口，颈稍长，圆腹，最大腹径偏上，平底，圈足。

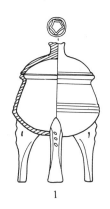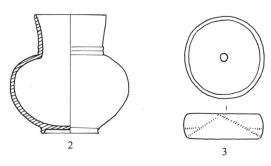

图二四二　M101 出土器物图（3为1/2，余为1/4）

颈下部刮抹出凹弦纹2圈。器最高12.6、外口径8厘米。（图二四二，2；图版一〇二，4）

　　陶纺轮　1件。M101：3，夹砂灰陶。圆饼形，两面扁平，中间一孔，壁向外鼓凸。壁上饰两条相交的曲线篦点纹1圈。器最大直径4.5、最厚1.4厘米。（图二四二，3；图版一〇二，5）

M102

（一）概　况

　　1980年4月29日，在T20黄沙土面上发现有内填黄、黑土的墓坑痕迹，与周围黄沙土区别明显，5月23日清理，发现四壁均易剥离，但未发现器物。因墓坑较小，当时推测为幼儿墓葬，编号T20第二组。①

　　开口于T20东北部④层新石器时代灰黄土下，打破⑤层黄沙土。为长方形浅穴土坑，坑口距地表深约170厘米，坑长仅约135厘米，宽50～55厘米，深约25厘米，坑

---

①　该墓是否为墓葬也未可知。

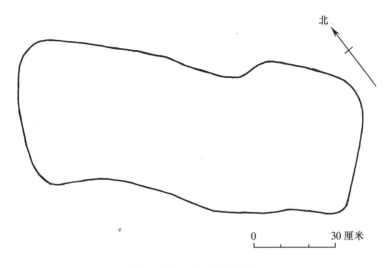

图二四三　M102 平面图

底平坦，方向北偏西 25°，与多数墓葬方向不合。葬具和人骨均未发现。填土为黄、黑土。墓坑内空无一物。（图二四三）

M103

（一）概　况

1980 年 4 月 29 日，在 T21 红沙土中发现玉璜 1 件、陶壶和鼎各 1 件、陶球 2 件，清理过程中又发现玉镯 1 件、玉管 3 件，并发现有类似墓坑的迹象，但未确认。清理后编号 T21 第一组。

遗物位于 T21 西南角的红沙土中，其上层为③层商代黑灰色沙土，下即红沙土（生土）。有墓坑迹象，但葬具和人骨均未发现。出土遗物 9 件，计玉器 5 件、陶器 4 件，距地表深约 140 厘米。遗物分布相对较集中，大体呈西北—东南向分布，所跨最长边距约 100 厘米，最宽约 40 厘米。（图二四四）

（二）遗　物

陶折腹罐形鼎　1 件。M103：3，泥质红胎黑衣陶，盖表面及鼎身施黑衣，并刮抹平整，但鼎身黑衣大都脱落，鼎底及足未施黑衣也未刮抹平整。覆钵形盖，纽呈柱状，纽缘捏成六角形。鼎口方唇，侈口，折腹，圜底，3 个鸭嘴形足。腹饰凹弦纹数圈，足根正面饰按窝 3 个，两侧各刻划凹槽 1 道。器通高 16.4、外口径 10.4 厘米。（图二四五，3；图版一〇三，1）

陶折腹壶　1 件。M103：4，泥质灰陶。圆唇，直口，长颈，折腹较深，平底，圈足。颈、腹结合处饰凸棱 2 圈，折腹处饰凸棱 2 圈。器最高 13.2、外口径 8 厘米。（图

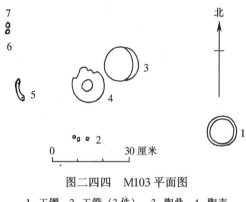

图二四四　M103 平面图

1. 玉镯　2. 玉管（3 件）　3. 陶鼎　4. 陶壶
5. 玉璜　6. 陶球　7. 陶球

二四五，4；图版一〇三，2）

陶球　2 件。M103：6，泥质红陶。呈球状，体内中空，内有小陶丸。器表 6 个圆镂孔，呈立体十字形分布，每孔缘外各刻 1 个圆圈，孔间以刻划线相连；在每三外圆孔形成的三角形区域中，有两个中间各加戳 1 个很小的圆孔，小圆孔周围饰满剔纹，其余三角形区域中间也填满剔纹。器最大直径 3.7厘米。（图二四五，6；图版一〇三，3左）

M103：7，夹粉砂灰黄陶。呈球状，体

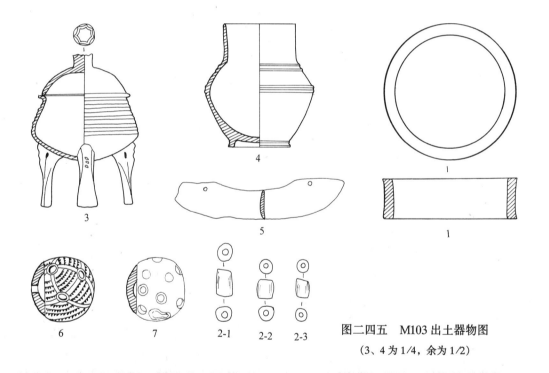

图二四五　M103 出土器物图

（3、4 为 1/4，余为 1/2）

内中空，应有小陶丸。器表有 15 个圆镂孔和 6 个盲孔，分布无规律。器最大直径 3.5厘米。（图二四五，7；图版一〇三，3右）

玉镯　1 件。M103：1，灰白色，夹杂淡绿色斑点。剖面呈长方形，磨制精细，器表抛光。器最大直径 7.3、最厚 2.2 厘米。（图二四五，1；彩版一〇，3；图版一〇三，4）

玉璜　1 件。M103：5，乳白色，夹杂绿斑点。器体扁平，平面呈长条弧形，一端尖，另一端残，两端各对钻 1 个小圆孔。器表一面弧凸，另一面稍凹弧。器残长 9.2、

最厚 0.5 厘米。(图二四五,5;彩版一二,1;图版一〇三,5)

玉管 3件。均乳白色,圆柱形,磨制精细,两端对钻1孔。(图版一〇三,6)

M103:2-1,长 1.4 厘米。(图二四五,2-1)

M103:2-2,长 1.1 厘米。(图二四五,2-2)

M103:2-3,长 1 厘米。(图二四五,2-3)

M104

(一)概 况

1981 年 9 月 11 日,在 T26 黄沙土中发现相距较近的石锛 1 件、陶壶 1 件、陶球 2 件,另有鼎足、把手(?)各 1 个。清理后编号 M104。

遗物位于 T26 中部偏西的④层黄沙土中,其上层为①层表土,下层为⑤层黄土。墓坑、葬具和人骨架均未发现。出土遗物 4 件,计石器 1 件、陶器 3 件,另有陶鼎足 1 个、把手(?)1 个,距地表深约 30 厘米。遗物大体呈东北—西南向分布,所跨最长边距约 75 厘米,最宽约 30 厘米。石锛置于西南端,2 件陶球在东北端。(图二四六)

(二)遗 物

陶鼎足 1 件。M104:3,泥质红陶。鸭嘴形。足根正面捏扁,呈冠状凸起,两侧各刻划竖凹槽 1 道。为残器随葬。足最高 8.8 厘米。(图二四七,3;图版一〇四,1)

陶扁腹壶 1 件。M104:2,泥质灰黄

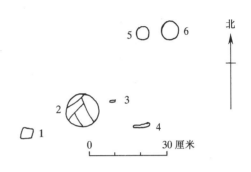

图二四六 M104 平面图

1. 石锛 2. 陶壶 3. 陶鼎足 4. 陶把手?
5. 陶球 6. 陶球

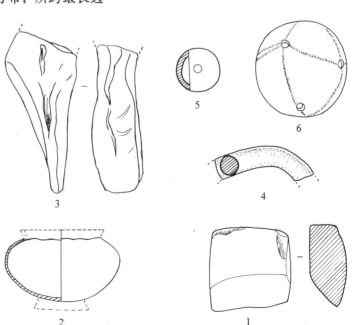

图二四七 M104 出土器物图(2 为 1/4,余为 1/2)

陶。口、圈足残缺，侈口，扁圆腹，圜底。该器应属残器随葬。器残高 7.8 厘米。（图二四七，2；图版一○四，2）

陶球 2件。M104:5，泥质灰黄陶。呈球状，体内中空，内有小陶丸。器表 1 个小圆镂孔，球面无纹饰。器最大直径 2.5 厘米。（图二四七，5；图版一○四，3右）

M104:6，泥质红陶，局部尚存红衣。呈球状，体内中空，内有小陶丸。器表有 5 个圆镂孔，按 6 孔排列的样式呈立体十字形分布，但其中缺 1 孔，孔间各以 1~2 条篦纹相连。器最大直径 5.3 厘米。（图二四七，6；图版一○四，3左）

陶把手（?） 1件。M104:4，泥质灰陶，呈圆弧形，剖面呈圆形。应属残器随葬。器残长 5.5 厘米。（图二四七，4）

石锛 1件。M104:1，深灰色变质砂岩。器体厚重，近方形，较短小，通体粗磨。顶端及两平面有琢制形成的凹窝数个，顶部不平。单面刃，刃口较钝，两角各有崩口 1 个。器最长 4.5、最厚 2.2、刃宽 4.3 厘米。（图二四七，1；图版一○四，4）

M105

（一）概 况

1981 年 9 月 14 日，在 T26 黄沙土中发现相距较近的陶豆和盆各 1 件、球 5 件和鼎足 1 个，清理后编号 M105。

遗物位于 T26 东南部的④层黄沙土中，其上层为①层表土，下层为⑤层黄土。墓坑、葬具和人骨架均未发现。出土遗物计陶器 7 件，另有陶鼎足 1 个，还有泥质红胎黑衣陶豆圈足碎片，距地表深约 40 厘米。遗物呈东北—西南向直线分布，所跨最长边距约 125 厘米，最宽约 55 厘米，5 个陶球集中置于中间部位，豆的长轴指向为东北—西南向，盆的放置方式未知。从器物摆放位置和豆的长轴指向看，墓葬应为东北—西南向。（图二四八）

（二）遗 物

陶鼎足 1件。M105:8，泥质灰黄陶。鸭嘴形，足根正面饰按窝 2 个，两侧各刻划凹槽 1 道。应属残器随葬。足最高 8 厘米。（图二四九，8；图版一○五，1）

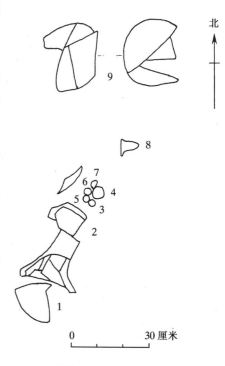

图二四八 M105 平面图
1.陶盆 2.陶豆 3~7.陶球
8.陶鼎足 9.陶豆圈足碎片

陶盘形豆　1件。M105:2,夹粉砂灰黄胎黑衣陶,黑衣大都已脱落,器表施薄红衣,现仅存局部。圆唇,极矮的直口,折腹,高粗柄,喇叭形圈足,足沿陡折成台阶状并中部内收。口沿下折棱处饰等距的竖向短压印纹6组,每组9~11个;柄上饰凹弦纹3组,上组3圈,中组4圈,下组3圈。各组之上方各饰等距圆镂孔1组,每组3个,而中、下组圆镂孔的每孔两侧各加饰1个三角形孔。器最高24.5、内口径19.2厘米。(图二四九,2;图版一〇五,2)

陶盆　1件。M105:1,夹细砂灰陶。圆唇,侈口,宽沿,沿面弧凸,斜直腹,大平底。器最高5.5、外口径29.2厘米。(图二四九,1;图版一〇五,3)

陶球　5件。M105:3,泥质红陶。小部分残缺,球状。实心,器表无镂孔,先在器表刻划14个圆圈,其中6个呈立体十字形分布并分割出8个三角形区域,其余8个分别分布在这8个三角形区域中;之后,再各用2圈凹弦纹将呈立体十字形分布的6个圆圈连起来。器最大直径2.8厘米。(图二四九,3;图版一〇五,4右)

M105:4,泥质红陶,一大半为灰色,一小半为红色。呈球状,体内中空,内有小陶丸。器表有9个圆镂孔,孔缘外均刻划1个圆圈,球面其他地方刻满大小不等的圆

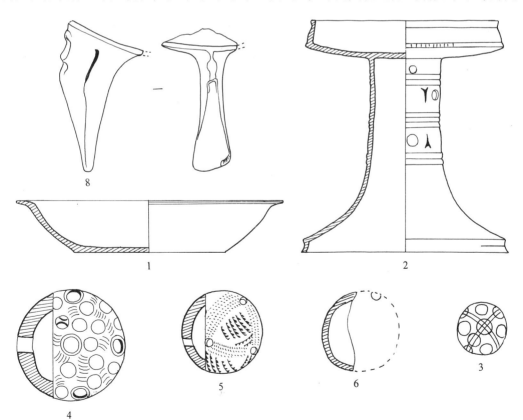

图二四九　M105出土器物图(1、2为1/4,余为1/2)

圈，部分圆圈之间饰数道指甲纹，其中一个圆圈内还刻"）（"纹。器最大直径 6 厘米。（图二四九，4；图版一〇五，4 左）

M105：5，夹砂红陶。呈球状，略不规整，体内中空，内有小陶丸。器表有 4 个圆镂孔，按呈立体十字形分布的 6 孔样式排列，孔之间以多道篦纹相连，空白区域间饰多道密集的剔纹。器最大直径 4.6 厘米。（图二四九，5；图版一〇五，4 中）

M105：6，泥质红陶。素面，已破碎，器表可见数个圆镂孔，内装陶丸 4 粒。器最大直径约 4.4 厘米。（图二四九，6）

M105：7，夹砂红陶。仅有小半个，素面。应属残器随葬。最大直径大约 5 厘米。

此外，还有陶豆圈足碎片一堆，编号 M105：9，泥质红胎黑衣陶，仅有 9 片残片，为喇叭形圈足之残片，上有较密集的小镂孔和几道凸棱。应为残器随葬。

M106

（一）概　况

1981 年 9 月 18 日，在 T26 黄土中发现相距较近的砺石 1 件、陶壶 2 件，清理后编号 M106。

遗物位于 T26 东部偏南的⑤层黄土中，其上层为④层新石器时代黄沙土，下层为黄色生土。墓坑、葬具和人骨架均未发现。出土遗物 3 件，计砺石 1 件、陶器 2 件，距地表深约 110 厘米。遗物呈东北—西南向分布，所跨最长边距约 72 厘米，其中 2 件陶壶间距约 37 厘米。（图二五〇）

（二）遗　物

陶壶 2 件。M106：1，双折腹壶。泥质灰黄胎黑衣陶，黑衣部分脱落。口与颈残缺，双折腹，

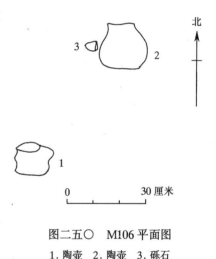

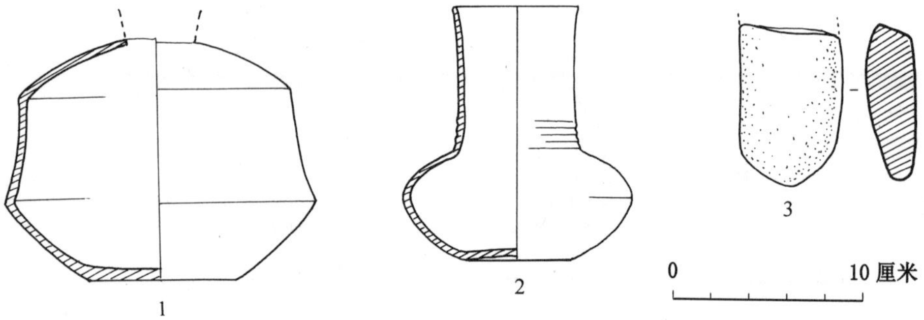

图二五〇　M106 平面图
1. 陶壶　2. 陶壶　3. 砺石

图二五一　M106 出土器物图

上腹内弧，下腹外弧，平底。器残高 12.6 厘米。（图二五一，1；图版一〇六，1）

M106:2，长颈壶。泥质灰黄胎黑衣陶，黑衣大都已脱落。尖圆唇，口微侈，长颈，扁圆折腹，平底略内凹。颈下部饰凹弦纹 4 圈。器最高 13.2、口径 6.8 厘米。（图二五一，2；图版一〇六，2）

砺石　1 件。M106:3，土黄色花岗岩。器体稍扁，平面近似半椭圆形，一端断缺，两面被磨得光滑。器最长 8.4、最宽 5.4、最厚 2.8 厘米。（图二五一，3；图版一〇六，3）

M107

（一）概　况

1981 年 9 月 20 日，在 T25 黄土中发现分布不太集中的石锛 2 件和残陶鬶 1 件，清理后编号 M107。在清理时虽未发现墓坑，但在该组器物之上覆有一片含红烧土颗粒和碎块的红色土，而其周围均为黄沙土。

遗物位于 T25 中间偏北的⑤层黄土中，其上层为④层新石器时代黄沙土，下层为黄色生土。墓坑、葬具和人骨架均未发现，但该组器物之上覆有一片含红烧土颗粒和碎块的红色土，而其周围均为黄沙土。出土遗物 3 件，计石器 2 件、陶器 1 件，距地表深约 130 厘米。遗物分布较散，所跨最长边距 94 厘米，最宽 42 厘米。2 件石锛分置于陶鬶两侧，长轴指向分别为东西向和西北—东南向。（图二五二）

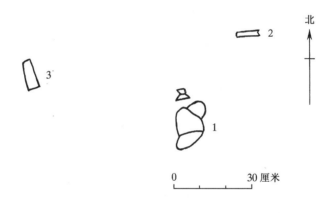

图二五二　M107 平面图

1. 陶鬶　2. 石锛　3. 石锛

（二）遗　物

陶鬶　1 件。M107:1，泥质灰胎黑衣陶。破

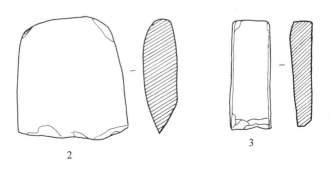

图二五三　M107 出土器物图（2 为 1/2，3 为 1/4）

碎不能复原。

石锛 2 件。M107:2，深灰色变质砂岩。器体稍厚重，平面呈梯形，通体粗磨。顶中间平滑，两角及两边缘均有较密集砸击痕，使得顶部四个边缘圆钝。单面刃，刃口有大片崩口。器最长 6.6、最厚 1.9、刃最宽 6 厘米。(图二五三，2；图版一〇六，4)

M107:3，深灰色变质砂岩。器体厚重，平面呈长条形，磨制较精。顶磨平，一角的侧缘因砸击而圆钝。单面刃，刃口全部崩缺残留大的缺口。器最长 11.6、最厚 2.6、刃宽 4.3 厘米。(图二五三，3；图版一〇六，5)

M108

（一）概　况

1981 年 9 月 25 日，在 T26 黄土层的上半部位置发现呈直线分布的石锛和陶鼎、豆、鬶各 1 件，清理后编号 M108。

遗物位于 T26 西南部的⑤层黄土上半部，其上层为④层新石器时代黄沙土，下层为黄色生土。墓坑、葬具和人骨架均未发现。出土遗物 4 件，计石器 1 件、陶器 3 件，距地表深约 75 厘米。遗物大体呈南北向直线分布，略偏向西北—东南向，所跨最长边距约 95 厘米。石锛偏置于南端，其长轴指向与豆的长轴指向均为东北—西南向。(图二五四)

（二）遗　物

陶圆腹罐形鼎 1 件。M108:2，夹砂红陶。覆钵形盖，纽近似柱状。鼎口尖圆唇，侈口，圆腹，圜底，3 个横装窄扁平足，足正面略向内凹。器通高 16.2、口径 8.3 厘米。(图二五五，2；图版一〇七，1)

陶盘形豆 1 件。M108:3，泥质红胎黑衣陶。尖圆唇，敛口，盘壁上部微内弧，下折收成圜底，高柄，喇叭形圈足。柄上部略鼓凸但尚未成算珠状，下部较细。柄上饰凹弦纹 3 组，每组各 3 圈，各组凹弦纹中间饰竖向等距短刻划线 3 条，其中下组的已穿透器壁；每两组凹弦纹之间各饰等距离竖向长刻划粗线条 3 个，部分也已穿透器壁。器最高 21、内口径 22.2 厘米。(图二五五，3；图版一〇七，2)

陶鬶 1 件。M108:4，夹粉砂灰陶，足、把手夹砂稍粗，器表施黑衣，已基本脱落，仅局部尚存黑衣痕。喇叭形口，尖唇，颈稍长，深筒形腹，腹壁斜，下部折收成圈

北

图二五四　M108 平面图
1.石锛　2.陶鼎　3.陶豆　4.陶鬶

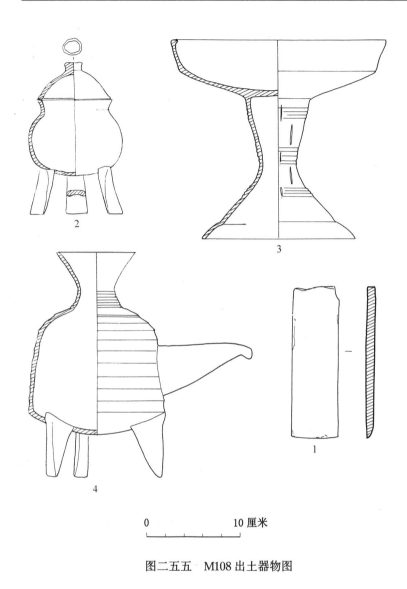

底，最大腹径偏下，3个侧装凿形足，足根部略凸出而呈乳突状。一侧安1个三角形把手，用泥块捏成，尾部平直略向下卷。颈下部饰多圈凹弦纹，腹部饰瓦棱纹。器最高23.8、口径8.6厘米。（图二五五，4；彩版七，2；图版一〇七，3）

石锛　　1件。M108：1，浅灰色粉砂质板岩。器体扁平而薄，平面呈长方形，通体磨制稍精。顶部崩损，仅局部尚存磨制平面。单面刃，刃口锋利，上有数处小崩口。器最长16、最厚1.1、刃宽5厘米。（图二五五，1；图版一〇七，4）

0　　　　　　　10厘米

图二五五　M108出土器物图

M109

（一）概　况

1981年9月26日，在T24黄土中发现陶鼎、杯各1件分布在一起，清理后编号M109。

遗物位于T24中间偏东的⑤层黄土中，其上层为④层新石器时代黄沙土，下层为黄色生土。墓坑、葬具和人骨架均未发现。出土遗物仅陶器2件，距地表深约165厘米，所跨最长边距32厘米。（图二五六）

（二）遗　物

陶圆腹罐形鼎　1件。M109:1，夹砂红褐陶。口、上腹残缺，圆腹，圈底近平，3个扁圆锥形足。腹饰不规整的凹弦纹数圈，足向内弯弧，足根饰刻出的凹窝4个。器残高11.2厘米。（图二五七，1；图版一〇八，1）

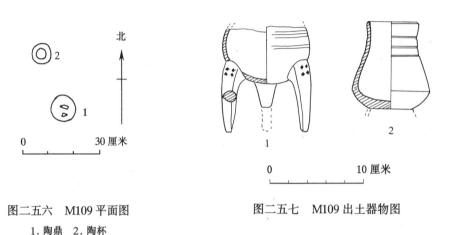

北

0　　　　　　30厘米

图二五六　M109平面图
1.陶鼎　2.陶杯

0　　　　　10厘米

图二五七　M109出土器物图

陶杯　1件。M109:2，泥质灰胎黑衣陶。方唇，侈口，折腹，平底，圈足已残缺。颈饰凹弦纹3圈，折腹处起折棱1圈。器残高9.4、外口径5.8厘米。（图二五七，2；图版一〇八，2）

M110

（一）概　况

1981年9月19日，在T26黄土中发现较完整的带盖陶鼎1件，器形甚小，非实用器，因此按墓葬处理，编号M110。

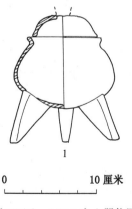

0　　　　　10厘米

图二五八　M110出土器物图

遗物位于T26西部偏南的⑤层黄土中，其上层为④层新石器时代黄沙土，下层为黄色生土。墓坑、葬具和人骨架均未发现。出土遗物仅陶器1件，距地表深约110厘米。

（二）遗　物

陶圆腹罐形鼎　1件。M110:1，夹砂红陶。覆钵形盖，盖纽已残缺。鼎口厚圆唇，侈口，束颈，圆腹，圈底，3个侧装凿形足，足尖外撇。器通高13.4、外口径8.4厘米。（图二五八，1；图版一〇八，3）

M112

（一）概　况

1981 年 11 月 10 日，在 T26 揭去表土后挖掘其下层的黄沙土时出土一堆黑陶高柄杯的碎片，当时疑为墓葬，遂清理周围土层，在同一水平面上又发现了陶鼎、豆、鬶各 1 件（但鬶仅剩颈、口部），于是编号为 M112，未发现墓坑，遗物分布具体情况不详。

遗物位于 T26 西南的④层黄沙土中，其上层为①层表土，下层为⑤层黄土。墓坑、葬具和人骨架均未发现。出土遗物仅陶器 4 件，距地表深约 50 厘米。

（二）遗　物

陶鼎　1 件。M112：1，夹砂红陶。破碎不能复原。

陶钵形豆　1 件。M112：2，泥质红胎黑衣陶，黑衣部分脱落。厚圆唇，敛口，浅盘，盘底较凹，高柄，喇叭形圈足。柄上部饰凸棱 4 圈。豆柄内壁可见清晰的

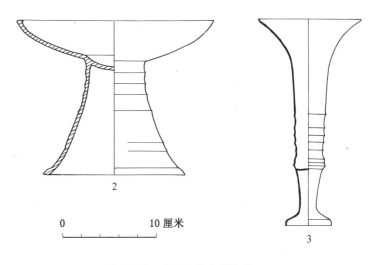

图二五九　M112 出土器物图

拉坯指印，当为快轮拉坯制成。器最高 16.6，内口径 20 厘米。（图二五九，2；图版一〇八，4）

陶鬶　1 件。M112：4，夹砂红陶。仅剩口、颈部，为长颈，捏流。

陶高柄杯　1 件。M112：3，泥质薄胎纯黑陶，胎很薄，最薄处仅 0.17～0.2 厘米。尖唇，大敞口，深腹，柄与器腹连为一体，下有圈足，足沿陡折成台状。下腹饰凸棱 6 圈，腹与柄结合处起折棱 1 圈。腹内壁可见清晰的拉坯指印，当为快轮拉坯制成。器最高 22、口径 11.4 厘米。（图二五九，3；彩版七，4；图版一〇八，5）

M113

（一）概　况

1981 年 10 月 11 日，在 T24 黄土中发现陶鼎、豆、鬶、罐、纺轮各 1 件集中分布在一起，清理后编号 M113。

遗物位于 T24 西部中段的⑤层黄土中，其上层为④层新石器时代黄沙土，下层为黄色生土。墓坑、葬具和人骨架均未发现。出土遗物仅陶器 5 件，距地表深约 165 厘米。其中豆的长轴指向为东北—西南向，纺轮为水平放置。（图二六〇）

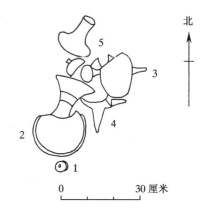

图二六〇　M113 平面图
1.陶纺轮　2.陶豆　3.陶鬶
4.陶鼎　5.陶罐

（二）遗　物

陶圆腹罐形鼎　1 件。M113：4，夹细砂红胎黑衣陶，腹上半部施黑衣，盖及鼎腹下部为红色。覆钵形盖，盖大于口，圆柱形纽，纽顶略凹。鼎口圆唇，侈口，圆腹，3 个横装窄扁平足，足正面略凹。器通高 16.4、鼎外口径 8.6 厘米。（图二六一，4；图版一〇九，1）

陶盘形豆　1 件。M113：2，豆盘为夹粉砂红陶，外表抹一层灰色夹粉砂的泥浆使器表光滑，但局部脱落处显出粗糙不平，豆柄为夹粉砂灰陶。尖唇，敛口，折腹，上腹壁略内收，高柄，柄上部鼓凸似算珠状，喇叭形圈足。柄上部饰戳印小圆盲孔 1 圈，下部也戳印小圆盲孔 1 圈。器最高 16.8、内口径 18.8 厘米。（图二六一，2；图版一〇九，2）

陶鬶　1 件。M113：3，泥质红胎黑衣陶，把手和足为夹砂灰黄陶且未施黑衣显粗糙。圆唇，喇叭形口，颈较长、下部细，直腹较深，圜底，3 个凿形足，足根正面各有 1 个泥突。侧安三角形把手 1 个，系用泥块捏制而成，尾部较平直，上面饰压印凹窝 2 个；颈饰凸棱 3 圈。器最高 24.8、外口径 8.6 厘米。（图二六一，3；图版一〇九，3）

陶罐　1 件。M113：5，夹砂灰黄陶，上腹部抹一层泥浆显得光滑平整，下腹及底未抹泥浆而显粗糙。口残，扁圆腹，平底，一侧安环形把手 1 个，横剖面呈扁平状，把手上半部残缺，仅在肩部接合处留椭圆形粘接痕迹。器残高 7 厘米。（图二六一，5；图版一〇九，4）

陶纺轮　1 件。M113：1，泥质红陶。圆饼形，两面扁平，中间一孔，两面的孔外缘均下凹，壁向外鼓凸。器最大直径 5.2、最厚 1.8 厘米。（图二六一，1）

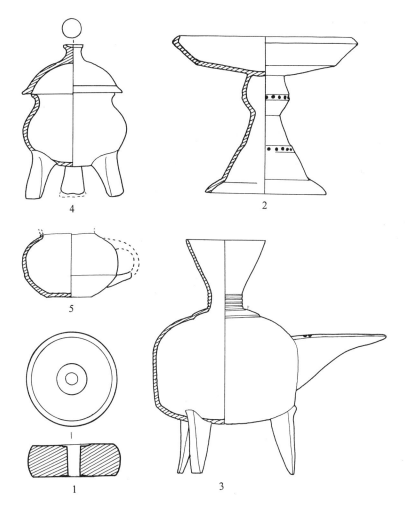

图二六一 M113 出土器物图（1 为 1/2，余为 1/4）

M114

（一）概 况

1982 年 9 月 21 日，在 T37 的黄土中发现分布集中的石器和陶鼎、壶、簋各 1 件，清理后编号 M114。

遗物位于 T37 东部的⑤层黄土中，其上层不详，下层为红沙土（即生土）。墓坑、葬具和人骨架均未发现。出土遗物 4 件，集中分布在一起，计石器 1 件、陶器 3 件，距地表深 88 厘米。（图二六二；图版一一〇，1）

（二）遗 物

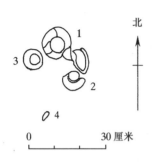

北

0   30厘米

图二六二　M114平面图

1.陶壶 2.陶簋 3.陶鼎 4.石器

陶圆腹罐形鼎　1件。M114:3，夹细砂灰陶。器体小巧，圆唇，斜沿，沿面略内凹，侈口，折腹，圜底近平，3个凿形足已残，足根部剖面呈六边形。腹饰不规整凹弦纹2圈。该器应属明器。器残高8.4、外口径8厘米。（图二六三，3；图版一一〇，2）

陶圆腹壶　1件。M114:1，泥质红胎黑衣陶。圆唇，侈口，圆腹，平底。器最高9.6、外口径8.4厘米。（图二六三，1；图版一一〇，3）

陶簋　1件。M114:2，泥质红胎黑衣陶，黑衣部分脱落。子母口，圆唇，敛口，斜直腹，下部折收，圜底，

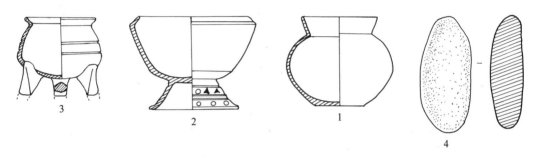

图二六三　M114出土器物图（4为1/2，余为1/4）

喇叭形圈足，足沿向外撇。圈足上饰浅凹弦纹3圈，其间饰等距离三角形盲孔1圈，每4个三角形盲孔间戳印1个圆圈；其下戳印等距离小圆圈1圈。器最高10、内口径12厘米。（图二六三，2；图版一一〇，4）

石器　1件。M114:4，灰色变质砂岩。椭圆形，有一面略平，其他器表凸凹不平，显得极为粗糙。器最长6、最宽2.8、最厚1.9厘米。（图二六三，4；图版一一〇，5）

M115

（一）概　况

1982年9月21日，在T33西北的黄土中发现陶鼎、壶各1件放置一处，清理后编号M115。10月3日在T38东隔梁北部与M115相近的位置又出土陶鬶1件，经分析归属同一墓，为3号。

遗物位于T33西北部的⑤层黄土中，其上层为④层新石器时代黄沙土，下层为生土。墓坑、葬具和人骨架均未发现。出土遗物仅陶器3件，距地表深约90厘米。遗物呈东北—西南向分布，所跨最长边距约90厘米，其中鼎、壶分布在一起，鬶与鼎的间

距约 48 厘米。（图二六四）

（二）遗　物

陶圆腹罐形鼎　1 件。M115：1，泥质红陶，夹较多蚌末，炭化后器表留下小凹窝，质地疏松，外施一层红衣，大多已脱落。器体小巧，圆唇，侈口，圆腹，圜底，3 个横装扁凹形足已大半残缺。颈部饰浅凹弦纹，足根上饰 2～3 个浅按窝。应属残器随葬。器残高 7.6、外口径 8.4 厘米。（图二六五，1；图版一一一，1）

陶圆腹壶　1 件。M115：2，泥质红胎黑衣陶。圆唇，侈口，圆腹，平底，圈足残缺。该器应属残器随葬。器残高 11.6、外口径 8.6 厘米。（图二六五，2）

陶鬲　1 件。M115：3，夹细砂灰陶。喇叭口，颈稍长，圆腹，腹下部折收，平底，3 个凿形足。侧安 1 个环形把手，把手用 2 根泥条弯曲成形，外圈泥条拧成麻花状，中空一端较宽，另一端较尖。肩饰凹弦纹 3 组，上组 4 圈，中、下两组各 3 圈，在凹弦纹中间刻划羽状纹 2 组；足根正面有 1 个泥突。器最高 23.2、外口径 8.2 厘米。（图二六五，3；图版一一一，2）

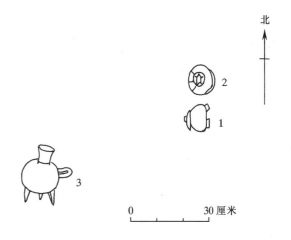

图二六四　M115 平面图
1. 陶鼎　2. 陶壶　3. 陶鬲

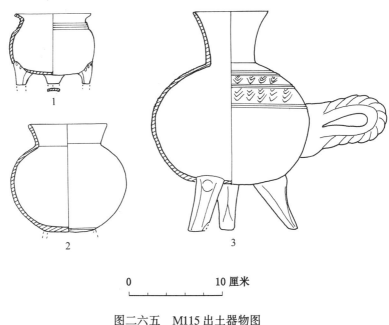

图二六五　M115 出土器物图

M116

（一）概　况

1982 年 9 月 22 日，在 T33 黄土中发现陶鼎、豆、壶、钵和纺轮各 1 件集中置于一处，清理后编号 M116。

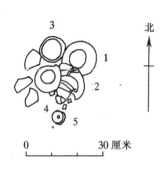

图二六六　M116 平面图

1. 陶壶　2. 陶豆　3. 陶鼎
4. 陶钵　5. 陶纺轮

遗物位于 T33 西北部的⑤层黄土中，其上层为④层新石器时代黄沙土，下层为生土。墓坑、葬具和人骨架均未发现。出土遗物仅陶器 5 件，距地表深约 90 厘米。豆的长轴指向为东北—西南向，陶钵底朝上倒扣放置，纺轮水平放置。（图二六六）

（二）遗　物

陶圆腹罐形鼎　1 件。M116∶3，夹细砂红陶，并夹少量蚌末，炭化后器表留下小凹窝，质地疏松。覆钵形盖，圆柱形纽，纽已残缺。鼎破碎不能复原，圆腹，圈底，3 个扁凹形足，足下半部均残缺。盖直径 8.4、鼎足残高 2.5 厘米。（图二六七，3）

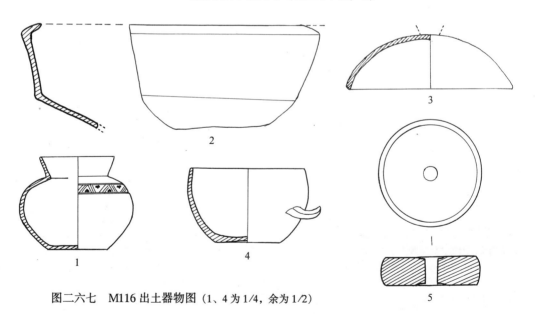

图二六七　M116 出土器物图（1、4 为 1/4，余为 1/2）

陶盘形豆　1 件。M116∶2，泥质红胎黑衣陶，破碎不能复原。豆盘尖圆唇，敛口，折腹，上腹壁内收，高柄，喇叭形圈足。圈足上饰小圆镂孔 1 圈。内口径约 23 厘米。（图二六七，2）

陶圆腹壶 1件。M116：1，泥质灰黄胎黑衣陶，黑衣部分已脱落。圆唇，侈口，圆腹，平底。肩上饰凹弦纹2圈，其间刻划由3条平行斜线组成的三角形纹，三角形纹中间饰弧三角形盲孔。器最高10、外口径8.4厘米。（图二六七，1；图版一一一，3）

陶钵 1件。M116：4，夹细砂灰陶，器表施一层薄黑衣，黑衣大都已脱落。圆唇，口微敛，圆腹，平底略内凹。侧安錾1个，錾呈弯弧形，横剖面扁平，尾部上翘。器最高8、内口径11.6厘米。（图二六七，4；图版一一一，4）

陶纺轮 1件。M116：5，夹细砂红陶。圆饼形，两面扁平，中间一孔，孔外缘向下凹，壁向外鼓凸。器最大直径5.5、最厚1.5厘米。（图二六七，5；图版一一一，5）

M117

（一）概 况

1982年9月22日，在T33黄土中发现一组分布很集中的陶器，经过2天的铲刮平面，发现器物周边一片长方形黄土中夹有灰褐土、红黏土和细碎炭粒，方向为东北—西南向，与周围黄土稍有不同，但长达3米多，当时怀疑非墓坑而未予确认[①]，仅编号为M117。

遗物位于T33西南部的⑤层黄土中，其上层为④层新石器时代层黄沙土，下层为生土。有墓坑迹象，开口应在④层下，但葬具和人骨架均未发现。填土为黄色土夹灰褐土、红黏土和细碎炭粒。出土遗物有陶器8件，距地表深约92厘米。遗物呈东北—西南向，分布较集中，所跨最长边距约75厘米，最宽约50厘米。西南端并排3件壶，北端有1件碗底朝上倒扣放置，东北端1件纺轮水平放置，豆的长轴指向为西北—东南向，与大多数墓中的豆方向不合。根据器物摆放和墓坑迹象，墓葬方向应为东北—西南向。（图二六八；图版一一二，1）

（二）遗 物

陶盘形豆 1件。M117：5，泥质灰黄胎黑衣陶，黑衣大都已脱落。尖圆唇，敛口，折腹，上腹壁内收，圜底，高柄，柄上部鼓凸似算珠状，喇叭形圈足折成斜台阶状。柄上部饰等距圆形盲孔1圈

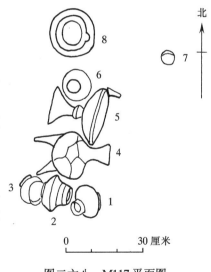

北

图二六八 M117平面图
1.陶壶 2.陶壶 3.陶壶
4.陶鬶 5.陶豆 6.陶壶
7.陶纺轮 8.陶碗

0　　　　　30厘米

---

① 该墓坑迹象与两天后同探方M125所见迹象相同，而M125可确认墓坑，故M117墓坑也应确认。

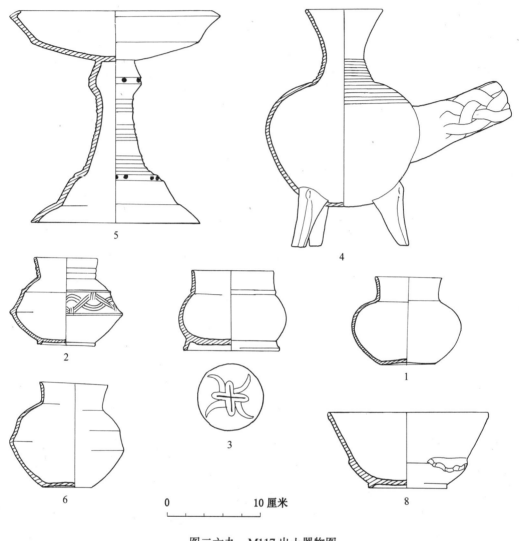

图二六九　M117 出土器物图

9 个；中部饰细凸棱 3 组，上组 4 圈，中组 5 圈，下组 5 圈，圈足上部折台处饰等距圆形盲孔 6 组，每组 2 个。器最高 23、内口径 21.5 厘米。（图二六九，5；图版一一二，2）

　　陶壶　4 件。M117：1，圆腹壶。泥质浅黄陶，器表抹一薄层暗红色泥浆而显得光滑，但局部泥浆已剥落。尖圆唇，口微侈，圆腹，平底略内凹。器最高 9.2、外口径 7.2 厘米。（图二六九，1；图版一一三，1）

　　M117：2，双折腹壶。泥质红胎黑衣陶，黑衣部分脱落。圆唇，侈口，双折腹，腹中部略凹弧，平底，矮圈足。颈饰凹弦纹 2 圈；折腹处各起折棱 1 圈，腹中间上、下各刻划等距离 7 组平行短竖线，每组 3 道，上下错位，其间以 3 条长直线斜向相连，长直线中部另有 3 道弧线断续连成波浪纹；圈足足沿有按压的凹窝 1 个。器最高 9.2、外口径 7 厘米。（图二六九，2；彩版五，4；图版一一三，2）

M117:6，双折腹壶。泥质灰胎黑衣陶，黑衣大都已脱落。圆唇，侈口，双折腹，腹中部微凹弧，平底略内凹。器最高 11、外口径 7.6 厘米。（图二六九，6；图版一一三，5）

M117:3，直口壶。泥质红胎黑衣陶。厚圆唇，直口微侈，扁圆腹，大平底，底部加大圈足。颈部饰粗凸棱 1 圈，在平底上面刻划 1 个大"米"字形纹饰。器最高 8.4、外口径 8.8 厘米。（图二六九，3；彩版五，5、6；图版一一三，3、4）

陶鬶 1 件。M117:4，泥质灰黄陶，足、把手为夹砂陶。圆唇，喇叭口，颈较长，圆腹，下腹斜收，小圜底近平，3 个凿形足。侧安扁平把手 1 个。颈、腹饰凹弦纹数圈；把手系用 4 根泥条编织而成，尾部略上翘；足根正面有小泥突 1 个。器最高 25.2、外口径 8.4 厘米。（图二六九，4；图版一一二，3）

陶碗 1 件。M117:8，泥质灰陶。侈口，斜壁，平底，圈足，侧安 1 个鸡冠形鋬。壁下部有凸棱 1 圈。器最高 8、外口径 17.6 厘米。（图二六九，8；图版一一二，4）

陶纺轮 1 件。M117:7，泥质橘黄陶。圆饼形，两面扁平，中间一孔，壁向外鼓凸。最大直径 5.2 厘米。（图版一一二，5）

M118

（一）概 况

1982 年 9 月 22 日，在 T38 黄沙土中发现陶豆、壶、鬶、杯各 1 件，另有残豆柄 1 个，清理后编号 M118。10 月 3 日又在该组器物南侧同一水平位置发现陶器盖、骨璜各 1 件，归入该墓，为 6、7 号。

遗物位于 T38 北隔梁中段的④层黄沙土中，其上层为②层深灰色扰乱土，下层为⑤层黄土。墓坑、葬具和人骨架均未发现。出土遗物 7 件，计骨器 1 件、陶器 6 件，距地表深约 60 厘米。遗物分布较集中，所跨最长边距约 75 厘米，最宽约 50 厘米。豆的长轴指向为东北—西南向。（图二七○；图版一一四，1）

（二）遗 物

陶豆 2 件。M118:3，盘形豆。泥质灰胎黑衣陶，黑衣大都已脱落。尖唇，敛口，折腹，上腹壁内收，圜底，高柄，柄上部鼓凸似算珠状、中间凹，喇叭形圈足折成斜台阶状。柄中部饰凸棱 2 组，每组 6 圈；圈足上部饰凸棱 2 圈。器最高 23.2、内口径 19.2 厘米。（图二七一，3；图版一一四，2）

M118:4，泥质红胎黑衣陶。破碎不能复原，应与 3 号器物相同。喇叭形圈足，圈

足中部饰不规整凹弦纹数圈，下方饰凹弧四边形
戳印 1 圈，每两个戳印间以 1 个圆圈间隔。残高
9.2 厘米。（图二七一，4）

陶双折腹壶　1 件。M118：1，泥质灰黄陶，
泥质较粗。圆唇，大喇叭口，粗颈，双折腹，腹
中部凹弧，平底。器最高 19.2、口径 11.4 厘米。
（图二七一，1；图版一一四，3）

陶鬶　1 件。M118：2，夹粉砂灰胎黑衣陶，

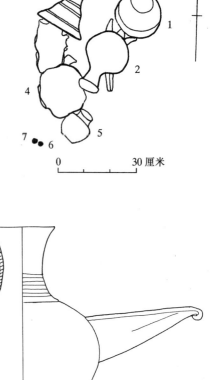

图二七〇　M118 平面图

1.陶壶　2.陶鬶　3.陶豆　4.残陶豆　5.陶杯　6.陶器盖
7.骨璜

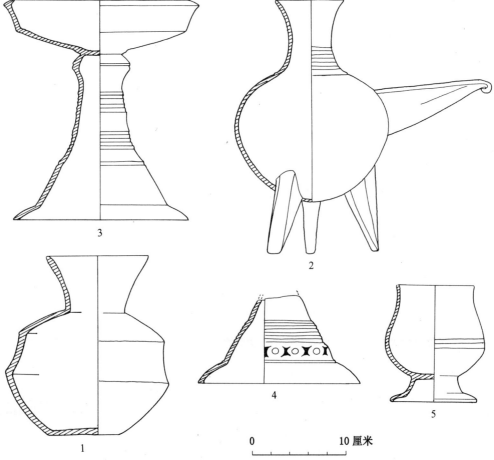

图二七一　M118 出土器物图

黑衣大都已脱落；把手及足为夹砂灰陶，沙质较粗。圆唇，喇叭口，细长颈，圆腹较深，下腹内收成小圜底，3个凿形足。侧安扁平三角形把手1个，把手系用泥块捏制而成，尾部下卷。颈下半部饰浅凹弦纹数圈。器最高 27.4、外口径 7.6 厘米。（图二七一，2；图版一一四，4）

陶杯　1件。M118:5，泥质红胎黑衣陶。圆唇，口微侈，圆腹较深，最大腹径居下，平底，喇叭形矮圈足。腹中部饰不明显凸棱2圈。器最高 12.4、外口径 8.6 厘米。（图二七一，5；图版一一四，5）

陶器盖　1件。M118:6，泥质灰陶，破碎不能复原。覆钵形，纽呈喇叭形。

骨璜　1件。M118:7，乳白色。已残。

M119

（一）概　况

1982年9月22日，在 T36 灰黄土中发现陶壶和纺轮各1件，旁边尚有零星碎陶片，清理后编号 M119。

遗物位于 T36 西南部的④层灰黄土中，其上层为③层商周灰黑土，下层为④层黄沙土。墓坑、葬具和人骨架均未发现。出土遗物仅陶器2件，距地表深约105厘米，所跨最长边距25厘米。纺轮水平放置。（图二七二）

（二）遗　物

陶圆腹壶　1件。M119:1，泥质红胎黑衣陶。圆唇，口微侈，扁圆腹，平底，圈足。腹饰不规整凹弦纹2组，上组3圈，下组2圈。器最高9、外口径6.8厘米。（图二七三，1；图版一一五，1）

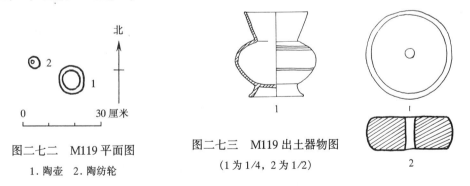

图二七二　M119平面图　　　图二七三　M119出土器物图
1.陶壶　2.陶纺轮　　　　　　　（1为1/4，2为1/2）

陶纺轮　1件。M119:2，夹砂红褐陶。圆饼形，两面扁平，中间一孔，壁向外鼓凸。器最大直径4.8、最厚1.8厘米。（图二七三，2；图版一一五，2）

M120

（一）概 况

1982年9月22日下午，在T37的红沙土中发现相距甚近的石块和陶豆、壶各1件，23日清理后编号M120。

遗物位于T37中部偏东北的红沙土中，其上层为⑤层新石器时代黄土，下即红沙土（即生土）。墓坑、葬具和人骨架均未发现。出土遗物3件，计石块1件、陶器2件，距地表深114厘米。遗物呈东西向分布，所跨最长边距约60厘米。豆的长轴指向为东西向。（图二七四）

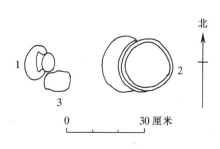

图二七四 M120平面图
1.陶壶 2.陶豆 3.石块

（二）遗 物

陶盘形豆 1件。M120:2，泥质灰黄胎黑衣陶，黑衣之外再涂一层薄红彩，黑衣及红彩大部分已脱落。尖圆唇，敛口，窄平沿，上腹壁较直，下腹弧壁，圜底，高柄，喇叭形圈足。口沿外及折腹处均起1圈凸棱；柄上部略微鼓凸似算珠状，中部内凹并加饰5个圆镂孔；柄中部饰凹弦纹2组，上组4圈，下组3圈；柄与圈结合处折出较宽平的台阶；圈足上部

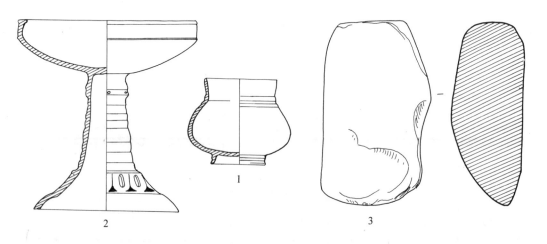

图二七五 M120出土器物图（3为1/2，余为1/4）

饰竖等距离长镂孔 10 个，其间各以 1 道竖向刻线相隔，竖线下端均有 1 个弧三角形戳印。器最高 20.4、内口径 17.6 厘米。（图二七五，2；图版一一五，3）

陶直口壶　1 件。M120:1，泥质红胎黑衣陶。圆唇，口微侈，扁圆腹，腹下垂，圜底，圈足。颈部饰凸棱 2 圈，圈足饰凸棱 1 圈。器最高 9.2、外口径 8 厘米。（图二七五，1；图版一一五，4）

石块　1 件。M120:3，黄色石英岩。不规则形，器体凸凹不平，未经加工，但一端较平，似经过使用。器最长 9.7、最宽 5.9、最厚 4 厘米。（图二七五，3；图版一一五，5）

M121

（一）概　况

1982 年 9 月 23 日，在 T37 黄土中发现分布在一起的石钺、锛各 1 件，旁有碎陶片数片，清理后编号 M121。

遗物位于 T37 南隔梁中段的⑤层黄土中，其上层为④层新石器时代黄沙土，下层为红沙土（即生土）。墓坑、葬具和人骨架均未发现。出土遗物仅石器 2 件和碎陶片数片，距地表深 82 厘米，所跨最长边距约 20 厘米，石钺刃部朝向西，石锛长轴指向为西北—东南向。（图二七六）

（二）遗　物

石钺　1 件。M121:2，灰绿色绿泥石英片岩。器体扁平，平面呈梯形，磨制稍精。顶端有较多的打制疤痕或崩损痕迹。弧凸刃，刃口锋利，上几无崩口。两面对钻 1 孔，为管钻，孔壁上留有细密的旋切痕，外孔径 1.9 厘米。器最长 12、最厚 1.1、刃宽 9.6厘米。（图二七七，2；图版一一六，1）

石锛　1 件。M121:1，深灰色砂质板岩。器体稍厚重，平面呈长条形，磨制稍精。

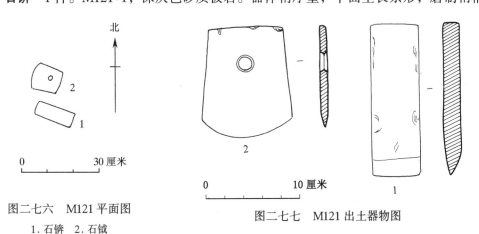

图二七六　M121 平面图
1. 石锛　2. 石钺

图二七七　M121 出土器物图

顶端、两侧面、两平面的边沿均留下很多凿制时形成的凹窝。顶部大致磨平，两角略圆钝但无砸击痕。单面刃，一角残缺一小块，刃口锋利，上无崩口。器最长 16.4、最厚 2.1、刃宽 5.4 厘米。(图二七七，1；图版一一六，2)

M122

(一) 概　况

1982 年 9 月 23 日，在 T37 黄土中发现陶鼎、壶、碗各 1 件集中分布在一起，清理后编号 M122。

遗物位于 T37 南部中段的⑤层黄土中，其上层为④层新石器时代黄沙土，下层为红沙土 (即生土)。墓坑、葬具和人骨架均未发现。出土遗物仅陶器 3 件，距地表深约 88 厘米。陶碗口朝上正放。[①] (图二七八)

(二) 遗　物

陶圆腹罐形鼎 1 件。M122:3，夹细砂红陶。覆钵形盖。鼎口圆唇，侈口，圆腹，圜底，3 个横装扁凹形足。器通高 12、外口径 6.1 厘米。(图二七九，3)

陶圆腹壶 1 件。M122:1，泥质红胎黑衣陶。圆唇，侈

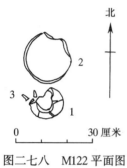

图二七八　M122 平面图
1. 陶壶　2. 陶碗　3. 陶鼎

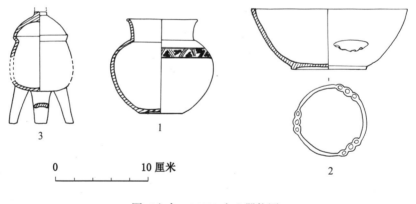

图二七九　M122 出土器物图

口，圆腹，平底。肩部刻划凹弦纹 2 圈，其间刻划斜向相对的多组平行斜线纹，每组之

---

① M121 在 M122 西南方向，器物所在层位相同，深度仅差 6 厘米。若合并后为东北—西南向分布，西南端置石器，东北端置陶器，两组器物间距 67 厘米，所跨最长边距约 120 厘米，且器物组合更接近该墓地墓葬的完整组合，可能属同一墓?

间再戳印弧三角形盲孔。器最高 10.2、外口径 7.6 厘米。（图二七九，1）

陶碗　1 件。M122:2，泥质红胎黑衣陶。圆唇，侈口，弧壁，平底，极矮的圈足。侧安 1 个鸡冠形鋬。圈足足沿饰等距离饰按窝 3 组，每组 3 个。器最高 6.4、外口径 17 厘米。（图二七九，2；图版一一六，3）

<h2 style="text-align:center">M123</h2>

（一）概　况

1982 年 9 月 23 日下午，在 T35 黄沙土中发现陶鼎、壶、纺轮各 1 件集中分布在一起，24 日上午清理后编号 M123。

遗物位于 T35 中间偏南的④层黄沙土中，其上层为③层商周灰褐土，下层为生土。墓坑、葬具和人骨架均未发现。出土遗物仅陶器 3 件，距地表深约 121 厘米。纺轮为水平放置。（图二八○；图版一一七，1）

（二）遗　物

陶圆腹罐形鼎　1 件。M123:1，夹砂红陶。覆钵形盖，纽残缺。鼎身圆唇，侈口，圆腹较深，圜底，3 个横装窄扁平足。腹部饰不规整的凹弦纹数圈。器通高 16、外口径 9.6 厘米。（图二八一，1；图版一一七，2）

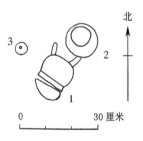

图二八○　M123 平面图
1.陶鼎　2.陶壶　3.陶纺轮

陶折腹壶　1 件。M123:2，泥质红胎黑衣陶。圆唇，侈口，长颈，扁折腹，圜底，圈足。颈下半部饰凸棱 3 圈，折腹处有凸棱 2 圈，圈足上饰凸棱 1 圈。器最高 10、外口径 8 厘米。（图二八一，2；图版一一七，3）

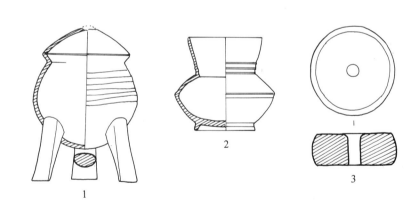

图二八一　M123 出土器物图（3 为 1/2，余为 1/4）

陶纺轮　1 件。M123:3，泥质红陶。圆饼形，两面扁平，中间一孔，壁向外鼓凸。器最大直径 4.7、最厚 1.7 厘米。（图二八一，3；图版一一七，4）

M124

（一）概　况

1982 年 9 月 24 日，在 T37 的红沙土中发现石钺、陶鬶各 1 件分布在一起，清理后编号 M124。

遗物位于 T37 中部偏西南的红沙土（即生土）中，其上层为⑤层新石器时代黄土，下即红沙土。墓坑、葬具和人骨架均未发现。出土遗物 2 件，计石器 1 件、陶器 1 件，距地表深约 116 厘米。石钺刃部朝向西南。（图二八二；图版一一八，1）

（二）遗　物

陶鬶　1 件。M124:1，夹细砂红陶，器身底以上施一层红衣并刮抹光滑，底、把手和足未刮抹显粗糙。圆唇，喇叭口，

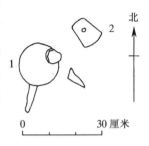

图二八二　M124 平面图
1. 陶鬶　2. 石钺

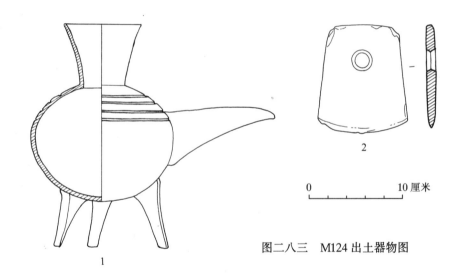

图二八三　M124 出土器物图

颈较长，圆腹，圜底，3 个凿形足。侧安 1 个扁平三角形把手，把手系用泥块捏制而成，尾部向下微弧。上腹饰数圈不规整的凹弦纹。器最高 24、外口径 8.4 厘米。（图二八三，1；图版一一八，2）

石钺　1 件。M124:2，灰绿色绿泥云母石英片岩。器体扁平，平面呈梯形，磨制稍精。顶端磨制，两角有大片缺口。弧刃，刃口较锋利，但上有多处较大的崩口。两面对钻 1 孔，为管钻，孔壁上留有多道旋切痕，外孔径 2.3 厘米。器最长 11.5、最厚 1.2、刃宽 10 厘米。（图二八三，2；图版一一八，3）

M129

(一) 概　况

1982 年 9 月 24 日下午，在 T37 的红沙土中发现集中分布的陶鼎 1 件、陶壶 2 件，25 日清理后编号 M129。

遗物位于 T37 中部偏西南的红沙土（即生土）中，其上层为⑤层新石器时代黄土，下即红沙土。墓坑、葬具和人骨架均未发现。出土遗物仅陶器 3 件，距地表深约 115 厘米。[①]（图二八四；图版一一八，4）

(二) 遗　物

陶圆腹罐形鼎　1 件。M129:3，夹砂红陶。覆钵形盖，纽呈圆柱形。鼎口圆唇，侈口，圆腹，圜底，3 个横装窄扁平

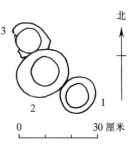

图二八四　M129 平面图

1. 陶壶　2. 陶壶　3. 陶鼎

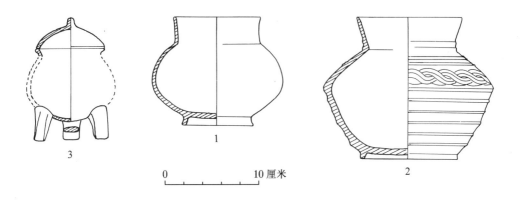

图二八五　M129 出土器物图

足。器通高约 13.2、外口径约 7.5 厘米。（图二八五，3）

陶壶　2 件。M129:1，圆腹壶。泥质灰黄胎黑衣陶。圆唇，口微侈，圆腹，圜底，圈足。器最高 11.6、外口径 9.6 厘米。（图二八五，1；图版一一八，5）

M129:2，折腹壶。泥质红胎黑皮陶。圆唇，口微侈，折腹，腹壁斜直，平底，圈足。颈部饰粗凸棱 2 圈；肩上部饰粗凸棱 2 圈，其下方刻划绞索纹 1 圈，肩、腹结合处饰粗凸棱 1 圈；下腹饰粗凸棱 5 圈。器最高 15.2、外口径 11.6 厘米。（图二八五，2；图版一一八，6）

[①]　M129 在 M124 西南方向，器物所在层位、深度相同，若合并后为东北—西南向分布，两组器物间距 35 厘米，所跨最长边距约 110 厘米，最宽约 40 厘米，且器物组合更接近该墓地墓葬的完整组合，可能属同一墓或有密切关系的两墓。

M125

(一) 概　况

1982年9月24日，在T33黄土中发现一组长条状分布的石、陶器，器物旁为黄褐土夹灰褐土、红黏土和细碎炭粒，后据此迹象找到一长方形墓边，清理后编号M125。

开口于T33中部的④层新石器时代黄沙土下，打破⑤层黄土。长方形圆角浅穴土坑，东北端较窄，西南端稍宽，坑口距地表深112厘米，坑长约225厘米，宽约60～90厘米，深约30厘米，方向约北偏东25°。葬具和人骨未发现。填土为黄褐土夹灰褐土、红黏土和细碎炭粒。出土遗物7件，计石器2件、陶器5件。遗物置于墓坑中、北部，石斧刃部朝向西南，石锛长轴指向为西北—东南向，而陶豆长轴指向为东北—西南向，陶碗底朝上倒扣放置。(图二八六；图版一一九，1)

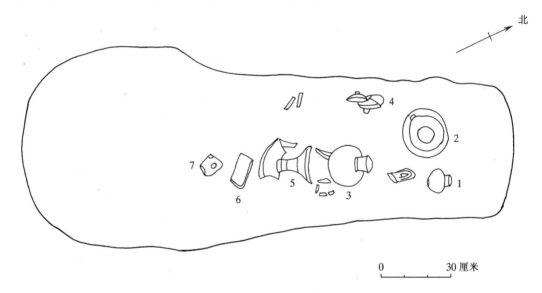

图二八六　M125平面图

1.陶壶　2.陶碗　3.陶鬶　4.陶鼎　5.陶豆　6.长方形石器　7.石斧

(二) 遗　物

陶圆腹罐形鼎　1件。M125:4，泥质红陶，夹少量蚌末，炭化后器表留下小凹窝，质地疏松。覆钵形盖，短纽，纽顶内凹。鼎口圆唇，侈口，圆腹较深，圜底，3个横装扁凹形足。上腹刻划不规则凹弦纹数圈。器通高12.4、外口径7厘米。(图二八七，4；图版一二〇，1)

陶钵形豆　1件。M125:5，泥质红胎黑皮陶。圆唇，敛口，弧腹，圜底，矮柄，柄上部鼓凸似算珠状，喇叭形圈足。豆盘壁下部有凸棱1圈；圈足上有2圈凹弦纹。器

图二八七　M125 出土器物图（6、7 为 1/2，余为 1/4）

最高 20.2、内口径 18.5 厘米。（图二八七，5；图版一二〇，2）

陶圆腹壶　1 件。M125：1，泥质灰陶。圆唇，口微侈，颈较直，圆腹，平底。肩部饰凹弦纹 2 圈，其间刻划斜向相对的多组平行斜线纹，每组之间再戳印弧三角形盲孔。器最高 11.2、外口径 8.5 厘米。（图二八七，1；图版一二〇，3）

陶鬶　1件。M125∶3，略夹细砂灰胎黑衣陶，黑衣大都已脱落，把手和足夹粗砂且未施黑衣。圆唇，喇叭口，粗颈，圆腹，下腹斜收，圜底近平，3个凿形足，侧安1个扁平环形把手，把手用3根圆泥条并列弯曲而成，中间泥条截断一半形成中空。颈部饰浅凹弦纹数圈；足根正面有1个小泥突。器最高23.2、外口径7.7厘米。（图二八七，3；图版一二〇，4）

陶碗　1件。M125∶2，泥质红胎黑皮陶。圆唇，大敞口，折腹，上腹壁斜直，平底略内凹，折腹处起凸棱1圈，其下侧装鸡冠形錾1个。器最高7、外口径23厘米。（图二八七，2；图版一二〇，5）

石斧　1件。M125∶7，灰白色，类似滑石的质地。器体扁平，平面近似弧边方形，磨制精细。器体中间厚，两侧及刃薄，顶部较厚。顶磨成斜平，一角残缺，中间偏一侧残留小半个圆孔，系两面对钻。圆角弧凸刃，刃口略锋利，中间1个较大的缺口。器中间两面对钻大孔1个，为管钻，孔壁光滑，外孔径2.4厘米。器最长8.4、最厚1.3、刃最宽7.5厘米。（图二八七，7；图版一一九，2）

长方形石器　1件。M125∶6，灰绿色泥质板岩，质地极轻而疏松。器体扁平，平面呈长方形，磨制精细。器残长10、宽5.7厘米。（图二八七，6；图版一一九，3）

M126

（一）概　况

1982年9月26日，在T36灰黄土中发现呈直线分布的陶鼎、豆、壶各1件，清理后编号M126。

遗物位于T36东北角的④层灰黄土中，其上层为②层近现代堆积，下层为⑤层黄沙土。墓坑、葬具和人骨架均未发现。出土遗物仅陶器3件，距地表深约110厘米。遗物呈东北—西南向直线分布，所跨最长边距38厘米。（图二八八；图版一二一，1）

（二）遗　物

陶圆腹罐形鼎　1件。M126∶1，夹砂红褐胎黑衣陶，器底以上施黑衣并刮抹光滑，黑衣大部分脱落，底及足未施黑衣且未刮抹显粗糙。圆唇，侈口，圆腹稍扁，圜底近平，3个瘦长鸭嘴形足。足根两侧各刻划竖凹槽1道。器最高11.3、外口径9.4厘米。（图二八九，1；图版一二一，2）

陶钵形豆　1件。M126∶3，泥质红褐胎黑衣陶。尖圆唇，敛口，弧腹，圜底，喇叭形圈足。圈足上部随意戳印大致等距离的小圆孔4个。器最高6.3、内口径11.2厘米。（图二八九，2；图版一二一，3）

陶壶　1件。M126∶2，泥质红褐胎黑衣陶。体较小，制作粗糙，口残，深筒形腹，最大腹径偏下，圜底，圈足残缺。器残高7厘米。（图二八九，2；图版一二一，4）

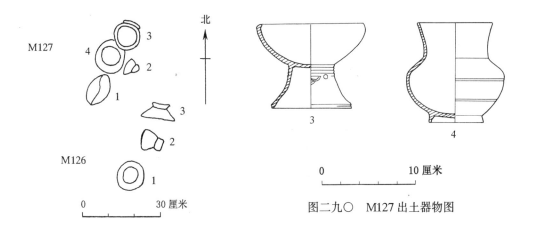

图二九〇　M127 出土器物图

图二八八　M126、M127 平面图

M126：1. 陶鼎　2. 陶壶　3. 陶豆

M127：1. 陶鼎　2. 陶鼎盖　3. 陶豆　4. 陶壶

图二八九　M126 出土器物图

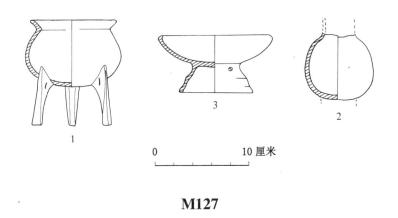

M127

（一）概　况

1982 年 9 月 26 日，在 T36 灰黄土中的 M126 西北侧约 10 厘米处同时又发现呈直线分布的陶鼎、豆、壶各 1 件，清理后编号 M127。

遗物位于 T36 东北角的④层灰黄土中，其上层为②层近现代堆积，下层为⑤层黄沙土。墓坑、葬具和人骨架均未发现。出土遗物仅陶器 3 件，距地表深约 110 厘米。遗物呈东北—西南向分布，所跨最长边距 37 厘米，东南距 M126 仅 10 厘米左右。[①]（图二

---

① M126、M127 器物所在层位、深度均相同，均呈东北—西南向分布，两组器物并列但稍错位约 25 厘米，间距仅约 10～15 厘米，两组器物合并后所跨最宽边距约 40 厘米，最长约 70 厘米，器物组合也相同，应为同一墓或有密切关系的两座墓。另原始记录记两墓在灰黄土层中，但两墓深度达 110 厘米，已经超过灰黄土的最大深度，应在灰黄土下为妥。

八八；图版一二一，1)

（二）遗　物

陶鼎　1件。M127：1，夹砂红褐胎黑衣陶，通体施黑衣，器底以上刮抹平整，有盖（M127：2），盖及鼎身均破碎不能复原。鼎口圆唇，侈口，圆腹，圜底，3个凿形足。腹中部有凸棱1圈。

陶钵形豆　1件。M127：3，夹粉砂灰黄陶，胎质细腻光滑。厚圆唇，敛口，弧腹，圜底，喇叭形圈足，足沿陡折成台阶状并中部内收。圈足上部饰凹弦纹4圈，其下饰不等距圆镂孔3个，凹弦纹下方在其中的两孔之间还饰有1组弧线。器最高9、内口径10.5厘米。（图二九〇，3；彩版四，4；图版一二二，1）

陶折腹壶　1件。M127：4，夹粉砂灰黄陶，胎质细腻光滑。圆唇，口微侈，颈较长，圆折腹，圜底，圈足。折肩及腹下部各饰凹弦纹2圈。器最高10.5、外口径8.4厘米。（图二九〇，4；图版一二二，2）

M128

（一）概　况

1982年9月24日，在T46灰黄土中发现零散分布的石锛1件、陶鼎2件，因周围其他遗物甚少，清理后编号M128。

遗物位于T46东部的④层灰黄土中①，其上层为③层商代黑灰土，下层为⑤b层新石器时代浅黄色花斑土。墓坑、葬具和人骨架均未发现。出土遗物3件，计石器1件、陶器2件，距地表深约210厘米。遗物分布较散，大体为东北—西南向，所跨最长边距约140厘米，最宽约40厘米。

（二）遗　物

陶圆腹罐形鼎　2件。M128：1，夹砂红胎黑衣陶，器身均施黑衣且刮抹平整，足未施黑衣并且未刮抹显粗糙。方唇，直口，颈稍长，圆腹较深，圜底，3个鸭嘴形足。颈、肩、腹各饰粗凸棱1组，颈、腹各3圈，肩部4圈；足根两侧各饰刻划竖凹槽1道。器最高25.6、外口径13.6厘米。（图二九一，1；彩版三，3；图版一二二，3）

M128：2，夹砂红胎黑衣陶，器底以上施黑衣且刮抹平整，黑衣部分脱落，底、足未施黑衣并且未刮抹显粗糙。方唇，侈口，斜平沿，圆腹较深，圜底，3个鸭嘴形足，足根正面较为凸起。腹下部饰横向附加堆纹1圈，底部中间向上呈放射状伸出3条附加堆纹与腹部附加堆纹相接，堆纹上均加饰按窝。器最高28、外口径22厘米。（图二九一，2；图版一二二，4）

———————————

①　原始记录记为在灰黄土中，但距地表深度已达210厘米，已超过灰黄土的最大深度，应在灰黄土下为妥。

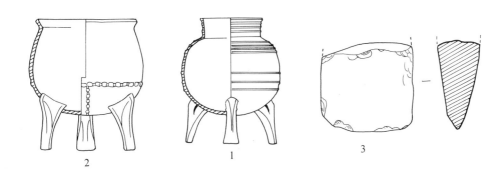

图二九一　M128 出土器物图（3 为 1/2，余为 1/8）

石锛　1 件。M128：3，灰色变质砂岩。器体厚重，平面近正方形，器表有较多打制疤痕，磨制不精。顶端磨成斜面，一角上有较多打击痕迹。单面刃，刃口很钝，上几乎都是崩口。器最长 4.8、最厚 2.3、刃宽 5 厘米。（图二九一，3；图版一二二，5）

M130

（一）概　况

1982 年 9 月 21 日，在 T35 黄沙土中发现分布较集中的砺石、陶壶、罐各 1 件和残鼎足、豆柄各 1 个，清理后编号 M130。

遗物位于 T35 西南角的④层黄沙土中，其上层为③层商周灰褐土，下层为生土。墓坑、葬具和人骨架均未发现。出土遗物 3 件[①]，计砺石 1 件、陶器 2 件，另有残鼎足、

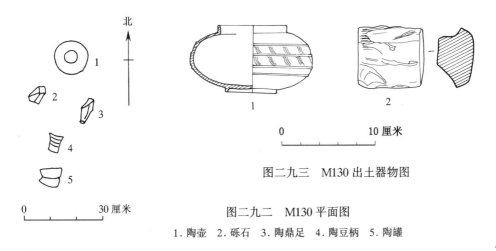

图二九三　M130 出土器物图

图二九二　M130 平面图

1. 陶壶　2. 砺石　3. 陶鼎足　4. 陶豆柄　5. 陶罐

---

① 9 月 21 日在残陶罐之东约 35 厘米处出土的编号 T35：13 石凿（坐标 73×38－97 厘米）也可能与该墓有关。

豆柄各 1 个, 距地表深约 100 厘米。遗物呈东北—西南向分布, 所跨最长边距 57 厘米, 最宽 26 厘米, 豆柄长轴指向为南北向略偏于东北—西南向。(图二九二)

(二) 遗　物

陶鼎足　1 件。M130∶3, 夹砂红陶。

陶豆柄　1 件。M130∶4, 破碎不能复原。

陶扁腹壶　1 件。M130∶1, 泥质灰胎黑衣陶。圆唇, 口微侈, 扁圆腹, 小平底, 矮圈足。腹上、中部饰凸棱 3 圈, 每两条凸棱间各刻划等距离反 "S" 形弧线 26 组, 每组 3 条; 腹下部饰凸棱 1 圈。器最高 7.2、外口径 7.4 厘米。(图二九三, 1; 图版一二三, 1)

陶罐　1 件。M130∶5, 破碎不能复原。

砺石　1 件。M130∶2, 灰色变质砂岩。器体厚重, 为不规则六面体, 平面呈长方形。四面被磨平, 另两面未磨。器最长 7.4、最宽 6.8、最厚 4 厘米。(图二九三, 2; 图版一二三, 2)

M131

(一) 概　况

1982 年 9 月 25 日, 在 T28 黄沙土中发现相距较近的陶鼎 2 件, 清理后编号 M131。

遗物位于 T28 西南角的④层黄沙土中, 其上层为③层商周灰褐土, 下层为生土。墓坑、葬具和人骨架均未发现。出土遗物仅陶器 2 件, 距地表深约 140 厘米。

(二) 遗　物

陶鼎　2 件。M131∶1, 圆腹罐形鼎。泥质红陶, 夹大量蚌末, 炭化后器表留下小凹窝, 质地疏松。圆唇, 侈口, 大圆腹, 圜底, 3 个横装扁凹形足。器最高 26.5、外口径 24 厘米。(图二九四, 1; 图版一二三, 3)

M131∶2, 壶形鼎。

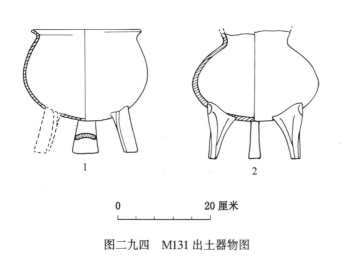

0　　　　　　　　20 厘米

图二九四　M131 出土器物图

夹砂红褐陶。口略残, 侈口, 束颈, 扁圆腹, 圜底, 3 个侧装扁凿形足。足根正面各饰按窝 1 个。器最高约 28、外口径约 15.4 厘米。(图二九四, 2; 图版一二三, 4)

M132

(一) 概　况

1982 年 9 月 24 日，在 T30 东北角黄土中发现 1 件完整陶碗，出土时呈覆扣状，器物周围为一片长方形灰黑色土并伸入隔梁中，方向为东北—西南向，但当时未确认为墓坑，仅编号 M132。10 月 5 日在北隔梁紧挨陶碗处又出完整陶球 1 件，但较碗深约 18 厘米，经现场分析后归入该墓。

遗物位于 T30 东北部的⑤层黄土中，其上层为④层新石器时代黄沙土，下层为生土。有墓坑迹象，开口层位应在④层下，但葬具和人骨架均未发现。填土应为灰黑土。出土遗物仅陶器 2 件，距地表深 168 厘米。两器间距不过 5 厘米，高差约 18 厘米，陶碗底朝上倒扣放置。根据填土判断，墓葬方向应为东北—西南向。(图二九五)

图二九五　M132 平面图
1. 陶碗　2. 陶球

图二九六　M132 出土器物图
(1 为 1/4，2 为 1/2)

(二) 遗　物

陶碗　1 件。M132:1，泥质红胎黑衣陶，黑衣部分脱落。方唇，侈口，斜壁近直，饼形底。壁中部偏下有凸棱 1 圈，侧安 1 个鸡冠形鋬。器最高 5.6、外口径 18.4 厘米。(图二九六，1；图版一二三，5)

陶球　1 件。M132:2，泥质红陶。呈球状，体内中空，内有小陶丸。器表 6 个圆镂孔，呈立体十字形分布，每孔边缘外刻划 1 个圆圈，孔间刻划 2 条平行线相连；在每三孔形成的三角形区域中间，填满浅圆窝，每个圆窝中心凸出 1 个小泥点，系用空心管直接戳印而成。器最大直径 3.8 厘米。(图二九六，2；图版一二三，6)

M133

(一) 概　况

1982 年 9 月 24 日下午，在 T40 西壁旁的黄沙土中有完整器物露头，25 日上午向西扩方，铲刮平面后发现一墓坑边线，下午清理完毕，出土石钺 1 件和陶鼎、壶各 2 件，豆、碗和小陶饼各 1 件，并发现少量已朽烂的骨骼碎块，编号 M133。

开口于 T40 西南部的③层商周黄褐土下，打破④、⑤层新石器时代黄沙土和生土（红沙土）。为不太规则的长方形竖穴土坑，西北角被破坏，墓口距地表深约 90 厘米，坑长约 190 厘米，宽 146 厘米，深约 55 厘米，坑壁斜直内收，方向为正南北向。在器物旁发现了数处已朽烂的骨骼碎片，似应为人骨碎块，但未发现葬具痕迹。填土为微带红色的灰色土，内含黄沙、炭屑和很少量碎陶片，黏性较强。出土遗物 8 件，计石器 1 件、陶器 7 件，1 件石钺置于墓坑中部偏西，刃部朝西，陶器主要置于北部，东南角则有 1 件小鼎。陶碗口朝上正放，内壁还附有 1 块陶饼。(图二九七；图版一二四，1)

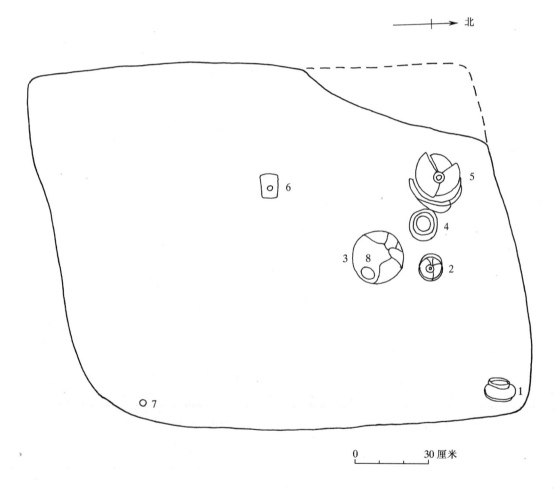

图二九七　M133 平面图

1.陶壶　2.陶鼎　3.陶碗　4.陶壶　5.陶豆　6.石钺　7.陶鼎　8.陶饼

（二）遗 物

陶鼎 2件。M133:2，折腹罐形鼎。夹砂红胎黑衣陶，黑衣大部分脱落；盖为泥质红胎黑衣陶。覆钵形盖，直筒形纽。方唇，侈口，折腹，圜底，3个横装扁平长条形足，足略向内弯曲。腹部饰凹弦纹6圈。器通高14.2、外口径11厘米。（图二九八，2；图版一二五，1）

M133:7，小陶鼎。泥质红陶。器形很小，系用手简单捏制而成，深腹，圜底，下有3个小矮足。器最高约5、外口径4.7厘米。（图二九八，7；图版一二五，2）

陶钵形豆 1件。M133:5，泥质灰黄陶，器内表及口沿为黑衣，外表及口沿上加施一薄层红彩，尚保存了较多部分；盖为泥质灰胎黑衣陶，器表也施一层红彩，部分已脱落。盖呈覆钵形，子口，喇叭形纽。豆盘为母口，圆唇，口微敛，窄平沿，沿面中间内凹，上腹向内斜直，下折收，圜底，高柄，喇叭形圈足折成斜台阶状。盘腹饰凹弦纹3圈，下腹有凸棱1圈；柄上部鼓凸似算珠状，上饰等距离小圆镂孔4个，其下方饰凸

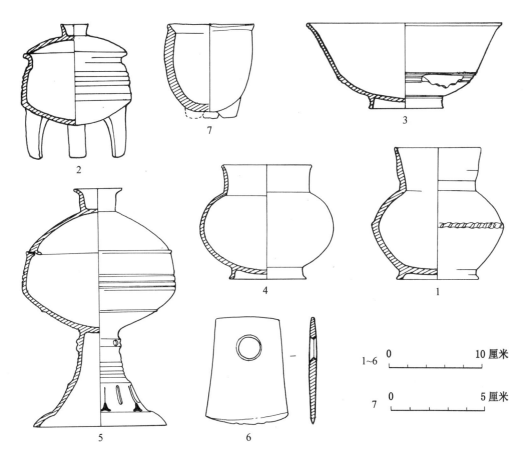

图二九八 M133出土器物图

棱 5 圈；圈足上部镂饰等距离竖长方形孔 8 个，每孔之间再以 1 条竖刻线分割，刻线下端加饰刻印三角形盲孔。器通高 25、内口径 14 厘米。（图二九八，5；彩版四，5；图版一二五，3）

陶壶 2 件。M133:1，折腹壶。泥质灰黄胎黑衣陶，黑衣大都已脱落。圆唇，口微侈，颈较长，圆折腹，圜底，圈足。颈下部饰凸棱 1 圈，折腹处起折棱 1 圈，棱上加饰斜向按压纹似绳索状。器最高 14、外口径 9.6 厘米。（图二九八，1；图版一二五，4）

M133:4，圆腹壶。泥质红胎黑衣陶，黑衣附着较好。圆唇，口微侈，圆腹，圜底，圈足。器最高 12.2、外口径 9.8 厘米。（图二九八，4；图版一二五，5）

陶碗 1 件。M133:3，泥质红胎黑皮陶。圆唇，大敞口，斜壁近直，圜底，圈足。侧安 1 个鸡冠形鋬。器内壁口沿下有数圈粗凸棱呈同心圆状，应属慢轮修整所致；外壁中部饰凹弦纹 3 圈。器最高 9.2、外口径 21 厘米。（图二九八，3；图版一二五，6）

陶饼 1 件。M133:8，泥质灰陶。器体扁平，边缘经敲击大体呈圆形，中间 1 道凸棱。

石钺 1 件。M133:6，青灰色绿泥云母石英片岩。器体扁平，平面略呈“凤”字形，磨制精细，器表抛光亮泽。顶部磨平。弧刃略斜，刃口锋利，上有较多小崩口。两面对钻 1 孔，为实心钻，孔壁倾斜，外孔径约 2.4 厘米。器最长 11.2、最厚 0.9、刃宽 9 厘米。（图二九八，6；图版一二四，2）

M134

（一）概 况

1982 年 10 月 3 日，在 T38 东隔梁北侧黄土中发现陶壶 1 件，旁有牙齿和骨屑，后在其北侧约 40 厘米处又发现石钺 1 件，清理后编号 M134。4 日在北隔梁东侧同一水平位置出土石锛 2 件，与石钺仅距 5～20 厘米，归入该墓。

遗物位于 T38 东北角的⑤层黄土中，其上层为④层新石器时代黄沙土，下层为红沙土（即生土）。墓坑、葬具和人骨架均未发现。出土遗物 4 件，计石器 3 件、陶器 1 件，另有少量牙齿和骨屑，是否人牙未知，距地表深约 120 厘米。遗物大体呈南北向分布，所跨最长边距约 76 厘米，最宽约 65 厘米。陶器、牙齿、骨屑在南侧，3 件石器在北侧，石钺刃部朝向西南，2 件石锛长轴指向均为东北—西南向。（图二九九）

（二）遗 物

陶圆腹壶 1 件。M134:4，泥质灰黄胎黑衣陶，黑衣光亮。圆唇，侈口，圆腹，小平底略内凹。器最高 8.8、外口径 7.2 厘米。（图三〇〇，4；图版一二六，1）

石钺 1 件。M134:3，青灰色石榴角闪片岩。器体扁平，平面呈梯形，磨制精细。顶端磨平，两角有崩损痕。弧刃，一角残缺，刃口锋利，上有几处较大崩口。两面对钻

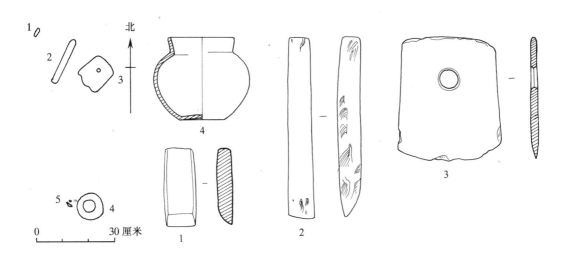

图二九九　M134 平面图　　　　　　　　　图三〇〇　M134 出土器物图

1. 石锛　2. 石锛　3. 石钺　　　　　　　　　（1 为 1/2，余为 1/4）

4. 陶壶　5. 骨屑、牙齿

1 孔，为管钻，外孔径 2.4 厘米。器最长 13.2、最厚 0.9、刃宽 11.7 厘米。（图三〇
〇，3；图版一二六，2）

石锛　1 件。M134:1，青灰色粉砂质板岩。器体小巧，平面呈长条形，磨制精细。
顶端齐平，中间有琢制形成的凹窝。单面刃，刃口锋利，上无崩口。器最长 4.1、最厚
0.9、刃宽 1.6 厘米。（图三〇〇，1；图版一二六，3）

石凿　1 件。M134:2，灰色砂质板岩。器体厚重，平面呈长条形，剖面呈正方形，
通体细磨。顶端齐平。单面刃，刃口锋利，上无崩口。器最长 19.2、最厚 2.5、刃宽
2.8 厘米。（图三〇〇，2；图版一二六，4）

M135

（一）概　况

1982 年 10 月 3 日，在 T37 黄土中发现陶鼎、盆口沿、篓各 1 件和碎骨 2 片，清理
后编号 M135。

遗物位于 T37 东隔梁南段的⑤层黄土中，其上层为④层新石器时代黄沙土，下层
为红沙土（即生土）。墓坑、葬具未发现。出土遗物仅陶器 3 件，距地表深约 109 厘米。
遗物集中分布一起，其中陶鼎出土时即缺三足，盆仅有部分口沿，应是先损坏后再放入
的，盆的东北仅约 5 厘米处有碎骨 2 片，是否人骨未知。（图三〇一）

（二）遗　物

陶折腹罐形鼎 1件。M135:1，泥质内黑外红陶，夹较多蚌末，炭化后器表留下小凹窝，器表施一层薄红衣，部分已脱落。覆钵形盖，纽缘上压印成凸凹不平的齿状。鼎口圆唇，侈口，折腹，圜底，三足残缺。腹上部饰凸棱数圈，折腹处起折棱1圈。该器应属残器随葬。器残高12、外口径9.1厘米。（图三〇二，1；图版一二六，5）

陶盆 1件。M135:2，泥质红胎黑衣陶，黑衣大部分脱落。仅有上半部的一部分，圆唇，敛口，深腹。腹部饰附加堆纹1圈，其中上面1圈加饰压印的圆窝，堆纹下饰凸棱数圈。该器应属残器随葬。器残高11.2厘米。（图三〇二，2）

陶簋 1件。M135:4，泥质红陶，器表施一薄层红衣，红

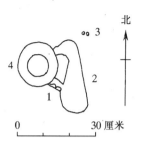

图三〇一　M135 平面图

1. 陶鼎　2. 陶盆
3. 碎骨　4. 陶簋

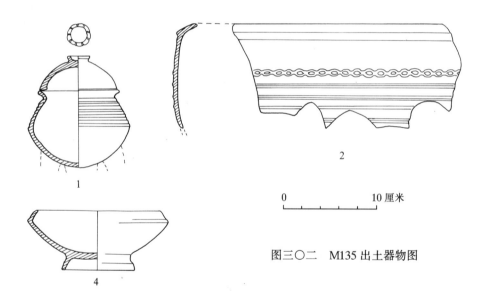

图三〇二　M135 出土器物图

衣略显褐色，大部分脱落。子母口，圆唇，敛口，弧腹略直，圜底，圈足。器最高6.5、内口径13.4厘米。（图三〇二，4；图版一二六，6）

碎骨 2片。M135:3。

M136

（一）概　况

1982 年 10 月 4 日，在 T37 发掘结束前打北隔梁时于黄土中发现玉钺、陶壶各 1件，清理后编号 M136。

遗物位于 T37 北隔梁西段的⑤层黄土中，其上层为④层新石器时代黄沙土，下层为红沙土（即生土）。墓坑、葬具和人骨架均未发现。出土遗物 2 件，计玉器 1 件、陶器 1 件，距地表深约 75 厘米。遗物呈东北—西南向分布，两器间距约 85 厘米，所跨最长边距约 115 厘米。玉钺刃部朝向东南。（图三○三）

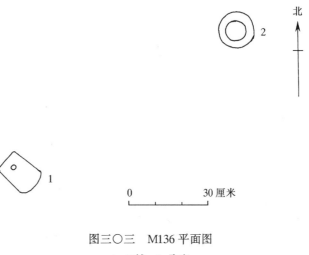

图三〇三　　M136 平面图
1. 玉钺　2. 陶壶

（二）遗　物

陶扁腹壶　　1 件。M136:2，泥质红胎黑皮陶。圆唇，短直口略内收，扁圆腹，圜底，圈足残缺。肩部刻划 4 组弧线纹，每组为 2 条；腹部饰凹弦纹 2 组，每组 3

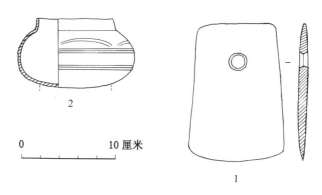

图三〇四　　M136 出土器物图

圈。器残高 7.5、外口径 8.2 厘米。（图三〇四，2；图版一二七，1）

玉钺　　1 件。M136:1，乳白色泛绿。器体扁平，平面呈梯形，磨制精细。顶齐平。弧刃，刃口锋利，上有多处小崩口。两面对钻 1 孔，为管钻，外孔径 1.8 厘米。器最长 14.7、最厚 1、刃宽 10.4 厘米。（图三〇四，1；图版一二七，2）

M137

（一）概　况

1982 年 10 月 4 日上午，在 T35 东隔梁旁的黄沙土最底层出现数件陶器，打掉部分隔梁后发现分布集中的陶鼎、豆、壶、纺轮各 1 件，墓底土质很松，但未能找到明确的墓坑，5 日上午清理后编号 M137。

遗物位于 T35 东南角的④层黄沙土最底层，其上层为③层商周灰褐土，下层为生

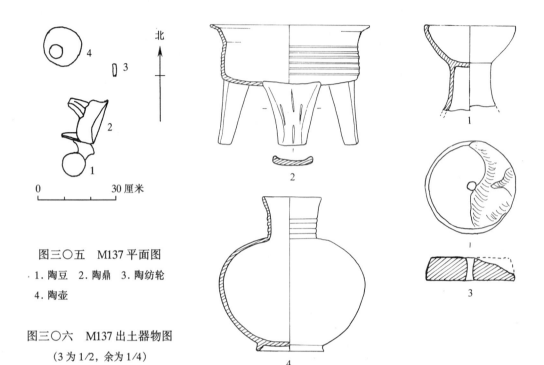

图三〇五　M137 平面图

1. 陶豆　2. 陶鼎　3. 陶纺轮

4. 陶壶

图三〇六　M137 出土器物图

（3 为 1/2，余为 1/4）

土。墓坑、葬具和人骨架均未发现。出土遗物仅陶器 4 件，距地表深约 165 厘米。遗物大体呈东北—西南向分布，所跨最长边距约 50 厘米，最宽约 35 厘米。豆的长轴指向为东北—西南向，纺轮竖立于土中。（图三〇五）

（二）遗　物

陶盆形鼎　1 件。M137:2，泥质红胎黑衣陶，器内壁未施黑衣，足为夹砂红陶也未施黑衣。圆唇，斜沿，沿面略折，侈口，腹较直，平底，3 个横装扁凹形足，足正面内凹，两侧向内卷。腹部饰 7 圈凸棱，每个足正面刻划呈十字形分布的竖凹槽 4 道。器最高 12.8、外口径 17.4 厘米。（图三〇六，2；图版一二七，3）

陶钵形豆　1 件。M137:1，泥质红陶。圆唇，敛口，弧腹，圜底，高柄，柄下半部残缺。该器应属残器随葬。器残高 9、内口径 9 厘米。（图三〇六，1）

陶圆腹壶　1 件。M137:4，泥质灰黄胎黑衣陶。圆唇，口微侈，颈较长，圆腹，圜底，圈足。颈部饰凸棱 4 圈。器最高 16.4、外口径 6.5 厘米。（图三〇六，4；图版一二七，4）

陶纺轮　1 件。M137:3，泥质红陶，器表施一层薄红衣，局部脱落。有残缺，平面呈圆饼形，纵剖面呈梯形，两面扁平，中间一孔，壁斜直。器最大直径 5、最厚 1.3 厘米。（图三〇六，3；图版一二七，5）

M138

（一）概　况

1982 年 10 月 4 日，在 T38 打北隔梁时于黄土中发现分布集中的陶鼎、豆、壶、鬶、碗、纺轮各 1 件，清理后编号 M138。

遗物位于 T38 北隔梁东部的⑤层黄土中，其上层为④层新石器时代黄沙土，下层为红沙土（即生土）。

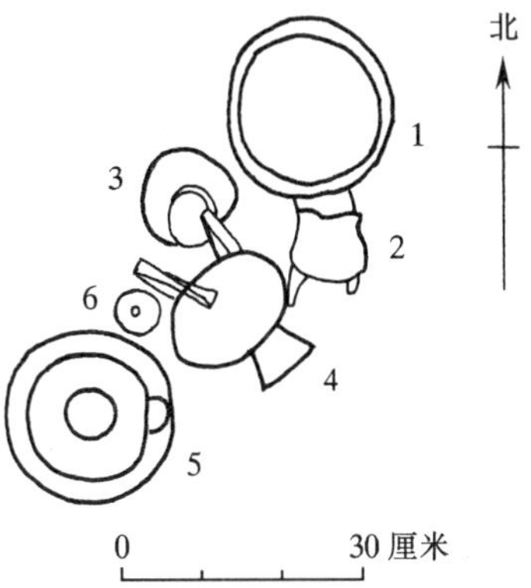

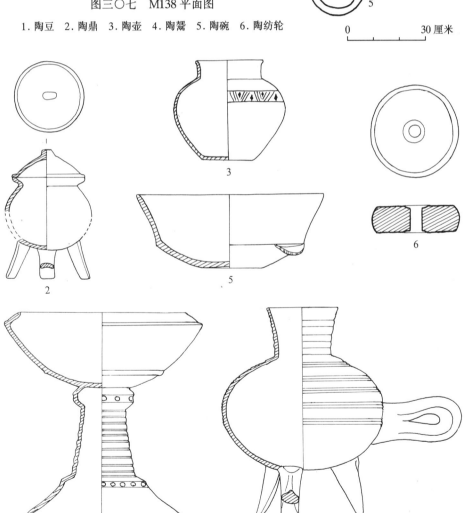

图三〇七　M138 平面图

1.陶豆　2.陶鼎　3.陶壶　4.陶鬶　5.陶碗　6.陶纺轮

图三〇八　M138 出土器物图（6 为 1/2，余为 1/4）

墓坑、葬具和人骨架均未发现。出土遗物仅有陶器6件，距地表深104厘米。遗物呈东北一西南向分布，所跨最长边距约70厘米，最宽32厘米。碗底朝上倒扣放置，纺轮水平放置。（图三〇七）

（二）遗物

陶圆腹罐形鼎 1件。M138:2，泥质红陶，夹蚌末，炭化后器表留下小凹窝，质地疏松。覆钵形盖，小扁平纽。鼎身方唇，折沿，沿面内凹，侈口，圆腹，圜底，3个横装扁凹形足。足根正面饰指甲纹。器通高约13.6、外口径8厘米。（图三〇八，2）

陶钵形豆 1件。M138:1，泥质红胎黑皮陶。子母口，圆唇，敛口，弧腹，圜底，高柄，喇叭形圈足。豆盘下部饰凸棱1圈；柄上部鼓凸似算珠状，中间戳印等距离小圆形盲孔15个；柄中部饰凸棱数圈；圈足上部戳印等距离小圆形盲孔1圈29个。器最高21.5、内口径18厘米。（图三〇八，1；图版一二八，1）

陶圆腹壶 1件。M138:3，泥质灰黄胎黑衣陶，黑衣部分脱落。圆唇，口微侈，圆腹，最大腹径偏上，平底。肩部饰凹弦纹2圈，其间刻划斜向相对的平行斜线纹数组，斜线纹之间加戳印菱形盲孔。器最高10.4、外口径7.4厘米。（图三〇八，3）

陶鬶 1件。M138:4，泥质灰黄胎黑衣陶，把手及足为夹砂灰陶并且未施黑衣。圆唇，口微侈，颈稍粗，圆腹，圜底，3个凿形足。侧安1个扁平环形把手，把手系用2根泥条并列弯曲而成，中间空，中空一端宽另一端尖，尾略平。颈部饰细凸棱5圈；腹部饰等距离凹弦纹5组，每组3圈；足根正面有1个小泥突。器最高24.4、外口径8.7厘米。（图三〇八，4；图版一二八，2）

陶碗 1件。M138:5，夹细砂灰胎黑衣陶，黑衣部分脱落。厚圆唇，大敞口，折腹，上腹壁略内收，平底。侧安1个鸡冠形錾。器最高8、外口径20.4厘米。（图三〇八，5；图版一二八，3）

陶纺轮 1件。M138:6，泥质红陶。圆饼形，两面扁平，中间一孔，壁向外鼓凸。器最大直径4.8、最厚1.4厘米。（图三〇八，6；图版一二八，4）

M139

（一）概况

2000年10月28日，在T48清理完表土后，下层出露陶纺轮1件，29日在其西南又出陶壶1件，确认为墓葬，铲刮平面后找到一墓坑边线，但墓坑东北角伸出探方外的位置为一现代沟破坏，故未扩方。清理后编号第六次发掘M1，第三次整理时改编为M139。

开口于T48东北角的①层表土下，打破⑥层新石器时代红褐土上的一小片灰沙土小夹层，西部被K2叠压。为长方形浅穴土坑，坑口距地表深44厘米，暴露部分长122

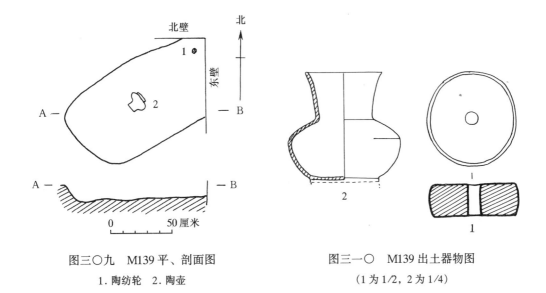

图三〇九　M139 平、剖面图

1. 陶纺轮　2. 陶壶

图三一〇　M139 出土器物图

（1 为 1/2，2 为 1/4）

厘米，宽72厘米，深仅存6厘米，方向北偏东60°。葬具和人骨均未发现。填土为浅黑褐色略显红色土，质稍松软，夹很少量红烧土颗粒。出土遗物仅陶器2件，陶壶平放，纺轮侧斜放置。（图三〇九；图版一二九，1）

（二）遗　物

陶折腹壶　1件。M139：2，泥质灰黄陶。口略残，颈较长，扁圆折腹，圜底，极矮的圈足。器最高约11.2、外口径约8厘米。（图三一〇，2；图版一二九，2）

陶纺轮　1件。M139：1，夹细砂灰黄陶。圆饼形，两面扁平，中间一孔，壁向外鼓凸。器最大直径5、最厚1.8厘米。（图三一〇，1；图版一二九，3）

M140

（一）概　况

2000年10月28日，在T48南侧发现一小片灰黄土，11月1日发掘该小片土层时发现陶壶和纺轮各1件，旋即改定为墓葬，编号为第六次发掘M2，但一部分墓坑在南隔梁中，因T48、T49地层上一些问题尚未解决，未打隔梁。17日打隔梁时补充清理该墓，又发现石器和石块各1件。第三次整理时改编为M140。

开口于T48南侧③层周代灰褐土下，打破⑤层新石器时代黄沙土和⑥层红褐土。为长方形浅穴土坑，东北端较窄，而西南端稍宽，坑口距地表深约40厘米，坑长约190厘米，宽80～96厘米，深22厘米，方向北偏东55°。葬具和人骨均未发现。填土为灰黄土，土质较硬且纯净，夹少量红烧土颗粒、少许红沙土以及1片绘红彩的泥质黑衣陶片和几片泥质灰黄陶片、夹砂灰黄胎黑衣陶片等。出土遗物4件，计石杵1件、石

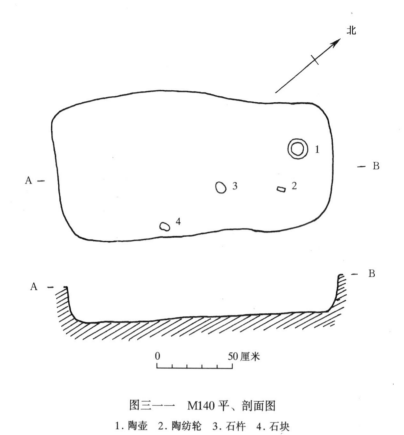

图三——　M140 平、剖面图
1. 陶壶　2. 陶纺轮　3. 石杵　4. 石块

块 1 件、陶器 2 件。石杵和石块置于墓坑中部偏东南壁，其中石杵斜直放置。陶器在墓坑东北端，陶壶口朝上正放，纺轮竖立于土中。（图三——；图版一三〇，1）

（二）遗物

陶扁腹壶　1 件。M140：1，泥质红胎黑皮陶。圆唇，口微侈，扁圆腹，平底，喇叭形圈足。圈足上饰凸棱 1 圈。器最高 10.8、外口径 9.2 厘米。（图三一二，1；图版一三〇，2）

陶纺轮　1 件。M140：2，夹细砂灰陶。圆饼形，两面扁平，中间一孔，壁向外鼓凸。器最大直径 5、最厚 1.8 厘米。（图三一二，2；图版一三〇，3）

石杵　1 件。M140：3，黄色花岗岩。器体厚重，平面呈椭圆形，器表粗糙，一平面相对平滑，长径两端因砸击而较周围更加粗糙不平。器最长 16、最宽 8.4、最厚 4.8 厘米。（图三一二，3；图版一三〇，4）

石块　1 件。M140：4，黄色石英岩。器体呈不规则形，器表稍光滑，无加工痕迹，但一尖端比周围器表略粗糙，似经砸击形成。器最长 8、最厚 6 厘米。（图三一二，4；图版一三〇，5）

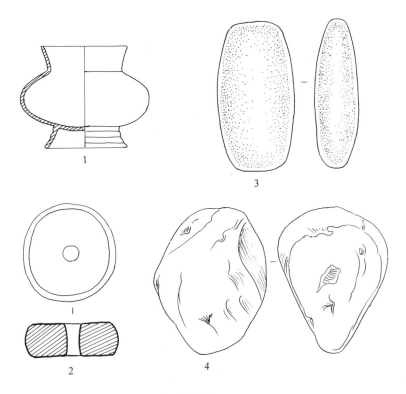

图三一二　M140 出土器物图（1、3 为 1/4，余为 1/2）

M141

（一）概　况

2000 年 10 月 31 日，在 T47 西壁旁的灰黄色沙土中出露 1 件陶鼎，11 月 1 日开始寻找墓边并向西扩方，到 3 日仍无法找出明确墓边，仅隐约有土质差别，遂放弃寻找，4 日清理出陶鼎和石锛各 1 件，编号第六次发掘 M3，第三次整理时改编为 M141。

遗物位于 T47 西部的③层新石器时代灰黄色沙土中，其下层为④层黄土，应开口②层近现代堆积下，打破③层。墓坑仅有迹象但不能确认准确墓边，葬具和人骨架均未发现。出土遗物 2 件，计石器 1 件、陶器 1 件，距地表深约 45 厘米，所跨最大边距 33厘米，石锛斜直立于土中，长轴指向为南北向，陶鼎口朝上正放。（图三一三；图版一三一，1）

（二）遗　物

陶圆腹罐形鼎　1 件。M141：1，夹砂红胎黑衣陶。破碎不能复原。口部残，口微侈，颈稍长，扁圆腹，圜底，3 个凿形足。颈和肩部饰凸棱数圈。器残高约 20 厘米。（图三一四，1）

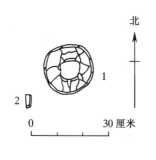

北

2　　　　　　　1

0　　　　　30 厘米

图三一三　M141 平面图
1. 陶鼎　2. 石锛

石锛　1 件。M141：2，青灰色变质砂岩。器体厚重，平面呈长条形，磨制精细光滑。顶部磨平，两角有琢制时形成的疤痕。两平面及侧面均有打制疤痕。刃部残断。器残长 8.9、最宽 3.9、最厚 2 厘米。（图三一四，2；图版一三一，2）

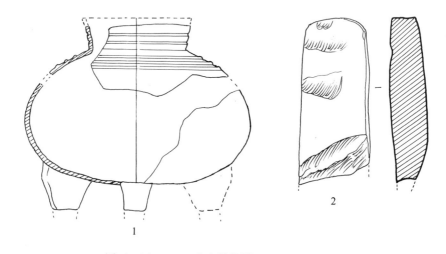

1

2

图三一四　M141 出土器物图（1 为 1/4，2 为 1/2）

M142

（一）概　况

2000 年 11 月 4 日，在 T48 红沙土面上发现一片红褐色土，12 日清理该土层时发现石钺 2 件，并铲刮出一墓坑边线（详见第二章第一节），13 日清理完毕后编号第六次发掘 M4，第三次整理时改编为 M142。

开口于 T48 东南部②层周代黄褐土和⑥层新石器时代红褐土下，打破红沙土（即生土）。为长方形浅穴土坑，坑口距地表深约 75 厘米，坑长 220 厘米，宽 50~60 厘米，深仅 10 厘米，方向北偏东 36°。葬具和人骨均未发现。填土为红褐色土，质地稍硬，夹有很少灰沙和红烧土颗粒。仅出土石器 2 件，另在墓底填土中有陶鼎足 2 个，泥质灰黄胎黑衣陶壶口沿 1 片和夹砂外红内黑陶、夹砂红陶片各 1 片。2 件石钺并列放置，2 号石钺叠压在 1 号石钺边缘之上，刃部均朝向东南。（图三一五；图版一三一，3）

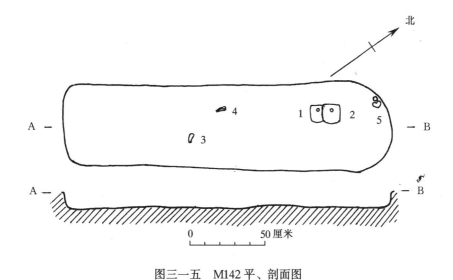

图三一五　M142平、剖面图

1.石钺　2.石钺　3.陶壶口沿　4.陶鼎足（2个）　5.夹砂陶片（2片）

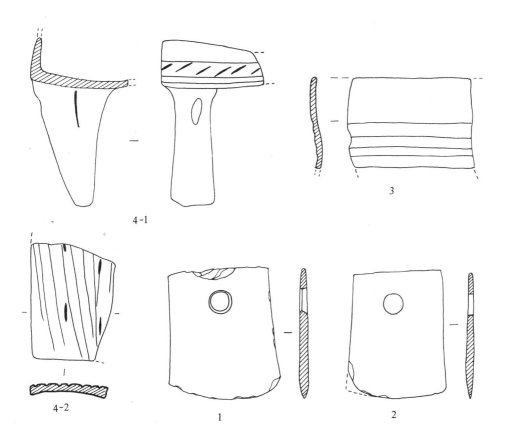

图三一六　M142出土器物图（1、2为1/4，余为1/2）

（二）遗 物

陶鼎足 2个。M142:4-1，夹砂红陶。为盆形鼎的一部分。足为侧装鸭嘴形，足尖残断。腹下部刻划3圈凹弦纹，其间填以斜向刻划纹；足根正面饰按窝1个，两侧各刻划竖向凹槽1道。残高9.2厘米。（图三一六，4-1）

M142:4-2，夹砂灰白陶。为横装扁平足，部分残缺，横剖面呈弯弧形，正面略弧凸，足尖较平。饰多道斜向长刻划纹，其间还加饰短而深的刻槽。器残长6.1、残宽4.8厘米。（图三一六，4-2）

陶壶口沿 1片。M142:3，泥质灰黄胎黑衣陶，黑衣部分脱落。为折腹壶类口、颈部，圆唇，侈口，颈稍长，颈部饰凸棱3圈。残高4.8厘米。（图三一六，3）

夹砂陶片 M142:5，共2片，一为外红内黑陶，一为红陶。

石钺 2件。M142:1，土黄色粉砂质板岩。器体扁平，平面呈梯形，磨制稍精。顶部很多残破的缺口。斜弧刃，刃口稍锋利，上有较多崩口。单面管钻1孔，外孔径2.5厘米。器最长13.9、最厚0.9、刃宽12.4厘米。（图三一六，1；图版一三一，4）

M142:2，深灰色变质砂岩。器体扁平，平面呈斜梯形，磨制精细光滑。顶齐平，上有细密斜向摩擦痕。斜弧刃，一角残缺，刃口锋利，上有数处小崩口。单面钻1孔，为管钻，孔壁较直，外孔径2.2厘米。器最长13.6、最厚0.8、刃宽约10.8厘米。（图三一六，2；图版一三一，5）

M143

（一）概 况

2000年11月5日，在T48东北角发现一小片灰沙土层，13日清理完灰沙土后发现双孔石钺1件，即改定为墓葬，但墓坑一部分伸出探方外，未扩方（详见第二章第一节），编号第六次发掘M5，第三次整理时改编为M143。

开口于T48东北角的①层表土下，打破红沙土（即生土），其上叠压M139且位置大部分重合，中间仅隔一小片灰沙土①。墓坑一部分伸出探方外，未扩方，为长方形浅穴土坑，坑口距地表深64厘米，暴露部分长约100厘米，宽84厘米，深约10厘米，方向北偏东40°。葬具和人骨均未发现。出土遗物仅石钺1件，另填土中有夹砂黑褐陶鼎口沿1片。石钺置于墓坑西南部，刃部朝向西北。（图三一七；图版一三二，1）

（二）遗 物

陶鼎口沿 1片。M143:2，夹细砂黑褐陶。仅一大片，直口，平沿，颈较长。残

---

① M143与M139位置大体重合而略错位，但方向相差约20°，中间隔一层厚约20厘米的灰沙土，灰沙土范围略大于M143墓坑，从T48东北角剖面看三者也大体吻合。是否为下葬时间接近、墓主间有关系的两墓？

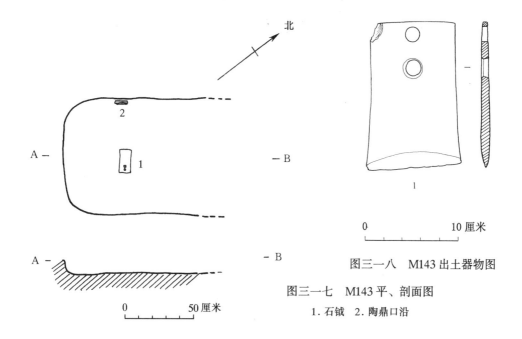

北

A —　　　　　　　　2
　　　　　　　　　　1

A —　　　　　　　　— B

A —　　　　　　　　— B

0　　　　50厘米

1

0　　　　10厘米

图三一八　M143出土器物图

图三一七　M143平、剖面图

1. 石钺　2. 陶鼎口沿

长约6厘米。

石钺　1件。M143：1，深灰色变质砂岩。器体扁平，平面呈长梯形，磨制精细光滑。顶端齐平，上有横向摩擦痕，一角残缺。斜直刃，一角略残，刃口锋利，上有较多细小崩口。两面竖行对钻2孔，上孔小，下孔大，均为管钻，上孔由反面向正面钻孔较深，另一面浅钻，外孔径1.8厘米；而下孔则由正面向反面钻孔较深，另一面浅钻，外孔径2厘米；两孔壁均有旋切痕迹。器最长15.9、最厚1、刃宽10.5厘米。（图三一八，1；图版一三二，2）

M144

（一）概　况

2000年11月17日，在T47发掘完文化层后于生土面上发现一墓坑边线，18日清理出土陶碗1件，编号第六次发掘M6。第三次整理时改编为M144。

开口于T47西北的④层新石器时代黄土下，打破黄色生土，北端被红烧土坑9叠压。为长方形圆角浅穴土坑，北端稍宽，南端略窄，坑口距地表深约105厘米，坑长172厘米，宽56～70厘米，深约20厘米，方向为正南北向。葬具和人骨均未发现。填土为灰色略显黑的黏土，土质较硬，含少量红烧土颗粒。出土遗物仅陶器1件，置于墓坑北端，碗口朝上略倾斜放置。（图三一九；图版一三二，3）

（二）遗　物

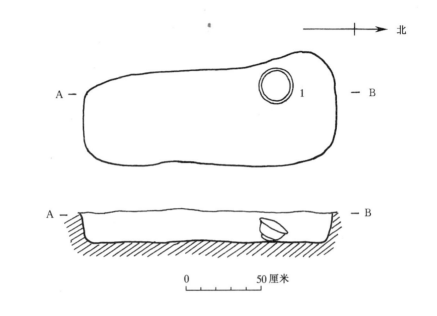

北

A — —B

A — —B

0　　　　　　50厘米

图三一九　M144平、剖面图

1. 陶碗

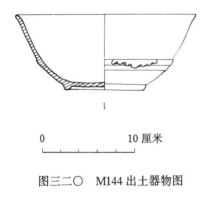

1

0　　　　　　10厘米

图三二〇　M144出土器物图

陶碗　1件。M144：1，泥质红胎黑皮陶。圆唇近方，大敞口，折腹，上腹壁斜直，圜底，圈足。折腹处饰不规整凸棱2圈，侧安1个鸡冠形錾。器最高8、外口径20厘米。（图三二〇，1；图版一三二，4）

M145

（一）概　况

1979年4月11日下午，在T2西侧略偏南处修整探方西壁阶梯时，于黄色土中发现陶罐2件同出一处，周围无其他任何遗物。因遗物虽可见完整形状，但均破碎，未予编号。工地上初步整理时补编号T5第二组。第三次整理时改编为M145。

遗物位于T2西侧略偏南的③层黄色黏土中，其上层为②层商周灰色土，下层为纯黄沙生土。墓坑、葬具和人骨架均未发现。出土遗物仅陶器2件，距地表深124厘米。2件遗物分布在一起。

（二）遗　物

陶罐　2 件。M145：1，泥质红胎黑皮陶，表面磨光。器形较小，破碎无法复原，直口，短颈，圆鼓腹，平底。

M145：2，泥质灰胎，器表施红衣。火候较低，出土时已破碎。器形较小，带盖，鼓腹，小圈足，盖上有纽。

M146

（一）概　况

1979 年 4 月 23 日，在 T5 发掘结束的当天挖掘东部扩方的未尽部分时于黄沙土中发现相距甚近的陶壶 3 件，当时归入地层遗物之中。第三次整理时发现它们，器形完整，个体较小，与其他墓葬中出土陶器风格一致，在其旁的地层中则基本无陶片等遗物，遂改定为墓葬，编号 M146。

遗物位于 T5 东北部的③层新石器时代黄沙土中，其上层为①层表土，下层为纯黄沙生土。墓坑、葬具和人骨架均未发现。出土遗物仅陶器 3 件，呈三角状分布，距地表深约 190 厘米，但各器物深略有不同，其中 1 号深 170 厘米，2 号深 180 厘米，3 号深 190 厘米。

（二）遗　物

陶壶　3 件。M146：1，直口壶。泥质灰胎黑衣陶，黑衣局部脱落。圆唇，口微侈，圆鼓腹较深，平底，圈足，侧安半环形贯耳 1 个。圈足上饰凸棱 1 圈。器最高 8.4、外口径 6.4 厘米。（图三二一，1；图版一三三，1）

M146：2，扁腹壶。泥质红陶，器表施一层薄红衣，部分已脱落。盖似圆饼形，圈足形纽。圆唇，口微侈，长颈，扁圆腹，圜底，圈足。器通高 11.6、外口径 8.8 厘米。（图三二一，2；图版一三三，2）

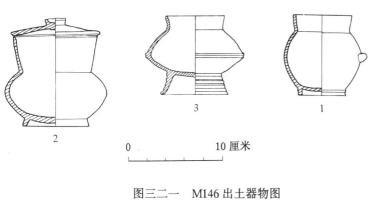

图三二一　M146 出土器物图

M146：3，高圈足壶。泥质灰胎黑衣陶。尖圆唇，敞口，扁折腹，圈足稍高。折腹处起凸棱 2 圈，圈足上饰凹弦纹 5 圈。器最高 8.4、外口径 6.4 厘米。（图三二一，3）

M147

（一）概　况

1979 年 10 月 17 日，在 T9 发掘结束前于黄沙土中发现置于一处的陶器 2 件，因器物均破碎，当时未予编号，仅在日记中记有坐标和草图。第三次整理时考虑到该层中所出成组的成形遗物多为墓葬，两件器物同置一处，且为鼎、豆组合，宜归为墓葬，乃编号 M147。

遗物位于 T9 西隔梁中段的③层新石器时代黄沙土中，其上层为②层商周灰黑色沙土，下层为夹褐斑黄色生土。墓坑、葬具和人骨架均未发现。出土遗物仅陶器 2 件，距地表深约 110 厘米。

（二）遗　物

陶鼎　1 件。M147:1，泥质红胎黑衣陶。破碎不能复原。

陶豆　1 件。M147:2，泥质灰胎黑衣陶。破碎不能复原。

M148

（一）概　况

1981 年 9 月 20 日，在 T24 黄沙土中发现陶壶 1 件，22 日又在其东北 10 厘米处发现陶鼎 1 件，两者处于同一水平面上，当时确认为一墓，但未发现墓坑，也未予编号，第三次整理时补编为 M148。

遗物位于 T24 东南的④层新石器时代黄沙土中，其上层为③层商周褐色土，下层为⑤层黄土。墓坑、葬具和人骨架均未发现。出土遗物仅陶器 2 件，距地表深约 160 厘米。

（二）遗　物

陶圆腹罐形鼎　1 件。M148:2，夹砂红陶，胎质较硬，器表未细加刮抹而凸凹不平。器体较小，圆唇，侈口，束颈，圆腹，圜底，3 个凿形足，足下部断缺。该器为明器，应属残器随葬。器最高 8.2、外口径 8 厘米。（图三二二，2；图版一三三，3）

陶折腹壶　1 件。M148:1，泥质灰胎黑衣陶，黑衣大部分脱落。尖圆唇，口微侈，长颈较直，扁折腹，圜底，圈足已残。肩部饰凸棱 2 圈，折腹处也饰凸棱 2 圈。器残高 12、外

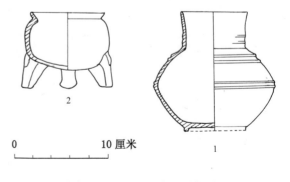

图三二二　M148 出土器物图

口径 7.3 厘米。(图三二二, 1; 图版一三三, 4)

M149

(一) 概 况

1981 年 9 月 29 日, 在 T25 黄土中发现陶鼎、簋各 1 件置于一处, 当时按地层遗物处理, 未编墓号。第三次整理时根据器物分布状况和组合特征分析应为一墓, 将其编号为 M149。

遗物位于 T25 东北角的⑤层黄土中, 其上层为④层新石器时代的黄沙土, 下层为黄色生土。墓坑、葬具和人骨架均未发现。出土遗物仅有陶器 2 件, 距地表深约 154 厘米。

(二) 遗 物

陶折腹罐形鼎 1 件。M149:2, 夹砂灰陶。腹上半部残缺, 折腹, 圜底, 3 个侧装鸭嘴形足, 足下半部断缺。腹饰凹弦纹数圈, 足根正面饰按窝 2 个, 一侧面刻划 1 道竖凹槽。残高 8.8 厘米。(图三二三, 2; 图版一三四, 1)

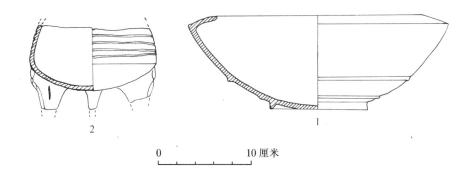

图三二三 M149 出土器物图

陶簋 1 件。M149:1, 泥质红胎黑衣陶。近似子母口, 圆唇, 敛口, 弧腹, 圜底, 极矮圈足。腹下部饰凸棱 2 圈。器最高 10、内口径 22.4 厘米。(图三二三, 1; 图版一三四, 2)

M150

(一) 概 况

1981 年 9 月 22 日, 在 T27 黄沙土中发现玉璜、石镞各 1 件放置在一起, 当时按地层遗物处理。第三次整理时据日记所记内容、器物特征和埋藏环境认为应属一墓, 编号为 M150。

遗物位于 T27 东南角的④层新石器时代黄沙土中，
其上层为②层宋代瓦砾堆积，下层为黄色生土。墓坑、
葬具和人骨架均未发现。出土遗物 2 件，计玉器 1 件、
石器 1 件，距地表深约 86 厘米。

（二）遗物

玉璜　1 件。M150：1，青灰色。半环形，磨制精
细。两端各对钻 1 个小圆孔，孔眼处均残缺。

石镞　1 件。M150：2，青灰色砂质板岩。镞身呈圆
锥形，横剖面呈圆形，纵向残缺一半，镞尖残；圆锥形
挺，挺与身结合处有凹槽 1 圈。残长 7.2 厘米。（图三二
四，2；图版一三四，3）

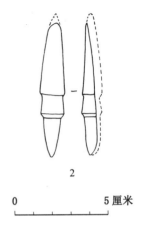

图三二四　M150 出土器物图

M151

（一）概　况

1981 年 10 月 9 日，在 T27 发掘结束前打西隔梁时于黄沙土中发现石钺 1 件，石钺
之北约 60 厘米处发现另 1 件石钺和 2 件石镞置于一处，再往北约 85 厘米处有陶壶 1
件，深度比最南的石钺深 11 厘米，陶壶之西约 35 厘米处发现陶鼎 1 件，较陶壶浅 4 厘
米，当时均按地层遗物处理。第三次整理时根据日记所记内容和器物特征、埋藏环境认
为应属一墓①，编号 M151。

遗物位于 T27 西隔梁南部的④层新石器时代黄沙土中，其上层为②层宋代瓦砾堆
积，下层为黄色生土。墓坑、葬具和人骨架均未发现。出土遗物 6 件，计石器 4 件、陶
器 2 件，距地表最浅为 40 厘米、最深为 51 厘米。遗物大体呈南北向分布，所跨最长边
距约 150 厘米，最宽约 35 厘米。其中陶器 2 件置于北端，石器 4 件置于南端。

（二）遗　物

陶釜形鼎　1 件。M151：6，夹砂红陶，器表施一层红陶衣，但大部分已剥落。圆
唇，侈口，折腹，圜底，3 个近似扁圆柱状足，足尖略扁平。器最高 18.4、外口径
14.4 厘米。（图三二五，6；图版一三五，1）

陶扁腹壶　1 件。M151：5，泥质灰黄胎黑衣陶，黑衣部分脱落。口和部分圈足残

---

① 这些器物出土时间相近，层位相同，深度相差不过 7～11 厘米，基本在同一水平面上。遗物有石钺、陶
鼎、壶一类组合，且北端置陶器、南端置石器，周围其他遗物极少。方向为南北向略偏东北—西南向，所
跨最长边距约 150 厘米。这都符合该墓地墓葬的一般规律，因此似可归为一墓。

缺，扁圆腹，圜底，矮圈足。器残高 6 厘米。（图三二五，5；图版一三五，2）

　　石钺　2 件。M151:1，灰黄色粉砂质板岩。器体扁平，平面呈梯形，磨制不精。顶部磨平，上有数个大小不一的缺口。斜刃，一角残缺，刃口稍锋利，上有多处崩口。两面钻 1 孔，为管钻，孔壁较斜，外孔径约 2 厘米，孔旁残存钻孔时摆动形成的凹窝。器最长 11.2、最厚 1、刃宽约 10 厘米。（图三二五，1；图版一三五，3）

　　M151:4，青灰色石榴角闪片岩。器体扁平，平面呈梯形，磨制稍精。顶部磨平，两角磨成斜面。刃略弧，刃口锋利，上有 2 处较大崩口和多处细小崩口。两面对钻 1 孔，似为实心钻，外孔径 2.4 厘米。器残长 12.4、最厚 1.2、刃宽 10.2 厘米。（图三二五，4；图版一三五，4）

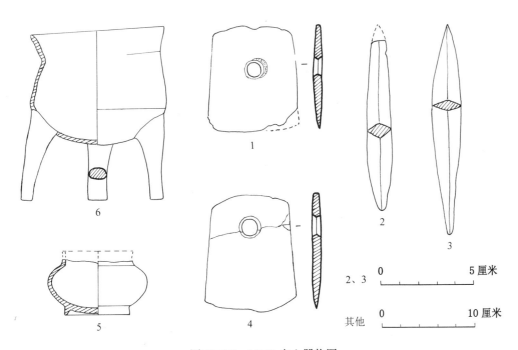

图三二五　M151 出土器物图

　　石镞　2 件。M151:2，青灰色砂质板岩。镞尖略残，平面呈柳叶形，横剖面呈菱形，两头尖，器表可见细密摩擦痕。器残长 9 厘米。（图三二五，2；图版一三五，5右）

　　M151:3，青灰色砂质板岩。平面呈柳叶形，横剖面呈菱形，两头尖，器表可见细密摩擦痕。器最长 11.1 厘米。（图三二五，3；图版一三五，5左）

第五节 其他遗迹

有红烧土坑、红烧土堆积、石料堆。

红烧土坑均分布于墓葬区的边缘地带，数量不是太多，已编号的有红烧土坑1、3～9共8个。按平面形态划分有梯形、圆形、椭圆形和不规则形几种。按坑壁和底的状态划分有锅底形、袋状和不规则形几种。坑内均填满了相互间结合较紧密的红烧土块，部分红烧土块上留有明显的草叶茎秆痕迹和木杆朽后留下的凹槽，少数坑中还夹杂一些灰烬层及少量木炭块或碎粒等。大多数坑内遗留有数量不多的陶片。

红烧土堆积在薛家岗地点和永兴地点都有分布，已编号的有红烧土堆积1～3。薛家岗地点较多，大多数也都分布在墓葬区的边缘地带，基本上为地表堆积，个别还同时有坑状堆积，分布面较大，有些呈不连续的片状分布。堆积附近未发现较大的烧土平面或柱洞类痕迹，烧土块之间结合不紧密，部分烧土块的表面敷有一层能剥落的泥层，偶见少量圆木朽后留下的半圆孔。永兴地点仅发掘了1处，且未完全揭露。红烧土堆积中均包含了数量不等的陶片，个别还有少量的石器等。（附表七）

石料堆仅在T41发现1处。为地表堆积，石料基本上属废料，少数可能属石器原料，应与石器制造有关。

红烧土坑1

（一）概 况

位于T16西南角，部分延伸到西壁外。开口于②层宋代堆积下，打破④层新石器时代灰黄土和⑤层黄土。坑口平面近似梯形，距地表深约90厘米，面积近7平方米。边线略斜，北边长约320厘米，东边长约300厘米，南边长约220厘米。坑的北壁较直，南壁向外伸出成袋状，坑底北高南低，高差约20厘米，但均较平坦。深90～110厘米。（图三二六）

坑内填满了红烧土块和碎颗粒，部分红烧土块上留有明显的草叶茎秆痕迹和木杆朽

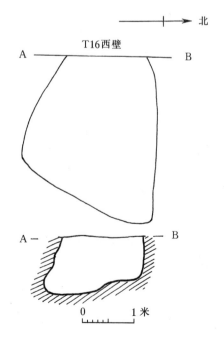

图三二六 红烧土坑1平、剖面图

后留下的凹槽。烧土堆积之间夹杂有一些灰烬层及少量木炭块或碎粒，还有少量碎骨。

（二）遗　物

坑内出土陶片数量不多，多为泥质陶，有红衣陶、黑皮陶和灰陶，夹砂陶基本不见，主要器形可见豆盘和豆柄残片。在红烧土堆积最上层，发现陶球 4 个即编号 M73 的遗物。

红烧土坑 3

（一）概　况

位于 T28 的东南部，部分延伸至探方外。开口于③层商周灰褐土下，打破④层新石器时代黄沙土和生土①，本身被 H41 打破西北角。暴露部分近似不规则椭圆形，坑壁斜直，平底。坑口距地表深约 130 厘米，已知长约 210 厘米，宽约 200 厘米，深 115 厘米。（图三二七）

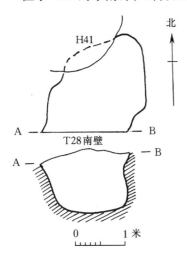

图三二七　红烧土坑 3 平、剖面图

坑内填满了个体较大的红烧土块，相互结合较紧密，基本不含泥土，部分红烧土块中可见掺和的稻草碎杆，还有一部分类似窑壁，呈灰黑色，面上涂一层细泥，较光滑，但坑中并未见火眼或窑底。

（二）遗　物

红烧土间出土遗物有砺石 2 件、陶饼 1 件、深腹钵 1 件，陶球 1 件。另有陶片 100 余片，绝大多数为泥质陶，夹砂陶极少，其中灰陶占 38.1%，红陶占 39%，黑皮磨光陶占 22%，外红内黑陶仅占不到 1%。可辨器形有鸟形盖纽、竹节状豆柄、宽扁凹鼎足等。

陶球

红烧土坑 3:1，泥质红陶。呈球状，体内中空，内应有小陶丸。器表有 6 组戳印纹呈立体十字形分布，每组为 9 个小戳印呈三三矩阵排列，相邻两组间以 3 道刻划线连结。在每三组形成的空白区域中心再戳印 1 个小盲孔，孔四周刻满放射状细线。器最大直径 2.9 厘米。（图三二八，1；图版一三六，1）

1

图三二八　红烧土坑 3 出土器物图

---

① 该坑层位可能需斟酌。

红烧土坑 4

（一）概　况

位于 T28 西南角，大部分在探方外，开口于③层商周灰褐土下，打破④层新石器时代黄沙土和生土。为袋状坑，口小底大，平面近圆形，底平。坑口距地表深约 130 厘米，口径 80 厘米，底径 180 厘米，深约 75 厘米。（图三二九）

坑内填满大小不一的红烧土块，但无烧结面。

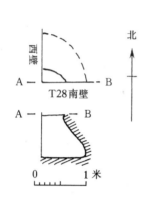

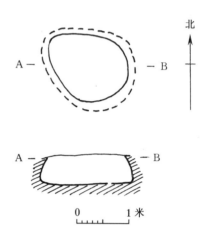

图三二九　红烧土坑 4 平、剖面图　　　　　图三三〇　红烧土坑 5 平、剖面图

红烧土坑 5

（一）概　况

位于 T29 东北角，叠压于 H60 下，打破生土。为一袋状坑，口小底大，平面呈椭圆形，底平。坑口距地表深 117 厘米，长径 164 厘米，短径 130 厘米，底部长径 175 厘米，短径 150 厘米，深 55 厘米。（图三三〇）

坑内堆积了大量的红烧土块，大小不一，一部分长达 20 厘米以上，厚达 10 厘米，另有部分一面光滑，一面粗糙，而光滑一面覆扣于地。但多数红烧土块形状不规则，彼此烧结在一起，少数红烧土块内部还可见到类似烧熔的矿物质，显然经过了高温。

在红烧土堆积中间，夹杂有少量陶片。

红烧土坑 6

（一）概　况

位于 T31 东南部，部分在南隔梁内，开口于③层商周灰褐土下，打破④层新石器

时代黄沙土、⑤层黄土和生土，坑东部被③层堆
积打破一部分。暴露平面为不规则椭圆形，坑壁
斜弧，底近平。已知东西长约 180 厘米，南北宽
约 100 厘米，深 73 厘米。（图三三一）

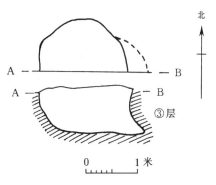

　　近底部杂乱排列着大小不一的红烧土块，其
下压着一层含炭粒或炭末的黑色土，质地疏松。

　　（二）遗　物

　　坑内出土陶片 106 片，夹砂陶极少，泥质红

图三三一　红烧土坑 6 平、剖面图

陶达 65%，次为灰陶，再次为黑陶和外红内黑陶。
器表除素面外，凸棱占 48%，大都饰于泥质红陶
上，另有少量凹弦、戳印、附加堆纹。可辨器形有鼎足 2 个、豆柄 2 个、缸口沿 3 个。
鼎足均为泥质灰陶，1 个为凿形，1 个为扁柱状；豆柄均为泥质红陶，其中 1 个饰有指
甲纹，另 1 个饰有 3 个镂孔。

红烧土坑 7

　　（一）概　况

　　位于 T32 西南角，部分延伸到南、西
隔梁（T39 发掘时未予记录），开口于②层
深灰色土下，打破③层新石器时代黄沙土和
生土。平面暴露的形状不规则，坑壁斜弧，
类似圜底。已知最长约 305 厘米，最宽 198
厘米，深约 90 厘米。似可分为两块，北边
一块近圆形；南边一块不规则，东西长约
60 厘米，宽 55 厘米，深约 120 厘米，中间
有 1 个长方形小洞，似为柱洞。（图三三二）

　　坑内堆积大量红烧土块，大小不一，结
合较紧，但长方形小洞内含红烧土块很少。

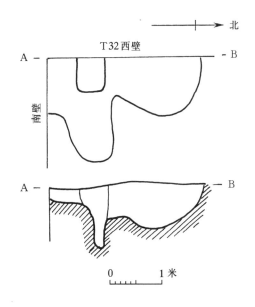

图三三二　红烧土坑 7 平、剖面图

红烧土坑 8

　　（一）概　况

　　位于 T45 东南部，开口于③b 层商周黑灰土下，打破新石器时代④层灰黄土和⑤a

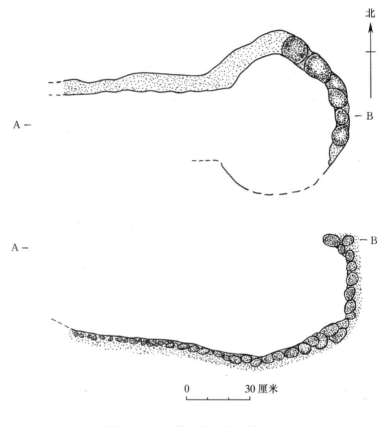

图三三三　红烧土坑 8 平、剖面图

层深灰色花斑土。南半部和西部被破坏。坑口距地表深约 130 厘米，残存长约 140 厘米。坑壁是由大小不一的红烧土块构成，相互间结合比较牢固，坑底也由结合紧密的红烧土块构成，因而形成类似窑壁的烧土面，厚约 10～15 厘米。据现有形状看，其东部应为近圆形，壁较直，但近顶部内敛，底近似圜底，外径约 78 厘米，内径约 55 厘米，深约 55 厘米；向西伸出部分为长条形，壁较直，底为缓坡状，向西渐浅，残长 84 厘米，外宽约 40 厘米，内宽仅约 26 厘米。(图三三三)

　　在该坑内西南角、西北角和东北角三处均发现 1 块石块，推测被破坏的西南角原来也应有 1 块石块，西北角石块之上发现 1 个深约 30 厘米的小洞，类似柱洞。①

　　(二) 遗　物

　　坑内堆积有大量个体较大的红烧土块，层层叠压，遗物仅在西侧近口部的底层发现

-----

　① 据上述情况推测，该坑与普通红烧土坑颇不相同，应是一口部朝西、有狭长的斜坡通道、坑壁经过加工的　　　特殊遗迹，坑的四角均应有一个垫有石础的柱洞，是否与窑或储物坑有关尚未可知。

类似骨针的残骨器2件和碎骨1块。

红烧土坑9

（一）概　况

遗物位于 T47 西北部，部分延伸至探方外。开口于②层下，打破④层新石器时代黄土和生土，本身叠压在 M144 北端之上。平面暴露部分为半圆形，坑壁斜弧，底部近似圜底但稍平。坑口距地表深约60厘米，直径应大于115厘米，深约40厘米。（图三三四）

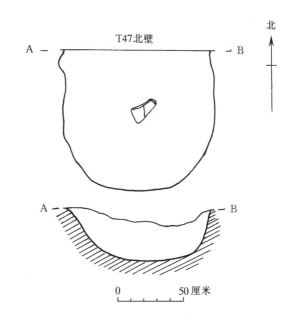

图三三四　红烧土坑9平、剖面图

坑内填满了大小不一的红烧土块，大者20厘米左右，小者5～10厘米，相互间结合较紧密，表面中间略凹陷，上有1块长超过20厘米的泥质灰黄陶片。（图版一三六，2）

（二）遗　物

红烧土块之间夹有陶片218片，夹砂陶仅红陶一种，只占总数的4.7%，绝大部分为泥质陶，占95.3%，泥质陶中黑皮陶又占66%，余为灰黄陶、夹植物壳或蚌末红陶、灰陶。器表以素面为主，纹饰多为凸棱，占22.4%，余为少量的凹弦、刻划、镂孔、磨光、附加堆和按窝。可辨器形有足

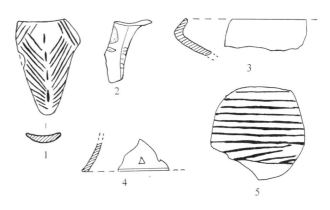

图三三五　红烧土坑9出土器物图
（1、2、4为1/4，余为1/2）

根部带按窝的鼎足、豆柄、豆盘口沿、鬶把、鬶足、壶口沿、盆口沿、缸片，另有带刻槽的研磨器腹片1片。

陶鼎足　红烧土坑9:1，泥质红陶。横装扁平足，足面略向外弧凸，足根两侧向外

伸展略似枫叶形。足正面中间饰竖向短凹槽 4 道，其两侧饰斜向刻划直线。残高 10 厘米。（图三三五，1）

红烧土坑 9:2，夹粗砂外红内黑陶。侧装扁平凿形。足根部有较深按窝 1 个，四周也有多个小按窝。残高 6.8 厘米。（图三三五，2）

陶豆盘口沿 红烧土坑 9:3，泥质红胎黑皮陶，表面磨光。尖唇，敛口。残高 1.8 厘米。（图三三五，3）

陶豆圈足 红烧土坑 9:4，泥质红胎黑皮陶，表面磨光。圈足上有圆形镂孔和弧三角形戳印纹。残高 3.4 厘米。（图三三五，4）

陶研磨器残片 红烧土坑 9:5，泥质灰黑陶。系盆类研磨器的腹片，器内表有多道凹槽。残片最长约 5.2 厘米。（图三三五，5）

红烧土堆积 1

（一）概 况

位于 T40 北隔梁和 T39 的大部分地方①，呈不连续片状分布，叠压在②层深灰色土之下，④层新石器时代黄沙土之上，为一处分布面较广而散的地上红烧土堆积，厚 10～80 厘米。烧土块大小不一，相互间结合也不紧密，未发现较大的平面或柱洞类痕迹，部分烧土块的表面敷有一层能剥落的泥层，其中 1 块较大的长约 30 厘米、宽 23 厘米、厚 14 厘米，一面较平，另一面凸凹不平，但中间有一个横贯的圆木朽后留下的半圆孔。（图三三六）

（二）遗 物

红烧土块之间夹杂有残断的石钺、石锛各 1 件，以及陶片和黑色的含沙土块、草木灰，此外还发现一些

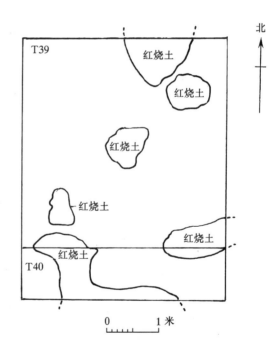

图三三六 红烧土堆积 1 平面图

① 该堆积在红烧土堆积 2 的东南方向 3～7 米处，两者极可能有关联。其内含的陶片基本上属新石器时代，也即与黄沙土层中的墓葬遗物大体同时，但遗迹位于墓葬区的西部边缘。若果如此，它与墓葬区的关系也就颇为重要了。

陶器口沿烧结在红烧土块中。

　　陶片绝大多数为泥质红陶，另有极少量夹砂黑陶，可辨器形有 1 件破碎的夹砂黑陶罐形鼎，腹部饰 1 道附加堆纹，3 个鸭嘴形足；1 件夹砂红陶罐形鼎为外红内黑陶，器表粗糙，腹部 1 道较细的附加堆纹，3 个宽扁凹足；还有破碎的豆盘、陶球、陶饼等。在 T39 西北角、西南角、东北角和中部，以及 T40 西北角的这些红烧土堆积之下有几处不规则的红烧土坑，与红烧土堆积连成一体，坑口长 70～140 厘米不等，深约 90～130 厘米，T39 东北角的红烧土坑中还出土了 2 件打磨用的长石条。

<h2 style="text-align:center">红烧土堆积 2</h2>

（一）概　况

　　位于 T49 南隔梁内和 T50 中北部，叠压在⑥层西周灰褐略显红色土下，红沙土（生土）面上，西北角的红烧土块堆积被 F5 打破一角。为一处分布较为散乱的地上红烧土堆积，大体上呈半环形，西南部没有分布，面积约 8 平方米。西北的一片红烧土块分布较集中，被西周半地穴址 F5 破坏了一部分，略呈长方形，相互间结合较为紧密，面积约 110×70 厘米，中间厚，四周薄，堆积高度约 15 厘米，烧土块大的长约 12 厘米，小的不过 2 厘米，仅在西南角夹有 1 片泥质灰黄陶片（23 号）。东侧、南侧的红烧土块分布较为零散，仅东南角一片相对密集。这一片的烧土块均较小，一般都在 2～6

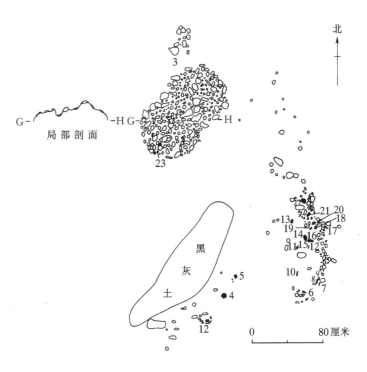

图三三七　红烧土堆积 2 平、剖面图

厘米，有一小部分长不足 1 厘米，在它们之间零散夹杂着黑土、炭末和 22 片陶片。

　　在这片半环形堆积的中间约 3.5 平方米的近长方形空白区域内未发现一块红烧土块或是颗粒，西南部同样如此，但在西南部紧挨烧土块堆积之北侧则有一片呈东北—西南向的长梭形黑灰土带，夹很多炭末，类似草木灰堆积，长约 180 厘米，宽 15～50 厘米，厚不超过 2 厘米，土质松软而纯净，不含任何陶片或红烧土块。[①]（图三三七）

（二）遗　物

西北部密集红烧土块的西南角夹有 1 片泥质灰黄陶片（23 号）。东、南部的红烧土块之间夹杂着 22 片碎陶片，长度一般不超过 5 厘米，近半数陶片出土时呈直立或斜立状，其中 18 片（4、6～22 号）均为泥质红胎（或灰胎）黑皮（衣）陶，而泥质褐陶（1 号）、红陶（2 号）、纯黑陶（3 号）和夹砂红褐陶（5 号）仅各 1 片。

红烧土堆积 3

（一）概　况

位于永兴晒稻场 T1 中部偏北，叠压在③层新石器灰褐土下，④层黄褐土上，平面形态不清，距地表深 35～80 厘米，已暴露部分长 106 厘米，宽 100 厘米，厚 30～50 厘米，东、西、北三面伸向探方外，底部较平。（图三三八）

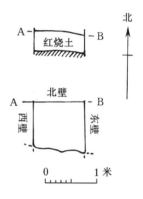

图三三八　红烧土堆积 3
平、剖面图

红烧土块大小不一，少数略似砖块形。其间夹有红烧土颗粒、炭粒和残骨，并有新石器时代的陶片 17 片。

（二）遗　物

陶片以夹砂红陶为主，泥质红陶、夹砂灰陶和泥质褐陶兼有，器表素面占 15 片，纹饰仅有凸棱 1 片、刻划纹 1 片。可辨器形有扁平条状鼎足、豆盘口沿、壶口沿、盆口沿、器盖提手等。

陶鼎口沿　红烧土堆积 3:4，夹砂红陶。釜形，尖唇，敞口，微束颈，弧腹。残高 4.5、外口径约 16 厘米。（图三三九，4）

陶鼎足　红烧土堆积 3:1，夹砂红陶。横装扁平状，横剖面呈扁椭圆形，足跟平。残高 4.2、宽 4.2、最厚 0.8 厘米。（图三三九，1）

红烧土堆积 3:2，夹砂红陶。横装扁平状，呈长条形，横剖面呈扁椭圆形，足跟平。残高 4.2、宽 2.2、最厚 0.6 厘米。（图三三九，2）

陶豆盘口沿　红烧土堆积 3:3，夹砂红陶。圆唇，极矮的直口，浅腹。口沿下有 1 道凸棱。残高 3.4、外口径约 22.4 厘米。（图三三九，3）

陶壶圈足　红烧土堆积 3:5，夹砂红陶。圈足高 1.2、足径 12 厘米。（图三三九，

---

①　该堆积从结构、分布形状、内含陶片以及黑土带的分布位置分析，应属原生堆积而未遭后代的移动，但性质不能断定，是否与露天烧窑有关也未可知。其相对年代是根据包含的陶片和打破关系推定的。

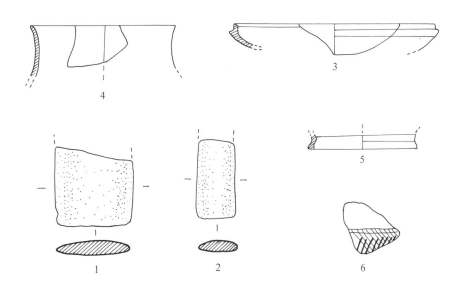

图三三九　红烧土堆积3出土器物图（1、2、6为1/2，余为1/4）

5）

刻划纹陶片　红烧土堆积3:6，泥质红陶。先刻划较粗的条纹，再交错刻划细直线纹。器最长3.4厘米。（图三三九，6）

石料堆 1[①]

（一）概　况

位于 T41 中部，叠压于 H60 之下，④层新石器时代黄沙土面上。石料距地表深 75 厘米，集中放置在 30×40 厘米范围内，仅 1 件单置一旁，周围无其他遗物伴随。在 T40 和 T41 距其稍远处的同一层面上，发现有椭圆形砺石数块，似应有关联，应属石器制作的原料或废料。（图三四〇；图版一三七，1）

（二）遗　物

这批石料共 89 件，质地绝大部分为青灰色砂质板岩。按原始台面保留程度和打制时形成的破裂面的状况不同，可分三类：

第一类：石核，属石器制造原料，一般较大，基本上保留了原始台面，个别在局部位置稍加打击或磨制。共 9 件，约占总数的 10%。其中 6 件扁平，长 9.5～10、宽 2～3.5、厚 1～1.6 厘米。另 3 件细长，其中 2 件残断一部分，长 5.7～7.7、宽 1.5～2、

---

① 该遗迹相对年代不能十分确定，根据石料的状况和 H60 坑底在堆积之上初步推定属新石器时代。

厚 0.8~1.1 厘米。（图版一三七，2）

标本石料堆 1:6，灰褐色。大体呈长方形，磨圆度较低，边缘局部破裂，两端略加磨制平整。最长 9.4、最宽 3.4、最厚 1.4 厘米。（图三四一，6）

标本石料堆 1:8，深灰色。大体呈三角形，磨圆度较低，尖端略残缺。最长 10、最宽 3.6、最厚 1.5 厘米。（图三四一，8）

标本石料堆 1:20，深灰色。大体呈长条形，磨圆度中等。最长 10、最宽 2.3、最厚 1.2 厘米。（图三四一，20）

标本石料堆 1:21，深灰色。大体呈长条形，一端呈斜角，磨圆度较低。最长 7.7、最宽 1.9、最厚 0.9 厘米。（图三四一，21）

标本石料堆 1:22，深灰色。呈长条形，一端残断，磨圆度较低。最长 7.4、最宽 1.8、最厚 1 厘米。（图三四一，22）

第二类：为石核边缘的剥落部分，有一个以上的面为石核台面，同时有一面或数面为破裂面。数量最多，共 65 件，约占总数的 73%，有扁平形、长条形、尖锥形、不规则形等几种，最长 13、最短 3.7 厘米，大多数在 8~10 厘米左右，扁平形和尖锥形较少，多数为长条形或不规则形。从形状和大小来看，大多数应属废弃的边角料，小部分或可再作他用。（图版一三八，1）

标本石料堆 1:2，深灰色。略呈尖锥形，有 2 个破裂面。最长 13、最宽 2.6、最厚 2 厘米。（图三四二，2）

图三四〇　石料堆 1 平面图

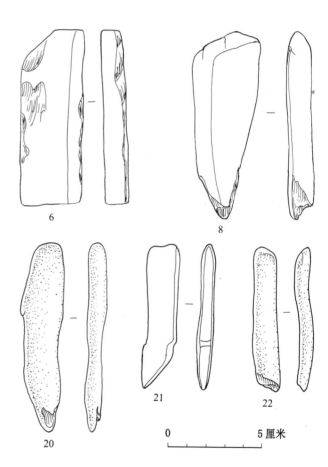

图三四一　石料堆 1 出土石料图（第一类）

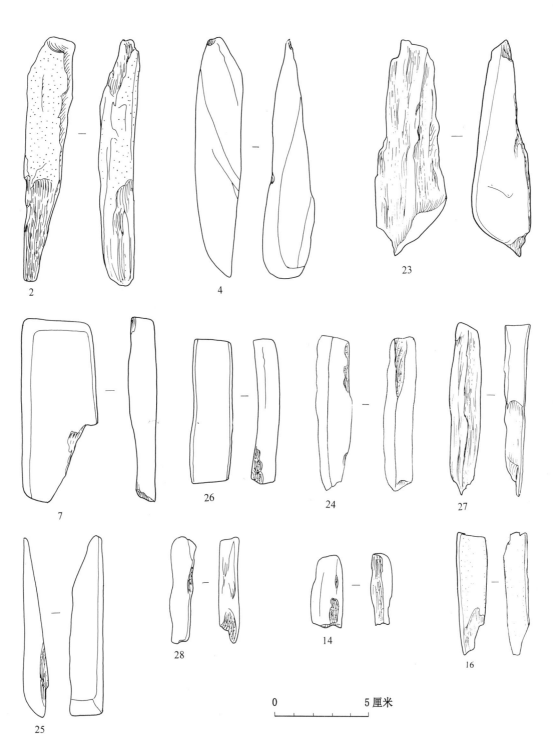

图三四二　石料堆 1 出土石料图（第二类）

标本石料堆1:4，深灰色。呈不规则长条形，有2个破裂面。最长12.7、最宽3.1、最厚2.4厘米。（图三四二，4）

标本石料堆1:23，深灰色。呈不规则长条形，有2个破裂面。最长11.4、最宽3.8、最厚3.2厘米。（图三四二，23）

标本石料堆1:7，浅灰色。大体呈扁平长方形，一角残缺，仅有1个破裂面。最长9.8、最宽4.1、最厚1.5厘米。（图三四二，7）

标本石料堆1:26，浅灰色。呈长条形，仅有1个破裂面。最长7.6、最宽2.2、最厚1.4厘米。（图三四二，26）

标本石料堆1:24，浅灰色。大体呈长条形，一端残断，有1个破裂面。最长8.3、最宽2、最厚1.5厘米。（图三四二，24）

标本石料堆1:27，深灰色。大体呈长条形，一端较平，另一端较尖，有3个破裂面。最长9.2、最宽1.8、最厚1.4厘米。（图三四二，27）

标本石料堆1:25，深灰色。呈尖锥形，有2个破裂面。最长9.6、最宽1.8、最厚1.5厘米。（图三四二，25）

标本石料堆1:28，浅灰色。呈长条形，一端残断，有2个破裂面。最长5.6、最宽1.4、最厚1.2厘米。（图三四二，28）

标本石料堆1:14，深灰色。平面长方形，横截面三角形，一端残断，有1个破裂面。最长3.8、最宽1.7、最厚1.1厘米。（图三四二，14）

标本石料堆1:16，浅灰色。呈长条形，一角残缺，有1个破裂面。最长6.5、最宽1.7、最厚1.4厘米。（图三四二，16）

第三类：为经过多次打制后的石料，各面基本上均为破裂面，个别保留了极少量的石核台面。数量较少，共15

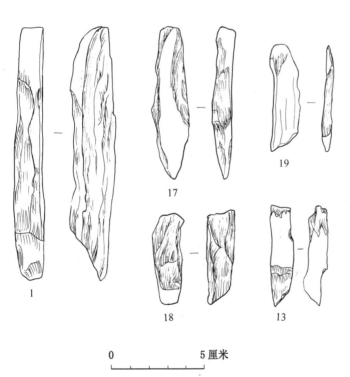

图三四三　石料堆1出土石料图（第三类）

件，约占总数的 17%，主要有长条形和片状两种。最长 13.5、最短 5.1 厘米，大多数在 6~9 厘米左右。从形状和大小来看，基本上属废料。（图版一三八，2）

标本石料堆 1:1，深灰色。大体呈长条形，一端稍尖，仅在另一端保留了较小的石核台面，其他各面均为破裂面。最长 13.5、最宽 2.4、最厚 1.6 厘米。（图三四三，1）

标本石料堆 1:17，深灰色。呈不规则长条形，一端稍尖，仅在另一端和侧面保留了较小的石核台面，其他各面均为破裂面。最长 8、最宽 2、最厚 1 厘米。（图三四三，17）

标本石料堆 1:19，浅灰色。呈长片状，体扁薄，仅在一面保留了部分石核台面，其余各面均为破裂面。最长 5.6、最宽 1.5、最厚 0.6 厘米。（图三四三，19）

标本石料堆 1:18，深灰色。呈不规则长条形，仅在一端保留了较小的石核台面，其余各面均为破裂面。最长 5、最宽 1.6、最厚 1.5 厘米。（图三四三，18）

标本石料堆 1:13，深灰色。呈不规则长条形，横截面呈三角形，一端呈锥状并保留了较小的石核台面，其余各面均为破裂面。最长 5.4、最宽 1.2、最厚 1.1 厘米。（图三四三，13）

第六节　地层遗物

薛家岗地点的新石器时代地层总体上可以分为三个大的层位，即以黄土为主体的新石器下层、以黄沙土为主体的新石器中层、以灰黄土为主体的新石器上层（参看第三章第一节 一 的相关内容）。[①] 地层中共发现陶、石、玉器 500 余件，其中陶器 230 件左右，石器 250 件左右，玉器仅 20 余件。[②]

一　薛家岗地点前五次发掘的地层遗物

1. 新石器地层下层遗物

仅出土遗物 20 余件，陶、石器数量接近，各 10 件左右，玉器仅 1 件。

1）陶器

以泥质或夹砂红陶为主，黑衣陶数量很少；泥质陶中夹蚌末陶较多，器表粗糙不平，质地疏松。器表纹饰不多，主要为凸棱、凹弦、镂孔、刻划曲折纹或斜方格纹，偶见粗篮纹，此外还发现 1 片彩绘陶片。完整器较少，陶片较多，可辨器形有鼎、豆、壶、盆、钵、尊、簋、罐、盖、纺轮、陶饼、陶棒和球状陶器，以鼎、豆、壶、盆、陶

---

① 虽然总体上可以划分为下、中、上三个大的层位，但少数探方的地层究竟该归入哪一层还存在疑问，本节遗物介绍中为避免本报告的章节过于繁杂散乱，则先将这些地层的遗物分别归入某一大的层位进行描述，若需详细研究可参看附表一。

② 详细准确的数字目前已难以统计，地层遗物介绍中只记录相对准确的约数。具体到如鼎、豆这些器类描述时也不记录件数，特此说明。下文均同。

棒较为多见，其他较少见，尊、簋、球状陶器则各仅见 1 件。陶器的制作以手制为主，尚未观察到明显的快轮制陶迹象。

陶鼎 有釜形、罐形、盆形等，多为横装宽扁足，足面稍向内凹。标本 T23⑤:15，釜形鼎。泥质红陶，夹较多蚌末，炭化后器表有较多凹坑，质地疏松。圆唇，敞口，折腹，圜底，3 个横装扁凹足，三足宽扁，上窄下宽，足面向内凹。腹部饰多圈凸棱，上腹加 1 圈较宽的附加堆纹，腹、底结合处向外折成腰脊状。器最高 26.8、外口径约 29.7 厘米。（图三四四，1；图版一三九，1）

标本 T4④:5，盆形鼎。泥质红陶，夹较多蚌末，炭化后器表留下较多小凹坑，质地疏松。器形不太规整，尖圆唇，敞口，腹稍直，圜底近平，3 个横装扁平足，足面略向内凹。器最高 14.8、外口径 15.2 厘米。（图三四四，2；图版一三九，2）

标本 T37⑤:69，罐形鼎。夹砂红陶。厚圆唇，敞口，扁圆腹，圜底，3 个扁圆锥状足。上腹有多条横向刮抹痕。器最高 9.6、外口径 8 厘米。（图三四四，5；图版一三九，3）

陶鼎口沿 标本 T16⑤:60，泥质红陶，夹较多蚌末，炭化后器表有较多小凹坑，质地疏松。圆唇，敞口。外口径约 19 厘米。（图三四四，3）

T31⑤:30，泥质红陶，夹少量蚌末。圆唇，敞口，窄沿，沿面弧凸外翻。腹部饰曲折形刻划纹。残高 4.2 厘米。（图三四四，4）

陶鼎足 标本 T17⑤:119，夹细砂红陶。下半部残缺，宽扁形，足面略内凹，足根饰按窝 5 个。残高约 4 厘米。（图三四四，6；图版一四〇，1）

陶豆 多为泥质红（灰）胎黑衣陶。标本 T23⑤:28，泥质红褐胎黑衣陶，夹少量蚌末，质地疏松。豆盘残缺，盘底近柄处折成凸棱状，喇叭形柄，足沿略向上翻。残高约 15.6 厘米。（图三四四，7）

陶壶 基本为泥质灰陶或灰胎黑衣陶，有圆腹、折腹等形态。标本 T14④:7，圆腹壶。泥质灰陶。圆唇，略敞口，圆腹，平底，圈足。器最高 9.2、外口径 7.2 厘米。（图三四四，8）

标本 T14④:9，圆腹壶。泥质灰胎黑衣陶。圆唇，敞口，扁圆腹，平底，矮圈足。器最高 10、外口径 6.8 厘米。（图三四四，11）

标本 T14④:28，圆腹壶。泥质灰胎黑衣陶。圆唇，敞口，扁圆腹，圜底，圈足。腹中部饰凸棱 2 圈。器最高 9、外口径 7 厘米。（图三四四，12）

标本 T4④:7，折腹壶。泥质灰黄胎黑衣陶。圆唇，小敞口，直领，肩弧凸，折腹，小平底。器表可见多处刮抹痕。器最高 10、外口径 7.2 厘米。（图三四四，10；图版一三九，6）

陶簋 标本 T23⑤:26，泥质红胎黑衣陶，圈足夹少量细砂。尖圆唇，略敞口，腹较

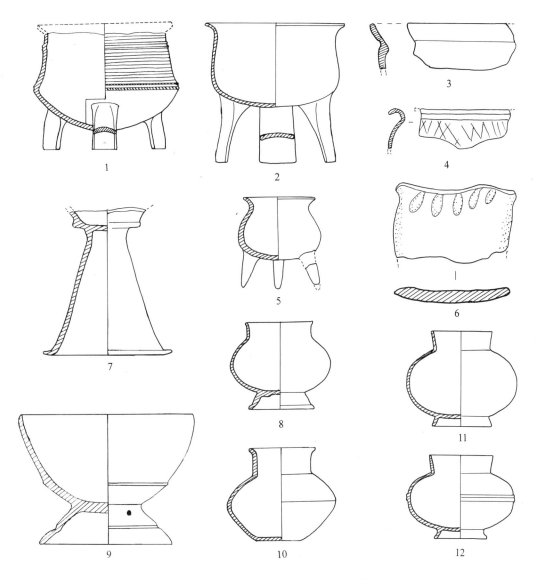

图三四四　前五次发掘新石器地层下层出土的陶鼎、鼎足、豆、簋、壶

1、2、5. 陶鼎（T23⑤：15、T4④：5、T37⑤：69）　　3、4. 陶鼎口沿（T16⑤：60、T31⑤：30）　　6. 陶鼎足
（T17⑤：119）　　7. 陶豆（T23⑤：28）　　8、11、12. 陶圆腹壶（T14④：7、T14④：9、T14④：28）　　9. 陶簋
（T23⑤：26）　　10. 陶折腹壶（T4④：7）（1 为 1/8，6 为 1/2，余为 1/4）

深，喇叭形矮圈足。下腹部饰 1 圈凸棱，圈足中部略内收，上部饰 4 个近乎等距的圆镂
孔，但均未穿透。器最高 13.8、外口径约 19.2 厘米。（图三四四，9；图版一三九，5）

　　陶盆　基本为夹细砂灰陶或灰胎黑衣陶。标本 T42⑤b：21，夹砂灰胎黑衣陶。仅剩
下腹部和器底，为平底。器内表面刻满横向长凹槽和竖向短凹槽。残高 3.6 厘米。（图
三四五，1）

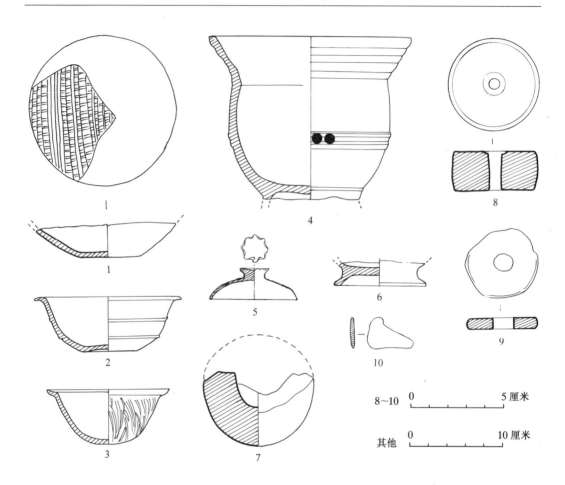

图三四五　前五次发掘新石器地层下层出土的陶尊、盆、钵及玉饰等

1、2.陶盆（T42⑤b:21、T14④:11）　3.陶钵（T24⑤:56）　4.陶尊（T3④:4）　5.陶器盖（T37⑤:70）
6.陶罐底（T17⑤:118）　7.球状陶器（T23⑤:23）　8.陶纺轮（T25⑤:19）　9.穿孔陶饼（T24⑤:41）
10.玉饰（T3④:14）

　　标本 T14④:11，夹细砂灰陶。圆唇，敞口，宽沿，沿面弧凸，弧腹，平底略内凹。腹部饰凸棱 2 圈。器最高 6、外口径 16.4 厘米。（图三四五，2）

　　陶钵　标本 T24⑤:56，夹粗砂红褐陶。厚圆唇，敞口，斜沿，圜底。腹、底通饰粗篮纹。器最高约 6、外口径约 13.6 厘米。（图三四五，3）

　　陶尊　标本 T3④:4，夹砂红陶，器表局部残存红衣。方唇较厚，敞口，略束颈，腹略鼓，近平底，圈足已残。颈以上有 3 圈宽凸棱，腹部 2 圈宽凸棱并在两棱中间贴上对称的 4 组小泥饼，每组 2 个，在器近底与圈足结合处有 2 圈凹弦纹。器残高 17.5、外口径 22 厘米。（图三四五，4；图版一三九，4）

　　陶罐底　标本 T17⑤:118，泥质红陶，夹较多蚌末，炭化后器表留下较多小凹坑，

质地疏松。平底，矮圈足。残高 2.1、足外径 9.8 厘米。（图三四五，6）

陶器盖　标本 T37⑤:70，夹砂灰黑陶。覆钵形，捉手顶部下凹，边缘捏成八角形。器最高 3.6、外口径 9.6 厘米。（图三四五，5）

陶纺轮　标本 T25⑤:19，夹粉砂红陶。圆饼状，两面扁平，中间一孔，壁向外鼓凸。最大直径 4.8、最厚 2.2 厘米。（图三四五，8）

穿孔陶饼　标本 T24⑤:41，夹细砂外红内黑陶。系用残陶片改制而成，边缘敲击、磨制成近圆形，中间两面对钻 1 孔，外孔径 1.2 厘米。器最大直径 4、最小直径 3.6、最厚 0.6 厘米。（图三四五，9）

球状陶器　标本 T23⑤:23，夹砂灰黑胎外红里黑陶，并夹较多蚌末和少量云母碎片，质地较硬。器体呈圆球状，残缺一半，体内中空，壁很厚。制作粗糙，器表未刮抹平整，可见多道泥条交接的痕迹以及泥条本身的皱折痕。内壁稍加抹平，但也较粗糙。器体最大直径约 12.6 厘米，内空最大直径约 6.1 厘米，器壁最厚约 4、最薄约 2.3 厘米。（图三四五，7；图版一四○，3）

陶棒　基本为泥质红陶，偶见灰黄陶，部分夹有蚌末。形态有圆锥形、截锥形、圆柱形、梭形等，器表粗糙不平。（图版一四○，4）标本 T24⑤:64，泥质红陶。器体稍扁平，平面呈梭形，中部鼓，一端细窄成锥状；另一端稍宽，尾部稍平。器表粗糙不平。器最长 15.3 厘米。（图三四六，1）

标本 T26⑤:47-1，泥质红陶。呈截锥状，一端细，一端粗，细端圆钝，粗端较平，器表粗糙不平。器最长 10 厘米。（图三四六，2；图版一四○，4左1）

标本 T26⑤:40-3，泥质红陶。呈扁平锥状，细端已残，粗端较平，器表粗糙不平。器残长 9 厘米。（图三四六，3；图版一四○，4左4）

标本 T26⑤:40-2，泥质红陶。呈截锥状，细端已残，粗端较平，器表粗糙不平。器残长 9 厘米。（图三四六，4；图版一四○，4左3）

标本 T26⑤:40-1，泥质红陶。呈截锥状，细端已残，粗端较平，器表粗糙不平。器残长 8.2 厘米。（图三四六，5）

标本 T26⑤:47-2，泥质红陶。呈截锥状，一端细，一端粗，细端圆钝，粗端较平，器表粗糙不平。器最长 8.8 厘米。（图三四六，6；图版一四○，4左2）

标本 T24⑤:65，泥质红陶。呈圆柱形，一端残，另一端尾部较平。器表粗糙不平。残长 8.4 厘米。（图三四六，7）

标本 T31⑤:10，泥质红陶。夹少量蚌末，炭化后器表有较多小凹坑。呈扁圆锥状，横剖面呈扁椭圆形，一端细窄，顶部圆钝；另一端稍粗宽，略残。残长 8.3 厘米。（图三四六，8；图版一四○，4左5）

标本 T31⑤:9，泥质灰黄陶。夹较多蚌末，炭化后器表有较多小凹坑。近圆柱形，横

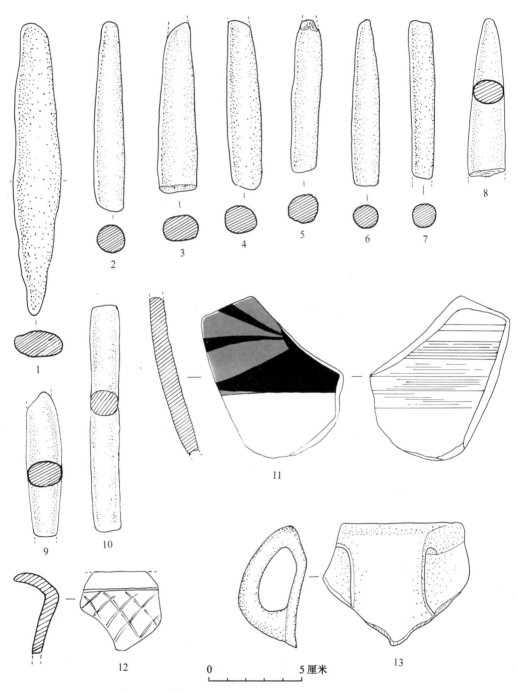

图三四六　前五次发掘新石器地层下层出土的陶棒、器耳、彩绘陶片、刻划纹陶片

1~10. 陶棒（T24⑤:64、T26⑤:47-1、T26⑤:40-3、T26⑤:40-2、T26⑤:40-1、T26⑤:47-2、T24⑤:
65、T31⑤:10、T31⑤:9、T26⑤:46）　11、12. 彩绘和刻纹陶片（T16⑤:18、T31⑤:31）　13. 陶器耳
（T17⑤:117）

剖面呈椭圆形，器体中间鼓，一端残，另一端面较平。残长 7.6 厘米。（图三四六，9）

标本 T26⑤:46，泥质红陶。呈圆柱状，两端较平，器表粗糙不平。器最长 12 厘米。（图三四六，10）

陶器耳　标本 T17⑤:117，夹细砂红陶。残。耳较宽，呈半环形。耳横宽约 4 厘米。（图三四六，13；图版一四〇，2）

彩绘和刻纹陶片　标本 T16⑤:18，泥质橙红陶。器内表面有多道平行线状痕迹，似为慢轮修整痕。在陶片上半部先施一层白陶衣，然后在白衣上以棕褐色颜料绘成弧形三角纹。白衣及棕褐色彩均极易脱落，属烧后绘制的彩绘陶。从彩绘位置、线状痕迹和器壁厚度的变化观察，此陶片属罐类器物的下腹部。残片最长 8.8、最宽约 6.8、上部壁厚 0.8、下部壁厚 0.6 厘米。（图三四六，11）

标本 T31⑤:31，夹砂夹炭红陶。为陶器口沿，器形难辨，圆唇，宽沿，沿面弧凸。上腹部饰刻划的斜方格纹。残高 4.3 厘米。（图三四六，12）

2）玉器

玉饰　标本 T3④:14，乳白色，含绿斑点。器体扁平，近似靴形，磨制精细。最长 2.5、最宽 1.7、最厚约 0.2 厘米。（图三四五，10；图版一四一，1）

3）石器

器类和数量都较少，仅有杵、刀（?）、钺、锛、凿几种，以锛的数量最多。

石刀（?）　标本 T26⑤:41，灰色粉砂质板岩。系利用扁平条石稍加磨制而成。尾部残断，器体扁平，平面呈长条形，刃部略内凹，刃口圆钝，上无崩口，似作刮抹之用。近尾部残留半个小孔，双面管钻。残长 10.7、最宽 2.9、最厚 0.6 厘米。（图三四七，1；图版一四一，3）

石钺　标本 T4④:4，青灰色粉砂质板岩。略残，器体扁薄，平面呈正梯形，磨制略精。顶端及两侧面磨平，顶端一拐角与刃拐角各有 1 块红色涂料未脱落。弧刃，刃口锋利。两面对钻 1 个大孔，孔壁留有数道旋切痕，外孔径 3.6 厘米。器最长 14.1、最厚 0.9、刃宽 16.4 厘米。（图三四七，3）

标本 T14④:15，青灰色变质砂岩。器体扁平，平面近似梯形，磨制精细。顶端齐平。弧刃，刃口锋利。器中间偏顶部两面对钻 1 孔，为管钻，孔壁倾斜并在钻孔后略加磨制，外孔径 2.6 厘米。器最长 15、最厚 1.1、刃宽 12.4 厘米。（图三四七，4）

标本 T14④:16，灰黄色变质砂岩。器体扁平，平面呈正方形，磨制精细。顶端齐平，一角有崩损痕迹。弧刃，刃口稍锋利。器中间偏顶部两面对钻 1 孔，孔壁留有数道旋切痕，外孔径 2.8 厘米。器最长 13、最厚 0.6、刃宽 13.2 厘米。（图三四七，5）

石锛　标本 T25⑤:13，青灰色。半成品。器体厚重，平面呈长方形，通体粗磨。顶部略磨平，器表留下大量打制疤痕。单面刃尚未打制成。器最长 8、最厚 2.8、刃部

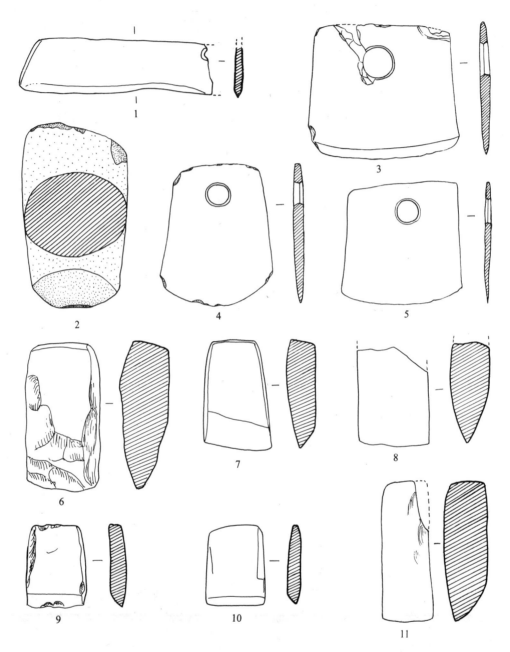

图三四七　前五次发掘新石器地层下层出土的石杵、刀（?）、钺、锛、凿

1. 石刀（?）（T26⑤:41）　2. 石杵（T31⑤:5）　3～5. 石钺（T4④:4、T14④:15、T14④:16）　6～10. 石锛
（T25⑤:13、T25⑤:11、T31⑤:3、T25⑤:18、T25⑤:15）　11. 石凿（T25⑤:12）（3～5为1/4，余为1/2）

宽4厘米。（图三四七，6；图版一四一，4）

标本T25⑤:11，青黑色粉砂质板岩。器体稍厚重，平面呈梯形，通体精磨。顶部

磨平，但边缘因砸击而产生崩缺。单面刃，刃口锋利，上有少量崩口。器最长 5.9、最厚 1.8、刃宽 3.6 厘米。（图三四七，7）

标本 T31⑤:3，灰绿色粉砂质板岩。上半部残断，器体厚重，平面呈长方形，通体精磨。单面刃，刃口锋利，上有 1 处大崩口。残长 5.3、最厚 2.3、刃宽 3.8 厘米。（图三四七，8）

标本 T25⑤:18，灰色。器体扁平，平面呈长方形，通体大都精磨。顶部粗磨，不平整。单面刃，刃口稍钝，上有数处较大崩口。器最长 4.5、最厚 1、刃宽约 3.2 厘米。（图三四七，9；图版一四一，2）

标本 T25⑤:15，灰白色泥质板岩。器体扁平，平面呈长方形，通体精磨。顶部平整，但两端圆钝。单面刃，刃口锋利，上有 1 处较大崩口。器最长 4.3、最厚 0.8、刃宽 3.2 厘米。（图三四七，10）

石凿 标本 T25⑤:12，深灰色。器体厚重，平面呈长方形，两侧面粗磨，其他各面精磨。顶部较平整，但边缘有砸击痕，一侧还有崩缺。单面刃，刃口较锋利，上有细小崩口。器最长 7.4、最厚 2.4、刃宽 2.8 厘米。（图三四七，11；图版一四一，5）

石杵 标本 T31⑤:5，灰色。器体厚重，近圆柱状，横剖面呈椭圆形，一端稍窄，一端稍粗，粗端斜平，粗糙未磨；窄端也呈斜面，粗糙未磨，顶部因使用而形成一个较之周围光滑的小平面。器最长 9.9、粗端长径 6、短径 5:2、窄端长径 4.8、短径 4.4 厘米。（图三四七，2）

2．新石器地层中层遗物

出土遗物 400 余件，陶、石器数量相近，各约 200 件左右，玉器 20 余件。

1）陶器

以夹砂或泥质的红、灰、灰黄、黑陶为主，另有少量其他陶质、陶色，黑衣（皮）陶最具特点。器表纹饰丰富，形态多样，以凹弦、凸棱、刻划、戳印、附加堆、压印纹为主。器类有鼎、豆、壶、鬶、盆、碗、钵、甑、罐、瓮、杯、盅、器盖、瓠形杯、纺轮、球、棒、垫、尖底器及鸟形捉手、刻纹陶片等，其中鼎、豆、壶、鬶、盆、碗、纺轮、陶球数量最多。陶器制作仍以手制为主，快轮制作很少，已观察到的明显为快轮制作的有 T24④:52 罐底所见偏心涡纹。

陶釜 标本 T20⑤:46，夹细砂红陶。厚圆唇，敞口，束颈，球腹，略尖的圜底。器表施满交错的小块篮纹。器最高 29.6、外口径 24 厘米。（图三四八，1；图版一四二，1）

标本 T28④:6，泥质红陶，夹较多蚌末，炭化后器表留下较多小凹坑，质地疏松。厚圆唇，略敞口，腹直而深，圜底。器最高 14、外口径约 18.6 厘米。（图三四八，2；图版一四二，2）

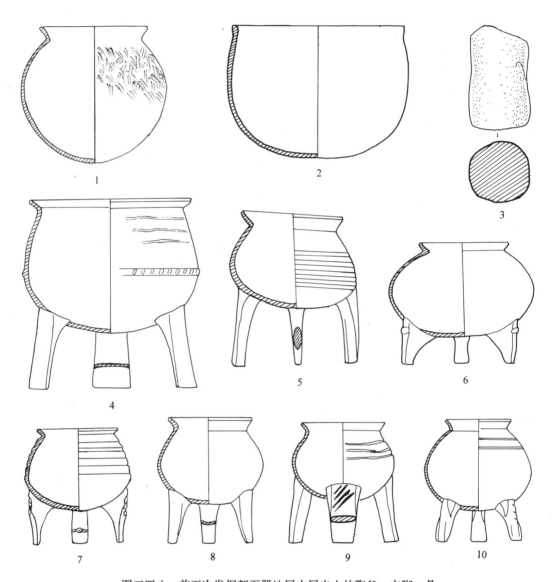

图三四八　前五次发掘新石器地层中层出土的陶釜、支脚、鼎

1、2. 陶釜（T20⑤:46、T28④:6）　3. 陶支脚（T28④:13）　4～6、8～10. 圆腹罐形鼎（T28④:2、T27④:
12、T8③:15、T17④:59、T17④:74、T23④:13）　7. 折腹鼎（T17④:111）（1、10 为 1/8，3 为 1/2，余为
1/4）

陶支脚　标本 T28④:13，泥质红陶，夹少量蚌末，炭化后器表留下少量小凹坑，质地疏松。呈圆柱状，中腹部略内收，底端较平，顶端呈斜面。器最高 5.7、最大直径 3.7 厘米。（图三四八，3；图版一四二，3）

陶鼎　数量很多，形态多样，可分釜形、罐形、盆形、折腹形等几种。鼎足形态十分多变，其中以侧装的凿形、鸭嘴形和横装的宽扁足、枫叶形足为主要形态。

圆腹罐形鼎　标本 T28④:2，夹细砂红陶。圆唇，敞口，球腹，圜底，3 个横装窄扁平足上窄下宽、平面梯形、正面略向内凹。上腹饰数圈不规整凹弦纹，中腹饰 1 圈很薄的附加堆纹，堆纹上有斜向按压纹。器最高 20、外口径约 18 厘米。（图三四八，4）

标本 T27④:12，夹砂红褐陶。器体不太规整，方唇，敞口，圆腹下垂，圜底，3 个侧装窄扁平足，足跟较平。腹部饰多圈凹弦纹。器最高 16.6、外口径约 11 厘米。（图三四八，5；图版一四三，1）

标本 T8③:15，夹细砂黑陶，底和足为橘黄色。圆唇，侈口，沿略内凹，束颈，扁圆腹，圜底，3 个凿形足。足根饰圆泥饼 1 个。器最高 13、外口径 9.7 厘米。（图三四八，6）

标本 T17④:59，夹细砂红陶。方唇，敞口，扁圆略折腹，圜底，3 个横装窄扁平足。足正面纵向抹出 1 道宽浅的凹槽。器最高 13.5、外口径约 9.2 厘米。（图三四八，8）

标本 T17④:74，夹细砂红陶。圆唇，侈口，圆腹，圜底，3 个横装扁平长方形足。腹上部饰不规整凹弦纹数圈，足根部饰斜凹槽 4 道。器最高 12.8、外口径 9.2 厘米。（图三四八，9）

标本 T23④:13，夹细砂红胎黑衣陶，足呈红色。方唇，敞口，束颈，圆腹略下垂，圜底，3 个鸭嘴形足。上腹部有刮抹成的 2 圈宽凹弦。器最高 25.8、外口径约 13.6 厘米。（图三四八，10）

标本 T46⑤b:13，夹粉砂红胎黑衣陶，但器底未着黑。口、上腹部残，圆腹，圜底，3 个鸭嘴形足，足根正面向外凸出，足均半残。腹部最大径处饰 1 圈窄附加堆纹，底部也饰 3 条呈放射状的附加堆纹并与腹部附加堆纹连接，堆纹上均加饰斜向按压纹。器残高 16.4、最大腹径 22.5 厘米。（图三四九，5；图版一四三，2）

标本 T25④:8，夹砂红陶。口和上腹部残缺，下腹部似半圆形，圜底，3 个横装长方形扁平足。下腹中部饰 1 圈附加堆纹，上有连续的按压纹；足正面饰 1 道竖向宽浅的凹槽。器残高约 15.6 厘米。（图三四九，6）

标本 T8③:86，夹砂红褐陶。方唇，敞口，斜沿，沿面内凹，圆腹，圜底，3 个侧装扁三角形足。腹部饰较粗的横向篮纹。器最高 19.2、外口径 16.1 厘米。（图三四九，9；图版一四三，3）

折腹罐形鼎　标本 T17④:111，夹砂红胎黑衣陶，足下半部红色。方唇，侈口，折腹，圜底，3 个鸭嘴形足。腹部饰粗凸棱 6 圈，足根正面各饰按窝 3 个。器最高 12.2、外口径 10.8 厘米。（图三四八，7；图版一四三，4）

标本 T6②:13，夹细砂黑陶。方唇，侈口，圆腹折收，圜底，3 个凿形足。腹部饰满凹弦纹数圈，足根正面饰泥饼 1～2 个。器最高 12.4、外口径 9.6 厘米。（图三四九，1）

标本 T16④:65，夹砂红陶。方唇，敞口，折腹，圜底，3 个横装枫叶形足，足较

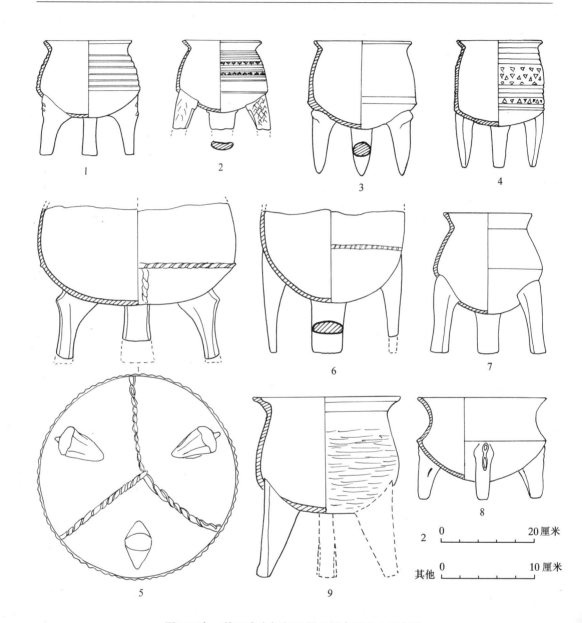

图三四九　前五次发掘新石器地层中层出土的陶鼎

1~4、7. 折腹罐形鼎（T6②:13、T16④:65、T40⑤:15、T17④:105、T7③:55）　5、6、9. 圆腹罐形鼎（T46⑤b:13、T25④:8、T8③:86）　8. 釜形鼎（T8③:13）

宽扁稍弧凸，足根两侧向外伸展，足下半部均残缺。腹部饰 13 圈凹弦纹，其间有上、下 2 圈以小弧三角戳印组成的纹饰。折腹处起折棱，棱上饰宽浅的按印纹。足面上饰多道斜向"人"字形划纹。器最高 19.2、外口径约 16.8 厘米。（图三四九，2）

标本 T40⑤:15，夹细砂红陶。圆唇，敞口，折腹，腹壁斜直，圈底，3 个圆锥状足。腹部可见多处横向刮抹痕，近底部刮抹出 1 圈宽凹弦纹，足根正面横向凸起 1 道宽棱。器最高 14.3、外口径 10.7 厘米。(图三四九，3；图版一四四，1)

标本 T17④:105，夹砂灰胎黑衣陶，器外表刮抹光滑，足为红色。方唇，侈口，腹较深，圜底，3 个凿形足。腹部上、下饰 3 组凹弦纹，每两组间饰三角形戳印，腹与底结合处起折棱。器最高 13.5、外口径 9.4 厘米。(图三四九，4；图版一四四，2)

标本 T7③:55，夹砂红陶。圆唇，敞口，折腹，圜底，3 个横装扁平长条形足。腹中部有 1 圈不明显的凸棱，器表可见数处横向刮抹痕迹。器最高 14.8、外口径 9.8 厘米。(图三四九，7；图版一四四，3)

釜形鼎　标本 T8③:13，夹细砂红陶，含极少量云母碎片。圆唇，敞口，束颈，折腹，圜底，3 个侧装扁平足。足从中部断缺，足背上有 1～3 个浅按窝，两侧面各有 1 道短刻划纹。器最高 11、外口径 14.2 厘米。(图三四九，8；图版一四四，4)

盆形鼎　标本 T8③:38，夹砂灰黄陶。覆钵形盖，喇叭形钮。鼎身圆唇，敞口，斜直腹，圜底，3 个横装扁平足，足根两侧向外伸展。腹部饰 2 组凹弦纹，其间饰斜向相对的数组短刻划线，两组刻划线中间加饰 1 个三角形戳印；足正面饰多道斜向长刻划线和几个小菱形刻划纹。器通高 17.4、外口径 12.4 厘米。(图三五○，1)

标本 T17④:4，夹粗砂灰白陶，足局部显红色。口残，折腹，圜底，3 个横装扁平足，足根两侧向外伸展突出，足正面略弧凸，另一面较平。腹部上、下各施 3 或 4 圈凹弦纹，中间饰 8 组斜向短划纹并以小三角形戳印纹间隔，每组刻划纹倾斜方向相对；腹、底结合处折成凸棱；足面上饰长而浅的刻划纹，间以短而深的刻划纹数个。器残高约 9、最大腹径 13.8 厘米。(图三五○，2)

标本 T17④:131，夹砂外红内黑陶，足为红色。残，横装宽扁足上窄下宽，下半部残断。腹下部饰凹弦纹，腹、底结合处起折棱，足正面刻划"人"字形纹。残高 7 厘米。(图三五○，3)

标本 T17④:116，夹砂红陶。为残片，可复原。厚圆唇近方，直腹，平底，3 个横装枫叶形足，足根两侧向外伸展突出，足正面略弧凸，另一面较平，足下半部残缺。腹部饰多圈宽凹弦纹，腹、底结合处起折棱，足面上饰长而浅的刻划纹，间以短而深的刻划纹。器残高 12 厘米。(图三五○，4)

标本 T6②:30，夹细砂灰陶。方唇，侈口，束颈，扁圆折腹，圜底，3 个凿形足。腹中部饰凹弦纹 3 圈，折腹处起折棱 1 圈，足根正面饰按窝 2～3 个。器最高 11、外口径 10 厘米。(图三五○，5)

标本 T6②:28，夹砂红陶。圆唇，束颈，扁折腹，3 个横装扁平足，足均残断。折腹处起 1 圈凸棱，棱上方有 4 组斜向的梭形刻划纹，其中两组各刻划 17 道，一组刻划 10 道，另一组刻划 7 道，相邻两组的刻划方向相对。器残高 6.8、外口径 13.3 厘米。

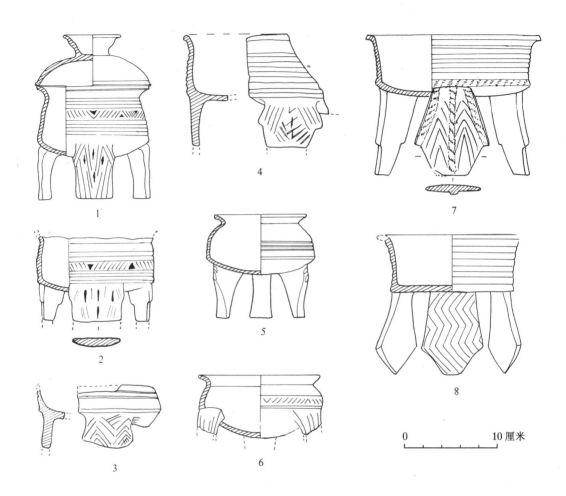

图三五〇　前五次发掘新石器地层中层出土的陶盆形鼎

1~8.T8③:38、T17④:4、T17④:131、T17④:116、T6②:30、T6②:28、T17④:115、T20④:45

（图三五〇，6；图版一四四，5）

　　标本 T17④:115，泥质红陶，夹较多蚌末，炭化后器表留下较多小凹坑，质地疏松。方唇略外翻，窄斜沿，腹较直，圜底略平，3 个横装枫叶形足，足扁平，两端窄，中间宽，中部向外伸展突出。腹部饰 8 圈宽凸棱，腹底结合处折成凸棱状；足面上左、中、右各有 1 条凸棱，棱上加饰斜向按压纹，棱之间饰人字形组合的浅刻划纹。器最高 15、外口径约 17 厘米。（图三五〇，7；图版一四四，6）

　　标本 T20④:45，夹砂红胎灰黑陶，足呈浅红偏黄色。口残，直腹略内收，平底，3 个横装扁平枫叶形足，足中下部向外扩展成菱形。腹部饰 7 圈凸棱，腹、底结合处折成凸棱，足正面饰曲折刻划纹。器残高 14、最大腹径 13.6 厘米。（图三五〇，8）

　　陶鼎足　标本 T18④:78，夹砂红陶。鼎身为盆形，已残缺，横装扁平足，足面弧凸，足根两侧向外伸展凸出。足正面中间饰1道竖向附加堆纹，堆纹上加饰压印纹，两侧饰"人"字形刻划纹。残高7厘米。（图三五一，1；图版一四五，1左）

标本T45⑤a:38，泥质红陶，夹较多蚌末，炭化后器表粗糙不平，质地疏松。横装宽扁足，足面略向外弧凸，下半部残缺。足正面中间及两侧各有2道竖向附加堆纹，堆纹上加饰较宽的压印纹，堆纹之间饰倒"人"字形刻划纹，并有2个较深但未穿透的圆形戳孔。残高10.8厘米。（图三五一，2；图版一四五，2左）

标本T18④:77，泥质灰陶，夹少量蚌末，炭化后器表粗糙不平。鼎身为盆形，已残缺。横装扁平足，上窄下宽。足正面中间饰1道竖向附加堆纹，堆纹上加饰浅按窝，两侧饰"人"字形浅刻划纹。残高10.6厘米。（图三五一，3；图版一四五，1右）

标本T45⑤a:39，泥质红陶，夹较多蚌末，炭化后器表粗糙不平，质地疏松。横装宽扁足，足面略向外弧凸，下半部残缺。足正面中间及两侧各有2道竖向附加堆纹，堆纹上加饰较宽的压印纹，堆纹之间饰倒"人"字形刻划纹，并有2个较深但未穿透的圆形戳孔。残高9厘米。（图三五一，4；图版一四五，2右）

标本T34④:22，夹砂红陶。侧装鸭嘴形足，上窄下宽，足正面中间凸起。上饰斜向压印纹。最高6.8厘米。（图三五一，5；图版一四五，3右）

标本T42④:20，夹砂灰黄陶。部分残缺，侧装鸭嘴形足，足正面较窄。中间有1道竖向凸棱，棱上加饰斜向压印纹，两侧饰斜向刻划纹；足侧面中间戳印1个圆圈。残高9.4厘米。（图三五一，6）

标本T19④:55，泥质灰黄陶。系用泥块内卷捏成，上宽下窄，足面向外弧凸，上饰1个圆形和2个月牙形戳印，圆形戳印中间加饰1个小圆戳印。最高5.3厘米。（图三五一，7；图版一四五，3左）

标本T34④:21，夹砂红陶。横装扁平足，上窄下宽，下半部残缺，足两面中间均略凸起。足根正面饰横排压印纹，足中间饰竖向短刻划纹，两侧饰不规整"人"字形刻划纹。残高4.3厘米。（图三五一，8）

标本T19④:54，夹砂红陶。横装宽扁足，上窄下宽。足正面饰叶脉状刻划纹。最高9.4厘米。（图三五一，9；图版一四五，4右）

标本T20④:102，夹砂红陶。横装扁平足，呈长方形，足根近器底处饰横排按窝，其下饰多道刻划曲折纹。残高9.8厘米。（图三五一，10；图版一四五，4左）

标本T25④:22，夹砂灰黄陶。横装扁平足，上大下小，足根两侧略向外伸展。足正面刻多道短而深的刻划纹。足最高10.2厘米。（图三五一，11；图版一四五，5右）

标本T32④:15，夹砂红陶。鼎身为盆形，已残缺，横装扁平足，上宽下窄，足根两侧略向外伸展凸出。足内面中间略竖向起棱，正面向外弧凸，上饰3排梭形戳印，其间还饰刮抹出的浅条纹。残高9.6厘米。（图三五一，12；图版一四五，5中）

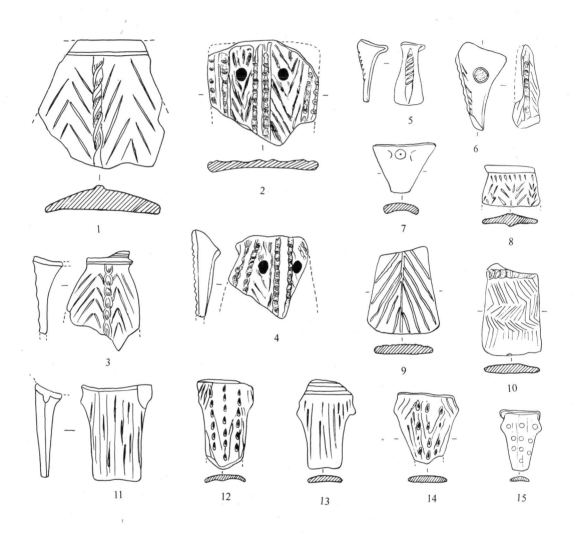

图三五一　前五次发掘新石器地层中层出土的陶鼎足

1～15.T18④:78、T45⑤a:38、T18④:77、T45⑤a:39、T34④:22、T42④:20、T19④:55、T34④:21、T19④:
54、T20④:102、T25④:22、T32④:15、T20④:101、T17④:132、T19④:56（1 为 1/2，余为 1/4）

　　标本 T20④:101，夹砂灰黄陶。鼎身为盆形，已残缺，横装扁平足，上宽下窄，足根两侧向外伸展凸出，足面略向外弧凸。上饰长短不一的竖向刻划纹。残高 9.6 厘米。（图三五一，13）

　　标本 T17④:132，夹砂红陶。横装扁平足上宽下窄，足根部向两侧伸展凸出。足正面饰刻划纹，其间填以梭形小戳印。残高 7.4 厘米。（图三五一，14；图版一四五，5 左）

　　标本 T19④:56，夹砂灰陶。横装扁平足上宽下窄，足根两侧向外伸展凸出，足面向外弧凸。上饰竖向 3 排圆圈，其间饰稀疏的竖向刻划纹。最高 6.2 厘米。（图三五一，

15；图版一四五，3 中）

陶豆　数量较多，可分盘形、钵形、杯形等几种，以盘形数量最多。

盘形豆　标本 T26④:5，泥质灰黄胎黑衣陶。厚圆唇，极矮的直口，下折腹，粗柄较高，喇叭形圈足，足沿陡折成台状并中部内收。柄上饰 4 组凹弦纹，每组 3 圈，上部两组凹弦间饰三角形夹圆形镂孔 2 组，下部两组凹弦间饰对称 4 个圆形镂孔。器最高27.8、外口径 23 厘米。（图三五二，1）

标本 T8③:9，泥质灰陶。圆唇，极矮的直口，折腹，底近平，粗高柄，喇叭形圈足，足沿陡折成台状并中部内收。柄上饰凹弦纹 3 组，上组 2 圈，中组 8 圈，下组 4圈，每两组间各饰等距离圆镂孔 3 个，每孔两侧各有 1 个弧三角形戳印纹。器最高 26、外口径 21 厘米。（图三五二，2）

标本 T7③:8，泥质灰陶。圆唇，极矮的直口，折腹，细高柄，喇叭形圈足，足沿陡折成台状。柄上部饰等距离圆镂孔 4 个，中部饰不规整凹弦纹 3 组。器最高 26.4、外口径 21.2 厘米。（图三五二，3）

标本 T8③:84，泥质灰黄陶。圆唇，极矮的直口，折腹，底近平，粗高柄，喇叭形圈足，足沿陡折成台状。柄上饰凹弦纹 3 组，每两组间各饰 3 个等距圆镂孔，上组孔较小，孔间加饰斜向宽凹弦；下组孔稍大，每孔两侧各有 1 个弧三角形戳印纹。器最高24、外口径 20.5 厘米。（图三五二，4；图版一四六，1）

标本 T14③:39，泥质灰胎黑衣陶。尖圆唇，敛口，柄较高，圈足。豆盘近柄处折成凸棱状；柄上部鼓凸似算珠状，中间内收并有 3 组圆镂孔，每组 2 个；其下刮抹出 3圈宽凹弦；柄中部向外平折成窄台状，台以上刮抹出 3 圈宽凹弦，台以下有上、下 2 组纵向等距长方形镂孔，每组 4 个，两组镂孔间也刮抹出 3 圈宽凹弦。器最高 31、内口径 20.8 厘米。（图三五二，5；图版一四六，2）

标本 T17④:3，泥质灰胎黑衣陶，黑衣大都已脱落。圆唇，极矮的直口，折腹，圜底，粗柄，喇叭形圈足，足沿陡折成台状并中部内收。折腹处起折棱 1 圈；柄上饰凹弦纹 3 组，上、下组各 3 圈，中组 5 圈，各组之间饰等距圆镂孔 3 个，圆孔两侧各饰弧三角戳印 1 个。器最高 16.6、外口径 13.6 厘米。（图三五二，7）

标本 T13④:11，泥质灰胎黑衣陶。尖圆唇，敛口，平底，高柄，柄上部鼓凸似算珠状，喇叭形圈足。柄上部饰剔纹 1 圈，中部也饰剔纹 1 圈。器最高 18.8、内口径17.2 厘米。（图三五二，8）

杯形豆　标本 T19④:42，泥质灰黄陶，夹少量粉砂。圆唇，敞口，上腹内弧，平底，柄稍细，下部残断。器残高 10 厘米。（图三五二，9；图版一四六，3）

标本 T19④:28，夹细砂红陶，胎较厚，上腹部饰红衣。口及柄底部略残，直腹上部略内收，圜底，矮柄。腹中部刮抹出 2 圈凸棱，棱之间饰 4 个对称小泥饼。柄中部饰

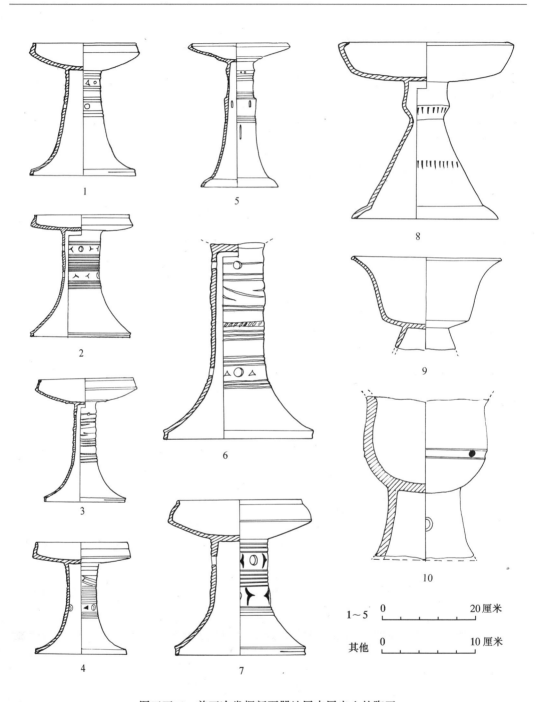

图三五二　前五次发掘新石器地层中层出土的陶豆

1～5、7、8. 盘形豆（T26④:5、T8③:9、T7③:8、T8③:84、T14③:39、T17④:3、T13④:11）　6. 陶豆柄

（T18④:68）　　9、10. 杯形豆（T19④:42、T19④:28）

等距离 3 个圆形大镂孔。器残高 17、最大腹径 13.6 厘米。（图三五二，10；图版一四六，4）

钵形豆　标本 T6②：170，泥质红陶。器身不太规整，厚圆唇，敛口，豆盘较浅，喇叭形矮圈足。圈足中部有 5 个圆形镂孔。器最高 8、内口径 13.6 厘米。（图三五三，1；图版一四七，1）

标本 T8③：85，泥质红陶，器表大部分残存红陶衣。厚圆唇，敛口，豆柄稍高，中部略鼓。

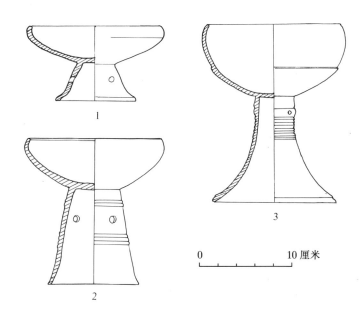

图三五三　前五次发掘新石器地层中层出土的陶钵形豆
1~3.T6②：170、T8③：85、T18④：58

柄上饰上、下 2 组凹弦纹，上组 3 圈，下组 4 圈，两组之间饰等距圆镂孔 3 个。器最高 15.5、外口径 14 厘米。（图三五三，2；图版一四七，2）

标本 T18④：58，泥质红胎红衣陶。圆唇，敛口，柄较高，下部呈喇叭状，近底处略折成台状并中部内收。豆盘中部饰细凸棱 1 圈；柄上部饰 1 圈宽凸棱，上有对称的 4 个圆镂孔，其下方有 8 圈不整齐的细凹弦纹；豆把内壁的中部可见不规整的螺旋状细密的刮抹痕迹，下部则可见间距较大的数圈同心圆状修整痕迹，应为慢轮修整所致。器最高 17、外口径 14.8 厘米。（图三五三，3；图版一四七，3）

陶豆柄　标本 T18④：68，夹细砂灰陶。豆盘缺。细高柄，喇叭形圈足，足沿陡折成台状并中部内收。柄饰凹弦纹 5 组，上组中间饰等距离圆镂孔 4 个，其下饰斜向凹弦纹；柄中部另饰细索状纹 1 圈，上加饰按压纹；最下两组凹弦纹间饰等距离圆镂孔 4 个，孔两侧各戳印三角形盲孔 1 个。残高 21.2 厘米。（图三五二，6）

陶壶　数量较多，形态多样，可分圆腹、折腹、扁腹壶和高圈足、杯形、长颈、双折腹壶等多种。

圆腹壶　标本 T16④：26，泥质红胎黑皮陶，器表局部黑皮已龟裂或脱落。圆唇，略敞口，圆腹，圜底，矮圈足。颈部刮抹出 2 圈凸棱。器最高 9.6、外口径 7.2 厘米。（图三五四，1）

标本 T16④：16，泥质红胎黑衣陶。圆唇，略敞口，圆腹，平底，矮圈足。通体可见

横向刮抹痕迹，颈部刮抹出 2 圈凸棱。器最高 10.7、外口径约 8.5 厘米。(图三五四，2)

标本 T9③:41，泥质红胎黑衣陶。圆唇，敞口，折肩，扁圆腹，圈足。肩、腹结合处饰 3 圈细密的篦点纹。器最高 10.5、外口径 8.2 厘米。(图三五四，3)

标本 T14③:8，夹细砂灰黄陶。厚圆唇，敞口，圆腹略下垂，平底，矮圈足。圈足上饰 6 个圆镂孔。器最高 9.2、外口径 8.2 厘米。(图三五四，4；图版一四七，4)

标本 T6②:172，泥质红胎黑衣陶。尖圆唇，直口，矮领，圆腹略显折，矮圈足。颈部有 3 道凹弦纹，颈、肩及肩、腹结合处均有 1 圈粗凸棱，两道粗凸棱间有 1 圈弧线和短直线组成的细刻划纹，下腹部另有 2 圈凸棱。器最高 8.5、外口径 6.2 厘米。(图三五四，5；图版一四七，5)

标本 T17④:18，泥质黑陶。圆唇，直口略敞，圆腹，平底，矮圈足。肩、腹各饰凸棱 1 圈。器最高 9.6、外口径 6.4 厘米。(图三五四，6)

折腹壶　标本 T8③:14，泥质灰陶。圆唇，敞口，折腹，圜底，矮圈足。折腹处饰 2 圈凸棱。器最高 11、外口径 7.4 厘米。(图三五四，7)

标本 T9③:28，泥质灰陶。圆唇，侈口，折腹，圜底，矮圈足。折腹处起凸棱 1 圈。器最高 9、外口径 6.8 厘米。(图三五四，8)

标本 T6②:104，夹砂灰黄胎黑衣陶。圆唇，略敞口，矮领，耸肩，折腹，圜底，矮圈足。颈、身结合处饰 1 圈粗凸棱，中腹饰 1 圈扁宽凸棱，在两凸棱间饰似水波的刻划纹。器最高 8.6、外口径 6.4 厘米。(图三五四，9)

标本 T14③:20，泥质红胎黑衣陶。圆唇，直口略外敞，折腹，圜底，矮圈足。颈、肩结合处饰 2 圈宽凸棱，折腹处起折棱，棱上饰斜向短按压纹；腹及圈足上可见多处横向刮抹痕迹。器最高 12.6、外口径 10.6 厘米。(图三五四，10；图版一四八，1)

标本 T8③:24，泥质灰胎黑衣陶。圆唇，敞口，颈稍长，圆折腹，圜底，矮圈足。器最高 10.2、外口径 7.2 厘米。(图三五四，11)

标本 T21④:9，泥质黑陶。口残缺一半。圆唇，直口，颈稍长，扁圆折腹，平底，圈足。折腹处有 1 圈不明显的折棱。器最高 9、外口径 7.4 厘米。(图三五四，12)

标本 T8③:47，泥质灰黄陶，夹极细的粉沙和少量云母碎片。尖圆唇，长直颈稍外敞，扁圆腹上部显折，圜底，矮圈足，足沿外卷。肩、腹部各饰 2 圈凹弦纹。器最高 11.4、外口径 8.4 厘米。(图三五四，13；图版一四八，2)

标本 T8③:28，泥质红胎黑皮陶，局部有光泽。圆唇，直口稍外敞，圆腹略折，圜底，矮圈足。中腹略内凹，并有条状小錾 1 个，錾沿刻划 4 道短线。器最高 11.4、外口径 8.5 厘米。(图三五四，14；图版一四八，3)

标本 T14③:12，泥质灰黄胎黑衣陶。尖圆唇，直口略外敞，肩略耸，圆腹略折，圜底，圈足残缺。腹中部饰 3 圈凸棱，上面两圈之间饰对称的圆形小泥饼 2 个。器残高

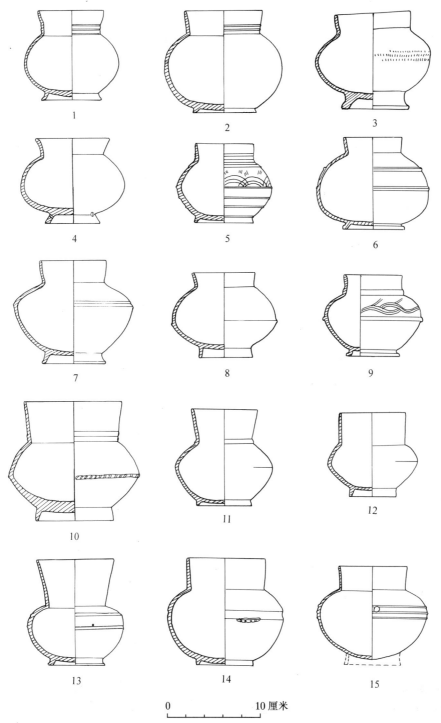

图三五四　前五次发掘新石器地层中层出土的陶壶

1~6. 圆腹壶（T16④:26、T16④:16、T9③:41、T14③:8、T6②:172、T17④:18）　7~15. 折腹壶（T8③:
14、T9③:28、T6②:104、T14③:20、T8③:24、T21④:9、T8③:47、T8③:28、T14③:12）

10、外口径 7.6 厘米。(图三五四, 15)

扁腹壶　标本 T8③:7, 泥质灰陶。口、足残缺, 扁圆折腹, 平底, 圈足。折腹处起凸棱 1 圈。器残高 6.8 厘米。(图三五五, 1)

标本 T8③:86, 泥质灰陶。口部残, 扁折腹, 圜底, 矮圈足。器残高 6.8 厘米。(图三五五, 2)

标本 T18④:2, 夹细砂灰白陶, 器表施一层黑衣, 大部分已脱落。圆唇, 略敞口, 矮颈, 折腹, 圜底, 矮圈足略残。折腹处起折棱, 棱上方有圆弧形刻划纹 2 组, 每组 2 个, 均为 4 道刻划线。器最高 10、外口径 9 厘米。(图三五五, 3)

标本 T6②:21, 泥质灰陶。圆唇, 口微侈, 矮颈, 扁圆腹, 圜底, 圈足。器最高 10、外口径 7 厘米。(图三五五, 4)

标本 T8③:23, 泥质灰陶。尖圆唇, 略敞口, 扁圆腹, 平底, 圈足。器最高 9.6、外口径 7.6 厘米。(图三五五, 5)

标本 T6②:14, 泥质灰陶。厚圆唇, 长颈较直, 扁圆折腹, 圜底, 圈足残。肩饰凹弦纹 2 圈。器残高 10.2、外口径 7.4 厘米。(图三五五, 11)

高圈足壶　标本 T17④:65, 夹粗砂灰白陶。圆唇, 敞口, 矮颈, 肩弧折, 腹中部 1 圈凸棱, 底略内凹, 圈足略高呈喇叭形。器表和圈足内侧可见多处横向刮抹痕。器最高 10.6、外口径 7.4 厘米。(图三五五, 6)

标本 T17④:17, 夹粗砂灰白陶。圆唇, 直口略敞, 扁折腹, 平底, 圈足较高, 近底部折成台状。圈足上饰凹弦纹 4 圈。器最高 9.5、外口径 7 厘米。(图三五五, 7; 图版一四八, 4)

标本 T17④:104, 泥质灰黄胎黑衣陶。圆唇, 敞口, 矮颈, 扁折腹, 平底, 喇叭形圈足略高。器表可见多处横向刮抹痕迹。器最高 8.8、外口径 7.8 厘米。(图三五五, 8; 图版一四八, 5)

标本 T17④:15, 泥质红胎黑衣陶, 圈足内表面含沙较多。厚圆唇, 敞口, 扁折腹, 喇叭形圈足稍高。器表可见多处横向刮抹痕迹, 圈足上饰近乎等距的 3 个圆形大镂孔。器最高 8.8、外口径 6.6 厘米。(图三五五, 9; 图版一四八, 6)

标本 T6②:11, 泥质红陶。尖圆唇, 直口, 矮领, 圆腹, 圈足。圈足中部有 4 个镂孔和 4 个盲孔相间组成的纹饰, 下方有 3 圈凸棱。器最高 11.8、外口径 7.2 厘米。(图三五五, 10; 图版一四九, 1)

杯形壶　标本 T19④:22, 泥质红胎黑皮陶。圆唇, 敞口, 深直腹, 平底, 矮圈足。颈部饰 6 组、圈足饰 4 组圆镂孔, 每组均 2 个, 腹及圈足上还饰多圈凸棱。器最高 13.4、外口径 7.7 厘米。(图三五五, 12; 图版一四九, 2)

双折腹壶　标本 T29④:21, 夹细砂灰胎黑衣陶, 黑衣大部分脱落。下腹部以下残,

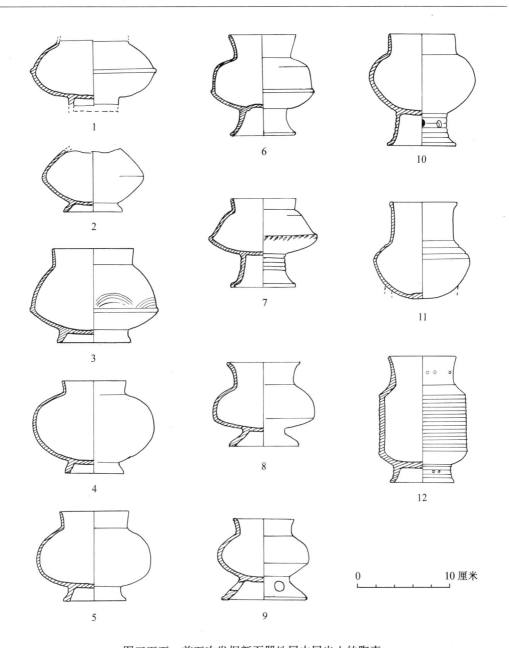

图三五五 前五次发掘新石器地层中层出土的陶壶

1～5、11.扁腹壶（T8③:7、T8③:86、T18④:2、T6②:21、T8③:23、T6②:14） 6～10.高圈足壶（T17④:65、T17④:17、T17④:104、T17④:15、T6②:11） 12.杯形壶（T19④:22）

圆唇，敞口，长颈，肩弧凸，双折腹。残高 16.6、外口径 14 厘米。（图三五六，1）

标本 T13④:10，泥质灰胎黑衣陶。圆唇，喇叭形口，长颈，双折腹，平底。器最高 15.6、外口径 7.6 厘米。（图三五六，3）

标本 T9③:44，泥质红胎黑皮陶。圆唇，敞口，双折腹，平底。肩上部起折棱，下腹可见横向刮抹痕。器最高 14.1、外口径 7.6 厘米。（图三五六，4；图版一四九，3）

其他壶　标本 T10③:2，泥质灰黄胎黑衣陶，颈部以下黑衣已脱落。圆唇外翻，长颈，肩弧凸，腹内收，浅凹底。器最高 15.2、外口径 6.5 厘米。（图三五六，2；图版一四九，4）

标本 T7③:73，泥质灰黄胎黑衣陶，略夹细粉沙，黑衣大部脱落。圆唇，敞口，长颈，圆肩，下腹斜弧，矮圈足，足沿外卷。在颈中、下部有 2 圈浅凹弦间饰绞索状划纹；颈、肩结合处凹折，肩、腹结合处饰 2 圈凹弦纹；圈足上有横向刮抹形成的不规则凸棱 1 圈。器最高 13.6、外口径 7.4、最大腹径 10.4 厘米。（图三五六，5）

标本 T24④:43，夹细砂红陶。器体很小，圆唇，敞口，扁折腹，平底。颈、腹结合处和折腹处各有 1 组凹弦纹，其间饰以 5 组斜向刻划纹，每组 4～5 道。器最高 6.4、

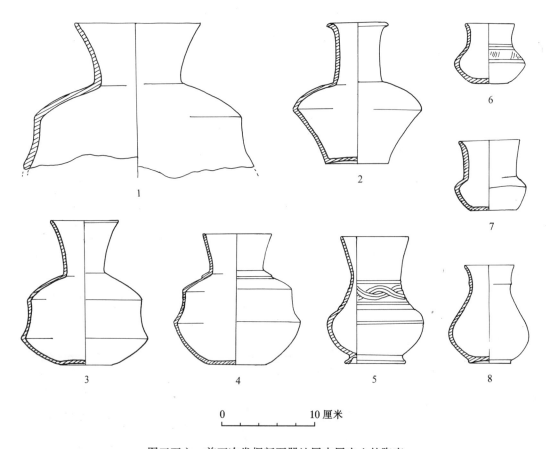

0　　　　　　　　10 厘米

图三五六　前五次发掘新石器地层中层出土的陶壶

1、3、4. 双折腹壶（T29④:21、T13④:10、T9③:44）　　2、5～8. 其他壶（T10③:2、T7③:73、T24④:43、
T17④:33、T24④:53）

外口径 5.6 厘米。(图三五六, 6)

标本 T17④:33, 泥质红胎黑衣陶。器体较小, 圆唇, 敞口, 长颈, 平底。壶颈修整较为规整, 肩、腹、底仅略加修整, 器表不太平整, 残留大量刮抹痕迹。器最高7.6、外口径 6.8 厘米。(图三五六, 7)

标本 T24④:53, 泥质红陶。圆唇, 敞口, 细长颈, 中部内收, 鼓腹, 极矮的假圈足, 底略内凹。颈部饰 1 圈凸棱。器最高 10.5、外口径 5.6 厘米。(图三五六, 8)

陶鬶　为最具特点的器类之一, 以长颈喇叭形口、侧装凿形或鸭嘴形足、三角形或麻花形把手为特征, 并出现个别长管状颈。标本 T13④:7, 泥质灰陶。圆唇, 喇叭口, 长颈, 直腹向上略收, 圜底, 3 个凿形足, 侧安一宽扁把手。肩部略折出一台阶, 腹饰等距离凹弦纹 7 圈, 把手系用泥块捏制而成, 尾部较平并向下卷。器最高 24.4、外口径 8 厘米。(图三五七, 1)

陶鬶颈　标本 T28④:25, 泥质红胎黑衣陶。为鬶颈的下半部, 呈管状。上饰绞索形刻划纹。残高 5.6 厘米。(图三五七, 2; 图版一五〇, 1)

陶盆　数量较多, 形态相对简单。标本 T7③:53, 夹砂灰胎黑衣陶。器表大都打磨平滑, 但近底及底部未经打磨, 表面含沙较多。圆唇外翻, 宽沿, 沿面弧凸, 斜弧腹, 平底。腹中部有对称 2 个圆镂孔, 孔径约 0.5 厘米。器最高 6.4、外口径 26.6 厘米。(图三五七, 3; 图版一五〇, 2)

标本 T14③:1, 夹细砂灰黑陶, 并夹少量云母碎片。圆唇略外翻, 斜弧腹, 下部略内收, 大平底稍显内凹。器表均可见横向刮抹痕迹。器最高 5.6、外口径 19.8 厘米。(图三五七, 4; 图版一五〇, 3)

标本 T6②:22, 夹细砂灰黄陶。圆唇, 窄斜沿, 弧腹, 底略内凹。窄沿上有 2 组对称的小圆孔, 每组 2 个。器最高 5.2、外口径 16.8 厘米。(图三五七, 5)

标本 T11②:9, 夹细砂灰黑陶, 含少量云母碎片。圆唇, 窄沿, 沿面弧凸, 斜弧腹, 平底略内凹。器最高 6.4、外口径 18 厘米。(图三五七, 6; 图版一五〇, 4)

标本 T14③:21, 夹细砂灰陶。方唇, 宽平沿, 深腹, 平底。腹上部饰对称圆镂孔 2 组, 每组 2 个。器最高 6.6、外口径 17.2 厘米。(图三五七, 7)

标本 T26④:60, 泥质红胎黑皮陶。方唇, 敛口, 深腹, 下腹及底残缺。腹上部饰 1 圈附加堆纹, 堆纹上加饰连续按压纹。器残高 14.4、内口径 26 厘米。(图三五七, 8; 图版一五〇, 5)

标本 T26④:2, 泥质红胎黑衣陶。方唇外翻, 宽平沿, 沿面略凸, 敞口, 深腹, 略圜底, 小圈足。中腹饰凸棱 4 圈, 圈足上饰凸棱 1 圈。器最高 12.8、外口径 30.4 厘米。(图三五七, 9; 图版一五〇, 6)

陶盆口沿　标本 T45⑤a:42, 泥质夹炭陶, 器外表呈灰黑色, 内表呈红色, 质地疏

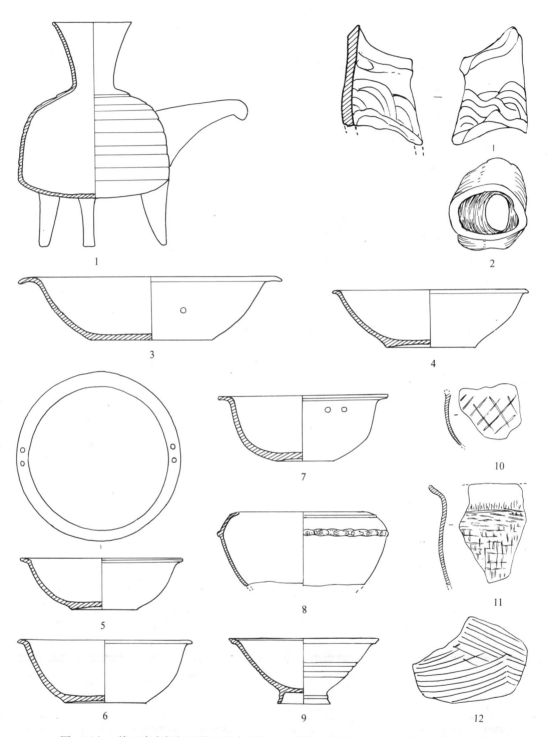

图三五七　前五次发掘新石器地层中层出土的陶鬶、鬶颈、盆、盆口沿、刻槽盆残片

1. 陶鬶（T13④:7）　　2. 陶鬶颈（T28④:25）　　3～9. 陶盆（T7③:53、T14③:1、T6②:22、T11②:9、T14③:21、T26④:60、T26④:2）　　10、11. 陶盆口沿（T45⑤a:42、T46⑤b:23）　　12. 刻槽陶盆残片（T45⑤a:41）（2、12为1/2，8、9为1/8，余为1/4）

松。口沿略残，弧腹。腹部刻划斜方格纹。残高 5.6 厘米。（图三五七，10）

标本 T46⑤b:23，夹砂灰黑陶。圆唇，弧腹较深，下部残缺。器表饰拍印的横向或交错的稀疏篮纹。残高 10 厘米。（图三五七，11）

刻槽陶盆残片　标本 T45⑤a:41，泥质红陶。器外表素面，内表面刻满凹槽。残片长 6、厚 0.6 厘米。（图三五七，12）

陶碗　为代表性的器类之一，以大敞口、折腹、圈足、加 1 个器鋬为特征，另有少量其他类型。

标本 T25④:21，夹粗砂红胎黑皮陶，器表刮抹光滑。圆唇，敞口，上腹略内收，下腹斜弧，圜底，极矮的圈足。上、下腹结合处折出 1 圈凸棱，棱下方 1 个鋬已缺。圈足边沿有 1 圈连续的按印纹。器最高 9.2、外口径 20.7 厘米。（图三五八，1）

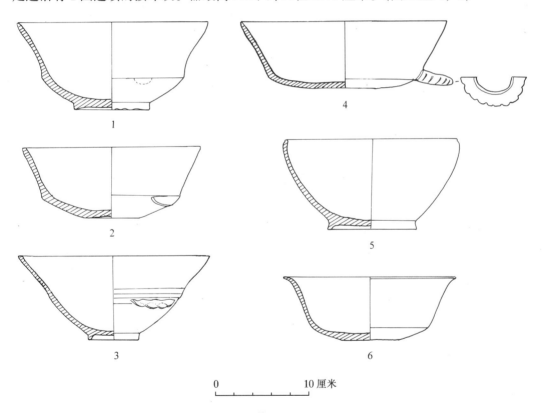

图三五八　前五次发掘新石器地层中层出土的陶碗、钵

1~5. 陶碗（T25④:21、T28④:16、T24④:21、T16④:19、T38④:27）　6. 陶钵（T16④:17）

标本 T28④:16，夹砂灰胎黑衣陶，黑衣大都脱落。方唇，敞口，斜直腹内收，下腹起折棱，平底。折棱处有 1 个半圆形鋬。器最高 7.6、外口径约 19.2 厘米。（图三五八，2；图版一五一，1）

标本 T24④:21，泥质红胎黑皮陶。厚圆唇，敞口，斜直腹，腹中部略折收，圜底，小圈足。折腹处饰 2 圈凸棱，棱下加 1 个鸡冠状錾，錾边沿饰斜向按压纹。器最高 9、外口径 20.8 厘米。（图三五八，3）

标本 T16④:19，泥质红胎黑皮陶。尖唇，唇下略外鼓，中腹略内收，下腹折收，平底。折腹处横装 1 个半环形錾，錾外沿施多道斜向宽浅的按印纹。器最高 7.2、口径约 22.5 厘米。（图三五八，4；图版一五一，2）

标本 T38④:27，泥质红胎黑衣陶，黑衣部分脱落。尖圆唇，略敛口，深弧腹，平底，矮圈足。器最高 9.6、口径 18.8 厘米。（图三五八，5）

陶钵 标本 T16④:17，泥质红胎黑衣陶。圆唇，敞口，斜直腹，下腹略折收，平底。器表可见较多横向刮抹痕。器最高 6.8、外口径 19 厘米。（图三五八，6；图版一五一，3）

陶罐 标本 T24④:52，夹粗砂红陶。圆唇，敞口，束颈，圆腹，平底。底部可见较清晰的从陶轮上切割底部而形成的偏心涡纹，应为轮制。器最高 5.8、外口径 3.3 厘米。（图三五九，1）

陶罐口沿 标本 T44⑤a:50，泥质灰胎黑衣陶。厚圆唇，敞口，矮直领，广肩。肩上饰交错的刻划曲折纹，似斜方格纹状。残高 4.4 厘米。（图三五九，2）

陶瓮口沿 标本 T44⑤a:51，泥质灰黄陶。圆唇，敛口，窄平沿，沿外侧饰凸棱，棱上加饰斜向压印纹，上腹饰横向"人"字形刻划纹。残高 4.2 厘米。（图三五九，3）

陶甗 标本 T6②:29，泥质灰陶。身呈空筒状，圆唇，大敞口，腹稍鼓，底部向内折收。腹部有多道凹弦，并有左右对称的 1 对鸡冠形錾，錾上有纵向短刻划纹。器最高 5.6、外口径 12 厘米。（图三五九，4；图版一五一，4）

陶瓿底 标本 T18④:75，泥质灰胎黑衣陶。仅剩器身底部和圈足，上饰多组弧三角形戳印。残高 5、圈足径 9.6 厘米。（图三五九，5）

陶杯 标本 T26④:9，夹砂红陶。圆唇，直腹略外敞，喇叭形柄，腹部饰 3 圈凹弦，圈足饰 1 圈 6 个圆形镂孔。器最高 6.3、外口径约 6.8 厘米。（图三五九，6）

标本 T5③:17，泥质红胎，外表褐色。厚圆唇，直口，扁折腹，高圈足。圈足上有多道横向刮抹痕迹。器最高 10.4、外口径 7.8 厘米。（图三五九，7）

标本 T40④:4，泥质红胎黑皮陶。较小，圆唇，敞口，直腹，平底。柄细高，下部残。杯腹部饰粗凸棱，腹、底结合处折成凸棱，棱上加饰斜向按压纹；柄上部有 4 个对称圆镂孔，并饰 3 圈细凸棱，棱以下向外折成台状并起 1 圈稍宽的凸棱，其上也加饰斜向按压纹。器残高 7.7、外口径约 7 厘米。（图三五九，8）

陶盅 标本 T26④:50，泥质红陶。手捏而成，器形不规整，器表凸凹不平，圜底。器最高约 3.6、外口径约 4.5 厘米。（图三五九，9）

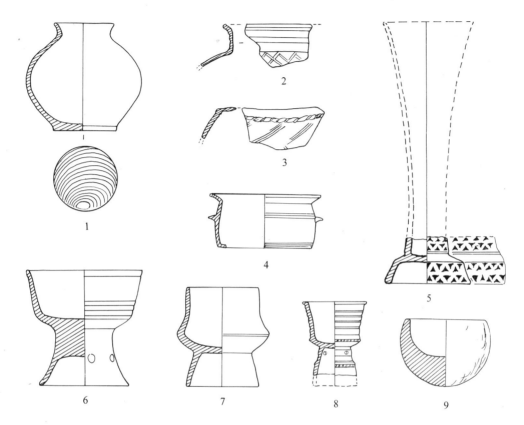

图三五九 前五次发掘新石器地层中层出土的陶罐、罐口沿、瓮口沿、甑、瓠底、杯、盅

1. 陶罐（T24④:52） 2. 陶罐口沿（T44⑤a:50） 3. 陶瓮口沿（T44⑤a:51） 4. 陶甑（T6②:29） 5. 陶瓠底（T18④:75） 6~8. 陶杯（T26④:9、T5③:17、T40④:4） 9. 陶盅（T26④:50）（1、6、9 为 1/2，余为 1/4）

陶器盖 标本 T16④:63，夹细砂红胎黑衣陶。覆钵形，尖唇，纽顶平，纽缘捏成八角形。器最高 3.4、口径约 8.8 厘米。（图三六〇，1）

标本 T24④:20，泥质红胎黑衣陶。覆钵形，纽顶边缘捏成六角星状。器最高 4、外口径 10 厘米。（图三六〇，2；图版一五一，7）

标本 T20④:91，夹粉砂红胎黑衣陶。残缺一半，覆钵形，子口，纽扁平，中间穿 1 孔。高约 4、外口径 6.6 厘米。（图三六〇，3）

标本 T8③:25，泥质灰陶。覆钵形盖，矮柱状纽，纽缘呈锯齿状。器最高 4.6、外口径 10.4 厘米。（图三六〇，4）

标本 T6②:107，泥质红胎黑衣陶。覆钵形，圆唇，纽呈喇叭状。器最高 4、外口径 10.8 厘米。（图三六〇，5）

陶鸟形捉手 T20④:92，夹细砂红胎黑皮陶。为器盖之上的捉手，形似立鸟，鸟

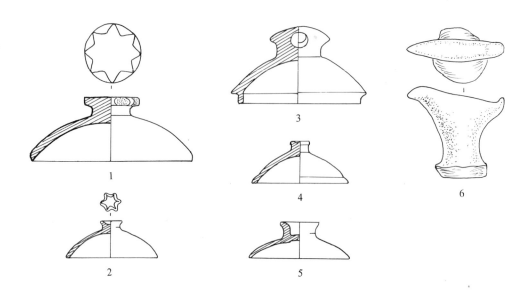

图三六○　前五次发掘新石器地层中层出土的陶器盖、鸟形捉手

1～5.陶器盖（T16④:63、T24④:20、T20④:91、T8③:25、T6②:107）　6.鸟形捉手（T20④:92）（1、3、6为1/2，余为1/4）

喙突出，尾上翘。器最高5、鸟嘴至尾通长5.4厘米。（图三六○，6）

陶纺轮　数量较多，形态简单。标本T26④:42，残缺一半，夹粉砂红陶。圆饼形，两面扁平，中间一孔，壁稍向外鼓凸。一个平面上有")（"形划纹。最大直径5.2、最厚2厘米。（图三六一，1）

标本T24④:29，夹粉砂红陶。圆饼形，两面扁平，中间一孔，壁向外鼓凸。最大直径4.8、最厚1.8厘米。（图三六一，2）

标本T24④:62，泥质红陶。残缺一半，圆饼形，两面扁平，中间一孔，孔缘外围内凹，壁向外鼓凸。最大直径5.2、最厚1.6厘米。（图三六一，3）

标本T17④:14，夹细砂灰黄陶。圆饼形，两面扁平，中间一孔，壁向外鼓凸。最大直径5.8、最厚1.7厘米。（图三六一，4）

标本T6②:108，泥质灰褐陶。圆饼形，两面扁平，中间一孔，壁向外鼓凸。最大直径5、最厚2厘米。（图三六一，5）

标本T24④:49，泥质红陶。圆饼形，两面扁平，中间一孔，壁向外鼓凸。最大直径5.2、最厚1.6厘米。（图三六一，6）

标本T24④:18，泥质红陶。圆饼形，两面扁平，中间一孔，壁向外鼓凸。最大直径4.5、最厚1.6厘米。（图三六一，7）

标本T24④:28，泥质红陶。圆饼形，两面扁平，中间一孔，壁向外鼓凸。最大直

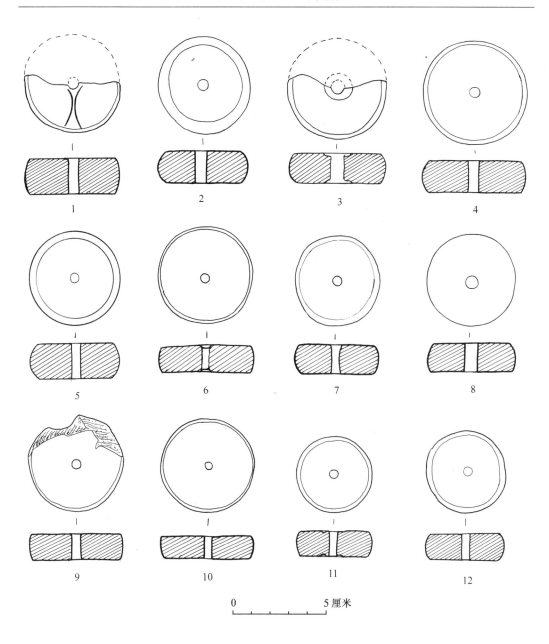

图三六一　前五次发掘新石器地层中层出土的陶纺轮

1～12.T26④:42、T24④:29、T24④:62、T17④:14、T6②:108、T24④:49、T24④:18、T24④:28、T6②:103、T44⑤a:28、T6②:33、T26④:43

径4.8、最厚1.6厘米。（图三六一，8）

标本T6②:103，泥质红陶。残，圆饼形，两面扁平，中间一孔，壁向外鼓凸。最大直径5、最厚1.4厘米。（图三六一，9）

标本 T44⑤a:28，泥质红陶。圆饼形，两面扁平，中间一孔，壁略向外鼓凸。最大直径 5.1、最厚 1.3 厘米。（图三六一，10）

标本 T6②:33，泥质红陶。圆饼形，两面扁平，中间一孔，壁向外鼓凸。最大直径 4.2、最厚 1.4 厘米。（图三六一，11）

标本 T26④:43，夹粉砂红陶。圆饼形，两面扁平，中间一孔，壁稍向外鼓凸。最大直径 4.4、最厚 1.5 厘米。（图三六一，12）

标本 T5③:29，泥质红陶。圆饼形，两面扁平，中间一孔，壁略向外折凸。最大直径 5.2、最厚 1.8 厘米。（图三六二，1）

标本 T20④:44，夹砂红陶。圆饼形，两面扁平，中间一孔，壁向外折凸。其中一平面在孔两侧和器边缘各饰 3 个小圆形戳印。最大直径 5、最厚 1.6 厘米。（图三六二，2）

标本 T17④:62，夹细砂灰黄陶。圆饼形，两面扁平，中间一孔，壁向外鼓凸并饰 1 组 5 个圆圈纹。最大直径 4.8、最厚 1.8 厘米。（图三六二，3；图版一五二，1）

标本 T6②:1，泥质红陶。一面扁平，另面向外弧凸，中间一孔。最大直径 4.3、

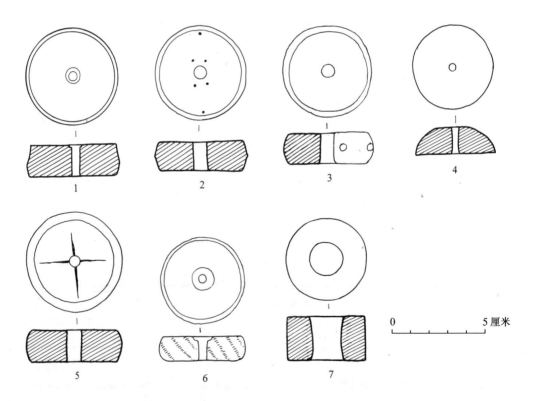

图三六二　前五次发掘新石器地层中层出土的陶纺轮
1~7.T5③:29、T20④:44、T17④:62、T6②:1、T7③:51、T17④:110、T23④:21

最厚 1.5 厘米。（图三六二，4）

标本 T7③:51，泥质红陶。圆饼形，两面扁平，中间一孔，孔外围内凹，壁向外鼓凸。其中一面在孔的外围刻划"十"字形纹。最大直径 5.4、最厚 1.8 厘米。（图三六二，5；图版一五二，2）

标本 T17④:110，泥质灰陶。圆饼形，两面扁平，中间一孔，壁向外鼓凸并饰 11 组斜向篦纹。最大直径 4.8、最厚 1.3 厘米。（图三六二，6；图版一五二，3）

标本 T23④:21，夹砂红陶。似为纺轮，器体较厚，呈扁圆柱形，两面扁平，中间一孔较大，壁较直。器最大直径 4.4、最厚 2.4 厘米。（图三六二，7；图版一五二，4）

陶球　最具特点的器类之一，绝大多数体内中空，内有小陶丸。器表常镂孔或戳印盲孔，镂孔具有一定的规律性，常表现为经纬线的形式，个别器表还施有彩绘。

标本 T23④:12，泥质灰陶。仅剩四分之一，呈球状，器体内中空。器表残留 6 个圆形镂孔，孔缘外刻 1 圈圆圈，孔间饰密集的篦纹。从内面观察到较多手捏痕迹，其中一孔壁上有旋切痕，应属旋转钻成。最大径约 8.4 厘米，壁厚约 1.3 厘米。（图三六三，1）

标本 T24④:51，夹细砂红陶。呈球状，体内中空，内有小陶丸。球面上 1 个圆形小镂孔，以孔为中心绕球体有 2 圈呈十字形交叉的经线，球体最大直径处有 1 圈纬线与经线相交，球面其他部位饰近百个圆形小盲孔。最大直径约 4.6 厘米。（图三六三，2）

标本 T17④:61，泥质褐陶。呈球状，体内中空，内有小陶丸。器表饰 3 个圆镂孔，呈三角形分布；另有盲孔 6 个，分布无规律；此外还刻划圆圈 5 个。球表面空白处饰满剔纹。最大直径 4.5 厘米。（图三六三，3）

标本 T17④:68，泥质灰黄陶，局部烧黑。呈球状，体内中空，内有 3 个小陶丸。球面上 13 个圆孔，分布无规律，其中仅 1 孔镂空，余皆盲孔，孔缘外均刻划 1 圈圆圈，其中有两孔周围饰戳印圆点纹，其余各孔间饰指甲纹。最大直径 4.9、最小直径 4.4 厘米。（图三六三，4）

标本 T26④:41，夹粉砂红陶。呈球状，残缺一半，体内中空。器表饰几何形刻划线。最大直径 5.6 厘米。（图三六三，5；图版一五三，1）

标本 T17④:19，泥质红陶。呈球状，体内中空，内有小陶丸。球面上有 14 个圆形镂孔，孔缘外均刻划 1 圈圆圈。其中 6 孔呈立体十字形分布，每 3 孔间构成一个三角形区域中饰 1 组由凹弦和弧形短线组成的三角形纹饰，三角形内侧加饰短压印纹，正中间加镂 1 个圆孔，孔外戳印 1 组由小圆孔组成的三角形。最大直径 5、最小直径 4.8 厘米。（图三六三，6；图版一五三，2）

标本 T23④:19，泥质橙黄陶。呈球状，体内中空，内有小陶丸。器表饰 6 孔呈立体十字形分布，均为盲孔，孔缘外刻划 1 圈圆圈，每两孔间各以数道刻线相连，每 3 孔间构成的一个三角形区域中填以平行短刻线或放射状刻线。器最大直径 3.2 厘米。（图

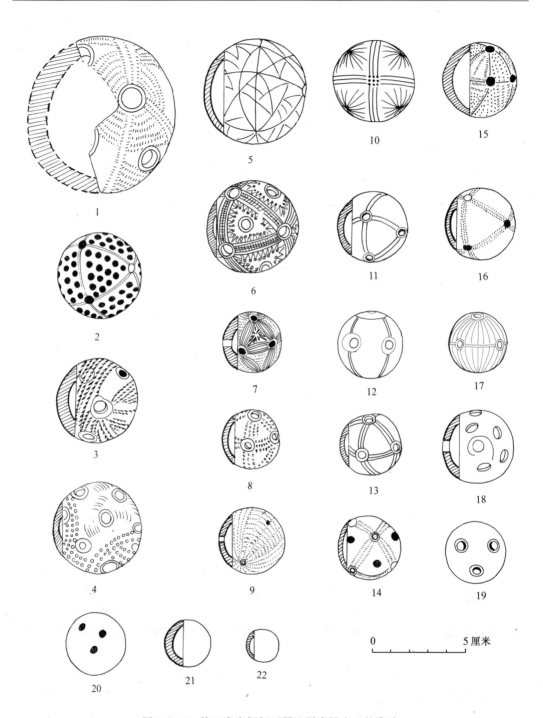

图三六三　前五次发掘新石器地层中层出土的陶球

1~22.T23④:12、T24④:51、T17④:61、T17④:68、T26④:41、T17④:19、T23④:19、T19④:24 、T6②:4、T23④:22、T8③:44、T29④:10、T23④:30、T19④:25、T26④:62、T26④:39、T23④:11、T24④:39、T16④:21、T26④:48、T23④:8、T17④:11

三六三，7；图版一五三，3)

标本 T19④:24，泥质红陶。呈球状，体内中空，内有小陶丸。球面上饰 8 个圆镂孔，其中 6 个呈立体十字形分布，每两孔间各以 3～4 道篦纹相连；另 2 孔则分布在孔间形成的两个三角形区域中；各孔外缘外均刻划 1 圈圆圈。最大直径 3.2、最小直径 3 厘米。(图三六三，8)

标本 T6②:4，泥质红陶，局部烧黑。近圆球形，器体中空，内有小陶丸。器表有呈十字形分布的 6 个对称圆孔，其中 2 个为镂孔，4 个为盲孔，孔间有多道密集的篦纹。最大直径 3.6 厘米。(图三六三，9)

标本 T23④:22，夹粉砂红陶。呈球状，体内中空，内有 1 个较大陶丸。球面上先用 6 组小圆形戳印构成一个立体十字形分布，每组戳印均为 9 个小盲孔，以三三排成矩形。每两组间用 3 道刻线相连；每三组间构成的一个三角形区域中再戳印 1 个小盲孔，并以之为中心刻满放射线状刻线。最大直径约 4.5 厘米。(图三六三，10)

标本 T8③:44，泥质红陶，夹极细的粉沙。呈球状，体内中空。球面上有呈立体十字形对称分布的 6 个圆镂孔，孔缘外刻划 1 圈圆圈，每两孔间以极浅的刻划线相连。最大直径 4、最小直径 3.8 厘米。(图三六三，11)

标本 T29④:10，泥质红陶。呈球状，体内中空，内有数个小陶丸。器表有 6 孔立体呈十字形分布，其中 4 孔镂空，2 个盲孔，孔缘外均刻划 1 圈圆圈，每 2 孔间以 1～2 道刻划线连接。最大直径 3.6 厘米。(图三六三，12)

标本 T23④:30，夹粉砂灰黄陶。呈球状，球面上原施满红彩，现仅残存局部。体内中空，内有小陶丸。球面饰 6 个圆镂孔，呈立体十字形分布，孔缘外刻 1 圈圆圈，孔间以刻线相连。最大直径 3.3 厘米。(图三六三，13)

标本 T19④:25，泥质红陶。呈球状，体内中空，内有小陶丸。球面上饰 14 个圆孔。其中 6 孔呈立体十字形分布，每两孔间以 2～3 道篦纹相连，每三孔间形成的三角形区域中间再加镂 1 孔，共加 8 孔，其中仅 1 孔镂空，余皆盲孔。最大直径 3.6、最小直径 3.3 厘米。(图三六三，14)

标本 T26④:62，泥质红陶。呈球状，残缺一半，体内中空。残存半个圆形镂孔，器表饰满刻划线。最大直径约 4、壁厚 0.6～0.8 厘米。(图三六三，15)

标本 T26④:39，夹细砂红陶。呈球状，体内中空。器表呈立体十字形分布 6 个圆形孔，仅 1 孔穿透，余皆盲孔，在镂空的孔内缘可见 1 粒陶丸烧结在内壁上；每两孔间各以 3 条篦纹相连。最大直径 3.9 厘米。(图三六三，16)

标本 T23④:11，夹粉砂灰黄陶。呈球状，体内中空，内有 1 个小陶丸。球表饰 6 个圆镂孔，呈立体十字形分布，孔缘外刻 1 圈圆圈，上下两个对称的孔之间以刻线构成细密的经线，水平 4 个孔间连以单道宽刻线成为纬线。最大直径 3.4、最小直径 3.1 厘

米。（图三六三，17）

标本 T24④:39，夹细砂红陶。呈球状，体内中空，内无陶丸。器表不平整，上有 9 个圆形镂孔，分布无规律。最大直径 3.9、最小直径 3.7、壁厚约 0.6 厘米。（图三六三，18）

标本 T16④:21，泥质红陶。呈球状，体内中空，内有陶丸。球面上有 6 个圆镂孔，孔缘外均刻划 1 圈圆圈。最大直径 3.5、最小 3.3 厘米。（图三六三，19）

标本 T26④:48，夹细砂红陶。呈球状，体内中空，内有小陶丸。器表无镂孔，仅有 5 个分布无规律的圆形戳印。最大直径 3.6 厘米。（图三六三，20）

标本 T23④:8，夹粉砂红褐陶。呈球状，体内中空，内有小陶丸。表面无孔，并且不太规整。器最大直径 2.6 厘米。（图三六三，21）

标本 T17④:11，泥质灰陶。呈球状，体内中空，内有约 1 个小陶丸。器表素面平整，无镂孔。最大直径 1.9 厘米。（图三六三，22）

陶棒 基本为泥质红陶。形态主要有圆柱形、圆锥形、梭形。器表粗糙不平。标本 T24④:66，泥质红陶。器体扁平，平面呈梭形，中部鼓，一端细窄成锥状；另端稍宽，尾较平。器表粗糙不平。器最长 13.2、最宽 2、最厚 1.1 厘米。（图三六四，1）

标本 T24④:67，泥质红陶。圆柱形，中部稍鼓，一端较细略残；另一端较粗，尾部较平。器最长 11.7、最宽 1.6、最厚 1.4 厘米。（图三六四，2）

标本 T16④:20，泥质红陶，器表粗糙不平。器体扁圆似梭形，两端稍细，中间稍粗。器最长 14.2、最宽 2、最厚 1.5 厘米。（图三六四，3）

标本 T17④:75，泥质橘黄陶。扁圆柱形，两头细，中间粗，器表凸凹不平。器最长 12、最宽 2.4、最厚 1.6 厘米。（图三六四，4）

标本 T20④:27，泥质红陶。两端残缺，近似圆柱状，中间略鼓，横剖面呈圆形，一端稍窄而圆钝，另一端较宽而稍平。器残长 11.7、最大直径 1.3 厘米。（图三六四，5）

标本 T20④:41，泥质红陶。圆锥形略扁，横剖面近方形，一端断缺，器表粗糙不平。器最长 8 厘米。（图三六四，6）

标本 T24④:63，泥质红陶。稍残，圆柱形，一端稍细；另一端稍粗，尾部较平。器表粗糙不平。器最长 8.2、最大直径 1.4 厘米。（图三六四，7）

标本 T20④:35，泥质红陶。呈扁锥形，一端圆钝，另一端稍平，器表粗糙不平。器最长 9、最宽 2 厘米。（图三六四，8）

标本 T20④:30，泥质红陶。梭形，横剖面呈圆形，一端粗，另一端稍细，器表粗糙不平。器最长 10、最大直径 1.5 厘米。（图三六四，9）

标本 T31④:2，泥质红陶。大致呈梭形，横剖面呈扁椭圆形，器体中间鼓，一端稍

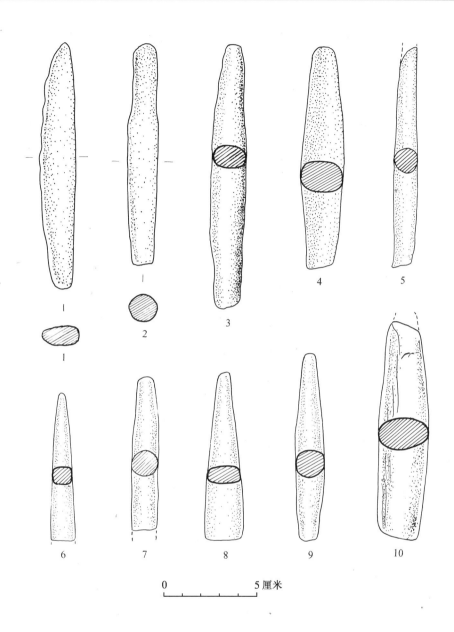

图三六四　前五次发掘新石器地层中层出土的陶棒

1~10. T24④:66、T24④:67、T16④:20、T17④:75、T20④:27、T20④:41、T24④:63、T20④:35、T20④: 30、T31④:2

细窄，顶部略残；另一端稍粗宽，面较平，器表粗糙不平，但较平的两面磨得相对光滑。残长11.8、最宽2.8、最厚1.8厘米。（图三六四，10）

　　陶尖底器　标本T16④:27，夹粗砂灰胎红陶。尖底，器内壁可见清晰制作痕迹，

图三六五　前五次发掘新石器地层中层出土的陶尖底器、垫、刻纹陶片、戳印纹陶片

1. 陶尖底器（T16④:27）　2、3. 陶垫（T10③:3、T18④:1）　4、5、7～9. 刻纹陶片（T29④:27、T26④:
61、T44⑤a:56、T45⑤a:43、T25④:29）6. 戳印纹陶片（T44⑤a:53）(2、3、7、9为1/2，余为1/4)

尖底系用泥饼旋转捏成，其上用泥条盘筑成，泥条宽2厘米左右。器残高约9.6、壁厚约0.8～1厘米。（图三六五，1；图版一五一，5、6）

　　陶垫　标本 T10③:3，夹砂红陶。手捏制而成，垫面呈圆形，表面弧凸并夹少量较大的石英或砂粒。捏手呈圆柱状，后半部残断。残高5.8、垫面最大直径约6.2厘米。

（图三六五，2；图版一五三，4）

标本 T18④:1，夹细砂红陶。手捏制而成，亚腰圆柱状，上、下均为平面，大端稍鼓凸，小端稍内凹。器最高 4.8、大端直径 4.1、小端直径 3.2 厘米。（图三六五，3）

刻纹陶片　刻纹陶片较多，纹饰形态多样，并有少量的复杂形态。标本 T29④:27，泥质灰胎黑皮陶。为陶盆口部，厚方唇，口略内敛，外表面数道凸棱，内表面刻划绞索状纹饰。残长 7.3、宽 4.8、壁厚 0.6 厘米。（图三六五，4）

标本 T26④:61，夹砂灰黄陶，属罐类。刻纹饰于肩部，似有两眼。陶片残长 14.5、宽约 7.4 厘米。（图三六五，5）

标本 T44⑤a:56，泥质灰胎黑衣陶。罐或壶类腹片。上饰 1 道附加堆纹，堆纹上加饰斜向压印纹，其下饰刻划曲折纹。残片长 5.3 厘米。（图三六五，7）

标本 T45⑤a:43，泥质灰胎黑衣陶。上饰复杂刻划纹。残片长 7.5 厘米。（图三六五，8）

标本 T25④:29，夹细砂红胎，外表灰黄色，属盆或罐类的腹片，共 2 片。饰以连续的三角形填斜线刻划纹，其下饰复杂的刻划纹。其中 1 片残长 8.8、壁厚 0.4 厘米。（图三六五，9）

戳印纹陶片　标本 T44⑤a:53，泥质红胎黑衣陶。似为盖或圈足类口沿，外表面残存 2 排横向圆形戳印，中间残留有短圆柱状泥钉，系用外径 0.65、壁厚 0.4 厘米的管状工具戳印而成；内表面在戳印部位明显隆起。残片口沿长 6.4 厘米。（图三六五，6；图版一五三，5）

2）玉器

数量和形态较下层有所增多，但多为小件玉管或玉饰类，钺、镯、环、璜等大件很少，玉玦仅见 1 件。

玉镯　标本 T21④:12，青绿色。呈圆形，较厚，磨制精细。器最高 2.2、最大直径 6.7 厘米。（图三六六，4）

玉环　标本 T8③:71，乳白色，夹黄色斑点。环形，内缘厚，外缘薄，横剖面呈扁三角形，磨制精细。器最大直径 7.6 厘米。（图三六六，1；图版一五四，1）

标本 T6②:23-1，乳白色。呈环形，横剖面呈扁三角形，磨制精细。器最大直径 7.4、最厚 0.5 厘米。（图三六六，2；图版一五四，2）

标本 T6②:23-2，乳白色。呈环形，横剖面呈弧三角形，磨制精细。内缘用线切割法镂雕出两两对称的"L"形纹 4 个。器最大直径 7.5、最厚 0.7 厘米。（图三六六，3）

玉璜　标本 T17④:63-1，淡黄色。残，半圆形似蝶状，磨制精细，顶部对称钻 1 个小圆孔，一侧在断裂后又在断裂的器体边缘各钻 1 个很小的孔，便于系合。内缘切割对称圆弧形花纹，背面有切割凹槽数条。器残长 6.2、高 2.5 厘米。（图三六六，5）

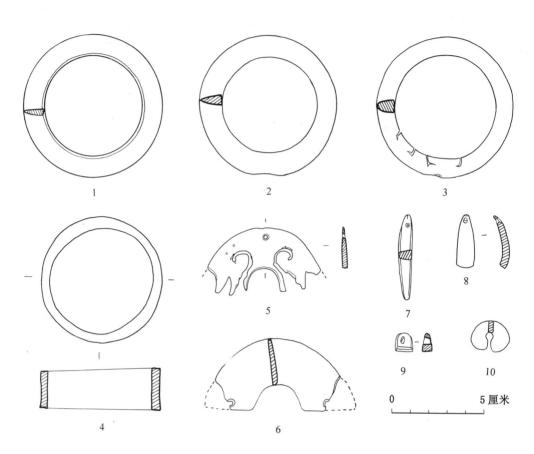

图三六六　前五次发掘新石器地层中层出土的玉镯、环、璜、坠、玦

1～3. 玉环（T8③:71、T6②:23-1、T6②:23-2）　4. 玉镯（T21④:12）　5、6. 玉璜（T17④:63-1、T27 ④:22）　7～9. 玉坠（T7③:36、T6②:27、T6②:12）10. 玉玦（T29④:12）

标本 T27④:22，灰绿色。器体扁薄，两端残，断处各留 1 个半圆孔。器残长 6.8、高 2.6、厚 0.3 厘米。（图三六六，6；图版一五四，3）

玉坠　标本 T7③:36，乳白色。似鱼形，磨制精细。一端对钻 1 个小圆孔。器最长 4.6 厘米。（图三六六，7）

标本 T6②:27，乳白色。平面呈扁平长梯形，侧面呈弯弧形，磨制精细。上端窄，呈小方角，并对钻 1 个小圆孔；下端宽。器最长 2.8 厘米。（图三六六，8）

标本 T6②:12，乳白色。略呈正方形，磨制精细，上端磨成圆弧形，并对钻 1 个较大的椭圆形孔。器最高 1、最宽 0.9 厘米。（图三六六，9）

玉玦　标本 T29④:12，乳白色。器体扁平，平面近圆形。器最大直径 2.1 厘米。（图三六六，10）

玉管　标本 T8③:64，乳白色。圆柱形，一端大，一端小，大端平面留有切割弧线，磨制精细。两端对钻 1 个圆孔。器最高 1.9 厘米。（图三六七，12）

标本 T6②:106-2，乳白色。圆柱形，磨制精细，两端对钻 1 孔。器最高 0.6、最大直径 0.7 厘米。（图三六七，13）

标本 T6②:16-2，乳白色。矮圆柱形，单面钻 1 孔。器最高 0.5、最大直径 1.2 厘米。（图三六七，14；图版一五四，6中）

玉饰　标本 T6②:24，淡黄褐色。扁长形似鱼状，横剖面呈长方形，磨制精细。两平面均有极细的刻纹，首部圆尖微扁翘，两面对钻 1 孔，尾部上下两边各刻凹槽 1 道，末端刻凹槽 1 道。器最长 6 厘米。（图三六七，1）

标本 T6②:14-2，乳白色。器体扁平，平面呈长方形，一侧局部内凹，横剖面一

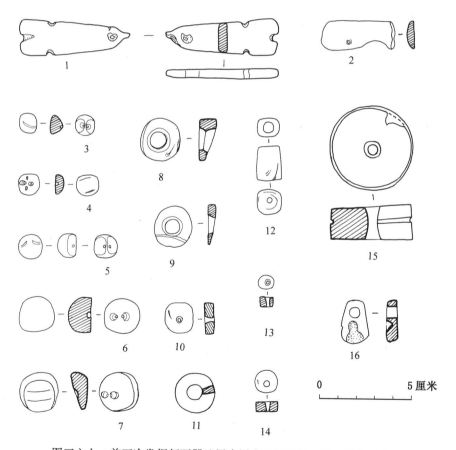

图三六七　前五次发掘新石器地层中层出土的玉饰、管、纺轮（?）

1~11、16. 玉饰（T6②:24、T6②:14-2、T6②:16-3、T6②:5-1、T6②:5-2、T6②:106-1、T17④:60、
T6②:5-3、T6②:16-1、T7③:17-2、T7③:17-1、T20④:43）　12~14. 玉管（T8③:64、T6②:106-2、
T6②:16-2）　15. 玉纺轮（?）（T24④:32）

面平，另一面弧凸。器最长4厘米。（图三六七，2）

标本T6②:16-3，乳白色。半球形，磨制精细。半球球面向两侧各切去一半，在中心凸出部位再斜向对钻小圆孔1个。最大直径1.1厘米。（图三六七，3；图版一五四，6左）

标本T6②:5-1，乳白色。半球形，磨制精细。一侧面切割弧形凹槽1道，半球平面中心斜向对钻小圆孔2个。最大直径1.2厘米。（图三六七，4；图版一五四，4左）

标本T6②:5-2，乳白色。半球形，磨制精细。半球平面向两侧各切去一半，在平面中心再斜向对钻小圆孔1个。最大直径1.3厘米。（图三六七，5；图版一五四，4中）

标本T6②:106-1，乳白色。半球形，磨制精细。在平面中心斜向对钻1个小圆孔，孔相通。最大直径2.1厘米。（图三六七，6；图版一五四，4右）

标本T17④:60，乳白色。圆饼形，一边厚，一边薄，磨制精细，一平面有切割凹槽2条，另一平面中间斜向对钻2小圆孔。最大直径2.2厘米。（图三六七，7；图版一五四，5中）

标本T6②:5-3，乳白色。矮圆柱形，一端呈斜面，磨制精细。两面对钻1个大孔。器最大直径2.3、最厚1厘米。（图三六七，8；图版一五四，5左）

标本T6②:16-1，乳白色。器体扁平，呈圆饼形，厚薄不匀，一平面上有线切割痕。中间单面钻1孔。器最大直径2.2厘米。（图三六七，9；图版一五四，6右）

标本T7③:17-2，乳白色。器体扁平，中间钻1个小孔。器最大直径1.7、最厚0.6厘米。（图三六七，10；图版一五四，5右）

标本T7③:17-1，乳白色。器体扁平，呈环形，横剖面呈长方形。器最大直径2.1、最厚0.4厘米。（图三六七，11）

标本T20④:43，滑石饰。器体小巧，磨制精细。上端有1个单面钻圆孔，下端两面对钻1个小孔但未穿透。器最长2.3、最厚0.6厘米。（图三六七，16；图版一五四，7）

玉纺轮（?） 标本T24④:32，浅褐色。器表一面残缺一小块，器体较厚，平面呈圆饼形，壁中间略凸出，壁上有数圈旋切痕，应是从玉料上用管钻旋切下的玉芯。壁中间最大径位置有1圈较粗深的凹槽，应是将此器剖切成2片未成而遗留的切痕。器中间对钻1个圆孔，孔径两端大，中间小，孔壁上有多圈旋切痕。器最大直径4.5、最厚1.8厘米。（图三六七，15）

3）石器

数量、种类均较多，最主要的器类有多孔石刀、钺、锛，次为凿、斧、镞，此外还有少量的杵、锤、球、砺石及其他形状的石器；除此之外，还发现了少量的石芯和石镯、环、饰等装饰品。制作工艺较为发达。

多孔石刀 标本T26④:57，灰黄色粉砂质板岩。残，器体扁薄，器表粗磨。存2

孔，单面管钻。残长 9.3、残宽 6.6、厚 0.7 厘米。（图三六八，1；图版一五五，1）

标本 T19④:13，青灰色。器体扁平，仅残存一侧，其余均残断。器体上残留 1 孔，外孔径约 1.5 厘米，器边缘留下小半个孔，均两面管钻。器残长 9.4、残宽 4.2、最厚 0.5 厘米。（图三六八，2）

一孔石刀　标本 T7③:15，灰黄色粉砂质板岩。器体扁平，平面呈梯形，磨制不精。顶部磨平。弧刃，刃口稍钝，上几无崩口。两面对钻 1 孔，为管钻，外孔径 1.8 厘米。刃长 13.2、两端宽均为 8、最厚 0.8 厘米。（图三六八，3；图版一五五，2）

石斧　标本 T20④:37，灰色变质砂岩。器体厚重，上半部残断，横剖面呈扁椭圆形，通体粗磨，器表稍粗糙。刃部弧凸，上有多处大崩口和细小崩口。器残长约 7.7、最厚 3.8、刃宽 8.2 厘米。（图三六八，4）

标本 T31④:7，灰绿色粉砂质板岩。器体厚重，近舌形，大部分精磨。顶部圆钝，一角残缺。双面刃弧凸，刃口稍钝，中部有明显崩口。器最长 12.2、最厚 3.8、刃宽 6.2 厘米。（图三六八，5；图版一五五，3）

标本 T46⑤b:10，灰色粉砂质板岩。器体厚重，平面呈梯形，横剖面呈扁椭圆形，边缘弧凸，通体稍精磨。顶部磨成弧凸，较平滑。双面刃，刃口稍锋利，上有少量崩口。器最长 8.6、最厚 2.4、刃宽 6.2 厘米。（图三六八，6；图版一五五，4）

标本 T25④:5，青灰色变质砂岩。器体厚重，平面近似长梯形，通体粗磨。双面刃，两侧均残断，仅存中间部分，刃口较钝。器最长约 13.5、最宽约 6.9、最厚约 4 厘米。（图三六八，7）

标本 T41④:6，灰绿色粉砂质板岩。器体较小而厚重，平面近梯形，通体粗磨。顶部圆钝不平。双面刃，刃口均有较大崩口。器最长 8.4、最厚 2.6、刃宽约 4 厘米。（图三六八，8）

石钺　数量较多。器体扁平，平面大多数呈梯形或"风"字形，极少量呈长方形或正方形，制作精细。标本 T11②:1，灰黄色变质砂岩。器体扁平，平面呈梯形，磨制精细。顶端两角缺损。两侧面被磨成如刃般薄。平刃，刃口锋利，上有少量崩口。单面钻 1 孔，外孔径 2.5 厘米。器最长 15、最厚 0.6、刃宽 13.1 厘米。（图三六九，1）

标本 T10③:12，青灰色粉砂质板岩。器体扁薄，平面近长方形，通体精磨。顶部磨成圆钝，局部残缺，其两侧均可见纵向或斜向摩擦痕迹。刃部略弧凸，刃口较锋利，上有较多崩口，刃线较明显，刃线至刃口部位可见细密的斜向摩擦痕。器中间偏顶部钻 1 孔，两面管钻，一面钻孔较深，约 0.6 厘米，另一面稍浅，约 0.4 厘米，外孔径均为 1.8 厘米，因对钻孔位偏移而在孔壁中部留下了最宽约 0.2 厘米的台面，孔壁经过了纵向打磨而平整，并留下了细密的摩擦痕迹。在正、背面孔的外侧，均有斜向彩绘留下的印痕。器最长 14.7、最厚 1、刃宽约 12.3 厘米。（图三六九，2）

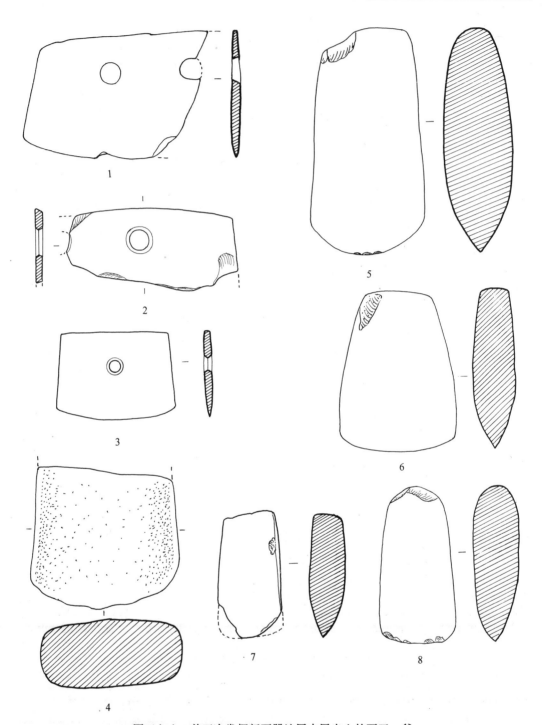

图三六八　前五次发掘新石器地层中层出土的石刀、斧

1、2. 多孔石刀（T26④:57、T19④:13）　3. 一孔石刀（T7③:15）　4～8. 石斧（T20④:37、T31④:7、T46
⑤b:10、T25④:5、T41④:6）（3、7 为 1/4，余为 1/2）

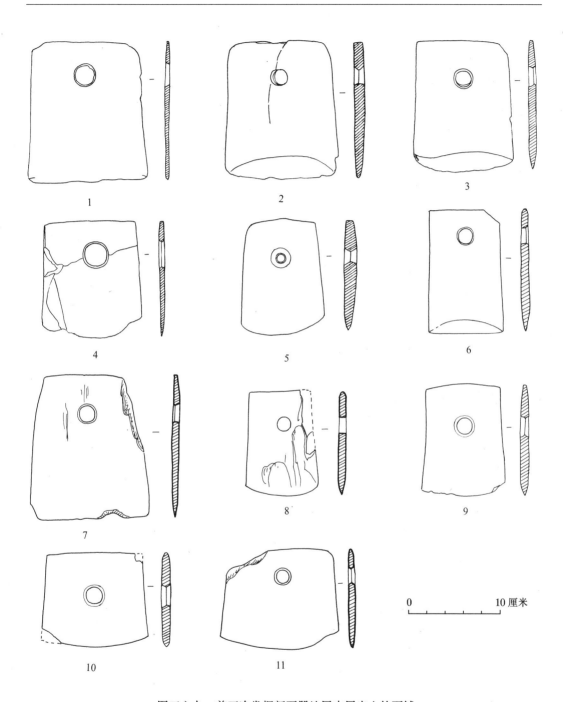

图三六九　前五次发掘新石器地层中层出土的石钺

1~11.T11②:1、T10③:12、T6②:15、T18④:15、T14③:10、T34④:7、T7③:47、T8③:16、T34④:8、T35
④:11、T8③:18

标本 T6②:15，青灰色粉砂质板岩。器体扁平，平面呈长方形，磨制稍精。顶端齐平，一拐角残。弧刃，刃口锋利，上有多处小崩口。两面对钻1孔，孔壁略斜，外孔径2.1厘米。器最长14.2、最厚0.9、刃宽11厘米。（图三六九，3）

标本 T18④:15，灰绿色硅质板岩。器体扁薄，平面近长方形，磨制精细。顶端齐平。弧刃，一角残缺，刃口锋利。两面对钻1孔，孔壁留有数道极细的旋切痕迹，外孔径2.9厘米。器最长12.6、最厚0.6、刃宽11厘米。（图三六九，4）

标本 T14③:10，青灰色绿泥石英片岩。器体稍厚重，平面略呈梯形，通体粗磨。顶部仅局部平整，大部分已崩缺。斜刃，刃口向外弧凸并较锋利，基本不见崩口。器中间偏顶部钻1孔，系用实心钻两面对钻到一定深度后，再改为管钻，孔壁上留下少量旋切痕迹，外孔径约2厘米。器最长12.2、最厚1.3、刃宽9.1厘米。（图三六九，5）

标本 T34④:7，青灰色粉砂质板岩。器体扁薄，平面呈长方形，通体精磨。顶部磨平，两侧面略磨斜，斜向摩擦痕迹明显，一角因残缺而磨成斜角。平刃，刃口锋利，上有多处细小崩口。器中间偏顶部钻1孔，两面管钻，一面钻孔较深，另一面仅浅钻，孔缘有少量崩口，外孔径1.7厘米。器最长13.2、最厚0.9、刃宽8.3厘米。（图三六九，6）

标本 T7③:47，青灰色砂质板岩。器体扁平，平面呈梯形，局部边缘残断，通体精磨。顶部磨平但稍外凸，顶两侧磨成斜面，磨处均可见斜向细密摩擦痕。器身一面残留剥石片时留下的凹疤痕。刃较平，一角残缺，刃口圆钝，上有多处打制疤痕。器中间偏顶部钻1孔，两面管钻，其中一面钻孔较深，孔壁上留下几圈镟切痕，孔外径1.8厘米；另一面钻孔较浅，并在器表留下钻具初钻时摆动而形成的旋切痕。器最高15.2、最厚0.6、刃宽约13厘米。（图三六九，7；图版一五五，5）

标本 T8③:16，青灰色粉砂质板岩。器体扁薄，平面呈梯形，通体精磨。顶部及器侧可见细密的斜向摩擦痕。刃部略斜而弧凸，刃口锋利，上有多处细小崩口。器中间偏顶部钻1孔，两面管钻，其中一面钻孔较深，达0.8厘米，孔壁斜直，壁上留下多道旋切痕，外孔径1.6厘米；另一面钻孔较浅，仅约0.1厘米。器最长11.2、最厚0.9、刃宽8.1厘米。（图三六九，8）

标本 T34④:8，灰色粉砂质板岩。器体扁薄，平面略呈"风"字形，中间厚，四周薄，通体精磨。顶部略弧凸，上有斜向摩擦痕。刃略弧凸，残缺一角，刃口锋利，上有较多小崩口。器中间略偏顶部钻1孔，两面管钻，外孔径2.4厘米。器最长11.9、最厚1.1、刃宽约9.2厘米。（图三六九，9）

标本 T35④:11，青灰色粉砂质板岩。器体中间略厚，平面呈"风"字形，通体精磨。顶部磨平，一角残缺。刃略弧凸，一角残缺，刃口锋利，上有较多明显崩口。器中间钻1孔，两面管钻，外孔径2.4厘米。器最长10.2、最厚1、刃宽约11.8厘米。（图

三六九，10）

标本 T8③:18，灰黄色粉砂质板岩。器体扁薄，平面呈梯形，通体磨制，顶部可见细密的斜向摩擦痕。平刃略弧凸，稍残，但残缺部分也经磨制。器身两面各有 1 道对齐的斜纵向切割线，应为改制未成而留下的，切割线与刃、顶部交会处各有一极小缺口，当系定位之用。器中间偏顶部钻 1 孔，两面管钻，孔壁上保留了部分旋切痕，外孔径 1.9 厘米。器最长 10.8、最厚 0.6 厘米。（图三六九，11）

标本 T24④:34，青灰色粉砂质板岩。器体扁平，中间略厚，四周稍薄，平面呈梯形，通体粗磨。顶部稍粗糙。刃较直，刃部均有崩口并局部断缺。器中间偏顶部两面对钻 1 孔，均管钻，孔壁上留有旋切痕，外孔径 2.3 厘米。器残长 10.7、最厚 1.1 厘米。（图三七〇，1）

标本 T9③:56，青灰色粉砂质板岩。器体扁平，稍厚重，平面大体呈"风"字形，下半部残断，通体粗磨。顶部已磨平。器中间近顶部钻 1 孔，单面管钻，但在另一面的孔旁保留了试图对钻而形成的较深管钻痕迹。此外，在器表两面的该孔旁边还留下 1 对未钻透的两面钻孔痕迹，钻的深度较浅，钻面均呈凹弧状，其中一处钻面中间略凸起，为管钻所致。器残长 8.7、最宽 9.4、最厚 0.9 厘米。（图三七〇，2；图版一五五，6）

标本 T7③:34，青灰色粉砂质板岩。器体扁平，平面呈近正方形，磨制稍精。顶部磨平。弧刃近平，刃口稍锋利，上有多处小崩口。两面对钻 1 孔，为管钻，外孔径 3.2 厘米。器最长 14.2、最厚 1、刃宽 16.2 厘米。（图三七〇，3）

标本 T8③:20，灰黄色粉砂质板岩。器体扁薄，平面呈"风"字形，通体磨制稍精，但顶部未磨并留有多处打制疤痕。斜刃弧凸，局部残缺。器体中间偏顶部钻 1 孔，单面管钻，外孔径 4 厘米。器最高 17.5、最厚 0.6 厘米。（图三七〇，4）

标本 T35④:12，土黄色粉砂质板岩。器体扁薄，平面呈"风"字形，中间稍厚，四周薄，通体略精磨。顶部磨平，一角残缺。斜直刃，刃口锋利，上有多处明显崩口。器中间偏顶部钻 1 孔，两面管钻，一面钻孔较深，另一面浅钻，外孔径 1.9 厘米。正、背面孔的两侧均涂斜向条形红彩，孔壁上局部也残存红彩。器最长 9.5、最厚 1、刃宽 9.1 厘米。（图三七〇，5）

石锛　数量较多。平面形态可分为长方形、梯形，长度绝大多数在 6 厘米以上；另有一部分小型锛，长度大多数在 2~4 厘米左右，个别较长的其宽、厚都明显小于普通锛，它们与普通锛可能存在功能上的差别，在此单列为一类。锛的顶端两角常有砸击痕迹，刃口常有较多的小崩口，当为实用之器。

长方形锛　器体长、宽比基本上都在 1.2:1 以上，包括器体狭长的长方形和器体稍宽的长方形，个别较长的长梯形也归入此类。标本 T16④:24，青灰色粉泥质板岩。器体扁平，平面呈长方形，通体粗磨。顶部平整。单面刃，刃口较锋利，上有极少量细小

崩口。器最长 7.7、最厚 1.4、刃宽 3.8 厘米。（图三七一，1；图版一五六，2）

　　标本 T24④:31，青灰色。器体稍厚重，平面呈长方形，通体精磨。顶部平整，但

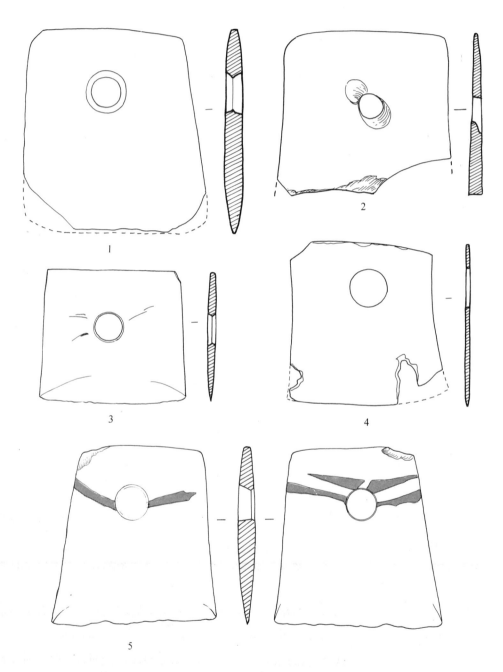

图三七〇　前五次发掘新石器地层中层出土的石钺

1～5.T24④:34、T9③:56、T7③:34、T8③:20、T35④:12（3、4 为 1/4，余为 1/2）

边缘因砸击而粗糙或崩缺，两侧面残留少量打制痕迹。单面刃，一角残缺，刃口锋利，上有多处明显崩口。器最长 8、最厚 2.6、刃残宽 3.4 厘米。(图三七一，2)

标本 T24④:12，青灰色。器体扁平，平面呈长方形，通体精磨，但残留少量打制疤痕。顶部平整，两端因砸击而成圆角状。单面刃，刃口锋利，上有较多细小崩口。器最长 7.8、最厚 1.8、刃宽 3.5 厘米。(图三七一，3)

标本 T13④:13　灰黄色粉砂质板岩。器体扁平，平面呈长方形，磨制精细。顶端

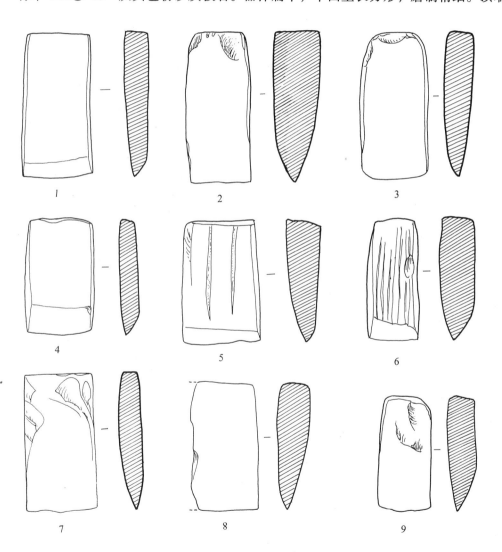

图三七一　前五次发掘新石器地层中层出土的长方形石锛

1~9.T16④:24、T24④:31、T24④:12、T13④:13、T6②:3、T26④:49、T23④:18、T24④:7、T24④:26 (7 为 1/4，余为 1/2)

齐平。单面刃，刃口锋利。器最长 6.4、最厚 1、刃宽 3.6 厘米。(图三七一，4)

标本 T6②:3，青灰色粉砂质板岩。器体稍厚重，平面呈长方形，磨制不精。顶端磨平。单面刃，刃口稍锋利，上有几处较大崩口。器最长 6.5、最厚 2、刃宽 4.2 厘米。(图三七一，5)

标本 T26④:49，浅灰色变质砂岩。器体稍厚重，平面呈长方形，通体粗磨。顶部稍平。单面刃，刃口较钝。器最长 6.6、最厚 2、刃宽约 2.7 厘米。(图三七一，6)

标本 T23④:18，深灰色粉砂质板岩。器体扁平，平面呈长方形，器表粗磨，两侧面、顶部及其两侧均留下大量打制疤痕。单面刃，刃口锋利，上有一处较大崩口和几处细小崩口。器最长 14.8、最厚 2.6、刃宽 6.7 厘米。(图三七一，7；图版一五六，1)

标本 T24④:7，深灰色。器体扁平，平面呈长方形，一侧残断，通体粗磨。顶部磨平，但边缘因砸击而粗糙。单面刃，刃口较钝，上均是崩口。器最长 6.8、最厚 1.8、刃部残宽 3.2 厘米。(图三七一，8)

标本 T24④:26，灰黄色。器体扁平，平面呈长方形，通体粗磨。顶部虽经磨制但仍不平整，边缘因砸击而圆钝，局部崩缺。单面刃，刃口锋利，上有数处较大崩口。器最长 6.2、最厚 1.7、刃宽 2.9 厘米。(图三七一，9；图版一五六，3)

标本 T24④:30，灰色。半成品。器体扁平，平面呈长方形，仅局部略加磨制，通体残留大量打制疤痕。顶部成斜面。单面刃，刃口较钝。器最长 10.3、最厚 2.5、刃宽约 3.6 厘米。(图三七二，1)

标本 T23④:17，灰色。器体厚重，平面呈长方形，器表粗磨，两侧面留下较多打制疤痕。顶部磨平，但边缘因砸击而粗糙。单面刃，刃口较锋利，上有少量崩口。器最长 9.4、最厚 2.6、刃宽约 5 厘米。(图三七二，2)

标本 T24④:16，深灰色。器体扁平，平面呈长梯形，通体粗磨，器表残留少量打制疤痕，并可见细密的摩擦痕。顶部平整。单面刃，刃口锋利，上有较大崩口。器最长 9.1、最厚 2.2、刃宽约 4.4 厘米。(图三七二，3)

标本 T24④:42，青灰色。器体厚重，平面呈长方形，器表大部分粗磨，但边缘部分残留较多打制疤痕。单面刃，刃口已断。器最长 9、最厚 2.6、刃部宽约 4.6 厘米。(图三七二，4)

标本 T25④:24，青灰色。上半部残断，器体厚重，平面呈长方形，通体粗磨，两侧面残留少量打制疤痕。单面刃，刃口锋利，上有大面积崩口。器残长 6.4、最厚 3.2、刃宽 3.8 厘米。(图三七二，5)

标本 T24④:59，灰色。器体较扁薄，中间厚，四周薄，平面呈长梯形，通体粗磨。刃部残缺。器残长 7.1、最宽 4.7、最厚 0.7 厘米。(图三七二，6)

标本 T24④:57，青灰色。半成品。器体厚重，平面呈长方形，通体粗磨，残留较

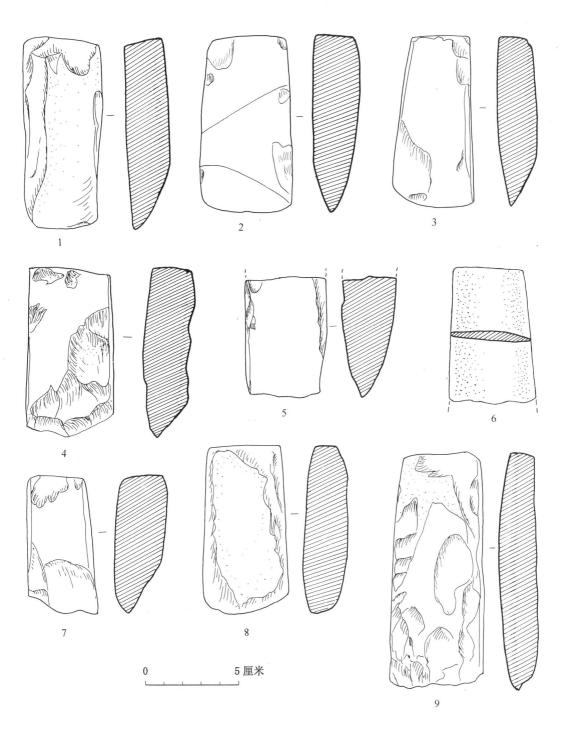

图三七二　前五次发掘新石器地层中层出土的长方形石锛

1~9.T24④:30、T23④:17、T24④:16、T24④:42、T25④:24、T24④:59、T24④:57、T24④:58、T24④:6

多打制疤痕。顶部局部磨平，大部分保留了石片疤。单面刃仅打制出雏形，尚未磨制。器最长7.4、最宽3.9、最厚2.8厘米。(图三七二，7)

标本T24④:58，青灰色。半成品。器体厚重，平面呈长方形，通体稍精磨，器表残留较多打制疤痕。单面刃尚未打制成。器最长约9、最厚2.5、刃部宽4.8厘米。(图三七二，8；图版一五六，4)

标本T24④:6，青灰色。半成品。器体扁平，平面呈长方形，通体粗磨，器表留下大量打制疤痕。顶部不平整。刃部仅打制成形，尚未磨制。器最长12.4、最厚2.2、刃部宽约5.2厘米。(图三七二，9)

标本T24④:13，灰色。器体稍厚重，平面呈长方形，两侧面及顶部略磨，其余各面精磨，器体边缘及侧面均留下较多打制疤痕。顶部不平。单面刃，刃口稍锋利，上有较多细小崩口。器最长8.2、最厚2.2、刃宽5.2厘米。(图三七三，1)

标本T23④:7，深灰色粉砂质板岩。器体稍厚重，平面略呈梯形，通体精磨，但局部残留打制疤痕。顶部略向上弧凸。单面刃，刃口锋利，上有少量极细小的崩口。器最长7.6、最厚1.5、刃宽4.8厘米。(图三七三，2)

标本T18④:48，青灰色粉砂质板岩。顶端残，器体扁平，平面呈长方形，磨制不精，器表残留少量打制疤痕。单面刃，刃口大都已崩缺。器最长7.2、最厚2、刃宽4.4厘米。(图三七三，3)

标本T23④:9，灰色粉砂质板岩。器体稍厚重，平面呈长方形，通体粗磨，但顶部残留打制疤痕而不平整。单面刃，刃口锋利，上有多处细小崩口。器最长6.4、最厚1.6、刃宽4.4厘米。(图三七三，4)

标本T26④:4，灰色变质砂岩。器体稍厚重，平面呈长方形，通体粗磨。顶部仅略磨，不平。单面刃，刃口较钝，上有少量明显崩口。器最长5.5、最宽2、刃宽3.5厘米。(图三七三，5)

标本T26④:3，灰色粉砂质板岩。器体扁平，平面呈长方形，通体稍精磨。顶部局部磨平。单面刃，刃口均崩缺。器最长6.6、最厚1.6、刃宽5.5厘米。(图三七三，6)

标本T9③:29，灰色。器体厚重，平面呈长方形，通体粗磨。顶部残留多处石片疤。单面刃，刃口较钝，上有几处崩口。器最长6.6、最宽5.5、最厚2厘米。(图三七三，7)

标本T25④:9，青灰色粉砂质板岩。器体扁平，平面略近梯形，通体精磨。顶部两端因砸击而圆钝并局部崩缺。单面刃，刃口均已崩缺。器最长6.3、最厚2、刃宽4.9厘米。(图三七三，8)

标本T26④:1，青灰色粉砂质板岩。器体扁平，平面呈长方形，通体稍精磨。顶部磨平，但两端因砸击而粗糙。单面刃，刃口锋利，上有数处较大崩口。器最长7.2、最

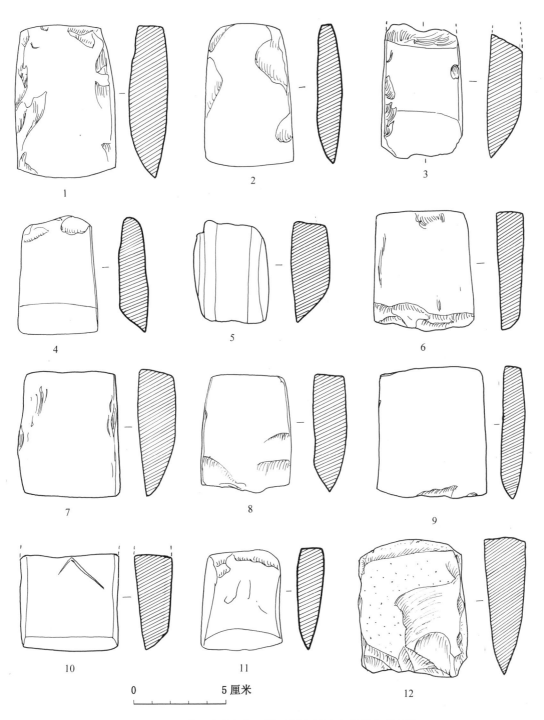

图三七三 前五次发掘新石器地层中层出土的长方形石锛

1~12.T24④:13、T23④:7、T18④:48、T23④:9、T26④:4、T26④:3、T9③:29、T25④:9、T26④:1、T25④:26、T24④:22、T24④:11

厚1.4、刃宽6厘米。（图三七三，9）

标本T25④:26，灰色。上半部残断，器体扁平，平面应呈长方形，通体粗磨。顶部略平但较粗糙。单面刃，刃口稍锋利，上有较多细小崩口。器残长5.2、最厚2.1、刃宽5.2厘米。（图三七三，10）

标本T24④:22，灰白色。器体扁平，平面呈长方形，仅一面精磨，其余各面粗磨并留下较多打制疤痕。顶部不平。单面刃，刃口较钝，上有多处明显崩口。器最长5.3、最厚1.6、刃宽4.4厘米。（图三七三，11）

标本T24④:11，深灰色。半成品，器体稍厚重，平面近方形，两侧面及顶部未磨制，残留较多打制疤痕；两平面粗磨，但也残留了少量打制疤痕。顶部不平整。刃部尚未打制成。器最长7.4、最厚2.4、刃部宽约5.8厘米。（图三七三，12）

梯形锛　平面都呈梯形，上窄下宽，器体长、宽比在1.2:1以下，有些甚至宽大于长。标本T24④:19，青灰色。器体扁平，平面略呈梯形，通体精磨。顶部平整，但局部边缘可见砸击痕。单面刃，刃口锋利，上有少量细小崩口。器最长7.2、最厚1.4、刃宽6.6厘米。（图三七四，1）

标本T24④:27，青灰色。器体扁平，平面呈梯形，通体精磨。顶部平整，但边缘可见砸击痕，局部还留下崩缺而成的石片疤。单面刃，刃口锋利，上有大小不一的崩口多处。器最长6.7、最厚1.6、刃宽6.9厘米。（图三七四，2）

标本T24④:9，青灰色。器体扁平，平面略呈梯形，通体粗磨。顶部呈斜面，仅局部磨平。单面刃，刃口较钝，上有多处较大崩口。器最长6.4、最厚1.4、刃宽6.4厘米。（图三七四，3）

标本T16④:23，灰色粉泥质板岩。器体厚重，平面呈梯形，通体粗磨。顶部略磨但不平整。单面刃，刃口较钝，上有多处较大的崩口。器最长7.2、最厚2、刃宽6厘米。（图三七四，4；图版一五六，5）

标本T24④:17，灰色。器体扁平，平面呈梯形，通体粗磨，顶部大部分崩缺，两端因砸击而成圆角。单面刃，刃口锋利，上有较多细小崩口。器最长6.5、最厚1.7、刃宽6.2厘米。（图三七四，5；图版一五六，6）

标本T24④:8，青灰色。器体扁平，平面略呈梯形，通体精磨。顶部平整，但边缘因砸击而粗糙。单面刃，刃口锋利，上有较大崩口。器最长5.6、最厚1.3、刃宽5厘米。（图三七四，6；图版一五六，7）

标本T17④:114，灰色。器体稍小，平面略呈梯形，通体精磨。顶部平整。单面刃，刃口锋利，中间崩缺1个大口。器最长4.4、最厚1.4、刃宽4.8厘米。（图三七四，7）

小型锛　具有锛的形态，也可分长方形和梯形，但形体明显较普通的长方形和梯形

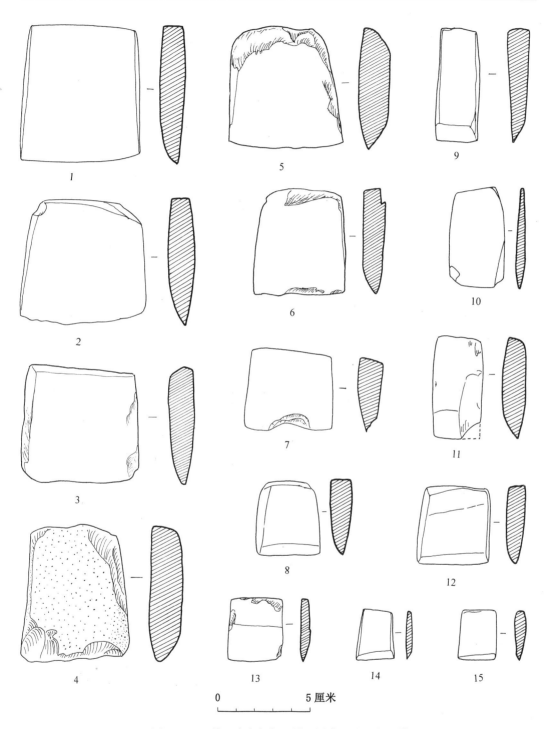

图三七四　前五次发掘新石器地层中层出土的石锛

1~7. 梯形石锛（T24④:19、T24④:27、T24④:9、T16④:23、T24④:17、T24④:8、T17④:114）　　8~15.
小型石锛（T24④:10、T20④:15、T24④:14、T24④:54、T24④:15、T6②:8、T20④:42、T16④:25）

锛小，多数长度都在2～4厘米左右，当在功能上有所不同。标本T24④：10，青灰色。器体扁平，平面略呈梯形，通体精磨。顶部磨平，但一端崩缺，另一端因砸击而成圆角。单面刃，刃口锋利，上有较多细小崩口。器最长4、最厚1.2、刃宽3.4厘米。（图三七四，8）

标本T20④：15，青灰色粉砂质板岩。器体扁平，平面呈长方形，两侧面略磨制，背面及正面精磨。顶端齐平。单面刃，刃口锋利。器最长6、最厚1.2、刃宽2.4厘米。（图三七四，9）

标本T24④：14，青灰色。器体较扁薄，平面呈长方形，通体精磨。顶部平整。双面刃，两角残缺，刃口锋利，上有少量崩口。器最长5.4、最厚0.7、刃残宽3厘米。（图三七四，10）

标本T24④：54，浅灰色。器体扁平，平面呈长方形，通体粗磨。顶部未磨平。单面刃，残缺一角，刃口锋利，未见崩口。器最长5.4、最厚1.4、刃残宽1.6厘米。（图三七四，11）

标本T24④：15，灰黄色。器体扁平，平面略呈梯形，通体精磨。顶部磨成斜面，但一侧还砸击出一个相对的小斜面。单面刃，刃口锋利，上有少量细小崩口。器最长4.2、最厚1.2、刃宽4厘米。（图三七四，12；图版一五六，8）

标本T6②：8，灰黄色粉砂质板岩。器体扁平小巧，平面呈正方形，有段，段脊在器身中部，磨制精细，但器表有少量打制疤痕。顶端齐平。单面刃，一角残缺，刃口锋利。器最长3.4、最厚0.5、刃宽3厘米。（图三七四，13）

标本T20④：42，灰黄色粉砂质板岩。器体小巧，平面呈梯形，

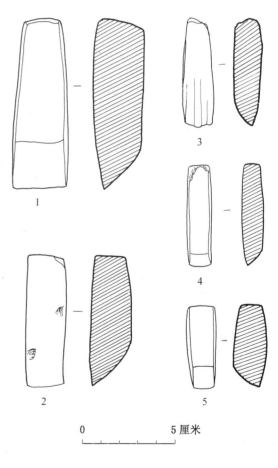

图三七五　前五次发掘新石器地层中层出土的石凿
1～5.T20④：18、T28④：12、T29④：22、T17④：12、T35④：43

磨制精细。顶端齐平。单面刃，刃口锋利。器最长 2.7、最厚 0.4、刃宽 2.1 厘米。（图三七四，14）

标本 T16④：25，灰白色泥质板岩。器体很小，平面呈长方形，通体精磨。单面刃，刃口稍钝，上有少量细小崩口。器最长 2.7、最厚 0.6、刃宽 2.1 厘米。（图三七四，15）

石凿　标本 T20④：18，长方形，灰黄色粉砂质板岩。器体厚重，平面呈长方形，横剖面呈正方形，磨制精细。顶端齐平。单面刃，刃口锋利。器最长 9.2、最厚 2.8、刃宽 3 厘米。（图三七五，1）

标本 T28④：12，灰绿色粉砂质板岩。器体厚重，平面呈长方形，横剖面近正方形，一侧面及顶部粗磨，另三面精磨，局部残留打制痕迹。单面刃，刃口锋利，上有少量崩口。器最长 7、最厚 2.2、刃宽 2 厘米。（图三七五，2；图版一五七，1）

标本 T29④：22，灰色变质砂岩。器体较厚，平面呈长方形，横剖面近方形，通体粗磨。顶部未磨。单面刃，刃口稍锋利，上有几处小崩口。器最长 5.9、最厚 1.6、刃宽 1.6 厘米。（图三七五，3）

标本 T17④：12，灰黄色粉砂质板岩。器体较小，平面呈长方形，横剖面近正方形，磨制精细。顶端齐平。单面刃，刃口锋利。器最长 5.5、最厚 1.2、刃宽 1.2 厘米。（图三七五，4）

标本 T35④：43，深灰色粉砂质板岩。器体厚，平面呈长方形，通体粗磨。顶部磨平。单面刃，刃部较窄，刃口较钝。器最长 4.4、最厚 1.9、刃宽 1.1 厘米。（图三七五，5；图版一五七，2）

石镞　数量较少。标本 T8③：45，青灰色粉砂质板岩。器体扁薄，平面呈柳叶形，横剖面呈扁菱形。器最长 9.9 厘米。（图三七六，1）

标本 T7③：50，青灰色粉砂质板岩。镞身呈长三角形，横剖面呈菱形，铤稍长呈圆锥形。器最长 8.6 厘米。（图三七六，2）

标本 T33④：20，青灰色粉砂质板岩。器体扁平，镞尖略圆钝，镞身呈三角形，横剖面呈扁菱形，扁圆锥形短铤。器最长 6.9 厘米。（图三七六，3；图版一五七，3）

标本 T16④：2，青灰色。铤残，镞身似柳叶形，横剖面呈扁菱形，通体粗磨，器表可见斜向摩擦痕。残长 5.6 厘米。（图三七六，4；图版一五七，4）

标本 T23④：25－2，青灰色。似圆锥状，仅剩中段，横剖面呈圆形，中部鼓凸。身、铤间有 2 圈凹槽。通体可见细密斜向摩擦痕。残长 5.9 厘米。（图三七六，5；图版一五七，5）

标本 T23④：25－1，青灰色。镞尖较圆钝，系从多个角度磨制而成，镞身中部较鼓，横剖面呈圆形，身、铤间用 1 圈凹槽隔开，尾部较长，呈圆截锥状，近槽处斜向对钻 1 个圆孔。器最长 7.7 厘米。（图三七六，6）

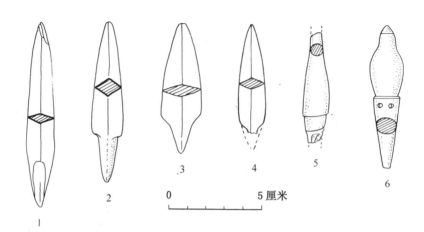

图三七六　前五次发掘新石器地层中层出土的石镞
1～6.T8③:45、T7③:50、T33④:20、T16④:2、T23④:25-2、T23④:25-1

石杵　标本 T17④:72，花岗岩。仅剩半截，长椭圆形，横剖面呈椭圆形。器表经磨制，一面稍光滑。顶端圆钝，上有直径约2～3厘米范围的粗糙面，应系长期砸击所致。器残长14.8、横剖面最长径6、短径4.8厘米。(图三七七，1；图版一五八，1)

石锤　标本 T17④:71，花岗岩。器体呈长卵形，一端稍宽，另一端稍窄，横剖面呈椭圆形。器表经磨制，但仍较粗糙。两端圆钝，上均有一片直径约2.5厘米范围的粗糙面，应属长期砸击所致。器最长10.8、横剖面最长径6、短径5.2厘米。(图三七七，2；图版一五八，2)

标本 T25④:27，系用鹅卵石直接使用，未见加工痕迹。红褐色，器体扁平，形状不规则，器表光洁，磨圆度较好。在器体三个拐角处可见砸击形成的粗糙平面。器体最长9.6、最宽5.9、最厚2.3厘米。(图三七七，6)

石球　标本 T17④:9，近椭圆形，器表粗磨，但仍稍凸凹不平。最长径3.1、短径2.8厘米。(图三七七，3)

椭圆形石器　标本 T8③:87，花岗岩。器体厚重，呈扁圆形，器表粗糙，有两端因经砸击而略残，应属砸、磨之器。器最大直径8.3、最厚4.6厘米。(图三七七，5)

标本 T14③:29，石碾? 花岗岩。器体硕大，扁椭圆形，器表稍粗糙。在器中部沿最大径的位置有1圈宽约2～3厘米的带状表面明显较周围粗糙，似为长期锤砸或碾磨所致。器最长径20.1、短径17、最厚11.4厘米。(图三七七，10；图版一五八，3)

标本 T44⑤a:17，红褐色砂岩。器体较扁，平面似椭圆形，一端宽，另一端较窄，器表略加磨制但仍显粗糙。两个平面的中间各有1道纵向宽浅的凹槽，位置基本对称。宽端较平；窄端圆钝，表面可见砸击后形成的粗糙面。器最长8.4、最宽6.2、最厚

3.6厘米。（图三七七，12；图版一五八，4）

扁平石器　标本 T20④：36，红色粉砂岩。器体扁平，平面呈椭圆形，一侧有一较大石片疤。器体一面较平整，另一面不平，平整的一面中间可见纵向摩擦痕。器最长径

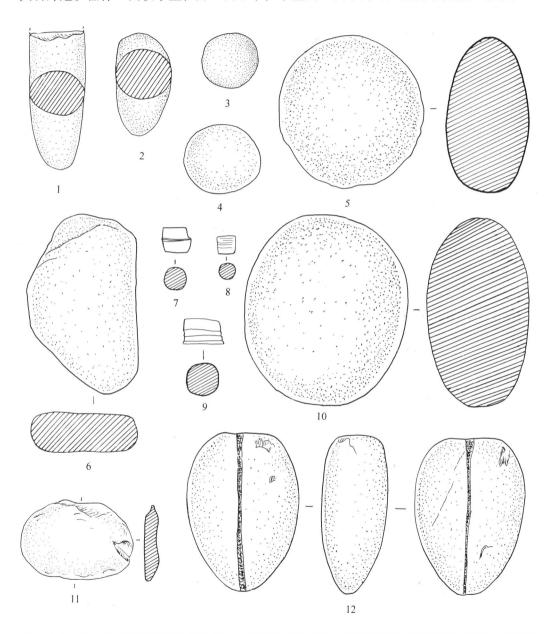

图三七七　前五次发掘新石器地层中层出土的石杵、锤、球、椭圆形石器、扁平石器、石芯、河卵石
1. 石杵（T17④：72）　　2、6. 石锤（T17④：71、T25④：27）　　3. 石球（T17④：9）　　4. 河卵石（T23④：27）
5、10、12. 椭圆形石器（T8③：87、T14③：29、T44⑤a：17）　　7～9. 石芯（T20④：75、T20④：22、T32④：6）　　11. 扁平石器（T20④：36）（1、2、9～11为1/4，余为1/2）

12.4、短径约 8、最厚约 1.6 厘米。（图三七七，11）

石芯 标本 T20④:75，青灰色粉砂质板岩。呈腰鼓形，系两面对钻孔所脱落的石芯，两端已磨平，中部有 1 圈凸棱，凸棱上下均有数道旋切的螺旋痕。器最高 1.3 厘米。（图三七七，7；图版一五九，1 中）

标本 T20④:22，青灰色粉砂质板岩。呈圆柱形，系单面钻孔所脱落的石芯，两端已磨平，一端略大，另一端略小，圆柱周边有数道旋切的螺旋痕。最高 1、最大直径 1 厘米。（图三七七，8；图版一五九，1 左）

标本 T32④:6，青灰色砂质板岩。系单面钻孔所脱落的石芯，呈圆柱形，两端磨平，一端大，另一端小，圆柱周边有数道旋切痕。最高 1.6、最大直径 2.3 厘米。（图三七七，9；图版一五九，1 右）

河卵石 标本 T23④:27，蛋形，磨圆度高，表面光滑，未见使用痕迹。最长径 4.2、短径 3.7 厘米。（图三七七，4）

砺石 标本 T18⑤:69，灰黄色砂岩。圆饼形，一面磨平，周缘不规整。器最大直径 9.2、最厚 2 厘米。（图三七八，1）

标本 T20④:17，一端残，器体扁平，平面呈长方形，四个侧面磨光，两个平面均被磨凹。器残长 8.4、最宽 2.6、最厚 1.6 厘米。（图三七八，2）

标本 T11②:12，白云母花岗片角岩。形状不规则，较平整的一面有纵向和斜向磨槽

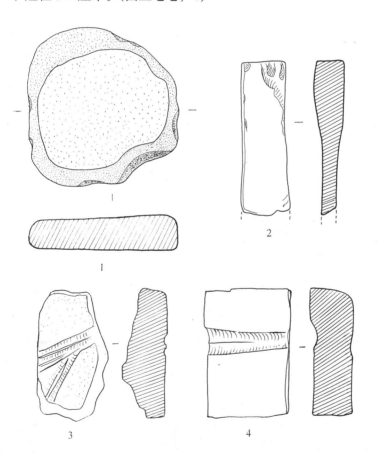

图三七八　前五次发掘新石器地层中层出土的砺石

1~4.T18⑤:69、T20④:17、T11②:12、T16④:64（1、2 为 1/2，余为 1/4）

共4道，槽的横剖面呈凹弧形，宽0.7～1厘米，深0.2～0.5厘米。器最长约14、最宽8、最厚4.8厘米。（图三七八，3；图版一五九，2）

　　标本T16④:64，灰色砂岩。器体厚重，平面呈长方形，两平面磨平，四个侧面则未磨。其中一个平面上留下直、弧形磨槽各1道，槽的横剖面呈凹弧形，深0.1～0.5厘米。器最长13.6、最宽9.3、最厚4.8厘米。（图三七八，4）

　　石环　标本T24④:60，青黑色。仅剩一段，横剖面近弧三角形，器表磨制光滑。残长5.6、外径约7、内径约5.2厘米。（图三七九，1；图版一五九，3左）

　　标本T19④:46，青灰色。仅存一小段，横剖面呈弧三角形，内缘厚，外缘薄，在一端有斜向对钻小孔1个。残长5.7、外径约有7厘米。（图三七九，2；图版一五九，3右）

　　标本T34④:11-1，青灰色粉砂质板岩。横剖面呈长方形，磨制精细，一端残缺，另一端对钻1个小圆孔。器残长4.8厘米。（图三七九，3）

　　标本T34④:11-3，青灰色粉砂质板岩。横剖面呈弧三角形，内缘厚，外缘薄，磨制精细，一端残缺，另一端对钻1个小圆孔。器残长4.7厘米。（图三七九，4）

　　标本T34④:11-2，青灰色粉砂质板岩。横剖面呈长方形，磨制精细，一端残缺，剩半个孔，另一端对钻1个小圆孔。器残长4.7厘米。（图三七九，5）

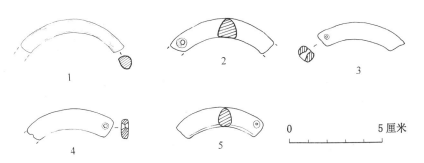

图三七九　前五次发掘新石器地层中层出土的石环
1～5.T24④:60、T19④:46、T34④:11-1、T34④:11-3、T34④:11-2

3．新石器地层上层遗物①

出土遗物50余件，陶、石器数量相近，各约20余件，玉器仅1件。

1）陶器

有夹砂红陶、泥质灰黄陶或灰胎黑衣陶，除此之外还有少量夹砂褐陶和泥质纯黑陶。纹饰有凸棱、凹弦、刻划、镂孔、戳印、附加堆纹等，此外还有少量篮纹。器类以

---

① 上层遗物中可能包含少量扰动上来的中、下层的遗物，因缺乏典型的器物组合来参照，在此难以对不属该时期的遗物加以剔除，只能暂时归入此层。特此说明。

鼎、豆为主，罐类增多，壶较少，鬶仍有一定数量但形态发生较大变化，另有瓮、匜、杯、高柄杯、纺轮、饼、球、垫、盆和装饰用的陶环，以及1件形态特殊的扁壶。陶器制作仍以手制为主，在多件器物上可观察到泥条圈筑或盘筑痕迹。

陶鼎 器形有罐形、盆形等，足多见横装扁平足，足正面常饰数道凹槽。标本T36④:18，罐形鼎。夹砂红陶。厚方唇，斜沿，沿面内凹，折腹下垂，圜底，3个横装扁平足，足下部均残断。腹部刮抹出数圈宽凹弦纹，足根正面饰按窝1个，下饰1道纵向深凹槽。器最高18.5、外口径约14.5厘米。（图三八〇，1；图版一六〇，1）

标本T3③:8，圆腹罐形鼎。夹细砂灰黄陶。方唇，侈口，圆腹，圜底，3个凿形足。中腹略偏下有3圈附加堆纹，其上有连续的按压纹。器最高25.6、外口径25厘米。（图三八〇，7；图版一六〇，2）

陶鼎足 标本T45④:26，夹砂红胎黑衣陶。横装宽扁足，较厚。足与器底结合处饰1道附加堆纹，堆纹上加饰按窝；足正面饰竖向刻划纹，中间被抹断。残高9.1厘米。（图三八〇，2；图版一六〇，3左）

标本T44④:46，夹砂红陶。鼎身为盆形，已残缺，圜底近平。横装宽扁足，足根两侧略向外伸展凸出，下半部残缺。鼎身近底部饰1圈"人"字形压印纹，足正面上部刮抹出5道横向凹弦纹，下饰竖向刻划纹，同时在中间饰1个圆形大镂孔，孔四周各刻划1个"人"字形纹。残高8.2厘米。（图三八〇，3；图版一六〇，3右）

标本T44④:49，夹砂灰黄陶。横装扁平足，足正面稍凸出，内面较平，足根两侧向外伸展凸出。足正面饰浅刻划纹，并饰短而深的刻槽。足高6.9厘米。（图三八〇，4；图版一六〇，4右）

标本T44④:48，夹砂红陶。鼎身为盆形，已残缺。横装宽扁足，上宽下窄，足正面略弧凸，足根两侧略向外伸展凸出，下半部残缺。足正面饰斜向刻划纹，并饰竖向3排短而深的刻槽。残高6.4厘米。（图三八〇，5；图版一六〇，4中）

标本T45④:27，夹砂红陶。横装扁平足，下半部残缺。足正面饰2道竖向宽凹槽。残高10.4厘米。（图三八〇，6；图版一六〇，5左）

标本T44④:47，夹砂红陶。横装宽扁足，上宽下窄，足正面略凸出，足根两侧向外伸展凸出。足正面饰刻划纹，并饰竖向4排小圆形戳印。足高10.7厘米。（图三八〇，8；图版一六〇，4左）

标本T45④:28，夹砂红陶。横装扁平足，下部残缺。足正面饰2道竖向宽凹槽。残高7厘米。（图三八〇，9；图版一六〇，5右）

陶豆圈足 标本T45④:16，泥质红胎黑皮陶。上部略鼓呈算珠状，饰4个对称的圆镂孔，下部呈喇叭形，足沿残缺。圈足上饰7圈凹弦纹；下方饰7组由镂孔、戳印组成的纹饰，每组为2个圆镂孔夹1对纵向相对的2个弧三角形戳印，每组间以长条形戳

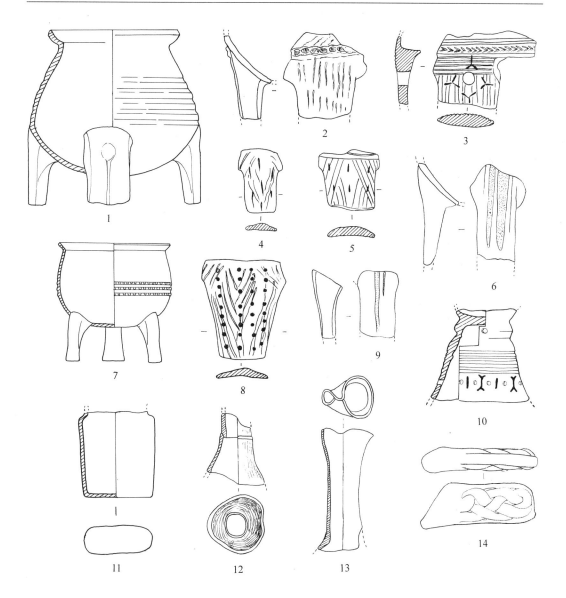

图三八〇　前五次发掘新石器地层上层出土的陶鼎、鼎足、豆柄、扁壶、鬶颈、鬶把

1、7.陶鼎（T36④:18、T3③:8）　2~6、8、9.陶鼎足（T45④:26、T44④:46、T44④:49、T44④:48、T45
④:27、T44④:47、T45④:28）　10.陶豆圈足（T45④:16）　11.陶扁壶（T36④:19）　12、13.陶鬶颈
（T45④:32、T36④:13）　14.陶鬶把（T46④:21）（7为1/8，余为1/4）

印分割。圈足内侧可见清晰的泥条圈筑痕迹，泥条宽 1.5~2 厘米左右。器残高 10 厘
米。（图三八〇，10）

　　陶扁壶　标本 T36④:19，夹砂红陶。手制，内壁局部可见泥条盘筑痕，器体呈扁
椭圆形，口部残，深腹，腹较直，平底。器残高 9.2、最宽 8.4、最厚约 5 厘米。（图三

八〇，11；图版一六〇，6)

陶鬶颈　不见长颈喇叭口，均为管状、捏流或卷叶流。标本 T45④:32，夹砂红陶。颈呈管状，与器身套接，一侧的把手已残缺。残高 7.6 厘米。(图三八〇，12；图版一六一，1 左)

标本 T36④:13，夹粗砂红陶。长颈呈圆柱状，中部略内收，口部为卷叶流，流口朝上。器残高 13.3、颈部最小直径 3.4 厘米。(图三八〇，13；图版一六一，1 右)

陶鬶把　标本 T46④:21，夹细砂灰黄陶。系用多根泥条编织而成。最长 12.7 厘米。(图三八〇，14)

陶罐　标本 T36④:11，夹砂红褐陶。器体不规整，厚圆唇，敞口，矮直颈，广肩，弧腹，小凹圜底。上腹饰多圈宽凹弦纹，下腹饰篮纹。器最高 28.6、外口径约 13、最大腹径约 36.4 厘米。(图三八一，4；图版一六一，2)

陶罐口沿　标本 T45④:31，泥质黑胎黑衣陶。厚圆唇，敛口，窄平沿，沿外缘向上加 1 圈口沿成为母口，可容器盖。腹部残留 2 道凸棱。残高 5 厘米。(图三八一，1)

陶盆口沿　标本 T39③:5，夹砂灰黑陶。似为盆类口沿。尖缘方唇，敞口。唇下及腹部饰粗绳纹，腹部有 3 道凹弦将绳纹隔断。残高 5.8 厘米。(图三八一，3)

陶瓮口沿　标本 T45④:30，泥质红胎黑皮陶。厚圆唇，敛口，宽平沿。腹部残留 2 道凸棱和 1 道附加堆纹，堆纹上加饰按窝。残高 4.4 厘米。(图三八一，2)

陶匜　标本 T45④:29，泥质红胎黑皮陶。厚圆唇，敛口，口部局部外撇成流状，腹下部及底残缺。口沿下方饰出 1 圈凸棱，腹中部饰 1 圈附加堆纹，堆纹上加饰按窝。器残高 6.8 厘米。(图三八一，6)

陶杯　标本 T46④:12，夹砂灰陶。圆唇，敞口，斜直腹，下腹起折棱，柄稍高。内表残留多道横向刮抹痕。器最高 5.8、外口径 6.5 厘米。(图三八一，10；图版一六一，3)

陶高柄杯柄　标本 T36④:20，泥质纯黑陶。较细高，管状，中部略凸起。表面有清晰的螺旋状右轮刮坯痕，似凹弦纹。残高 5.7、壁厚 0.25 厘米。(图三八一，5；图版一六一，4)

陶纺轮　标本 T3③:7，夹粉砂红陶。圆饼形，两面扁平，中间一孔，壁向外鼓凸。最大直径 4.8、最厚 1.4 厘米。(图三八一，7)

陶饼　标本 T43④:7-2，夹粉砂灰胎黑衣陶。系用陶器肩或腹部的废陶片打制而成，器体扁薄，平面略呈圆形，边缘很不整齐，留下多处敲砸痕迹，器表中间保留了原器物的折棱。最大直径 5.4、最厚 0.6 厘米。(图三八一，8)

标本 T43④:7-1，夹粉砂灰陶。系用废陶片打制而成，器体扁平，平面呈圆形，

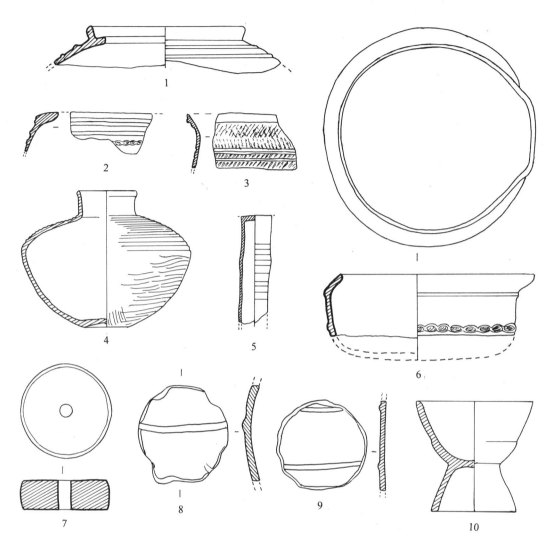

图三八一　前五次发掘新石器地层上层出土的陶罐，罐、盆、瓮口沿，匜、杯、高柄杯柄、纺轮、饼

1. 陶罐口沿（T45④:31）　　2. 陶瓮口沿（T45④:30）　　3. 陶盆口沿（T39③:5）　　4. 陶罐（T36④:11）　　5. 陶高柄杯柄（T36④:20）　　6. 陶匜（T45④:29）　　7. 陶纺轮（T3③:7）　　8、9. 陶饼（T43④:7-2、T43④:7-1）　　10. 陶杯（T46④:12）（1~3、6 为 1/4，4 为 1/8、余为 1/2）

边缘不整齐，留下多处敲砸痕迹，器表中间保留了原器物的凸棱。最大直径 5、最厚 0.5 厘米。（图三八一，9）

陶球　标本 T45④:10-2，泥质红陶。呈球状，体内中空，内有小陶丸。器表有 6 个无规律分布的小圆镂孔。最大直径 2.2 厘米。（图三八二，4；图版一六一，5 左 1）

标本 T44④:25，夹细砂红陶。呈球状，体内中空，内有小陶丸。器表素面，无镂

孔。最大直径 2.8、最小直径 2.5 厘米。（图三八二，5；图版一六一，5 左 2）

　　标本 T43④:5，夹粉砂红褐陶。呈球状，体内中空，内有 1 个较大的陶丸。球面上 6 个圆镂孔呈立体十字形分布，两孔间各以 1 道宽凹弦相连。最大直径 3.6 厘米。（图三八二，6；图版一六一，5 左 3）

　　标本 T45④:10-1，夹粉砂灰褐陶。呈球状，残破，体内中空，内有小陶丸。器表仅有 1 个圆镂孔。最大直径 4、最小直径 3.8 厘米。（图三八二，7；图版一六一，5 左 4）

　　陶垫　标本 T45④:25，泥质红陶。大体呈圆柱形，上半部残缺，中部稍内收，下端较平。残高 4.9、下端圆面直径 4 厘米。（图三八二，1）

　　陶环　标本 T45④:35，夹砂灰黄陶。仅剩小半段，横剖面呈椭圆形。残长约 4.8 厘米。（图三八二，2；图版一六一，6 右）

　　标本 T45④:34，夹砂灰黄陶。仅剩小半段，横剖面近方形，内缘有凸脊。残长约 6 厘米。（图三八二，3；图版一六一，6 左）

　　刻纹陶片　标本 T45④:37，泥质红胎黑衣陶。陶片上残 1 道凸棱，其下饰绞索状刻划纹。残片长 5.7 厘米。（图三八二，8；图版一六一，7 左）

　　标本 T46④:22，泥质灰黄陶。器表残留 1 道凸棱，棱上方饰复杂刻划纹。残片长 6.8 厘米。（图三八二，9；图版一六一，7 右）

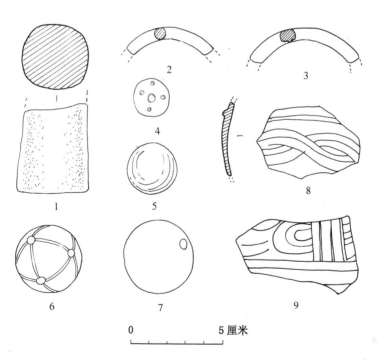

图三八二　前五次发掘新石器地层上层出土的陶球、垫、环、刻纹陶片
1. 陶垫（T45④:25）　2、3. 陶环（T45④:35、T45④:34）　4~7. 陶球（T45④:10 -2、T44④:25、T43④:5、T45④:10-1）　8、9. 刻纹陶片（T45④:37、T46④:22）

　　2）石器

　　数量和种类都较少，主要器类有钺、锛、镞、斧，另有极少的砍砸器、磨棒、刀等。

　　石砍砸器　标本 T3③:10，灰白色石英岩。椭圆形，系用河卵石打制，大部分保留了卵石台面，一端经两面敲击修整出两面刃，并留下多处石片疤。器最长

11.2、最宽7、最厚4.9厘米。(图三八三，1；图版一六二，1)

石磨棒　标本T3③:20，浅灰色流纹岩。器体厚重，平面呈长方形，横剖面呈长方形，磨制较精。一端残断，另一端较平，表面略较周围平面粗糙，属砸击和研磨所致。器残长12.5、最宽4.7、最厚3.8厘米。(图三八三，3；图版一六二，2)

石刀　标本T36④:14，深灰色。两边均残断，仅剩中间一段，器体扁薄，中间略厚，四周较薄，呈长条形，通体粗磨。刀背弧凸，刃部平直，刃口稍钝，上有多处细小崩口。左右两边各残存半孔，均两面管钻，外孔径1.2厘米。残长6.2、最宽4.6、最厚0.8厘米。(图三八三，4；图版一六二，3)

带把刀形石器　标本T36④:15，灰色。似小刀形，体扁平，两端略残，通体粗磨。刀背平直，刃部弧凸，刃口较圆钝，上4处小缺口内似经打磨，均非崩口。长条形刀把尾端残断。残长7.2、最宽2.4、最厚0.5厘米。(图三八三，5；图版一六二，4)

石斧　标本T43④:9，深灰色。残断一半，器体较厚重，呈长舌形，表面粗磨。双面刃，刃口锋利，上有多处小崩口。残长6.8、最厚4、刃宽约4.4厘米。(图三八三，2)

标本T43④:1，灰色。器体较厚重，平面呈长方形，器表大都粗磨。顶部未磨，粗糙不平，残留多处打制疤痕。双面刃，刃口稍锋利，一面上有几处大破裂面。器最长8.7、最厚2.9、刃宽约5厘米。(图三八三，6)

石钺　标本T36④:10，青灰色粉砂质板岩。器体扁薄，平面略呈"风"字形，通体精磨。顶部磨平并略向外弧凸。弧刃近平，刃口锋利，一角残缺后又重新磨制锋利，刃上有较多大小不一的崩口。器中间偏顶部钻1孔，两面管钻，一面钻孔较深，另一面浅钻，浅钻一面的孔边缘不整齐，外孔径2.2厘米。器最高14.2、最厚0.8、刃宽约12.6厘米。(图三八四，1)

标本T36④:6，青灰色粉砂质板岩。器体扁薄，平面略呈"风"字形，通体精磨。顶部磨平并向外弧凸，两侧磨成斜面，上有细密摩擦痕。斜刃略弧，刃口较锋利，上有多处细小崩口。器中间偏顶部钻1孔，两面管钻，一面钻孔较深约0.8厘米，孔壁上留下多圈旋切痕，外孔径1.6厘米；另一面浅钻仅约0.1厘米，孔边缘有碎崩口，外孔径1.5厘米。器最长13.3、最厚0.9、刃宽10.2厘米。(图三八四，2；图版一六三，1)

标本T45④:4，青灰色粉砂质板岩。器体扁薄，平面呈"风"字形，一角残缺，通体精磨。顶部磨平但略弧凸。刃弧凸，刃口上有多处较大崩口，基本崩缺。器中间偏顶部钻1孔，两面管钻，外孔径约2.7厘米。器最长10.8、顶宽9.8、最厚1厘米。(图三八四，3；图版一六三，2)

标本T45④:14，绿泥云母石英片岩。半成品，器体扁平，平面呈长方形，仅稍加磨制，器表大部分较粗糙。双面刃，刃口尚未磨成。器中间未钻孔。器最长12.2、最

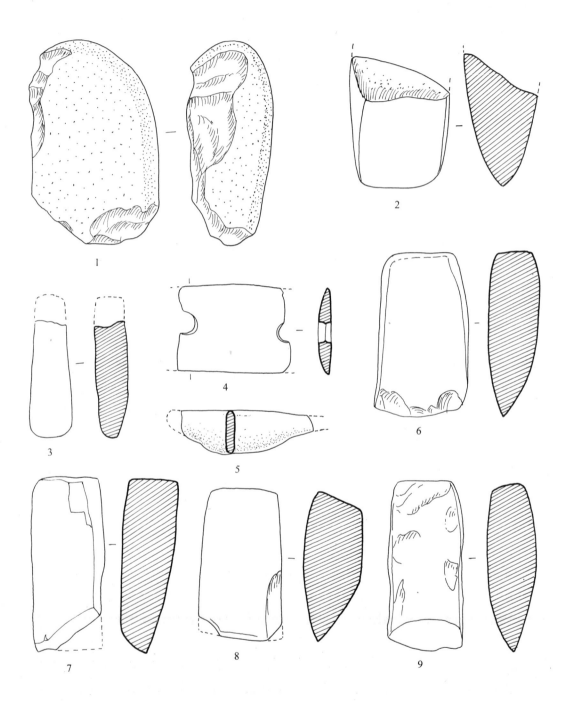

图三八三　前五次发掘新石器地层上层出土的石砍砸器、斧、磨棒、刀、带把刀形器、锛

1. 石砍砸器（T3③:10）　2、6. 石斧（T43④:9、T43④:1）　3. 石磨棒（T3③:20）　4. 石刀（T36④:14）

5. 带把刀形石器（T36④:15）　7~9. 石锛（T44④:5、T43④:3、T45④:9）（3为1/4，余为1/2）

宽 7.6、最厚 1.4 厘米。（图三八四，4；图版一六三，3）

标本 T36④:5，青灰色粉砂质板岩。器体扁薄，平面略呈梯形，一侧残断，通体精

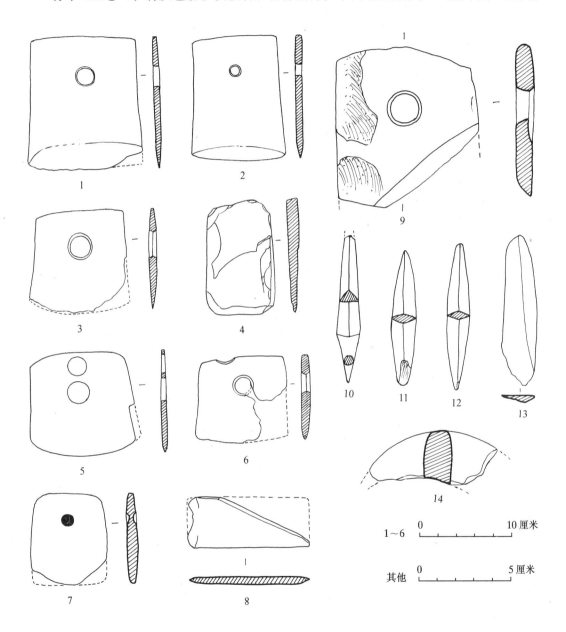

图三八四　前五次发掘新石器地层上层出土的石钺、镞、长方形石器、残石器、石片

1～6、9. 石钺（T36④:10、T36④:6、T45④:4、T45④:14、T36④:5、T45④:5、T43④:4）　7. 长方形石器
（T45④:33）　8、14. 残石器（T46④:2 、T43④:6）　10～12. 石镞（T36④:12-2、T36④:12-1、T36④:
8）　13. 石片（T43④:2）

磨。顶部弧凸,两角圆钝。弧凸刃,刃口锋利,上有少量细小崩口。器中间偏顶部钻2孔,均管钻,上孔单面钻,钻深超过器体厚度一半时将石芯敲落,孔缘留下了较多崩碎痕迹,外孔径2.1厘米;下孔似为两面钻,孔壁上留下多圈旋切痕迹,但孔壁近乎垂直,两面外孔径均为2.3厘米,内孔径2.15厘米。器最长11.2、最厚0.8、刃残宽约12.2厘米。(图三八四,5;图版一六三,4)

标本T45④:5,灰色粉砂质板岩。器体扁薄,平面近梯形,一角残缺,通体精磨。顶部磨平。刃弧凸,刃口稍钝,上有几处崩口。器中间偏顶部钻1孔,两面管钻,其中一面因钻具摆动而在孔外留下弧形旋切痕。另在近顶部残留小半个对钻孔,当系改制前所遗。器最长9.2、最厚0.6、刃宽约10厘米。(图三八四,6)

标本T43④:4,灰白色。一半残断,器体中间厚,四周薄,平面呈梯形,器表大部分粗磨,但有大片破裂面。顶部有多处打制疤痕。近顶部钻1孔,两面管钻,一面钻孔较深,另一面较浅,外孔径约1.8厘米。残长8.5、残宽8.2、最厚1.3厘米。(图三八四,9)

石锛　标本T44④:5,红褐色粉砂岩。器体稍厚重,平面呈长方形,通体稍精磨。顶部磨平,但有几处石片疤。刃部残断。器最长9.4、最宽4、最厚3厘米。(图三八三,7)

标本T43④:3,灰色。器体较厚重,平面呈长方形,器表粗磨。顶部斜平,一侧边缘有一排密集的小砸击点。单面刃,两角残缺,刃口较锋利,上有少量小崩口。器最长8.1、最厚3.3、刃宽约4.5厘米。(图三八三,8)

标本T45④:9,青灰色。器体厚重,平面呈长方形,通体粗磨,器表有较多打制疤痕。顶部略磨平。单面刃,刃口锋利,上有少量崩口。器最长9、最厚2.8、刃残宽4.2厘米。(图三八三,9;图版一六三,5)

石镞　标本T36④:12-2,青灰色。镞尖残,镞身呈三棱锥状,横剖面呈三角形,短铤呈圆锥形。镞身精磨,铤部粗磨并可见细密摩擦痕。残长7.8厘米。(图三八四,10;图版一六三,6)

标本T36④:12-1,青灰色。两端稍残,平面呈柳叶形,横剖面呈扁菱形,通体精磨,器表可见细密摩擦痕。残长7.2厘米。(图三八四,11;图版一六三,7)

标本T36④:8,青灰色粉砂质板岩。平面呈柳叶形,横剖面呈扁菱形,通体精磨,器表可见细密摩擦痕。长7.8厘米。(图三八四,12;图版一六三,8)

长方形石器　标本T45④:33,白云母石英片岩。器体扁平,平面呈长方形,两角残缺。两面对钻1孔,为实心钻,未钻透。器最长4.9、最宽4.1、最厚0.7厘米。(图三八四,7;图版一六二,5)

残石器　标本T46④:2,青灰色。器体扁薄,原应为长方形,残断后成为近三角形。通体稍精磨，残断的斜面也加以粗磨，断面上可见细密斜向摩擦痕。刃部应为双面平刃，大部分残缺，刃口两侧可见细密的横向摩擦痕。器最长 6.6、最宽 2.8、最厚 0.5 厘米。(图三八四，8)

标本 T43④:6，白色半透明石英岩。器体扁平，平面似弧三角状，外缘呈弧形，两平面及外侧面均磨制，但外侧面尚存较多打制疤痕。器残长 7.2、最宽 2.8、最厚 1.8 厘米。(图三八四，14；图版一六二，6)

石片　标本 T43④:2，青灰色。系从石核上打下的废片，边缘大部分锋利，横剖面呈扁三角形。最长 8.1、最宽 2、最厚 0.4 厘米。(图三八四，13)

二　第六次发掘的地层遗物

1. 新石器地层下层遗物

出土的完整器物极少，主要为陶片，石器少见，未见玉器。陶片以泥质或夹砂灰胎黑衣陶为主，另有夹砂或泥质的灰、红陶等。纹饰有凸棱、凹弦、镂孔、附加堆纹、刻划纹等，其中刻划纹数量较多，纹样丰富。可辨器形以鼎、豆、盆为主，另有壶、鬶、瓮、纺轮等。

陶鼎口沿　标本 T47④:29，泥质灰陶。方唇，宽斜沿，敞口，直腹较深，腹上部略内收，饰凹弦纹数圈。外口径约 16 厘米。(图三八五，1)

陶鼎足　标本 T47④:15，夹砂红陶。横装扁平足，呈长方形，足正面下半部略内凹。最高 11.2、最宽 4 厘米。(图三八五，2；图版一六四，1 左 1)

标本 T47④:30，泥质红陶，夹少量蚌末，质地疏松。横装扁凹足，足面内凹，足根正面饰 6 个按窝。残高 8 厘米。(图三八五，3；图版一六四，1 左 2)

标本 T47④:26，泥质灰胎黑衣陶。侧装凿形足。足面较宽。足根正面有 1 个小泥突。最高 6.8 厘米。(图三八五，4；图版一六四，1 左 4)

标本 T47④:14，夹砂灰黄陶。横装宽扁足，呈长方形。足正面刻划 7 道曲折纹，其下为 7 道直线纹。最长 8.3、最宽 6 厘米。(图三八五，5；图版一六四，1 左 3)

陶豆盘口沿　标本 T47④:19，夹砂灰胎黑衣陶。尖圆唇内敛，折腹，腹壁内收。内口径约 9.4 厘米。(图三八五，6)

标本 T47④:21，泥质红胎黑衣陶。方唇，母口，口略内敛，弧腹。内口径约 24 厘米。(图三八五，7)

标本 T47④:20，泥质灰胎黑衣陶。圆唇，略敛口，折腹，腹壁内收。内口径约 30.5 厘米。(图三八五，8)

陶豆柄　标本 T47④:31，泥质红胎黑皮陶，器表磨光。柄上残存 2 道凸棱，棱间饰圆形镂孔。残高 6.6 厘米。(图三八五，9；图版一六四，2 左)

标本 T47④:33，泥质红胎黑皮陶。柄上部鼓凸似算珠状。残高 7.2 厘米。(图三八

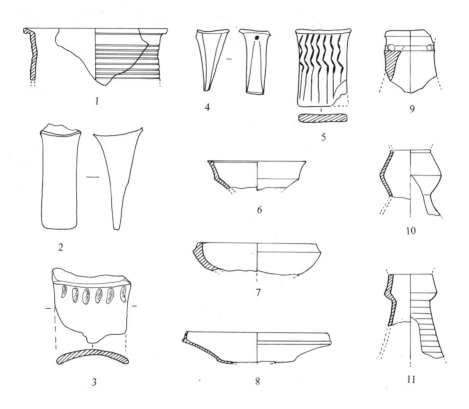

图三八五　第六次发掘新石器地层下层出土的陶鼎口沿、鼎足、豆盘口沿、豆柄

1. 陶鼎口沿（T47④:29）　2～5. 陶鼎足（T47④:15、T47④:30、T47④:26、T47④:14）　6～8. 陶豆盘口
沿（T47④:19、T47④:21、T47④:20）　9～11. 陶豆柄（T47④:31、T47④:33、T47④:32）（7、8 为 1/8，
余为 1/4）

五，10）

标本 T47④:32，泥质红胎黑皮陶。柄上部鼓凸似算珠状，柄上残存 9 道细凸棱。
残高 9 厘米。（图三八五，11；图版一六四，2 右）

陶壶口沿　标本 T47④:23，夹砂灰胎黑衣陶。厚圆唇外翻，直口略敞，折肩。颈
部饰 2 圈凸棱，肩部饰 1 圈凸棱。外口径约 21 厘米。（图三八六，1）

陶盆口沿　标本 T47④:22，泥质灰胎黑衣陶。圆唇外翻，圆腹，腹中部饰 1 圈附
加堆纹，堆纹上加饰压印纹。外口径约 18 厘米。（图三八六，2）

标本 T47④:28，泥质灰陶。圆唇，敛口，弧腹。腹部饰 1 圈附加堆纹，堆纹上加
饰按窝。内口径 25 厘米。（图三八六，3）

标本 T47④:27，泥质灰黄陶。方唇，宽沿，沿面略内凹，斜弧腹。腹部饰 1 圈凸
棱。外口径 28.8 厘米。（图三八六，4）

陶瓮口沿　标本 T47④:25，泥质黑胎黑衣陶。圆唇，敛口，平沿，弧腹。上腹部

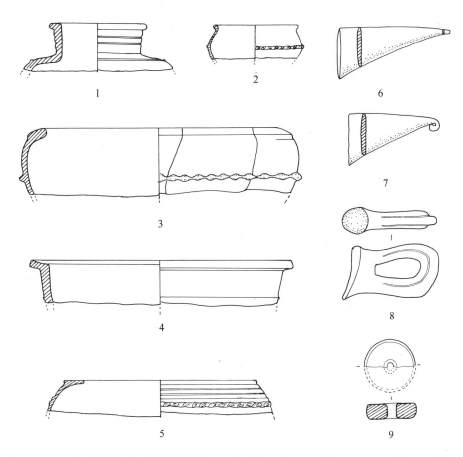

图三八六　第六次发掘新石器地层下层出土的陶壶口沿、盆口沿、瓮口沿、鬶把、纺轮

1. 陶壶口沿（T47④:23）　2~4. 陶盆口沿（T47④:22、T47④:28、T47④:27）　5. 陶瓮口沿（T47④:25）

6~8. 陶鬶把（T47④:18、T47④:17、T47④:16）　9. 陶纺轮（T47④:2）（1、2、5 为 1/8，余为 1/4）

饰 3 圈凸棱，其下饰 1 圈附加堆纹，堆纹上加饰按窝。内口径约 35.6 厘米。（图三八六，5）

陶鬶把　标本 T47④:18，夹砂灰陶。系用泥块捏制而成，呈扁平三角形，把尾平直。最长 12.2 厘米。（图三八六，6；图版一六四，3 左上）

标本 T47④:17，夹粗砂灰陶。系用泥块捏制而成，呈扁平三角形，把尾较平并下卷。最长 10 厘米。（图三八六，7；图版一六四，3 左下）

标本 T47④:16，泥质红陶。系用 3 根泥条弯曲捏制而成，呈扁环形，中间空。最长 10.4 厘米。（图三八六，8；图版一六四，3 右）

陶纺轮　标本 T47④:2，泥质红陶。半残，圆饼形，两面扁平，中间一孔，孔缘外内凹，壁向外鼓凸。最大直径 5.4、最厚 1.9 厘米。（图三八六，9）

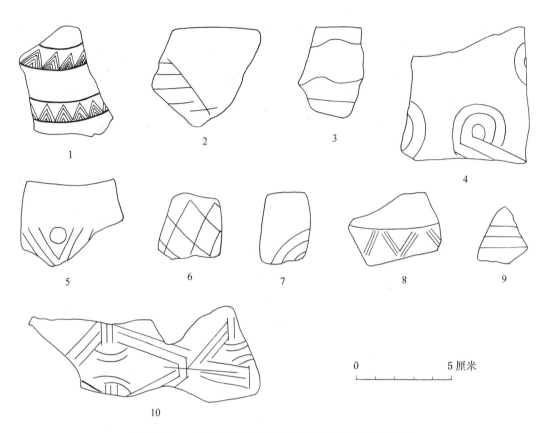

图三八七　第六次发掘新石器地层下层出土的刻纹陶片

1～10. 刻纹陶片（T47④:35、T47④:45、T47④:40、T47④:37、T47④:47、T47④:46、T47④:38、T47④:44、T47④:39、T47④:43）

刻纹陶片　均刻划在泥质黑皮（衣）陶片上。标本 T47④:35，泥质灰胎黑衣陶。残存 2 组凹弦纹，每组中间用细直线刻划连续呈三角形的曲折纹。残片最长 6 厘米。（图三八七，1）

标本 T47④:45，泥质灰胎黑衣陶。用细直线刻划斜栅纹。残片最长 5 厘米。（图三八七，2）

标本 T47④:40，泥质灰胎黑衣陶。刻划较细的直线、曲折纹。残片最长 5 厘米。（图三八七，3）

标本 T47④:37，泥质红胎黑皮陶。刻划重圈与直线组合纹饰。残片最长 7.3 厘米。（图三八七，4）

标本 T47④:47，泥质灰胎黑衣陶。为罐类肩部。用 3 道直线刻划呈三角形的连续曲折纹，中间加刻 1 个圆圈。残片最长 5.7 厘米。（图三八七，5）

标本 T47④:46，泥质红胎黑衣陶。刻划菱形纹。残片最长 3.7 厘米。(图三八七，6)

标本 T47④:38，泥质红胎黑衣陶。刻划弧线纹。残片最长 3.8 厘米。(图三八七，7)

标本 T47④:44，泥质红胎黑衣陶。用直线刻划呈曲折纹。残片最长 5 厘米。(图三八七，8)

标本 T47④:39，泥质灰胎黑衣陶。刻划平行直线纹。残片最长 3 厘米。(图三八七，9)

标本 T47④:43，泥质红胎黑皮陶。用直线和曲线刻划组合纹饰。残片最长 12.7 厘米。(图三八七，10)

2. 新石器地层中层遗物

出土完整器较少，仅有陶器 1 件、石器 5 件、玉器 1 件。

1) 陶器

有夹砂红、灰陶和泥质红(灰)胎黑衣(皮)陶，另有极少量的泥质纯黑陶。纹饰有凸棱、凹弦、镂孔、刻划、戳印等，其中刻划纹样较为丰富。可辨器形有鼎、豆、鬶、罐、盆、盖、饼。

陶盆形鼎　标本 T48⑤:14，泥质红胎黑衣陶。圆唇，敞口，折腹，圜底，三足残缺。器残高 5.5、外口径 16 厘米。(图三八八，1；图版一六五，1)

陶鼎口沿　标本 T48⑤:11，夹砂灰黑陶。尖缘方唇，宽斜沿，沿面上有 2 圈凹弦，颈部饰 2 圈凹弦纹。外口径约 17.6 厘米。(图三八八，2)

标本 T48⑤:12，夹砂红陶。方唇，唇中间内凹，敞口。腹部残存 5 道凹弦纹。残高 5.6 厘米。(图三八八，3)

陶鼎足　标本 T48⑤:7，夹砂红陶。侧装凿形足。足根正面饰 2 个按窝。最高 11.2 厘米。(图三八八，4；图版一六五，2 左)

标本 T48⑤:8，夹砂灰陶。横装扁足，足面向外弧凸，两侧向外伸展，正中间 1 道竖向宽棱，棱两侧各有 2 排长短不一的短刻划纹。残高 6.8 厘米。(图三八八，5；图版一六五，4 左)

标本 T47③:36，泥质红陶，夹少量蚌末，质地疏松。横装扁凹足，足正面内凹，横剖面呈弯月形。足根部饰 4 个按窝。残高 6 厘米。(图三八八，6；图版一六五，4 中)

标本 T47③:35，夹砂灰陶。侧装三角形足，中间有 1 个大三角形孔，足正面稍宽，上饰竖向 4 道短刻划纹。最高 8.2 厘米。(图三八八，7；图版一六五，2 中)

标本 T48⑤:9，夹砂红陶。横装窄扁平足，平面呈长方形，横剖面呈扁椭圆形。最高 7.2 厘米。(图三八八，8；图版一六五，2 右)

标本 T47③:37，泥质红陶。横装宽扁足，足正面饰 7 道曲折纹。残高 5 厘米。(图三八八，9；图版一六五，4 右)

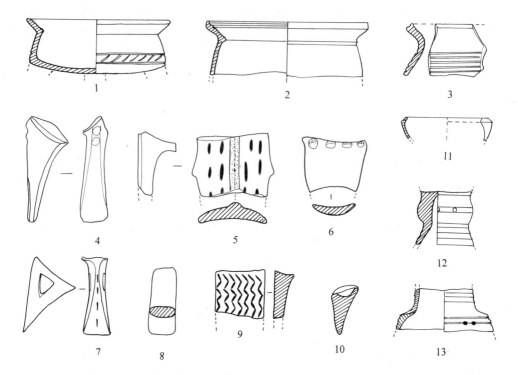

图三八八　第六次发掘新石器地层中层出土的陶鼎、鼎口沿、鼎足、豆盘口沿、豆柄、鬶足
1. 陶盆形鼎（T48⑤:14）　　2、3. 陶鼎口沿（T48⑤:11、T48⑤:12）　　4～9. 陶鼎足（T48⑤:7、T48⑤:8、
T47③:36、T47③:35、T48⑤:9、T47③:37）　10. 陶鬶足（T48⑤:10）　11. 陶豆盘口沿（T47③:44）
12、13. 陶豆柄（T47③:34、T48⑤:13）（11 为 1/8，余为 1/4）

陶豆盘口沿　标本 T47③:44，泥质红胎黑衣陶。母口，圆唇，敛口，斜弧腹。内口径 17.2 厘米。（图三八八，11）

陶豆柄　标本 T47③:34，泥质灰陶。上部鼓凸似算珠状，其上有 2 道凸棱，棱间饰 6 个圆形镂孔；下部饰多道凹弦纹。残高 5.6 厘米。（图三八八，12；图版一六五，3）

标本 T48⑤:13，泥质灰胎黑皮陶。柄上残存数圈凹弦纹，下部向外折成台阶状，并饰圆形戳印。残高 4.4 厘米。（图三八八，13）

陶鬶足　标本 T48⑤:10，夹砂红陶。呈圆锥状，足内表面略凹。最长 5.4 厘米。（图三八八，10；图版一六五，5）

陶罐口沿　标本 T47③:41，泥质灰褐胎黑衣陶。方唇，敞口，窄平沿。颈部饰 3 道凸棱，肩部也饰凸棱。外口径约 20 厘米。（图三八九，1）

陶罐底　标本 T47③:38，泥质黑陶。弧腹，平底，矮圈足。圈足外径 9 厘米。（图三八九，2）

陶盆口沿　标本 T47③:40，泥质灰褐陶。方唇，敞口，宽斜沿，腹直较深。腹上

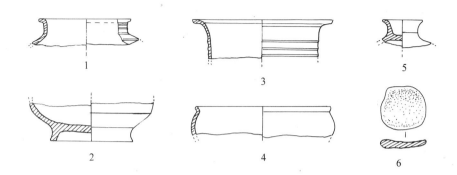

图三八九　第六次发掘新石器地层中层出土的陶罐口沿、罐底、盆口沿、钵口沿、器盖、陶饼

1. 陶罐口沿（T47③:41）　2. 陶罐底（T47③:38）　3. 陶盆口沿（T47③:40）　4. 陶钵口沿（T48⑤:30）
5. 陶器盖（T47③:39）　6. 陶饼（T47③:45）（1、3为1/8，余为1/4）

饰3道凸棱。外口径约30.8厘米。（图三八九，3）

　　陶钵口沿　标本T48⑤:30，泥质灰胎黑皮陶，表面磨光。圆唇，弧腹。外口径约14.8厘米。（图三八九，4）

　　陶器盖　标本T47③:39，夹砂灰胎黑衣陶。纽呈喇叭形。残高3厘米。（图三八九，5）

　　陶饼　标本T47③:45，泥质红陶。系用废陶片敲、磨而成，近圆形，边缘不整齐。最大直径5.1厘米。（图三八九，6）

　　刻纹陶片　绝大多数刻划在泥质黑皮（衣）陶上，仅极少量刻在夹砂灰陶上。标本T47③:49，泥质红胎黑衣陶。为罐类腹片。残存4道凸棱，凸棱下方用直线刻划1组交错的曲折纹。残片最长8.9厘米。（图三九〇，1）

　　标本T47③:52，泥质灰胎黑衣陶。为罐类腹片。残存3道凸棱，凸棱下方刻划纵横交错的直线。残片最长7.6厘米。（图三九〇，2）

　　标本T47③:53，泥质灰胎黑衣陶。为罐类腹片。残存2道凸棱，凸棱下方用平行双线刻划交错的纹饰，双线之间还各戳印1排小盲孔。残片最长8厘米。（图三九〇，3）

　　标本T47③:51，泥质红胎黑皮陶。残存2道凸棱，凸棱下方刻划重圈纹，重圈两侧斜向再刻划1条直线，直线尾端刻划三角形纹；凸棱上方残存1条直线加三角形纹。残片最长8.5厘米。（图三九〇，4）

　　标本T47③:50，夹砂灰陶。刻划数道横向直线，其中两道直线间加刻斜向短直线。残片最长7厘米。（图三九〇，5）

　　标本T47③:54，泥质红胎黑皮陶。刻划多道直线，其中两道平行直线间戳印数个小盲孔。残片最长5.7厘米。（图三九〇，6）

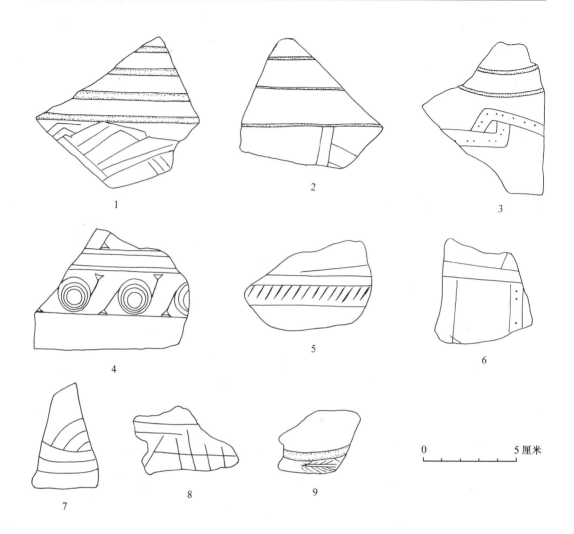

图三九〇　第六次发掘新石器地层中层出土的刻纹陶片

1~9.T47③:49、T47③:52、T47③:53、T47③:51、T47③:50、T47③:54、T47③:55、T47③:57、T47③:56

标本 T47③:55，泥质红胎黑皮陶。用 3 道弧线刻划呈绞索状纹饰。残片最长 5.6 厘米。（图三九〇，7）

标本 T47③:57，夹砂灰陶。刻划交叉的短直线。残片最长 5.8 厘米。（图三九〇，8）

标本 T47③:56，泥质灰胎黑衣陶。残存 2 道凸棱，凸棱下方刻划横向稍长的直线，直线上、下两侧刻划短直线，整体似叶脉纹。残片最长 4.3 厘米。（图三九〇，9）

2）玉器

玉珠　标本 T48⑤:2，白色。呈球状，斜向对钻 1 孔。最大直径 0.9 厘米。（图三九一，6；图版一六五，6）

3）石器

石铖 标本 T47③：1，青灰色。残缺大部分，器体扁平，平面呈长方形，磨制精细。弧刃，刃口稍锋利。器残长 9.4、最厚 1.1、刃宽 7.6 厘米。（图三九一，1）

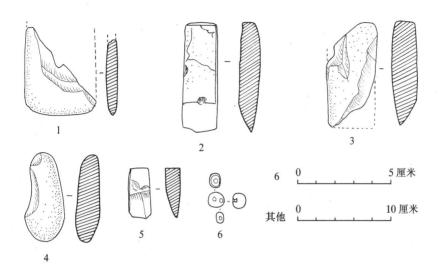

图三九一 第六次发掘新石器地层中层出土的石铖、锛、石器、玉珠

1. 石铖（T47③：1） 2、3、5. 石锛（T47③：3、T48⑤：3、T48⑤：1） 4. 石器（T49⑩：1） 6. 玉珠（T48⑤：2）

石锛 标本 T47③：3，青灰色。器体稍厚重，平面呈长方形，整个外轮廓略向外弧凸，磨制较精，但顶部及两侧面有较多打制疤痕，一平面上部有大片破裂面。单面刃，刃口基本崩缺。器最长 11.8、最厚 2.3、刃宽 3.8 厘米。（图三九一，2）

标本 T48⑤：3，青灰色。部分残缺，器体厚重，平面大体呈长方形，磨制略精。顶部磨平。单面刃，刃部残。器最长 11.5、最厚 3 厘米。（图三九一，3）

标本 T48⑤：1，青灰色。器体较小，平面呈长方形，磨制精细。顶部磨平。单面刃，刃口较锋利，上有较大崩口。器最长 5.4、最厚 1.7、刃宽 2.5 厘米。（图三九一，5）

石器 标本 T49⑩：1，黄色粉砂岩，质较疏松。系用河卵石打制而成，器体较厚，通体略磨，其中一面磨制较平。器最长 9.4、最厚 2.8 厘米。（图三九一，4）

三 永兴地点的地层遗物

1．T1③层遗物

出土的完整器仅石器 2 件，其他均为残陶器。

1）陶器

夹砂红陶、泥质红（灰）胎黑皮陶占大多数，另有少量夹植物壳或蚌末的红陶；纹

饰有凸棱、凹弦、镂孔、刻划、戳印纹、附加堆纹、按窝等；可辨器形有凿形和扁平三角形鼎足、罐口沿、盆口沿、壶口沿、豆盘口沿、豆把等，以鼎、豆、罐为主。

陶鼎足　标本 T1③:8，夹砂红陶。侧装凿形略似鸭嘴形足，中段横剖面近长方形，足尖残。两侧各饰 1 道竖向刻划纹。残长 10 厘米。（图三九二，1；图版一六六，1 左）

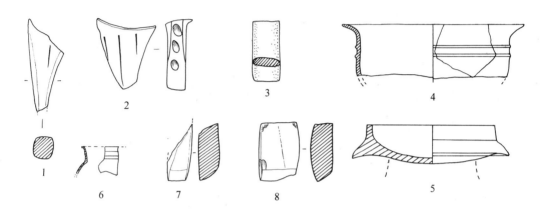

图三九二　第六次发掘永兴 T1③层出土的陶鼎足、豆盘口沿、盆口沿、罐口沿、石锛、凿
1~3.陶鼎足（T1③:8、T1③:9、T1③:10）　4.陶盆口沿（T1③:5）　5.陶豆盘口沿（T1③:6）　6.陶罐口沿（T1③:7）　7.石凿（T1③:2）　8.石锛（T1③:1）（4 为 1/8，余为 1/4）

标本 T1③:9，夹砂红陶。侧装扁平三角形足，略残。足根正面饰按窝 3 个，两侧面各饰 3 道竖向刻划纹。残高 7.6 厘米。（图三九二，2；图版一六六，1 中）

标本 T1③:10，夹砂红陶。横装扁平长条形足，横剖面呈扁椭圆形。最高 6.4 厘米。（图三九二，3；图版一六六，1 右）

陶豆盘口沿　标本 T1③:6，夹灰胎黑衣陶。圆唇，直口略敞，圜底。口沿下有 1 圈宽檐。外口径约 14 厘米。（图三九二，5；图版一六六，2）

陶盆口沿　标本 T1③:5，夹砂灰褐陶。尖圆唇，斜弧沿，腹较深。腹上部饰 2 圈凸棱。外口径约 40 厘米。（图三九二，4）

陶罐口沿　标本 T1③:7，夹砂红陶。尖唇，敞口。颈部饰 3 道凹弦纹。残高 6 厘米。（图三九二，6）

2）石器

石锛　标本 T1③:1，青灰色。器体较小而厚，平面呈长方形，磨制略精。顶部不平整。单面刃，刃口锋利，上有几处崩口。器最长 6.4、最厚 2.5、刃宽 2.8 厘米。（图三九二，8）

石凿　标本 T1③:2，青色。残缺一半，器体较小而厚，平面呈长方形，两平面精磨，两侧面粗磨。单面刃，刃口锋利，上几无崩口。器最长 6.2、最厚 2.4、刃宽 2 厘

米。(图三九二,7)

2. T1②层遗物

出土的完整器仅石镞1件,其他均为残陶器。

1)陶器

以夹砂陶为主,泥质陶次之,其中夹砂红陶、褐陶和泥质红胎黑皮陶占主导地位;纹饰有凸棱、凹弦、刻划、按窝;可辨器形有方柱状鼎足、横装扁平鼎足、豆盘口沿、盆口沿、豆把、器錾、罐口沿等,以鼎、豆、罐占大多数。

陶鼎足 标本T1②:9,夹砂红陶。侧装凿形略似鸭嘴形足,较大。足根正面饰4个按窝,两侧面各有1道竖向刻划纹。最高16.4厘米。(图三九三,1;图版一六六,4左)

标本T1②:10,夹砂红陶。上部残断,侧装凿形足。两侧面各饰1道竖向刻划纹。最高5.6厘米。(图三九三,2;图版一六六,4右)

陶豆盘口沿 标本T1②:7,泥质灰陶夹植物壳,质地较疏松。圆唇,敛口,弧腹。腹部饰1道窄凸棱。外口径约14厘米。(图三九三,3)

标本T1②:6,夹砂灰胎黑衣陶。圆唇近方,敞口,圜底。口沿下有1圈宽檐。外口径约15厘米。(图三九三,4;图版一六六,3左)

标本T1②:5,夹砂红陶,内夹少量蚌末,质地稍疏松。尖圆唇,敞口,圜底。口沿下有1圈宽檐。外口径约14厘米。(图三九三,5;图版一六六,3右)

陶壶口沿 标本T1②:8,夹砂红陶。尖唇,敞口。外口径14厘米。(图三九三,6)

2)石器

石镞 标本T1②:1,青灰色。镞尖、铤均残,横剖面呈菱形,磨制较精。残长11.2厘米。(图三九三,7)

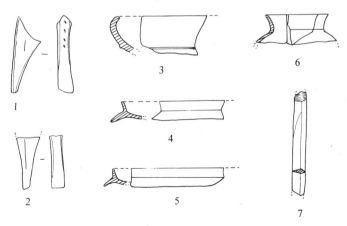

图三九三 第六次发掘永兴T1②层出土的陶鼎足、豆盘口沿、壶口沿、石镞

1~2.陶鼎足(T1②:9、T1②:10) 3~5.陶豆盘口沿(T1②:7、T1②:6、T1②:5)

6.陶壶口沿(T1②:8) 7.石镞(T1②:1)(1、6为1/8,余为1/4)

第七节　晚期地层单位出土及采集的新石器时代遗物[①]

1）陶器

陶鼎　标本采:32，夹砂红胎黑衣陶，黑衣大都已脱落。圆唇，敞口，沿斜直，折腹，圜底，3个侧装三角形足。折腹上方饰2组凹弦，其间加饰多组斜向刻划纹，足背上各饰2个斜向按窝。器最高14.2、外口径11.8厘米。（图三九四，1）

陶鼎足　标本H17:142，夹砂红陶。体硕大，横装扁平足，下半部残。足正面两边缘饰斜向压印纹，中间1道竖向粗凸棱，两侧边缘各1道竖向细凸棱，棱上均加饰斜向压印纹，其他部位饰刻划的斜栅纹。残长12.4厘米。（图三九四，2；图版一六七，2左）

标本H18:41，夹砂灰陶。横装扁平足，足正面略弧凸，足根两侧略向外突出。足面饰多道竖向细刻划纹。最高11.5厘米。（图三九四，3；图版一六七，1左）

标本H49:8，夹砂红陶。鸭嘴形足，器体修长，足正、内面中间竖向起脊，横剖面大体呈六边形，棱角分明。最高9厘米。（图三九四，4）

标本H60:26，夹砂灰黄陶。横装扁平足，下半部残缺。足正面饰4道刻划纹。残高9.2厘米。（图三九四，5）

标本采:24，夹砂红陶。鼎身为盆形，已残缺，横装宽扁足，上宽下窄，似枫叶形，足面向外弧凸，下部残缺。足根正面饰竖向短刻划纹，其下饰斜长刻划纹和短刻槽。残高7.2厘米。（图三九四，6；图版一六七，2右）

标本H35:34，夹砂灰黄陶。横装扁平足，上宽下窄。足正面饰多道刻划纹。最高9.4厘米。（图三九四，7）

标本H49:11，夹砂红陶。横装扁平足。足正面饰多道竖向短刻划纹。残高8.8厘米。（图三九四，8）

标本H49:10，夹砂红褐陶。横装扁平足，略残，足正面稍往外凸。两侧各有1道纵向凹槽。残高7.6厘米。（图三九四，9）

标本采:23，夹砂灰陶。铲形足，上窄下宽。足正面饰"人"字形刻划纹。最高6.4厘米。（图三九四，10；图版一六七，1中）

标本采:29，夹砂红陶。凿形足，下部残缺。足两侧面近根部各饰1个深凹窝，足正面饰梭形凹窝。残高8.8厘米。（图三九四，11；图版一六七，1右）

---

① 由于遗址在新石器时代以后经过了多次大规模的动土，因此在商周及以后各时期的地层单位中均出土了不少新石器时代遗物；此外还在地表采集了部分遗物（列入采集的遗物中包含了极少量发掘出土品，但因多种原因已失去了原始地层单位号，一并按采集品处理）。这些遗物具有明显的新石器时代特征，在此选择部分加以介绍，供研究参考。

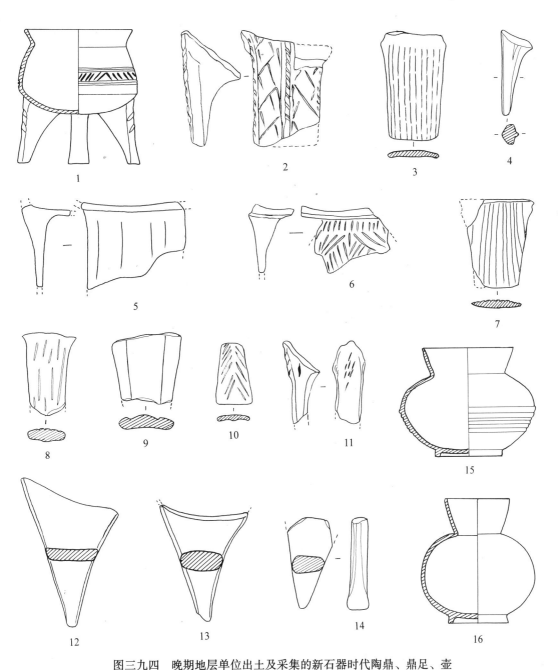

图三九四　晚期地层单位出土及采集的新石器时代陶鼎、鼎足、壶

1. 陶鼎（采:32）　　2~14. 陶鼎足（H17:142、H18:41、H49:8、H60:26、采:24、H35:34、H49:11、H49:
10、采:23、采:29、H35:35、H36:2、H49:9）　　15、16. 陶壶（H35:7、T21③:8）（12、13 为1/2，余为1/4）

　　标本 H35:35，夹砂红陶。侧装扁平三角形足，横剖面呈扁长方形。最高 8.3 厘米。（图三九四，12；图版一六七，3 右）

　　标本 H36:2，夹砂红陶。侧装扁平三角形足，横剖面呈扁椭圆形。残高 6.6 厘米。（图三九四，13；图版一六七，3 左）

　　标本 H49:9，夹砂红褐陶。侧装扁平三角形足，足尖部宽平似鸭嘴状。残高 9.8 厘米。（图三九四，14）

　　陶壶　标本 H35:7，夹细砂灰胎黑衣陶，中腹以上刮抹光滑，下腹及底未刮抹显粗糙。圆唇，敞口，略折肩，弧腹，圜底，矮圈足。中腹饰凸棱 1 圈，下腹饰凹弦纹数圈。器最高 11.4、外口径 10 厘米。（图三九四，15）

　　标本 T21③:8，夹细砂红胎黑皮陶。圆唇，敞口，颈中部略鼓，球腹，平底，矮圈足。腹及圈足局部可见横向刮抹痕。器最高 13.2、外口径 7.2 厘米。（图三九四，16）

　　陶碗　标本 T22③:18，夹粉砂灰黄胎黑衣陶。圆唇，直口，斜弧腹，圜底，极矮圈足。下腹饰 1 圈宽扁凸棱。器最高 7.2、外口径 14.8 厘米。（图三九五，1）

　　标本 T22③:16，夹细砂灰黄陶。厚圆唇，敞口，略折沿，斜弧腹，平底，圈足残缺。器残高 7.2、外口径约 11.6 厘米。（图三九五，2）

　　陶鬶颈　标本 T19③:45，夹粗砂红陶。长颈，中部略内收，卷叶流，颈内壁可见泥条盘筑痕，泥条宽约 0.6 厘米。器残高约 10 厘米。（图三九五，5；图版一六七，4）

　　标本 H35:33，夹砂灰胎外红陶。颈纵向残缺一半，口部残，长颈呈管状，口、颈、身分 3 段套接，半环形把手。颈两侧有似翼状的较宽扉棱。残高 11.6 厘米。（图三九五，6；图版一六七，5 右）

　　标本采:28，夹砂红陶。颈呈管状，与器身套接，半环形把手已残缺。颈两侧有似翼状的 2 个较宽扉棱。残高 7.5 厘米。（图三九五，7；图版一六七，6 左）

　　标本采:27，夹砂红陶。颈呈管状，与器身套接，半环形把手已残缺。残高 7 厘米。（图三九五，8；图版一六七，6 右）

　　标本 H28:14，夹砂红陶。粗管状颈，口部中间内卷后在两侧形成 2 个流口，一大一小，大流口的口沿较宽斜，小流口呈管状短流。颈部饰竖向瓦棱纹。器残高 12.8、颈最粗 7.2 厘米。（图三九五，9；图版一六七，7）

　　陶鬶足　标本采:21，夹砂红陶。素面，圆锥状款足，中空，壁较薄。残高 5.8、壁厚 0.2 厘米。（图三九五，10；图版一六七，5 左）

　　陶高柄杯　标本 H49:12，泥质纯黑陶。呈管状，上、下部均残缺。残高 3.2 厘米。（图三九五，11）

　　陶球　标本 T9②:7，泥质红陶。呈球状，体内中空，内有小陶丸。球面上有呈十字形分布的 6 个圆镂孔，孔缘外均刻划 1 圈圆圈。每 3 孔间饰 1 组三角形剔纹。最大直

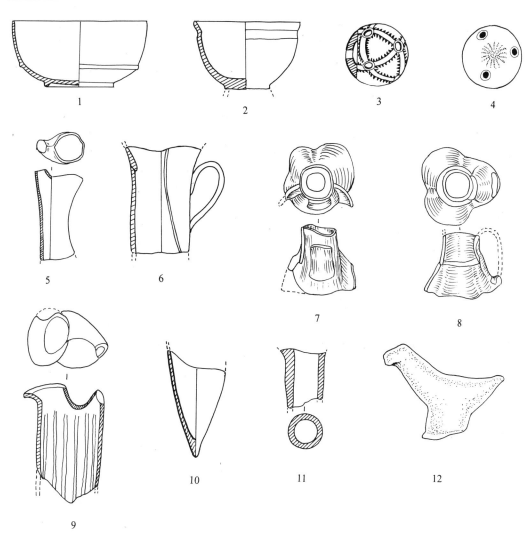

图三九五 晚期地层单位出土及采集的新石器时代陶碗、鬶颈、鬶足、高柄杯柄、球、鸟形捉手

1、2. 陶碗（T22③:18、T22③:16） 3、4. 陶球（T9②:7、T34②:1） 5～9. 陶鬶颈（T19③:45、H35:33、采:28、采:27、H28:14） 10. 陶鬶足（采:21） 11. 陶高柄杯（H49:12） 12. 陶鸟形捉手（采:26）（1、2、5～9 为 1/4，余为 1/2）

径 3.5 厘米。（图三九五，3）

标本 T34②:1，夹粉砂红陶。呈球状，体内中空，内有数个小陶丸。球面上 6 个盲孔，呈立体十字形分布。孔缘外刻划 1 圈圆圈。最大直径 3.4 厘米。（图三九五，4）

陶鸟形捉手 标本采:26，夹砂灰陶。形似立鸟，鸟喙突出，尾上翘。首、尾通长 6.8、高 4.7 厘米。（图三九五，12）

刻纹陶片 标本 H60:24，夹砂红陶，略显黄色。似属盆类腹片。上有横向条形錾

1个，錾边缘加饰按窝；腹片上残存4道凸棱，下方饰弧形刻划纹。残片最长9.7厘米。（图三九六，8）

标本采：6，泥质灰胎黑衣陶。为覆钵形器盖，已残缺一大半。在剩余的约四分之一器盖面上饰复杂刻划纹。残片最长6.7厘米。（图三九六，9）

标本采：25，泥质红胎黑衣陶。似为喇叭形圈足的残片，器表刮抹出三角形纹。残片长5.7厘米。（图三九六，10）

标本采：20，夹炭黑胎黑陶。器表残留1道凸棱和1道凹弦纹，其间饰刻划纹。残片长4.8厘米。（图三九六，11）

2）玉器

玉璜　标本T5②：43，乳白色。半环形，横剖面呈近长方形，磨制精细。两端各对钻1孔。器最长5.3厘米。（图三九六，13）

标本T17③：73，乳白色，夹杂绿斑点。半环形，两端均从平面边缘和端面斜向对钻1孔。器最长3.8厘米。（图三九六，14）

标本T5②：24，乳白色。残缺一部分，磨制精细。两端各磨成一倾斜面，一端对钻1个圆孔，并有半个残缺孔。器残长3.6厘米。（图三九六，15）

玉坠　标本T5②：41，乳白色，夹黑斑点。圆锥形，磨制精细。锥尾中部微凸，斜向对钻1孔。器最长2、最大直径2.2厘米。（图三九六，12）

3）石器

五孔石刀　标本采：31，灰黄色粉砂质板岩。器体扁平，平面呈斜梯形，平刃，两面对钻5孔。刃长23.3、两端宽分别为9.5和8.3、最厚0.7厘米。（图三九六，1；图版一六八，1）

石钺　标本H36：1，青灰色。器体扁平，平面呈梯形，通体精磨，弧刃，上有少量崩口。两面对钻1孔，外孔径1.9厘米。器最长14.4、最厚1、刃宽10.6厘米。（图三九六，4）

标本T20③：11，青灰色石榴角闪片岩。上半部残断，器体扁平，平面约略呈梯形，通体精磨。刃部弧凸，上有几处小崩口。器上残留半个钻孔，为两面实心钻，外孔径约2厘米。器残长8.2、最厚1.3、刃宽8厘米。（图三九六，5）

标本T10②：1，青灰色。器体扁薄，残缺一半，平面应近似正方形，通体精磨。顶部磨平并有斜向和横向摩擦痕。平刃，刃口稍钝并有少量崩口。器边缘偏顶部残剩小半个钻孔，为两面管钻，一面深钻约0.5厘米，另一面浅钻约0.3厘米。器最长13、残宽约5.6、最厚0.8厘米。（图三九六，6）

标本T19③：9，青灰色粉砂质板岩。器体扁薄，平面略呈"风"字形，磨制精细。顶部平，一角略残缺。斜弧刃，刃口锋利。两面对钻1个大孔，孔壁经磨制，较平滑，

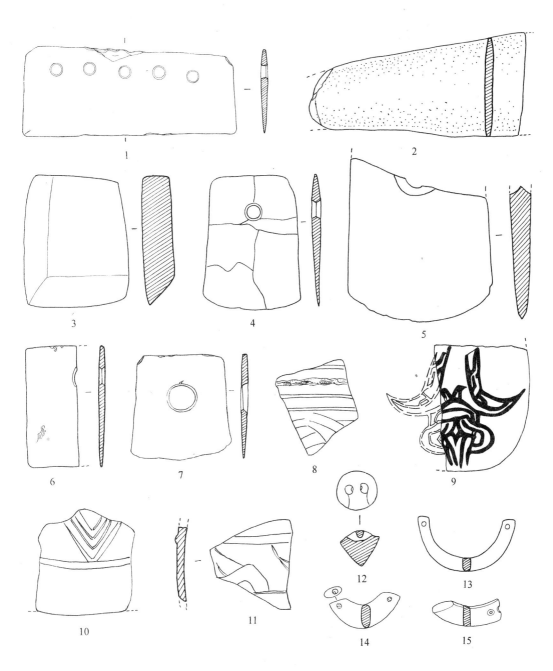

图三九六　晚期地层单位出土及采集的新石器时代刻纹陶片、五孔石刀、钺、锛、镰、玉璜、坠
1. 五孔石刀（采:31）　2. 石镰（T12②:6）　3. 石锛（T12②:2）　4~7. 石钺（H36:1、T20③:11、T10②:
1、T19③:9）　8~11. 刻纹陶片（H60:24、采:6、采:25、采:20）　12. 玉坠（T5②:41）　13~15. 玉璜
（T5②:43、T17③:73、T5②:24）（2、3、5、9~15为1/2，余为1/4）

外孔径 3.3 厘米。器最长 11.5、最厚 0.6、刃宽 11 厘米。(图三九六，7)

　　石锛　标本 T12②:2，青灰色。器体扁平，平面近正方形，通体粗磨。顶部较平整但边缘有部分砸击痕迹。单面刃，刃口较锋利，上有较多细小的崩口。器最长 7、最厚1.7、刃宽 5.5 厘米。(图三九六，3)

　　石镰　标本 T12②:6，青灰色。器体扁薄，头部残断。单面刃，刃略凹弧，不甚锋利，上有少量崩口。残长 11.7、最宽 5.7、最厚 0.7 厘米。(图三九六，2；图版一六八，2)

第五章　新石器时代文化讨论

第一节　分期与年代

一　分　期

新石器时代文化遗存十分丰富且富有特点，文化堆积主要有两大层（仅局部探方可分3层），遗迹则以墓葬为主，并有少量灰坑、房址和红烧土遗迹。灰坑等遗迹数量很少，出土遗物零碎，地层中可供准确分期的遗物也不多，且有一部分原生单位不甚明确，都难以进行细致的分期。而已发现并编号的墓葬则达150座，出土遗物近760件，这批遗物大多数器形完整，各类器形均有一定的数量且多数与灰坑、地层中所出器物相同，其特征具有明显的时代差异，应该能够代表整个遗址新石器时代文化的总体面貌并可以进行较为细致的分期，因此，有关该遗址新石器时代的文化分期若以墓葬作为重点应是较为可行的。有鉴于此，遗址的分期实际上也就是以墓葬为主的分期。

1．分期依据和方法

在发现的150座新石器时代墓葬中，大多数墓葬未能找到墓坑，彼此间具有叠压打破关系的墓葬较少，少量墓葬的开口层位并不十分准确，个别墓葬的原生器物组合也还存在着少量问题，这些都给分期带来了一定的困难。不过绝大多数墓葬的器物组合还是比较清晰的，在仔细甄别、分析的前提下，我们主要以较为准确的器物组合为重点，参考墓葬的开口层位，因此对随葬器物进行分期可能并不会出现太多的问题。

这批墓葬具有明确的叠压打破关系的有如下四组（→打破，↷叠压）：

```
M86┐
M93┤↷M96    M70↷M79    M11┐↷M15        M139↷M143
M94┘↑                   M12┘
```

此外，M71与M91、M75与M76似乎有叠压打破关系，但尚缺乏足够的证据。

由于具有叠压打破关系的墓葬较少，少数墓葬的层位也存在问题，我们只能以上述四组单位作为分期的基础，更多地则是通过类型学方法来解决分期问题。在运用类型学排比的过程中，我们始终以器物组合为突破口，并选择了器物种类、数量占绝对多数、器形差异较大的陶器作为主要排比对象。通过观察分析，我们认为鬶、豆、碗的演化轨迹十分明显，因此，首先尝试对这些器物进行排比，得出一批墓葬的相对年代关系，在此基础上，又一一对其他类型的器物分别按各自的墓葬单位挂靠、排比，形成一个总的陶器演化序列，再经过有限的几组叠压打破关系校核无误后，划分出各类型陶器的型、式，并将其他质地的遗物分别挂靠在陶器演化序列之中。最后的期别划分，是在观察陶器演变程度的前提下，主要根据器物的组合变化来确定的。

2. 墓葬分期

作为类型学排比的第一步，我们认识到陶鬶、豆、碗的演化轨迹较易把握，为便于了解这些器类的排比过程，以下即以几种主要的鬶、豆为例进行初步分析：

鬶　墓葬中共出土形制相对完整可供排比的鬶18件，其中16件可归为同一型（A型），由于M5开口于新石器下层的黄色黏土下，打破生土，且随葬器物的形态具有较早期的特点，因此若假定M5:1为其最早形态，则可以发现A型最明显的变化在于腹部和把手上。

早期的腹部直腹、圆溜肩、最大腹径在下、腹底结合处锐折、底为较宽平的圆底。之后，渐变为下腹内收的斜直腹，由此自然导致折肩、最大腹径偏上、腹底结合处趋于弧折。再后，腹部向两个方向发展，一支继续由圆腹变为扁圆腹，随着下腹的进一步内收，腹部变得相对圆润，腹底结合处已浑然一体；另一支则随着下腹的内收而使腹部变深，最后成为折腹。

早期的把手均为泥块捏成的扁平三角形，但尾部由上翘渐变为低平。从M7:2开始，新兴一种用数根泥条捏成的扁平宽把手。这类把手最初是用泥条直接并列在一起，之后迅速演化为如M125:3的泥条弯曲合并后再将中间掏空的半环形中空状态，再后，泥条弯曲合并后直接形成一端圆、一端尖的中空，这种中空形态一直持续到M91的时期。但从弯曲合并的泥条出现开始（如M115:3），泥条的使用又有了一种新的变化，先是将外圈泥条简单拧成麻花状，后来演化为用多根泥条交错编织的复杂形态，最后的泥条编织则变为象征性的了。

此外，从纹饰上看，与扁平三角形把手相对应的是器体基本偏于素面，而从泥条捏成的把手出现开始，在肩和上腹部陆续出现各种用凹弦纹或刻划纹组成的纹饰。

若从整体观察，各器颈部的变化也是由长而渐短，但中间分化出的Ab型则稍长。

除A型外，还有一种颈部饰凹弦纹、腹部较深且饰瓦棱纹的B型鬶，数量很少，仅见于M108、M65。其腹部呈直腹较深、最大径偏下，把手为扁平三角形，应与M113:3较为接近，但其颈部较短、把尾部低平且往下卷曲则又表明它不应是最早形态。若将H41所出的一件纳入这一序列中，则可更清楚地看出它应是从M113:3的形态分化而来的，并进一步演化为深腹形态，颈部也由长变短、下部收缩而口更加外敞。

以上描述可以通过陶鬶演化图得到清楚的了解。(图三九七)

从这个排序中,我们获得了 18 个墓葬单位的相对年代关系。其中 Aa 型的 M5:1、M84:4、M90:3、M113:3 均为长颈、直腹、泥块捏成的三角形把手,可以归为 I 式;M7:2、M125:3、M115:3 均颈稍短、下腹内收、泥条捏成的扁平把手,可归为 II 式;M81:1 介于 M115:3 和 M138:4 之间,但颈更近于 M138:4,暂归为 III 式;M138:4、M124:1 腹部较扁圆,形态特征大体相同,可归为 III 式;M91:10 和 M60:2、M3:1 均腹部扁圆,虽把手不同但总体形态可同归为 IV 式。此外,M117:4、M118:2 形制相同,惟把手有异,时代应相同,而 M26:1 总体形态与 M118:2 相似,但腹腔变浅,应属稍晚形态,这三件与前述几件形态有所差异,但又存在着明显的演化关系,故可列为 Ab 型。B 型的 2 件形制虽有所差别,应有时间上的差异,但总体上基本相同,在没有更多材料的前提下,暂可归同一式。

以上 Aa 型各单位器物的关系可列表如下:

I 式	II 式	III 式	IV 式
M5:1	M7:2	M81:1	M91:10
M84:4	M125:3	M138:4	M60:2
M90:3	M115:3	M124:1	M3:1
M113:3			

豆　墓葬中共出土形制较完整可供排比的陶豆 50 余件,其中演化轨迹较易把握的 40 余件。我们以两型数量分别达 10 多件的盘形豆为主要分析对象,仍假定 M5:3 为其最早形态,便可发现它朝两个方向产生分化,其中 A 型一支可分 Aa、Ab 亚型,它们继承了早期豆柄的下半部形态,但柄上部迅速鼓出,并演化成典型的算珠状,柄下部演化成数级斜台阶状的喇叭形。B 型一支则继承了早期豆柄的整体形态,向直柄方向演化,并以柄底部的圈足足沿向下陡折成台状为典型特征。直柄的演化一开始就分为 Ba 型的细高柄和 Bb 型的粗柄两个方向,除粗细不同外,其他部位的演化趋势完全相同。具体而言,上述盘形豆的演化过程可做如下表述:

Aa 型豆盘由外向内收缩渐变为折腹,豆柄上部渐鼓凸,下部收缩,已略具算珠状,但这一支未得到传承。而同时发展起来的 Ab 型则得到了发展,其腹部呈折腹,上腹渐向外折,最后基本上展开成为斜弧腹;口沿则由略内敛口发展成明显的内勾沿。从 M90:6 开始,柄上部已鼓凸成为算珠状,柄下部圈足渐外展,圈足径由小变大,并从 M88:2 开始演化出 2~3 级斜台阶,但圈足的足沿始终未向陡折方向演化。该型豆柄上的纹饰在 M90:6 时尚继承 M5:3 简单的浅凹弦纹间细长竖镂孔,但很快演化成 M113:2 那样以细密凹弦纹为主,并在算珠形鼓凸的中间及圈足折台的上方饰圆形小镂孔或戳印。

在大约与 M113:2 同时或稍晚,出现了 M125:5 一类 A 型钵形豆假借了盘形豆的算

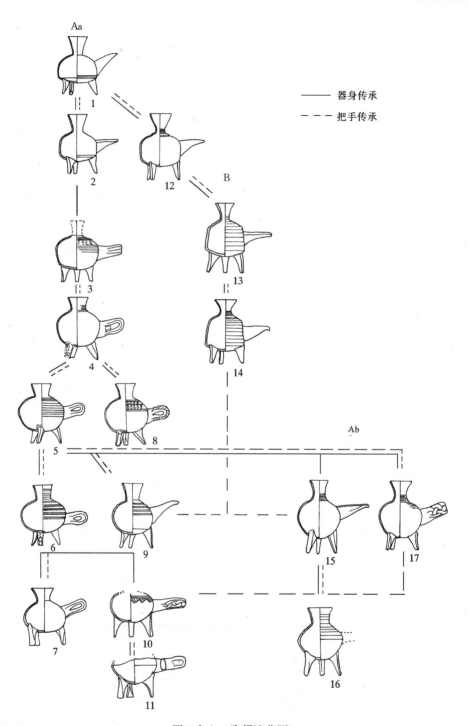

图三九七　陶鬶演化图

1. M5:1　2. M90:3　3. M7:2　4. M125:3　5.M81:1　6. M138:4　7. M91:10　8. M115:3　9.M124:1
10. M60:2　11. M3:1　12. M113:3　13. M65:5　14. M108:4　15. M118:2　16. M26:1　17. M117:4

珠状豆柄现象，但该类型未出现繁盛，数量很少。

　　Ba 型豆盘的早期腹部也是折腹，似与 Aa 型豆盘有关联，但盘口内敛，柄开始朝直柄方向发展，细长竖镂孔消失，不过柄下部尚未变化，还可以明显看出它与 A 型的血缘关系。在 M120:2 之后，盘口就明显内敛，仅口沿还保留了极矮的直口形态，豆盘更趋于浅平；柄除了下部的喇叭形足外，其余部分基本等粗，而足沿却迅速向下陡折成台状，柄上部的纹饰以较宽的数组凹弦纹间以圆镂孔为主。Bb 形的演化过程大体与 Ba 型相同。在两个亚型发展的最后阶段，柄上的纹饰还新出现三角形夹镂孔的形态。（图三九八）

　　从这个排序中，我们也获得了 17 座墓葬的相对年代关系，加上未排入图中但可在图中找到同一型式器形的另 11 座墓葬，共获得 28 座墓葬的相对年代关系。

　　从图中可以看出，作为 A、B 型盘形豆共同祖形的 M5:3，其形态特别是豆盘形态归入 Aa 型更合适些，可作为 Aa 型的Ⅰ式；M90:6、M108:3 豆柄上部鼓凸程度不同，但豆盘、柄下部及整体高、宽比都比较接近，可归为Ⅱ式。Ab 型的 M113:2 虽然豆柄已出现算珠状，但豆盘还保留了早期形态，可为Ⅰ式；M88:2、M117:5、M82:1、M118:3、M116:2 豆盘仰折，且折腹十分明显，可共归为Ⅱ式；M93:2 和 M91:1 豆盘折腹已不明显，近乎斜直，可归为Ⅲ式；M80:2 则介于Ⅱ、Ⅲ式之间，但豆盘折腹还比较明显，可归入Ⅱ式。

　　Ba 型中的 M120:2 豆柄尚未演化成典型的直柄，列为Ⅰ式；在此之后，Ba 型的 M15:5 及 M52:4、M70:3、M105:2 均敛口折腹，折腹处较锐，可归为Ⅱ式；M63:5 及 M67:3、M43:2 由敛口处又向上折出短小的直口，折腹处变得较为圆润，可归为Ⅲ式；M28:3、M32:5 豆盘变浅，近乎平底，也应该是该型发展到最后阶段的形态，可归为Ⅳ式。Bb 型依 Ba 型划分原则，可将 M64:1 划为Ⅰ式；M71:2 为Ⅱ式；M69:3 及M12:1、M51:1 为Ⅲ式；M40:19 为Ⅳ式。

　　以上 Ab、Ba、Bb 型各单位关系可列表如下：

Ab 型	Ⅰ式	Ⅱ式		Ⅲ式
	M113:2	M88:2　M82:1　M116:2 M117:5　M118:3　M80:2		M91:1 M93:2

Ba 型	Ⅰ式	Ⅱ式	Ⅲ式	Ⅳ式
	M120:2	M15:5　M70:3 M52:4　M105:2	M63:5 M67:3 M43:2	M28:3 M32:5

Bb 型	Ⅰ式	Ⅱ式	Ⅲ式	Ⅳ式
	M64:1	M71:2	M69:3　M12:1　M51:1	M40:19

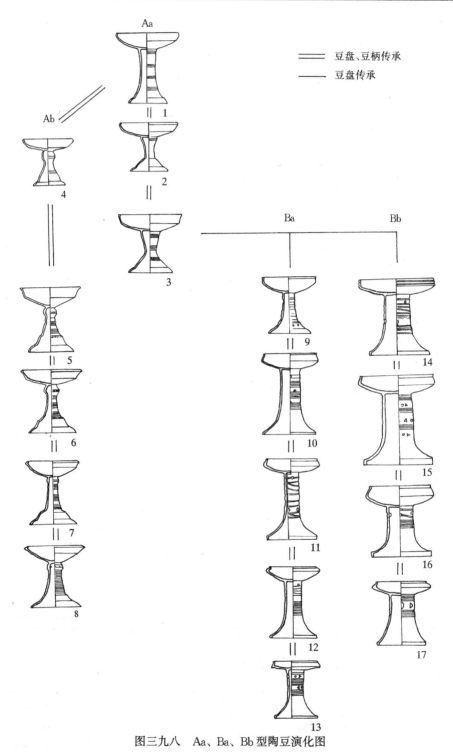

图三九八　Aa、Ba、Bb型陶豆演化图

1. M5:3　2. M90:6　3. M108:3　4. M113:2　5.M88:2　6. M117:5　7. M80:2　8. M93:2　9. M120:2
10. M15:5　11. M63:5　12. M43:2　13. M32:5　14. M64:1　15. M71:2　16. M69:3　17. M40:19

这样，通过对鬶和豆的排比，我们便一共获得了假定以 M5 为最早的 39 个墓葬单位的相对年代关系。以此为基础，继续对演化轨迹较为明显的碗类进行了排比，随后以这些得到的相对年代关系为准，对全部可以排比的陶器逐一排比并进行型式的划分，最后根据器物群组合的变化和各型器物式别变化的程度，将它们划分为五个组别，并得到各组陶器型式组合表（表一）。从表中可以看出，五个组别之间的变化是比较明显的，代表了整个墓地不同的发展阶段，各组可分别代表一期，整个墓地划分为五期。

表一　新石器时代墓葬各组陶器型式组合表

	圆腹罐形鼎Aa	鬶Aa	碗Aa	簋	杯	盆形鼎	扁腹壶Aa	碗Ab	盘形豆Ba	盘形豆Bb	圆腹壶Ab	圆腹壶B	体形豆Ba	圆腹罐形鼎Ab	折腹罐形鼎Aa	壶形鼎A	扁腹壶Ab	折腹壶Bb	直口壶Ab	折腹罐形鼎Ab	盘形豆C	釜形鼎A	盘形豆D	体形豆Bb	体形豆C	折腹壶Ab	折腹壶Ba
一组	I/II	I	I	I	I																						
二组	II	II	II			I	I	I																			
三组	II	III	II			II	II		I/II	I	I	I	I														
四组	III	IV	II/III	III/IV		II	II	II	II	II	II	II	II	I/II	I	I	I/II	I	I	I	I	I	I	I/II	I/II		
五组	IV/V	IV?	III	IV	III	III	III	III	III/IV	III	III	IV	IV	III	III	III	III	II/III	III	II/III	II/III	III	II/III	III	III	III	III

	折腹壶C	盆A	盆Ba	盆Bb	盆C	扁腹壶B	高圈足壶A	高圈足壶B	碗C	双婴罐	长颈壶B	钵形豆D	盘形豆Aa	长颈壶A	双折腹壶	盘形豆Ab	钵形豆A	圆腹壶Aa	碗B	鬶Ab	折腹壶Aa	小口罐	直口壶Aa	鬶B	带把钵	瓶
一组													I/II	I		I	I									
二组													II			I	I	I						I		
三组												I	II/III	II		II/III	II	II	I				I		I/II	
四组	I/II	I/II	I	I	I	I	I	I	I	I	I						III	II		II			III/IV			I
五组	II	II	II	II	II	II	II	II	II	II		II			I/II	II/III										

注：带"?"者表示可能的式别。

上述五期的划分，均是基于假定 M5 为最早阶段这个前提的，其演化轨迹的可靠性尚未得到足够有效的验证。但从排序结果来看，没有与前述四组叠压打破关系相违背，因此该分期具有一定的可靠性。同时，从各墓出土的可与周边各文化相比较的器物分析，分期反映的相对年代关系也基本吻合，因此，墓葬的五期划分虽然还有不少不足之处，个别墓葬的期别尚可调整，但总体上应无大的不妥。

3. 整个新石器文化遗存的分期

遗址地层中所出的遗物，多数与墓葬中所出相同，少数不同的也能够看出与墓葬中出土的遗物有着明显的血缘关系，因此墓地的五期划分基本上代表了整个遗址新石器时代文化的分期。

但是，遗址中还出土了少量遗物则难以与墓葬中的遗物相对应，这些器物的形态、风格迥异，发掘时都出于各探方下部的黄土层中，但这批遗物数量极少，暂时还无分期之必要。

此外，另有一批以篮纹鼎、夹砂红陶长颈鬶为代表的器物群，与之相对应的有少量的地层（如 T36④层），个别出于黄沙土层中，也有一部分出土于商周时期的地层中。它们虽数量不多，但器物特征与墓葬所出截然不同，明显不属于同一文化体系，而与安徽北部的大汶口文化晚期或龙山时代早期文化相似，因此它们的差别不应该是生活用品与随葬用品的差别，而只能是外来文化因素。从现有材料看，它们之中可与墓葬材料相类比的如 T8③:86 篮纹鼎足呈侧装扁平三角形，与 M131:2 鼎足（该器又与 T46⑤b:13 鼎身相同）较为相似，该篮纹鼎的年代似应与墓葬五期相近，而其口沿内凹则已具有了安徽北部龙山时代文化或长江中游石家河文化同类器的特征，表明它的年代应稍晚；另外夹砂红陶长颈鬶的形态也明显与墓葬中出土的长颈喇叭口陶鬶不同，而且两者似乎不共存，墓葬中的长颈喇叭口陶鬶基本上止于四期，五期已基本不见，而夹砂红陶长颈鬶有明确出土层位的主要为 T36④、T45④、T46④层，均属新石器上层，晚于黄沙土层。这一器物群的鼎足、鬶都与墓葬四、五期大不相同，此外还出现了少量明显非本地传承的黑陶高柄杯、扁壶等；石器中除钺、锛外也少见五期常见的其他器形，而新出了一部分五期所不见的器形，石器的技术工艺也大不如前。因此，这一器物群虽然个别器物可能在五期就已出现，但多数应比五期为晚，它与五期略有交错而从总体上看却晚于五期，应单独划为一期为妥，即第六期。

综合上述各项分析，我们认为将薛家岗遗址划分为六期，基本上涵盖了该遗址新石器时代文化的绝大部分，但若需细致研究，也还可以再细分出个别期、段的。在具体器物的型式划分中，陶壶（特别是折腹壶和扁腹壶）的型式划分可能存在不少问题，尚待进一步完善，其他器物也有可调整之处。因此本文的六期分期只是作为参考，但划分为早、中、晚三大期则问题不太大。

六期之中，一、二、三期联系较为紧密；而四期无论从墓葬的数量还是器形的数量上都达到了一个高峰，器物形态也多种多样，与三期形成了极大的差别，五期则基本上是四期的延续，与四期衔接紧密；六期则继承前几期的文化因素较少，而有较多的外来风格，与前几期的血缘关系不密切。因此从总体上看，整个遗址又可分为三个大的期别：早期（一、二、三期）、中期（四、五期）、晚期（六期）。

遗址中的地层所对应的期从总体上观察大略是：薛家岗地点的新石器下层相当于早期，新石器中层相当于中期，新石器上层为晚期；永兴地点相当于中期。

各期主要陶器的演化可参见陶器分期图。（图三九九）

从出土遗物的情况来看，各期的器物组合、数量都有较为明显的变化。由于第六期出土遗物很少，而且缺乏墓葬材料，所以还不易与其他几期进行比较，但前五期的墓葬材料则给我们提供了明确的器物组合与数量的变化过程，具体情况可列表如下（表二）：

表　二　　　　　　　　　　**各期墓葬随葬品种类和数量统计表**

期别	墓葬总数	玉器	石器	陶器	骨器	合计件数	每墓随葬品均值
一期	7	0	2	27	0	29	4.14
二期	6	0	6	20	0	26	4.33
三期	23	1	12	77	2	92	4.00
四期	46	19	28	171	0	218	4.74
五期	52	90	77	167	0	334	6.42

注：墓葬总数未包括墓葬登记表中 16 座未能明确确定期别的墓葬。

上表中的各期随葬品种类、数量的变化可以用下面的直方图更为形象地表现出来。

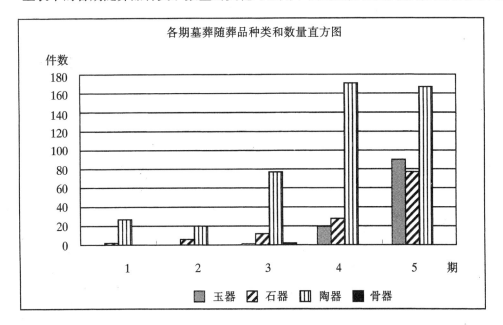

	圆腹罐形鼎		折腹罐形鼎	
	Aa	Ab	Aa	Ab
一期	1　Ⅰ			
二期	2　Ⅱ			
三期	3　Ⅲ	6　Ⅰ	8　Ⅰ	
四期			9　Ⅱ	11　Ⅰ
五期	4　Ⅳ 5　Ⅴ	7　Ⅱ	10　Ⅲ	12　Ⅱ

图三九九（一）　陶器分期图

1. M5：2　2. M7：3　3. M98：1　4. M126：1　5. M128：2　6. M115：1　7. M23：3　8. M80：1　9. M99：1
10. M133：2　11. M79：1　12. M44：4

	盆形鼎	壶形鼎	釜形鼎
	A	A	A
一期			
二期	1　Ⅰ		
三期	2　Ⅱ	5　Ⅰ	
四期	3　Ⅲ	6　Ⅱ	8　Ⅰ
五期	4　Ⅳ	7　Ⅱ	9　Ⅱ

图三九九（二）　陶器分期图

1．M65：6　2．M137：2　3．M66：2　4．M43：3　5．M87：1　6．M131：2　7．M31：3　8．M56：4　9．M8：10

	盘形豆					
	Aa	Ab	Ba	Bb	C	D
一期	1　Ⅰ	3　Ⅰ				
二期	2　Ⅱ					
三期		4　Ⅱ	6　Ⅰ	10　Ⅰ		
四期		5　Ⅲ	7　Ⅱ	11　Ⅱ	14　Ⅰ	16　Ⅰ
五期			8　Ⅲ 9　Ⅳ	12　Ⅲ 13　Ⅳ	15　Ⅱ	17　Ⅱ

图三九九（三）　陶器分期图

1. M5:3　2. M108:3　3. M113:2　4. M118:3　5. M91:1　6. M120:2　7. M15:5　8. M63:5　9. M28:3　10. M64:1　11. M71:2　12. M69:3　13. M40:19　14. M34:1　15. M8:9　16. M54:11　17. M3:3

	钵形豆					簋
	A	Ba	Bb	C	D	
一期						11　Ⅰ
二期	1　Ⅰ					
三期	2　Ⅱ					12　Ⅱ
四期		3　Ⅰ	5　Ⅰ	7　Ⅰ	9　Ⅰ	13　Ⅲ
五期		4　Ⅱ	6　Ⅱ	8　Ⅱ	10　Ⅱ	14　Ⅳ

图三九九（四）　陶器分期图

1. M125:5　2. M138:1　3. M55:3　4. M48:4　5. M66:3　6. M100:1　7. M26:5　8. M41:2

9. M126:3　10. M48:6　11. M84:1　12. M114:2　13. M85:3　14. N75:2

图三九九(五) 陶器分期图

1.M125：1　2.M89：5　3.M115：2　4.M64：2　5.M78：3　6.M137：4　7.M101：2　8.M41：1　9.M65：2　10.M6：2　11.M4：2　12.M15：6　13.M93：4　14.M28：4　15.M56：2　16.M58：13　17.M48：5　18.M129：2　19.M54：12　20.M95：2　21.M26：2　22.M11：1　23.M18：1　24.M123：2

	高圈足壶		直口壶		长颈壶		双折腹壶
	A	B	Aa	Ab	B	A	
一期						14　I	16　I
二期							
三期						15　II	17　II 18　III
四期	1　I	3　I	5　I 6　II	9　I			
五期	2　II		7　III 8　IV	10　II 11　III	12　I 13　II		

图三九九（六）　陶器分期图

1．M91：1　2．N40：18　3．M71：5　4．M36：6　5．M120：1　6．M117：3　7．M53：3　8．M17：2　9．M62：4　10．M29：5　11．M31：5　12．M75：3　13．M76：2　14．M90：2　15．M106：2　16．M5：5　17．M117：6　18．M118：1

鬶		
Aa	Ab	B
1　　　　　Ⅰ		
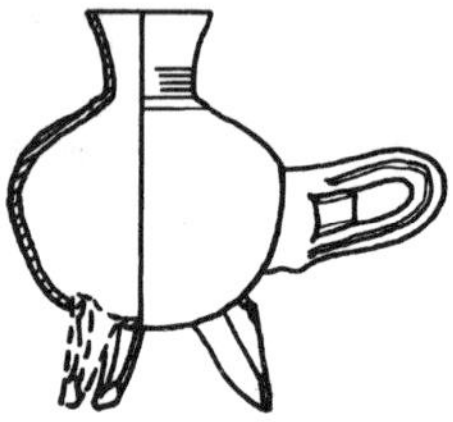 2　　　　　Ⅱ		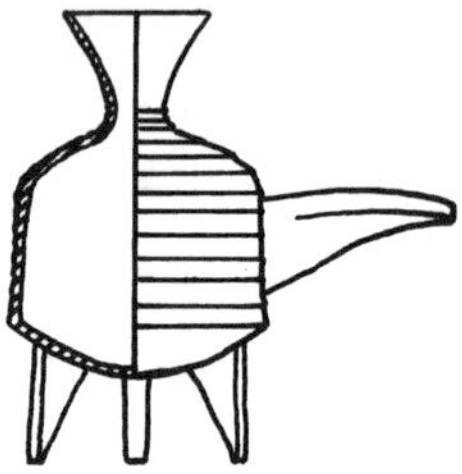 7　　　　　Ⅰ
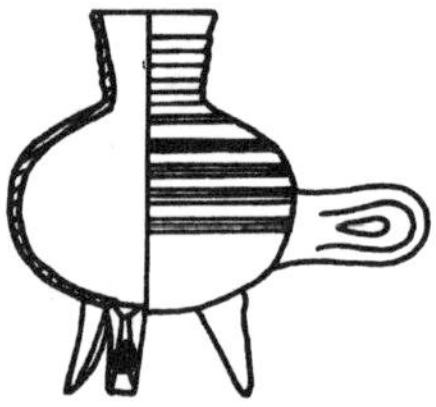 3　　　　Ⅲ	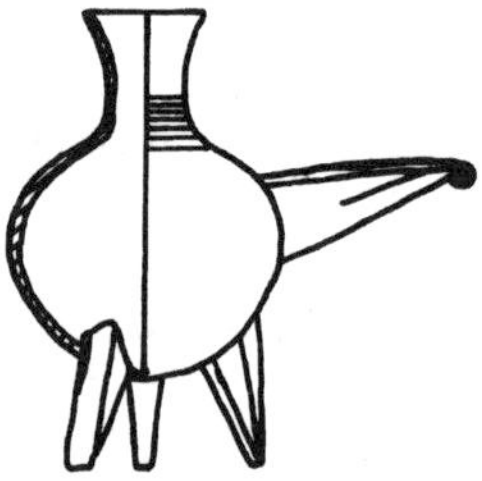 5　　　　　Ⅰ	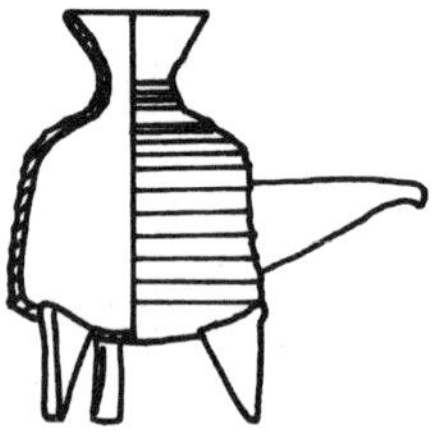 8　　　　　Ⅰ
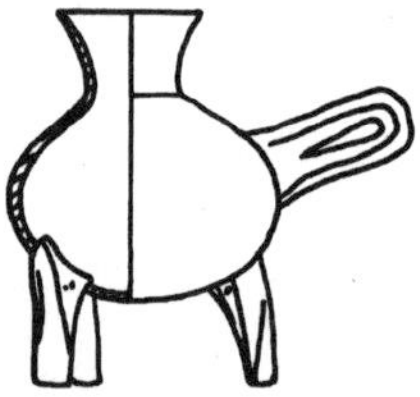 4　　　　Ⅳ	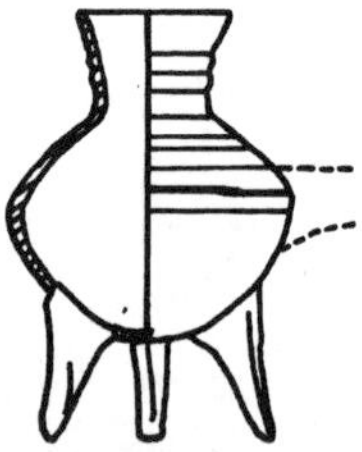 6　　　　　Ⅱ	
五期		

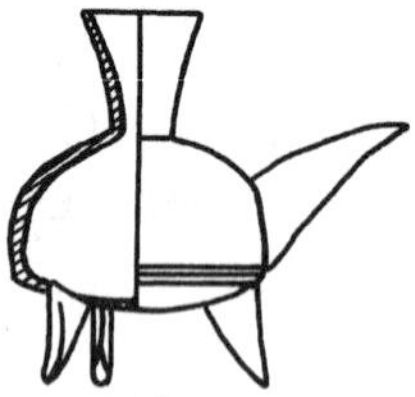

一期　二期　三期　四期　五期

图三九九（七）　陶器分期图

1. M5:1　2. M125:3　3. M138:4　4. M91:10　5. M118:2　6. M26:1　7. M65:5　8. M108:4

图三九九（八）　陶器分期图

1. M5:6　2. M65:1　3. M91:3　4. M117:8　5. M81:2　6. M49:2　7. M43:1　8. M132:1　9. M122:2　10. M89:3　11. M35:1　12. M10:2　13. M116:4　14. M89:2

	杯	小口罐	双鋬罐
	A		
一期	 1　Ⅰ		
二期			
三期	 2　Ⅱ	 4　Ⅰ	
四期		 5　Ⅱ	 6　Ⅰ
五期	 3　Ⅲ		 7　Ⅱ

图三九九（九）　陶器分期图

1. M83:1　2. M118:5　3. M2:3　4. M88:6　5. M97:1　6. M57:4　7. M86:3

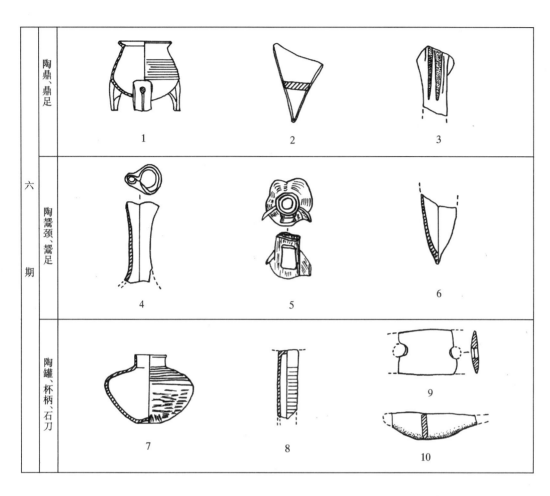

六期	陶鼎、鼎足	1	2	3
	陶鬶颈、鬶足	4	5	6
	陶罐、杯柄、石刀	7	8	9 10

图三九九（十）　陶器分期图

1. 陶鼎（T36④：18）　　2、3. 陶鼎足（H35:35、T45④:27）　　4、5. 陶鬶颈（T36④:13、采:28）　　6. 陶鬶足（采:21）　　7. 陶罐（T36④:11）　　8. 泥质纯黑陶杯柄（T36④:20）　　9. 双孔石刀（T36④:14）　　10. 带把石刀（T36④:15）

　　从上面的图、表中可以看到，在种类上，一期到五期的玉、石、陶、骨器四类始终以陶器为大宗，次为石器、玉器，骨器始终处于无足轻重的地位（当然也不排除朽烂未能发现的可能）。在数量上，随着墓葬数量的不断增多，陶器、石器的数量也呈不断增长的趋势，其中一、二期的增长相对平缓，三期时有了一定的增长，从四期开始增长速度十分迅速，特别是石器的增加引人注目；玉器只是在第三期才开始出现并在第四期得到了快速的发展，但从发展的速率来看，其增长速度明显超过石器，第五期时已与石器并驾齐驱了；骨器仅在三期偶尔出现。不过，单个墓葬随葬品的数量增长速度并不快，前四期基本上保持平稳，只是到了第五期才出现了较大的增长，比第四期多三成以上，但这种增长更多的是依赖于玉、石器的增长，特别是玉器的快速增长，而陶器的相对数量却略有下降。

二　各期文化特点

若以墓葬材料为主，地层材料为辅，可以概括出各期文化具有以下特点：

一期：

以 M5、M90 为代表，墓葬数量较少，只占墓葬总数的 5% 左右。有少数墓葬发现了墓坑，为浅穴土坑。随葬品数量在 1～7 件，绝大多数为陶器，有极少量石器，未见玉器。本期各墓随葬品的种类、数量差异都不大。

陶器多见平底器和三足器，圈足器很少。均为手制。有夹砂陶和泥质陶两类，夹砂陶均为红陶，主要为鼎，其他器类基本为泥质陶，陶色可分灰、黑皮（衣）两大类。本期陶器上纹饰很少，以凸棱或凹弦纹最为流行，另有少量刻划、戳印纹。器物组合以鼎、豆、壶、鬶为主，另有部分碗、簋和杯、纺轮。鼎、鬶的足均以侧装三角形或凿形为主；豆多盘形豆，豆柄上部开始出现算珠形鼓凸；壶以双折腹或长颈壶为特点，未见后来大量流行的圆腹壶或折腹壶；鬶的把手均为泥块捏成的三角形；碗的口部略敛，上腹部弧凸，鋬呈较宽的半环形，平底。

石器有形体较小的常型锛。

本期陶器中可见少量皖西南早一时期的文化因素和较多西边的鄂东或东边的太湖、宁镇地区的文化因素。如 M109:1 的内弯弧形近锥状鼎足圆腹鼎都表现出与本地早一阶段的黄鳝嘴类型的相似性。此外，壶、豆类器物明显与东边的崧泽、北阴阳营文化特别是崧泽文化有很大的相似性，而少量簋则表现出与黄鳝嘴或西边的鄂东地区大溪文化较为相似。这一阶段具有本地特点的器物也开始出现，最明显的当属碗、鬶类，但还未达到繁盛的地步。从总体上看，一期文化自身特征并不十分突出，文化因素受到东边的太湖和宁镇地区的较大影响和鄂东地区的部分影响，处于文化的多元化时期，薛家岗文化中后来十分发达的玉、石器工业还未发展起来，因此只能是文化的初创期。

二期：

以 M7、M65、M125 为代表，墓葬数量仍然较少，也只占总数的 5% 左右。少数找到墓坑的墓葬均为浅穴土坑。随葬品数量在 2～7 件，多为 3～4 件，大多数为陶器，另有一定数量的石器，未见玉器。本期各墓葬随葬品的种类、数量与上期相近，墓葬间的差异也不大。

陶器中三足器、平底器较多，但圈足器数量开始增加。均为手制。有夹砂陶、泥质陶，新出现少量泥质夹蚌末陶，夹砂陶主要为红陶，少量灰陶，多为鼎、鬶；此外还有少量夹粉砂的灰陶，器表刮抹较平整，类似于泥质陶。泥质陶以灰、黑皮（衣）为主，另有少量红色夹蚌末陶。纹饰仍以凸棱或凹弦最为流行，刻划纹也兴盛起来。器物组合以鼎、豆、壶、鬶、碗为主，但豆的数量有所减少，此外还偶见陶球。鼎除了继承一期的圆腹鼎外，还新出了盆形鼎等，而最明显的变化则是新出现横装宽扁、足面略凹的鼎足。豆仍保持了一期的主要形态，新出一种钵形豆。壶则出现了较大的变化，新出现了后来广为流行的圆腹和扁腹。鬶的下腹部开始内收，颈部变短，泥条制成的扁环形把手成为主流，同时新出现一种深腹带瓦棱纹的鬶。碗的上腹部开始向外撇，口部渐成敞口，部分碗的底部出现圈足，而且錾基本上演变为鸡冠形。

石器数量有所增加，但仍然不多，主要是锛和钺。钺的形态主要为长方形弧刃和中间穿大孔的圆角弧刃，形制简单。

本期器物中的外来文化因素开始明显减少，目前只见 M132:2 陶球似与鄂东地区有关，而 M125:6 中间穿大孔的圆弧刃钺则类似于北阴阳营文化。具有本地特点的器物在继承一期文化的基础上有了较大的发展，薛家岗文化的几种主要陶器器形在这一时期基本上都发展起来并趋于成熟。从总体上看，二期文化自身特点已较为突出，与此同时外来文化的影响相对减弱，是文化的整合和定型期，或者说已处于形成期。

三期：

以 M117、M118、M138 为代表，墓葬数量开始大幅增加，占到总数的 15% 左右。已找到墓坑的墓葬均为浅穴土坑。随葬品数量在 1~8 件，多数为 1~4 件。随葬品大多数仍为陶器，石器数量不多，骨器仅见 2 件，玉器极少。本期各墓葬随葬品的种类、数量仍相差不大，单个墓葬随葬品均值与二期相比还略有减少。

陶器基本上为手制，个别已出现轮制。夹砂陶多为细砂或粉砂，主要为红、灰陶，其中红陶常见于鼎，灰陶常见于鬶和豆类器物；泥质陶仍以灰、黑皮（衣）陶为主；质地疏松的泥质夹蚌末陶依然存在。器物组合以鼎、豆、壶、鬶、碗为主，另有少量杯、罐、钵、簋、纺轮。纹饰仍以凸棱或凹弦纹最为流行，但各类刻划纹、戳印纹也颇为流行，其中弧三角形刻划或戳印纹也较有特点，小圆孔形戳印施用较多。这一时期陶豆成为最主要的器形之一，豆盘多为盘形，少量钵形，豆柄上部呈算珠形、下部呈喇叭形的最为流行，并且下半部折出一至二级斜台阶状；豆还新出现一种直柄、足沿陡折成台状的盘形豆。壶开始以圆腹壶为主，而一期的长颈和双折腹壶到此时已趋于尾声，未再延续到四期。鬶在这一期发生了较大的变化，一类向扁圆腹方向发展，另一类向腹较深的折腹方向发展；把手中泥块捏成的三角形、泥条的扁环形和编织成的长椭圆形并存。碗的形态则变化不大，上腹部较直而外撇。

石器仍主要是锛和钺，其中钺的形态开始向梯形发展，成为以后"风"字形钺的祖形。

本期器物中的外来文化因素进一步减少，鄂东、宁镇和太湖地区的因素已少见或不见，不过觚（M89:4）似与宁镇和太湖地区有关，但也不排除北方文化影响的可能。本期具有自身特征的器物风格进一步发展，形成了一个较为稳定的器物群。从总体上看，三期文化已是文化发展的成熟期。

四期：

以 M15、M54、M91 为代表，墓葬数量急剧增加，占到总数的 30％以上，有较多的墓葬找到了浅穴土坑，个别墓穴较深。除个别墓葬外，随葬品数量在 2～18 件，大多数在 2～7 件，陶器数量仍占多数，但玉、石器的种类、数量都迅速增加，成为本期的一大特点。本期各墓葬的随葬品种类已有所差异，少数墓葬出现了玉器和具有礼仪性质的多孔石刀等；在数量上，虽然大多数墓葬维持在 2～7 件，但已有少量墓葬出现了较大的差异，达到 10 件以上，个别超出了均值 4 倍以上，开始出现以 M15 为代表的核心墓葬。

陶器仍以手制为主，但已有部分器物出现了慢轮修整，个别器物上还发现了快轮形成的拉坯指印。这一时期夹砂红陶的数量减少，仅见于鼎类器物；泥质或夹砂灰陶的数量大增，另外还有少量灰黄陶，而泥质黑皮（衣）陶依然保持主要地位，并扩展到鼎类器物的烧制中；质地疏松的泥质夹蚌末陶数量很少，且仅见于鼎类器物。器物组合中陶器以鼎、豆、壶、盆、纺轮为主，壶成为最主要的器形之一，鼎、豆的比重相对减小，前一时期流行的碗渐由新出现的盆取代，前几期曾作为代表性器物的长颈喇叭口鬶的数量急剧减少，已发展到了它的尾声，纺轮的数量则大大增加，陶球也成为常见的随葬品，此外还有少量罐、簋、杯、觚等。这一时期纹饰仍以凹弦、凸棱为主，但镂孔、刻划纹的使用也较为频繁。

在器物形态上，圆腹鼎继续存在，但折腹鼎数量大增，盆形鼎也有所发展，新出现釜形鼎。鼎足仍以凿形足为主，部分凿形足已发展成较粗壮、足跟部较隆起的鸭嘴形足，成为本期最具特点的鼎足形态之一。横装扁平鼎足中的宽扁凹足仍有少量存在，而新兴的上宽下窄、上部两侧向外伸展突出、足正面饰各种刻划纹的宽扁足（习称枫叶形足）开始迅速发展起来，成为本期又一最具特点的鼎足形态。这两种新型的鼎足中，鸭嘴形足绝大多数只与圆腹、折腹罐形鼎相配，而枫叶形足只与盆形鼎相配。豆在本期出现了较多的器形，但是以直柄盘形、足沿陡折成台状的盘形豆为主，而柄上部呈算珠状的盘形豆已发展到了最后时期。此外，钵形豆的数量在这一时期有所增加。壶在大多数墓葬中均有随葬，而且形态多样，其中折腹、扁腹壶是最主要的器形，此外还有少量的直口壶；另有一类高圈足壶则是在扁腹壶的基础上加高圈足改造而成。盆是这一时期新出现的器类，但形制变化较为简单。这一时期还新出现了少量形态颇异的壶（如 M60：1、M61：3）。陶球的形态大体相同，表面大多数饰数量不等的圆镂孔或繁缛的刻划及戳印纹。

石器的制作在本期获得了长足的发展。选料以青灰色砂质板岩或灰黄色粉砂质板岩为主，也有少量其他材料。石器的打磨、抛光技术较为成熟，而钻孔定位技术则达到了相当高的水准。石器种类丰富多样，有刀、钺、锛、凿、镞等，其中具有礼仪性质的多孔石刀和具有武器性质的镞的出现十分引人注目。

作为石器中最有特点的多孔石刀，是以奇数孔为典型特征，除13孔外，其余的1～11孔石刀在本期均已出现，以器体扁薄、整体呈横向长梯形、刃部平直或略内凹为特征，刃部基本无使用痕迹，部分器表还涂有朱色彩绘。石钺的平面形态大体呈梯形，部分已演化出典型的"风"字形，并新出现斜弧刃钺。刀、钺在这一时期具有明显的礼器性质。石锛除常型锛外，还出现了器体较小的小型锛和段脊偏上的有段锛。石镞数量很少，平面基本为柳叶形。

玉器的大量出现是本期与三期最明显的区别之一。本期的玉器较为精细，原料选择较为讲究，以闪石类为主，玉质较好。器表基本为素面，少见装饰性的纹饰，因此本期玉器只有形态特点而没有纹饰特点。玉器种类相对较为简单，主要有钺、镯、璜、坠饰、管等，以器体较小的坠饰、管占大多数，形体较大的只有数量不多的钺、镯类。各类器物的形态较为简单，部分器体上可见明显的切割痕迹。

本期中的外来文化因素仍然较少，其中陶球的较多出现也许与鄂东地区有关。带把鼎（M54:10）和C型盘形豆（M34:1）的形态和横向长镂孔则明显具有宁镇和太湖地区的风格。除陶器形态外，这一时期突然兴盛起来的玉、石器工业在前三期并无足够的积淀，而且其器物形态特别是玉器的形态与长江下游的早一时期文化有颇多相似之处，因此，本期发达的玉、石器制作工业可能受到了其影响，尤其是技术方面的影响。从总体上看，这一时期自身特点的器物已经充分发展起来，形成了鲜明的特色，应是文化的繁荣期。

五期：

以M40、M44、M47为代表，墓葬数量最多，可能要占总数的40%多，大多数未找到墓坑，少数为浅穴土坑墓，随葬品数量在1～45件不等，大多数在2～8件，陶器所占比重有所下降，玉、石器的种类、数量大增，在部分墓葬中甚至占有绝对优势。本期各墓葬随葬品出现了很大的差异，少数墓葬的随葬品以玉、石器为主；核心墓葬的数量略有增加，并以随葬形制特殊的陶缸、玉琮或大量玉、石器而与一般墓葬相区别，葬品数量都达到20件以上，最多者超出均值6倍以上，与大多数墓葬形成了极大的反差。

陶器仍以手制为主，但也有少量轮制。夹砂红陶的数量仍然较少，出现了部分夹砂灰褐陶或红褐陶，主要为鼎类器物。夹粉砂或泥质灰陶数量不少，另有少量灰黄陶；泥质黑皮（衣）陶仍然较多，出现极少量泥质薄胎纯黑陶，而夹蚌末陶已少见。器物组合以鼎、豆、壶、盆、纺轮、陶球为主，其中鼎、壶为最主要器类，碗的数量较少，此外还有少量杯、罐、甗等器类，长颈喇叭口鬶已不见。鼎、豆、壶、盆、纺轮、陶球在墓葬中常有 2 件以上同类器一同随葬的现象。这一时期纹饰与四期基本相同，新增了少量篮纹、附加堆纹。

在器物形态上，圆腹鼎发生了较大变化，新出现以灰褐或红褐陶为主、腹部饰篮纹或附加堆纹的形态，但数量不是很多；折腹鼎成为这一时期的主要鼎类，其足部演化成较瘦长的鸭嘴形；盆形鼎数量减少，上腹部内收，腹变浅，其枫叶形足的上部向外伸展突出部位已不太明显；此外还有少量的釜形鼎、壶形鼎。从总体上说，鼎足的一个明显特点是向瘦高方向发展。豆仍以直柄盘形豆和高柄钵形豆为多，但也有其他几种类型。壶仍以折腹壶、扁腹壶为主，但出现了一定数量的其他类型的壶，其中以 B 型长颈壶较为特殊，而且演化十分迅速。盆的数量减少，形制与四期相近。陶球是这一时期较为常见的器形，其大小差异颇大，大多数精细。本期发现的目前唯一一件陶缸（M44∶1），出于大墓之中，也是值得注意的现象。

石器的制作在这一时期达到了高峰，但在技术和形态上都基本上承袭了四期风格。石器种类仍为刀、钺、锛、凿、镞几大类，以刀、钺最具代表性，且形态更加丰富。石刀的奇数孔已达到 13 孔，另外还出现了一件呈偶数的四孔刀；刀的近顶部也时有涂朱彩绘；在石刀发展的晚期，少数刃部已出现略向外弧凸（M37∶6、M63∶2）。石钺的形态多样，有长梯形、短梯形、"风"字形和一定数量的斜弧刃钺（如 M63∶1），且器表多有涂朱现象。石锛在墓葬中数量不多，但地层中出土较多，有长方形、梯形、段脊偏上的有段锛三类。镞的形态仍以柳叶形为主，但新出现一种短铤、近似圆锥形但头部较钝的镞（如 M150∶2）。

玉器在四期的基础上有了更大的发展，选料、制作较为统一，纹饰较为简单，但出现了少量的镂雕（如 M49∶4）、简化的兽面纹（如 M47∶3）和齿状纹（如 M47∶1）。玉器种类有钺、镯、环、璜、坠饰、管等，每一种类中还有不同的形态，其中一种一端窄、一端宽的弓背形璜很有特色。形体较大的钺、镯、璜、环的数量明显较四期为多。

玉、石器中的刀、钺、璜、环和镞也常有 2 件以上同类器在同一墓中随葬的现象。

本期中的外来文化因素较四期明显增多，其中长颈壶或双鼻壶（M75∶3）、饰横向长镂孔的 C 型盘形豆（M8∶9）、小玉琮（M47∶3）无疑是受到东部良渚文化的影响，柳叶形镞（M151∶2、3）也有可能是受其影响。来自鄂东的影响似已不见，数量较多的陶球虽然应源于长江中游地区，但本期的陶球则应直接承自四期文化。本期最不容忽视的外来文化因素是以篮纹鼎、薄胎黑陶为代表的北方文化因素，虽然数量还不太多，但已为薛家岗文化的终结埋下了伏笔。从总体上看，本期东部良渚文化的影响大于北方文化的影响，而西部屈家岭文化的影响则几乎不存在。本期除陶器外，玉、石器的发展达到了一个高峰，成为薛家岗文化晚期最明显的特征。因此，这一时期是文化发展的鼎盛期。

六期：

主要是以 T36④、T45④、T46④层为代表，未发现墓葬。出土的遗物不多，主要是陶、石器，玉器仅见 1 件。

陶器有夹砂红陶、泥质灰黄陶或灰胎黑衣陶，除此之外还有了少量夹砂褐陶和泥质纯黑陶。陶器制作仍以手制为主，在多件器物上可观察到泥条圈筑或盘筑痕迹，同时还可见部分轮制痕迹。纹饰有凸棱、凹弦、刻划、镂孔、戳印、附加堆纹等，此外还有一些篮纹出现。器类以鼎、豆为主，罐类增多，壶较少，鬶仍有一定数量但已属另一种类型，另有少量瓮、匜、杯、高柄杯、纺轮、饼、球、垫、盆和装饰用的陶环，以及 1 件形态特殊的扁壶。鼎的器形有罐形、盆形等；鼎足与前期流行的鼎足形态发生了较大变化，多见横装扁平足，足正面常饰数道凹槽，枫叶形鼎足数量不多，且足根两侧向外伸展的幅度大大缩小，鸭嘴形或凿形足已基本不见。鬶的数量较多，但不见前几期常见的泥质或夹细砂灰、黑皮（衣）陶长颈喇叭口状，而是均为夹砂红陶、胎较薄、颈呈管状、捏流或卷叶流、足为空心，少量颈两侧带翼的鬶也很有特点。

石器的制作技术似有退化的趋向，大多数制作不精，选料方面也稍显随意，石质较杂。数量和种类都较少，主要器类有钺、锛、镞、斧，另有极少的砍砸器、磨棒、刀等，前几期十分流行的多孔石刀此期已基本绝迹。除钺、锛外，其他器类的形态都发生了较大变化，石镞的数量有所增多，除仍有横剖面呈扁菱形的柳叶形镞外，新出现了镞身呈三棱锥状、横剖面呈三角形、短铤呈圆锥形的镞。

玉器制作似乎已趋于消失，在本期已无足轻重了。

本期的器物中明显继承前期文化的已不多见，只有退化的枫叶形鼎足具有明显的本地风格，代之而起的则是一种较新的文化因素，如足正面饰多道凹槽横装扁平足、数量很多的夹砂红陶颈呈管状的捏流或卷叶流长颈鬶、小陶杯（T46④：12）和泥质纯黑陶高柄杯（T36④：20），都明显表现出淮河以北地区以大汶口文化为主体的文化特征，陶扁壶（T36④：19）似也与北方文化的影响有关，这些器物在种类和数量上都具有较大优势，应是本期取代了本地文化的主流文化因素。夹砂红陶短颈鬶可能是受良渚文化的影响，但良渚文化的其他因素在此少见。与此同时，来自西部石家河文化的影响则很少见。石器种类的变异、制作技术的退化和玉器的几乎绝迹也昭示了这一时期文化发生了很大的变异。因此，本期可以说是文化的变更期。

综上所述，薛家岗遗址前五期是一个前后相续、衔接较紧的文化，而第六期则发生了较大变化，文化面貌颇不相同，参考已有的关于薛家岗文化的研究成果，可以认为前五期是属于"薛家岗文化"，其中一、二、三期为薛家岗文化的早期，四、五期为薛家岗文化的晚期，第六期则不能归属于该文化之中，而是一种新的文化，它与安庆张四墩遗址的面貌接近，我们暂称之为"张四墩类型"的文化。

三　年　代

薛家岗遗址的出土器物具有较强的特点，但本身及整个薛家岗文化的年代序列尚未完全建立，因此在讨论其年代时还存在着一定困难，不过这些器物与周邻文化有一定的相似性，特别是与东部太湖、宁镇地区和西部江汉平原地区的文化有一定的可比性，同时也有少量的测年数据参考，这些都为年代的推定提供了一定的基础。

1. 相对年代

相对年代是以分期为基础，通过对比周邻同时期文化的材料，来进行大致的推定。由于鄂东、巢湖流域的考古学文化还有很多讨论，而江汉平原、宁镇、太湖地区相对比较明确，所以在进行对比时更多地以后者为参照系。

从分期的结果看，一期文化的 AaⅠ式盘形豆与崧泽中层年代偏早的 M13∶4 无论是整体形态还是纹饰都甚为相似，两者年代应较为接近；AaⅠ式双折腹壶的双折腹风格也常见于崧泽中层，其形态特点虽有不少差异，但与崧泽 M30∶3 相对接近，总体年代也不会相差太多。此外，M5∶4 簋的形态也与大溪文化偏晚阶段的簋（如中堡岛 H165∶12）较为接近。此外，凌家滩第三次发掘的 M25∶18 鬶的总体形态与薛家岗遗址一期出土的 M113∶3 完全相同，而凌家滩 M25 打破了祭坛顶部，在凌家滩墓地中属晚期。因此，薛家岗一期的年代应与崧泽中层墓地的稍早阶段和大溪文化偏晚阶段相近，也相当于凌家滩墓地的晚期。

二期、三期文化可资对比的材料较少，但它们与一期文化面貌较为接近，年代相差也不会太远。

四期文化中的少量器物与北阴阳营三期（居住区墓葬）文化表现出了一定程度的相似性，如 M98∶1 罐形鼎与北阴阳营 M250∶6 的形态基本一致，M54∶10 带把鼎与北阴阳营 M237∶1 十分相似。此外，M34∶1 盘形豆的形态和横向长镂孔特点则与良渚文化中期的反山墓地所出（如 M22∶61）基本相同。因此，薛家岗四期的年代应与北阴阳营三期、良渚文化早中期大致相同。

薛家岗四期若与黄冈螺蛳山遗址相比，螺蛳山第二次发掘的 M3 属于屈家岭早期文化，其所出鸭嘴形足鼎大体上相当于薛家岗四期前后；而 M3 所出豆的形态与薛家岗五期 M133∶5 较为相似，但豆柄较短，且豆盘上腹外撇的形态与薛家岗三期的豆盘风格近似，所以螺蛳山 M3 应大体相当于薛家岗四期，也就是说薛家岗四期文化可能与螺蛳山第二次发掘的屈家岭文化相当。

薛家岗五期文化的少量器物与良渚文化较为接近，M75∶3 双鼻壶和 M8∶9 高柄盘形豆都类似于良渚文化中期或晚期偏早阶段的同类器；而 M47∶3-1 和 M47∶3-2 两件小玉琮无疑是良渚文化风格，这类小玉琮一般是在良渚中期开始较多地向外传播的。因此，薛家岗五期应该不会早于良渚文化中期。

薛家岗六期文化中的足正面饰多道凹槽横装扁平足、侧装扁平三角形足是淮北和江淮北部地区相当于大汶口文化晚期到龙山早期阶段颇为流行的一种形式，夹砂红陶、颈呈管状的长颈捏流或卷叶流鬶也常见于长江中游的石家河文化和下游的良渚文化晚期，并见于蒙城尉迟寺大汶口晚期文化（M67:11），其中一种颈部带双翼的鬶则与鄂西北石家河文化出土的相似。这类遗物与安庆张四墩遗址所出基本相同，张四墩的年代与石家河文化相近，其出土的T形鼎足是良渚文化中晚期新兴的一种鼎足形式，而一件残陶甑（G1②:1）上刻划的短颈捏流或卷叶流、上腹饰附加堆纹的陶鬶形态则与嘉兴雀幕桥所出的一件良渚文化晚期同类器完全相同。所以，薛家岗六期大体相当于良渚文化晚期、石家河文化时期和安徽北部的大汶口文化晚期。

2. 绝对年代

薛家岗遗址的新石器时代遗存共测定了4个碳十四数据（详见附表十），其中T47④层应属遗址的早期，而测定的数据已进入到公元前2400年以下，矛盾较大，暂时难以解释；其他3个数据较为接近，按高精度表校正年代，它们的理论值应在公元前3360～前2784年之间。

其中，1号数据的采集单位F2被T17④层叠压，其穴内堆积不会晚于T17④层，所以T17④层的理论值大体应在公元前3360年以下。2号数据标本采自T16④层中，其理论值大体应在公元前3350～前3035年之间。3号数据的标本采集单位红烧土坑1打破了T16④层，相对年代晚于T16④层，也就是说它的理论值应在公元前3035～前2784年之间。T16④层、T17④层都是属于遗址的中期，因此按照理论值取整值推算，薛家岗遗址中期年代的最大值和最小值大体应在公元前3300～前2800年左右，这一数值与前面相对年代分析中的周边文化同时期的绝对年代没有大的矛盾，因此可以算作是薛家岗遗址中期（四、五期）的绝对年代的上、下限，其均值应在公元前3100年左右。

薛家岗遗址的早期（一、二、三期）的绝对年代推算相对困难，可以参考的数据有崧泽遗址中层和凌家滩遗址的几个数据。崧泽中层的M90和M87人骨碳十四测定年代分别为距今5860±245年和5180±140年，按照赵辉对该墓地的墓葬编年排序，它们属于崧泽墓地中间和较晚两个时期[1]，若按这一测定年代推算，薛家岗遗址一期相当于崧泽墓地稍早时期，其年代也应在5800年左右。凌家滩遗址有2个碳十四测定数据，分别为距今5500和5300年左右，由于凌家滩第三次发掘的M25打破了祭坛，属该墓地的较晚时期，而其随葬的陶鬶则是薛家岗一期形态，因此薛家岗一期似又不应离距今5300年太远。如此，结合前面推算的薛家岗四、五期年代，该遗址一期的绝对年代可能在距今5500年前后较为妥当。这样，薛家岗遗址的早期绝对年代大体上定在公元前

---

① 赵辉：《崧泽墓地随葬陶器的编年研究》，《东南文化》2000年3期。

3500～前 3300 年左右更合适些。

　　薛家岗遗址的晚期（六期）也缺乏准确的推算数据，若中期在公元前 2800 年以前，晚期自应晚于公元前 2800 年，参考已有的大汶口文化、良渚文化和石家河文化的年代，可能在公元前 2600 年左右。

　　综上所述，薛家岗遗址的绝对年代大体推算为：

　　　　早期（一、二、三期）　　公元前 3500～前 3300 年左右
　　　　中期（四、五期）　　　　公元前 3300～前 2800 年左右
　　　　晚期（六期）　　　　　　公元前 2600 年左右

第二节　相关问题的讨论

一　聚落形态

　　薛家岗遗址地处大别山东南侧的平原圩畈区，在其周围的区域地势较为低洼，河流和湖泊众多，至今仍然河湖密布，因此聚落自然选择在近水的岗地上。根据目前调查、钻探和发掘的结果，知道遗址是位于整个岗身之上的，总面积大约在 10 万平方米左右，但在整个岗身的最东部是以商周时期的堆积为主，而新石器时代堆积较为稀疏，岗身中部也只有零星的分布，唯永兴地点较为密集，因此，薛家岗新石器时代遗址的面积应该小于 10 万平方米。

　　由于工作的局限，我们至今还不能了解到该遗址新石器的早期阶段（一、二、三期）的居住区分布在何处，但从钻探、发掘的情况看，可以知道居住区与墓葬区是相对分离的，也就是说这一时期有相对独立的大型墓地，面积可能在 1000 多平方米，墓葬数量约有三四十座，分布相对集中，并有一定的规律。能明确归属这一时期的少数几个灰坑均分别在墓地东缘和西南缘，与 A 群和 G 群墓葬毗邻，而墓地内则未发现，这也从另一方面说明了居住区与墓葬区应该是相对分离的。

　　该遗址新石器的中期阶段（四、五期）的居住区也没有十分明确，但在墓葬区以西数百米的永兴地点，没有发现墓葬迹象，而是有较多的碎红烧土堆积，面积可达数千平方米，虽然碎红烧土块并不是居住址本身，但它们与房屋建筑应有关联，这里很可能是这一时期的居住区（至少是居住区之一），因此，这一时期的居住区与墓葬区还是相对分离的。在墓葬区发现的 3 座房址，一般为半地穴式，有红烧土面，时代大体相当于这一时期，但偌大的一片墓地只发现了这 3 座房址，其中只有 F1 面积近 15 平方米，F2 可能只有约 5 平方米，F4 则仅不到 4 平方米，而 F1 分布在墓地的中部，F2、F4 紧临墓群 B，它们似乎不应是普通的生活居址，或者说墓地内及其周围可能不是主要的生活居住区。这一时期的墓地在原来的基础上明显向北偏移，面积有了很大的扩展，可以达

到约 3000 平方米，墓葬数量在百座以上，除少量墓葬外，绝大多数墓葬分布都十分集中，并形成了几个较大的墓群，各墓按一定的规律排列。此外，在墓地边缘地带发现的红烧土坑因出土器物很少，时代断定仍有一定的困难，但从 M73 与红烧土坑 1 的关系看，大多数可能是属于这一时期的，这些分布在墓地外缘且又紧邻的特殊遗迹很有可能是与墓地有关的附属设施。

该遗址的晚期阶段（六期），居住区和墓葬区也未发现，由于文化发生了较大的变更，原先的墓葬区似已遭废弃而不再沿用，其上仅分布着少量的地层堆积，因此这一时期的聚落形态还不清楚。

二　墓地布局

从全部墓葬的分布情况看，虽然有少数墓葬零散地分布在台地的各个部位，但绝大多数墓葬还是较为集中地分布在一起，形成了一个较大规模的墓地，这里所讨论的墓地布局也即指这个墓地的布局。由于墓地的大部分已经揭露了出来（详见第四章第四节的分布概况），因此对墓地进行初步的分析还是较为可能的。

从墓葬分布图中可以看出，整个墓地面积约有 3000 平方米，墓葬明显具有分区现象，据初步观察至少可以划分为 2 个主要的墓区，即 T17、T18 及其以南的南区，估算较集中的面积约 500 平方米左右，分布着近 40 座墓葬；T38、T33、T9、T26、T25 及其以西、以北的北区，估算较集中的面积约 1000 平方米左右，分布着近 100 座墓葬。两区之间的间距在 10～15 米左右。在两区之间形成的数百平方米的大片区域内，仅零散分布着不到 10 座墓葬，此外还有极少量墓葬分布在墓地的边缘地带。

在两个墓区内部，还可以各自再分为几个相对独立的墓群。如南区至少可以分为 2 个以上的墓群，即 T18 南部以 M83～M85、M88、M90 和 T13 的 M65 为主的 A 群；T16 西北角的以 M86、M93～M98、M100、M101 和 T17 中南部的以 M69～M72、M80～M82、M87、M91、M92 为主的 B 群。两群之间的间距大约为 3～4 米左右，个别相距更近。

北区至少可以分为 4 个以上的墓群，即从 T9 西部 M48、M55、M56 向西和西北方向延伸的、以 T33 西北部和 T37 东南部的以 M117、M125、M138 等墓葬为核心的 C 群；T6 西南部和 T8 内以 M23、M47、M32、M43 为核心的 D 群；T6 东北部、T7 西北部、T5 东南部、T11 西南部以 M40、M44、M58 为核心的 E 群；T26 内以 M108、M110 为主的一个较小的 F 群。每群之间的间距也在 3～4 米。

此外，在两区之外的 T24 内有较小的 G 群，T47 附近也可能存在着一些小的墓群。

在进行以上划分后，可以知道整个墓地至少可以划分为 2 个墓区，7 个以上的墓群；同时，也能清楚地观察到各个墓群中墓葬的排列具有较强的同一性，即呈现出明显的西北—东南向，并且每群中间还可以再划分出 2～4 排呈西北—东南向的墓列。

　　墓地中诸如 M5、M89、M128、M133 等 10 余座零散分布的墓葬与上述墓列或墓群甚至墓区都相距较远，大多数间距都在 6 米以上，目前还看不出有特殊的分布规律。（图四〇〇）

　　这样，整个墓葬区就具有了如下的结构：墓地—墓区—墓群—墓列—单个墓葬

　　除此之外，零散墓葬则表现为直接归属墓地的结构：墓地—零散墓葬。

　　在了解了墓地的大体布局后，参考墓葬分期的结果，可以粗略地勾画出整个墓地的大致变化过程：

　　一期时，整个墓地中的数量很少，主要分布在南区和北区的南部，即 T18 西南角、T26 东部、T24 中部和 T4 东部，彼此的间距较大，在 15～25 米左右，其中 T18 西南角分布稍多，成为 A 群的始祖；T26 的 M110 则成为 F 群的始祖。另外在 G 群也有 2 座墓葬。

　　二期时，整个墓地的范围有所扩大，但仍限于南区和北区南部，A 群和 F 群的墓地继续沿用；在 A 群的西北方 5 米以外出现了零散的 M132；更为重要的是，在 A 群西北约 20 米、F 群西部 10 余米的 T33、T38 内出现了 C 群的始祖 M125、M134。墓地东南角的 T4 附近没有发现二期及以后各期的墓葬，该区域是否继续沿用尚未可知。

　　三期时，整个墓地的范围仍稍有扩大，以北区的西南部最为突出，此外在 F 群的东北部 7 米以外出现了几座墓葬，可能是一个新的小墓群。这一时期 A 群继续向东南方向发展，形成了大体呈西北—东南向的墓列，并有可能内部进一步分化；在 A 群东部，新出现了 B 群，并有了较快的发展，墓葬数量较多，其排列也大体上呈西北—东南向；C 群是这一时期墓葬最为集中的区域，分布范围较大，但与 A、B 群的西北—东南向分布不同，C 群的墓葬十分集中地分布在一起，若将 T35 的 M130、M137 合并观察，倒显现出一种环状结构；F 群的排列尚无规律可寻；G 群只发现 1 座墓葬。

　　四期时，墓地的范围急剧扩展，最主要的是北区新出现了范围较大的 D 群、E 群。这一时期 A 群、F 群仍然保持了较平稳的状态；B 群在其南部和东南部出现了 10 余座墓葬，呈西北—东南向分布，成为这一时期墓葬最为集中的区域之一；C 群则有所衰落，分布略有散乱，但大体上也呈现出西北—东南向，至少有 M135、M136 和 M56、M123、M53 两个墓列；D 群虽然是新发展出的墓群，但其数量较多，排列规整，是这一时期墓葬分布较集中的区域之一，至少有 M21 到 M41、M45 到 M38、M25 到 M34 三个墓列；E 群也是这一时期墓葬分布较为集中的区域之一，也至少有 M9 到 M54、M19 到 M15、M57 到 M60 三个墓列，其中 M15 成为这一时期的核心墓葬；G 群此时已基本上废弃不用了。

　　五期时，南区墓葬的数量大大减少，分布也十分零散，A 群已基本废弃。北区在这一时期成为最主要的分布区域，其中 D 群、E 群成为这一时期墓葬最集中的分布地，C

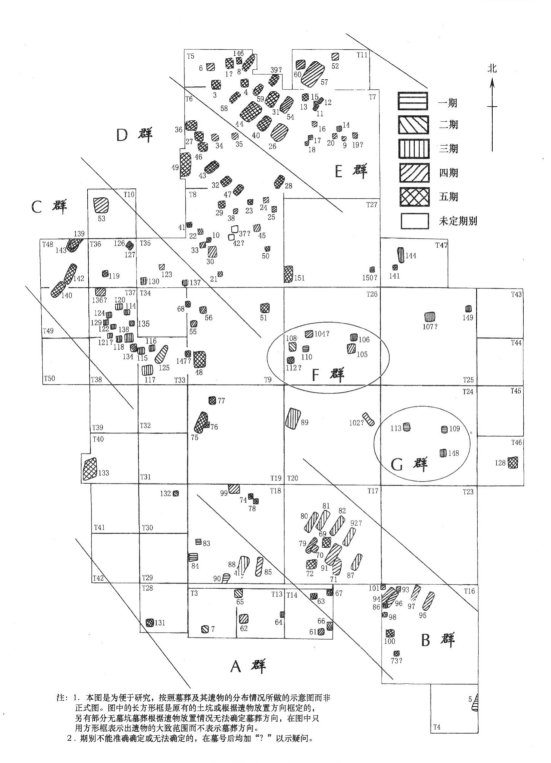

图四〇〇　墓地布局简图

群内的墓葬数量则大大减少，排列较为散乱。D群形成了以M47为核心的、呈西北—东南向分布的数个墓列；E群则形成了以M40和M44为核心的、呈西北—东南向分布的数个墓列，D、E群各墓列的排列相当整齐，间距很小，表明各墓的位置经过了较为规整的排序。

综合以上的描述，我们可以将整个墓地的变化过程作如下的描述：

整个墓地的使用是一个相对较为连续的过程，南、北两区的划分主要是时代的不同而渐渐形成的，同时也包含了社会群体的归属不同和同一社群不断分化的因素。一期时分布范围局限于南区和北区南部，墓葬数量较少，可分4个较小的群体，各墓群或各墓之间的间距较大。二期时墓地范围扩大到北区的西部，墓葬数量仍然不多，可分4个主要的墓群，其中原有的A、F群保持平稳，B群有可能是从A群分化出来的，G群暂缺，南区东南部是否继续沿用尚未知晓，新出的C群表明墓地已有向北区发展的趋势。三期时各墓群和各墓之间的间距有所缩小，A群、F群继续保持平稳，B群、C群发展很快，成为这一时期南、北两区墓葬最集中的分布区域，另在北区东部出现少量的墓葬，G群则已呈现出废弃的趋向。四期时随着墓葬数量的剧增，各墓群之间的间距进一步缩小，墓葬之间也出现了个别叠压或打破的迹象；A群、F群仍然保持平稳，南区以B群最为集中，但南区墓葬总体数量上已大大少于北区，北区原先集中的C群已衰落，新出现了D群和E群，并成为主要的分布区域，出现了以M15为代表的核心墓葬。五期时墓地的范围达到最大，但南区的墓葬数量已经很少，分布也较为零散，原先的A群已基本废弃；而北区的D、E群成为整个墓地的核心区域，出现了以M40、M44、M47为代表的核心墓葬；这一时期还出现了一定数量的零散分布的墓葬。

总体上而言，整个墓地的使用在一、二期偏重于南区和北区南侧；三期时基本上南、北两区并重，北区主要集中在西南部，但明显出现向北偏移的趋向；四期时虽然南区仍然保持了一定数量，但重心已转移到北区北部；五期时原先最早的A、F、G群已基本废弃，整个墓地以北区北部为核心，成为最繁荣的时期。在南、北两区之间，偶有很少量墓葬分布，但均十分零散，似乎成为两区之间一道自然的界限。

墓地布局的变化大略如此，但上述观察只是根据本书的分期结果得出的一个粗略的勾画，由于分期本身还有诸多不足之处，并且对墓地本身也缺乏细致的分析，因此这样的勾画只能是粗线条的。

三　经济、技术特点

若从宏观上观察，薛家岗遗址新石器时代的经济形态主要有生业经济、手工业经济和贸易经济三大类。

生业系统的材料不是十分丰富，从陶片中发现夹稻壳的现象分析，稻作农业已在本地发展起来了，但究竟发展到怎样的程度还不明了。已发现的数量很多的石器中，无论是地层还是墓葬中出土的，绝大多数为斧、锛、凿类的木作工具或器体扁薄已不具备农具实用性的铲、钺类礼器，虽然木作工具与农业生产有很大的关联，但作为稻作农业生产所必备的农耕、收割类的实用工具却极为少见，而以往被视为农业工具的多孔石刀，除极少数外，其余的刃部几乎未发现使用痕迹，部分石刀上还发现了彩绘，这些特点都无法证明其作为农业工具的性质却应该与礼仪有关。因此，从已有的材料来看还无法得出薛家岗的稻作农业经济较为发达的结论。由于土壤条件的限制，遗址中的骨骼和植物难以保存，作为生业系统的另一重要组成部分的采集、渔猎、狩猎经济都难以探讨其具体情况，但遗址中出土的石镞等狩猎器类数量十分少见，捕鱼工具则基本未见，似可认为这些经济类型并不发达，不过陶片中常夹有蚌末的现象至少说明渔猎经济还是存在的。家畜饲养业的规模还不是很清楚，目前在同属二期的 H41 和 M81 中，都发现了少量猪牙，可能属三期的 M89 还发现兽或猪类的下颌骨或猪头，四期的 M79 也发现了猪牙，至少说明该项经济的持续时间较长，应该是生业系统中一个相对稳定的产业。

手工业则是薛家岗遗址十分显目的一项经济形态，大体上有纺织和陶、石、玉器制造业几大门类，而骨器制造业尚无足够的证据，仅在 M118 和 M89 分别发现了一件骨璜和骨环，是否是本地制造也还未知。纺织业应该是一个相对发达的门类，虽然相关的纺织物品因为土壤的原因一直未能发现，但在地层或墓葬中都出土了数量较多的纺轮，最早在一期的 M84 中即已随葬，而以三、四、五期最多，六期时数量较少。

陶器制造业是最主要的门类之一，在墓葬中陶器出土的数量占到总数的近三分之二。陶土和掺和物的选择有一定的讲究，夹砂陶一般选用细砂或粉砂，极少用粗砂，不少夹砂陶器表还常抹一层薄泥浆，使器表更为光滑平整，似泥质陶一般；泥质陶由于当地土质原因，或多或少都含少量细粉砂，极纯净的泥质陶数量并不是很多，在较早的时期还习惯于夹植物壳或蚌末。陶器成形技术总体上是以手制为主，习用窄条状硬质工具（也许是竹片？）将器表刮抹平整，因而在器表留下较多的刮抹痕，三期时开始有轮制的迹象，但一直处于次要地位。陶窑目前还未发现，但陶器的烧成温度从器物观察不是很高，大多数器物的质地都不是很坚密，氧化焰和还原焰技术都较为常用。从黑皮（衣）陶的情况看，渗炭技术已掌握得较好并得到了较为广泛的应用，这是薛家岗颇具特点的。

玉、石器制造业也是薛家岗遗址最主要的门类之一，在墓葬中玉、石器出土的数量占到三分之一强。在薛家岗遗址早期，石器的制造并不发达，玉器的制造刚刚开始，只是到了中期才有了突飞猛进的发展。虽然玉、石器作坊在遗址中尚未发现，但曾发现了少量的石芯，即便不能说明全部玉、石器都是本地制造的，也可说明本地具有制作玉、石器的场所。在玉、石器的制作技术上，已呈现出十分发达的特点：一是在玉、石料的选择上十分讲究，石器原料绝大多数都是青灰色砂质板岩或灰黄色粉砂质板岩，仅有少量的其他岩类，其中具有礼仪性质的多孔石刀、石钺绝大多数使用灰黄色粉砂质板岩，石锛则以粉砂质板岩、变质砂岩、砂质板岩为主，石凿多为硅质板岩或变质砂岩；在已测试鉴定的玉器中，将近 90％的玉器均为闪石玉，其余为绢云母、蛇纹石、玛瑙和滑石玉。二是制作的专业化程度较高。从石料的选材、打坯、成形，到钻孔、打磨，都有一套完整而规范的技术保障，特别是石刀的钻孔定位技术，采用了较为精确的测量方法，经测量已达到误差在 1 毫米以下的精度，钻具也有多种型号和种类①。此外，薛家岗的玉、石器的种类并不特别丰富，其中石器以刀、钺、锛三类占了绝大多数，玉器也是以管、饰、璜、环、钺为主，从墓葬的随葬品来看，石器中刀、钺、锛三类占到全部墓葬出土石器的 85％左右，玉器中管、饰、璜、环、钺几类占全部墓葬出土玉器的近90％，器物在种类和数量上以及年代上的过度集中似乎已超出了正常消费的合理性，是一个十分值得注意的现象。

　　正是由于薛家岗遗址十分发达的玉、石器制造业所体现出来的专业化倾向，已有学者指出它已接近了中国新石器时代的最高水平，并可能与远程贸易有关，部分产品已交换到湘西、鄂西等地，并对此作了详细的论述②。

　　远程贸易涉及到两个环节，一是原料的来源，二是产品的去向，如果产品的远程贸易可以存在的话，那么原料的来源也就有远程贸易的可能性。薛家岗遗址玉、石器的原料来源目前还没有明确的产地，但其玉器中常有石墨矿物伴生，此类矿藏并不产于薛家岗附近地带，也许在薛家岗文化的较大分布范围内会发现线索。而石器中主要用于多孔石刀、钺和锛这三类最主要、数量最大的产品的灰黄色粉砂质板岩，根据安徽省地质调查研究院初步鉴定的结果和目前的地质调查材料，它并不产于邻近的大别山区，而应产于皖南的黄山以南一带，这里距薛家岗直线距离超过 150 公里，目前的公路距离近 300 公里，并需跨越长江和穿过皖南山区的高山大岭，这一地区与薛家岗文化同期的是属于新安江流域的古文化，具有自身的文化特点，部分文化因素与崧泽和良渚文化具有相似性，但与薛家岗文化有相当大的区别，不属于薛家岗文化的分布范围。如果鉴定结果没有大的误差，那么这种舍近求远、在自身势力范围之外寻找石料的做法本身就可能有贸易的存在，而这种贸易只能是为了自身文化或习俗的特殊需要，或者是为加工产品的需要。

　　若如此，薛家岗遗址在玉、石器原料的来源和产品的去向两方面的远程贸易便显得相当发达了。或许它正是基于文化交流和地理位置之便利而过度发展了可能通过贸易来获利的技术产业——玉、石器工业，忽视了作为经济基础的农业和其他生业经济，造成了内在文化因素发展的不平衡，这样的经济结构会为文化的发展埋下不祥的伏笔。

---

　　① 朔知、杨德标：《薛家岗石刀钻孔定位与制作技术的观测研究》，《中国历史文物》，2003 年 6 期。
　　② 张弛：《大溪、北阴阳营和薛家岗的石、玉器工业》，《考古学研究（四）》，科学出版社，2000 年 10 月。

第三节　关于薛家岗文化

　　自薛家岗遗址发现后，该遗址所呈现出的明显不同于周边其他文化的独特面貌引起了考古界的重视。1981 年在中国考古学会第三次年会上，遗址的发掘者介绍了发现情况并首先尝试着提出了"薛家岗文化"①。当时考古界的一种主导思想是将薛家岗和北阴阳营联系起来，这一年苏秉琦先生从全国的几个大区系角度考虑，认为薛家岗文化是长江下游地区"宁镇文化类型"的一个组成部分，该文化类型以南京为中心，包括宁镇地区，连接皖南与皖北的江淮之间，以及赣东北部一角②，但也有人认为将薛家岗文化划入北阴阳营系统显然是不合适的③。1982 年《潜山薛家岗新石器时代遗址》报告正式提出了"薛家岗文化"的命名④，这是安徽境内首次辨识出来并明确确认的一支地方性原始文化，但鉴于它的部分文化面貌具有多元性特点，特别是与宁镇地区有较多的相似性，在提出之初尚未得到考古界的普遍认可。在 20 世纪 80 年代，各地的考古工作者又陆续在安徽西南部、湖北东部以及江西北部的部分地区发现了一批文化面貌相近的遗址，如望江汪洋庙⑤、怀宁黄龙⑥、潜山天宁寨⑦、太湖王家墩⑧、黄梅塞墩⑨、靖安郑家坳⑩ 等，在此基础上，以薛家岗遗址为代表的薛家岗文化逐渐成为考古界关注的一个焦点。期间，不少研究者就相关问题发表了一系列论文⑪，"薛家岗文化"的命名逐渐得到了普遍认同。20 世纪 90 年代，又有一些较为重要的遗址得到了发掘，如安庆夫子城⑫、望江黄家

---

① 杨德标：《谈薛家岗文化》，《中国考古学会第三次年会论文集》，文物出版社，1984 年。
② 苏秉琦、殷玮璋：《关于考古学文化区系类型问题》，《文物》1981 年 5 期。
③ 纪仲庆：《宁镇地区新石器时代文化与相邻地区诸文化的关系》，《中国考古学会第三次年会论文集》，文物出版社，1984 年。
④ 安徽省文物工作队：《潜山薛家岗新石器时代遗址》，《考古学报》1982 年 3 期。
⑤ 安徽省文物考古研究所：《望江汪洋庙新石器时代遗址》，《考古学报》1986 年 1 期。
⑥ 许闻：《怀宁黄龙新石器时代遗址试掘简报》，《文物研究》第二期，1986 年 12 月。
⑦ 安徽省文物考古研究所：《安徽潜山县天宁寨新石器时代遗址》，《考古》1987 年 11 期。
⑧ 高一龙：《太湖县王家墩遗址试掘》，《文物研究》第一期，1985 年。
⑨ 任式楠、陈超：《黄梅县塞墩新石器时代遗址》，《中国考古学年鉴》(1987)，文物出版社，1988 年。
⑩ 江西省文物工作队等：《江西靖安郑家坳新石器时代墓地清理简报》，《东南文化》1989 年 4、5 合期；江西省文物考古研究所等：《靖安郑家坳墓地第二次发掘》，《考古与文物》1994 年 2 期。
⑪ 高一龙：《关于薛家岗文化几个问题的探讨》，《文物研究》第四期，黄山书社，1988 年；赵善德：《薛家岗新石器遗存分期的讨论》，《江汉考古》1988 年 4 期；李家和等：《江西薛家岗类型文化遗存的发现和研究》，《东南文化》1989 年 3 期；任式楠：《薛家岗文化葬俗述要》，《文物研究》第五期，黄山书社，1989 年 9 月；杨立新：《薛家岗文化浅析》，《文物研究》第六期，黄山书社，1990 年；宫希成：《论薛家岗遗址的分期》，《文物研究》第六期，黄山书社，1990 年；等。
⑫ 安徽省文物考古研究所：《安徽安庆市夫子城新石器时代遗址的发掘》，《考古》2002 年 2 期。

堰①、武穴鼓山② 等，同时也有一些讨论③，更加深化了对薛家岗文化的认识。

一　特征及分布范围④

1. 文化特征

薛家岗文化是主要分布于大别山东南麓两侧的山前或平原地带的一支新石器时代晚期考古学文化，所处位置为长江中、下游的中间地带，是长江中、下游文化交流的必经之路，也是从淮河中游南下进入长江中游或赣江下游的重要通道。目前已发现的遗址有近百处，经过发掘的也有 20 余处，只是不少材料尚未发表，由此或多或少地会影响到对该文化的总体把握，但薛家岗遗址的材料十分丰富，上一节所划分的遗址的早、中期属于典型的薛家岗文化，时代上涵盖了整个薛家岗文化的大部分，因此本书的分期应该可以作为整个薛家岗文化分期的重要参考，有鉴于此，本节不再详细描述各期的文化特征，而仅对该文化的总体特征进行概括。

薛家岗文化的部分文化因素虽然有多元化的特点，但主体部分仍具有自身的较强特点，而且文化的统一性较强。该文化的遗址规模不是太大，面积从数千平方米到数万平方米不等，还未见到 10 万平方米以上的大型遗址，由于该文化所处地域为湖网密集区，地势大都较低，多数遗址都分布在湖泊周围或河流两岸的高地上，而且密度很大，如在望江县武昌湖沿湖一带便密集地分布着至少上十处遗址。遗址一般都表现为居住区和墓葬区相对分离，居址的形态目前还不太清楚，墓葬一般都集中在一个较大的墓地中，并且可以分出若干墓群，每群之中还可以划分出几个墓列，排列较为有序。墓葬形制除一部分找不到墓坑外，其余均为长方形竖穴土坑墓，少数还有二层台。在埋葬习俗上，大都流行单人一次葬，也有部分二次葬，不少墓葬发现了用青膏泥涂抹墓坑四壁的现象。随葬器物以陶器为主，较晚的时期则玉、石器的数量大增，部分墓葬还随葬猪下颌骨，葬品数量一般在 10 件以下，少数墓葬则多达 20 件以上甚至 40 多件。陶器以夹砂红陶、夹细砂或泥质灰陶、泥质黑皮（衣）陶占绝大多数，另有少量泥质夹植物壳或蚌末陶颇具特点；陶器的器物组合以鼎、豆、壶、鬶、碗（钵）或盆为基本组合，纺轮、陶球也是常见的器类，鼎足以凿形、鸭嘴形、枫叶形最具特点，豆柄的上部呈算珠形或足沿陡折成台状为典型特征，壶以球腹或扁腹为主，鬶以长颈喇叭形口、侧装凿形实足、扁长三角形或麻花形把手为主要形态。石器组合以刀、钺、锛为基本组合，其他器类较少，

---

① 张敬国等：《望江黄家堰遗址发掘成果丰硕》，《中国文物报》，1998 年 11 月 24 日第 1 版。
② 湖北省京九铁路考古队等：《武穴鼓山——新石器时代墓地发掘报告》，科学出版社，2001 年 2 月。
③ 吴汝祚：《薛家岗遗址和北阴阳营遗址的关系以及有关问题的探讨》，《文物研究》第九期，黄山书社，1994 年；张弛：《大溪、北阴阳营和薛家岗的石、玉器工业》，《考古学研究（四）》，科学出版社，2000 年 10 月；张弛：《长江中下游地区史前聚落研究》，文物出版社，2003 年 9 月；等。
④ 本小节内容参考并少量引用了魏俊：《皖西地区新石器时代文化研究》，北京大学 1999 年硕士论文。

刀绝大多数为多孔，以3至7孔多见，也有较多数量的2孔，而1孔及7孔以上数量较少，刃部较直或略内凹，少量3孔以下的为弧凸刃，钺以器体扁薄的长方形和风字形最具特点。玉器以钺、璜、镯、环、半球形饰、管为主，其中风字形钺、半璧形和器体瘦长的桥形璜、弓背形璜、半球形饰特征明显。

　　2．分布范围

　　薛家岗文化的分布范围目前还有不同的看法。其中心范围在皖河流域及其南部以武昌湖、泊湖为代表的湖区，这一点已基本上达成了共识。西界根据湖北黄梅县的考古调查[1]和对塞墩[2]等遗址的发掘，已知其分布达到了龙感湖一带；而更西的武穴鼓山遗址[3]的发掘，又将薛家岗文化的西界推到武穴一带，但该遗址的文化面貌虽属于薛家岗文化，与中心区相比却有了相当的差别。自此而西，在黄冈蕲水流域的调查材料中，已少见薛家岗文化因素，仅在有蟠龙遗址采集的敛口豆盘、盆和长方形石钺与薛家岗文化较为接近[4]；再往西部的浠水流域和巴水流域，根据调查材料，已基本上找不到薛家岗文化的因素了[5]，只是在属于巴水流域的螺蛳山遗址的发掘材料中，曾出土了个别双孔石刀和朱绘多孔石刀、石钺、敛口钵形豆盘等薛家岗文化因素，这些因素在螺蛳山遗址中仅处于次要地位，而其主要的文化因素是属于大溪文化和屈家岭文化[6]。因此，薛家岗文化的西界相对比较明确，定在蕲水以东地区是较为合适的。

　　薛家岗文化的北界也相对比较明确。岳西县祠堂岗遗址，已处于大别山区之中，经试掘发现了薛家岗文化典型的鸭嘴形足、枫叶形足等，但也出现了相当于薛家岗遗址第六期的部分文化因素[7]，因此该遗址的时代已属薛家岗文化的较晚时期。在其东部纬度相近的潜山、怀宁两县北部的大沙河流域，与薛家岗文化中心区距离不远，经调查曾发现了不少薛家岗文化的因素[8]。但再往北的岳西县北部山区和桐城南部，基本上未发现薛家岗文化因素，仅在桐城张山坎发现数件石刀，其中一件长达44.7厘米，一端宽，另一端窄，在器中部偏上的位置钻2孔[9]，属大型石刀，总体形制与薛家岗遗址的九孔

①　黄冈地区博物馆：《黄梅龙感湖三处遗址调查》，《江汉考古》1983年4期；中国社会科学院考古研究所湖北工作队等：《湖北黄梅县考古调查简报》，《考古》1994年6期。
②　任式楠、陈超：《黄梅县塞墩新石器时代遗址》，见于《中国考古学年鉴》（1987）、（1988）、（1989）三卷中，由文物出版社1988、1989、1990年分别出版。
③　湖北省京九铁路考古队等：《武穴鼓山——新石器时代墓地发掘报告》，科学出版社，2001年2月。
④　黄冈地区博物馆：《黄冈蕲水流域古遗址调查》，《江汉考古》1994年3期。
⑤　黄冈地区博物馆：《湖北黄冈浠水流域古文化遗址调查》，《江汉考古》1995年1期；黄冈地区博物馆：《湖北黄冈巴水流域部分古文化遗址》，《考古》1995年10期。
⑥　参见魏俊：《鄂东北地区新石器时代文化初论》，《江汉考古》1999年1期。
⑦　杨德标、阙绪杭：《岳西祠堂岗、鼓墩新石器时代及商周遗址》，《中国考古学年鉴》（1986），文物出版社，1987年。
⑧　怀宁县文物管理所调查材料。
⑨　参见杨德标：《安徽江淮地区新石器时代文化》，《文物研究》第七期，黄山书社，1991年。

石刀相同，但器体上仅钻双孔又与薛家岗的大型石刀明显不同，是否有年代差异尚未可知；更北的舒城县和肥西县境内的同时期文化，只在肥西古埂遗址发现了零星的与薛家岗文化相似的因素①，但总体上已是另外的文化系统了。因此，薛家岗文化的北界基本上可以划定在大沙河流域，最多不超过桐城县南部。

　　薛家岗文化的东界因为缺乏充足的发掘材料，还不能十分明确地界定，但从安庆市博物馆历年调查的材料看，所见薛家岗文化因素并不多，由此往东北，在枞阳县境内已知的 17 处新石器时代遗址中，小柏墩遗址采集的夹砂灰陶三角形鬶把手当属薛家岗文化之物②，但这些遗址中的薛家岗文化因素已相当少见了。而更往东的庐江、无为两县之间则是大片地势低洼的区域，至今仍属交通不便之地，也未发现与薛家岗文化有关的遗物。因此，薛家岗文化的东界大体上应不超出莱籽湖、白荡湖一带。

　　薛家岗文化的南界目前较为明确的是在长江以北，但在江西北部鄱阳湖西侧的靖安郑家坳③、九江大王岭遗址④发现了一批与薛家岗文化相近的器物，其中郑家坳的部分陶豆、壶、鬶等与薛家岗文化相同，尤其是与鄂东（如鼓山遗址）出土的器物甚为接近，但鼎类等器物差别较大；大王岭出土的风字形石钺和三孔石刀形制上与薛家岗文化的大体相同，但陶器则有一定的差别，它们有可能属于薛家岗文化的分布范围，但这些遗址中薛家岗文化存续的时间较短，而且文化面貌有一定的变异，在整个赣北地区的发现也较少，只能是薛家岗文化某一时期的分布范围。在薛家岗文化中心区东南跨过长江的东至县、石台县境内，因考古工作未开展，详情不得而知，仅据调查在东至枣林湾曾采集到鸭嘴形、凿形鼎足等⑤，应属于薛家岗文化，只是材料过于零碎，目前还只能说薛家岗文化可能会分布到长江以南的沿江地带。

　　总之，薛家岗文化的分布范围受地理条件的限制，其主体部分基本上是沿长江北岸分布在大别山东南麓的两翼，向南或可跨过长江，但也仅局限于沿江，最南不会超过鄱阳湖南岸一线。从分布形态看，呈"V"字形分布，这样的分布形态颇异于全国其他新石器文化，或许可以说明它的分布既受大别山和长江的限制，也说明该文化与长江的关系十分密切，甚至整个文化的形成和经济特点都与长江有密不可分的联系。

二　文化源流

1. 文化来源

①　安徽省文物考古研究所：《安徽肥西县古埂新石器时代遗址》，《考古》1985 年 7 期。
②　阚绪杭、方国祥：《枞阳县新石器时代文化遗址调查报告》，《文物研究》第八期，黄山书社，1993 年。
③　江西省文物工作队等：《江西靖安郑家坳新石器时代墓地清理简报》，《东南文化》1989 年 4、5 合期；江西省文物考古研究所等：《靖安郑家坳墓地第二次发掘》，《考古与文物》1994 年 2 期。
④　江西省博物馆等：《江西九江县沙河街遗址发掘简报》，《考古学集刊》第 2 集，中国社会科学出版社，1982 年。
⑤　杨立新：《薛家岗文化浅析》，《文物研究》第六期，黄山书社，1990 年。

薛家岗文化的来源目前还不十分清楚，探讨其来源，无非有四种可能性，即本地早期文化的自然发展，外地某一文化的迁入，本地早期文化与外地文化的融合，外地多支文化在本地的融合。

在薛家岗文化分布范围内，已知早于薛家岗文化的有以宿松黄鳝嘴[①]、太湖王家墩一期文化[②]为代表的遗存，而黄鳝嘴遗址的材料较为丰富，它的陶器以夹砂红陶和泥质红胎黑皮（衣）陶为主，多三足器、圈足器，平底器和圜底器较少；纹饰以凹弦纹、戳印纹为主，刻划纹、镂孔次之，还在鼎足上常见按窝；以鼎、豆、杯为最主要的组合，另有部分壶、纺轮等。石器数量不多，主要为斧、锛，其他种类甚少。玉器仅有很少量玦和饰。

薛家岗文化最早期可以薛家岗遗址一期文化和太湖王家墩二期文化为代表，与黄鳝嘴相比，陶器也以夹砂红陶和黑皮（衣）陶为主；纹饰中有凹弦纹和刻划、戳印纹；器物组合中的鼎、豆组合与黄鳝嘴相同，但壶的数量较多，鬶则为新出的器类。石器数量不多，以锛为主，与黄鳝嘴相近。就器物的具体形态而言，如薛家岗 M109∶1 的内弯弧形近锥状鼎足圆腹鼎和 M5∶4 簋都表现出与黄鳝嘴 M5∶5、M7∶1 有很大的相似性；薛家岗文化最早期的碗均上腹凸弧，中腹内收，平底，与黄鳝嘴的 M4∶1 和 M14∶1 具有明显的继承关系。因此，黄鳝嘴类型应是薛家岗文化的源头之一，但薛家岗文化最早期多平底器和三足器，圈足器很少，壶的增多和鬶的出现以及少见玉玦又表明它和黄鳝嘴类型有了较大的变异。此外，黄鳝嘴类型本身也与鄂东的大溪文化和宁镇的北阴阳营文化有千丝万缕的联系，上述的几种器物形态中鼎、簋也可见于大溪文化，碗也见于北阴阳营文化，所以黄鳝嘴类型还不能说是薛家岗文化的唯一源头。

薛家岗文化最早期陶器中的豆、壶，在黄鳝嘴类型中还未找到源头，但却多见于崧泽文化和北阴阳营文化中。在风格上，豆盘的折棱作风和柄上部算珠状鼓凸与崧泽文化和北阴阳营的部分豆柄风格相同，而壶的双折腹风格则多见于崧泽文化之中；具体的器物形态如薛家岗 M5∶3 和太湖王家墩 M1∶3 豆与崧泽遗址中层的 M13∶4 相当接近，薛家岗 M113∶2 豆与崧泽 M20∶17 则基本相同，薛家岗 M5∶5 双折腹壶与崧泽 M30∶3 甚是相近，薛家岗 M90∶2 长颈壶与崧泽 M20∶1 和北阴阳营 M5∶4 也都很相似[③]。从上述的比较来看，薛家岗文化最早期的豆、壶类应与崧泽和北阴阳营文化有密切的联系——特别是与崧泽文化，而此类豆的形态则成为薛家岗文化后来最主要的特点之一。因此，薛家岗文化的另一文化源头应首先与崧泽文化有关，同时也与北阴阳营文化有关。不过，

---

① 安徽省文物考古研究所：《宿松黄鳝嘴新石器时代遗址》，《考古学报》1987 年 4 期。
② 高一龙：《太湖县王家墩遗址试掘》，《文物研究》第一期，1985 年。
③ 上海市文物保管委员会：《崧泽——新石器时代遗址发掘报告》，文物出版社，1987 年 9 月；南京博物院：《北阴阳营——新石器时代及商周时期遗址发掘报告》，文物出版社，1993 年 3 月。

北阴阳营文化对薛家岗文化早期的影响并不很大，至少其发达的玉、石器制作技术还未对薛家岗文化发生太大的影响，这种影响是在后来才开始加深的，并对薛家岗文化的发展起到了相当大的作用。

至于西边的大溪文化，虽然在薛家岗文化最早期中有少量因素，但它对薛家岗文化的影响表现得并不很直接，而可能是更多地通过黄鳝嘴类型的传承。此外，薛家岗文化最早期的陶鬶虽然形态极具特点，应属自身的典型器物，但整个长江中下游陶鬶的祖型应来源于山东、苏北一带，它在其后曾广泛影响到长江下游地区，薛家岗的陶鬶虽不能说是直接源于大汶口文化，却应是这一大的历史背景下的产物，因此薛家岗文化的产生与北方的大汶口文化也有少量间接、松散的联系。

薛家岗文化由于其所处的特殊地理位置，它的产生应与当时整个长江中、下游地区的大规模文化交流背景直接相关，从本质上说，应是在继承本地早期黄鳝嘴类型部分因素的基础上，融合了较多的崧泽文化因素，并接受了部分北阴阳营和大溪文化因素而形成的，具有多元化的特点。

2. 文化去向

薛家岗文化的去向目前也是一个疑问。从上一节的讨论中我们可以知道，薛家岗遗址的第六期与第五期相比，无论是陶器的制作技术、陶质陶色、器物类型，还是玉、石器的制作技术、种类、数量都发生了较大的变异，第六期陶器器类以鼎、豆为主，多见横装扁平足，足正面常饰数道凹槽，枫叶形鼎足虽有少量保留，但足根两侧向外伸展的幅度大大缩小，鸭嘴形或凿形足已很少见；罐类增多而壶较少；鬶仍数量较多但不见前几期常见的泥质或夹细砂灰、黑皮（衣）陶长颈喇叭口状，而是均为夹砂红陶，颈呈管状、捏流或卷叶流、空心足。作为薛家岗文化晚期代表性器物的多孔石刀此期已基本绝迹，玉器也几乎消失。与薛家岗遗址第六期性质相近的文化在原薛家岗文化分布范围内广泛存在，经过发掘的有位于中心区皖河流域的安庆张四墩遗址[1]、鄂东地区的黄梅陆墩遗址[2] 等，张四墩遗址距薛家岗遗址仅 40 余公里，而陆墩遗址距薛家岗文化的塞墩遗址仅 10 余公里。这类遗存的大部分文化因素都与薛家岗文化缺乏传承关系，如张四墩遗址中的陶器中，只有已处于次要地位的黑皮（衣）陶和少量的泥质夹植物壳陶应受传于薛家岗文化，具体形态上仅有篮纹鼎、个别陶球、少量鸭嘴形鼎足与薛家岗遗址第五期文化有关，其陶器组合以鼎、甑、罐、杯、豆、鬶构成文化因素的主体，与薛家岗文化相比出现了较大的变异，很多因素与外来文化有关，如长颈鬶、杯和数量较多的横装宽扁刻凹槽鼎足等与淮河以北地区的大汶口文化相关，而短颈鬶、鱼鳍形和丁字形鼎

① 北京大学考古学系、安徽省文物考古研究所：《安徽安庆市张四墩遗址试掘简报》，《考古》2004 年 1 期。
② 中国社会科学院考古研究所湖北工作队：《湖北黄梅陆墩新石器时代墓葬》，《考古》1991 年 6 期。

足应是受良渚文化的影响，甑、塔形纽器盖这类数量较多的器物又明显与石家河文化的器物形态相当接近；此外，石器的小型化趋向也较为明显，少见薛家岗文化的典型器。鄂东的陆墩遗址与相邻的属薛家岗文化的塞墩、鼓山遗址相比，传承关系相对多一些，如陶器中以壶、鼎、豆、甑为典型组合，具体形态上篮纹鼎、簋和折腹壶都明显继承了该区域的薛家岗文化晚期的传统，石器中的钺也具有薛家岗文化的形态，但是，该遗址缺乏薛家岗文化典型的陶鬶、多孔石刀和玉钺、璜等，在采集遗物中发现的鬶足为圆锥状足或空心款足均属外来文化因素，新出现了数量较多的甑应与石家河文化有关，而横装宽扁足扁腹釜形鼎、子母口宽扁足的盆形鼎又体现了来自赣北樊城堆文化的影响，双鼻壶、玉锥形饰当与良渚文化有关。从总体上看，陆墩遗址既继承了当地薛家岗文化的部分因素，同时也具有了较多数量的外来文化因素，可能是当地受到外来文化冲击后的薛家岗文化的继承者。

　　在相当于薛家岗遗址五期阶段，薛家岗文化中有了较多的良渚文化因素，但在薛家岗遗址六期阶段，良渚文化因素反而减少，整体面貌更多地体现出类似于北方特别是淮河以北的大汶口文化晚期文化面貌，因此，限于现有的少量材料，我们只能简单地推测薛家岗文化在晚期可能受到北方大汶口文化的较大冲击而出现了衰落和变异，其后受西部石家河文化和东部良渚文化的影响而形成了一种新的文化。只是在中心区域这一转变较为彻底，但在鄂东一带还保持了对该区域原来的薛家岗文化一定程度的继承。至于薛家岗文化衰亡的根本原因，可能还是与当时整个长江中下游文化交流的大背景有关。

　　三　与周边同时期文化的关系

　　薛家岗文化由于其所处的地理位置和当时文化交流的大背景，自始至终都与周边地区的同时期文化有着较为密切的关系。由于本书未对整个薛家岗文化进行全面的分期，也未考察周边地区的全部考古材料而只是选用了几个主要遗址的材料，以下的讨论主要是以薛家岗遗址的年代框架为基础、以有限的几处主要遗址的材料相类比而进行的。虽然这种方法不可避免地有失偏颇，但仍具有一定的参考意义。

　　1．与宁镇地区、太湖流域同期遗存的关系

　　宁镇地区和太湖流域已确立的同时期文化有北阴阳营文化、崧泽和良渚文化。在文化源流一节中我们已经提到，薛家岗遗址一期文化的豆、壶类应与崧泽文化和北阴阳营文化有密切的关系，更进一步说，它们是薛家岗文化的源头之一，其中崧泽文化的影响较大，而北阴阳营文化的影响较小。从二期开始，薛家岗文化的陶器仍受两者的影响，有些器物形态的变化（如豆柄的演化）甚至与两者保持了一致，但此时北阴阳营文化的玉、石器制作技术已影响到薛家岗文化，如薛家岗 M125:6 大孔圆弧刃钺与北阴阳营遗址出土的甚为相似。此后一段时期，由于薛家岗文化处于发展的成熟期，北阴阳营文化的影响相对减弱，而崧泽文化的影响则更加淡化，只有玉、石器的制作技术仍然持续地影响着薛家岗文化。从四期开始，薛家岗文化再度受到宁镇和太湖地区文化的强烈影响，尤其是玉、石器制作方面[①]。宁镇地区早一时期曾在北阴阳营二期 M131 出土过 2 件七孔石刀[②]，金坛三星村也出土了 2 件七孔石刀和少量三孔石刀[③]，这几件多孔石刀虽然数量较少，年代和形制上也与薛家岗四期有差异，但应是薛家岗多孔石刀的早期源头，并对薛家岗文化产生了重大的影响。此外，薛家岗 M54∶10 带把鼎与北阴阳营三期 M237∶1 十分相似，也应是受北阴阳营文化影响所致。这一时期的太湖流域已进入到良渚文化时期，它对薛家岗文化也产生了一定的影响，如薛家岗 M34∶1 盘形豆的形态和横向长镂孔特点即与反山 M22∶61 基本相同，这类器物在薛家岗遗址中数量很少，当属良渚文化风格。薛家岗五期文化虽然与北阴阳营文化已有一段时间差异，但此时的玉器中有不少器形可以在北阴阳营文化中追溯到渊源，如 M59∶2-1 梯形玉饰和出土数量较多的半球形饰即早已见于北阴阳营二期 M62 和 M191。这一时期的玉器中还体现出了良渚文化的影响，如 M54∶2-4 玉锥形饰、M47∶3-1 和 M47∶3-2 两件小玉琮无疑是良渚文化风格，石器中的柳叶形镞（M151∶2、M151∶3）、陶器中的双鼻壶（M75∶3）和高柄盘形豆（M8∶9）也具有明显的良渚文化风格。

薛家岗文化与宁镇地区和太湖流域的关系也并不完全是单向的，在薛家岗遗址的二、三期的薛家岗文化早期，其深腹饰瓦棱纹的陶鬶即对太湖流域有过少量影响，如江苏昆山绰墩遗址就出土过与薛家岗遗址 M65、M108 较为相似的鬶[④]，而相当于薛家岗遗址四、五期的薛家岗文化晚期时，该文化的多孔石刀反过来又影响了宁镇和太湖地区[⑤]，盛行一时的风字形钺也可能对良渚文化产生了相当的影响。

2．与巢湖流域同期遗存的关系

巢湖流域的新石器时代考古工作相对较少，已发掘的主要有含山大城墩[⑥]和凌家滩[⑦]、肥西古埂[⑧]几处。大城墩遗址的新石器材料年代较早，与薛家岗文化没有多少关系。肥西古埂发表的材料很少，只有 T2③∶22 鼎足呈枫叶形，应是受薛家岗文化影响；

① 田名利：《略论皖西南地区的新石器时代玉器》，《江汉考古》2002 年 1 期。

② 南京博物院：《北阴阳营——新石器时代及商周时期遗址发掘报告》，文物出版社，1993 年 3 月。

③ 王根富：《长江下游史前文明的明珠——金坛三星村遗址考古收获》，《最新中国考古大发现——中国近二十年 32 次考古新发现》，山东画报出版社，2002 年 9 月。

④ 苏州博物馆等：《江苏昆山绰墩遗址第一至第五次发掘简报》，《绰墩山——绰墩遗址论文集》（《东南文化》2003 年增刊 1）。

⑤ 杨美莉：《多孔石、玉刀的研究》，《故宫学术季刊》第十五卷第三期，台北故宫博物院编辑出版，1998 年春季。

⑥ 安徽省文物考古研究所等：《安徽含山大城墩遗址第四次发掘报告》，《考古》1989 年 2 期。

⑦ 安徽省文物考古研究所：《安徽含山凌家滩新石器时代墓地发掘简报》，《文物》1989 年 4 期；张敬国：《安徽含山凌家滩新石器时代墓地第二次发掘的主要收获》，《文物研究》第七期，黄山书社，1991 年 12 月；安徽省文物考古研究所等：《安徽含山县凌家滩遗址第三次发掘简报》，《考古》1999 年 11 期。

⑧ 安徽省文物考古研究所：《安徽肥西县古埂新石器时代遗址》，《考古》1985 年 7 期。

另据介绍在该遗址上曾采集到半个陶球①，从陶球的分布情况看，它主要发现于长江中游和薛家岗文化范围内，在江淮之间和长江下游地区极少发现，因此，这件陶球当属薛家岗文化影响之物。至于H2：18陶豆虽与薛家岗文化有相似之处，但同时也与大汶口文化（如大墩子M22：9）和北阴阳营文化（如M62：1）较为相似，可能与薛家岗文化并无太大关系。就目前的资料而言，古埂遗址中的薛家岗文化因素并不多见，而薛家岗文化中与古埂遗址相类似的文化因素也几乎不见，两者之间或仅有一些零散的联系。

凌家滩遗址历年发掘和发表的材料较多，其早期文化的年代要早于薛家岗文化，晚期大体可与薛家岗文化早期同时。在已公布的材料中我们可以发现它与北阴阳营文化和崧泽文化有不少相似之处，特别是在玉、石器方面更是与北阴阳营多有相似。该遗址的总体文化特征与薛家岗文化有着明显的区别，当属两个文化，但是两者之间也有不少相同的文化因素，其中第三次发掘出土的M19：10陶豆较类似于薛家岗遗址二期同类器（如H41：14），M8：6双折腹壶总体上与薛家岗遗址早期同类器相似，似介乎薛家岗一、三期之间，只是上述器形同样也见于崧泽文化之中而且是崧泽文化较具特征的器形，因此薛家岗可能是直接受传于崧泽文化，或也可能通过长江通道经凌家滩转传而来；但由于凌家滩所出双折腹壶晚于薛家岗一期，且在其下游的北阴阳营文化中少见，也不排除双折腹壶由薛家岗转传至凌家滩的可能性。凌家滩第三次发掘所出玉器中的长梯形或风字形钺，在制作工艺和形态上都与薛家岗文化晚期同类器极为相近，第一、二次发掘出土的半球形玉饰（如M1：14，M4：125，M9：26）与薛家岗遗址晚期的基本相同，三角形饰（如M9：26）也与薛家岗M59：2－1相同，而M9：34月牙形玉饰更是与薛家岗M32：3如出一辙。由于凌家滩的玉器年代普遍早于薛家岗，因此薛家岗的上述器形当是受传于凌家滩，只是半球形、三角形饰同样也见于北阴阳营文化中，究竟薛家岗文化这些器形是受传于何者也还不能明确。

凌家滩与薛家岗文化的关系大体如此，但在凌家滩的陶器中，也能够发现少量受传于薛家岗文化的器形，最明显的莫过于陶鬶。凌家滩第三次发掘的M25：18总体形态与薛家岗遗址一期出土的M113：3完全相同，其把手尾部较平，颈部稍短，如果本书分期中的陶鬶排序没有大的差错的话，那么它应该比薛家岗最早的陶鬶要稍晚一点，也就是说它应该是在薛家岗文化影响下的产物；此外，在凌家滩还发现了极少量的用泥条拧成的类似麻花状的把手，似也与薛家岗文化有关。

3．与鄂东同期遗存的关系

鄂东主要指湖北武汉以东的广大地区，在这片区域内，考古工作以长江北岸的黄冈地区为主，而长江南岸的黄石、大冶等地的工作相对较少，其中黄梅、武穴已属于薛家

---

①　杨立新：《安徽江淮地区原始文化初探》，《文物研究》第四期，黄山书社，1988年11月。

岗文化的分布范围，其他区域与薛家岗文化大体同时的主要是广义的大溪文化和屈家岭文化，以黄冈螺蛳山遗址[①] 为代表。

螺蛳山遗址第一次发掘的材料较少，年代也稍偏早，暂不论及；第二、三次发掘的材料可分屈家岭文化早期[②]、屈家岭文化晚期两个时期，它们以鼎、甑、曲腹杯、圈足罐等为主要器物组合，与薛家岗文化明显不同，应属于两支不同的文化。在薛家岗文化的中心区域，较少见到螺蛳山一类的屈家岭文化因素，但在薛家岗文化的西部区域如武穴一带，还是可以见到不少屈家岭文化的因素，如鼓山遗址的 Ba 型罐形鼎与螺蛳山 A 型鼎是很相似的；而曲腹杯在螺蛳山出土较多，鼓山的曲腹杯更是直接受屈家岭文化影响的产物；此外鼓山的 Aa 型粗短柄豆、A 型碗和 A 型簋也是深受螺蛳山一类的屈家岭文化深刻的影响。

但在螺蛳山遗址中，同样也可以见到部分薛家岗文化的因素，如第二次发掘 M3：5 鸭嘴形鼎在螺蛳山遗址中出土极少，而与薛家岗文化的同类鼎较为接近，应是受薛家岗文化影响所致；扁折腹壶（M9：1、M2：3）当是受薛家岗文化影响，这种壶在屈家岭文化的其他遗址中也多有出土，说明薛家岗文化对屈家岭文化有相当的影响；此外，在螺蛳山遗址第二次发掘的 M2：13 和 1990 年发掘的 M3：6 多孔石刀无疑是薛家岗文化的影响。

从总体上看，薛家岗文化与鄂东薛家岗文化分布范围之外的同时期文化有着相互的影响，其中薛家岗文化对鄂东的影响并不很大，但扁折腹壶倒是对鄂东甚至其他区域的屈家岭文化产生了一定影响；鄂东的同时期文化对薛家岗文化的中心区影响很小，但对邻近的薛家岗文化西部区域影响较大，使得这一区域的薛家岗文化与中心区的文化有相当的不同，可能使薛家岗文化产生了东、西两个类型。

4. 与赣北同期遗存的关系

赣北主要指江西北部以赣江下游和鄱阳湖为中心的地区，这一地区文化面貌较为复杂，与薛家岗文化年代相近的遗址主要有靖安郑家坳[③]、新余拾年山[④]、清江樊城堆[⑤]、

① 中国科学院考古研究所湖北发掘队：《湖北黄冈螺蛳山遗址的探掘》，《考古》1962 年 7 期；湖北省黄冈地区博物馆：《湖北黄冈螺蛳山遗址墓葬》，《考古学报》1987 年 3 期；黄冈地区博物馆：《1990 年湖北黄冈螺蛳山遗址墓葬清理发掘》，《鄂东考古发现与研究》，湖北科学技术出版社，1999 年 2 月。

② 也有学者认为属大溪文化晚期或屈家岭下层文化，如发掘报告的结语，另向绪成：《试论黄冈地区新石器时代的文化》，《鄂东考古发现与研究》，湖北科学技术出版社，1999 年 2 月。

③ 江西省文物工作队等：《江西靖安郑家坳新石器时代墓葬清理简报》，《东南文化》1989 年 4、5 合期；江西省文物考古研究所：《靖安郑家坳墓地第二次发掘》，《考古与文物》1994 年 2 期。

④ 江西省文物考古研究所等：《江西新余拾年山遗址》，《考古学报》1991 年 3 期；江西省文物考古研究所等：《新余市拾年山遗址第三次发掘》，《东南文化》1991 年 5 期。

⑤ 清江县博物馆：《江西清江樊城堆遗址试掘》，《考古学集刊》第 1 集，中国社会科学出版社，1981 年；江西省文物工作队等：《清江樊城堆遗址试掘简报》，《考古与文物》1989 年 2 期。

九江神墩[①]、九江大王岭[②] 等遗址。

由于其中的郑家坳、大王岭、拾年山出土了一批与薛家岗文化相同或相近的器物，有学者曾将其归为薛家岗文化或薛家岗文化的江南类型—樊城堆文化早期阶段[③]。从已有的发掘材料来看，郑家坳墓地总体年代应相当于薛家岗文化的晚期，它的陶鼎明显不同于薛家岗文化而应属樊城堆文化的因素，但石钺、锛、两孔石刀和陶豆、壶、鬶、簋则更多地近似于鄂东地区的薛家岗文化，因此将它归于薛家岗文化之中也无不可，只是到了晚期这种因素显著减少。大王岭出土的三孔石刀、钺也与薛家岗文化基本相同，应属薛家岗文化因素，但陶器与薛家岗文化的相似之处并不多。拾年山遗址二、三期中的薛家岗文化因素并不多见，只有少量泥条把手、直口壶和双孔石刀与薛家岗文化有一定的渊源。神墩遗址和樊城堆遗址的年代相对偏晚，与鄂东陆墩遗址的年代相对接近，已基本不见薛家岗文化的因素，仅个别陶豆柄的形态或可能与薛家岗文化有关。

总体而言，赣北地区的薛家岗文化因素主要集中在鄱阳湖以西，大体上不超过现今的鄱阳湖南岸一线，薛家岗文化对其影响主要是集中在晚期阶段，而且是以鄂东地区薛家岗文化对其的影响为主。至于赣北地区以樊城堆文化为主体的本地文化对薛家岗文化的影响，目前还看不出明显的迹象。

5. 与淮河流域同期遗存的关系

从器物形态反映的特点来看，薛家岗文化与同时期的大汶口文化有着一定程度的联系，但由于地理位置的原因，它不太可能与山东、苏北的大汶口文化核心区发生直接的关系，而总是要通过一定的中介区域，这样的区域有两个，一是长江下游的宁镇地区，二是淮河中游。淮河中游大体上包括了安徽境内淮河以北的皖北一带以及淮河以南的江淮北部，它与长江流域的分界大体在六安、合肥和滁州一线的北部。该区域的同时期文化是以大汶口文化的一个或几个地方类型为主，但在其南岸的六安一带的文化性质还不是很清楚。

目前的材料表明薛家岗文化在其早期可能受到了大汶口文化的一些影响，如陶鬶的产生，但它更可能是通过宁镇地区为中介的。到了薛家岗文化的稍晚时期，它开始与淮河中游的大汶口文化有了一定的关系，虽然这种关系并不密切，但却始终保持着。如薛家岗遗址三期的陶觚（M89：4）似与宁镇和太湖地区有关，但也不排除北方文化影响的

① 李家和：《江西九江县神墩遗址试掘》，《江西历史文物》1987年2期；江西省文物工作队等：《九江神墩遗址发掘简报》，《江汉考古》1987年4期。
② 江西省博物馆：《江西九江县沙河街遗址发掘简报》，《考古学集刊》第2集，中国社会科学出版社，1982年。
③ 李家和、杨巨源、刘诗中：《江西薛家岗类型文化遗存的发现和研究——四谈江西新石器时代文化》，《东南文化》1989年3期；刘诗中、李家和：《郑家坳墓地陶器分析——兼谈薛家岗文化分布问题》，《文物研究》第六期，黄山书社，1990年10月。

可能。到了以薛家岗遗址五期为代表的薛家岗文化晚期，淮河中游以篮纹鼎为代表的大汶口晚期文化因素开始较多地影响到薛家岗文化，如薛家岗遗址 M131:2 的鼎足已经呈现出淮河中游大汶口文化晚期侧装三角形足的影响；T8③:86 鼎身饰篮纹、鼎足呈侧装扁平三角形的风格也明显是受其影响，而 M112:3 薄胎纯黑陶杯也透露出了北方文化因素影响的信息。但是，薛家岗文化与淮河中游大汶口文化晚期的关系主要并不在于若干器形的影响上，而是更主要地表现为文化的替代方面，因为从薛家岗文化最晚期开始，随着侧装扁平三角形鼎足和篮纹鼎的南下，淮河中游大汶口文化晚期的文化因素便大量出现在薛家岗文化分布区域内，如数量很多的足正面饰多道凹槽的横装扁平鼎足、夹砂红陶颈呈管状的捏流或卷叶流长颈鬶、还有小陶杯和泥质纯黑陶高柄杯，这些器物在种类和数量上都具有较大优势，应是本期取代了本地文化的主流文化因素，与此同时，薛家岗文化在中心区域便再也找不到传承，而只能找到个别器型孑遗了，只是鄂东地区的薛家岗文化在吸收到新的文化因素之后还保留有若干的传承。

总之，薛家岗文化在其产生、发展和消亡的过程中，一直与周边地区的其他文化有着千丝万缕的联系，特别是与东部的太湖流域和宁镇地区的文化有着十分密切的关系。在与周边文化的交流过程中，对东部地区始终是以吸收为主而传播为次，对西部地区是吸收与传播并重，对南部地区则主要是以传播为主，对北部地区的交流则一直持续而零散，最终却可能因北部的大量文化因素南下兼因东、西两地文化因素的进入而消亡。所以，薛家岗文化变迁的全过程始终具有多元化的特点，也是这一时期长江中、下游和淮河流域三大文化圈之间大规模文化交流场景的缩写，从另一方面来说，薛家岗文化正是由于地处长江中游和下游这一东—西向通道、淮河中游和赣江流域这一南—北通道的连接点，而十分形象地体现出了一个兼收并蓄、车辙四方的亚文化系统的特色。

第六章　夏商周时期遗存

第一节　总　论

　　夏商周时期的遗存也是薛家岗遗址的一个重要内涵，目前已知它只分布在薛家岗地点，永兴地点暂未发现。在这一区域中，共发现夏商周时期的房址 2 座、墓葬 1 座、灰坑 47 个、小坑 1 个、红烧土坑 1 个，出土遗物 400 件左右。

　　这一时期的地层遍布于整个薛家岗地点的台地上，且堆积较厚。灰坑在整个发掘区范围内均有分布，墓葬 1 座分布于主要发掘区的东部，红烧土坑则发现于台地的东南部。

　　出土器物有陶、石器和少量的铜器，陶、石器数量基本相等，各约 200 件左右，铜器只有几件。陶器以鼎、鼎式鬲、鬲、豆、罐为主要器类，其中的鼎和鼎式鬲颇具特点；另外还有较多的纺轮、网坠等，盉、爵、斝、钵、碗等其他器类数量较少。石器主要有锛、斧、砺石、凿、镞等，以锛的数量最多。铜器有削、镞、条等。另有很少量的原始瓷和印纹硬陶。

第二节　房　址

　　仅发现 2 座。

F3

　　位于 T22 北部，叠压在③c 层商代黑灰土下，生土面上，部分伸出探方之外未发掘。从已知情况看应为长方形红烧土面，但部分被破坏，已知长约 300 厘米，宽约 220 厘米，表面较平整。红烧土厚约 10 厘米左右，可分上、下两层，上层厚约 4 厘米，烧土块结合紧密，应为活动面；下层则为松散的红烧土块，夹较多黑灰土，应为垫土之类。在红烧土面上发现柱洞 4 个，洞壁较直，口径 10 厘米左右，深约 12~15 厘米。东南角有瓢形灶 1 处，全长约 60 厘米，圆形的灶主体部分直径 45 厘米，深 40 厘米。（图

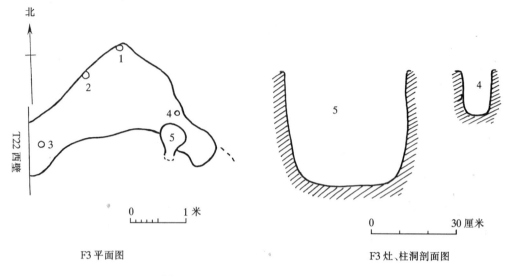

图四〇一　F3 平面及灶、柱洞剖面图

1~4.柱洞　5.灶

四〇一)

红烧土面上未发现遗物[①]。

F5

位于 T49 西半部和 T50 西北角,一半向西延伸至探方外而未发掘。为一半地穴式遗迹[②],开口于 T49 红沙土(即生土)层面上,穴底有⑨层堆积,上部叠压着⑧、⑦、⑥、④b、④a 层堆积,本身打破红烧土堆积 2 的一部分和红沙土。从已暴露部分看,平面应近似梯形,东南方向有 1 条较长的通道。全长 605 厘米。朝向大体为东偏南 77°。

半地穴部分口大底稍小,边缘略向外弧凸,穴壁斜直,底部较平坦,但西北角略高出 20 厘米左右。口部已知长约 370 厘米,宽约 190 厘米,底长 322 厘米,宽 180 厘米,深 86~114 厘米。穴底为红沙土面,无任何遗物。

通道在半地穴东南角,两者交接处为一高 34 厘米的台阶,并向东南方向呈缓坡状逐渐抬高,坡度约 10°,长约 220~240 厘米,深 30~45 厘米,已知宽度约 115 厘米。通道东南尽头为一高约 30 厘米的台阶与原来地表相接。

在 F5 东北角,发现有两两并列的柱洞 4 个(T49 的 D7~D10),均开口于红沙土面上,打破红沙土。洞壁均较直,近穴壁东北角处的 D7、D8 较深,D7 口径 28 厘米,深

· ① 该探方内最早堆积为商代,无任何新石器遗物,故该房址似应属商代。

· ② F5 的结构和形式不似普通居住生活遗迹,其功能尚缺乏充足证据予以说明,暂按房屋编号为 F5。

55 厘米，D8 口径 23 厘米，深超过 50 厘米。而距穴壁东北角 1 米之处的 D9、D10 则较浅，D9 口径 27 厘米，深约 33 厘米，D10 口径仅 15 厘米，深 15 厘米。它们应与 F5 有关联。（图四〇二）

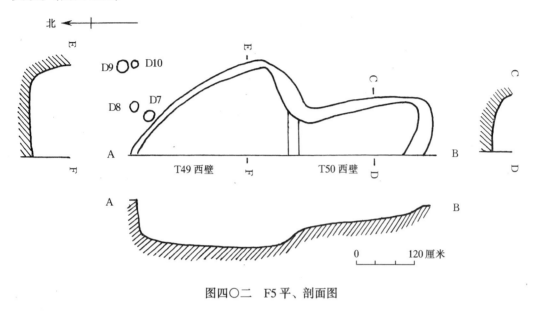

图四〇二　F5 平、剖面图

穴址废弃后其上覆有一层西周深灰褐色土（⑨层）[1]，并陆续堆积⑧、⑦、⑥、④b 层，至④a 层时已基本将穴填满，但中间仍略凹陷。

第三节　灰　坑

共发现 48 个（见附表四）。分灰沟和灰坑两类，大多数面积较大。按平面形态划分，有长方形、圆形、椭圆形、不规则形几种。坑内常遗留有大量陶片和石器。

H1

（一）概　况

1979 年 3 月 27 日，在 T1 生土面上发现一片黑灰色土，清理后编号 H1，但陶片未采集，在探方外部分未扩方清理。

开口于 T1 西南部②层宋代灰褐土下，打破黄色生土。坑口平面呈不规则形，坑壁斜内收，底较平。坑口距地表深约 130 厘米，暴露部分最长约 205 厘米，最宽约 200 厘

---

[1]　该层厚仅 5~10 厘米，土质较密而稍硬，含极少遗物，是否为活动面尚不能肯定，暂按地层处理。

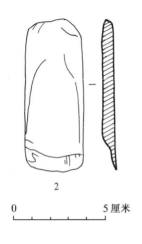

2

0 ————————— 5厘米

图四〇三　H1 出土器物图

米，坑深约45厘米。填土为黑灰色，质地疏松，内含砺石、陶片等。

（二）遗　物

出土长方形砺石1件、泥质灰陶壶口沿1件以及较多碎陶片。陶片有夹砂黑陶、印纹硬质灰陶；器表纹饰有绳纹、弦纹、方格纹、乳丁纹以及叶脉纹、云雷纹；可辨器形有鬲、尊、罐。此外出土较多新石器时代的外黑内红陶、夹砂橙黄陶、黑皮陶及宽扁凹鼎足。

砺石　H1∶2，青灰色，一头残，另一头有崩损痕迹，两面被磨平，中间略凹且光滑，两边磨光。器最长8.2、最宽3.3、最厚0.7厘米。（图四〇三，2）

H2

（一）概　况

1979年4月4日，在 T5 揭去表土后即发现灰坑一个，将暴露部分清理后编号 H2。大部分压在北隔梁下，未扩方。

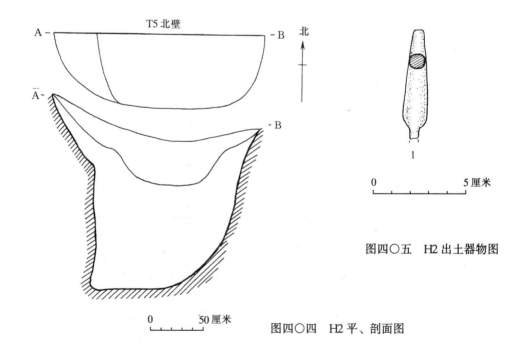

T5 北壁

北

1

0 ————————— 5厘米

图四〇五　H2 出土器物图

0 —— 50厘米

图四〇四　H2 平、剖面图

开口于 T5 东北部①层表土下，打破③层黄沙土和黄色生土。暴露部分的平面呈半圆形，东壁较陡，西壁上半部分斜弧，下半部分陡直，底较平。坑口距地表深约 40 厘米，暴露部分长约 210 厘米，宽 66 厘米，坑深约 140～180 厘米。填土为深黑色土，可分 2 层，质地疏松，含水分较多，夹杂少量红烧土块，内含石镞和陶片。（图四〇四）

（二）遗　物

出土石镞 1 件，陶片 127 片。陶片以夹砂灰陶为主，约占 75%，次为夹砂红陶和泥质灰陶；器表以绳纹为主，约占 80%，其余仅有少量附加堆纹和方格纹。

石镞　H2:1，青灰色。圆锥形，镞尖端被磨成光滑平面，无尖锋。圆铤残断一段，残断处未磨，铤端有光滑小凹窝 1 个。器残长 5.8 厘米。（图四〇五，1；图版一六九，1）

H3

（一）概　况

1979 年 4 月 16 日，为弄清 T1 东部的地层堆积而扩方时发现原来按地层处理的一片黑灰色土为灰坑堆积，清理后编号 H3，但大部分仍在探方之外，未再扩方。

开口于 T1 东北部的②层宋代灰褐土下，打破黄色生土。坑口暴露部分呈扇形，坑壁斜直，底平。坑口距地表深 92～100 厘米，已知长 276 厘米，宽 220 厘米，坑深 69 厘米。填土为黑灰色土，内含石器、陶网坠和较多陶片。

（二）遗　物

出土残石凿、锛、镞各 1 件以及 156 片陶片。陶片以夹砂黑陶为主，占 48%，次为夹砂灰陶、印纹硬陶、夹砂红陶；器表以绳纹为主，约占 35%，方格纹约占 31%，凹弦、凸棱、镂孔和篮纹数量很少，另有较多的叶脉纹和少量云雷纹；可辨器形有夹砂黑陶鬲残片、叶脉纹残陶拍、夹砂和泥质红陶网坠。

陶网坠　H3:3，泥质褐陶。椭圆形，两面各有纵向竖深凹槽 1 道，两端各有横向凹槽 1 圈。器最长 6.7 厘米。（图四〇六，3）

石锛　H3:5，青灰色。器体稍厚重，平面呈梯形，顶端磨平，一拐角残断，两侧边磨光，单面刃，刃口很钝，上有大片崩口。器残长 7.5、最厚 1.3、刃宽 6.5 厘米。（图四〇六，5）

石凿　H3:4，青灰色。上半部残断，器体厚重，正面与两侧面均磨光。器残长 4.6、最厚 2.4、刃宽 2.6 厘米。（图四〇六，4）

石镞　H3:2，青灰色。磨制粗糙，略残，平面呈柳叶形，剖面呈扁菱形，中间有脊。器最长 7.8 厘米。（图四〇六，2）

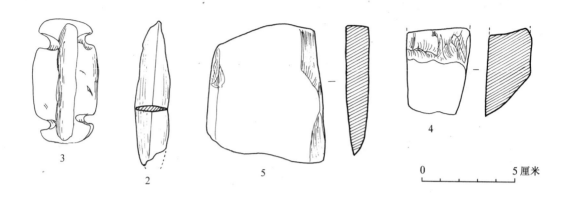

3　　　2　　　　5　　　　　　4

0　　　　　　　　　5 厘米

图四〇六　H3 出土器物图

H6

（一）概　况

1979 年 9 月 26 日，在 T6 南部发现一片长条状深黑灰色土，清理后编号 H6。27 日又在探方中部发现一片黑土与 H6 相连，并继续向探方西南和西北延伸成沟状，均归入 H6。28 日清理完毕后未再扩方，伸入 T8 的部分在发掘时未能辨认出。

开口于 T6 的①层表土下，打破②层黄沙土和生土。为一条呈"丫"形的灰沟，最深处在 T6 中部，向东南和西南延伸的部分逐渐变小而浅①。沟口距地表深约 30 厘米，在 T6 西北最宽处约 400 厘米，中部最深 130 厘米。沟内填土为黑灰色沙土，质地坚硬，夹有少量红烧土块和炼渣，内含少量石器、陶器和大量陶片。（图四〇七）

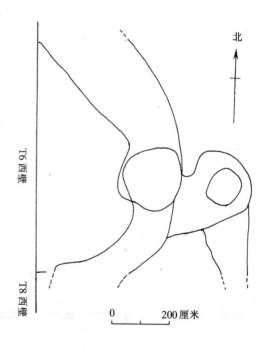

北

T6 西壁

T8 西壁

0　　　　　200 厘米

图四〇七　H6 平面图

（二）遗　物

出土石锛 1 件及陶片 310 片。陶片以夹砂陶为主，约占 72%，其中红、灰、黑三

---

① H6 的形态、特征表明它可能是数个具有叠压打破关系的灰坑、灰沟。

种陶色所占比例接近，都在 20% 以上；泥质陶约占 26% 左右，其中灰陶占 19%，余为红、黑陶；此外还有 2% 左右的印纹硬陶；器表以绳纹为主，约占 48%，次为凹弦纹、篮纹、附加堆纹、云雷纹、叶脉纹等；可辨器形有夹砂红陶斝 1、纺轮 2 和夹砂红、灰陶鬲足 16 个。

H7

（一）概　况

1979 年 9 月 28 日，开始清理 T7 表土下发现的一片黑灰土，编号 H7。但伸入 T8 和 T27 的部分在各自探方的发掘中未能辨认出。

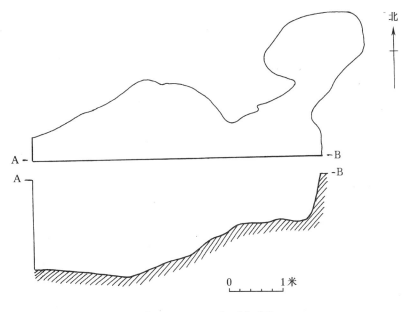

图四〇八　H7 平、剖面图

开口于 T7 南部①层表土下，打破②层商周灰褐土和③层新石器时代黄沙土、生土。坑口形状不规则，东边坑壁上半部分较直，下半部分变为斜坡状，底较平。坑口距地表深约 25 厘米，暴露部分最长近 700 厘米，最宽约 320 厘米，坑底长 514 厘米，坑深约 210 厘米。填土可以分层，间夹有多层较薄的泥沙层，最上为黑灰土，越往下土色越黑，近坑底时全部为草木灰烬，在南壁近底处还发现有约 1 平方米的火烧面。坑内含残石器、陶片，并且有大批河卵石[①]。（图四〇八）

[①] H7 平面图是坑废弃后的堆积形态，坑本身的面积较大，平底，形态相对比较规整，近底处发现了火烧面和石块，似乎该坑具有石器作坊的可能性。H8 也具有相似的特性。

（二）遗 物

出土有石镞、残石器以及陶片131片，另有150余块河卵石，其中部分河卵石面上有摩擦痕迹。陶片以夹砂灰陶为主，约占45%，次为夹砂红陶和泥质灰、黑陶；器表以绳纹为主，约占74%，次为篮纹、凹弦纹、附加堆纹、乳丁纹、方格纹，无素面陶片；可辨器形有夹砂红陶或灰陶鬲足39个、夹砂灰陶鼎足3个、夹砂红陶尊口沿1片、泥质灰陶豆圈足2个及盆口沿。

H8

（一）概 况

1979年9月27日，在T7东北部揭去表土后发现大片黑土，编号H8。28日开始清理，断续至10月12日清理完毕。其伸入T11东南的部分12日开始清理，15日结束。

开口于T7东北部和T11东南部的①层表土下，打破③层新石器时代黄沙土和生土。坑口平面形状不规则，圜底。坑口距地表深约40厘米，最长约830厘米，最宽约500厘米，深约160厘米。填土中间部分较黑，向周围颜色渐淡，夹有少量红烧土颗粒，因填土间夹有多层泥沙，使得填土可分为若干小层。在距坑口深约25厘米深处，有面积约1平方米的红烧土碎块堆积，厚约20厘米，大部分为不规则的块状，仅少数较大的呈平面状或半圆形，是草拌泥烧结而成。坑内出土较多的残石器、陶片，但坑底未见陶片，仅有10余块河卵石。（图四〇九）

（二）遗 物

出土有残青铜削1件，石锛、镞、砺石各1件，残陶拍

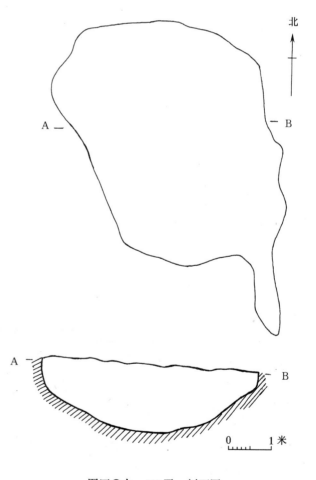

图四〇九 H8平、剖面图

（?）1件，另有10余块河卵石和陶片236片。陶片以夹砂灰陶为主，约占87%，余为少量夹砂红陶、和泥质灰、红陶；器表素面约占55%，纹饰以绳纹为主，约占28%，次为少量篮纹、附加堆纹、方格纹、凹弦纹、刻划纹；可辨器形有夹砂灰陶拍（?）1、夹砂红陶和灰陶鼎（或鼎式鬲）残底30、夹砂和泥质灰陶锥状鼎足5以及盆、罐口沿。另有新石器时代的残多孔石刀等。

陶拍（?） H8:1，夹砂灰陶。圆柱形，一端残缺，另一端及圆柱曲面上均饰满绳纹，靠一端有横向圆形穿孔1个。器残长7.3、最大直径约3.5厘米。（图四一〇，1；图版一六九，3）

石锛 H8:3，青灰色砂质板岩。器体稍厚重，平面呈长方形，磨制不精。顶端未磨。两侧面磨制，边缘均有琢制形成的凹窝。刃一角的残缺，单面刃，刃口圆钝，上几无崩口。器最长7.2、最厚1.7、刃宽约5厘米。（图四一〇，3）

石镞 H8:23，青灰色砂质板岩。残，器体扁薄，平面呈柳叶形，横剖面呈扁菱形，中间有脊，磨制稍精。器残长6、最厚0.5厘米。（图四一〇，23；图版一六九，4）

砺石 H8:2，青灰色砂质板岩。器体扁平，平面呈长方形，六个平面均被磨平光

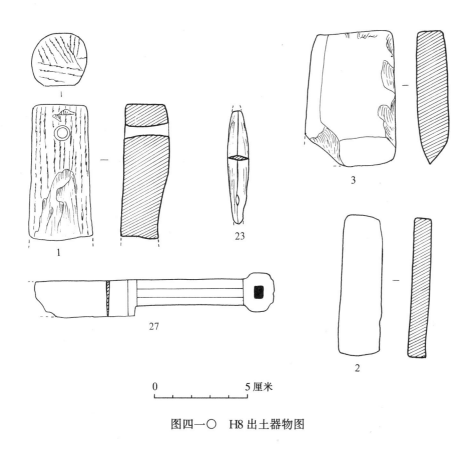

0   5厘米

图四一〇　H8出土器物图

滑，其中两面被磨凹。器最长 7.6、最宽 2.3、最厚 1 厘米。（图四一〇，2；图版一六九，5）

青铜削 H8:27，尖端残，刃锋利，长柄，柄上有凸棱 2 条，尾端中间略内凹呈方形。器残长 13.2、最宽 1.8、最厚 0.35 厘米。（图四一〇，27；图版一六九，2）

H11

（一）概 况

1979 年 9 月底，在 T9 灰黑色沙黏土下发现一片灰褐色土，编号 H11。清理时基本上与文化层发掘同步但分别进行，10 月 7 日清理结束。伸入 T19 的部分 1980 年 4 月第三次发掘时补充清理完毕。

开口于 T9 西南部②层商周灰黑色沙黏土下，打破③层新石器时代黄沙土和生土，并打破 H12 西南角。平面形状不规则，近圜底。坑口距地表深约 105 厘米，最长约 375 厘米，最宽约 245 厘米，坑南部较浅约 55 厘米，北部较深约 125 厘米。填土为灰褐色土，下半部分含有机质较多，内含有砺石、陶片。（图四一一）

（二）遗 物

出土有砺石 1 件和陶片 53 片。陶片均为夹砂陶，其中黑陶约占 51%，红陶占

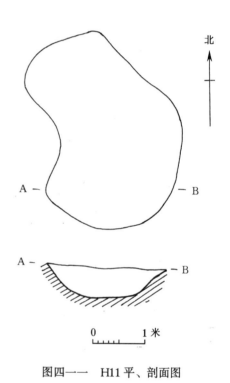

图四一一 H11 平、剖面图

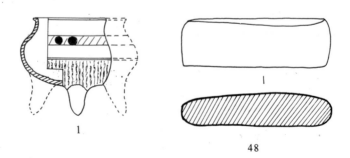

48

图四一二 H11 出土器物图（1 为 1/4，48 为 1/2）

32%，灰陶占17%；器表大多数为绳纹，约占70%，附加堆纹约占25%，余为少量凹弦纹等，素面极少；可辨器形有夹砂红陶鼎足、夹砂红陶和灰陶鬲足、罐口沿。

陶鼎　标本H11:1，夹细砂红胎黑衣陶，足未着黑衣。残缺一半，圆唇，侈口，扁圆腹，平底，3个矮锥形足。肩部饰凹弦纹2圈，其间加饰斜向刻划纹并有圆形小泥饼数组，每组2个并列；腹下部饰凹弦纹1圈，其下至足根上部饰满绳纹。器最高10.4、外口径10.2厘米。（图四一二，1）

砺石　H11:48，青灰色砂质板岩。器体扁平，平面呈长方形，两端略粗磨成圆形，其余各面均细磨，一面中间被磨凹。器最长8.2、最宽2.6、最厚1.7厘米。（图四一二，48）

H15

（一）概　况

1980年4月18日，在T19灰褐土层下发现一片黑灰土，编号H15，19日至20日清理结束。

开口于T19近北壁的中段③层商周灰褐土下，打破④层新石器时代黄沙土。平面呈不规则圆形，斜壁，平底。坑口距地表120厘米，口径约290厘米，深75厘米。填土为黑灰土，内含较多陶片。（图四一三）

（二）遗　物

出土陶假腹豆1件，陶片404片。陶片以夹砂陶为主，约占87%，其中灰陶约占34%，次为黑、红陶，泥质陶很少；器表素面约占31%，绳纹约占41%，凹弦纹约占

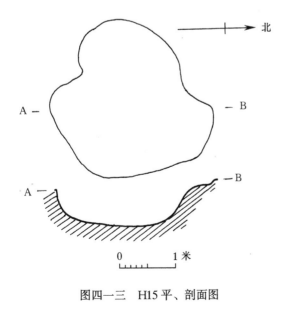

图四一三　H15平、剖面图

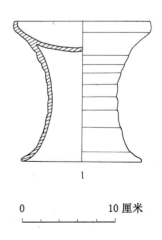

图四一四　H15出土器物图

17%，其他纹饰较少；可辨器形仅有鬲足。

陶假腹豆　标本 H15:1，夹细砂灰胎黑衣陶。口微敛，窄平沿，浅盘，平底，粗矮柄，喇叭形圈足，饰凹弦纹数圈。器最高 15、内口沿 14.2 厘米。（图四一四，1）

H16

（一）概　况

1980 年 4 月 18 日，在 T19 瓦砾层下发现一片黑灰土，编号 H16，19 日清理，至22 日结束。一部分伸入 T30、T31，但隔梁因需保留而未清理。在 T31 东南部出露的一小部分 1982 年 9 月第五次发掘时将其清理后编号 H43，第三次整理时合并为 H16。

开口于 T19 西南角②层宋代瓦砾层下，打破③层商周灰褐土、④层新石器时代黄沙土、⑤层黄土和生土。平面约为圆角长方形，坑壁东边呈台阶状，台阶高度 85～120厘米，壁较直，其他几面均斜弧，底较平。坑口距地表深约 40 厘米，长 424 厘米，宽约 310 厘米，底部长、宽仅约 85～110 厘米，深约 290 厘米。填土为黑灰土，土质疏松，含有机质较多，可分上、下两大层，上层包括 1、2、3 层，中间深厚，四周较薄，下层包括 5 层，两者之间有一薄层（4 层）深灰黑土夹较多粗砂红陶片。填土内含较多石器和陶片。（图四一五）

（二）遗　物

出土了石凿和残石斧各 1、锛 3、镞 6件及大量陶片。陶片 461 片，以夹砂陶占绝对多数，其中红陶约占 51%，黑陶约占31%，泥质陶仅占不到 18%，另有极少量的印纹硬陶；器表以素面为主，约占 48%，绳纹、凹弦纹、篮纹为主要纹饰，分别占19%、15%、10% 左右，其他纹饰较少；可辨器形有网坠 1、夹砂红陶和灰陶及泥质灰陶鼎（或鼎式鬲）足 32、夹砂红陶鬲足 5、鬲口沿 7，还有盆、钵、罐的口沿及豆柄。

陶网坠　标本 H16:31，泥质灰陶。椭圆形，两面各有纵向凹槽 1 道，两端各有横向凹槽 1 圈。器最长 4.3 厘米。（图四一六，

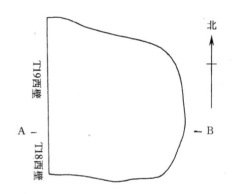

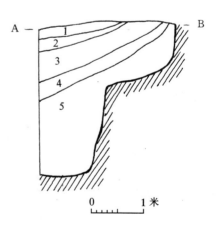

图四一五　H16 平、剖面图

31）

石锛　标本 H16:40，青灰色砂质板岩。器体稍厚重，平面呈斜梯形，磨制稍精。顶部因砸击较多而粗糙不平，两角圆钝且有大片崩缺。两侧面也有崩损痕迹。单面斜刃，刃口上基本为大片崩口，显得十分圆钝。器最长 7.1、最厚 1.9、刃宽 6.4 厘米。（图四一六，40）

石凿　H16:38，青灰色砂质板岩。器体厚重，上半截残断，平面应为长条形，磨制稍精。两侧面各有琢制时形成的深长凹槽 1 道和小凹窝数个。单面刃，刃口稍钝，上有几处小崩口。器残长 5.5、最厚 2.6、刃宽 3.4 厘米。（图四一六，38）

石镞　H16:34，青灰色砂质板岩。镞尖略残，器体扁平，镞身平面呈三角形，横剖面呈扁菱形，铤呈扁锥状，较长。器残长 6.2 厘米。（图四一六，34）

H16:29，青灰色砂质板岩。残，体扁平，镞身平面呈三角形，横剖面呈梭形，两翼锋利，铤呈扁锥形。器残长 4.8 厘米。（图四一六，29；图版一六九，6 左 1）

H16:30，青灰色砂质板岩。镞身平面呈三角形，横剖面呈扁菱形，两翼锋利；铤短，横剖面呈扁椭圆形。器残长 5.1 厘米。（图四一六，30；图版一六九，6 左 2）

H16:37，青灰色砂质板岩。残缺一半，器体扁平，平面呈柳叶形，中间有脊，横剖面呈扁菱形。器残长 5.2 厘米。（图四一六，37；图版一六九，6 左 3）

H16:36，青灰色砂质板岩。一端略残，平面呈柳叶形，横剖面呈三角形。器残长

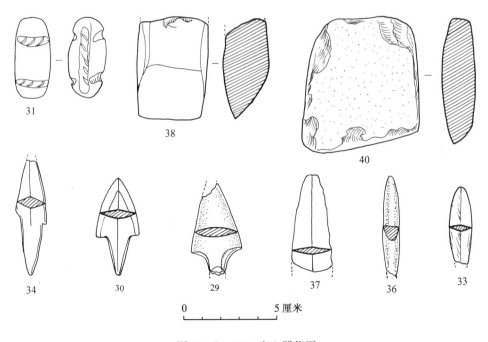

0　　　　　5 厘米

图四一六　H16 出土器物图

5.4 厘米。(图四一六, 36)

H16:33, 灰黄色粉砂质板岩。略残, 体扁平小巧, 平面呈柳叶形, 两头尖, 中间有脊, 横剖面呈扁菱形。器残长 4.2 厘米。(图四一六, 33; 图版一六九, 6 左 4)

H17

(一) 概　况

1980 年 4 月 15 日, 在 T20 瓦砾层下发现大片黑色土, 编号 H17, 并旋即进行清理, 25 日结束, 伸入 T17 北隔梁部分 5 月 12 日补充清理完毕。

开口于 T20 西南部的②层宋代瓦砾层下, 打破③层商周灰黑土、④层新石器时代的灰黄沙土、⑤层黄土、生土。平面形状不规则, 斜底, 东南壁较斜直, 其余几面呈缓坡状。坑口距地表深约 40 厘米, 最长约 840 厘米, 最宽约 510 厘米, 一般深约 180 厘米, 最深约 250 厘米。填土分二层, 上层灰黑色, 下层黑色, 下层出土 1 件完整鸟形器, 倒扣放置, 头朝北。填土中含较多石器、陶器, 并有大量陶片。(图四一七)

(二) 遗　物

出土有石斧 (?) 1 件、刀 (?) 1 件、锛 6 件、凿 1 件、镞 1 件以及石碾 (?)、砺石和残石器等, 另有陶鸟形器 1 件、纺轮 1 件、陶饼 7 件、陶片 1216 片。陶片以夹砂陶占绝大多数, 其中黑陶约占 44%, 灰陶约占 29%, 红陶约占 21%, 泥质陶极少, 另有少量印纹硬陶; 器表多绳纹, 约占 35%, 次为素面, 约占 17%, 另有少量凹弦纹、篮纹、附加堆纹等多种; 可辨器形有夹砂红、灰、黑陶鼎 (或鼎式鬲) 足 80 个, 鬲足 14 个以及鬲口沿、罐、钵、豆柄残片。另有少量新石器时代陶鼎足等。

陶缸　标本 H17:95, 夹砂红褐陶。厚圆唇, 耸肩, 深腹, 平底。口沿外缘压印斜向绳纹, 通体饰斜绳纹, 中、下腹各加 1 圈附加堆纹, 上加饰压印绳纹。器最高 50.4、外口径 32.8 厘米。(图四一八, 95; 图版一七〇, 1)

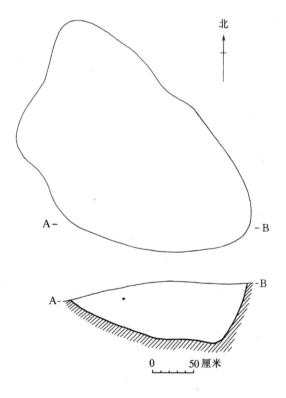

图四一七　H17 平、剖面图

第六章　夏商周时期遗存　　　　　　　　447

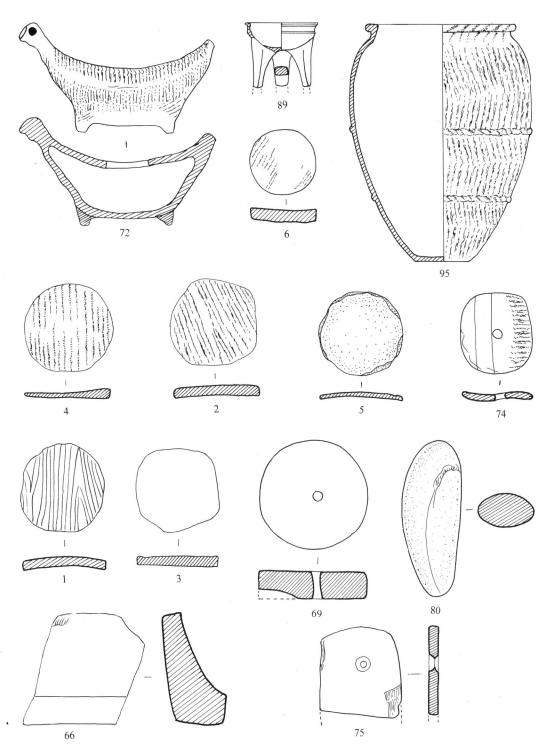

图四一八　H17 出土器物图（66、72、89 为 1/4，95 为 1/8，余为 1/2）

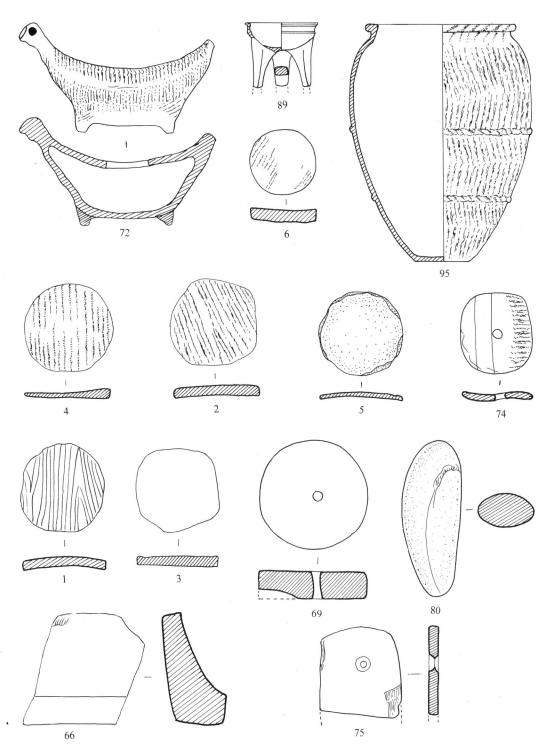

图四一八　H17 出土器物图（66、72、89 为 1/4，95 为 1/8，余为 1/2）

陶鼎　标本 H17:89，夹细砂红褐陶。器体很小，小盆形，厚圆唇，敞口，圜底，3个扁柱形足，足尖残，足横剖面呈方形。口下 1 圈宽凹弦。器残高 6.4、外口径 7.6 厘米。（图四一八，89；图版一七〇，2）

陶鸟形器　H17:72，夹砂红胎黑衣陶。整体呈鸟形，鸟首两侧各贴泥饼 1 个为眼，体内中空，鸟背中间 1 个方形孔，平底，底部有 4 个小足。除底部外通体饰绳纹。器通长 21、通高 11.6 厘米。（图四一八，72）

陶纺轮　H17:69，夹砂红陶。圆饼形，两面扁平，中间一孔，壁略向外鼓凸。器最大直径 5.6、最厚 1.4 厘米。（图四一八，69）

陶饼　均为废陶片改制而成，周边敲、磨成圆形。（图版一七〇，3）H17:1，夹砂外灰内黑陶。表面有篮纹。器最大直径 4.5 厘米。（图四一八，1）

H17:2，夹砂灰陶。表面有绳纹。器最大直径 4.8 厘米。（图四一八，2）

H17:3，夹砂红褐陶。素面。器最大直径 4.2 厘米。（图四一八，3）

H17:4，夹砂红褐陶。表面有粗绳纹。器最大直径 4.8 厘米。（图四一八，4）

H17:5，泥质灰黄胎黑衣陶。素面。器最大直径 4.5 厘米。（图四一八，5）

H17:6，泥质灰陶。表面有细绳纹。器最大直径 3.4 厘米。（图四一八，6）

H17:74，泥质红胎黑衣陶。中间一孔，表面有凹弦纹 2 道及细绳纹。器最大直径 4 厘米。（图四一八，74）

石斧（?）　H17:84，灰黄色砂质板岩。系利用石块简单加工而成，器体扁平，平面呈长方形，器表大部分为原始台面，一面的中间有一凹面，仅两侧面和刃部略加磨制。顶端呈弧形未磨制。双面弧刃，刃口较钝，上有较多的崩口。器最长 13.5、最厚 1.1、刃宽约 7.7 厘米。（图四一九，84）

石刀（?）　H17:91，青灰色砂质板岩。三面均残，器体扁平，平面约呈长条形，磨制稍精。弧刃，刃口锋利，上有数处小崩口。器残长 11.5、残宽 4.3、最厚 0.6 厘米。（图四一九，91；图版一七一，1）

石锛　H17:70，青灰色砂质板岩。器体稍厚重，平面呈长方形，磨制不精，器表残留多处打制疤痕。顶端一侧磨平，另一侧崩缺。单面刃，两角均残缺，刃口稍锋利，上有多处小崩口。器最长 8.5、最厚 1.4、刃宽 5.7 厘米。（图四二〇，70）

H17:65，灰黄色砂质板岩。器体稍厚重，平面呈长方形，属半成品，通体仅略粗磨。顶端齐平。单面刃，刃口稍钝，上有 1 处较大的崩口。器最长 8.5、最厚 2、刃宽 3.2 厘米。（图四二〇，65）

H17:83，青灰色砂质板岩。器体稍厚重，平面呈长方形，通体磨制较粗，器表残留较多的打制疤痕，仅近刃部细磨。顶齐平。单面刃，一角残缺，刃口均已崩缺。器残长 7.1、最厚 1.4、刃宽 4.9 厘米。（图四二〇，83）

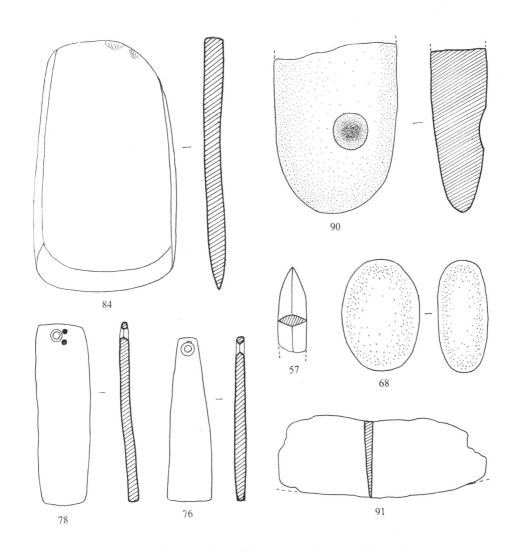

图四一九　H17 出土石器图（68、90 为 1/4，余为 1/2）

H17:88，青灰色粉砂质板岩。器体厚重，平面呈长梯形，磨制稍精，器表残留多处打制疤痕。顶端平。单面刃，刃口锋利，上有 2 处较大崩口。器最长 6.6、最厚 2.3、刃宽 4.2 厘米。（图四二〇，88）

H17:81，青灰色砂质板岩。器体稍厚重，平面呈梯形，磨制稍精，两侧面及近顶部有多处打制疤痕。顶齐平。单面刃，刃口稍锋利，上有多处小崩口。器最长 5.8、最厚 1.5、刃宽 5.8 厘米。（图四二〇，81；图版一七一，3）

H17:86，青灰色砂质板岩。器体稍厚重，平面呈长方形，磨制稍精，器表两侧面及近顶部残留部分打制疤痕。顶齐平。单面刃，刃口锋利，上有少量小崩口。器最长

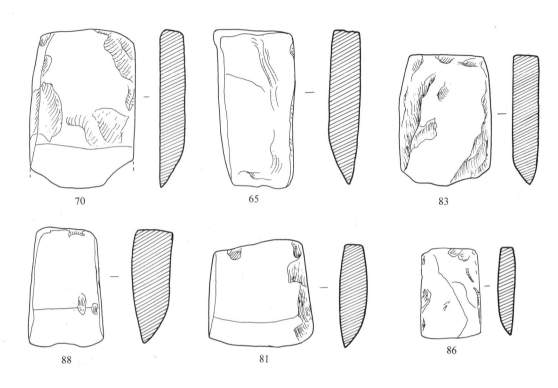

70　　　　　　　　　　65　　　　　　　　　　83

88　　　　　　　　　81　　　　　　　　　86

图四二〇　H17 出土石器图（86 为 1/4，余为 1/2）

9.6、最厚 2.1、刃宽 6.6 厘米。（图四二〇，86；图版一七一，4）

石镞　H17：57，青灰色砂质板岩。残缺一半，器体扁平，平面呈柳叶形，横剖面呈扁菱形，磨制稍精，器表有细密摩擦痕。器残长 4.6 厘米。（图四一九，57；图版一七一，5）

石碾（？）　标本 H17：68，花岗岩。器体厚重，平面呈椭圆形，器表凸凹不平，但整体相对平滑。沿最大径的 1 圈宽约 2.5 厘米的表面明显较周围粗糙，两端还有砸击形成的粗糙面。器长径 12、短径 8.4、最厚 5.6 厘米。（图四一九，68；图版一七一，6）

垫石　标本 H17：90，花岗岩。残断一半，器体厚重，平面呈椭圆形，器表较光滑，其中一平面上有浅圆的凹窝 1 个。器残长 18、最宽 13.6、最厚 6.5 厘米。（图四一九，90；图版一七一，7）

砺石　标本 H17：76，青灰色砂质板岩。器体扁平，平面呈长梯形，磨制精细。靠窄端对钻圆孔 1 个，在圆孔旁还有两面对钻未透的半圆形凹窝。器最长 8.7、最宽 2.2、最厚 0.7 厘米。（图四一九，76；图版一七一，2 左）

标本 H17：78，青灰色砂质板岩。器体扁平，平面呈长条形，磨制精细。一平面被磨凹。一端对钻圆孔 1 个，其中一面的孔缘外还有 2 个竖行未钻透的小圆窝。器最长

9.7、最宽 3、最厚 0.7 厘米。（图四一九，78；图版一七一，2 右）

标本 H17：66，褐色砂岩。器体厚重，平面呈长方形，横剖面大体呈三角形。其中一面被磨凹。器最长 11.2、最宽 10.5 厘米。（图四一八，66）

标本 H17：75，青灰色砂质板岩。残缺大半，器体扁平，平面应为长方形，磨制较粗。一侧面上部原有对钻圆孔，后被磨去大半，仅剩局部。器体中间两面对钻 1 个圆孔。该器应属残器改制而成。器残长 4.2、宽 4.2、最厚 0.7 厘米。（图四一八，75）

石器　标本 H17：80，青灰色砂质板岩。大体呈长椭圆形，不见打制痕迹，器表未打磨，但十分光滑，似为工具类。器最长 7.8、最宽 3.3、最厚 1.8 厘米。（图四一八，80）

H20

（一）概　况

1980 年 4 月 20 日，在 T16 瓦砾层下发现一大片灰黑土，23 日开始清理，26 日清理一部分后确认为一灰坑，编号 H20，至 5 月 5 日清理结束。

开口于 T16 西北部②层宋代瓦砾层下，打破③层商周灰黑土、④层新石器时代灰黄土、⑤层黄土和生土。平面形状不规则，圜底。坑口距地表深约 110 厘米，最长约 550 厘米，最宽约 465 厘米，深约 135 厘米。填土为深黑色，质地疏松，夹有草木灰及木炭，内含较多的石器、陶器以及大量陶片。（图四二一）

（二）遗　物

出土了石锛 4 件、凿 4 件、镞 1 件、砺石 1 件和陶鼎式鬲 1 件、鸟形器 1 件、纺轮 3 件，另有陶片 1594 片。陶片以夹砂陶占多数，其中黑陶约占 34%，红陶约占 27%，灰陶约占 12%，泥质陶中以黑陶为主，约占 22%，其余泥质陶较少；器表素面约占 20%，以绳纹占多数，约为 66%，其余为少量的凹弦、刻划、网纹等；可辨器形有夹砂红、黑和泥质黑、灰陶鼎（或鼎式鬲）足 158 个，鬲足 58 个。另有新石器时代的泥质红陶凿形鼎足 4 个。

陶鼎式鬲　H20：17，夹砂红褐陶，局部为黑色。圆唇，侈口，略束颈，圆

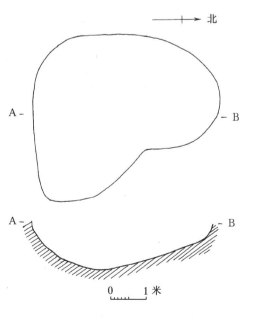

图四二一　H20 平、剖面图

腹，圜底近平，3 个锥状足。底以上饰绳纹，足尖削成尖三棱或四棱状。器最高 11.4、外口径 13 厘米。（图四二二，17；图版一七二，1）

陶鸟形器 H20:14，夹砂灰陶。壶整体呈鸟形，鸟首残缺，内中空，鸟背上有半环形提梁，平底略内凹。除背部外通体饰绳纹。器最长 19.4、最宽 11、最高 10 厘米。（图四二二，14）

陶纺轮 H20:4，夹砂红褐陶。圆饼形，两面扁平，中间一孔，壁斜直。器最大直径 3.4、最厚 1 厘米。（图四二二，4）

H20:8，泥质红陶。呈算珠形，中间一孔。器表有数圈凹弦纹。器最大直径 3.4、最厚 2.8 厘米。（图四二二，8；图版一七二，2）

H20:10，夹砂红陶。残缺一小半，圆饼形，两面扁平，中间一孔，壁略向外鼓凸。器最大直径 4.8、最厚 1.3 厘米。（图四二二，10）

石锛 标本 H20:9，灰色粉砂质板岩。器体稍厚重，平面略呈正方形，磨制不精。顶部未磨制。顶及两平面近顶端均留有打制疤痕。单面斜刃，刃口稍钝，上有 3 处较大崩口。器最长 5、最厚 2、刃宽 4.3 厘米。（图四二二，9）

标本 H20:6，灰绿色砂质板岩。器体厚重，平面呈长方形，磨制精细。顶大部分残断。一平面近顶部及两侧面留有打制疤痕。单面刃，刃口稍钝，上有数处较大崩口和较多的细小崩口。器最长 6.6、最厚 2.6、刃宽 5 厘米。（图四二二，6）

标本 H20:15，灰黄色粉砂质板岩。半成品，器体稍厚重，平面呈长方形，器表仅略粗磨，各个平面均残留较多打制疤痕。单面刃，刃两角均残断，仅剩中间局部。器最长 7.4、最厚 2 厘米。（图四二二，15）

石凿 H20:11，灰色粉砂质板岩。器体厚重，平面呈不规整长方形，磨制不精。顶磨成斜平。单面刃，刃口较钝，上无崩口。器最长 5.6、最厚 2.4、刃宽 3 厘米。（图四二二，11）

H20:3，灰色粉砂质板岩。器体厚重，平面呈长方形，磨制不精。顶部磨平。单面窄刃，刃口稍锋利，上有 1 处较大崩口。器最长 4.8、最厚 1.7、刃宽 1.4 厘米。（图四二二，3；图版一七二，3）

H20:5，灰色粉砂质板岩。半成品，器体厚重，平面呈长方形，一侧面残断，器表留有较多打制疤痕，粗磨。单面刃，一角残缺，刃口锋利，上几无崩口。器最长 6.5、最厚 2.8、刃残宽 3.5 厘米。（图四二二，5）

H20:7，灰色粉砂质板岩。器体稍厚重，平面呈长方形，磨制不精。顶部磨平。单面刃，刃口较钝，上有数处崩口。器最长 5.4、最厚 1.7、刃宽 2.4 厘米。（图四二二，7）

砺石 H20:13，青灰色粉砂质板岩。器体扁平，平面呈长方形，磨制精细。一端

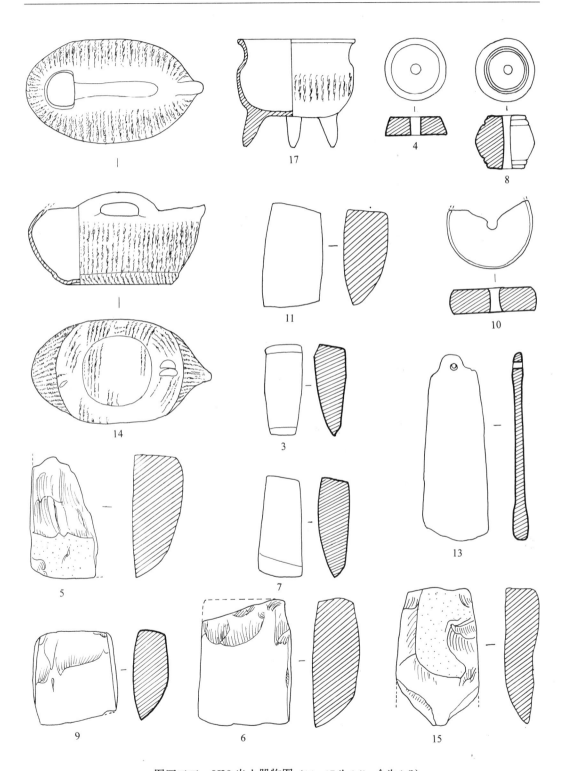

图四二二　H20 出土器物图（14、17 为 1/4，余为 1/2）

凸出，上面两面对钻 1 个圆孔，两个平面均被磨凹。器最长 10、最宽 3.6、最厚 0.9 厘米。(图四二二，13；图版一七二，4)

H25

(一) 概　况

1981 年 9 月 17 日，在 T23 瓦砾层下发现一片黑色土，判断可能为灰坑。18 日上午将周围铲平后发现该处较四周土质疏松，下午清理时出土大量陶片，乃编号 H25，但清理至 20 日时范围仍不断扩大，没有确认坑的范围，中间部分约 2×2 米范围内陶片密集，层层叠压，并包含极多的草木灰，几乎无法用工具挖掘。21 日坑中间这部分已挖到黄色生土，出土陶片数千片，22 日从中间开始逐渐向四周找边，填土颜色变为浅黑色，陶片明显比中间部位少，当时判断应为具有打破关系的两个坑。26 日向北寻找坑边时土色已变为灰褐色，含陶片很少，28 日基本结束。10 月 12 日，又将伸入隔梁部分清理完毕。最后将出土器物统归为 H25 (参见第二章第一节 "第四次发掘" 有关部分)。

开口于 T23 西南部的②层宋代瓦砾层下，打破④层新石器时代灰黄褐土、⑤层黄土和生土。平面为不规则椭圆形，坑的东、西两壁坡度较缓，局部略呈台阶状，南北两壁则较斜直，坑底较平。坑口距地表深 55~75 厘米，长径约 720 厘米，短径约 580 厘米，坑底长约 390 厘米，宽约 66 厘米，坑深 130~150 厘米。中部约 4 平方米范围内为深黑色草木灰堆积，质地疏松，但夹杂极多的陶片，堆积十分密集，含有石锛、陶纺轮和鼎 (或鼎式鬲)、罐、缸等器形，并有大量陶网坠。此类堆积自上层至底部均较一致。在其四周为浅黑

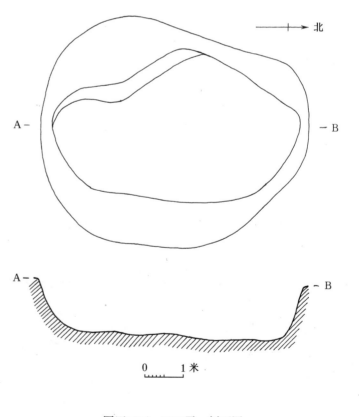

0　　　1 米

图四二三　H25 平、剖面图

色土，靠坑的边缘部分变为浅褐色，内含有石锛、陶纺轮，陶片局部多，局部少，有鼎（或鼎式鬲）、斝、罐、瓤等器形，坑内还有河卵石，但未见网坠。（图四二三；图版一七三，1）

（二）遗　物

出土有石锛 19 件、镞 2 件、陶鼎式鬲 3 件、斝 3 件、爵 1 件、豆 1 件、罐 2 件、纺轮 7 件、网坠 68 件及 2427 片陶片。陶片以夹砂陶占绝对多数，其中红陶约占 45%，黑陶约占 42%，灰陶约占 11%，泥质陶仅占 2% 多一点；器表素面较少，绳纹约占 66%，次为附加堆纹、凹弦纹、篮纹、刻划纹、镂孔、网纹、乳丁纹等；可辨器形有夹砂红（褐）陶鼎（或鼎式鬲）、罐、瓤形器、缸口沿、陶饼等。

陶鼎式鬲　标本 H25:88，夹砂红陶。尖圆唇，外卷沿，束颈，颈下抹出 1 圈凸棱，圆腹，平底，3 个扁圆锥形实足，足根内侧有一浅凹窝。腹与足均饰斜向或交错中绳纹。器最高 19.8、外口径 19.6 厘米。（图四二四，88）

标本 H25:111，夹砂外红内黑陶。尖圆唇，外卷沿，束颈，颈下抹出 1 圈凸棱，圆腹，3 个圆锥形实足，足根内侧凹窝不明显。腹与足均饰斜向中绳纹。器最高 17.6、外口径 17 厘米。（图四二四，111）

陶斝　H25:90-1，夹细砂灰黄陶。尖圆唇，侈口，口大体呈圆形，无流，口沿外两侧贴较长的倒圆锥形立柱各 1 个，柱顶面下凹，筒形深腹上大下小，3 个空心袋足，器一侧安宽扁半环形把手 1 个，把手残缺。腹饰凸棱 4 圈，腹下部和足结合处饰宽檐状凸棱 1 圈，棱边缘饰压印纹。足表饰稀疏的中绳纹。器通高 24.2、外口径最大 17.4、最小 16.4 厘米。（图四二四，90-1；图版一七三，3）

H25:90-2，夹细砂灰黑陶。方唇，侈口，口大体呈圆形，一侧捏出短平流，流两侧的口上加极矮圆柱状立柱各 1 个，圆筒形深腹上大下小，3 个空心袋足，器一侧安宽扁半环形把手 1 个。腹饰凸棱数圈，腹下部与足连为一体。足表素面，上有竖向刮抹的条痕。器通高 24.8、外口径约 17.5 厘米。（图四二四，90-2；图版一七三，4）

H25:90-3，夹细砂灰陶。口部大都已残缺，方唇，侈口，口大体呈圆形，一侧捏出短平流，流两侧贴较长的倒圆锥形立柱各 1 个，柱顶已缺，圆筒形深腹上大下小，3 个空心袋足，器一侧安宽扁半环形把手 1 个，把手残断。腹饰宽扁凸棱 4 圈，腹与足结合处饰宽檐状凸棱 1 圈，棱边缘饰压印纹。把手下端与宽沿状凸棱结合处加饰圆形小泥突 2 个。器通高约 26.8 厘米。（图四二四，90-3）

陶爵　H25:100，夹砂红陶，泛灰黄色。器上部及足尖残缺，圆筒形腹，内底较平，外底内凹，3 个扁锥形实足，一侧安扁平半环形把手 1 个，把手系用 3 根泥条并列捏成，已残缺一半。腹与足结合处饰宽檐状凸棱 1 圈，棱边缘饰压印纹。器残高约 7 厘米。（图四二四，100；图版一七四，3）

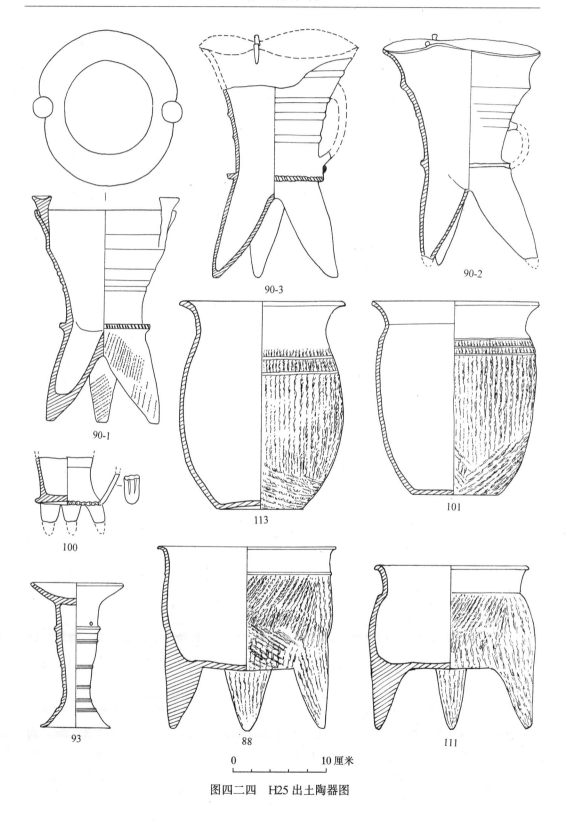

90-3

90-2

90-1

100

113

101

93

88

111

0 ⌞_____⌟ 10厘米

图四二四　H25 出土陶器图

陶豆 H25:93，泥质红胎黑衣陶，胎外表面抹一层较厚的红褐色泥浆，局部已脱落，泥浆表面的黑衣大部分已脱炭，内表黑衣仍存。碟形盘，方唇，圆柱形柄，喇叭形圈足。柄上部饰1圈宽凸棱，柄中部略鼓凸，下部饰凸棱4组，凸棱宽窄不一。器最高15.6、外口径10.2厘米。（图四二四，93；图版一七三，2）

陶罐 H25:113，夹砂红褐陶。圆唇外翻，束颈，圆筒形深腹，腹中部略鼓，平底略内凹。腹饰中绳纹，上部饰凹弦纹2圈将绳纹隔断。器最高22.3、外口径18.2厘米。（图四二四，113；图版一七四，1）

H25:101，夹砂红褐陶。方唇，侈口，束颈，圆筒形深腹，腹壁相对较直而中部略鼓一点，平底。腹饰细绳纹，上部饰凹弦纹3圈将绳纹隔断。器最高20.8、外口径18.4厘米。（图四二四，101；图版一七四，2）

陶纺轮 标本H25:3，夹细砂灰黄胎黑衣陶，黑衣部分脱落。圆饼形，两面扁平，中间一孔，孔缘外下凹，壁向外鼓凸。器最大直径5.2、最厚2.2厘米。（图四二五，3）

标本H25:1，泥质红陶。圆饼形，两面扁平，中间一孔，壁向外鼓凸。器最大直径5.7、最厚1.8厘米。（图四二五，1）

标本H25:99，夹砂灰陶。系用泥饼捏制而成，器表不平整，呈扁圆体，两面弧凸，中间一孔。器最大直径4.7、最厚2.1厘米。（图四二五，99；图版一七四，4右）

标本H25:79，泥质灰陶。体扁薄，呈圆饼形，一面略弧凸，另面较平且抹出1圈凹槽，中间一孔。器最大直径4.5、最厚0.8厘米。（图四二五，79；图版一七四，4中）

标本H25:43，泥质灰黄胎黑衣陶，黑衣较薄已大部分脱落。圆饼形，两面扁平，中间一孔，壁较直。器表一面以孔为中心饰"X"形篦纹。器最大直径4、最厚0.9厘米。（图四二五，43；图版一七四，4左）

陶网坠① 共68件，绝大多数为泥质灰黄陶，个别为泥质或夹砂红褐陶。大部分完整，个别残缺一小半，器体上均有2道纵向凹槽，两端各有1圈横向凹槽。器体长短、粗细不一，总体上可分为肥矮和瘦长两种，最长5.2、最短2.8厘米。（图四二五，45-1~10、53、67；图版一七四，5）

标本H25:45-5，泥质灰黄陶。最长3.2厘米。

标本H25:67，夹砂灰黄陶。最长3.3厘米。

标本H25:45-4，泥质灰黄陶。最长3.4厘米。

标本H25:45-3，泥质灰黄陶。最长4.3厘米。

标本H25:45-2，泥质灰黄陶。最长4.3厘米。

---

① 陶网坠数量较多，有些发掘时编了号，有的未编号，凡有号的此处按原号，无号的统归入45号，分为45-1、45-2……依此类推。

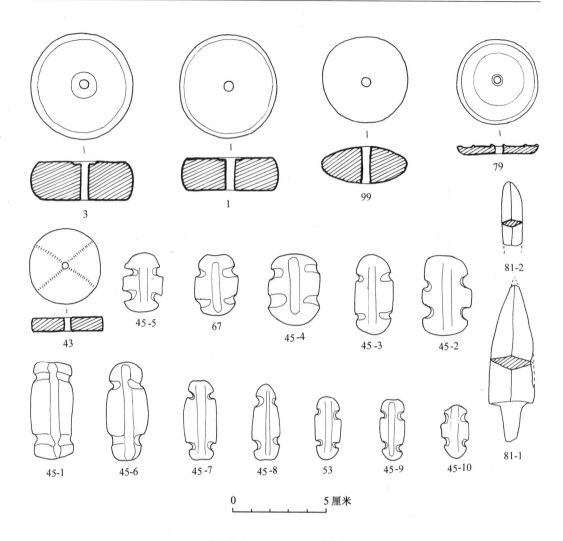

图四二五　H25 出土器物图

标本 H25:45－1，夹砂红褐陶。最长 5.2 厘米。

标本 H25:45－6，泥质红褐陶。最长 5.2 厘米。

标本 H25:45－7，泥质灰黄陶。最长 4.2 厘米。

标本 H25:45－8，泥质灰黄陶。最长 4 厘米。

标本 H25:53，泥质灰黄陶。最长 3.4 厘米。

标本 H25:45－9，泥质灰黄陶。最长 3.3 厘米。

标本 H25:45－10，泥质灰黄陶。最长 2.8 厘米。

石锛　数量众多，形态多样，大体上也可分为长方形、梯形和小型锛三类，另有少量特殊形态或半成品。H25:47，灰色砂质板岩。半成品，器体厚重，平面呈梯形，器

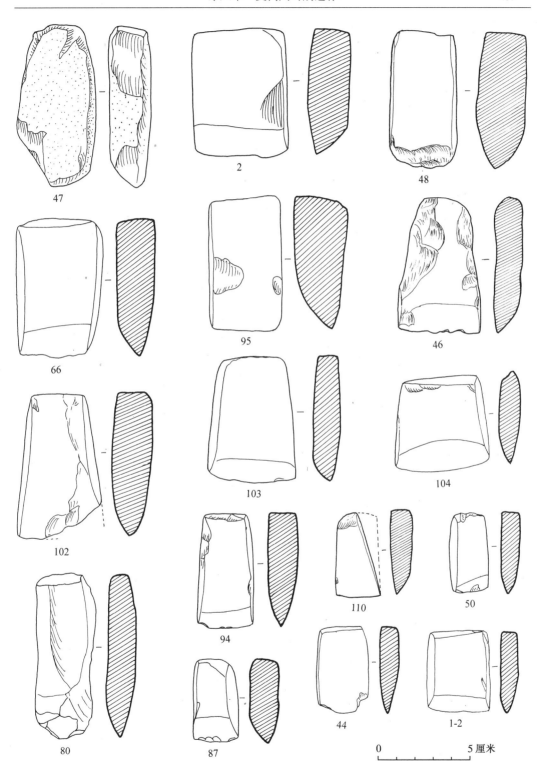

图四二六 H25 出土石器图

表略加磨制，大部分表面都有琢制形成的凹窝或破裂的疤痕。单面刃，大半残缺。器最长 8.6、最厚 2.4 厘米。（图四二六，47）

H25：80，青灰色变质砂岩。半成品，器表仅两面磨制，其他各面均为破裂面。单面刃，刃已具雏形，但两角均残缺。器最长 8.8、最厚 1.6 厘米。（图四二六，80）

H25：46，青灰色变质砂岩。器体扁平，平面呈梯形，上部窄，下部加宽，颇似有肩锄形，器表残留了大量的打制疤痕，但已磨制部分较精细。顶圆弧。单面刃，刃口有较多大崩口。器最长 7.4、最厚 1.6、刃宽 4.5 厘米。（图四二六，46；图版一七五，1）

长方形锛　标本 H25：2，灰色粉砂质板岩。器体厚重，平面呈长方形，磨制不精。顶部略磨，上有琢制形成的凹窝。单面刃，刃口较钝，上有数处较大崩口。器最长 6.9、最厚 2.3、刃宽 5 厘米。（图四二六，2）

标本 H25：48，灰绿色变质砂岩。器体厚重，平面呈长方形，磨制精细。顶端齐平。顶及两侧面有琢制形成的凹槽数个。单面刃，刃口全部崩损。器最长 7.3、最厚 2.7 厘米。（图四二六，48）

标本 H25：66，青灰色变质砂岩。器体厚重，平面呈长方形，磨制不精。顶端未磨。单面刃，刃口稍锋利，上有较多大小不一的崩口。器最长 7.4、最厚 2.1、刃宽 3.6 厘米。（图四二六，66）

标本 H25：94，青灰色变质砂岩。器体稍厚重，平面呈长方形，磨制精细。顶端平，上有较多砸击形成的小凹点，并有琢制形成的凹窝。单面刃，刃口较锋利，上有数处稍大的崩口。器最长 6.2、最厚 1.7、刃宽 3 厘米。（图四二六，94）

标本 H25：95，灰色砂质板岩。器体厚重，平面呈长方形，磨制精细。顶部残损。单面刃，刃口锋利，上几无崩口。器最长 7.2、最厚 3、刃宽 3.5 厘米。（图四二六，95）

梯形锛　标本 H25：102，青灰色变质砂岩。器体厚重，平面呈长梯形，磨制稍精。顶端齐平。单面刃，大半残缺，刃口锋利。器最长 7.9、最厚 2.2 厘米。（图四二六，102）

标本 H25：103，灰色变质砂岩。器体厚重，平面呈梯形，磨制稍精。顶部磨平，一角因砸击而圆钝。单面刃，刃口稍钝，上有数处小崩口。器最长 6.8、最厚 1.5、刃宽 4.8 厘米。（图四二六，103）

标本 H25：104，灰色砂质板岩。器体扁平，平面呈正梯形，磨制稍精。顶部略磨成一倾斜面。单面刃，刃口锋利，上几无崩口。器最长 5.1、最厚 1.3、刃宽 5.3 厘米。（图四二六，104；图版一七五，2）

小型锛　标本 H25：110，青灰色砂质板岩。残缺一小半，平面呈长方形，磨制精细。顶部大半残缺，残留部分上有较多砸击形成的小凹点。单面刃，刃口较锋利，上有较多的细小崩口。器最长 4.6、最厚 1.2、刃宽 2.4 厘米。（图四二六，110）

标本 H25:50,灰色变质砂岩,器表呈红褐色,并有多道龟裂,是否经火烧过未知。平面呈长方形,磨制精细。顶端有琢制形成的长凹槽 2 条。单面刃,刃口均崩缺。器最长 4.2、最厚 1、刃宽 1.9 厘米。(图四二六,50)

H25:87,灰色变质砂岩。平面呈长方形,磨制稍精。顶齐平,一拐角残损,一侧缘有砸击痕。单面刃,刃口均为大小不一的崩口。器最长 4.5、最厚 1.6、刃宽 2.4 厘米。(图四二六,87;图版一七五,3)

H25:44,灰色砂质板岩。器体较小而扁平,平面呈长方形,磨制稍精。顶部呈斜面,大部分未磨。单面刃,两角残缺,残留的刃口锋利。器最长 4.6、最厚 1.1、刃宽约 2.7 厘米。(图四二六,44)

H25:1-2,青灰色变质砂岩。器体扁平,平面呈长方形,磨制精细。顶部磨平,上有琢制形成的凹窝。单面刃,刃口锋利,上有几处小崩口。器最长 4.4、最厚 1.1、刃宽 3.4 厘米。(图四二六,1-2;图版一七五,4)

石镞 H25:81-1,青灰色砂质板岩。镞尖、铤略残,器体扁薄,平面呈三角形,横剖面呈扁菱形,中间有脊,扁圆锥形铤较长,磨制精细。器残长 8.3 厘米。(图四二五,81-1)

H25:81-2,青灰色砂质板岩。残缺一半,器体扁薄,平面呈柳叶形,横剖面呈扁菱形,中间有脊。器残长 3.5 厘米。(图四二五,81-2)

H26

(一) 概　况

1981 年 9 月 18 日,在 T24 宋代堆积下发现一片灰黑土,编号 H26。19、20 日清理,因在探方中部留有一条小隔梁,伸入该隔梁的部分 10 月 9、10 日补充清理完毕。

开口于 T24 中北部②层宋代深灰土下,打破③层商周褐色土、④层新石器时代黄沙土。平面大略呈椭圆形,坑壁斜直,底近平。坑口距地表深约 105 厘米,长径 475 厘米,短径 310 厘米;底部长径 410 厘米,短径 250 厘米,深约 90 厘米。填土为灰黑土,内含较多陶片。(图四二七)

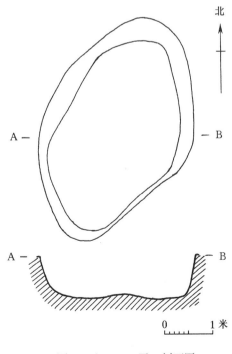

图四二七　H26 平、剖面图

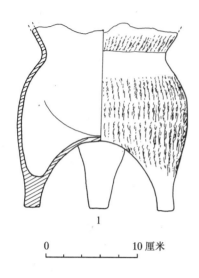

图四二八　H26 出土器物图

0　　　　　　10 厘米

（二）遗　物

出土有残陶鬶1件以及陶片212片。陶片以夹砂陶占绝对多数，其中黑陶约占42%，灰陶约占30%，红陶约占24%，泥质陶仅灰陶一种，约占1.9%，另有少量印纹硬陶；器表素面较多，约占36%，纹饰以绳纹为主，约占42%，余为少量附加堆纹、凹弦纹、刻划纹、镂孔，以及叶脉纹、云雷纹等；可辨器形有夹砂红、黑、灰陶鬲足4，鼎足4及豆、盆、罐口沿。

陶鬶　H26∶1，夹砂红胎黑衣陶，内壁及三足下半部未着黑衣。鬶上半部残，下半部裆较高，3个截锥状足，足尖较平，足内空较深。器表饰竖绳纹，中间抹去数圈，成为间断绳纹，足下半部绳纹大部分已抹掉。器残高20厘米。（图四二八，1；图版一七六，1）

H27

（一）概　况

1981年9月18日，在T24宋代堆积下发现一片灰黑土，编号H27。19、20日清理完毕。

开口于T24东南部②层宋代深灰土下，打破③层商周褐色土、④层新石器时代黄沙土和⑤层黄土。平面大略呈圆形，坑壁斜直，圜底。坑口距地表深约120厘米，直径224～256厘米，深128厘米。填土为灰黑土，夹杂少量红烧土颗粒，内含较多陶片。（图四二九）

（二）遗　物

出土有陶坩埚1件及陶片179片。陶片以夹砂陶占绝对多数，其中红陶约占38%，灰陶约占30%，黑陶约占29%，泥质陶仅有黑陶一种，不到3%；器表素面较多，约占37%，纹饰以绳纹为主，约占34%，次为凹弦纹、篮纹、附加堆纹和刻划纹等；可辨器形有夹砂红、黑、灰陶鬲足8，夹砂灰陶斝足1。

陶坩埚　H27∶24，夹少量粗沙红褐陶。器体极厚重，上半部残，深腹，有一小而厚的假圈足底，底稍内凹。器表饰较密的横向粗绳纹。器残高30.4、壁厚约3～4厘米。（图四三〇，1；图版一七六，2）

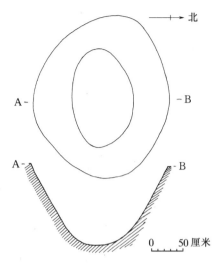

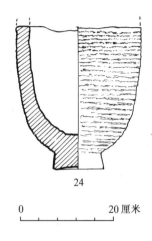

图四二九　H27平、剖面图　　　　　图四三〇　H27出土器物图

H28

（一）概　况

1981年9月18日，在T27瓦砾层下发现大片呈长条形的灰、黑色土，当时暂定为商代文化层并进行了部分清理，20日改定为灰坑，21日清理完毕。但伸入T7的部分此前未辨认出。

开口于T27中北部的②层宋代瓦砾层下，打破④层新石器时代黄褐沙土和生土。为一不规则形长灰沟，部分延伸至探方外。沟壁较直，底部基本较平整但略有起伏。沟口距地表深23～37厘米，已暴露部分最长约940厘米，最宽约320厘米，沟深120～190厘米。填土各处有所不同，西部为灰黑色，土质单纯；中部为深黑灰色，并夹杂少量木炭和红烧土块；东部则可分为五层，第1层为浅灰色，含泥沙和少量红烧土颗粒；第2层为淡黑色，夹有草木灰；第3层为深灰色，夹草木灰并有少量泥沙；第4层为深黑色，土质松软，夹草木灰；第5层为灰黑色略显灰黄，含草木灰和木炭较少，而黄泥沙成分较多，陶片也较少，每层之间均有一层厚约5厘米、质地较纯的黄泥沙土相间隔。坑内含有少量石器和大量陶片。（图四三一）

（二）遗　物

出土有石锛2件、磨棒1件、石器1件、陶假腹豆2件、印纹硬陶釜形器1件及陶片1740片。陶片以夹砂陶占绝对多数，其中红陶约占38％，灰陶约占32％，黑陶约占12％；泥质陶较少，其中灰陶约占9％，红、黑陶各占4％左右；器表素面占30％，纹

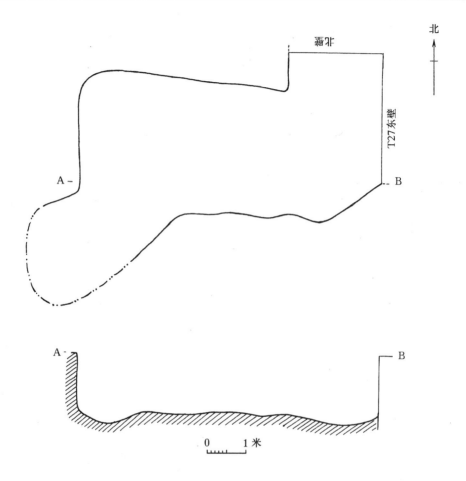

图四三一　H28平、剖面图

饰以绳纹为主，约占48％，余为少量的凹弦纹、附加堆纹、篮纹、刻划纹、镂孔、方格纹，并有少量叶脉纹等；可辨器形有假腹豆盘等。

陶假腹豆　H28:5，夹砂红胎黑衣陶，器表抹一薄层泥浆，较平滑，内、外表均着黑衣，仅口沿处略脱落。浅盘，内勾沿，沿面较窄而斜平，平底略圜，假腹较高，上部内收，圈足。器表饰凹弦纹数圈，并可见多圈以刃具刮抹形成的细密线状痕迹，腹内壁可见清晰的泥条盘筑痕。该器应为先盘筑成形后再上陶轮修整。器最高12.4、内口径13.4厘米。(图四三二，5)

H28:10，夹砂灰胎黑衣陶，器表抹一薄层泥浆，较平滑，内、外表均着黑衣，口沿及腹部部分黑衣已脱落。浅盘，内勾沿，沿面较窄而平，平底，假腹较高，上部内收，圈足已残。器表饰3组凹弦纹，每组2～3圈，腹内壁可见清晰的泥条盘筑痕。该器应为先盘筑成形后再上陶轮修整。器残高12.4、内口径12.4厘米。(图四三二，10；

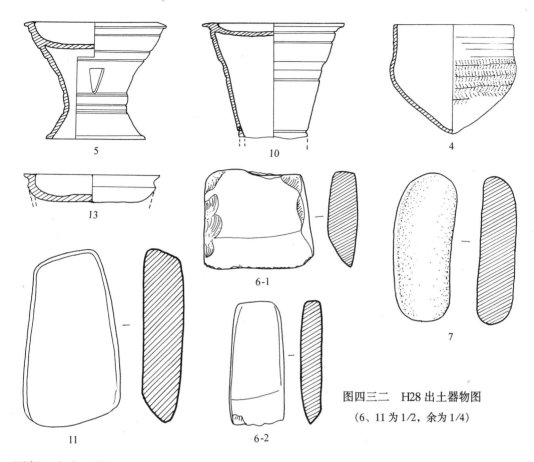

图四三二　H28 出土器物图

（6、11 为 1/2，余为 1/4）

图版一七六，3）

　　陶假腹豆盘　标本 H28∶13，泥质灰黄陶。浅盘，内勾沿，沿面较窄而平，平底，假腹已缺。盘沿平面上刻一"X"形纹。盘内外表均可见泥条盘筑痕，外底还可见较多的条状刮抹痕。器残高 2.8、内口径 12.6 厘米。（图四三二，13）

　　印纹硬陶釜形器　H28∶4，夹砂红褐陶，胎质很硬，器表略粗糙。口部不规整，呈椭圆形，方唇，直口，直腹微鼓，尖底。器表上部饰数圈凸棱，下饰横向叶脉纹，尖底部纹饰模糊不清。器最高 11.6、外口径 13.2～15 厘米。（图四三二，4）

　　石锛　H28∶6-2，灰色变质砂岩。器体扁平，平面呈长条形，磨制不精。顶部磨平，两角稍残缺。单面刃仅大体成形，未开刃，上有 5 处打制疤痕，应属尚未制成的半成品。器最长 6.8、最厚 1.1、刃宽 2.8 厘米。（图四三二，6-2；图版一七六，4）

　　H28∶6-1，青灰色砂质板岩。器体稍厚重，平面呈梯形，磨制稍精。顶部磨平，但中间已崩缺成凹口，顶两角因砸击而圆钝并有较多砸击点。器侧缘有破疤痕。单面刃，刃口已钝，上有较多的小崩口。器最长 5.3、最厚 1.6、刃宽 6.1 厘米。（图四三

二，6-1)

石磨棒 H28：7，花岗岩。器体厚重，大体呈长椭圆形，器表凸凹不平，但其中两面较平且明显较周围光滑一些，应属长期研磨所致。器最长 15.8、最宽 6.4、最厚 4.2 厘米。(图四三二，7；图版一七六，5)

石器 H28：11，长石石英砂岩，硬度较低。器体扁平，平面呈长梯形，似石锛状，器表均为原始台面，未磨制，一侧面上有 4 个指窝状痕，似长期手握所致，宽端似"刃"的部位圆钝并明显较周围粗糙，应为砸、磨所致。器最长 9.8、最宽 5.4、最厚 2.3 厘米。(图四三二，11)

H30

(一) 概 况

1982 年 9 月 20 日，在 T38 西部深灰色土层下距地表深约 45 厘米处发现一片圆形灰褐土，次日清理出一圆形坑，口径约 90 厘米，编号 H30。22 日经铲平面发现坑外堆积与坑内近似，形状为长条形，23 日又发现长条形向北、西北方向延伸，26 日清理完毕，同归于 H30。9 月 21 日，在 T37 西南部灰色扰土下也发现一片长方形灰褐土，24 日清理完毕，编号 H32。2000 年 10 月 28 日，在 T49 东南部表土下 10～25 厘米处发现一片长方形红褐色土，旋即清理并编号第六次发掘 H2，伸入 T50 东北角的局部在 10 月 17 日补充清理，但东隔梁因需保留，H2 伸入部分未清理。

第三次整理时，根据三个探方平面图将三个灰坑拼合后成为一条灰沟，其位置、方向均能吻合，包含物也属同一时代，因而合并为 H30。但最早清理的圆形坑或与灰沟有打破关系。

开口于 T37、T38 西部②层下和 T49①层表土下，打破 T38 的③层商周灰褐土、⑤层新石器时代黄土和 T37 的④层新石器时代黄沙土、⑤层黄土，以及 T49 的②层周代黄褐土、③层西周灰褐土、⑩层新石器时代黄沙土，并打破了 T38 的红沙土（即生土），在 T49 被 H57 打破东部一角，本身又打破 H55。灰沟总体上呈长条状，略似"丫"形，坑壁斜直，坑底较平坦。西北—东南最长约 880 厘米，东西最宽约 445 厘米，东南部长条状部分宽仅 135 厘米。沟的东南部较深，可达 90 厘米，往西北、北部渐浅，深仅 30～45 厘米。填土为灰褐或红褐色土，夹有红烧土颗粒，内含少量石器或半成品、废石料、河卵石和较多陶片，在 T37 内的沟中还发现残坩埚、铜片和大量陶网坠。(图四三三)

(二) 遗 物

出土有铜片 1 片、石锛 4 件、镞 3 件、斧 1 件、砺石 2 件和石料数件、河卵石数个，陶鼎 1 件、纺轮 2 件、网坠 60 件，陶片 983 片。陶片以夹砂陶占绝对多数，其中

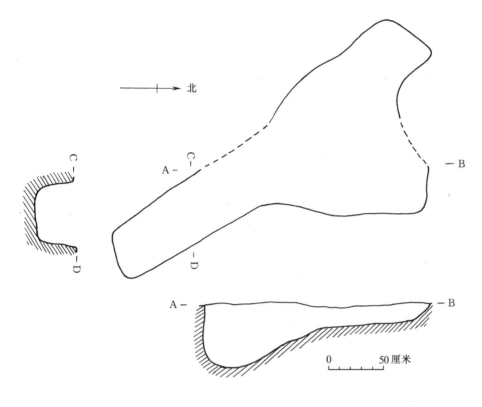

图四三三　H30平、剖面图

红陶约占42%，黑陶约占23%，灰陶约占22%，而泥质陶很少，另有不到1%的印纹硬陶；器表素面约占39%，纹饰以绳纹为主，约占45%，其余为少量的篮纹、附加堆纹、刻划纹、凹弦纹、凸棱，还有极少的叶脉纹、云雷纹、圆圈纹等；可辨器形有夹砂红、灰、黑陶鼎（或鼎式鬲）足57个、平跟鬲足、甗残片、豆柄、缸口沿、陶饼等。

　　陶鼎　H30∶34，夹砂灰黄陶，器表抹一薄层红色泥浆，大部分已脱落。方唇，侈口，束颈，折腹，圜底略显尖，3个侧装扁平足，足下半部残。器表颈以下至近底均饰竖向细绳纹，足根正面有2个按窝，两侧各1~2个按窝。器残高12.4、外口径12厘米。（图四三四，34；图版一七七，1）

　　陶鼎足　标本H30∶62，夹砂灰陶，质地较硬，侧装扁圆锥状，近足根的器底部饰交错中绳纹，足根两侧饰3对戳印较深的凹窝。残高13.8厘米。（图四三四，62；图版一七七，2）

　　标本H30∶28，夹砂红陶。圆锥状。长7.2厘米。（图四三四，28）

　　陶豆柄　标本H30∶61，泥质红胎黑皮陶，表面磨光。柄上部细，有凹弦纹2圈，中部鼓凸，下部残缺。残高6.9厘米。（图四三四，61）

陶盆口沿 标本 H30∶63，泥质灰陶，质地很硬，属硬陶。圆唇，束颈，折腹。颈部饰 2 圈凹弦纹，腹部饰斜向中绳纹。残高 7 厘米。（图四三四，63）

陶缸口沿 标本 H30∶64，夹砂灰胎灰黄陶。厚圆唇，直腹。上腹饰 1 道宽凸棱，棱上加饰滚印绳纹，棱以下饰斜向中绳纹。残高 10.3、壁厚 1.2 厘米。（图四三四，64）

陶饼 标本 H30∶39，夹砂红陶。系用废陶片敲、砸而成，器体扁平，平面呈近圆形，表面尚保留篮纹。器最大直径 6.5、最厚 1.4 厘米。（图四三四，39）

陶网坠 绝大多数为泥质灰黄陶，个别为泥质或夹砂红褐陶。大部分完整，个别残缺一小半，器体上均有 1 道纵向凹槽，两端各有 1 圈横向凹槽。器体可分肥矮、瘦长两种，长短、粗细不一，最长 6.3、最短 2.6 厘米。（图四三四，40～50）

标本 H30∶40，泥质灰黄陶。最长 6.4 厘米。标本 H30∶41，泥质灰黄陶。最长 5.7厘米。标本 H30∶42，泥质灰黄陶。最长 5.2 厘米。标本 H30∶43，泥质灰黄陶。最长4.8 厘米。标本 H30∶44，泥质灰黄陶。最长 4.3 厘米。标本 H30∶45，泥质灰黄陶。最长 4 厘米。标本 H30∶46，泥质灰黄陶。最长 3.8 厘米。标本 H30∶47，泥质灰黄陶。最长 3.4 厘米。标本 H30∶48，泥质灰黄陶。最长 3.4 厘米。标本 H30∶49，泥质灰黄陶。最长 3.6 厘米。标本 H30∶50，泥质灰黄陶。最长 3.7 厘米。

石斧 H30∶38，青灰色花岗岩。器体厚重，平面呈长梯形，磨制较粗。顶部残缺，双面刃，刃口较钝，上有多处小崩口和纵向磨痕。器残长 12、最厚 4、刃宽 7.6 厘米。（图四三五，38）

石锛 H30∶35，青灰色粉砂质板岩。器体稍厚重，平面呈长方形，磨制不精，器表残留较多打制疤痕。顶部略磨，不平整，上有多处打制疤痕。单面刃，刃口稍锋利，上有近 10 处稍大的崩口。器最长 6.8、最厚 1.9、刃宽 5.4 厘米。（图四三五，35）

H30∶36，青灰色粉砂质板岩。器体扁平，平面呈长方形，磨制稍精，器表残留数处打制疤痕。顶部磨平，一角因砸击而圆钝并有较多小砸击点。单面刃，一角残缺，刃口稍钝，上有几处较大崩口。器最长 6.4、最厚 1.4、刃宽约 3.8 厘米。（图四三五，36）

H30∶23，青灰色粉砂质板岩。半成品，器体扁平，平面呈长方形，仅刃部一面略磨，器体其他部分均未磨，留有较多打制疤痕。刃部仅敲琢成形，尚未开刃。器最长8、最厚 2.1、刃宽 5.2 厘米。（图四三五，23）

H30∶32，青灰色粉砂质板岩。半成品，器体扁平，平面呈长条形，有段，段脊偏上部，器表粗磨，上有部分打制疤痕。刃部残断。器残长 7.5、最宽 2.8 厘米。（图四三五，32）

石镞 H30∶37，青灰色砂质板岩。镞上半部残缺，器体扁薄，平面略似柳叶形但尾部收缩成短铤，镞身横剖面呈扁平形，铤略呈多棱锥形。器表可见细密斜向摩擦痕。器残长 4.4 厘米。（图四三四，37）

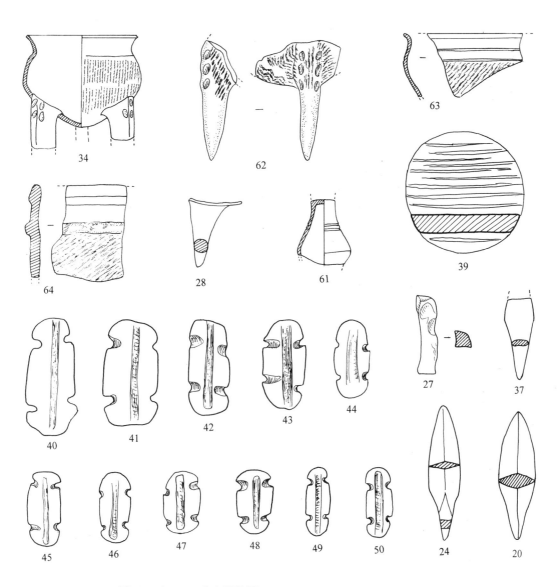

图四三四　H30 出土器物图（20、24、37、39～50 为 1/2，余为 1/4）

H30:24，灰色粉砂质板岩。器体扁薄，平面略似柳叶形但尾部收缩成短铤，镞身横剖面呈扁菱形，中间有脊，铤略呈四棱锥形。器表可见细密斜向摩擦痕。器最长 7.2 厘米。（图四三四，24；图版一七七，3 右）

H30:20，青灰色砂质板岩。器体稍厚，平面略似柳叶形但尾部收缩成短铤，镞身横剖面呈扁菱形，中间有脊，铤略呈圆锥形。器表可见细密斜向摩擦痕。器最长 6.8 厘米。（图四三四，20；图版一七七，3 左）

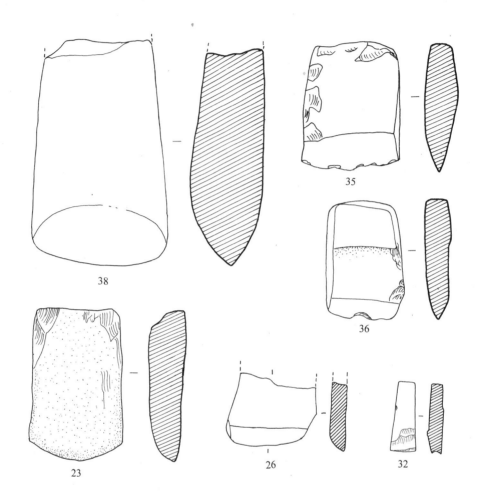

图四三五　H30 出土石器图（26、32 为 1/4，余为 1/2）

砺石　H30：26，青灰色砂质板岩。残缺一半，器体扁平，一面磨制精细。残长 7.6、厚 1.8 厘米。（图四三五，26）

H30：27，红褐色。器体扁平，一端平，另一端略尖，平面呈长条形，横剖面呈弧三角形，其中两面已被磨凹。器最长 8.4 厘米。（图四三四，27）

H31

（一）概　况

1982 年 9 月 21 日，在 T36 灰黑土下发现一个小坑，清理后编号 H31，但伸入西隔梁部分未清理。

开口于 T36 西南部的③层商周灰黑土下，打破④层新石器时代灰黄土。平面形状不规则,圜底。坑口距地表深 28 厘米,暴露部分长约 110 厘米,深约 36 厘米。填土为灰黑色,内含砺石、陶鬲、陶片。

（二）遗　物

出土有砺石 1 件、陶鬲 1 件和陶片 15 片。陶片中夹砂红陶约占 47%,泥质灰陶约占 33%,余为夹砂和泥质黑陶;器表素面约占 87%,绳纹和篮纹各占 6.7%;陶片较碎,器形不辨。

陶鬲 H31:1,夹砂红陶。近方唇,侈口,沿面略内凹,矮领,深腹,3 个圆锥状足,裆较高。颈部饰浅凹弦纹 2 圈,腹饰竖向细绳纹,底和足上半部饰交错细绳纹,足下半部无绳纹。器最高 13.6、外口径 12.5 厘米。（图四三六,1）

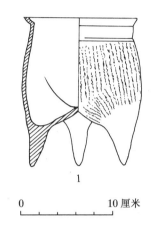

图四三六　H31 出土器物图

H35

（一）概　况

1982 年 9 月 23 日,在 T36 东南部现代堆积下发现一片灰黑色土,编号 H35,26 日清理完毕。伸入 T35 和 T37 的一部分在各探方发掘时均予以记录,但 T34 西北角一小部分未记录。

开口于 T36 东南部②层现代堆积下,打破④层新石器时代灰黄土和红沙土（即生土）。平面近椭圆形,坑壁斜直。坑口被一现代水坑打破,距地表深约 80 厘米,长径约 350 厘米,短径约 245 厘米,底部斜平,东边较浅,约 90 厘米,西部稍深,约 120 厘米。填土为灰黑色,夹少许红烧土颗粒。在距坑底约 10 厘米高处,夹有一层较薄的纯黄沙土。填土内含有残石器、石料、砺石和较多陶片。（图四三七）

（二）遗　物

出土有半月形石刀 1 件、残石器 1 件、砺石 2 件、石料 11 件和陶鼎式鬲 1 件、罐 1 件、小罐 1 件、纺轮 1 件,陶片 571 片。陶片以夹

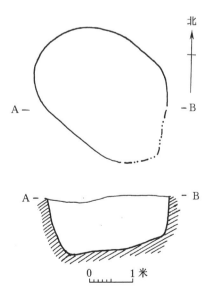

图四三七　H35 平、剖面图

砂陶为主，其中红陶约占37%，灰陶约占30%，黑陶约占9%，泥质陶较少，其中灰陶约占10%，余为红、黑陶等，另有不到1%的印纹硬陶；器表素面约占71%，纹饰多绳纹，约占18%，余为少量的篮纹、凸棱、刻划纹、附加堆纹和镂孔等；器形难辨。另外，坑内还出土了少量新石器时代陶片及陶壶、鼎足、鬶颈残片各1。

陶鼎式鬲　H35:2，夹砂红胎黑衣陶，通体施黑衣，但大都已脱落。方唇，敞口，折沿，沿面窄平，矮领，扁圆腹，圜底，3个圆锥状足，足尖残，足内表面略凹。肩部饰凸棱2圈，其下饰交错细绳纹至器底，三足素面。器残高12.8、外口径16厘米。（图四三八，2；图版一七七，5）

陶鼎式鬲足　标本H35:31，夹砂红陶。呈圆锥状，足内表面略凹，足尖已残。足上半部饰2对圆按窝，表面饰细绳纹。残高8.7厘米。（图四三八，31；图版一七七，6）

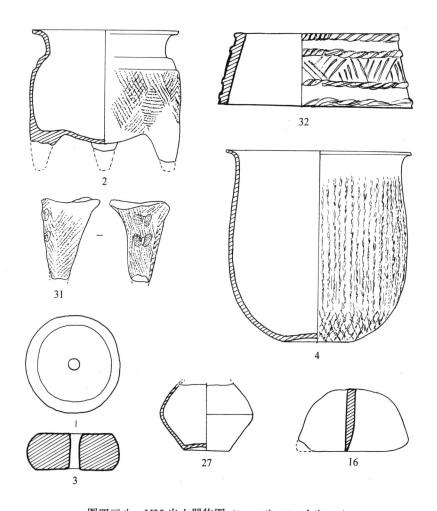

图四三八　H35出土器物图（3、16为1/2，余为1/4）

陶罐　H35:4，夹砂红陶。方唇，敞口，深腹略鼓，凹圜底。通体饰竖向粗绳纹，底部也饰粗绳纹。器最高 20.4、外口径 20 厘米。（图四三八，4）

小陶罐　H35:27，泥质灰胎黑衣陶。器体较小，口部残，折腹，平底略内凹。轮制，器内壁可见拉坯指印，外壁可见细密均匀的刮抹痕，器底有轮制旋切的偏心涡纹。器残高 7.2 厘米。（图四三八，27；图版一七七，4）

陶器座　标本 H35:32，夹砂红胎黑衣陶。仅剩残片，上、下两口均呈方唇，上口稍小，下口稍大，壁斜直，上饰 4 道附加堆纹，堆纹上加斜向压印纹，器中部饰刻划纹。上口径约 18、下口径约 21.2、高 7.6 厘米。（图四三八，32）

陶纺轮　H35:3，夹粉砂灰陶。圆饼形，两面扁平，中间一孔，壁向外鼓凸。器最大直径 5.4、最厚 2 厘米。（图四三八，3）

半月形石刀　H35:16，灰黄色夹云母。器体扁薄，平面呈半月形，磨制稍精。单面平刃，一角残缺，刃口圆钝，上几无崩口。器残长 6、最宽 3.4、最厚 0.6 厘米。（图四三八，16）

H36

（一）概　况

1982 年 9 月 23 日，在 T35 灰褐土下发现一片夹灰炭的灰黑土，25 日清理后编号 H36，但在 T34 北部的另一半在发掘时未予详细记录。

开口于 T35 南部和 T34 北部的③层商周灰褐土下，打破④层新石器时代黄沙土和生土。平面应为圆形，圜底。坑口距地表深约 98 厘米，口径约 270 厘米，深约 110 厘米。填土为灰黑色，质地较硬，夹红烧土块和细碎颗粒及草木灰、炭末，含有砺石和陶片。（图四三九）

（二）遗　物

出土有砺石 1 件和少量陶片。陶片有夹砂绳纹陶、叶脉纹和云雷纹硬陶等，可辨器形夹砂红陶残斝 1 件、泥质灰陶残钵 1 件以及鼎足、豆柄等。另出土了新石器时代的夹砂红陶

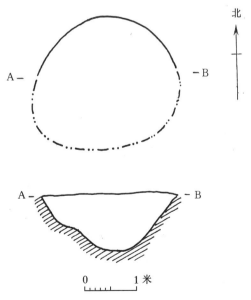

图四三九　H36 平、剖面图

扁平三角形鼎足1件。

H37

(一) 概 况

1982年9月25日，在T33深灰色扰土下发现一片深褐色土，当时疑为墓葬，后判定为灰坑，清理后编号H37。该坑大部分在T9和T34内，但两探方发掘时未能辨认出。

开口于T33东北角②层深灰色土下[①]，打破③层商周灰褐土、④层新石器时代黄沙土、⑤层黄土和生土。平面已知部分为扇形，近似圜底。坑口距地表深约50厘米，深约100厘米。填土为深褐色，内含少量陶片。

(二) 遗 物

仅出土有少量陶片，多为夹砂绳纹陶，可辨器形有鼎式鬲2件、斝1件、罐1件。

陶鼎式鬲 H37：1，夹砂红褐陶。圆唇略外翻，敞口，腹略直，底略圜近平，3个圆锥形足，足内表略凹，一侧

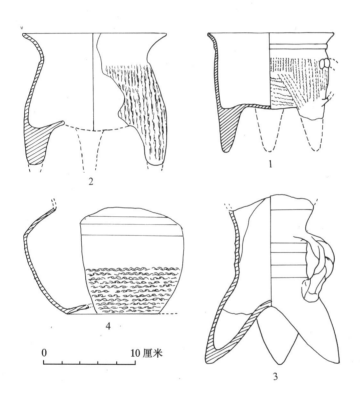

图四四〇 H37出土器物图

安把手1个，已残缺。颈部饰1圈稍粗的凸棱，腹、底和足均饰交错细绳纹，足部绳纹大部分已抹去。器最高12.6、外口径13.8厘米。(图四四〇，1；图版一七八，1)

H37：2，夹砂外红内黑陶，并夹少量碎植物壳。仅剩局部，圆唇略外翻，敞口，腹斜直，底略圜近平，3个圆锥形足，足内表略凹，足尖残。颈以下饰竖向中绳纹，底饰

① 该坑开口层位需斟酌。

交错中绳纹，足上绳纹已不清晰。器残高约 14、外口径约 16 厘米。（图四四〇，2）

陶斝 H37:3，夹砂红胎外表灰黄陶。上半部残缺，圆筒形腹上大下小，3 个空心袋足，器一侧安宽扁半环形把手 1 个，把手系用 3 根泥条编织而成。腹部为轮制，内壁可见拉坯指印，下腹饰细凸棱数圈。器残高 18.4 厘米。（图四四〇，3；图版一七八，2）

陶罐 H37:4，夹砂灰陶。口部残，折肩，弧腹，凹圜底。为轮制，器内壁可见清晰的拉坯指印。肩部饰凹弦纹 2 圈，下腹饰横向麦粒状粗绳纹，底饰交错麦粒状粗绳纹。器残高 11.2 厘米。（图四四〇，4）

H38

（一）概　况

1982 年 9 月 25 日，在 T44 黑灰土下发现一片颜色较深的黑灰土，编号 H38，至 27 日清理完毕。该坑西部延伸至 T25 中，但发掘时未能辨认出。

开口于 T44 西部的③b 层商周黑灰土下，打破④层新石器时代灰黄土、⑤a 层深灰色花斑土，⑤b 层浅黄色花斑土和生土。平面已知部分为半椭圆形，坑壁斜直，底近平。坑口自南往北倾斜，距地表深约 110～130 厘米，已知南北长达 410 厘米，深约 120 厘米。填土为深灰黑色，质地松软，内含少量石器和陶片。（图四四一）

（二）遗　物

出土有石锛 3 件、凿 2 件及陶鬲 1 件、盉 1 件、纺轮 1 件，陶片 781 片。陶片以夹砂陶占多数，其中红、黑陶各占 29%，泥质陶稍少，其中灰陶占 30%，黑皮（衣）陶占 9%，红陶占 2%，另有 1% 的印纹硬陶；器表素面占 46%，纹饰以绳纹为主，占 42%，余为少量凹弦纹、附加堆纹、刻划纹、方格纹、叶脉纹等；可辨器形有鼎、豆、罐、鬲等。另有新石器时代的泥质红陶棒 1 件。

陶鬲 H38:19 夹细砂灰黄陶。口部残缺，深腹，弧裆较高，3 个扁圆锥形空心袋足。腹及三足外面饰竖向细绳纹，腹中部抹 1 圈宽弦纹将绳纹间断，器底及足内侧均可见明显的条形刮抹痕。器残高 18.8 厘米。（图四四二，19；图版一七八，3）

陶盉 H38:13，夹砂灰黑陶，足尖为红色。上半部为钵形，已残，圜底，腹部饰细凹弦纹 1 圈，底部有梭形镂孔一组。下半部扁折腹，折腹处有一管状流，流口已残；小圜底近平；侧面有一角状把手，尾上翘，略残。腹下 3 个矮圆锥状足，足外撇，足尖残缺。肩部饰 2 圈凹弦纹，折腹下也饰 1 圈凹弦纹，其下饰竖向细绳纹。器残高 14 厘米。（图四四二，13；图版一七八，4）

陶纺轮 H38:22，泥质灰陶。圆饼形，两面扁平，中间一孔，壁向外鼓凸。器最大直径 3.7、最厚 0.9 厘米。（图四四二，22）

石锛 标本 H38:23，灰黄色粉砂质板岩。器体扁薄小巧，平面呈梯形，磨制不精，

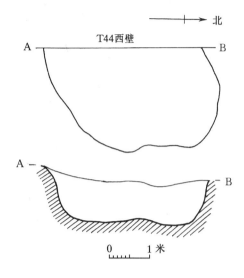

图四四一　H38 平、剖面图

靠顶部有一处打制疤痕。顶部磨平，单面刃，刃口锋利，上仅有 1 处小崩口。器最长 3.3、最厚 0.7、刃宽 2.6 厘米。（图四四二，23）

石凿　H38：15，灰色粉砂质板岩。器表局部呈红褐色，是否经火烧过未知。器体较厚，平面呈长条形，磨制较粗。顶部磨成圆弧形。单面刃，刃较窄，一角残缺，上有 2 处较大崩口。器最长 6.2、最厚 2.8、刃宽 1.3 厘米。（图四四二，15；图版一七八，5）

H38：12，灰色粉砂质板岩，器表呈红褐色，是否经火烧过未知。器体较厚，

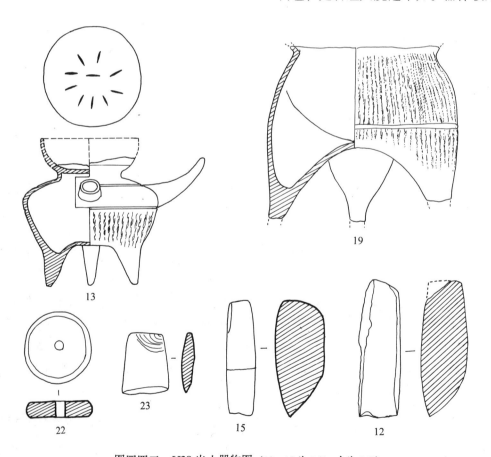

图四四二　H38 出土器物图（13、19 为 1/4，余为 1/2）

平面呈长条形，一侧面及顶的一部分已残缺，磨制稍精。顶部残存一斜面。单面刃，刃较窄，刃口稍锋利，上有 1 处较大崩口和几处小崩口。器最长 7.4、最厚 2.6、刃残宽 2.1 厘米。（图四四二，12）

H45

（一）概　况

2000 年 10 月 28 日，在 T48 黄褐土下发现一片夹红烧土颗粒的灰褐土，与周围土层区别明显，清理后编号第六次发掘 H1，第三次整理时改为 H45。

开口于 T48 西部的②层周代黄褐土下，打破③层西周灰褐土、⑥层新石器时代红褐土和红沙土（即生土）。平面呈不规整的椭圆形，坑壁斜弧，圜底。坑口距地表深 30 厘米，口径 98~115 厘米，深 38 厘米。填土为灰褐土，质地较硬，夹少量红烧土颗粒，内含少量残石器和较多陶片。（图四四三）

（二）遗　物

出土有石锛 1 件、陶片 96 片。陶片均为夹砂陶，其中红陶约占 58%，灰黄陶约占 26%，灰陶约占 16%；器表素面约占 54%，绳纹约占 41%，余为少量的附加堆纹和篮纹；可辨器形有敛口瓮、鬲、瓶、缸残片。

陶鬲口沿　标本 H45:3，夹砂灰陶。圆唇，敞口，弧腹。颈部有 2 道凹弦纹。残高 3.2、外口径约 14 厘米。（图四四四，3）

陶瓶口沿　标本 H45:2，夹砂灰褐陶。尖圆唇，敞口，深弧腹。器表饰竖向细绳纹，腹上部饰 1 道附加堆

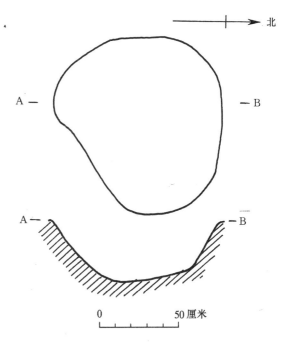

图四四三　H45 平、剖面图

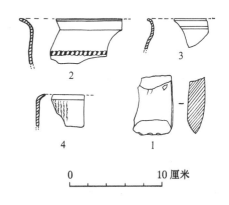

图四四四　H45 出土器物图

纹，堆纹上加饰压印绳纹。残高 4.8、外口径约 26 厘米。(图四四四，2)

陶瓷口沿　标本 H45：4，夹砂灰陶。圆唇，敛口，直腹。器表饰细绳纹。残高 3.4、内口径约 12 厘米。(图四四四，4)

石锛　H45：1，青灰色砂质板岩。器体较小，平面呈长方形，磨制稍精，一侧面略残。顶部呈斜面，未磨平。单面刃，刃口稍锋利，上有数处小崩口。器最长 6.5、最厚 2、刃宽 4.4 厘米。(图四四四，1)

H47

(一) 概　况

2000 年 10 月 25 日，在 T50 黄褐土下发现一片灰黑土，与周围土色明显不同，28 日开始清理，29 日结束，编号第六次发掘 H3，第三次整理时改为 H47。

开口于 T50 中部的②层周代黄褐土下，打破同属西周的③层灰褐土和④a 层红褐土。平面为椭圆形，坑壁斜直，北边稍陡，南边较缓，底较平。坑口距地表深约 35 厘米，长约 200 厘米，宽 65～92 厘米，深 36 厘米。填土为灰黑土，质地松散，夹极少量红烧土颗粒，内含少量陶片。(图四四五)

(二) 遗　物

出土陶片 51 片。陶片以夹砂陶占大多数，其中灰陶约占 27%，红陶约占 24%，黑陶约占 22%，灰黄陶约占 6%，泥质陶较少，均为外红内黑陶，约占 16%，另有不到 6% 的印纹硬陶；器表素面不多，约占 16%，纹饰以绳纹为主，约占 59%，余为少量方格纹、篮纹、凹弦纹、附加堆纹以及叶脉纹、云雷纹、曲折纹等；可辨器形有夹砂灰、黑陶鬲口沿、夹砂红、灰陶平跟鬲足 4 个和锥状鼎足 1 个。

陶鼎足　H47：5，夹砂外红内黑陶。呈圆锥

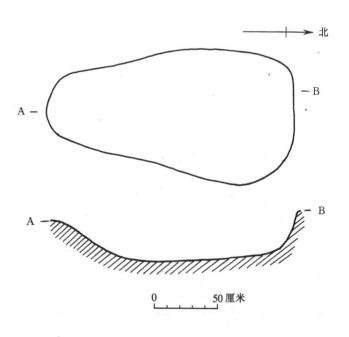

图四四五　H47 平、剖面图

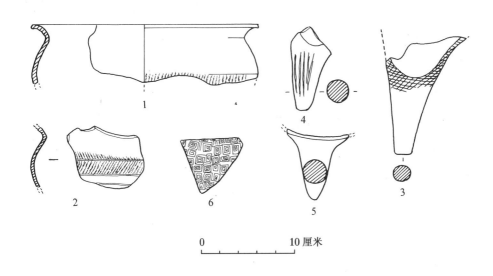

图四四六　H47 出土器物图

状。残高 7.8 厘米。(图四四六,5)

　　陶鬲口沿　标本 H47:1,夹砂黑陶,器表残存少量烟炱。方唇,腹部略折,其下饰斜向细绳纹。残高 6.4、外口径 24.8 厘米。(图四四六,1)

　　标本 H47:2,夹砂灰陶。口残,略折腹,腹饰斜向细绳纹,其间以 3 道凹弦纹将绳纹隔断。残高 7 厘米。(图四四六,2)

　　陶鬲足　标本 H47:3,夹砂灰陶。足较高,大体呈圆柱状,平跟。上半部饰方格纹,部分无方格纹处可见刮抹痕,足跟底部平面上饰细绳纹。残高 12.6 厘米。(图四四六,3;图版一七八,6)

　　标本 H47:4,夹砂外红内黑陶。大体呈柱状,平跟。足表面可见较多竖向刮抹痕。残高 9 厘米。(图四四六,4)

　　印纹陶片　标本 H47:6,泥质红褐色硬陶,质较坚密,叩之有声。饰不规整的云雷纹。残片最长 7、最厚 0.8 厘米。(图四四六,6)

H49

(一) 概　况

　　2000 年 10 月 28 日,在 T48 东南角阶梯处的表土下发现一片暗褐色土延伸至东隔梁和南隔梁内,编号第六次发掘 H5,因大部分在阶梯下不便于清理,只能随地层发掘的进度逐步清理,至 17 日打 T49 北隔梁时才清理完毕。该坑延伸至 T36、T37 的部分当时发掘时未能辨认出。第三次整理时改为 H49。

开口于 T48 东南和 T49 东北的①层表土下，打破 T48 的⑥层新石器时代红褐土、T49 的⑩层新石器时代黄沙土和两探方的红沙土（生土），并打破了 H57。坑口距地表深约 15 厘米，平面已知部分为半圆形，坑壁较直，底平。口径约 170 厘米，底径约 150 厘米，深约 60 厘米。填土为暗褐色，质地较松，夹有较多的红烧土块，内含少量石器、陶器和较多陶片。（图四四七）

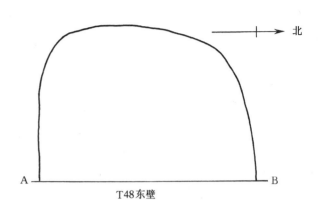

T48 东壁

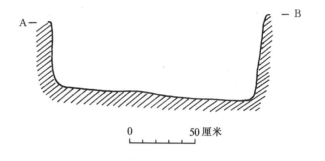

0　　　　50厘米

图四四七　H49 平、剖面图

（二）遗 物

出土有石锛 2 件、磨棒 1 件，陶纺轮 1 件及陶片 91 片。陶片以夹砂陶为主，其中红陶约占 52%，黑陶约占 17%，灰陶约占 11%，泥质陶仅有外红内黑陶一种，约占 20%；器表大多数为素面，约占 69%，绳纹、篮纹各占约 14%，余为少量凸棱；可辨器形有夹砂红陶锥状鼎足 1 个、黑陶平跟鬲足 1 个和盆、罐、缸口沿。另有新石器时代的夹砂红陶、红褐陶鼎足，泥质红胎黑皮陶豆柄和夹砂红陶管状流等。

陶鼎足　H49:7，夹砂外红内黑陶。呈圆锥状。残高 7.6 厘米。（图四四八，7）

陶鬲口沿　标本 H49:5，夹砂黑陶。尖唇，敞口，外折沿。器表饰细绳纹。残高 8.8、外口径约 18 厘米。（图四四八，5）

陶鬲足　H49:6，夹砂灰陶。呈圆柱状，足跟斜平。足表面饰竖向细绳纹，足跟底部平面上饰细绳纹。残高 7.2 厘米。（图四四八，6）

石锛　H49:1，青灰色粉砂质板岩。半成品，器体扁平小巧，平面呈长条形，磨制稍精，器表残留少量打制疤痕。顶部磨平。一侧面及刃部残断。器最长 5.3、最厚 0.5、刃宽 1.5 厘米。（图四四八，1）

H49:2，青灰色粉砂质板岩。器体扁平，平面呈长方形，磨制不精。顶部残。单面刃，刃口锋利，上有数处小崩口。器残长 6.6、最厚 0.6、刃宽 4.2 厘米。（图四四八，2）

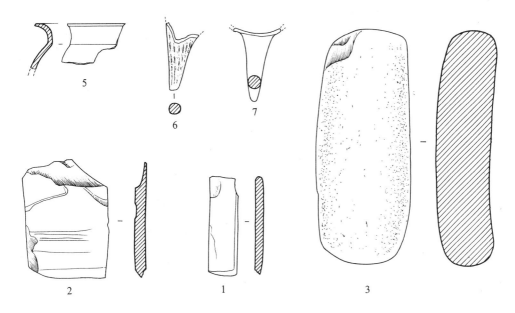

图四四八　H49 出土器物图（1~3 为 1/2，5 为 1/8，余为 1/4）

石磨棒　H49:3，花岗岩。器体稍厚重，呈长条形扁圆柱体，器表凸凹不平，十分粗糙。其中一面较平且略凹，较之周围稍显平滑，器两端也明显较周围平面光滑，当属长期研磨所致。器最长 12.6、最宽 5.2、最厚 3 厘米。（图四四八，3）

H50

（一）概　况

2000 年 10 月 30 日，在 T47 揭去表土后于东南部发现大片黑灰土，当时疑为商周地层，11 月 1 日结合平剖面观察确定为灰坑，编号第六次发掘 H6，至 3 日清理完毕。但延伸至 T25 的部分在当时发掘时未能辨认出。第三次整理时改为 H50。

开口于 T47 东南部①层表土下，打破③层新石器时代灰黄沙土和④层黄土。平面已知部分不规则，圜底。坑口距地表深约 25 厘米，已暴露部分最长 310 厘米，宽约 135 厘米，坑深约 70 厘米。填土为黑灰色，质地松散，内含少量石器和较多陶片。（图四四九）

（二）遗　物

出土有石凿 1 件、陶片 65 片。陶片以夹砂陶占绝对多数，其中红陶约占 59%，灰陶约占 28%，黑陶约占 9%，另有不到 5% 的印纹硬陶；器表素面约占 38%，纹饰以绳纹为主，约占 52%，余为少量附加堆纹、凹弦纹、凸棱、曲折纹；可辨器形有夹砂红陶锥状鼎足 2 个、平跟鬲足 1 个、鬲口沿等。另外还有较多的新石器时代夹砂红陶片，

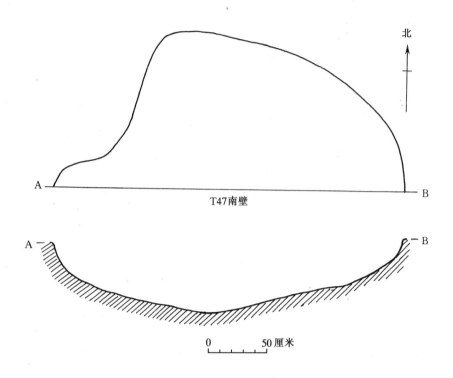

T47南壁

0　　　　　　50 厘米

图四四九　H50 平、剖面图

可辨器形有鸭嘴形、长条形、凿形、枫叶形鼎足等。

陶鼎足　标本 H50:3，夹砂灰陶。呈圆锥状。残长 8 厘米。(图四五〇，3)

陶鬲口沿　标本 H50:2，夹砂灰陶。尖唇，敞口，外折沿，沿面略内凹。腹饰竖向细绳纹。残高 6 厘米。(图四五〇，2)

石凿　H50:1，青灰色砂质板岩。半成品，器体厚重，平面呈长方形，横剖面近方形，器表略向外弧凸，磨制不精，残留较多的打制疤痕，一侧面部分残缺。顶部磨平。单面刃尚未琢制成，可见打制的斜面。器最长 10.4、最宽 3.8、最厚 3.5 厘米。(图四五〇，1)

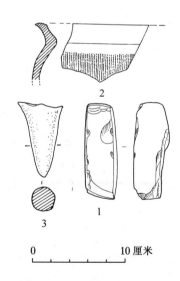

2

1

3

0　　　　　　10 厘米

图四五〇　H50 出土器物图

H53

（一）概　况

2000年11月8日，在T51西北角发现一处灰黑土，明显区别于周围土色，乃编号为第六次发掘H9，14日清理结束。第三次整理时改为H53。

开口于T51西北角的⑤层西周深灰色土下，打破同属西周的⑥层黄沙土、⑨层黄褐土，大部分在探沟之外。已知坑口平面呈扇形，坑壁斜弧，圜底。南北长125厘米，东西宽110厘米，深62厘米。填土为灰黑土，含较多粉沙和草木灰，质地十分疏松。出土石器1件和少量碎陶片。（图四五一）

（二）遗　物

出土有梭形石器1件、陶片28片。陶片以夹砂陶占绝对多数，其中灰陶约占43%，黑陶约占25%，红陶约占21%，灰黄陶约占7%，另有约4%的印纹硬陶；器表素面约占30%，纹饰以绳纹为主，约占52%，余为少量凸棱、篮纹、云雷纹；可辨器形有夹砂灰（褐）陶鼎式鬲足1

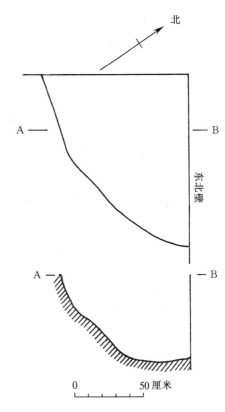

图四五一　H53平、剖面图

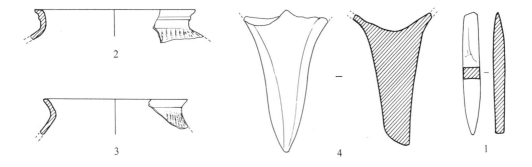

图四五二　H53出土器物图（2、3为1/4，余为1/2）

个、鬲口沿和夹砂黑陶甗残片、钵口沿。另有少量新石器时代夹砂红陶鸭嘴形鼎足。

陶鼎式鬲足　H53:4,夹砂灰陶。呈圆锥状,足尖刮抹成四棱锥状。残高7.6厘米。(图四五二,4)

陶鬲口沿　标本H53:2,夹砂灰褐陶。尖唇,敞口。颈部饰1道凸棱,棱上加饰细绳纹,腹部饰细绳纹。残高3.6、外口径约17.6厘米。(图四五二,2)

标本H53:3,夹砂褐胎黑衣陶。尖唇,敞口,腹饰细绳纹。残高3.2、外口径约15.6厘米。(图四五二,3)

梭形石器　H53:1,青灰色粉砂质板岩。器体修长,平面呈梭形,横剖面近方形,两端有窄刃,刃的方向一横一直,器表磨制稍精。器最长6.5、最宽0.7、最厚0.7厘米。(图四五二,1)

H55

(一)概　况

2000年11月4日,在T49东南阶梯旁发现部分深灰黑土,当时疑为下层地层出露,14日将阶梯除去,确认是一个灰坑,即行清理,编号第六次发掘H11,但延伸入东隔梁的部分未能清理。第三次整理时改为H55。

开口于T49东南部同属西周的③层灰褐土和⑥层灰褐略显红色土之下,打破⑩层新石器时代黄沙土和红沙土(即生土),坑口部分被H30打破。平面暴露部分为长方形,坑壁斜直,坑底较平,形制较为规整。坑口距地表深40～65厘米,暴露部分长约155厘米,宽50～65厘米,坑底长约100厘米,宽仅20～32厘米,坑深68～84厘米。填土为深灰黑色,质地松软,内含很少量陶片。(图四五三)

(二)遗　物

仅出土陶片10片。陶片中夹砂灰陶占60%,夹砂红陶占

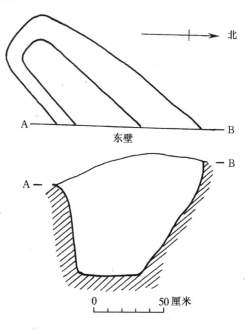

图四五三　H55平、剖面图

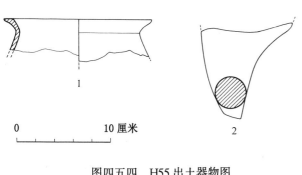

0　　　　　10 厘米

图四五四　H55 出土器物图

30%，泥质灰陶占 10%；器表素面占 80%，绳纹占 20%；可辨器形有夹砂灰（褐）陶鬲口沿、鼎足。

陶鼎足　标本 H55：2，夹砂灰陶。矮圆锥状，足尖微残，器表留有烟炱。残高 10 厘米。（图四五四，2）

陶鬲口沿　标本 H55：1，夹砂灰陶。尖唇，敞口，窄平沿。残高 4.7、外口径约 16 厘米。（图四五四，1）

H57

（一）概　况

2000 年 10 月 28 日，在 T49 东北角表土下发现一片红褐土，因与 T49 西半部地层不相连，当时未确定是地层还是灰坑，11 月 14 日清理此处时确认为一灰坑，编号第六次发掘 H13。17 日打掉北隔梁补充清理该坑，但东隔梁中的未能清理。第三次整理时

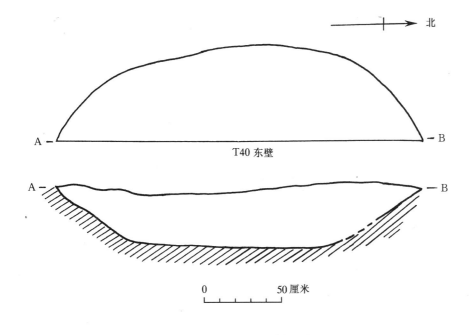

T40 东壁

0　　　　　50 厘米

图四五五　H57 平、剖面图

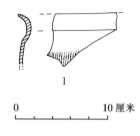

图四五六　H57 出土器物图

改为 H57。

开口于 T49 东北角和 T48 东南角的①层表土下，打破两探方的②层周代黄褐土和 T49 的⑩层新石器时代黄沙土、红沙土（即生土），同时也打破 H30 一角，本身又被 H49 打破中间部分。平面暴露部分呈半圆形，坑壁斜弧，圜底近平。坑口距地表深约 15 厘米，已知最长约 480 厘米，深约 60～85 厘米。填土为红褐色，质地稍硬，并夹杂少量红烧土颗粒，内含少量陶片。（图四五五）

（二）遗　物

出土有陶片 18 片。陶片以夹砂陶为主，其中黑陶约占 44%，红、灰黄陶各占约 22%，泥质黑皮陶和灰黄陶各占约 6%；器表素面约占 39%，绳纹约占 28%，凸棱和篮纹各占约 11%，余为少量刻划纹和按窝；可辨器形有夹砂灰陶鬲口沿、泥质灰黄陶罐口沿。

陶鬲口沿　标本 H57∶1，夹砂灰陶。尖唇，敞口，弧腹稍直。残高 5.6 厘米。（图四五六）

H60

（一）概　况

1982 年 9 月下旬，在 T29、T30、T41、T42 的宋代堆积下发现大片灰褐土，当时认为是大灰坑，但最后按地层编为第③层。第三次整理时根据原始记录和平剖面图发现 4 个探方的③层剖面相连后为圜底状，边缘均较浅，只有几十厘米，而在 4 个探方交界的中心部位却深达 140 厘米，同时这里的新石器时代地层仅在四个探方的边缘残留有局部。堆积中含有大量红烧土块以及小片炭末层，遗物绝大多数为新石器时代陶片，而商周陶片很少，一般地层堆积中是不会出现这种状况的，但该遗址商周灰坑却时有这种现象，因此据其形状、包含物判断应为一个大型灰坑，乃编号 H60。

开口于 T29、T30、T41、T42 四个探方的②层宋代堆积下，打破④层新石器时代黄沙土、⑤层黄土和生土。平面应大体呈圆形，直径可达 10 米以上，坑壁均为缓坡状，圜底，中部最深处达 140 厘米。坑内堆积为灰褐色土，但有一定量的黄土掺杂在一起，部分堆积溢出坑口外，而与其他探方的③层灰褐土相连，坑东北部填土中夹杂大量红烧土块，较大的红烧土块旁常伴随着一层较薄的炭末层，炭末层范围一般 60×80 厘米左右，厚约 2～5 厘米，红烧土块内常发现稻秆等植物纤维痕迹。（图四五七）

（二）遗　物①

出土有石锛 7 件、凿 2 件、研磨器 1 件、扁球状石器 1 件及陶纺轮 6 件、陶饼 4 件、网坠 1 件，陶片 2673 片。陶片多为新石器时代的，以夹砂陶为主，其中红陶约占 31%，黑陶约占 20%，灰陶约占 9%，泥质陶中黑皮陶约占 13%，红陶约占 10%，黑陶约占 7%，灰陶约占 7%，外红内黑或外黑内红陶约占 2%，另有很少量的印纹硬陶和原始瓷；器表素面约占 56%，凸棱约占 13%，绳纹约占 11%，余为少量凹弦纹、篮纹、附加堆纹、方格纹、席纹等多种纹饰；可辨器形有鬲足、甗耳、盉流等多种。另外还出土了大量的新石器时代陶鼎足等。

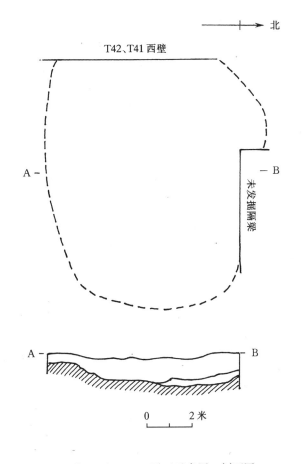

图四五七　H60 平面示意图、剖面图

陶鬲足　标本 H60：11，夹砂红褐陶，内表呈黑色。足为扁圆锥状。通体饰斜向中绳纹，下半部绳纹被刮去。残高 10.4 厘米。（图四五八，11；图版一七九，2）

标本 H60：12，夹砂红褐陶。呈圆锥状。上半部饰略粗斜绳纹，下半部绳纹被抹去。残高 10 厘米。（图四五八，12）

陶纺轮　标本 H60：14，泥质红陶。两面扁平，中间一孔，壁向外鼓凸。器最大直径 5.2、最厚 1.6 厘米。（图四五八，14）

标本 H60：16，夹砂灰胎黑衣陶，黑衣不匀且部分已脱落。圆饼形，两面扁平，中间一孔，斜壁。器最大直径 5、最厚 1.6 厘米。（图四五八，16）

标本 H60：17，夹粉砂灰陶。两面扁平，中间一孔，壁向外鼓凸。器最大直径 5.1、

---

①　该灰坑遗物系四个探方的第③层遗物合在一起，在归并、统计过程中可能会出现些许误差。

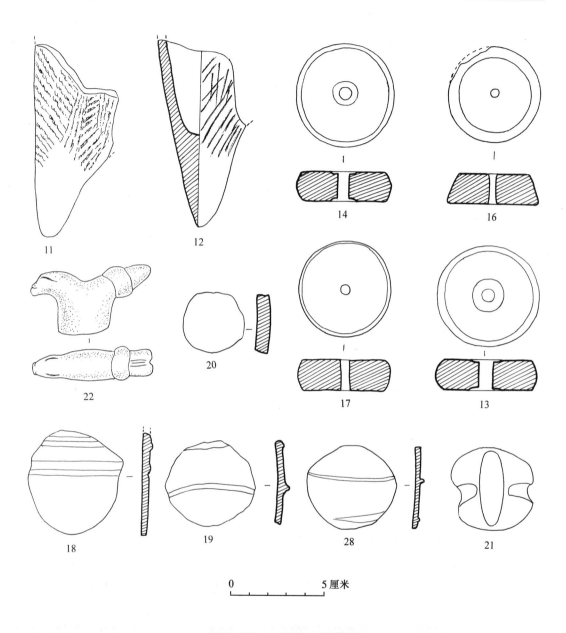

图四五八　H60 出土陶器图

最厚 1.6 厘米。（图四五八，17）

标本 H60：13，夹细砂红陶。两面扁平，中间一孔，壁向外鼓凸。器最大直径 5.7、最厚 1.6 厘米。（图四五八，13）

陶饼　系用废陶片打、磨而成，边缘不整齐，器体扁平，大致呈圆形。H60：20，夹砂红褐陶。素面。器最大直径 3.3、厚约 0.8 厘米。（图四五八，20；图版一七九，1

右）

H60:18，夹细砂灰黄陶。表面保留了 2 道凸棱。器最大直径 5.5、厚约 0.6 厘米。（图四五八，18；图版一七九，2 左）

H60:19，泥质红胎黑衣陶。表面保留了 2 道凸棱。器最大直径 4.8、厚约 0.5 厘米。（图四五八，19；图版一七九，2 中）

H60:28，夹砂红褐陶。器表保留了 2 道凸棱。器最大直径 5 厘米，厚约 0.3 厘米。（图四五八，28）

陶网坠　H60:21，夹砂灰陶。呈扁椭圆体，中部为纵横向十字形凹槽。器最长 4.4、最宽 4.3、最厚 3.6 厘米。（图四五八，21；图版一七九，3）

鸟形捉手　H60:22，略夹砂灰黄胎黑衣陶。呈立鸟形，鸟首两侧用短刻划线表示双眼，鸟尾中部鼓凸，尾端中间纵向刻一凹槽。残高 3.7、鸟身长 6.6 厘米。（图四五八，22）

石锛　标本 H60:10，青灰色砂质板岩。器体扁平，平面呈梯形，通体精磨。顶部磨平，但两端因砸击而粗糙。单面刃，一角残缺，刃口较锋利，上有多处细小崩口。器最长 5.8、最厚 1.8、刃残宽 4.2 厘米。（图四五九，10）

标本 H60:1，浅灰色粉砂质板岩。器体扁平，平面呈梯形，通体精磨，但器表留有少量打制疤痕。顶部磨制近平。单面刃，一角残缺，刃口稍锋利，上有数处明显崩口但均较光滑，似经再磨，仅个别细小崩口呈原始状态。器最长 6.6、最厚 1.6、刃残宽 3 厘米。（图四五九，1）

标本 H60:2，青灰色粉砂质板岩。器体稍厚重，平面呈长方形，通体略精磨，但器表留下较多打制疤痕。顶部不平，有多处崩口。单面刃，刃口较钝，上均为较大崩口。器最长 6、最厚 1.8、刃宽 3.4 厘米。（图四五九，2）

标本 H60:3，灰色砂质板岩。器体扁平，平面略呈长方形，通体略精磨。顶部一部分磨平，一角残断后磨成斜面。单面刃，刃口稍锋利，上有数处较大崩口。器最长 6.4、最厚 1.4、刃宽 2.6 厘米。（图四五九，3）

标本 H60:4，青灰色粉砂质板岩。半成品，器体扁平，平面呈长方形，仅局部略精磨，器表大部分仍为打制时形成的破裂面。顶部残断。刃部仅磨出斜刃，未完全成形。器最长 7.1、最宽 2.9、最厚 1 厘米。（图四五九，4）

标本 H60:5，浅灰色粉砂质板岩。器体扁薄，平面呈长方形，通体粗磨。顶部磨平。单面刃，刃口稍钝，上有 1 处小崩口。器最长 4.2、最厚 0.5、刃宽 1.8 厘米。（图四五九，5）

石凿　H60:6，灰色砂质板岩。器体窄扁，平面呈长条形，通体仅略加粗磨。顶部中间磨平，四缘残留打制的疤痕或砸击痕。单面刃，刃部较窄，上均有崩口。器最长

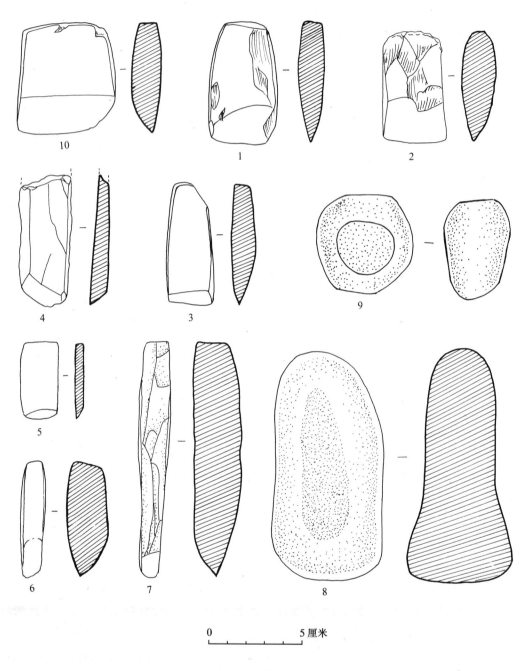

0　　　　　　　　5厘米

图四五九　H60 出土石器图

6.2、最厚 2.3、刃宽 1 厘米。(图四五九，6)

　　H60:7，深灰色砂质板岩。器体窄扁，弧背，器表仅略磨，大都留有打制痕迹。顶部磨平。刃部较窄，刃口稍锋利，上有少量崩口。器最长 12.6、最厚 2.6、刃宽 0.9 厘米。（图四五九，7；图版一七九，4）

研磨器 H60:8，花岗岩。扁圆柱状，器表稍粗糙，一端稍细窄，另一端较粗，器体中部两面已磨凹陷。窄端圆钝，且因长期研磨而较周围器表光滑。粗端为圆形平面，稍向外弧凸，也因长期研磨明显较周围器表光滑。器最长 12.5、最宽 6 厘米，粗端平面最长径约 6.8、短径约 5.5 厘米。（图四五九，8；图版一七九，5）

扁球状石器 H60:9，石英岩。器体为一天然扁石球，磨圆度较高。在稍扁平的两面经打、磨而成两个稍大的平面，球体侧面也打、磨出对称的两个较小平面，经加工的平面均较光滑，另两侧则仅稍加打制而未磨成平面。器最大直径 5.5、最厚 3.6 厘米。（图四五九，9；图版一七九，6）

K2

（一）概　况

2000 年 10 月 28 日，在 T48 东北近北壁处发现一片暗红色土，质地较周围松，29日清理完毕，在探方北壁外的部分未再扩方清理。因坑较浅，出土遗物极少，当时未编灰坑号，仅编临时号 K2。

开口于 T48 东北部的①层表土和②层商周黄褐土下，打破④层新石器时代灰黄沙土，并打破 M139 西南一侧和 K5。从已暴露的部分看，平面略呈长方形，斜壁，圜底，坑口距地表深 30～40 厘米，暴露部分长约 150 厘米，宽约 100～110 厘米，坑深约 30 厘米。填土为暗红色，质地松软，并夹有红烧土颗粒，内含石器 1 件和很少量陶片。（图四六〇）

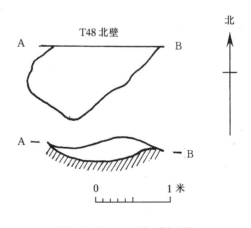

图四六〇　K2 平、剖面图

（二）遗　物

出土有石磨棒 1 件、陶簋 1 件和少量泥质碎陶片。

陶簋 K2:2，泥质灰黄陶，外表着一层薄黑衣，但黑衣大都已脱落。方唇，宽平稍斜，直腹，下腹折收，平底，稍高的圈足，足沿稍宽且略外撇。下腹折收处起折棱，其上也抹出 1 圈凸棱。器体不太规整，内壁不平，为手制。器最高 11.6、外口径 17.6厘米。（图四六一，2；图版一八〇，1）

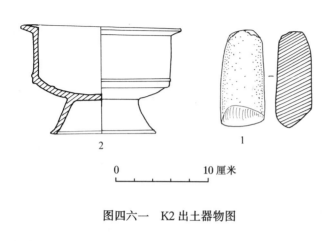

图四六一　K2 出土器物图

石磨棒　K2:1，灰色花岗岩。器体厚重，呈长椭圆体，似石斧状，器表大部分粗糙不平，但两平面的局部光滑平整，为长期摩擦形成的痕迹；一端残破较甚，似为长期砸击所致；另一端呈斜面，但无刃口，斜面除局部稍粗糙外，大部分磨得十分光滑，也属长期摩擦所致。器最长 10.4、最宽 4.8、

最厚 4 厘米。（图四六一，1；图版一八〇，2）

第四节　墓葬、红烧土坑

墓葬、红烧土坑各发现 1 座，编号为 M152、红烧土坑 2。

M152

（一）概　况

1982 年 9 月 25 日，在 T44 黑灰土中发现陶鼎形器和鼎式鬲 2 件、豆和盉各 1 件比较集中地分布在一起，出土时可见完整器形，当时按成组器物进行了记录并认为是墓葬明器，但未予编号，仅作为地层中遗物处理。第三次整理时根据原始记录和器物特征、摆放位置分析应为墓葬，将其编为 M152。

遗物位于 T44 东南角的③b 层商代黑灰土中，其上层为②层宋代瓦砾堆积，下层为④层新石器时代灰黄土。墓坑、葬具和人骨架均未发现。出土遗物仅陶器 4 件，距地表深约 130 厘米。遗物分布较集中，所跨最长边距约 70 厘米，最宽 48 厘米。（图四六二）

（二）遗　物

陶鼎式鬲　1 件。M152:1，夹砂红褐胎黑衣陶，黑衣部分脱落，三足未着黑衣。圆唇，宽沿外侈，筒形腹较深，圜底近平，3 个圆锥状足，足内表面略下凹，足外撇，表面有多道竖向刮抹痕，足尖削成三棱或四棱形。腹部及近底部饰竖绳纹，上腹部有 4 圈

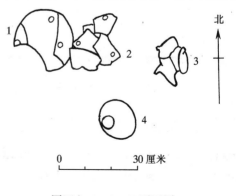

图四六二　M152 平面图

凹弦纹将绳纹隔断。器最高 18.4、外口径 16.8 厘米。（图四六三，1；图版一八〇，3）

　　陶鼎形器　1 件。M152：2，夹砂红褐胎黑衣陶，腹以下黑衣大部分脱落。腹部表面刮抹平整，下腹及底、足表面粗糙，足外撇，足尖削成三棱锥状。厚圆唇，敞口，束颈，腹部内收成双腹，圜底近平，3 个矮锥状足，上腹部一侧有 1 个把手已缺。器最高 14.4、外口径 17 厘米。（图四六三，2；图版一八〇，4）

　　陶假腹豆　1 件。M152：3，泥质红胎黑皮陶。豆盘较浅，厚圆唇，略敛口，豆柄较高，中部内收，下呈喇叭状。柄上有 3 圈折棱和 3 圈凹弦纹。器最高 13.8、内口径 13.4 厘米。（图四六三，3；图版一八〇，5）

　　陶盉　1 件。M152：4，夹砂灰黑陶。上半部已残，圜底，底部有梭形镂孔 1 组。扁折腹，圜底，折腹处有 1 个管状流，略残。侧面有 1 个角状把手，尾上翘，略残。腹下 3 个矮圆锥状足，足外撇，足尖削成三棱锥状。肩部饰 3 圈凹弦纹。器残高 13.4 厘米。（图四六三，4；图版一八〇，6）

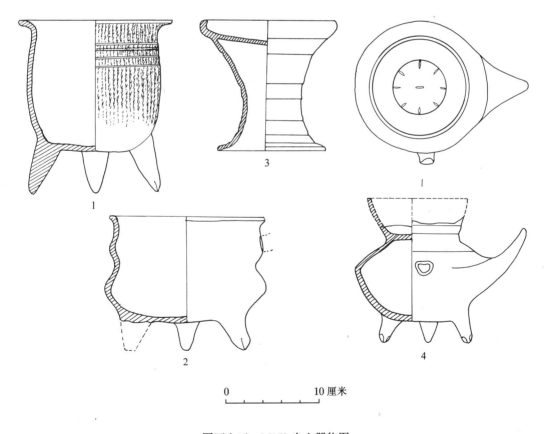

图四六三　M152 出土器物图

红烧土坑 2

　　位于 T21 东南角，小部分延伸到东壁之外。开口于③层商代黑灰色沙土下，打破红沙土（即生土），因而类似一沙坑。坑口平面近似椭圆，圜底。已暴露部分最长约 110 厘米，深约 30 厘米。

　　坑内为黑灰色沙土，质地疏松，内含草木灰，但无陶片等遗物。在坑口上部略偏南部位，有一层红烧土块堆积覆盖，距地表深约 140 厘米，平面呈不规则圆形，直径约 100～110 厘米，厚约 50 厘米，其表面压有一块砺石。红烧土块中有一部分为扁平状并有木杆之类朽后形成的凹槽。在该层堆积之西约 70 厘米处的同一水平面上，残存一呈长方形的白灰面，残长约 120 厘米，宽约 30～50 厘米，厚约 10 厘米，质地极为坚硬。（图四六四）

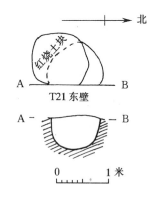

图四六四　红烧土坑 2
平、剖面图

第五节　地层遗物

一　前五次发掘的地层遗物

　　共发现陶、石、铜器 300 余件，其中陶器 100 余件，石器 110 余件，铜器 4 件。

1）陶器

　　陶器以夹砂灰陶、红褐陶为主，纹饰大多数为绳纹，器形主要有鼎、鼎式鬲、鬲、罐、纺轮、网坠等。除此之外，还有少量的印纹陶片和原始瓷片。

　　陶鼎　标本 T22③:15，夹细砂红褐陶。盆形，口部不太规整，圆唇，敞口，斜直腹，平底，3 个矮截锥状足，足略外撇。口下方饰 1 圈细凸棱，再下饰竖向中绳纹至三个足的上半部，底饰交错中绳纹。器最高 9.8、外口径 12～14 厘米。（图四六五，1；图版一八一，1）

　　标本 T34③:4，夹砂红褐陶。方唇，敞口，斜弧腹下部内收，近平底，3 个矮锥足，足尖残缺。腹部饰稍粗的竖绳纹并有凹弦纹，底及足部无纹饰。器最高 9.1、外口径约 11.4 厘米。（图四六五，2）

　　陶鼎式鬲　标本 T44③b:30，夹砂灰褐陶。厚圆唇，敞口，圆腹较深，底近平，3 个圆锥状足，足内表面略下凹。颈部饰 3 圈凹弦纹，腹部饰竖绳纹，三足素面。器最高

24.2、外口径约 20.6 厘米。(图四六五，5；图版一八一，2)

标本 T21③:10，夹细砂红褐陶，底及三足呈红色。尖圆唇较厚，窄平沿，腹微鼓，底近平，3 个锥状足，足内表面较平，足略外撇，足尖均残。颈下饰 3 圈凹弦纹，腹部

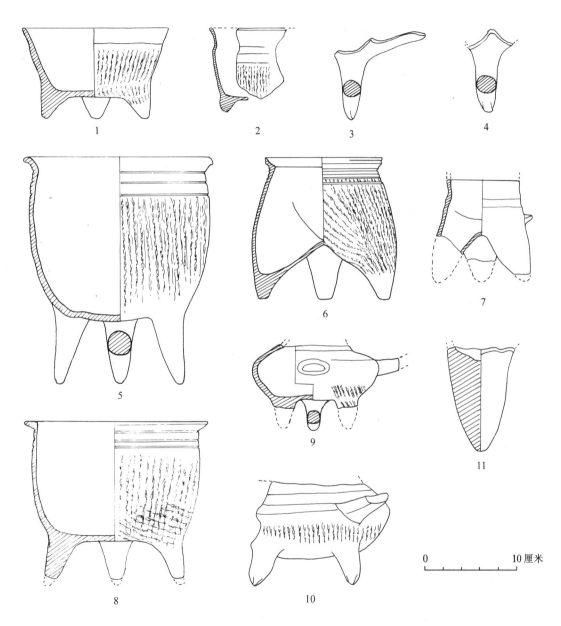

图四六五　前五次发掘夏商周地层出土的陶鼎、鼎式鬲、鬲、鬲足、盉、斝、斝足

1、2. 陶鼎（T22③:15、T34③:4）　3、4. 陶鼎式鬲足（T44③b:41、T44③b:42）　5、8. 陶鼎式鬲（T44③b:30、T21③:10）　6. 陶鬲（T38③:6）　7. 陶斝（T35③:4）　9、10. 陶盉（T34③:12、T44③b:32）

11. 陶斝足（T38③:40）

饰竖向细绳纹，近底部饰交错细绳纹，底及三足素面。器最高 17、外口径约 20 厘米。（图四六五，8；图版一八一，3）

陶鼎式鬲足　标本 T44③b:41，夹粗砂红陶。底为素面，足呈圆锥形，足尖削成三棱锥状，足内表面略内凹。足本身高约 7.2 厘米。（图四六五，3；图版一八一，4 左）

标本 T44③b:42，夹细砂红陶。底饰中绳纹，足呈圆锥形，足尖削成三棱锥状，足内表面略内凹。足本身高约 7 厘米。（图四六五，4；图版一八一，4 右）

陶鬲　标本 T38③:6，夹砂红褐陶。器体不规整，尖缘方唇，斜沿，沿面略内凹，分档，3 个大袋足，足尖呈截锥状。颈下饰 3 圈凹弦纹，器表通施中绳纹。器最高 14.4、口径约 12.8 厘米。（图四六五，6；图版一八一，5）

陶盉　标本 T34③:12，夹砂红胎黑皮陶。口部残，扁圆折腹，底近平，3 个矮截锥状足，足尖略残缺。折腹处有 1 个椭圆形管状流，已残，侧面有横装宽扁角状把手，把稍上翘，尾部残。上腹有 2 圈凹弦纹，下腹及足根局部保留了细绳纹。残高 9.2、最大腹径 13.6 厘米。（图四六五，9）

标本 T44③b:32，夹砂灰黄胎黑衣陶。大部分残缺，折腹，圜底近平，3 个矮圆锥状足，足尖削成三棱锥状。折腹处侧面有 1 个角状把手，把手尾部残。上腹近颈处饰 2 道凹弦纹，下腹饰竖绳纹。器残高约 11.5 厘米。（图四六五，10）

陶斝　标本 T35③:4，夹砂红褐陶。器身残缺，仅剩腰、足部。腰部内收，下有细凸棱，3 个足略呈袋状，足尖残，其中一足的上部残留把手的一部分。器残高 10.4、腰部最小直径 7.9 厘米。（图四六五，7；图版一八二，1）

陶斝足　标本 T38③:40，夹砂灰黄陶。器形粗大，呈圆锥状，素面。足内表可见捏制痕迹。残高 11 厘米。（图四六五，11；图版一八二，2）

陶爵　标本 T44③b:58，夹砂灰陶。上半部残缺，腹直但近底部略内收，平底，3 个圆柱状，足下半部残缺，一侧有半环形把手已残缺。器残高 6.7 厘米。（图四六六，1）

陶罐　可辨有深腹罐和折肩罐。

深腹罐　标本 T44③b:29，夹砂红胎灰黄陶。厚圆唇，敞口，束颈，深腹，下腹及底残。颈部饰 4 圈凹弦纹，其下饰 1 圈附加堆纹，堆纹上并加饰斜向滚压绳纹，腹中部饰竖向中绳纹。器残高约 14.6、外口径 23.8 厘米。（图四六六，2）

标本 T7②:9，夹砂红褐陶，上半部呈灰褐色。圆唇，大敞口，略束颈，深腹略鼓，凹圜底。颈下 1 圈凸棱，棱以下至底均饰斜向交错细绳纹。器最高 19.2、外口径约 17 厘米。（图四六六，3；图版一八二，3）

折肩罐　标本 T44③b:4，夹砂红褐胎黑皮陶。尖圆唇，敞口，折肩，下腹斜直，平底略内凹。肩、腹及底均饰竖绳纹，肩上还贴有 1 个类似环耳的半环形泥条。器最高 16.2、外口径约 12 厘米。（图四六六，4；图版一八二，4）

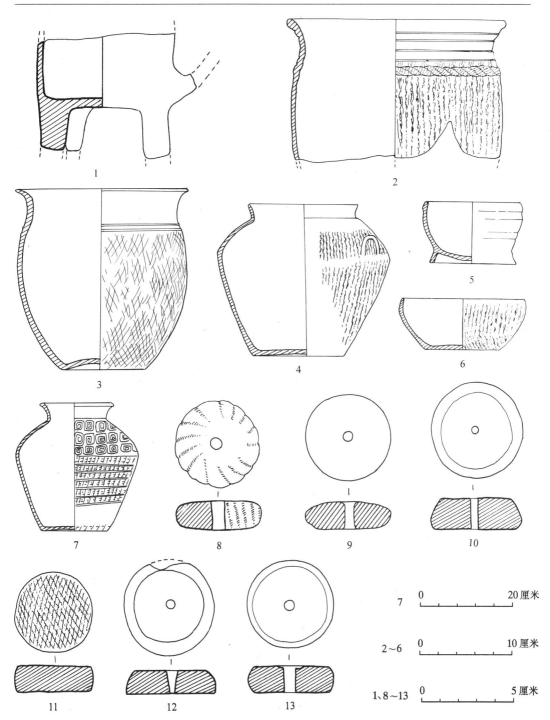

图四六六　前五次发掘夏商周地层出土的陶爵、罐、碗、钵、纺轮、陶饼

1. 陶爵（T44③b:58）　2、3. 深腹罐（T44③b:29、T7②:9）　4、7. 折肩罐（T44③b:4、T22③:2）　5. 陶碗（T45③b:15）　6. 陶钵（T22③:5）　8～10、12、13. 陶纺轮（T9②:27、T4③:3、T19③:5、T8②:5、T7②:10）　11. 陶饼（T7②:46）

标本 T22③:2，夹细砂黑褐陶。方唇，敞口，束颈，略折肩，斜直腹，平底。肩部拍印云雷纹，腹部先拍印方格纹，之后用 7 圈凹弦纹分割，底部无纹饰。器最高 27、外口径 16.2 厘米。（图四六六，7；图版一八二，5）

陶碗　标本 T45③b:15，夹砂红胎灰陶。圆唇，略敛口，弧腹，圜底，矮圈足。腹部饰 4 圈凹弦纹。器最高 6.5、内口径 10.1 厘米。（图四六六，5；图版一八二，6）

陶钵　标本 T22③:5，夹砂灰胎黑衣陶，黑衣大都已脱落。圆唇，敛口，弧腹，平底。上腹饰竖向中绳纹，下腹饰斜向中绳纹，底饰交错中绳纹。器最高 5.4、内口径 13 厘米。（图四六六，6；图版一八二，7）

陶纺轮　标本 T9②:27，夹砂灰陶。圆饼形，两面略弧凸，中间一孔，壁呈弧形。两平面及壁四周均压印绳纹。最大直径 4.7、最厚 1.6 厘米。（图四六六，8；图版一八三，1）

标本 T4③:3，夹砂红陶，系手捏制而成，器表凹凸不平，近圆饼形，表面均略鼓，中间一孔，其中一面的孔缘外有明显按抹泥片形成的按压痕。器最大直径 4.7、最厚 1.4 厘米。（图四六六，9）

标本 T19③:5，夹细砂灰黑胎黑皮陶。圆饼形，两面扁平，中间一孔，壁鼓而折。最大直径 5.1、最厚 1.7 厘米。（图四六六，10）

标本 T8②:5，泥质红陶，呈圆饼形，两面扁平，中间一孔，壁斜弧。最大直径 4.9、最厚 1.2 厘米。（图四六六，12）

标本 T7②:10，夹砂红陶。圆饼形，两面扁平，中间一孔，壁向外鼓凸。最大直径 4.7、最厚 1.5 厘米。（图四六六，13）

陶饼　标本 T7②:46，夹细砂红褐陶。呈圆饼形，类似纺轮但中间无孔，边缘不规整，壁直略向外鼓。其中一面饰绳纹。最大直径 4.5、最厚 1.5 厘米。（图四六六，11）

柱状陶器　标本 T22③:1，夹细砂红胎黑衣陶，黑衣部分脱落。呈圆柱状，中部略内收，圆柱面上饰竖向或斜向中绳纹。两端较平，无纹饰。器最高 11.6、两端直径 8.2、腰部直径 7.2 厘米。（图四六七，1；图版一八三，3）

陶网坠　标本 T34③:4，夹粗砂灰黄陶。扁椭圆形，器表纵、横向各有 1 圈宽凹槽。器最长 5.2、最宽 4.7、最厚 3.7 厘米。（图四六七，2）

标本 T5②:3，夹砂红陶。扁平椭圆形，两平面上各有 1 道纵向凹槽，近两端各有 1 圈横向凹槽。器最长 4.9、最宽 2.3 厘米。（图四六七，3）

标本 T45③b:2，夹粉砂黑陶。呈扁长椭圆形，两平面上各有 1 道纵向凹槽，两端各有 1 圈横向凹槽。器最长 4.9、最宽 2.4 厘米。（图四六七，4）

陶器耳　标本 T44③b:45，夹砂红褐陶。为罐类的器耳，器身饰竖向绳纹，耳用 3 根泥条编成麻花形弯曲而成，耳与器身结合在一起，两侧各饰 1 个小圆泥饼。残高 9 厘

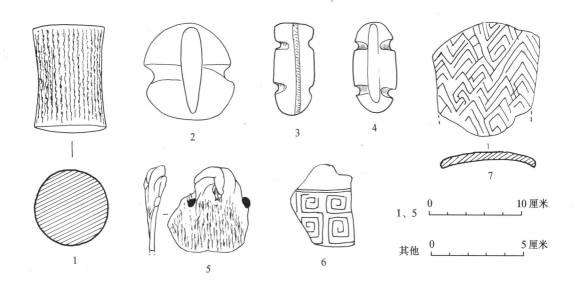

图四六七　前五次发掘夏商周地层出土的陶柱状器、网坠、器耳、印纹陶片

1. 柱状陶器（T22③:1）　2~4. 陶网坠（T34③:4、T5②:3、T45③b:2）　5. 陶器耳（T44③b:45）　6、7. 印纹陶片（T4③:17、T22③:35）

米。（图四六七，5；图版一八三，4）

印纹陶片　标本 T4③:17，夹细砂红陶，器表残留 4 个云雷纹图案。残片最长 4.5 厘米。（图四六七，6；图版一八三，2 左）

标本 T22③:35，夹砂红陶，陶质较软，上饰变形席纹。残片长 6.1 厘米。（图四六七，7；图版一八三，2 右）

2）石器

以锛、镞、凿、砺石的数量最多，其他器类较少。

石斧　标本 T8②:2，红色粉砂岩。器体稍厚重，平面呈长舌形，横剖面呈椭圆形，通体磨制，但顶部未细磨，上留有几处打制疤痕。双面刃弧凸，刃口较钝，上有打制疤痕。器最长 8.9、最宽 4.3、最厚 2.8、刃宽 4 厘米。（图四六八，1）

石锛　有长方形锛、梯形锛和小型锛。

长方形锛　标本 T24③:50，褐色。器体厚重，平面呈长梯形，两侧面仅粗磨，其余各面精磨。顶部一角因砸击而粗糙。单面刃，刃口锋利，上有少量细小崩口。器最长 10.6、最厚 2.9、刃宽 4.5 厘米。（图四六九，1）

标本 T5②:1，器体厚重，平面呈长方形，通体粗磨，器表留下多处打制疤痕。顶部不平。单面刃，刃口稍锋利，上几无崩口。器最长 8、最厚 2.3、刃宽 4.3 厘米。（图四六九，2）

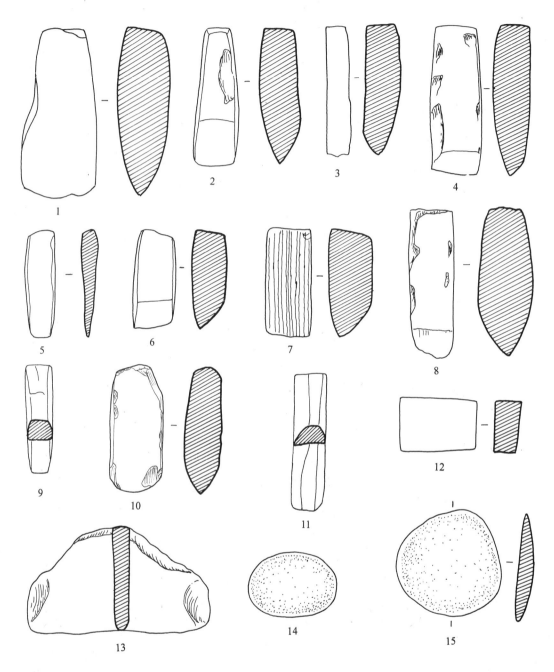

图四六八　前五次发掘夏商周地层出土的石斧、凿、楔（？）、条形石器、
长方形石器、残石器、球、河卵石

1. 石斧（T8②:2）　2～9. 石凿（T38③:9、T21③:14、T18③:13、T15③:26、T19③:39、T9②:3、T10②:
5、T15③:25）　10. 石楔（？）（T44③b:3）　11. 条形石器（T19③:3）　12. 长方形石器（T20③:10）　13.
残石器（T4③:2）　14. 石球（T20③:12）　15. 河卵石（T20③:14）（11、15为1/4，余为1/2）

图四六九　前五次发掘夏商周地层出土的长方形石锛

1~11.T24③:50、T5②:1、T16③:5、T44③b:6、T46③a:11、T9②:8、T9②:11、T44③b:20、T7②:2、T20
③:13、T44③b:2

标本 T16③:5，灰色。器体厚重，平面呈长方形，通体粗磨。顶部残缺，残留打制痕迹。单面刃，刃口较锋利，未见崩口。器残长 7.4、最厚 2.2、刃宽 4.4 厘米。（图四六九，3）

标本 T44③b:6，青灰色粉砂质板岩。器体厚重，平面呈长方形，器表大都精磨，边缘残留打制痕迹。顶部磨平，略向外凸，四角圆钝且有砸击的疤痕。单面刃，刃口均有大小不一的崩口。器最长 9.8、最厚 2.8、刃宽 5.3 厘米。（图四六九，4）

标本 T46③a:11，青灰色粉沙质板岩。器体稍厚重，平面呈长方形，通体精磨，残留少量打制疤痕。顶部磨平，但边缘有砸击形成的小崩口。单面刃，一角稍残，刃口稍钝，上有大小不一的崩口。器最长 7.8、最厚 2.2、刃残宽 4.4 厘米。（图四六九，5）

标本 T9②:8，灰色。器体厚重，平面呈长方形，半成品，通体仅粗磨，顶部及两侧面残留较多打制痕迹。单面刃，刃口有多处打制疤痕。器最长 7.8、最厚 2.8、最宽 4.3 厘米。（图四六九，6；图版一八四，1）

标本 T9②:11，灰色。长方形，半成品，通体仅粗磨，顶部及其他面均留下较多打制痕迹。刃部未修琢成，打制的石片疤较明显。最长 7.9、最宽 4.9、最厚 3 厘米。（图四六九，7）

标本 T44③b:20，灰色砂质板岩。器体扁平，平面呈长方形，器表粗磨。顶部不平。单面刃，刃口均为大小不一的崩口。器最长 7.5、最厚 1.7、刃宽 4.7 厘米。（图四六九，8）

标本 T7②:2，青灰色粉砂质板岩。器体稍厚重，平面呈梯形，通体粗磨，但顶部未加磨制，器表残留多处打制疤痕。单面刃，残缺一角，刃口锋利，上有多处崩口。器最长 8.7、最宽 5.6、最厚 1.5 厘米。（图四六九，9）

标本 T20③:13，灰色。残缺一小半，器体厚重，平面呈长方形，通体粗磨。单面刃，刃口锋利，上有细小崩口。器最长约 6、最厚 1.9、刃宽 3 厘米。（图四六九，10）

标本 T44③b:2，灰色变质砂岩。器体厚重，平面呈长方形，器表粗磨，残留有较多打制疤痕。顶部稍弧凸。单面刃，一角略残缺，刃口有较多小崩口。器最长 6.9、最厚 2.2、刃宽 4 厘米。（图四六九，11）

标本 T19③:12，灰色。半成品，器体较大，平面呈长条形，两平面及顶部仅略磨，两侧面未磨，通体均留下较多打制疤痕。单面刃已成形但尚未开刃，刃口较钝。器最长 20.8、最厚约 2.6、刃宽约 6.6 厘米。（图四七〇，1；图版一八四，2）

标本 T34③:2，灰色。器体扁薄，平面呈长条形，器表仅粗磨。顶部凸凹不平。双面刃较窄，刃口锋利，上有少量细小崩口。器最长 7.7、最厚 0.7、刃宽约 1 厘米。（图四七〇，2）

标本 T28③:10，粉红色。器体扁平，平面呈长梯形，通体粗磨。顶部窄而略平，

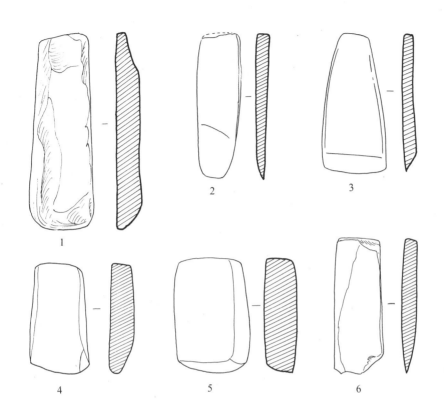

图四七〇　前五次发掘夏商周地层出土的长方形石锛

1~6. T19③:12、T34③:2、T28③:10、T9②:16、T21③:11、T20③:8（1、6为1/4，余为1/2）

刃部较宽。单面刃，刃口稍锋利，上有几处小崩口。器最长 7.4、最厚 0.7、刃宽 3.3厘米。（图四七〇，3）

标本 T9②:16，青灰色。半成品，器体扁平，平面略呈梯形，通体精磨。顶部平滑。刃部已具雏形但未开刃。器最长 5.9、最厚 1.3、刃宽 3.3 厘米。（图四七〇，4）

标本 T21③:11，灰色。半成品，器体稍厚重，平面呈长方形，通体粗磨。顶部磨平。刃部仅略具雏形，单面磨制，尚未开刃。器最长 6.1、最宽 4.2、最厚 1.8 厘米。（图四七〇，5）

标本 T20③:8，灰色。器体扁平，平面呈长方形，通体粗磨，器表上留有较多打制疤痕。顶部平整，但有大片崩缺。刃部半残，刃口锋利，上有小崩口。器最长 14.5、最厚 2.2、刃宽约 5.3 厘米。（图四七〇，6）

标本 T25③:6，深灰色。器体厚重，平面呈长方形，器表大都精磨。顶部呈斜面而未磨，边缘残留打制疤痕。单面刃，刃口稍钝，上有多处细小崩口。器最长 5.7、最厚

2.2、刃宽4.4厘米。（图四七一，2）

梯形锛　标本T18③:9，青灰色。器体厚重，平面呈梯形，通体精磨。顶部平整，两端有砸击痕迹。单面刃略斜，刃口稍钝，上有极细小的崩口。器最长7.9、最厚2.1、刃宽6.6厘米。（图四七一，1；图版一八四，3）

　　标本T16③:10，青灰色粉泥质板岩。平面近正方形，通体粗磨。顶部磨制平整，但局部残留打制痕迹。单面刃，刃口锋利，上有少量细小崩口。器最长4.4、最厚0.9、刃宽4.2厘米。（图四七一，3）

　　标本T45③b:3，浅灰色。器体扁薄，平面呈斜梯形，两侧面及刃、顶部精磨，其余粗磨。顶部磨平。单面斜直刃，一角略残，刃口锋利，上有较多细小崩口。器最长

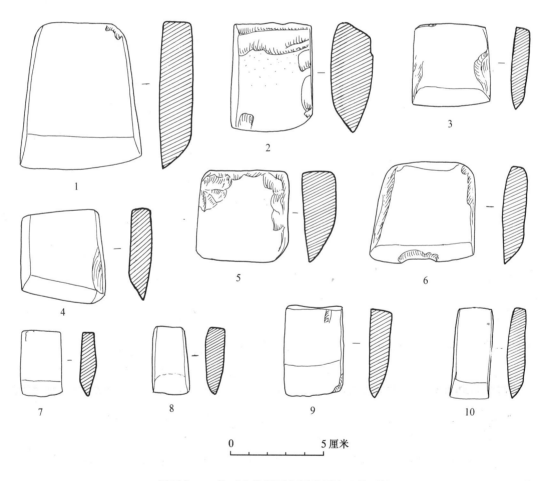

图四七一　前五次发掘夏商周地层出土的石锛

1、3~6. 梯形锛（T18③:9、T16③:10、T45③b:3、T16③:6、T9②:4）　2. 长方形锛（T25③:6）　7~10. 小型锛（T9②:2、T9②:9、T8②:6、T16③:3）

5.1、最厚 1.2、刃宽 4.6 厘米。(图四七一，4)

标本 T16③:6，青灰色。器体厚重，平面近正方形，器表大部分精磨。顶部粗磨，顶部及其两侧留下较多打制疤痕。单面刃，刃口较锋利，上有较多细小崩口。器最长 5、最厚 1.8、刃宽约 5 厘米。(图四七一，5)

标本 T9②:4，青灰色。器体扁平，平面呈梯形，通体粗磨，器身上留下多处打制痕迹。顶部平滑。单面刃，刃口稍锋利，中间有 1 处较大崩口。器最长 5.4、最厚 1.2、刃宽 5.8 厘米。(图四七一，6)

小型锛　标本 T9②:2，灰色。器体小巧，平面呈长方形，背部隆起成脊，通体粗磨。顶部磨平。单面刃，刃口稍锋利，上有数处微小崩口。器最长 3.6、最厚 1、刃宽 2.2 厘米。(图四七一，7)

标本 T9②:9，灰色。器体小巧，平面呈长方形，通体粗磨。顶部平滑但残留石片疤痕。单面刃，刃角有崩口。器最长 3.6、最厚 1.1、刃宽 2 厘米。(图四七一，8)

标本 T8②:6，青灰色粉砂质板岩。器体稍厚重，平面呈长方形，顶端不平，顶两侧及背面均略加磨制，正面精磨。单面刃，刃口稍锋利，上有少量崩口。器最长 4.8、最厚 1.2、刃宽 3 厘米。(图四七一，9)

T16③:3，灰色。器体较小，平面呈长方形，通体粗磨。顶部平整。单面刃，刃口锋利，上有较多细碎崩口。器最长 4.8、最厚 1、刃宽 2.2 厘米。(图四七一，10；图版一八四，4)

石凿　标本 T38③:9，灰色。器体较厚，平面呈长梯形，横剖面呈方形，顶部稍窄，刃部稍宽，通体粗磨。顶部磨平。刃部较锋利，上有较大崩口。器最长 7.2、最厚 2.2、刃宽 2.2 厘米。(图四六八，2)

标本 T21③:14，青灰色。器体厚，平面呈长条形，两平面仅略磨，两侧面及顶部粗磨，表面可见纵向摩擦痕。弧背，单面刃，刃较窄，口部均有崩口。器最长 6.8、最厚 2、刃宽 1.2 厘米。(图四六八，3；图版一八四，5)

标本 T18③:13，灰色。器体稍厚重，平面呈长条形，横剖面呈正方形，通体精磨。顶部平整，边缘有砸击痕迹。单面刃，刃口锋利，上有极少量细小的崩口。器最长 7.8、最厚 2、刃宽 2.4 厘米。(图四六八，4)

标本 T15③:26，灰色。半成品，器体较小，平面呈长条形，刃部略窄，器表三面精磨，另一面则因石材破裂残留大片石片疤，仅局部可见摩擦痕。顶部凸凹不平，也留有较多打制疤痕。单面刃，刃口锋利，上有数处细小崩口。此器应为使用崩裂后改制不成而废弃。残长 5.7、刃宽 1.1、残厚 1 厘米。(图四六八，5)

标本 T19③:39，灰色。器体厚，平面呈长方形，两平面及顶部粗磨，两侧面仅略磨，顶部有打制疤痕。单面刃，刃口较钝，上有几处较大崩口。器最长 5.2、最厚 1.9、

刃宽约 2 厘米。（图四六八，6）

标本 T9②:3，灰色。器体较厚，平面呈长方形，两侧面仅略加磨制，其余各面粗磨。顶部平整。单面刃，刃口较锋利，上未见崩口。器最长 5.8、最厚 2.4、刃宽 2.4 厘米。（图四六八，7）

标本 T10②:5，灰色。器体较厚，平面呈长方形，器表仅粗磨。顶部不平。单面刃，刃较窄并很圆钝。器最长 8、最厚 3.1、刃宽 1.2 厘米。（图四六八，8）

标本 T15③:25，青灰色粉砂质板岩。器体较小，平面呈长条形，刃部略窄，通体精磨，但近顶部劈裂而残留石片疤。顶部平滑，可见纵向摩擦痕迹。单面刃，刃口锋利，上有 2 处小崩口。器最长 5.7、最厚 1.1、刃宽 0.9 厘米。（图四六八，9；图版一八四，6）

石楔（?）　标本 T44③b:3，青灰色粉砂质板岩。器体较厚，平面呈长方形，器表局部精磨，残留较多打制疤痕。顶部圆钝，顶面上有密集的砸击点。双面刃，刃口圆钝光滑，上几无崩口。器最长 6.8、最厚 2、刃宽 2.8 厘米。（图四六八，10；图版一八五，1）

石镞　标本 T19③:14，青灰色。通体粗磨，镞尖残，器体扁平，横剖面呈扁菱形，尾部收成短铤状。残长约 6.6 厘米。（图四七二，1；图版一八五，2右）

标本 T4③:1，柳叶形，剖面呈扁菱形，镞尖及尾部略残。器表通体粗磨，并留下细密的斜向摩擦痕。器残长 6.9 厘米。（图四七二，2）

标本 T19③:2，青灰色。镞尖残，镞前半部呈三棱锥形，后半部呈圆锥形，无铤，通体粗磨。残长约 5.4 厘米。（图四七二，3；图版一八五，4中）

标本 T38③:4，青灰色。两端均残，横剖面呈扁菱形，通体稍精磨。残长 4.4 厘米。（图四七二，4）

标本 T38③:17，青灰色。两端均残，横剖面呈扁菱形，通体粗磨，器表可见细密摩擦痕。残长 4.6 厘米。（图四七二，5）

标本 T9②:17-1，灰绿色。镞身平面呈菱形，横剖面呈扁菱形，镞尖圆钝，扁圆锥形短铤。器最长 5.2 厘米。（图四七二，6；图版一八五，2左）

标本 T9②:25，青灰色。镞尖、尾残断，镞身横剖面呈三角形，圆锥形短铤略残。器表可见细密的斜向摩擦痕。残长 4.4 厘米。（图四七二，7；图版一八五，4左）

标本 T23③:5，灰色。通体精磨，镞身平面呈三角形，横剖面呈扁菱形，有两翼，长铤，铤尾略残。残长 5.9 厘米。（图四七二，8；图版一八五，3左）

标本 T9②:17-2，青灰色。镞身呈平面三角形，横剖面呈扁菱形，镞尖圆钝，扁圆锥形长铤。器表部分可见横向或斜向摩擦痕。器最长 6.2 厘米。（图四七二，9；图版一八五，3中）

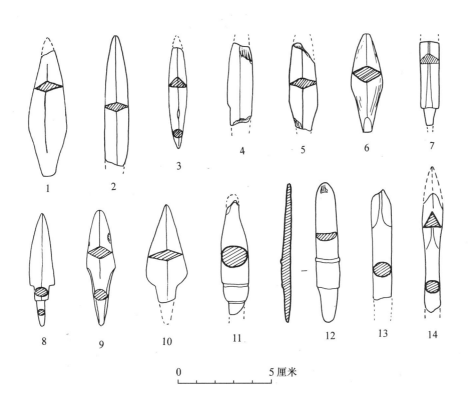

图四七二　前五次发掘夏商周地层出土的石镞

1~14. 石镞（T19③:14、T4③:1、T19③:2、T38③:4、T38③:17、T9②:17－1、T9②:25、T23③:5、T9②:17－2、T38③:8、T22③:25、T7②:54、T16③:8、T10②:4）

标本 T38③:8，青灰色。镞身平面呈三角形，横剖面呈扁菱形，长铤部分残断，通体粗磨。残长5.2厘米。（图四七二，10）

标本 T22③:25，青灰色。镞尖、铤残缺，镞身近似圆锥形，横剖面呈圆形，后部有2圈凹槽，铤的横剖面呈圆形。器残长6厘米。（图四七二，11）

标本 T7②:54，青灰色粉砂质板岩。剖面呈半圆形，器表可见较多细密的斜向或横向摩擦痕。镞尖较圆钝，两侧略磨成斜面但未成尖角。镞身上有凸棱半圈。铤较粗短，横剖面也呈半圆形。器最长7.3、最大直径1.2厘米。（图四七二，12；图版一八五，3右）

标本 T16③:8，灰色。镞尖、铤均残缺。镞首呈三棱锥状，后部呈圆柱状，通体精磨。残长5.8厘米。（图四七二，13）

标本 T10②:4，青灰色。两端残断，长铤，镞前半部呈三棱锥形，后半部和铤的横剖面呈圆形。残长6.3厘米。（图四七二，14；图版一八五，4右）

石镰（?） 标本 T22③:4，深灰色粉砂质板岩。器体稍厚，但近顶部略薄，平面呈长条形，两侧面圆钝，通体粗磨。顶部一侧残留打制疤痕。双面刃，刃口稍钝，上有数处崩口。器中间偏顶部钻1孔，两面管钻，外孔径1.4厘米。器最长12.5、最厚1、刃宽4.2厘米。（图四七三，4）

砺石 标本 T9②:6，灰色。器体扁平，平面呈长条形，系用扁平河卵石在顶部和两侧面磨制而成，器表无使用痕迹。其中一端钻有1个小圆孔，两面管钻，外孔径0.6厘米。器最长9.7、最宽约1.8、最厚0.8厘米。（图四七三，1；图版一八五，5左）

标本 T8②:1，青灰色粉砂质板岩。器体扁薄，平面大致呈长条形，表面磨制，器体中间部分因长期打磨而稍内凹并光滑。一端钻1小孔作系挂之用，两面管钻，外孔径0.4厘米。器最长9.5、最宽2.5、最厚0.5厘米。（图四七三，2；图版一八五，5右）

标本 T44③b:11，青灰色。器体扁平，平面呈长条形，器表精磨，其中一平面因长期打磨而光滑并略凹陷。器最长11.3、最宽2、最厚1.3厘米。（图四七三，3）

标本 T8②:12，青灰色粉砂质板岩。器体扁薄，平面不规则，器表局部磨制，其中一面有5道平行的磨槽，另一面有2道磨槽。槽内均可见纵向摩擦痕。槽宽约0.6～1

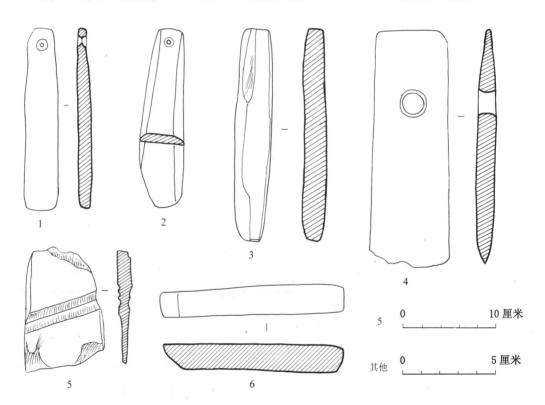

1
2
3
4
5
6
0   10 厘米
5
其他   0   5 厘米

图四七三　前五次发掘夏商周地层出土的石镰（?）、砺石、石坯料

1~3、5. 砺石（T9②:6、T8②:1、T44③b:11、T8②:12）　4. 石镰（?）（T22③:4）　6. 石坯料（T25③:1）

厘米，深 0.1~0.4 厘米。残长 12.8、最宽 4.8、最厚 1.6 厘米。（图四七三，5）

石坯料　标本 T25③:1，褐色变质粉砂岩。呈长条形，横剖面近方形，系用石料原始台面略加磨制，仅具雏形，应属石凿类。器最长 9.8、最宽 1.5、最厚 1.5 厘米。（图四七三，6）

残石器　标本 T4③:2，长石石英砂岩。大致呈三角形，通体磨制，但边缘残留破裂面，其中一边已磨制出两面刃的雏形，但较圆钝。器最长 10.1、最宽 5.4、最厚 1 厘米。（图四六八，13）

条形石器　标本 T19③:3，青灰色。似为石锛坯料，器体扁平，平面呈长条形，横剖面呈梯形，除刃部仍保留原始台面外，其余各面均经粗磨，顶部平整。刃部系利用原始斜向台面，未开刃，但留有单面打击修刃的疤痕。器最长 14.2、最厚约 2、刃宽约 3.6 厘米。（图四六八，11）

长方形石器　标本 T20③:10，灰色。呈长方体，六个面均磨制较精。器最长 4.2、最宽 2.8、最厚 1.4 厘米。（图四六八，12）

石球　标本 T20③:12，花岗岩。呈扁椭圆体，其中一侧稍平而光滑，其余表面粗糙不平。器两端及沿最大直径的部位因长期砸、锤而形成宽约 2 厘米的一圈粗糙表面，与周围器表区别明显。器最长径 9.6、短径 6.8 厘米。（图四六八，14）

河卵石　标本 T20③:14，青黑色，质地极硬。呈扁平不规则圆形，表面光滑，局部有光泽。器最大径 5.9、最厚约 0.8 厘米。（图四六八，15）

3）铜器

铜削　标本 T45③b:1，青铜，已锈蚀。器体扁平，刃及柄残缺。刀背略外弧。残长 12.2、宽 1.8、厚约 0.3 厘米。（图四七四，1；图版一八六，1）

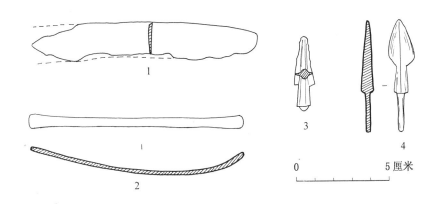

图四七四　前五次发掘夏商周地层出土的铜削、条、镞

1. 铜削（T45③b:1）　2. 铜条（T5②:22）　3、4. 铜镞（T5②:40、T5②:2）

铜镞　标本 T5②:40，镞身平面呈三角形，剖面呈扁菱形，铤局部残断。残长 3.9 厘米。（图四七四，3）

标本 T5②:2，镞身平面呈三角形，横剖面呈扁菱形，器中间有脊，长铤。器最长 5.9 厘米。（图四七四，4；图版一八六，3）

铜条　标本 T5②:22，呈长条扁平状，器身稍弯曲。残长 11.6、宽 0.6、厚 0.2 厘米。（图四七四，2；图版一八六，2）

二　第六次发掘的地层遗物

1）陶器

陶鼎　标本 T49⑧:19，夹砂红陶，局部显灰色。圜底，侧装扁平足，足尖残。腹、底及足均饰细绳纹，足根正面饰 3 个按窝。器残高 5.2 厘米。（图四七五，1）

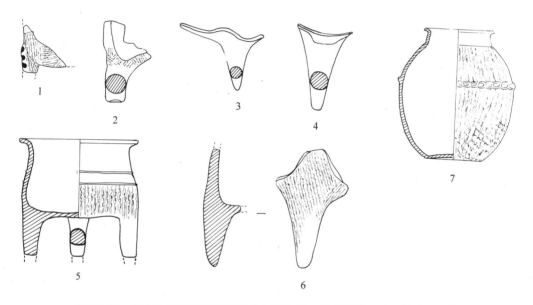

图四七五　第六次发掘夏商周地层出土的陶鼎、鼎式鬲足、鬲、鼎式鬲、罐

1. 陶鼎（T49⑧:19）　2~4、6. 陶鼎式鬲足（T51⑨:5、T49③:9、T49③:8、T49⑦:6）　5. 陶鼎式鬲（T49⑨:1）　7. 陶罐（T49⑧:21）（6 为 1/2，7 为 1/8，余为 1/4）

陶鼎式鬲　标本 T49⑨:1，夹砂红褐陶。厚圆唇略外翻，腹斜直，平底，3 个圆柱形足，足内表面内凹不明显，足下半部残缺。上腹部饰 2 圈细凸棱，其下饰竖向细绳纹，底部及三足无纹饰。器残高 12.6、外口径 13.2 厘米。（图四七五，5；图版一八七，1）

陶鼎式鬲足　标本 T51⑨:5，夹砂红陶，足近器底处外表面有烟炱。矮圆柱状足，横剖面呈圆形，足内表面内凹，并残留黑色烧结物，足跟平。饰交错绳纹。最高 8.8 厘

米。(图四七五,2)

标本 T49③:9,夹砂外红内黑陶。呈圆锥形,足内表面平。足本身最高 5.2 厘米。(图四七五,3)

标本 T49③:8,夹砂灰胎外红陶。呈截锥形,足内表面平,足跟较平。最高 9 厘米。(图四七五,4)

标本 T49⑦:6,夹砂红陶,内表面呈黑褐色。足呈扁圆锥状,内表面略内凹。离下腹部和足表面饰斜向细绳纹,局部绳纹被抹去。器残高约 12.2、足最高约 5.6 厘米。(图四七五,6)

陶鬲口沿　标本 T49⑦:8,夹粗砂灰陶。厚圆唇,敞口,宽斜沿,沿面稍内凹。外口径 18.3 厘米。(图四七六,1)

标本 T49⑧:15,夹砂灰黄陶。方唇略外卷,敞口。颈下起 1 道折棱,腹部饰竖向细绳纹。外口径约 14 厘米。(图四七六,2)

标本 T49⑧:17,夹砂褐胎黑衣陶,表面有烟炱。尖圆唇外翻,敞口,腹稍深。颈下起 1 道折棱,腹饰竖向细绳纹。外口径约 20 厘米。(图四七六,3)

标本 T49⑧:18,夹砂红胎灰黄陶。尖圆唇,敞口,腹稍深。颈下起 1 道折棱,腹部饰竖向或交错细绳纹。外口径约 16 厘米。(图四七六,4)

标本 T49⑧:16,夹砂灰胎黑衣陶。尖圆唇,敞口。颈下饰凹弦纹 2 道,其中 1 道凹弦纹上加饰斜向刻划线,腹部饰竖向细绳纹。外口径约 14 厘米。(图四七六,5)

陶鬲足　标本 T49③:10,夹砂灰陶,呈圆柱形,足跟较平。通体饰斜向细绳纹。最高 7.2 厘米。(图四七六,6)

标本 T49⑧:20,夹砂外红内黑陶。呈截锥状,表面饰斜向细绳纹。最高 10.6 厘米。(图四七六,7)

陶罐　标本 T49⑧:21,夹砂灰黄陶,泛白。方唇略外翻,敞口,溜肩,圆腹较深,凹圜底,中腹上下饰竖向绳纹,下腹及底饰交错绳纹。器最高 27.5、外口径 15.5 厘米。(图四七五,7;图版一八七,2)

陶斝足　标本 T49⑦:7,夹砂红陶。呈扁圆锥状,实心足,足尖略残。最长约 10 厘米。(图四七六,8)

标本 T49⑧:8,夹砂红陶。呈圆锥状,横剖面呈椭圆形。表面饰细绳纹,近足跟处被抹去。最高 9.2 厘米。(图四七六,9)

原始瓷片　标本 T49③:11,器表施青黄釉,色较暗,易剥落。尖唇,敞口。残片最长 2.8 厘米。(图四七六,10)

印纹硬陶片　标本 T49②:6,泥质红褐陶,质地坚硬。器表饰叶脉纹。残片最长 6.3 厘米。(图四七六,17)

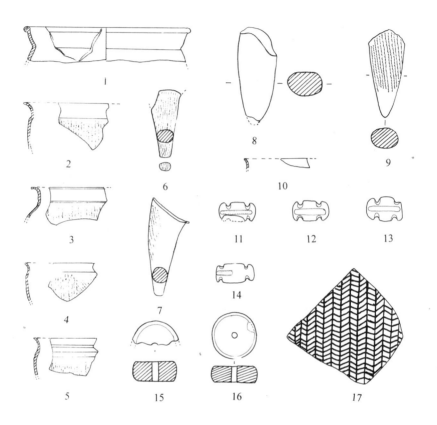

图四七六　第六次发掘夏商周地层出土的陶鬲口沿、鬲足、斝足、纺轮、网坠、原始瓷片、印纹陶片
1~5.陶鬲口沿（T49⑦:8、T49⑧:15、T49⑧:17、T49⑧:18、T49⑧:16）　6、7.陶鬲足（T49③:10、T49⑧:20）　8、9.陶斝足（T49⑦:7、T49⑧:8）　10.原始瓷片（T49③:11）　11~14.陶网坠（T49⑦:4、T49⑦:2、T49⑦:3、T49⑧:1）　15、16.陶纺轮（T50③:2、T49⑦:1）　17.印纹硬陶片（T49②:6）（17为1/2，余为1/4）

陶纺轮　标本 T50③:2，夹砂红陶。半残，圆饼形，两面扁平，中间一孔，壁向外鼓凸。最大直径4.8、最厚2.1厘米。（图四七六，15）

标本 T49⑦:1，夹砂红陶。圆饼形，两面扁平，中间一孔，壁向外鼓凸。最大直径4.9、最厚1.8厘米。（图四七六，16）

陶网坠　标本 T49⑦:4，泥质红陶。扁椭圆形，两平面上各有1道短纵向凹槽，近两端各有1道横向凹槽。器最长4厘米。（图四七六，11）

标本 T49⑦:2，泥质红褐陶。扁椭圆形，两平面上各有1道短纵向凹槽，近两端各有1道横向凹槽。器最长4厘米。（图四七六，12）

标本 T49⑦:3，泥质灰陶。扁椭圆形，两平面上各有1道短纵向凹槽，近两端各有1道横向凹槽。器最长4厘米。（图四七六，13）

标本 T49⑧:1，泥质红陶。扁椭圆形，两平面上各有 1 道短纵向凹槽，近两端各有 1 道横向凹槽。器最长 4.1 厘米。（图四七六，14）

2）石器

石杵　标本 T49③:8，花岗岩。器体厚重，平面呈长椭圆形，横剖面近方形，器表很粗糙，局部残缺。其中一端表面因砸、磨而明显较周围平面光滑。器最长 18、最宽 8.1、最厚 7.6 厘米。（图四七七，1；图版一八七，3）

石斧　标本 T50④b:1，青灰色。上半部残断，器体厚重，平面呈长方形，磨制不精。刃略弧凸，刃口较圆钝，上有多处崩口。器残长 8、最厚 3.4、刃宽 5.8 厘米。（图四七七，2）

石锛　标本 T49④a:2，青灰色。器体近刃部厚，近顶部薄，平面呈梯形，磨制稍精。单面刃弧凸，刃口稍锋利，上有少量崩口。器最长 6.7、最厚 1.6、刃宽 5.7 厘米。（图四七七，3）

标本 T50⑥:1，青灰色。半成品，器体稍厚重，平面呈长方形，磨制不精，器表残

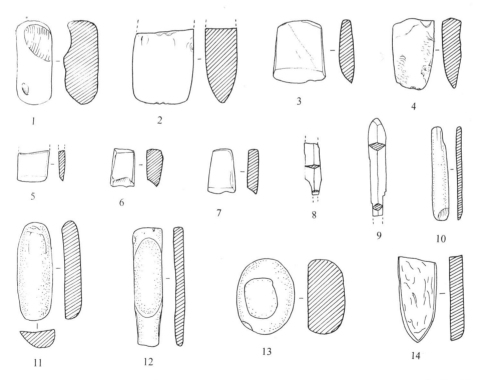

图四七七　第六次发掘夏商周地层出土的石杵、斧、锛、镞、砺石、矛形石器、条形石器

1. 石杵（T49③:8）　2. 石斧（T50④b:1）　3～7. 石锛（T49④a:2、T50⑥:1、T50③:3、T49③:2、T49③: 1）　8、9. 石镞（T50③:4、T49③:3）　10. 条形石器（T49②:1）　11～13. 砺石（T50③:5、T51⑨:1、T50③:6）　14. 矛形石器（T50③:1）（1 为 1/8，余为 1/4）

留较多打制疤痕。单面刃，刃口稍锋利，上有几处崩口。器最长 7.6、最厚 2、刃宽约 3.2 厘米。（图四七七，4）

标本 T50③:3，青灰色。上半部残断，器体扁平，平面呈长方形，磨制精细。单面刃，刃口锋利。残长 3.3、最厚 0.8、刃宽 3.2 厘米。（图四七七，5）

标本 T49③:2，青灰色。半成品，器体小巧而扁平，平面呈梯形，背面弓起略折，磨制不精。单面刃，刃口仅打制成形，尚未磨制。器最长 4、最厚 1.8、刃宽 2.6 厘米。（图四七七，6）

标本 T49③:1，浅灰色。器体小巧而扁平，平面呈梯形，磨制不精。单面刃，刃口稍锋利，上有小崩口。器最长 4.8、最厚 1.2、刃宽 3 厘米。（图四七七，7；图版一八七，5）

石镞　标本 T50③:4，青灰色。镞尖、铤均残，镞身横剖面呈扁菱形，铤横剖面呈半圆形。残长 5.7 厘米。（图四七七，8）

标本 T49③:3，青灰色。半成品，横剖面呈扁菱形，长铤尾部残断，横剖面近圆形，通体粗磨。器残长 10.5 厘米。（图四七七，9）

砺石　标本 T50③:5，青灰色。器体扁平，平面呈椭圆形，一面弧凸，另一面因磨砺而成凹面。器最长 10.5、最宽 3.9、最厚 2 厘米。（图四七七，11）

标本 T51⑨:1，青灰色。器体扁平，平面呈长方形，一面较平，另一面被磨凹。器最长 12.7、最宽 3.2、最厚 1 厘米。（图四七七，12；图版一八七，6）

标本 T50③:6，砂岩。器体厚重，平面呈椭圆形，通体磨制。一面略弧凸，中间部位残留红色颜料，另一面略凹。器最长 8.2、最宽 6.2、最厚 4 厘米。（图四七七，13）

条形石器　标本 T49②:1，青灰色。器体扁薄，平面呈长条形，磨制精细。似为打磨之用。器最长 10、最厚 0.6 厘米。（图四七七，10）

矛形石器　标本 T50③:1，灰色。器体扁平，平面呈三角形，两平面略磨制但不平整，两侧面磨制精细。器最长 9.2、最厚 1.4 厘米。（图四七七，14）

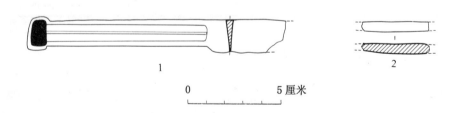

图四七八　第六次发掘夏商周地层出土的铜削、条

1. 铜削（T49②:2）　2. 铜条（T51③:1）

3）铜器

铜削　标本 T49②：2，青铜，器体扁薄，刀尖残缺，刀把呈长方形，中间 1 道横向凸棱，尾部表面内凹成长方形。残长 14.2 厘米。（图四七八，1；图版一八七，4）

铜条　标本 T51③：1，青铜，器体扁薄，平面呈长条形。器残长 3.7、厚 0.5 厘米。（图四七八，2）

第六节　采集的夏商周时期遗物①

小陶鼎　标本采：4，夹砂灰陶。盆形鼎。器体较小，圆唇，敞口，腹较浅，圜底，3 个柱状足，足横剖面近方形，下半部残。器残高约 7.2、外口径约 10.5 厘米。（图四七九，4；图版一八八，1）

陶鬲　标本采：1，夹砂灰黄陶。尖唇，窄沿，沿面略凹，敞口，束颈，弧腹，弧裆较低，3 个中空圆锥形足，足尖残缺。颈、身结合处折出凸棱，腹和足上部饰方格纹。器最高约 17.4、外口径 18 厘米。（图四七九，1）

陶壶　标本采：5，泥质灰胎黑衣陶。器体硕大，口及下腹部残缺，敞口，长颈，扁圆腹，颈、腹部饰多圈粗凸棱，其间饰重圈纹。残高 25.2 厘米。（图四七九，2）

陶盆　标本采：2，夹砂灰陶。近方唇，窄平沿，敛口，略鼓腹，平底。器最高 10.8、外口径 20.8 厘米。（图四七九，9；图版一八八，2）

陶罐　标本采：3，夹砂红褐陶，局部显黑。尖唇，窄沿外斜，敞口，鼓腹，平底略内凹。颈、腹结合处折出凸棱，腹部饰斜向中绳纹，中间抹出 2 圈凹弦纹将绳纹隔断，下腹饰交错中绳纹。器最高 22.4、外口径 19.7 厘米。（图四七九，3；图版一八八，3）

陶盉　标本采：22，泥质红胎黑衣陶，夹很少量细砂。口、下腹部残，腹上安 1 个管状流，腹饰拍印的小方格纹，其间以刮抹出的凹弦纹隔断。残高 4.9 厘米。（图四七九，5）

陶甗　标本采：9，夹砂灰黄陶。上、下部分均残缺，器表饰细绳纹，内壁有多个圆形小垫窝。残高约 21.5 厘米。（图四七九，6）

陶甗流口　标本采：7，夹砂灰陶。位于甗口外侧，似护耳，平面呈半圆形，甗口下有 1 个圆孔与流相通。甗身饰细绳纹，流口素面。流口高 9.2 厘米。（图四七九，7）

标本采：8，夹砂灰陶。位于甗口外侧，似护耳，平面呈半圆形，甗口下有 1 个圆孔与流相通。甗身及流口表面均饰中绳纹。流口高 8.8 厘米。（图四七九，8；图版一八八，4）

---

① 大部分为发掘出土品，因各种原因失去了原始地层单位号，一并按采集品处理，以供参考。

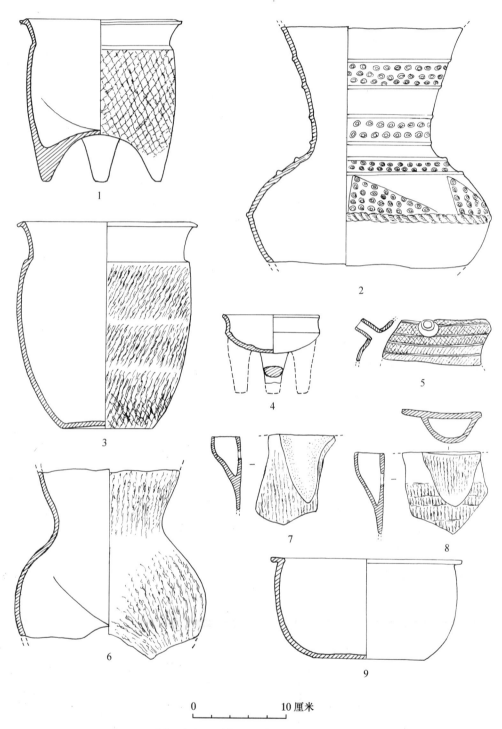

图四七九　采集的夏商周时期遗物

1.陶鬲（采:1）　2.陶壶（采:5）　3.陶罐（采:3）　4.小陶鼎（采:4）　5.陶盉（采:22）

6.陶甗（采:9）　7、8.陶甗流口（采:7、采:8）　9.陶盆（采:2）

第七章　夏商周文化讨论

第一节　面貌与年代

薛家岗遗址的夏商周时期文化遗存也较为丰富，文化堆积以地层为主，并发现了数量较多的灰坑，此外还有很少量的墓葬、房址，其中前五次发掘的只有一大层该时期的地层，其他多为灰坑，而第六次发掘的该时期遗存虽然有多层堆积，但主要属于周代，夏、商时期的遗存很少，这些情况给细致的分期带来了一定困难，因此，本节未再按照遗迹单位进行详细的分期，只是参照已有的其他地域的材料和分期结果，较为笼统地概括一下这一时期的总体文化面貌和年代。[①]

这一时期的遗物主要有陶器、石器，另有少量铜器、原始瓷器和印纹硬陶。

陶器以夹砂灰陶、红褐陶为主。纹饰大多数为绳纹，另有少量附加堆纹、方格纹、重圈纹等。器形主要有鼎、鼎式鬲、鬲、罐、纺轮、网坠等，而盉、爵、斝、甗、钵、碗、坩埚、鸟形器等其他器类数量较少。鼎一般为罐形、盆形或釜形，侧装扁平足或圆锥状足，足根部位常捏出一对或数对凹窝；另有一种较矮的圆锥状足，足尖常削成三棱或四棱状，应是商时期较为典型的一种形态。鼎式鬲一般为盆形或腹较浅的罐形，底部较平，与足的接触处略微凹陷，足均为较高的圆锥状足，足近足根部的横剖面并不浑圆，而是呈扁圆形，从西周开始渐以圆柱状足为主。鬲的通体均饰绳纹，有器体瘦高的分裆锥状足鬲和器体矮胖的分裆肥袋足鬲；晚期有弧裆鬲出现，这类陶鬲的绳纹常以弦纹间断。纺轮和网坠的数量很多，其中纺轮主要有常见的扁平形和器体较厚、最大径处锐折的算珠形；网坠的形态比较单一，一般均为两端有四个缺口，纵向两面各刻一道长凹槽。盉的数量较少，以上半部呈钵形、钵底有镂孔、下半部一侧加尾部上翘、弯曲角状的把手为明显特征。鸟形器仅有几件，下有四矮足，体内中空，背上有一长方形孔，十分独特。此外，遗址中还出土了少量似护耳状的甗的流口，特征较为明显。

石器以锛、镞、凿、砺石的数量最多，其他器类较少。锛的形态主要为长方形，也

---

① 因部分材料的原生地层或遗迹单位不太明确，本节内容并不作为结论性的，但可以给读者若干参考。

有一些方形或梯形，另有部分形态较小的小型锛。镞的形态较为多样，有圆锥形、三棱锥形、扁菱形、三角形带两翼和扁圆锥形短铤几种。砺石除器体较大的普通形态外，另有一种数量很多的长条形砺石，器体较扁平狭长，一端钻一小孔。

铜器只有削、镞、条几种。原始瓷只见残片，器形不辨。印纹硬陶只见一件尖底器和少量印纹陶片。

该遗址有一小部分相当于夏代的遗迹和遗物，其中第六次发掘的 T48 中的 K2 出土的一件泥质红胎灰黄陶簋可能属于这一时期[①]。此外，H30：34 侧装扁平陶鼎足根饰按窝，H30：62 和 H35：31 的锥状足足根也均饰有凹窝，足上部或近足部的器身上均饰绳纹，这是周边地区相当于二里头文化时期的遗址中时有所见的一种风格，因此它们也应属于这一时期。H25、H37、T35③层出土的斝，H25、H35 和 T7②层出土的绳纹凹底或平底罐与二里头文化相比，也都具有一定的相似性，它们的年代应当较为接近，但也不排除它们与早商文化同时的可能性。

相当于商代的遗迹和遗物很多，是该遗址夏商周时期遗址存的主要组成部分。其中 H31：1 夹砂红陶绳纹鬲器体瘦长，裆部稍高，颇有二里岗下层的特点，当与之年代接近；H28：5 和 H28：10 假腹豆形制也与二里岗上层的同类器相近，属于二里岗时期当不成问题。H25：100 陶爵的形态有些类似于二里头文化同类器，但也与郑州南关外和湖北黄陂盘龙城商代早期的同类器相近，其年代可能不出二里头文化晚期到早商之间。T38③：6 分裆袋足鬲的年代也大体相当于二里岗时期。

相当于西周时期的遗迹和遗物数量很多，也是该遗址夏商周时期遗存的主要组成部分，年代也相对较易判断，其中第六次发掘的 T49、T50 基本上都属于这一时期的堆积，典型器形有柱状足弧裆或平裆鬲、折肩罐等。

第二节　文化特点

薛家岗夏商周时期的文化从文化因素的角度看主要有两种因素，其一为中原地区同时代的文化因素或以中原文化因素为主、融合了少量当地文化特征的因素，另一为长江中游与下游交界地区的当地文化因素。(图四八〇、四八一)

中原地区的文化因素主要有绳纹深腹罐、斝、爵、鬲、豆、假腹豆等。绳纹深腹罐一般为敞口、束颈、深腹、腹部略鼓，底大多数为凹底，也有少数平底，颈以下饰竖向中绳纹或交错绳纹。这些特点都与中原地区二里头文化或早商文化具有很大程度的相似

---

① 该坑叠压于新石器时代地层之上，陶簋的质地、形态与新石器各期陶器迥异，与周边也缺乏足够的可比材料，或也可属新石器时代最晚期，为慎重起见，本报告将其暂归入夏代，其真实年代还可再讨论。

图四八○（一） 夏商周文化因素比较图

薛家岗：1.H30：34　2.采：4　3.H30：62　4.H35：31　5.H25：111　6.H35：4　7.79HP3TZ33⑨A：7　8.PWZT31⑧：1　9.PWZT32⑧：21
10.79HP3TZ33⑨A:1　盘龙城：11.C8HQT46⑥:10　12.C8HQT37⑦:21　二里头：13.Ⅲ T14④:2　14.Ⅷ T10⑦:21

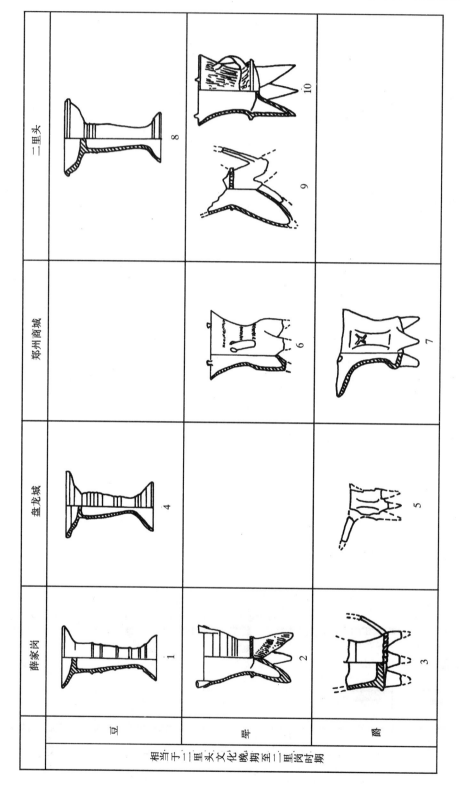

图四八〇（二）　夏商周文化因素比较图

薛家岗：1.H25：93　2.H25：90-1　3.H25：100　盘龙城：4.PWZT83⑦：3　5.PWZT84⑦：1　郑州商城：6.C5T86④：52　7.C5T95④：105　二里头：
8.81YLVM5：3　9.VT13C⑤：2　10.二里头遗址出土

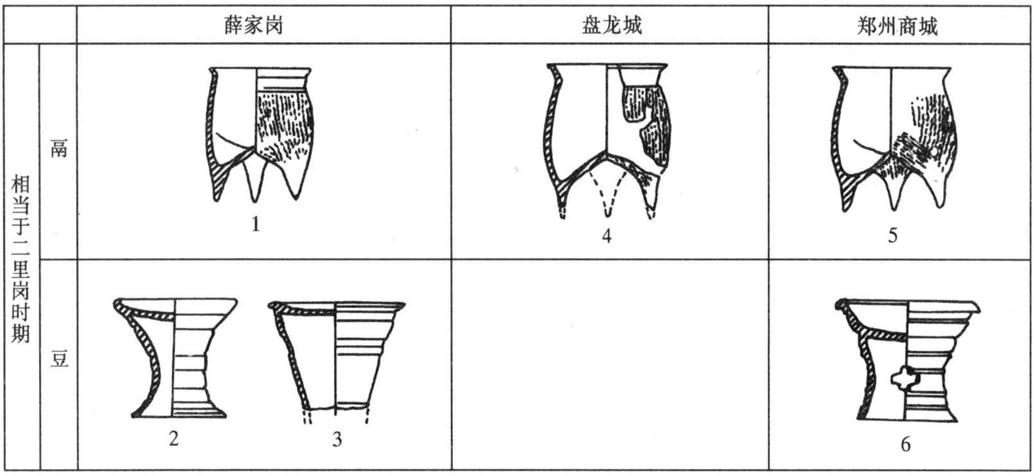

薛家岗	盘龙城	郑州商城

相当于二里岗时期

鬲

豆

图四八〇（三）　　夏商周文化因素比较图

薛家岗：1.H31：1　2.M152：3　3.H28：10　盘龙城：4.PYZT3⑦：8　郑州商城：5.C5T5②：91　6.C5H2：11

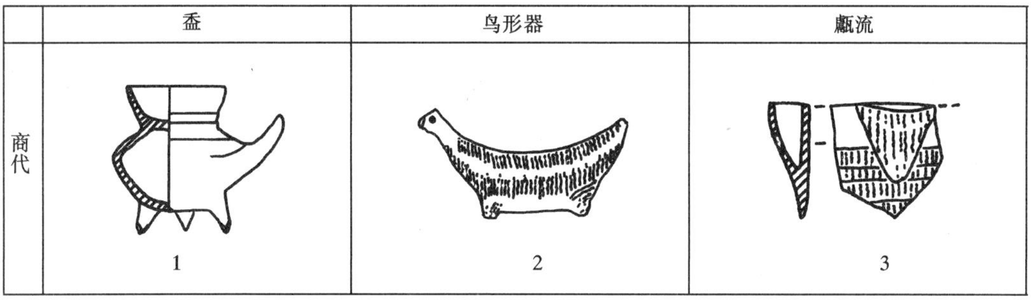

盉	鸟形器	瓶流

商代

图四八一　本地部分文化因素图

1.M152：4　2.H17：72　3.采：8

性，总体上应属于中原文化的风格，但它们的上腹部的绳纹常用凹弦纹间断，又具有长江中下游地区的文化特点。斝均较高，口部有 2 个立柱，有些口部还略微捏出流状，器体中部一侧有一宽鋬，下有 3 个圆锥状空心足；而爵的腹部较直，中间稍内收，平底，三个锥状足，这两类器物也都是中原地区二里头文化或早商文化的常见器物，属于较典型的中原风格。鬲有几种类型，其中器体瘦高的锥状足鬲为方唇、束颈、深腹，器身饰细绳纹，是中原二里岗时期的典型器物之一，可以明确认为它属于中原文化因素；另一种器体近方、饰竖向绳纹的弧裆鬲整体形态与中原地区西周早期的陶鬲相似，也属于中原文化风格，但绳纹中间抹断的风格更常见于长江中下游地区。一种陶豆的形态为浅盘、高柄，柄上部稍鼓凸，颇类似于二里头遗址的同类器。至于假腹豆，是商文化较为典型的器形之一，薛家岗 H28 出土的几件均为尖唇、窄平沿略内勾、浅腹、平底，腹以下饰数圈凹弦纹，形制也与中原二里岗时期的同类器无多少差别。[①]

当地文化因素是与中原地区的文化因素相对而言的，包括本地或附近区域特有的文化因素，以及和鄂东、赣北一带共有的文化因素。其中最具特点的当为盉和鸟形器，盉的上部呈钵形、钵底有镂孔、一侧有把手，把手尾部上翘呈弯曲角状，形制与毗邻的舒城至铜陵一带的群舒故地出土的周代铜盉完全相同，考古界一般都把这种铜盉当作群舒的典型器之一，除大别山东、南麓和北麓外，很少见于其他地区，而这种器形的陶器在皖河流域时有出土，应是这类铜盉的祖型，也应是真正具有本地小区域特点的文化因素之一。另一种体内中空、背部有一长方形孔的鸟形器，形制十分特殊，也很少见于其他地区，但在皖河流域也出土了数件，应当是具有本地小区域特点的文化因素，它的外形与长江下游地区新石器时代以及二里头文化所见的一种所谓"鸡形壶"或"鸭形壶"有一定的相似之处，是否渊源于此还未可知。这两种器形根据共存关系判断，应是从商代开始出现的。

除此之外，另一些当地文化因素则与邻近的长江中、下游的鄂东、赣北一带文化因素比较接近，属于这一较大区域的共同文化因素。其中鼎式鬲是广泛分布于这一区域较为独特的器型，以底部较宽而平、圆锥状足最具特点，部分足与身结合处的内表面略凹。这种器形曾在湖北黄陂盘龙城[②]、安徽怀宁跑马墩[③] 以及赣北一带都有较多的发现。三足小鼎（盘）也是一种颇有特点的器形，它与二里头文化的盆形鼎有些相近但差异也不小，一般腹部较浅，呈盆或盘状，下有三个似柱状足，在赣北万年类型也时有发现。另一种带流的甗在近口部有一圆孔，孔外贴有口较敞且呈耳状的泥片成为甗流，这种形制在江西清江吴城遗址、安徽南陵牯牛山遗址等多个遗址中均有发现，是这一带较为常见的器形。此外，遗址中出土的印纹硬陶器、原始瓷器则是属于长江中下游地区商周时期文化的重要组成因素。

因此，薛家岗遗址的夏商周时期文化因素的总特点是：既有较多中原地区的文化因素，也有大量长江中下游地区的文化因素，同时还有部分具有小区域特点的文化因素，

---

① 本节与中原同时期文化的比较主要选择了二里头和郑州商城遗址材料。参见：中国科学院考古研究所洛阳发掘队：《河南偃师二里头遗址发掘简报》，《考古》1965 年 5 期；中国科学院考古研究所二里头工作队：《河南偃师二里头遗址三、八区发掘简报》，《考古》1975 年 5 期；中国社会科学院考古研究所二里头工作队：《1981 年河南偃师二里头墓葬发掘简报》，《考古》1984 年 1 期；中国社会科学院考古研究所二里头工作队：《偃师二里头遗址 1980—1981 年Ⅲ区发掘简报》，《考古》1984 年 7 期；河南省文物考古研究所：《郑州商城》，文物出版社，2001 年 10 月。

② 湖北省文物考古研究所：《盘龙城——一九六三年～一九九四年考古发掘报告》，文物出版社，2001 年 8 月。

③ 杨德标等：《安徽怀宁跑马墩遗址发掘的主要收获》，《文物研究》第八期，黄山书社，1993 年 10 月。

在总体上它仍归属于以长江中下游地区为主的南方文化系统，体现了南北交融的文化特点。由于有不少商代文化因素与同属长江流域的盘龙城和赣北同时期遗存有相同或相近之处，而与其北部江淮分水岭以北的淮河中游同时期遗存具有较大的差别，盘龙城的商代文化因素则更多地表现出与中原商文化的相同性，我们有理由认为这些中原文化因素（尤其是商代文化因素）在薛家岗的出现很可能是通过长江中游顺江而下传播的，也就是说，长江通道作为长江中、下游各文化之间联系的纽带，至少到商代仍然发挥着重要的作用。

第八章　唐宋时期遗存

薛家岗遗址的唐宋时期的地层在局部地方堆积较厚，但发现的遗迹和遗物较少。

第一节　墓葬和水井

共发现墓葬 2 座，编号为 M111、M153；水井 1 口，编号为 J1。

M111

（一）概况

遗物位于 T26 东南角，开口于①层表土下，打破②层唐宋堆积。应属瓮棺葬一类，但未找到葬坑。葬具系 2 件瓷器，距地表深约 40 厘米，无其他随葬品。壶内置有碎骨架，口上覆盖 1 件瓷盆。

（二）遗物

瓷盆　1 件。M111：1，粗瓷，胎呈红褐色。方唇，平沿，深直腹，凹圜底。口沿面和壁下半部施酱色釉一层，壁上半部施黄色釉一层。器最高 14、外口径 25.6 厘米。（图四八二，1）

瓷壶　1 件。M111：2，粗瓷，胎呈红褐色。圆唇，口微侈，矮粗颈，圆腹，凹圜底，短流，另有 3 个系耳，2 个已残缺。口沿面和壁下半部施酱

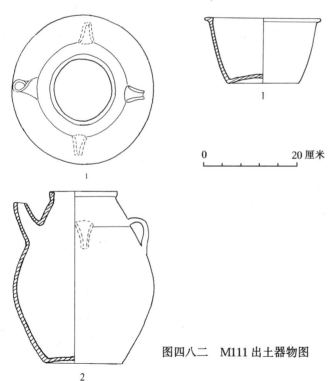

0　　　　　　　20厘米

图四八二　M111 出土器物图

色釉一层，壁上半部施黄色釉一层。器最高 36.6、外口径 15.2 厘米。(图四八二，2)

M153

(一) 概　况

遗物位于 T22 西北角，其上层为②层淡灰黄沙土，下层为③a 层商代淡灰沙土。墓坑、葬具和人骨架均未发现。出土遗物 3 件，计陶器 2 件、瓷器 1 件，距地表深约 60厘米。

(二) 遗　物

陶罐　2 件。

瓷罐　1 件。

J1

位于 T22 中部偏西南，开口②层宋代淡灰黄沙土下，打破商代的③a、③b、③c 层和生土。井口系用汉代墓砖侧立砌成一圈，南北两端稍向外伸出，外径约 130 厘米，内径 96 厘米，井深超过 360 厘米，未能发掘到底。自井口以下至井底的井壁用汉代墓砖和隋唐时期的碎砖纵向错缝叠砌，在与井口南北两端向外伸出砖块的对应位置向下，每隔 1～1.5 米也用砖块在井壁之外纵向叠砌 4～5 层，起到对井壁的支撑加固作用。

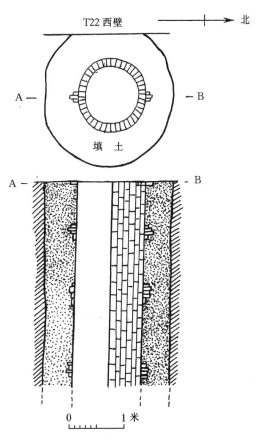

砖砌井壁之外，有一圈宽约 60厘米的环形土带，质地疏松，应属砌筑好井圈后在外围加固的填土。(图四八三)

井内基本不含遗物。外围填土中有商周时期的陶片和唐宋遗物。

该井与台地上所建永明寺同属宋代，应属该寺的附属建筑。

图四八三　J1 平、剖面图

第二节　地层遗物

共发现陶、瓷、铜器 20 余件，此外还有石砚、筒瓦各 1 件。

1）瓷器

瓷碗　3 件。T15②:2，唇口碗。黄白胎，残缺一小半，尖唇，直口，斜弧腹，小圈足较高。器表大半施影青釉，釉下可见碎开片，小圈足内、外侧可见多道轮旋痕迹。器最高 7.4、口径 14.3 厘米。（图四八四，2；图版一八九，1）

T42②:2，残缺大半。白胎，尖唇，敞口，斜弧腹，壁形底略内凹。器表施白釉略泛黄。器最高 5.2、外口径 18.1 厘米。（图四八四，4）

T22②:7，印莲瓣纹瓷碗。灰黄胎，尖唇，窄沿略折，斜腹，饼形底。器外表印莲瓣纹。除底部外，全身施影青釉。器最高 5.8、外口径 17.6 厘米。（图四八四，5；图版一八九，2）

瓷钵　2 件。T18②:10，粗瓷钵。红褐胎，质密。圆唇，斜直腹，平底略内凹，器内近底处有 1 圈 14 个支钉痕，外底边缘有 1 圈 13 个支钉痕。器内表施全釉，外表施半釉，釉色为酱色。器最高 5.2、外口径 19 厘米。（图四八四，1）

T45②:17，粗瓷钵。红褐胎。略残，圆唇，直口，下腹斜直，平底略内凹。内外表均施半釉，釉色黄褐。器底可见偏心涡纹。器最高 4.8、外口径 15 厘米。（图四八四，7）

瓷盏　2 件。T15②:1，斗笠盏。残缺一半，黑胎，尖唇，敞口，斜直腹，壁形底。器表施很厚的黑釉至近底部，釉下可见细密而短的兔毫，属建窑产品。器最高约 4.8、外口径约 12.1 厘米。（图四八四，3；图版一八九，3）

T37②:73，白胎，口局部残缺，尖唇，敞口，折腹内收，近饼形底。器内外表均施影青釉，底部无釉。器最高 3.2、外口径 12.4 厘米。（图四八四，6；图版一八九，4）

瓷盖　1 件。T42②:29，部分残缺，白胎，尖唇，唇沿上翘，顶部有纽。器内外表通施影青釉，外表面釉下饰刻印纹。器最高 4.4、外口径 13.4 厘米。（图四八四，10；图版一八九，5）

瓷香薰盖　1 件。T42②:1，白胎，呈半球形，器表镂空似缠枝纹饰。通体满施影青釉。最大直径 10.7、最高 6.4 厘米。（图四八四，8；图版一八九，6）

瓷龙首雕塑　T32②:2，部分残缺，面部保存较好。白胎，影青釉，头上有角，眉骨隆起，眼凸鼓，面颊侧面有髯，口中一排牙。残高 3.3、最宽 3.4 厘米。（图四八四，9；图版一九〇，1）

图四八四　唐宋时期的瓷碗、钵、盏、龙首雕塑、石砚

1、7. 瓷钵（T18②:10、T45②:17）　2、4、5. 瓷碗（T15②:2、T42②:2、T22②:7）　3、6. 瓷盏（T15②:

1、T37②:73）　8. 瓷香薰盖（T42②:1）　9. 瓷龙首雕塑（T32②:2）　10. 瓷盖（T42②:29）　11. 石砚

（T23②:3）（8、9 为 1/2，余为 1/4）

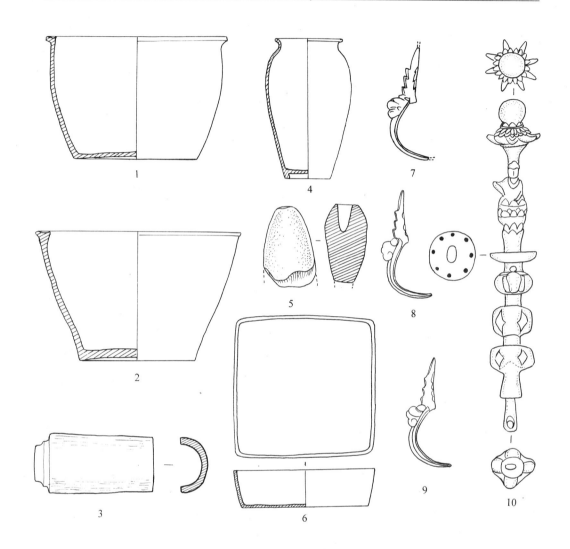

图四八五　唐宋时期的陶盆、罐、垫（？）、瓦，铜盒、钩、柱状饰

1、2. 陶盆（T35②:2、T35②:1）　3. 筒瓦（T42②:10）　4. 小陶罐（T42②:5）　5. 陶垫（？）（T42②:28）
6. 铜盒（T23②:2）　7~9. 铜钩（T23②:1-1、T23②:1-2、T23②:1-3）　10. 铜柱状饰（T23②:4）（1、
2、5为1/4，3为1/8，余为1/2）

2）陶器

陶盆　2件。T35②:2，夹砂红褐胎硬陶。方唇，窄沿，沿面略内凹，弧腹较深，
底略内凹。器最高13.2、外口径约20厘米。（图四八五，1）

T35②:1，夹砂红褐胎硬陶。圆唇，窄平沿略凹，斜直腹较深，底略内凹。口下施
1圈黄釉。器最高13.8、外口径22.6厘米。（图四八五，2）

小陶罐　1件。T42②:5，夹砂红褐胎硬陶。器体很小，圆唇，束颈，略耸肩，下

腹稍内收，平底，小圈足。器表可见左轮拉坯指印。器最高 7.4、外口径 3.7 厘米。（图四八五，4；图版一九〇，2）

陶垫（?）　1 件。T42②:28，夹细砂灰陶。部分残缺，呈半椭圆体，顶端有 1 圆形深孔，孔深约 2.7、直径 1.7 厘米。器残长 8.6 厘米。（图四八五，5）

3）铜器

铜盒　1 件。T23②:2，正方形，四壁略向外鼓，平底。器最高 2、边长 7.4 厘米。（图四八五，6；图版一九〇，3）

铜钩　6 件，形制相同。一端短直，上有花纹；另一端呈弯钩状，无纹饰。标本 T23②:1-1，器最长 6 厘米。（图四八五，7；图版一九〇，5 左）

标本 T23②:1-2，器最长 5.8 厘米。（图四八五，8；图版一九〇，5 中）

标本 T23②:1-3，器最长 6 厘米。（图四八五，9；图版一九〇，5 右）

铜柱状饰　1 件。T23②:4，．呈长圆柱状，下部较细，有 1 个穿孔；往上有方柱状装饰 3 个，方柱中间或饰菱形纹，或内凹；再上为 1 个圆饼形饰，面上有 9 个盲孔；其上方的圆柱面上有 1 个坐佛，佛为结跏趺坐右手施无畏印，佛身之下为莲花宝座；佛顶之上有 2 层呈放射状的装饰，下层有 8 芒，上层有 16 芒；圆柱顶部为 1 个圆球状饰。器最高 17.8 厘米。（图四八五，10；图版一九〇，4）

4）其他

石砚　1 件。T23②:3，青灰色石料。制作不精，平面呈梯形，边缘各有 2 道直刻线，两角端刻弧线。砚的一端有 1 个弯月形墨池，表面中间部分已被磨得略下凹。器最长 20、宽端宽 13.5、窄端宽 12.5、厚 1.6 厘米。（图四八四，11）

筒瓦　1 件。T42②:10，夹细砂灰陶。呈半筒形，素面。通长 26.4、最小直径约 12、厚 1.5～1.8 厘米。（图四八五，3）

附表一　地层关系对应表

探方号	表土或近代层	宋代层	商周层	新石器层 上层	新石器层 中层	新石器层 下层
T1	①	②				
T2	①		②			③
T3	①	②		③		④(?)
T4	①	②	③			④(?)
T5	①		②		③	
T6	①				②	
T7	①		②		③	
T8	①		②		③	
T9	①		②		③	
T10	①		②		③	
T11	①				②	
T12	①、②					
T13	①	②			③(?)、④	
T14	①	②			③	④
T15	①	②a、②b、②c	③a、③b、③c			
T16	①	②	③		④(?)	⑤
T17	①	②	③		④	⑤
T18	①	②	③		④(?)、⑤	
T19	①	②	③		④(?)、⑤	
T20	①	②	③		④(?)、⑤	
T21	①	②	③		④?	
T22	①	②	③a、③b、③c			
T23	①	②			④(?)	⑤
T24	①	②	③		④(?)	⑤
T25	①	②	③		④(?)	⑤
T26	①	②	③		④	⑤
T27	①	②			④	
T28	①	②	③		④	
T29	①	②			④	
T30	①	②			④	⑤
T31	①	②	③		④	⑤
T32	①	②			④	⑤
T33	①	②	③		④	⑤
T34	①	②	③		④	⑤
T35	①	②	③		④	
T36	①	②	③	④	⑤	
T37	①	②	③		④	⑤
T38	①	②	③		④	⑤
T39	①	②		③	④	
T40		②	③		④、⑤	
T41	①	②			④	⑤
T42	①	②			④	⑤
T43	①	②、③		④	⑤a、⑤b(?)	
T44	①a、①b	②	③b	④	⑤a、⑤b(?)	
T45	①a、①b	②	③b	④	⑤a、⑤b(?)	
T46	①a、①b	②	③a、③b	④	⑤b(?)	
T47	①、②				③(?)	④
T48	①		②、③	④(?)	⑤	⑥
T49	①		②~⑨		⑩	
T50	①		②~⑥、⑨		⑩	
T51	①、②		③~⑨			

注:

1. 个别探方缺层有 3 种情况:一是本属范围较大的灰坑堆积(如 H60),当时编了地层号,现取消。二是 T16~T46 当时均按 5 大层统一编号,故有缺层。三是部分探方当时将红沙土(生土)编了层位号,现取消。四是 T48~T49 两个探方在发掘时统一编号,故有缺层。

2. 部分探方中夹红烧土块较多的地层、灰黄(褐)色土层或深灰色土层叠压在黄土或黄沙土上,而包含物均为新石器时代,当时编了层位号但均视同黄沙土层,现将其独立为一层,相对年代晚于黄沙土层而早于商周层。

3. 上述更改均经过详细核对原始日记、发掘记录和地层图,但仍有个别因原始材料的对比证据不太充足而无法确证它们与其他探方地层的对应关系,在表中均以"?"标明,以供参考。各地层对应不能完全确切。

附表二　遗迹、遗物新编号与原始编号更改对照表

遗　迹

新编号	原始编号	新编号	原始编号	新编号	原始编号
M139	第六次发掘 M1	H47	第六次发掘 H3	H57	第六次发掘 H13
M140	第六次发掘 M2	H48	第六次发掘 H4	H60	T29、T30、T41、T42 的③层
M141	第六次发掘 M3	H49	第六次发掘 H5		
M142	第六次发掘 M4	H50	第六次发掘 H6	红烧土堆积 2	第六次发掘红烧土遗迹Ⅰ
M143	第六次发掘 M5	H51	第六次发掘 H7		
M144	第六次发掘 M6	H52	第六次发掘 H8	红烧土堆积 3	永兴地点红烧土遗迹Ⅰ
H30	H30、H32、第六次发掘 H2	H53	第六次发掘 H9		
		H54	第六次发掘 H10	红烧土坑 9	第六次发掘红烧土遗迹Ⅱ
		H55	第六次发掘 H11		
H45	第六次发掘 H1	H56	第六次发掘 H12		

遗　物

新编号	原始编号	新编号	原始编号	新编号	原始编号
M7:1	T3:19	M143:2	第六次发掘 M5:2	H30:32	第六次发掘 H2:3
M7:2	T3:18	M144:1	第六次发掘 M6:1	H30:34	H32:1
M7:3	T3:17	M145:1	T5 第二组（未编号）	H30:35	H32:63
M8:11	T5:47	M145:2		H30:36	H32:62
M12:3	T7:1	M146:1	T5:44	H30:37	H32:61
M22:3	T8:24	M146:2	T5:45	H30:38	H32:64
M33:6	T8:77	M146:3	T5:46	H30:39	H32:66
M37:11	T8:46	M148:1	T24:25	H30:40	H32:33
M54:12	T7:32	M148:2	T24:33	H30:41	H32:41
M61:3	T14:31	M149:1	T25:21	H30:42	H32:51
M61:4	T14:14	M149:2	T25:22	H30:43	H32:44
M63:5	T14:6	M150:1	T27:2	H30:44	H32:32
M139:1	第六次发掘 M1:1	M150:2	T27:3	H30:45	H32:30
M139:2	第六次发掘 M1:2	M151:1	T27:9	H30:46	H32:42
M140:1	第六次发掘 M2:1	M151:2	T27:10	H30:47	H32:46
M140:2	第六次发掘 M2:2	M151:3		H30:48	H32:29
M140:3	第六次发掘 M2:3	M151:4	T27:11	H30:49	H32:36
M140:4	第六次发掘 M2:4	M151:5	T27:8	H30:50	H32:26
M141:1	第六次发掘 M3:1	M151:6	T27:12	H45:1	第六次发掘 H1:1
M141:2	第六次发掘 M3:2	M152:1	T44:8	H49:1	第六次发掘 H5:1
M142:1	第六次发掘 M4:1	M152:2	T44:7	H49:2	第六次发掘 H5:2
M142:2	第六次发掘 M4:2	M152:3	T44:10	H49:3	第六次发掘 H5:3
M142:3	第六次发掘 M4:3	M152:4	T44:9	H49:4	第六次发掘 H5:4
M142:4	第六次发掘 M4:4	H30:26	第六次发掘 H2:4	H50:1	第六次发掘 H6:1
M143:1	第六次发掘 M5:1	H30:27	第六次发掘 H2:2	H53:1	第六次发掘 H9:1

续附表二

遗　物					
新编号	原始编号	新编号	原始编号	新编号	原始编号
H60：1	T42③a：17	H60：14	T41③b：3	F1：5	T20④：23
H60：2	T30③：7	H60：15	T30③：6	F1：6	T20④：20
H60：3	T41③b：7	H60：16	T29③：11	F1：7	T20④：16
H60：4	T29③：17	H60：17		F1：8	T20④：19
H60：5	T29③：1	H60：18	T29③：13	F4：1	T17④：99
H60：6	T41③b：2	H60：19		F4：2	T17④：100
H60：7	T29③：18	H60：20		F4：3	T17④：101
H60：8	T29③：7	H60：21	T41③b：8	F4：4	T17④：106
H60：9	T29③：20	H60：22	T29③：16	红烧土坑3：1	T28④：5
H60：10	T41③b：5	F1：1	T20④：26	红烧土坑9：6	T47④：1
H60：11	T29③：25	F1：2	T20④：25	石料堆	T41：9
H60：12	T29③：（无号）	F1：3	T20④：28	1：1～89	
H60：13	T41③b：1	F1：4	T20④：21		

注：本表中所列仅为本书中所涉及的内容，不包括书中未涉及的部分。新编号指最后一次整理（第三次整理）所确
　　定的编号，原始编号包括田野发掘原始记录编号和第一次整理所确定的编号。

附表三 房址登记表

序号	编号	所在探方及层位关系	形状	尺寸（cm）	结构	遗物	时代
1	F1	T20 东北角，叠压在②层宋代堆积下、④层新石器黄沙土上	圆角长方形红烧土面	长 470 × 宽 320 - 厚 35	为红烧土面，西南部向西伸出似为门道，西北部有 1 处椭圆形灶	红烧土面上遗留有石锛 3 件、砺石 1 件、穿孔石器 1 件、陶球 1 件、陶棒 1 件、门道内有陶罐 1 件	新石器时代四期
2	F2	T17 西南角，叠压④层新石器时代黄沙土下，打破生土，部分伸入 T17 南隔梁（未发掘）	圆角长方形半地穴	已知长（超过）240 × 宽 235 - 深 50	穴底为红烧土面，未发现柱洞，但有几块呈一定形状类似柱础的红烧土块。中部偏东有 1 处瓢形灶	红烧土面上遗留有残石器 1 件、陶豆、盆残片数片	新石器时代
3	F3	T22 北部，叠压在③c层商代黑灰土下、生土面上，部分伸出探方之外	长方形红烧土面	已知长约 300 × 宽约 220	为红烧土面，可分上、下两层，上层结合紧密，应为活动面；下层则松散，夹较多黑灰土，应为垫土之类。在红烧土面上发现柱洞 4 个，洞壁较直。东南角有 1 处瓢形灶	红烧土面上未发现遗物	商代
4	F4	位于 T17 东北部，叠压在③层商周灰褐土下，打破④层新石器时代黄沙土和⑤层黄褐土	圆角近长方形半地穴	长 228 × 宽 165 - 深 30	穴底为红烧土面，内含大量陶片，可辨有少量鼎足	红烧土面上遗留有石锛 1 件、陶杯 1 件、插簪器 1 件、陶球 1 件	新石器时代四期
5	F5	T49 西半部和 T50 西北角，一半向西延伸至探方外，开口在 T49 红沙土（即生土）层面上，穴底有⑨层堆积，本身打破红沙土和红烧土堆积 2 的一部分	平面应近似梯形有通道的半地穴	全长 605，口部已知长约 370 × 宽约 190 - 深 114	半地穴部分口大底稍小，壁斜直，底部较平坦，穴底为红沙土面。通道在半地穴东南角，并向东南方向呈缓坡状逐渐抬高。穴东北角发现有两两并列的柱洞 4 个	穴底无任何遗物	西周

附表四　灰坑登记表

序号	编号	所在主要探方	层位关系	形状	尺寸（cm）	包含遗物			时代	备注
						石器	陶（瓷）器	其他		
1	H1	T1	②层灰褐色土下，打破黄色生土	不规则形，平底	已知最长205、最宽200、深45	长方形砺石1	泥质灰壶口沿1、绳纹陶片等		商周	
2	H2	T5	①层表土下，打破③层新石器黄沙土、生土	似为圆形，平底	已知长210、宽66、深140～180	镞1	绳纹和方格纹、附加堆纹陶片等		商周	
3	H3	T1	②层灰褐陶色土下，打破黄色生土	平面形状不清，平底	已知长276、宽220、深69	残石凿、镞、镞各1	夹砂黑陶鬲残片、叶脉纹残陶拍，夹砂和泥质红陶网坠、绳纹陶片和云雷纹、叶脉纹、方格纹硬陶片等		商周	
4	H4	T7	①层表土下，打破③层新石器黄沙土	圆形，平底	口径132、深34	残石铲1	残陶鼎1，夹砂红陶鬲足沿、缸片，附加堆纹陶片等		商周	
5	H5	T6	①层表土下，打破②层新石器黄沙土	圆形，圜底	口径108、深66		黄釉瓷碗1、筒瓦等	铜勺1，"开元通宝"铜钱11	唐代	
6	H6	T6	①层表土下，打破②层新石器黄沙土、生土	"丫"形长沟状	最宽400、最深130	锛1	夹砂红陶斝1、纺轮2，夹砂红、灰陶鬲足16，绳纹、篮纹陶片和叶脉纹、云雷纹硬陶片		商代	
7	H7	T7	①层表土下，打破②层商周灰褐土、③层新石器黄沙土、生土	不规则形，平底	已知最长800、最宽320、深210	镞、残石器	夹砂红、灰陶鬲足39、夹砂灰陶鼎足3，夹砂红陶尊口沿1，泥质灰陶豆圈足2，盆口沿、篮纹、绳纹、附加堆纹、乳丁陶片	河卵石150余块	商代	

续附表四

序号	编号	所在主要探方	层位关系	形状	尺寸（cm）	包含遗物 石器	包含遗物 陶器	包含遗物 其他	时代	备注
8	H8	T7、T11	①层表土下，打破③层新石器黄沙土、生土	不规则形，圜底	最长830、最宽500深160	镞、锛、长方形砺石各1	夹砂灰陶拍（？）1，夹砂红、灰陶鼎残底30，夹砂和泥质灰陶锥状鼎足5，盆、罐口沿、绳纹、附加堆纹、方格纹陶片	河卵石10余块、残青铜削1件，新石器残多孔石刀	商代	
9	H9	T8	①层表土下，打破②层商周灰黑土、生土	不规则长条形，圜底	已知长435、宽150～210、深107		夹砂陶袋状鬲足、夹粗砂绳纹陶片、印纹硬陶片等		商周	
10	H10	T8、T35	②层商周灰黑土下，打破生土	近圆形，平底。坑壁较硬	口径300～320、深110	铲1	夹砂陶鼎足、袋状鬲足，夹粗砂绳纹陶片		商代	与H40合并
11	H11	T9	②层商周灰黑土下，打破③层新石器黄沙土、生土和H12	不规则形，近圜底	最长375、最宽245、最深125	长方形砺石1	夹砂红胎黑衣陶鼎1，夹砂红陶鼎足，夹砂红、灰陶鬲足，罐口沿，绳纹、附加堆纹和凹弦纹陶片		商周	
12	H12	T9	②层商周灰黑土下，打破③层新石器黄沙土、生土，被H11打破	长方形，平底	长325、宽130、深55		夹砂红陶鬲足，绳纹、附加堆纹和凹弦纹陶片		商周	
13	H13	T17	②层宋代堆积下，打破④层新石器黄沙土	椭圆形，圜底	口长径280、口短径260、深60	残石器4	夹砂红、灰陶锥状鼎足4，夹砂黑陶甗耳2，豆把1，绳纹、附加堆纹陶片	青铜残器1	商代	
14	H14	T18	②层宋代瓦砾堆积下，打破④层新石器灰黄土	椭圆形，圜底	口长径275、口短径185、深30		夹砂红陶鼎足3、鬲足3、纺轮1、罐口沿，绳纹、附加堆纹陶片等		商周	

续附表四

序号	编号	所在主要探方	层位关系	形状	尺寸（cm）	包含遗物			时代	备注
						石器	陶 器	其他		
15	H15	T19	③层商周灰褐土下，打破④层新石器黄沙土	不规则圆形，平底	口径约290、深75		夹砂陶假腹豆1、鬲足，绳纹、凹弦纹、篮纹、附加堆纹、方格纹、刻划纹陶片		商代	
16	H16	T19	②层宋代瓦砾堆积下，打破③层商周灰褐土、新石器④层黄沙土、⑤层黄土、生土	近长方形，有台阶，平底	长424、宽310、深290	锛3、凿1、残石斧1柳叶形和三角形镞6	网坠1，夹砂红、灰陶和泥质灰陶鼎（或鼎式鬲）足32，夹砂红陶鬲足5、鬲口沿7及盆、钵、罐口沿、豆把，绳纹、附加堆纹、篮纹、方格纹陶片，印纹硬陶片		商周	与H43合并
17	H17	T20	②层宋代堆积下，打破③层商周灰黑土、新石器的④层灰黄沙土、⑤层黄土、生土	不规则形，斜底	最长840、最宽510、深180～250	锛6、斧1、刀1、凿1、镞1、砺石、残石器、石碾(?)等	纺轮1、饼7、鸟形器1，夹砂红灰黑陶鼎（或鼎式鬲）足80、鬲足14及鬲口沿、罐、钵、豆柄残片，绳纹、凹弦纹、附加堆纹、篮纹、网纹陶片，印纹硬陶片	玉饰1，少量新石器陶鼎足	商周	
18	H18	T19	②层宋代瓦砾堆积下，打破③层商周灰褐土、新石器的④层黄沙土、⑤层黄土、生土	似不规则椭圆形，圜底	已知长350、深155		夹砂红、灰陶锥状鼎足15、鬲足7及罐、盆、豆口沿，绳纹、附加堆纹、弦纹、刻划纹陶片		商周	
19	H19	T17	②层宋代堆积下，打破新石器的④层黄沙土、⑤层黄土、生土	似长条形圜底	已知长470、宽260、深135		夹砂红、灰、黑陶鼎足22、红陶鬲足3，黑陶甗残片2，绳纹、附加堆纹陶片等		商代	

续附表四

序号	编号	所在主要探方	层位关系	形状	尺寸（cm）	包含遗物			时代	备注
						石器	陶器	其他		
20	H20	T16	②层宋代堆积下，打破③层商周灰黑土、新石器的④层灰黄土，⑤层黄土、生土	不规则形，圜底	最长550、最宽465、深135	锛4、凿4、镞1、长方形砺石1	鼎式鬲1、纺轮3，鸟形器1，夹砂红、黑和泥质黑、灰陶鼎（或鼎式鬲）足158及鬲足58、绳纹、附加堆纹、网纹陶片等	新石器泥质红陶凿形鼎足4	商代	
21	H21	T16	②层宋代堆积下，打破④层新石器灰黄土	椭圆形，圜底	口长径182、口短径127、深52		夹砂红陶鼎足13及壶、罐、缸口沿、绳纹、附加堆纹陶片，叶脉纹硬陶片		商周	
22	H22	T16	④层新石器灰黄土下，打破⑤层黄土、生土	近圆形，平底	口径150～170深65		夹砂红陶和泥质灰、黑陶鼎足21，盆、罐、钵、壶、豆口沿		新石器	
23	H23	T25	②层宋代深灰土下，打破③层商周灰褐土，新石器的④层黄褐沙土、⑤层黄土	弧形长沟状	已知长约400、宽约170～215、深80		锥状鬲足、鬲口沿、罐残片等		商代	
24	H24	T26	②层宋代堆积下，打破③层商周堆积、④层新石器堆积	长椭圆形，圜底	口长径430、口短径145、深50		陶饼1，夹砂红、灰陶鼎足7，夹砂黑陶鬲足1，罐、盆、缸口沿，豆把，绳纹、篮纹附加堆纹陶片，印纹硬陶片		商周	
25	H25	T23	②层宋代瓦砾堆积下，打破新石器的④层灰黄褐土、⑤层黄土、生土	近椭圆形，局部台阶状，平底	口长径720、口短径500、深130～150	锛19、镞2	纺轮7，网坠68，夹砂红（褐）陶鼎式鬲3，斝3，爵1，豆1，罐2，觚形器1，缸口沿，陶饼及绳纹、附加堆纹、凹弦纹陶片等	河卵石、红烧土块	夏、商	

续附表四

序号	编号	所在主要探方	层位关系	形状	尺寸（cm）	包含遗物			时代	备注
						石器	陶器	其他		
26	H26	T24	②层宋代堆积下，打破③层商周褐色土、新石器的④层黄沙土	椭圆形，平底	口长径475、口短径310、深90		残甋1，夹砂红、黑、灰陶鬲足4、鼎足4，豆、盆、罐口沿，绳纹、凹弦纹、附加堆纹、刻划纹陶片，叶脉纹、云雷纹硬陶片		商周	
27	H27	T24	②层宋代深灰土下，打破③层商周褐土、新石器的④层黄沙土和⑤层黄土	近圆形，圜底	口径224～256、深128		残坩埚1，夹砂红、黑、灰陶鬲足8，夹砂灰陶斝足1，绳纹、凹弦纹、附加堆纹、篮纹、刻划纹陶片		商周	
28	H28	T27	②层宋代瓦砾堆积下，打破④层新石器黄褐沙土、生土	不规则长沟状，平底	已知长940、宽320、深120～190	锛2、磨棒1、石器1	泥质黑陶假腹豆2、豆柄1、灰陶豆盘1、印纹硬陶釜1、夹砂红陶鬶颈1，绳纹、凹弦纹、篮纹、附加堆纹、刻划纹陶片，印纹硬陶片		商代	
29	H29	T26	①层表土下，打破③层商周堆积、④层新石器堆积、生土	椭圆形，平底	已知长约540、宽330、深160	石球1、研磨石1	夹砂红、灰、黑陶鼎足65，豆、盆、罐、壶口沿，豆把，绳纹、弦纹、篮纹、附加堆纹、刻划纹陶片，印纹硬陶片		商周	
30	H30	T37 T38 T49	明代文化层下，打破商周灰褐土、④层新石器黄沙土等	"丫"形长沟状	最长880、最宽445、深30～90	锛4、镞3、斧1、砺石2	陶鼎1，网坠60，纺轮2，陶饼，夹砂红、灰、黑陶鼎（或鼎式鬲）足57，平跟鬲足、锥状鬲足、甋残片、豆柄、缸口沿，绳纹、篮纹、附加堆纹、刻划纹陶片，印纹硬陶片	石料数件、铜片1、河卵石数个	周代	与H32、第六次发掘H2合并

续附表四

序号	编号	所在主要探方	层位关系	形状	尺寸（cm）	包 含 遗 物			时代	备注
						石器	陶 器	其他		
31	H31	T36	③层商周灰黑土下，打破④层新石器灰黄土	不规则形，圜底	已知长110、深36	砺石1	夹砂红陶圆锥足绳纹鬲1，篮纹和绳纹陶片		商代	
32	H33	T34	应在③层商周灰褐土下，打破④层新石器黄褐土	椭圆形，圜底近平	口长径130、口短径80、深20		夹砂红陶、泥质灰陶鼎足各1，少量陶片		商代	
33	H34	T45	③b层商周黑灰土下，打破④层新石器灰黄土。东南角有一柱洞	椭圆形，圜底近平。	口长径170、口短径125、深16		纺轮1，夹砂红陶鬲足、黑陶甑残片，绳纹、弦纹、篮纹、云雷纹陶片等	三角形石柱础1	商周	
34	H35	T36	②层扰土下，打破④层新石器黄褐土、生土	近椭圆形，斜平底	口长径350、口短径245、深90～120	半月形刀1、残石器1、砺石2	夹砂红胎黑衣陶鬲1，夹砂红陶圜底罐1，泥质灰胎外黑陶小罐1，纺轮1，绳纹、篮纹、附加堆纹、刻划纹陶片等	石料11件，另有新石器时代陶壶1、扁平三角形鼎足1、夹砂红陶长颈鬶颈部残片1	商代（？）	
35	H36	T34 T35	③层商周灰褐土下，打破④层新石器黄沙土、生土	近圆形，圜底	口径270、深110	砺石1	夹砂红陶残斝1，泥质灰陶残钵1、鼎足、豆柄，绳纹、云雷纹陶片	红烧土块、草木灰，另有新石器鼎足	商周	
36	H37	T33	东北角②层深灰色土下，打破③层商周灰褐土，新石器时代④层黄沙土、⑤层黄土、生土	似圆形，圜底	深约100		夹砂红陶鼎式鬲2，斝1，夹砂灰陶绳纹凹底残罐1，残斝1，绳纹陶片等		商代	

续附表四

序号	编号	所在主要探方	层位关系	形状	尺寸（cm）	包含遗物			时代	备注
						石器	陶器	其他		
37	H38	T44	③b层商周黑灰土下，打破新石器的④层黄土、⑤层、生土	似椭圆形，平底	已知长410、深120	锛3、凿2	夹砂灰陶鬲1，夹砂黑陶盉1，纺轮1，鼎、豆、罐、鬲残片，绳纹、凹弦纹、附加堆纹、刻划纹陶片，叶脉纹硬陶片	新石器时代的泥质红陶棒1	商代	
38	H39	T45	新石器时代④层灰黄土下，打破⑤a层深灰花斑土、⑤b层浅黄花斑土、生土	近椭圆形，平底	口长径160、口短径113、深46		夹砂红、灰陶鼎足、泥质灰陶、夹砂黑陶豆柄，豆圈足、壶口沿、罐残片、弦纹、镂孔、附加堆纹陶片		新石器（二期）	
39	H41	T28	③层商周灰褐土下，打破④层新石器黄沙土、生土，打破红烧土坑3	近椭圆形，圜底	口长径200、口短径146、深42	残石斧1、石饰1	豆1，鬶1，泥质灰陶残鬶1、残罐1，宽扁凹鼎足4，凿形鼎足2，豆盘口沿8，豆柄2，残圈足碗5，残觚形器1，鸡冠状鋬1，残壶2等，附加堆纹、镂孔、刻划、凸棱纹陶片	猪牙1	新石器	
40	H42	T28	③层商周灰褐土下，打破④层新石器黄沙土	近椭圆形，圜底	口长径96、口短径80、深35		鬶1、盆1		新石器	
41	H44	T46	③层商周黑灰土下，打破新石器的④层灰黄土、⑤b层浅黄花斑土	似为圆形	口径230、深72		夹砂红陶、泥质黑陶片		新石器	
42	H45	T48	②层周代黄褐土下，打破③层西周灰褐土、⑥层新石器红褐土、生土	近椭圆形，圜底	口径98～115、深38	锛1	夹砂灰黄陶敛口瓮，鬲、缸残片，绳纹、附加堆纹、篮纹陶片		周代	

续附表四

序号	编号	所在主要探方	层位关系	形状	尺寸（cm）	包含遗物 石器	包含遗物 陶器	包含遗物 其他	时代	备注
43	H47	T50	②层周代黄褐土下，打破西周的③层灰褐土、④a层红褐土	椭圆形，平底	口长径200、口短径92、深36		夹砂红、灰陶平跟鬲足4和锥状鼎足1，夹砂黑陶和灰陶鬲口沿2，绳纹、间断绳纹、方格纹、篮纹、附加堆纹陶片，叶脉纹、云雷纹、曲折纹硬陶片		西周	
44	H48	T48	②层周代黄褐土下，打破⑥层新石器红褐土、生土	弯月形，平底	长210、宽90、深40		夹砂灰陶和泥质灰黄陶鼎足各1、夹砂红陶鼎足10，壶口沿、豆盘口沿、豆柄、凹弦纹、附加堆纹、按窝、戳印和绳纹陶片等	红烧土块	新石器	
45	H49	T48 T49	①层表土下，打破T48⑥层新石器红褐土、T49⑩层新石器黄沙土、生土，并打破H57	似圆形，平底	口径170、深60	锛2、磨棒1	纺轮1，夹砂红陶锥状鼎足1，黑陶平跟鬲足1，盆、罐、缸口沿、凸棱、绳纹、篮纹陶片	新石器时代的夹砂红陶、红褐陶鼎足，泥质红胎黑皮陶豆柄和夹砂红陶管状流等	周代	
46	H50	T47	①层表土下，打破新石器的③层灰黄沙土、④层黄土	不规则，圜底	已知长约310、宽135、深70	凿1	夹砂红陶锥状鼎足2、平跟鬲足1，鬲口沿残片，绳纹、附加堆纹、方格纹陶片，曲折纹硬陶片等	较多的新石器时代夹砂红陶片，可辨器形有鸭嘴形、长条形、凿形、枫叶形鼎足等	西周	

续附表四

序号	编号	所在主要探方	层位关系	形状	尺寸（cm）	包含遗物 石器	包含遗物 陶器	包含遗物 其他	时代	备注
47	H51	T51	④层西周黄褐土下，打破同属西周的⑤层深灰土、⑥层黄沙土、⑦层深黄色沙土	圆形，平底	口径120、深30		均夹砂的红褐、灰、灰黄、黑陶或灰褐色硬陶，有粗、细绳纹和篮纹、附加堆纹陶片，云雷纹硬陶片		西周	
48	H52	T51	⑤层西周深灰土下，打破同属西周的⑥层黄沙土、⑧层灰色土、⑨层灰褐土	圆形，平底	口径60、深20	凿1	夹砂红陶缸片1，粗、细绳纹和凹弦纹陶片		西周	
49	H53	T51	⑤层西周深灰土下，打破同属西周的⑥层黄沙土、⑨层灰褐土	似圆形，圜底	已知口长125、宽110、深62	梭形器1	夹砂灰（褐）陶鼎式鬲足1，夹砂黑陶瓿残片1，钵、鬲口沿，绳纹、篮纹、凸棱陶片，曲折纹硬陶片	较多草木灰，另有少量新石器时代鸭嘴形鼎足	西周	
50	H54	T48	④层新石器灰黄沙土下，打破⑥层新石器红褐土、生土，并打破K5	似长方形，斜平底	已知长140、宽122、深30~50		夹砂红陶鼎足6，罐、甑、盆、壶、豆残片，按窝、戳印、凸棱、绳纹、篮纹陶片等		新石器或夏代（？）	
51	H55	T49	③层西周灰褐土和⑥层西周灰褐略显红色土，打破⑩层新石器黄沙土和生土，被H30打破坑口部分	似长方形，平底	已知长155、宽50~65、深84		夹砂灰陶鬲口沿、锥状鼎足，罐口沿，绳纹陶片		商代	
52	H56	T48	⑥层新石器红褐土下，打破生土	圆形，平底	口径60、深50		夹砂红陶鼎足1，黑皮陶片，凸棱纹陶片等		新石器	

续附表四

序号	编号	所在主要探方	层位关系	形状	尺寸（cm）	包含遗物			时代	备注
						石器	陶器	其他		
53	H57	T48 T49	①层表土下，打破两个探方 ②层周代黄褐土、T49⑩层新石器黄沙土、生土，打破H30、又被H49打破	似圆形，圜底近平	已知最长480、深85		夹砂灰陶鬲口沿1，泥质灰黄陶罐口沿1、绳纹、凸棱、篮纹陶片等		周代	
54	H58	T21	③层商代黑灰土下，打破生土	似瓢形，圜底	已知长约500、宽50～190、深50～210		鼎1、壶1、鬲足、绳纹、弦纹陶片等		商代	
55	H59	T21	②层宋代堆积下，打破③层商代黑灰土、生土	不规则形，圜底	已知长约230、宽约130、深120		鼎足，鬲足，绳纹、弦纹、刻划纹陶片等		商周	坑口旁有较多河卵石和少量残石器
56	H60	T29 T30 T41 T42	四个探方的②层宋代堆积下，打破新石器的④层黄沙土、⑤层黄土、生土	似为圆形，圜底	直径1000以上、深140	锛7、凿2、研磨器1、扁球状石器1	纺轮6，饼3，网坠1，夹砂红陶鬲足，瓿耳，盉流，绳纹、篮纹、附加堆纹陶片，席纹硬陶，原始瓷片	红烧土块，另有大量新石器时代陶片	商周	
57	K2	T48	②层商周黄褐色土下，打破④层新石器时代末期（或夏代）灰黄沙土，并打破M139和K5	似长方形，圜底	已知长150、宽100～110、深30	磨棒1	簋1，泥质碎陶片		夏代（?)	

附表五　部分灰坑出

时代	编号	陶片总数(片)	夹砂				泥质								素面	绳纹	凹弦纹
			红	灰	黑	灰黄	红	灰	黑	黑皮或黑衣	灰黄	外红内黑外黑内红	印纹硬陶	原始瓷			
新石器时代	H22	760	14.47	1.45	47.76		1.05	11.58	23.69	＊					51.98		43.42
	H39	116	9.48	7.76	4.31		11.21	28.45	38.79	＊					59.5		34.78
	H41	300	1	2			57	8.7	0.7	22.3		8.3			92		
	H42	252	8.73				19.05	30.56	40.87			0.79			64.29		
	H48	62	48.39	4.84	8.06					32.26	6.45				75.8	1.62	6.45
	H54	49	48.98	8.17	12.24		2.04		28.57						87.56	4.08	2.09
	H56	12	33.33		16.67		8.33		41.67						91.67		
夏商周时期	H2	127	21.26	74.8				3.94							16.54	80.31	
	H3	156	8.3	23.7	48								20		2.56	35.26	3.21
	H6	310	20.64	24.84	26.13		2.26	19.03	4.84				2.26		27.42	47.74	11.61
	H7	131	22.14	45.04				16.79	16.03							74.05	8.4
	H8	236	7.63	86.86			1.27	4.24							54.66	27.54	2.96
	H11	53	32.08	16.98	50.94										1.89	69.81	3.77
	H15	404	25	34.16	27.72		5.69	5.94	1.49						30.69	40.59	16.83
	H16	461	50.54		30.8		3.04	8.24	6.73				0.65		47.51	19.09	14.53
	H17	1216	20.89	29.44	43.5		1.65	1.48	1.81				1.23		17.68	35.44	7.32
	H20	1594	26.91	11.92	33.69		0.75	5.15	21.58						20.08	65.93	6.27
	H25	2427	45.08	10.47	42.23			1.4	0.82						6.31	66.3	10.67
	H26	212	23.58	29.72	41.98			1.89					2.83		35.85	42.45	7.55
	H27	179	37.99	30.17	29.05			2.79							36.87	34.08	15.64
	H28	1740	38.05	32.13	12.47		4.08	8.79	4.48						30	48.45	7.76
	H30	983	42.42	21.66	23.4		1.53	4.58	0.51	1.73		3.56	0.61		39.37	44.66	1.02
	H31	15	46.67		13.33			33.33	6.67						86.66	6.67	
	H35	571	36.95	30.12	8.93		3.33	10.16	3.5	6.13			0.88		69.52	17.85	
	H38	781	29		29		2	30	9				1		46	42	6
	H45	96	58.33	15.63		26.04									54.17	40.63	
	H47	51	23.53	27.45	21.57	5.88							15.68	5.89	15.69	58.83	1.96
	H49	91	51.65	10.99	17.58								19.78		69.23	14.29	
	H50	65	58.5	28	9								4.5		37.7	51.7	1.5
	H53	28	21.44	42.85	24.99	7.14							3.58		29.57	52.18	
	H55	10	30	60				10							80	20	
	H57	18	22.23		44.4	22.23				5.57	5.57				38.89	27.78	
	H60	2673	30.86	8.61	20.09		9.95	6.51	7.41	13.24		1.87	1.35	0.11	56.01	10.69	5.24

注:部分灰坑缺原始统计数据,因此表中未列出;表中黑皮或黑衣陶一栏中加"＊",表示有,但未与黑陶分开统计。

土陶片统计表

						纹 饰 （%）										
凸棱	篮纹	网纹	刻划纹	附加堆纹	方格纹	镂孔	按窝	戳印	叶脉纹	云雷纹	曲折纹	席纹	回纹	圆圈纹	乳丁	其他
			2.63	0.92												1.05
			5.21		0.51											
6.3				1.7												
28.17			2.78	3.97	0.79											
6.45				3.22		1.62	3.22	1.62								
2.09	2.09					2.09										
8.33																
				2.36	0.79											
2.56	2.56				30.77	1.92			16.67	4.49						
	4.19			0.97					0.97	1.29						5.81
	9.16			5.34	0.76										2.29	
	5.09	0.85	4.66	3.39												0.85
			24.53													
	4.95	0.25	1.98	1.98	1.73	0.49	0.49									
	10.2		1.73	5.42	0.43	0.22										0.87
	6.33	0.99	0.33	4.61	0.08	0.16									0.58	26.48
		0.63	0.82	1.25												5.02
	2.35	0.08	1.85	11.08		0.33									0.08	0.95
			0.94	9.44		0.47			2.36	0.47						0.47
	6.7		1.12	3.91												1.68
	2.99		1.43	5.23	0.29	0.4			3.16							0.29
1.02	4.88		1.22	4.48					0.1	0.1				0.1		3.05
	6.67															
2.78	5.42		2.28	1.1		0.17			0.88							
			1.4	3	0.5				0.4							0.7
	1.04			4.16												
	5.88			1.96	7.84				1.96	1.96	1.96					1.96
2.19	14.29															
1.5				4.6									1.5			1.5
7.14	7.14										3.97					
11.11	11.11			5.55			5.56									
13.03	2.54		3.18	5.05	0.07	0.64	0.19	1.23	0.11	0.04		0.45			0.07	1.46

附表六　新石器时代

墓号	所在探方及层位关系	形状	遗物在本探方距地表深度(cm)	长×宽-深(cm)	方向	玉器 钺	镯	环	璜	管	坠	饰	琮	其他	小计	石器 刀	钺	斧	锛	凿	镞	环	砺石	球	杵
M1	T5③层黄沙土中	未找到墓坑	185	180×25	东北—西南			1	1	2		1			5	1		2							
M2	T2③层黄色土中	未找到墓坑	142	65×20	南—北?									1	1										
M3	T5③层黄沙土中	未找到墓坑	195	50×30	?										0										
M4	T5③层黄沙土中	未找到墓坑	210	65×45	东北—西南						1				1	1		1							
M5	T4④层黄色粘土下	长方形浅穴	230	>150×66-15	北偏东39°										0										
M6	T5③层黄沙土中	未找到墓坑	310	75×45	?										0	2									
M7	T3④层黄色粘土中	未找到墓坑	160	30×15	?										0										
M8	T5③层黄沙土中	未找到墓坑	200	180×65	东北—西南	1	1			6		2			10	1		3		1					
M9	T7③层黄沙土中	未找到墓坑	30	30×20	?										0										
M10	T8,层位不清楚	未找到墓坑	40	35×8	?										0										
M11	T7③层黄沙土中	未找到墓坑	30	<50×40	东北—西南?										0										
M12	T7③层黄沙土中	未找到墓坑	32	45×25	东北—西南?										0					1					
M13	T7③层黄沙土中	未找到墓坑	52	45×15	?										0										
M14	T7③层黄沙土中	未找到墓坑	57	65×15	东北—西南										0	1		1							

墓葬登记表

| 遗物 | | | | | | | | | | | | | | | | | | | | | | | | | 骨器 | | | | | 期别 |
| 陶器 | | | | | | | | | | | | | | | | | | | | | | | | | | | | | | |
其他	小计	缸	鼎	豆	壶	鬶	碗	钵	盆	纺轮	饼	球	篮	杯	罐	盒	瓿	残碎器	甗	盂	器盖	拍子	棒	小计	环	璜	小计	合计	其他	期别
3	0																							0			0	8		5?
0			1											1										2			0	3		5
0				1	1	1																		3			0	3		5
2				1																				1			0	4		5
0			1	1	1	1	1							1										6			0	6		1
2				1						1														2			0	4		4
0			1	1	1																			3			0	3		2
5		1	1	1																				3			0	18		5
0				1						1														2			0	2		4
0		1					1																	2			0	2		5
0			1	1	1									1										4			0	4		5
1				1										1										2			0	3		5
0					1		1																	2			0	2		5
2				1																				1			0	3		4

续附表六

墓号	所在探方及层位关系	形状	在本探方距地表深度(cm)	长×宽-深(cm)	方向	玉器										石器									
						钺	镯	环	璜	管	坠	饰	琮	其他	小计	刀	钺	斧	锛	凿	镞	环	砺石	球	杵
M15	T7③层黄沙土最底部	未找到墓坑	80	115×55	东北—西南										0	2	1								
M16	T7③层黄沙土近底部	未找到墓坑	73	65×25	南—北?										0										
M17	T7③层黄沙土近底部	未找到墓坑	73	25×15	?										0										
M18	T7③层黄沙土近底部	未找到墓坑	71	35×15	?										0										
M19	T7③层黄沙土近底部	未找到墓坑	67	50×25	?					2		1			3										
M20	T7③层黄沙土近底部	未找到墓坑	85	25×15	?										0										
M21	T8 红沙土(生土)中	未找到墓坑	105	25×20	?										0										
M22	T8 红沙土(生土)中	未找到墓坑	110	55×25	?										0										
M23	T8 红沙土(生土)中	未找到墓坑	110	40×25	?										0				1						
M24	T8 红沙土(生土)中	墓坑不清晰	110	?×95-?	东北—西南										0										
M25	T8 红沙土(生土)中	墓坑不清晰	110	?×85-?	东北—西南										0										
M26	T6②层黄沙土中	未找到墓坑	60	140×110	东北—西南?										0		1								
M27	T6②层黄沙土中	未找到墓坑	64	95×35	?						1	1			2										
M28	T6②层黄沙土中	未找到墓坑	60	90×70	东北—西南?										0		1								
M29	T8 红沙土(生土)中	未找到墓坑	127	62×54	东北—西南?										0		2								

| 遗物 | | | | | | | | | | | | | | | | | | | | | | | | | | | | | | 期别 |
| 陶器 | | | | | | | | | | | | | | | | | | | | | | | | | 骨器 | | | 合计 | 其他 | |
其他	小计	缸	鼎	豆	壶	鬶	碗	钵	盆	纺轮	饼	球	篮	杯	罐	盒	瓿	残碎器	甗	盂	器盖	拍子	棒	小计	环	璜	小计	合计	其他	期别
3	3	1	1	1																				3			0	6		4
	0	1	1	1																				3			0	3		4
	0	1		1																				2			0	2		4
	0			2														1						3			0	3		4
	0																							0			0	3		4?
	0		1	1						1														3			0	3		4
	0	1		1						1														3			0	3		4
	0			1						1	1													3			0	3		4
1		1		1																				2			0	3		5
	0	2		1																				3			0	3		4
	0	1	1	1						1														4			0	4	豆盘和圈足残片	4
1		1	1	1	1	1																		5			0	6		4
	0	1					2																	3			0	5		5
1				1	1					1														3			0	4		5
2		1	1	1			2																	5			0	7		5

续附表六

墓号	所在探方及层位关系	形状	在本探方距地表深度(cm)	长×宽-深(cm)	方向	玉器										石器									
						钺	镯	环	璜	管	坠	饰	琮	其他	小计	刀	钺	斧	锛	凿	镞	环	砺石	球	杵
M30	T8红沙土(生土)中	未找到墓坑	127	120×20	南—北?										0										
M31	T6②层黄沙土中	未找到墓坑	82	110×110	东北—西南?										0										
M32	T6②层黄沙土中	未找到墓坑	83	80×70	东北—西南?					1	2	1	1		5										
M33	T8红沙土(生土)中	未找到墓坑	144	75×34	东北—西南?										0										
M34	T6②层黄沙土中	未找到墓坑	72	70×31	?						1	1			2										
M35	T6②层黄沙土中	未找到墓坑	80	75×12	?										0										
M36	T6②层黄沙土中	未找到墓坑	82	125×70	东北—西南?										0										
M37	T8红沙土(生土)中	未找到墓坑	135	50×45	东北—西南?							2			2	2	4								
M38	T8红沙土(生土)中	未找到墓坑	129	32×25	?										0										
M39	T6②层黄沙土中	未找到墓坑	65	76×57	东北—西南				1		1		1		3	2	2								
M40	T6②层黄沙土中	未找到墓坑	97	120×100	东北—西南	1		1	1				8		11	3	8		2						
M41	T8红沙土(生土)中	未找到墓坑	139	48×30	?										0										
M42	T8红沙土(生土)中	未找到墓坑	144	23×20	?	1	1			3					5										
M43	T6②层黄沙土中	未找到墓坑	80	150×60	东北—西南?										0										
M44	T6②层黄沙土中	未找到墓坑	120	190×145	东北—西南	1	1			2	28			1	33	4	3			1	1				

| 遗物 | | | | | | | | | | | | | | | | | | | | | | | | | 骨器 | | | | | 期别 |
其他	小计	缸	鼎	豆	壶	鬶	碗	钵	盆	纺轮	饼	球	簋	杯	罐	盒	觚	残碎器	甗	盂	器盖	拍子	棒	小计	环	璜	小计	合计	其他	
	0		1		1					1														3			0	3		4
	0		2		2	1														2				7			0	7		5
	0		1	1							3													5			0	10		5
	0			1	1					1	1		1									1		6			0	6		4
	0		1	1																				2			0	4		4
	0				1		1			1														3			0	3		4
	0		1	1	1					1	2													6			0	6		5
	6			1	1					1														3			0	11		?
	0				1					1														2			0	2		4
	4																							0			0	7	陶鬶把 1	5?
	13		1	1	2					2														6			0	30		5
	0		1	1	1					1							1							5			0	5		5
	0																							0			0	5		?
	0		1	1	1	2				1														6			0	6		5
	9	1	1	1																				3			0	45		5

续附表六

墓号	所在探方及层位关系	形状	在本探方距地表深度(cm)	长×宽-深(cm)	方向	玉器										石器									
						钺	镯	环	璜	管	坠	饰	琮	其他	小计	刀	钺	斧	锛	凿	镞	环	砺石	球	杵
M45	T8红沙土(生土)中	未找到墓坑	151	58×50	东北—西南?										0	1			1						
M46	T6②层黄沙土中	未找到墓坑	84	85×50	?					2		4			6										
M47	T6②层黄沙土中	未找到墓坑	106	100×40	东北—西南	1		1	2			4	2		10	4	3		2						
M48	T9③层黄沙土中	未找到墓坑	127	160×108	东北—西南?	1									1			2							
M49	T6②层黄沙土中	未找到墓坑	60	188×140	东北—西南?				1						1	2	1								
M50	T8红沙土(生土)中	未找到墓坑	166	32×14	?										0										
M51	T9③层黄沙土中	未找到墓坑	140	82×78	?										0										
M52	T11②层黄沙土中	未找到墓坑	46	38×32	?										0										
M53	T10③层黄沙土中	未找到墓坑	112	155×68	?										0										
M54	T7③层黄沙土中	未找到墓坑	68	150×70	东北—西南			1			2	2	2		7	4			1						
M55	T9③层黄沙土中	未找到墓坑	134	47×30	?										0		1								
M56	T9③层黄沙土中	未找到墓坑	134	67×17	东北—西南?										0										
M57	T11②层黄沙土中	未找到墓坑	76	260×140	东北—西南					1	2		1		4		3		1						
M58	T6②层黄沙土中	未找到墓坑	120	110×80	东北—西南	1	1					4			6	4	3		2						
M59	T6②层黄沙土中	未找到墓坑	85	125×65	东北—西南?			1			2				3									3	

| | | 遗　物 | | | | | | | | | | | | | | | | | | | | | | | | | | | | 期别 |
| 其他 | 小计 | 陶　器 | | | | | | | | | | | | | | | | | | | | | | | 骨　器 | | | 合计 | 其他 | |
		缸	鼎	豆	壶	鬶	碗	钵	盆	纺轮	饼	球	簋	杯	罐	盒	觚	残碎器	甗	盂	器盖	拍子	棒	小计	环	璜	小计			
	2	1	1	1																				3			0	5		4
	0			1																				1			0	7		5
	9			1																				1			0	20		5
	2	1	2	1						1														5			0	8		5
	3		1	1			1			1														4			0	8		5
	0	1	1																					2			0	2		5
	0		1	2						1	2													6			0	6		5
	0	1	1	1			1				1			1						1				7			0	7		4
	0	1	1	2			1														1			6			0	6		4
	5	1	1	2			1																	5			0	17		4
	1	1	1	1																				3			0	4		4
	0	1	1	1						1														4			0	4		4
	4			1	1						2				1									5			0	13	碎骨片	4
	9			1							1	1												3			0	18		5
	3			1							1													2			0	8		5

续附表六

墓号	所在探方及层位关系	形状	在本探方距地表深度(cm)	长×宽-深(cm)	方向	玉器										石器									
						钺	镯	环	璜	管	坠	饰	琮	其他	小计	刀	钺	斧	锛	凿	镞	环	砺石	球	杵
M60	T11②层黄沙土中	未找到墓坑	120	65×20	?										0										
M61	T14③层黑灰色土中	未找到墓坑	180	50×20	?										0										
M62	T13④层黄沙土中	未找到墓坑	175	77×30	东北—西南?					1					1									1	1
M63	T14③层黑灰色土中	未找到墓坑	180	50×20	?										0		1								
M64	T13③层中	未找到墓坑	173	38×18	?										0										
M65	T13④层黄沙土中	未找到墓坑	182	95×40	东北—西南										0										
M66	T14③层黑灰色土底部	未找到墓坑	173	85×40	?										0										
M67	T14③层黑灰色土中	未找到墓坑	160	75	东北—西南?										0	1	1								
M68	T9③层黄沙土中	未找到墓坑	90	22×18	东北—西南?										0	1									
M69	T17④层黄沙土中	未找到墓坑	142	150×30	东北—西南?										0										
M70	T17④层黄沙土中	未找到墓坑	142	120×105	东北—西南?										0			2							
M71	T17④层黄沙土中	长方形浅穴?	142	约170×55-?	北偏东12°										0										
M72	T17④层黄沙土下、F2之上的灰黑土中	未找到墓坑	163	150×30	东北—西南?										0										
M73	T16②层下、红烧土坑1上	未找到墓坑	115	12×9	?										0										

其他	小计	缸	鼎	豆	壶	鬶	碗	钵	盆	纺轮	饼	球	篦	杯	罐	盒	瓿	残碎器	瓶	盂	器盖	拍子	棒	小计	环	璜	小计	合计	其他	期别
	遗物																													
		陶器																							骨器			合计	其他	期别
	0				1	1																		2			0	2		4
	0		1		3																			4			0	4		4
	2		1	1						1				1										4			0	7		4
	1		1	2	1																			4			0	5		5
	0			1	1																			2			0	2		3
	0		1	1	2	1	1																	6			0	6		2
	0		1	1	1		1			1														5			0	5		4
	2			1						1														2			0	4		5
	1			1																				1			0	2		5
	0			1	1					1														3			0	3		5
	2			1	1						1	2		1									1	7			0	9	牙1	4
	0			1	1						1	1											1	5			0	5		4
	0										1		15											16			0	16	牙1	5
	0												4											4			0	4		5?

续附表六

墓号	所在探方及层位关系	形状	在本探方距地表深度(cm)	长×宽-深(cm)	方向	玉器									小计	石器									
						钺	镯	环	璜	管	坠	饰	琮	其他		刀	钺	斧	锛	凿	镞	环	砺石	球	杵
M74	T18④层灰黄土底部	未找到墓坑	135	18×13	?										0										
M75	T19③层商周灰褐土下	长方形浅穴	130	218×93-5	北偏东23°										0										
M76	T19④层黄沙土中	未找到墓坑	140	43×17	?										0										
M77	T19④层黄沙土中	未找到墓坑	145	70×15	?										0										
M78	T18⑤层黄沙土中	未找到墓坑	155	37×30	?										0										
M79	T17⑤层黄褐土下?	长方形浅穴	206	165×53-10	北偏东35°										0										
M80	T17⑤层黄褐土下?	长方形浅穴	211	213×73-15	北偏东30°										0										
M81	T17⑤层黄褐土下?	长方形浅穴	224	205×80-28	北偏东31°										0										
M82	T17⑤层黄褐土下?	长方形浅穴	207	211×73-11	北偏东38°										0										
M83	T18⑤层黄沙土中?	未找到墓坑	158	38×22	?										0				1						
M84	T18⑤层黄沙土中?	未找到墓坑	160	90×30	东北—西南?										0										
M85	T18⑤层黄沙土下	长方形浅穴	>180	200×56-?	北偏东20°										0										
M86	T16④层灰黄土中	未找到墓坑	140	80×70	?										0	1									
M87	T17⑤层黄褐土下?	长方形浅穴	209	182×72-13	北偏东28°										0										

| | | 遗 物 | | | | | | | | | | | | | | | | | | | | | | | | | | | | |
| | | 陶 器 | | | | | | | | | | | | | | | | | | | | | | | 骨 器 | | | | | 期别 |
其他	小计	缸	鼎	豆	壶	鬶	碗	钵	盆	纺轮	饼	球	篮	杯	罐	盒	觚	残碎器	瓿	盉	器盖	拍子	棒	小计	环	璜	小计	合计	其他	
0				1						1														2			0	2		5
0			1	1										1										3			0	3		5
0			1	1																				2			0	2		5
0			1	1																				2			0	2		5
0			1	1			1																	3			0	3		5
0			1	1																				2			0	2	猪牙? 1	4
0			1	1												1								3			0	3		3
0			1		1	1																		3			0	3	猪牙? 数个	3
0				1																				1			0	1		3
1			1													1								2			0	3		1
0			1		1	1								1	1									5			0	5		1
0			1			1				1					1	1								5			0	5		4
1			1	2													1							4			0	5		5
0			1																					1			0	1		3

续附表六

墓号	所在探方及层位关系	形状	在本探方距地表深度（cm）	长×宽-深（cm）	方向	玉　器										石　器									
						玦	镯	环	璜	管	坠	饰	琮	其他	小计	刀	钺	斧	锛	凿	镞	环	砺石	球	杵
M88	T18⑤层黄沙土下	长方形浅穴	188	150×100-7	北偏东20°										0										
M89	T20⑤层黄沙土下	长方形浅穴	225	180×110-35	北偏东20°						1				1	2		3	2						
M90	T18⑤层黄沙土下	长方形浅穴	185	>100×70-5	北偏东25°										0										
M91	T17⑤层黄褐土下?	长方形浅穴	241	230×99-45	北偏东30°										0					3	1				
M92	T17⑤层黄褐土下?	长方形浅穴	213	197×72-17	北偏东30°										0										
M93	T16④层灰黄土中	未找到墓坑	140	76×45	?										0										
M94	T16④层灰黄土下	长方形浅穴	200	>185×60-20	北偏东44°										0										
M95	T16④层灰黄土下	长方形浅穴	205	205×65-20	北偏东26°										0										
M96	T16④层灰黄土下，被M94打破	长方形浅穴	190	200×53-10	北偏东35°										0										
M97	T16④层灰黄土下	长方形浅穴	205	>130×60-25	北偏东36°										0										
M98	T16⑤层黄土中	未找到墓坑	180	?	?										0										
M99	T18⑤层黄沙土中	未找到墓坑	145	110×45	?										0										
M100	T16⑤层黄土中	未找到墓坑	175	80×40	?										0										

| | 遗 物 | | | | | | | | | | | | | | | | | | | | | | | | | | | | | 期别 |
| 其他 | 陶 器 | | | | | | | | | | | | | | | | | | | | | | | | 骨 器 | | | 合计 | 其他 | |
小计	缸	鼎	豆	壶	鬶	碗	钵	盆	纺轮	饼	球	箅	杯	罐	盒	瓠	残碎器	甗	盂	器盖	拍子	棒	小计	环	璜	小计			
0	1	1	1			1												1						5			0	5	器耳1、碎骨、人牙?	3
7	2	1	2			1	1										1					1	9	1		1	18	兽骨	3
1 / 1	1	1	2	1	1																		6			0	7		1
4	1	1	2	1	1												1						7			0	11	牙1	4
0									1														1			0	1		3?
0		1	2								1												4			0	4		4
0	1											2											3			0	3	人牙数个	4
0	1		1																				2			0	2		4
0	1		1										1		1								4			0	4		4
0	1		1											1									3			0	3		4
0	1										1												2			0	2		4
0	1	1	2	1										1									6			0	6		4
0			1																		1		2			0	2		5

续附表六

墓号	所在探方及层位关系	形状	在本探方距地表深度(cm)	长×宽-深(cm)	方向	玉器									小计	石器									
						钺	镯	环	璜	管	坠	饰	琮	其他		刀	钺	斧	锛	凿	镞	环	砺石	球	杵
M101	T16⑤层黄土偏上部	未找到墓坑	180	35×30	?										0										
M102	T20④层灰黄土下	长方形浅穴	195	135×55-25	北偏西25°										0										
M103	T21红沙土(生土)中	未找到墓坑	140	100×40	?				1		1	3			5										
M104	T26④层黄沙土中	未找到墓坑	30	75×30	?										0				1						
M105	T26④层黄沙土中	未找到墓坑	40	125×55	东北—西南										0										
M106	T26⑤层黄土中	未找到墓坑	110	72×25	?										0									1	
M107	T25⑤层黄土中	未找到墓坑	130	94×42	?										0				2						
M108	T26⑤层黄土偏上部	未找到墓坑	75	95×35	?										0				1						
M109	T24⑤层黄土中	未找到墓坑	165	32×10	?										0										
M110	T26⑤层黄土中	未找到墓坑	110	?	?										0										
M112	T26④层黄沙土中	未找到墓坑	50	58×35	?										0										
M113	T24⑤层黄土中	未找到墓坑	165	58×38	?										0										
M114	T37⑤层黄土中	未找到墓坑	88	26×22	?										0										
M115	T33⑤层黄土中	未找到墓坑	90	90×25	?										0										

遗物																														期别
		陶器																						骨器				合计	其他	
其他	小计	缸	鼎	豆	壶	鬶	碗	钵	盆	纺轮	饼	球	簋	杯	罐	盒	瓠	残碎器	甗	盂	器盖	拍子	棒	小计	环	璜	小计			
	0		1	1						1														3			0	3		4
	0																							0			0	0		4?
	0		1	1								2												4			0	9		4
	1			1								2												3			0	4	鼎足1、器把手1	4?
	0			1						1		5												7			0	7	鼎足1、豆圈足碎片	4
	1			2																				2			0	3		3
	2				1																			1			0	3		3?
	1	1	1		1																			3			0	4		2
	0		1													1								2			0	2		1
	0		1																					1			0	1		1
	0	1	1		1											1								4			0	4		5?
	0	1	1		1										1	1								5			0	5		1
1	1	1			1											1								3			0	4		3
	0	1		1	1																			3			0	3		3

续附表六

墓号	所在探方及层位关系	形状	在本探方距地表深度（cm）	长×宽-深（cm）	方向	玉器										石器									
						钺	镯	环	璜	管	坠	饰	琮	其他	小计	刀	钺	斧	锛	凿	镞	环	砺石	球	杵
M116	T33⑤层黄土中	未找到墓坑	90	35×27	?										0										
M117	T33⑤层黄土中	未找到墓坑	92	75×50	东北—西南										0										
M118	T38④层黄沙土中	未找到墓坑	60	75×50	东北—西南?										0										
M119	T36④层灰黄土中	未找到墓坑	105	25×12	?										0										
M120	T37红沙土（生土）中	未找到墓坑	114	60×22	?										0										
M121	T37⑤层黄土中	未找到墓坑	82	20×20	?										0	1		1							
M122	T37⑤层黄土中	未找到墓坑	88	35×20	?										0										
M123	T35④层黄沙土中	未找到墓坑	121	33×27	?										0										
M124	T37红沙土（生土）中	未找到墓坑	116	42×28	?										0	1									
M125	T33④层黄沙土下	长方形浅穴	142	225×90-30	北偏东25°										0			1							
M126	T36④层灰黄土中	未找到墓坑	110	38×15	东北—西南										0										
M127	T36④层灰黄土中	未找到墓坑	110	37×19	东北—西南										0										
M128	T46④层灰黄土中	未找到墓坑	210	140×40	?										0				1						
M129	T37红沙土（生土）中	未找到墓坑	115	43×22	?										0										

| | | 遗物 | | | | | | | | | | | | | | | | | | | | | | | 骨器 | | | | | 期别 |
| 其他 | 小计 | 陶器 | | | | | | | | | | | | | | | | | | | | | | | | | | 合计 | 其他 | |
		缸	鼎	豆	壶	鬶	碗	钵	盆	纺轮	饼	球	篦	杯	罐	盒	瓠	残碎器	甗	盂	器盖	拍子	棒	小计	环	璜	小计			
	0	1	1	1			1		1															5			0	5		3
	0			1	4	1	1			1														8			0	8		3
	0			2	1	1								1							1			6	1		1	7		3
	0				1					1														2			0	2		5
1	1			1	1																			2			0	3		3
	2																							0			0	2	陶片数片	3?
	0		1		1		1																	3			0	3		3
	0		1		1					1														3			0	3		4
	1					1																		1			0	2		3
1	2		1	1	1	1	1																	5			0	7		2
	0		1	1	1																			3			0	3		5
	0		1	1	1																			3			0	3		5
	1		2																					2			0	3		5
	0		1		2																			3			0	3		3

续附表六

墓号	所在探方及层位关系	形状	在本探方距地表深度(cm)	长×宽-深(cm)	方向	玉器										石器									
						钺	镯	环	璜	管	坠	饰	琮	其他	小计	刀	钺	斧	锛	凿	镞	环	砺石	球	杵
M130	T35④层黄沙土中	未找到墓坑	100	57×26	?										0								1		
M131	T28④层黄沙土中	未找到墓坑	140	?	?										0										
M132	T30⑤层黄土中	未找到墓坑	168	30×20	东北—西南										0										
M133	T40③层商周黄褐土下	长方形浅穴	145	190×146-55	正南北										0	1									
M134	T38⑤层黄土中	未找到墓坑	120	76×65	?										0	1			1	1					
M135	T37⑤层黄土中	未找到墓坑	109	30×25	?										0										
M136	T37⑤层黄土中	未找到墓坑	75	115×15	?	1									1										
M137	T35④层黄沙土底部	未找到墓坑	165	50×35	?										0										
M138	T38⑤层黄土中	未找到墓坑	104	70×32	?										0										
M139	T48①层下、⑥层红褐土上	长方形浅穴	50	>122×72-6	北偏东60°										0										
M140	T48③层周代灰褐土下、打破⑤层黄沙土	长方形浅穴	62	190×96-22	北偏东55°										0										
M141	T47③层灰黄色沙土中	未找到墓坑	45	33×20	?										0				1						
M142	T48⑥层红褐土下、红沙土(生土)面上	长方形浅穴	85	220×60-10	北偏东36°										0	2									

遗　物																														
陶　器																									骨　器			合计	其他	期别
其他	小计	缸	鼎	豆	壶	鬶	碗	钵	盆	纺轮	饼	球	篮	杯	罐	盒	瓠	残碎器	瓿	盂	器盖	拍子	棒	小计	环	璜	小计			
	1			1											1									2			0	3	鼎足1、残豆柄1	3
	0		2																					2			0	2		5
	0						1							1										2			0	2		2
	1		2	1	2	1					1													7			0	8	人骨碎片？	5
	3			1																				1			0	4	少量牙和骨屑	2
	0		1								1		1											3			0	3	碎骨2片	4
	0			1																				1			0	2		4？
	0		1	1	1						1													4			0	4		3
	0		1	1	1	1	1				1													6			0	6		3
	0			1							1													2			0	2		5
1	2			1							1													2			0	4	填土中有朱绘陶片和黑衣陶片等	5
	1		1																					1			0	2		5
	2																							0			0	2	鼎足2、壶口残片1、陶片	5

续附表六

墓号	所在探方及层位关系	形状	在本探方距地表深度(cm)	长×宽-深(cm)	方向	玉器										石器									
						钺	镯	环	璜	管	坠	饰	琮	其他	小计	刀	钺	斧	锛	凿	镞	环	砺石	球	杵
M143	T48①层下、红沙土(生土)面上	长方形浅穴	74	>100×84-10	北偏东40°										0	1									
M144	T47④层黄土下、黄色生土面上	长方形浅穴	125	172×70-20	正南北										0										
M145	T2③层黄色粘土中	未找到墓坑	124	?	?										0										
M146	T5③层黄沙土中	未找到墓坑	190	?	?										0										
M147	T9③层黄沙土中	未找到墓坑	110	?	?										0										
M148	T24④层黄沙土中	未找到墓坑	160	?	?										0										
M149	T25⑤层黄土中	未找到墓坑	154	?	?										0										
M150	T27④层黄沙土中	未找到墓坑	86	?	?					1					1							1			
M151	T27④层黄沙土中	未找到墓坑	51	150×35	?										0		2					2			
总计						8	6	7	12	67	7	20	2	1	130	35	59	1	27	5	4	3	3	1	1

注:

1. 表中数据与平面图中编号数不完全吻合,平面图中编号有些是数件器物共一个号,而表中数据则指器物的单体个数,如玉管一串5个编号为1个号,表中统计则按5个计算。此外随葬品数是以能够看出相对完整形状的器物计算,鼎足、器耳、残陶片、骨骼、牙齿之类虽有编号但不计入随葬品数,而单独计入其他类中。

2. "所在探方及层位关系"一栏,凡未找到墓坑的墓葬因无法确定墓葬的开口层位,仅按遗物所在的地层描述为诸如"××④层黄沙土中";找到墓坑的则按开口层位描述,有疑问的加"?",其他未加"?"的墓葬开口层位供参考。

3. "在本探方距地表深度"指墓坑底部距地表的深度,坑口开口深度需减去墓坑自身深度;未找到墓坑的墓指最底部的随葬品距地表的深度。如此表述系便于两者的比较。

4. "长×宽-深"指墓坑的平面最大的长、宽及自身深度;未找到墓坑的墓指随葬品分布的最大范围,但深度不予标注。

5. "方向"指墓坑本身的方向或随葬品较为明确显示出的墓葬方向,并非指头向,加"?"表示可能性较大。

6. 期别中凡加"?"者均指不能明确确定、仅据器物特征判断的可能期别。

| 遗物 | | | | | | | | | | | | | | | | | | | | | | | | | | 骨器 | | | | | 期别 |
| 陶器 | | | | | | | | | | | | | | | | | | | | | | | | | | | | | 合计 | 其他 | |
其他	小计	缸	鼎	豆	壶	鬶	碗	钵	盆	纺轮	饼	球	篦	杯	罐	盒	瓠	残碎器	甗	盂	器盖	拍子	棒	小计	环	璜	小计			
1																								0			0	1	填土中有鼎口沿1	5
	0					1																		1			0	1		3
	0														2									2			0	2		5?
	0			3																				3			0	3		5
	0		1	1																				2			0	2		5?
	0		1		1																			2			0	2		3
	0		1											1										2			0	2		3
1	0																							0			0	2		5?
4			1		1																			2			0	6		5
5	144	1	94	69	123	20	31	2	22	36	1	46	9	8	8	1	1	1	3	1	3	2	1	483	1	1	2	759		

附表七 红烧土堆积（或红烧土坑）概况登记表

所在探方	位置与层位关系	堆积概况与包含遗物	时　代
T7	探方从中部偏西往中部偏东，共三处堆积呈东—西向一线排列，叠压在②层商周灰黑土下、③层新石器黄沙土上	三处堆积均为地上堆积，红烧土块较大，但无规整平面，部分红烧土块一面较平，中间夹有竹茎残痕，其中一块两面光滑，呈曲尺状	商周？
T9	探方东北角，叠压在②层商周灰黑土下、③层新石器黄沙土上	为地上堆积，分布面积约1平方米，均为红烧土碎块，不太密集。碎块均为草拌泥烘烤而成	商周？
T16	西南角，开口在②层宋代堆积下，打破新石器的④层灰黄土和⑤层黄土	坑状（详见红烧土坑1）	新石器时代
T18	东北角，西北角、南壁西段、西壁南段。开口在②层宋代堆积下，打破③层商周灰褐土、④层灰黄土和⑤层黄沙土	坑状，面积2～3平方米。红烧土块大小不一，较大的均有一平整的平面，背面可见清晰的草拌泥，部分还有木杆类杆后遗留的半圆形凹槽。红烧土堆积之下均有一层，厚20～35厘米的灰黑土。夹杂遗物有较多的夹砂红、黑陶片和少量泥质陶以及木炭	商周
T20	东南部、西部，叠压在③层商周深灰黑土下、④层黄沙土上	为地上堆积，分布面较大。红烧土块大小不一，较大的表面较平整，部分红烧土块上有并排的半圆形木杆类朽痕，并发现截直径8～9厘米，壁厚1.5厘米的管状红烧土块。其间夹杂较多陶片，多为泥质红陶，上饰弦纹	新石器时代
T21	东南角，开口在③层商代黑灰沙土下，打破红沙土（生土）	坑状（详见红烧土坑2）	商代
T24	东部、南部、西南角，在④层新石器黄沙土中或叠压在④层之下、⑤层黄土上	堆积有多处但基本连续在一起，有地上堆积和坑状两种，地上堆积，最长可达4米左右，最厚达1.3米。东部地上堆积中发现石锛1件和陶纺轮2件	新石器时代
T25	西南部、西部偏北、北隔梁内及其南侧，叠压在②层宋代深灰土下，④层新石器黄沙土上	西南、西北偏北一处均为地上堆积，呈不规则圆形，其中西南部堆积之东北侧有一片10～15厘米厚的黑土。北隔梁内及南侧为一长约8米，宽60厘米的长条形，由大小不一的碎块组成，未见平面及烧结面，在西半部呈坑状，内含泥质红陶片、夹砂红陶鼎足	新石器时代
T28	东南部、西南部，开口在③层商周黄褐土下，打破④层新石器黄沙土和生土	两处均呈坑状（详见红烧土坑3和红烧土坑4）	新石器时代
T29	东北角，叠压在H60下，打破生土	坑状（详见红烧土坑5）	新石器时代
T30	东北角，叠压在H60下，打破④层新石器黄沙土、⑤层黄土、生土	坑状，深50厘米以上，内填红烧土块，间杂有少量陶片，坑西侧发现夹木炭很多的黑土，厚10～15厘米，似小坑状	新石器时代

所在探方	位置与层位关系	堆积概况与包含遗物	时　代
T31	东南部开口在③层商周灰褐土下，打破新石器的④层黄沙土、⑤层黄土和生土，西隔梁偏北处叠压在③层下，打破④、⑤层	东南部呈坑状（详见红烧土坑6），西隔梁偏北处也呈坑状，仅暴露小部分，已知长约1.5米，深约65厘米，内填红烧土块，密集处约40厘米见方，其旁和下面均为松软的黑土，坑南边不远处有碎陶片一堆，内有完整纺轮1个。坑内间杂陶片30余片，其中泥质灰陶占53.1%，余为泥质红陶、外红内黑陶和黑陶，不见夹砂陶，纹饰以凸棱为多，少量划纹，器形有罐口沿和残圈足	新石器时代
T32	东南部、西南部，开口在②层深灰色土下、打破③层新石器黄沙土和生土	西南部分坑状（详见红烧土坑7），东南部边为坑状，已知部分呈半圆形，直径2.6米，内含较多红烧土块或颗粒	新石器时代
T39 T40	T39大部分和T40北隔梁附近，叠压在②层深灰色土下、④层新石器黄沙土上	部分为地表堆积，部分向下凹陷呈坑状（详见红烧土堆积1）	新石器时代
T43	东南部，叠压在②层扰土下、局部在③层商周灰褐土下、④层新石器时代深灰土上	地上堆积，厚约40厘米，红烧土块大小不一，未发现烧结面，周围有黑皮陶片，纹饰有划纹	新石器时代
T45	东南部，开口在③b层商周黑灰土下，打破新石器的④层灰黄土、⑤a层深灰色花斑土	坑状（详见红烧土坑8）	新石器时代
T46	西北角，叠压在③层商周地层下或④层新石器地层下（未确认）	地上堆积，红烧土块大小不一，未发现烧结面，内含少量木炭和新石器时代陶片	新石器时代
T47	西北部，开口在②层下，打破④新石器黄土、生土，叠压在M144之上	坑状（详见红烧土坑9）	新石器时代（四或五期）
T49 T50	在T49南隔梁和T50中北部，叠压在⑥层西周灰褐略显红色土上，红沙土面上，西北角被F5打破	详见红烧土堆积2	新石器时代（四或五期）
永兴T1	中部偏北，叠压在③层新石器灰褐土下，④层黄褐土上	平面形态不清（详见红烧土堆积3）	新石器时代（约五期）

注：不能确切判定具体年代者以大约年代指明，个别"?"表示存疑。

附表八　其他遗迹、商代和宋代墓葬登记表

序号	遗迹单位	所在探方及层位关系	概　　况	时　代
1	石料堆 1	T41 中部，叠压于 H60 之下，④层新石器时代黄沙土面上	集中放置在 30×40 厘米范围内，共有石料 89 件，仅 1 件单置一旁	新石器时代
2	J1	位于 T22 中部偏西南，开口②层宋代淡灰黄沙土下，打破商代的③a、③b、③c 层和生土	砖井，系用汉代和隋唐时期墓砖砌成，外径约 130 厘米，内径 96 厘米，井深超过 360 厘米，未能发掘到底。砖砌井壁之外，有一圈宽约 60 厘米的环形土带，应属砌筑好井圈后在外围加固的填土。井内基本不含遗物。外围填土中有商周时期的陶片和唐宋遗物	宋代
3	M111	位于 T26 东南角，距地表深约 40 厘米。其上层为①层表土，打破②层唐宋堆积。未找到葬坑	应属瓮棺葬一类。葬具系 2 件瓷器，壶内置有碎骨架，口上覆盖 1 件瓷盆。无其他随葬品	宋代
4	M152	位于 T44 东南角的③b 层商代黑灰土中，其上层为②层宋代瓦砾堆积，下层为④层新石器时代灰黄土	墓坑、葬具和人骨架均未发现。出土陶鼎式鬲、鼎形器、假腹豆、盉各 1 件	商代
5	M153	位于 T22 西北角，距地表深约 60 厘米。其上层为②层淡灰黄沙土，下层为③a 层商代淡灰沙土。墓坑、葬具和人骨架均未发现	出土遗物 3 件，计陶罐 2 件、瓷罐 1 件	宋代

附表九　地层陶片统计表

T2②

陶片总数（片）	陶质陶色								纹饰														
	夹砂				泥质		硬陶、原始瓷																
	红	灰	黑皮	黑衣	红	黑	印纹硬陶	原始瓷	素面	绳纹	堆塑	弦纹	按窝	刻槽	斜方格	附加堆纹	篮纹	锯齿纹	刻划波折	涡纹	云雷纹	镂孔	乳丁
326	60	18	84	63	66	32	2	1	128	87	1	47	12	9	2	26	6	2	1	1	2	1	1
百分比	18.4	5.5	25.8	19.4	20.2	9.8	0.6	0.3	39.3	26.7	0.3	14.4	3.7	2.8	0.6	8.0	1.8	0.6	0.3	0.3	0.6	0.3	0.3

T6②

陶片总数（片）	陶质陶色				纹饰				
	夹砂	泥质			素面	凹弦	刻划	凹弦+镂孔	其他
	红	红	灰	黑衣					
119	20	2	18	79	89	26	1	2	1
百分比	16.8	1.7	15.1	66.4	74.9	21.8	0.8	1.7	0.8

T8②

陶片总数（片）	陶质陶色					纹饰						
	夹砂		泥质			素面	绳纹	附加堆纹	弦纹	几何印纹	拍印纹	方格纹
	红	灰	红	灰	黑							
386	119	168	19	36	44	241	86	20	15	4	19	1
百分比	30.8	43.6	4.9	9.3	11.4	62.4	22.3	5.2	3.9	1	4.9	0.3

T9②

陶片总数（片）	陶质陶色			纹饰			
	夹砂			素面	绳纹	附加堆纹	篮纹
	红	灰	黑衣				
14	2	6	6	3	8	2	1
百分比	14.2	42.9	42.9	21.4	57.2	14.3	7.1

T9③

陶片总数（片）	陶质陶色			纹饰		
	夹砂		泥质	素面	刻划纹	附加堆加凹窝
	橙黄	黑衣	黑皮			
3	1	1	1	1	1	1
百分比	33.3	33.3	33.4	33.3	33.3	33.4

续附表九

T17③

陶片总数（片）	陶质陶色						纹饰										
	夹砂			泥质			素面	绳纹	弦纹	划纹	绞索纹	附加堆纹	镂孔	叶脉纹	波浪纹	锥刺纹	圆圈纹
	红	灰	黑	红	灰	黑											
419	45	81	86	18	82	107	188	25	140	22	1	16	19	5	1	1	1
百分比	10.7	19.4	20.5	4.3	19.6	25.5	44.9	6.0	33.4	5.4	0.2	3.8	4.5	1.2	0.2	0.2	0.2

T17④

陶片总数（片）	陶质陶色				纹饰						
	夹砂		泥质		素面	绳纹	弦纹	划纹	附加堆纹	方格纹	镂孔
	红	黑	红	灰							
63	41	14	2	6	43	4	3	4	3	5	1
百分比	65.1	22.2	3.2	9.5	68.3	6.3	4.8	6.3	4.8	7.9	1.6

T19③

陶片总数（片）	陶质陶色						纹饰										
	夹砂			泥质			素面	绳纹	弦纹	刻划	篮纹	附加堆纹	方格纹	镂孔	按捺纹	锥刺纹	网纹
	红	灰	黑	红	灰	黑											
2428	851	303	479	173	279	343	1387	321	308	161	117	96	7	15	6	4	6
百分比	35.0	12.5	19.8	7.1	11.5	14.1	57.1	13.2	12.7	6.6	4.8	4.0	0.3	0.6	0.3	0.1	0.3

T19④

陶片总数（片）	陶质陶色						纹饰						
	夹砂			泥质			素面	弦纹	刻划	篮纹	附加堆纹	方格纹	镂孔
	红	灰	黑	红	灰	黑							
870	357	99	150	116	59	89	740	92	2	28	3	4	1
百分比	41.0	11.4	17.3	13.3	6.8	10.2	85.1	10.6	0.2	3.2	0.3	0.5	0.1

T22③

陶片总数（片）	陶质陶色				纹饰						
	夹砂		泥质		素面	绳纹	弦纹	刻划	云雷纹	附加堆纹	网纹
	红	黑	红	黑							
388	277	42	3	66	70	266	9	12	1	29	1
百分比	71.4	10.8	0.8	17.0	18.0	68.6	2.3	3.1	0.3	7.4	0.3

续附表九

T36③

陶片总数(片)	陶质陶色		纹饰	
	夹砂	泥质		
	红	灰	素面	凹弦纹
29	28	1	26	3
百分比	96.6	3.4	89.7	10.3

T36④

陶片总数(片)	陶质陶色						纹饰			
	夹砂		泥质							
	红	灰	外红里黑	红	灰	黑皮	素面	凹弦	篮纹	波浪纹
151	39	41	30	13	19	9	135	8	7	1
百分比	25.8	27.1	19.9	8.6	12.6	6.0	89.4	5.3	4.6	0.7

T47②

陶片总数(片)	陶质陶色								纹饰											
	夹砂			泥质			硬陶													
	红	灰	黑	红	灰	红胎黑皮	红	褐	素面	凹弦	篮纹	间断绳纹	细绳纹	附加堆带绳纹	粗绳纹	方格纹	叶脉纹	"+"压印带绳纹	凸棱	按窝
82	42	21	11	2	1	2	1	2	35	3	2	4	16	2	8	1	1	1	8	1
百分比	51.3	25.6	13.5	2.4	1.2	2.4	1.2	2.4	42.7	3.7	2.4	4.9	19.5	2.4	9.8	1.2	1.2	1.2	9.8	1.2

T47③

陶片总数(片)	陶质陶色										纹饰									
	夹砂			泥质																
	红	灰	外红内黑	红	灰	纯黑	灰黄	红胎黑皮	灰胎黑皮	夹稻壳或蚌末红陶	素面	凹弦	凸棱	刻划	戳印	附加堆	按窝(鼎足根)	贴小圆泥饼	红衣	镂孔
665	27	58	9	82	83	2	6	301	156	23	542	12	123	29	12	19	4	1	2	3
百分比	3.6	7.7	1.2	10.9	11.1	0.3	0.8	40.3	20.9	3.1	72.6	1.6	16.5	3.9	1.6	2.5	0.5	0.2	0.3	0.4

T47④

陶片总数(片)	陶质陶色													纹饰									
	夹砂					泥质																	
	红	灰	褐	黑	灰白	红	灰	黑	灰黄	夹稻壳或蚌末外红内黑	夹稻壳或蚌末红陶	红胎黑皮	灰胎黑皮	素面	凹弦	刻划	附加堆	戳印	凸棱	凹槽(鼎足背)	按窝(鼎足根)	镂孔	压印
1309	58	14	16	14	2	55	152	10	29	106	109	376	368	1001	32	18	39	5	194	1	8	10	1
百分比	4.4	1.1	1.2	1.1	0.2	4.2	11.6	0.8	2.2	8.1	8.3	28.7	28.1	76.4	2.4	1.4	3.0	0.4	14.8	0.1	0.6	0.8	0.1

续附表九

T48③

陶片总数（片）	陶质陶色						纹饰		
	夹砂			泥质			素面	粗绳纹	细绳纹
	红	灰	红褐	红褐	灰	红胎黑陶			
22	11	5	2	1	1	2	7	10	5
百分比	50	22.7	9.2	4.5	4.5	9.1	31.8	45.5	22.7

T48④

陶片总数（片）	陶质陶色										纹饰					
	夹砂						泥质					素面	凹弦	凸棱	刻划	附加堆纹	按窝
	红	灰	黑	灰黄	红胎黑陶	褐	红	灰	灰胎黑陶	红胎黑陶	夹稻壳红陶						
136	29	9	1	5	9	19	10	10	22	20	2	84	17	19	12	3	1
百分比	21.3	6.6	0.7	3.7	6.6	14.0	7.4	7.4	16.2	14.7	1.4	61.8	12.5	14.0	8.8	2.2	0.7

T48⑥

陶片总数（片）	陶质陶色						纹饰											
	夹砂			泥质			素面	凹弦	篮纹	刻划	附加堆	磨光	戳印	镂孔	凸棱	按窝（鼎足跟）	压印	红衣
	红	灰	红褐	夹稻壳或蚌末红陶	黑皮红胎	黑皮灰胎												
130	10	17	20	3	50	30	86	9	1	3	1	1	2	2	18	3	3	1
百分比	7.7	13.1	15.4	2.3	38.4	23.1	35.3	6.9	0.8	2.3	0.8	0.8	1.5	1.5	13.8	2.3	2.3	0.8

T49②

陶片总数（片）	陶质陶色							纹饰							
	夹砂			泥质				素面	凹弦	篮纹	凸棱	间断绳纹	细绳纹	粗绳纹	附加堆纹	叶脉纹
	红	灰	红胎黑皮	灰黄	红	灰	红胎黑皮									
181	53	14	30	74	3	2	5	126	1	5	1	3	39	4	1	1
百分比	29.3	7.7	16.5	40.9	1.7	1.1	2.8	69.5	0.6	2.8	0.6	1.7	21.4	2.2	0.6	0.6

T49③

陶片总数（片）	陶质陶色								纹饰								
	夹砂				泥质		硬陶		素面	凹弦	篮纹	间断绳纹	附加堆	细绳纹	粗绳纹	方格纹	绳纹加叶脉纹
	红	灰	红褐	灰黄	红胎黑皮	灰胎红陶	暗黄绿釉红褐胎	灰									
193	32	18	28	56	56	1	1	1	96	10	9	3	1	62	10	1	1
百分比	16.6	9.4	14.5	29	29	0.5	0.5	0.5	49.7	5.2	4.7	1.6	0.5	32.1	5.2	0.5	0.5

续附表九

T49④a

陶片总数（片）	陶质陶色							纹 饰					
	夹 砂			泥 质			硬陶						
	红	灰褐	红胎黑陶	红	灰	褐	灰	素面	凹弦	细绳纹	粗绳纹	凸弦	贴圆形泥饼
62	23	16	7	1	9	5	1	16	2	25	15	3	1
百分比	37.1	25.8	11.3	1.6	14.5	8.1	1.6	25.8	3.2	40.3	24.2	4.9	1.6

T49⑥

陶片总数（片）	陶质陶色					纹 饰					
	夹 砂				泥质						
	红	灰	黑	灰黄	灰	素面	附加堆	细绳纹	粗绳纹	凸棱	按窝
46	13	4	22	5	2	16	2	22	4	1	1
百分比	28.3	8.7	47.8	10.9	4.3	34.8	4.3	47.8	8.7	2.2	2.2

T49⑦

陶片总数（片）	陶质陶色				纹 饰							
	夹 砂											
	红	灰	黑	红褐	素面	篮纹	间断绳纹	细绳纹	粗绳纹	交错细绳纹	附加堆纹	凸棱
87	24	11	25	27	45	2	1	32	4	1	1	1
百分比	27.6	12.7	28.7	31.0	51.7	2.2	1.1	36.8	4.6	1.1	1.1	1.1

T49⑧

陶片总数（片）	陶质陶色					纹 饰					
	夹 砂										
	红	黑	灰黄	红褐	灰白	素面	篮纹	附加堆	细绳纹	凸棱	按窝（鼎足根）
102	6	12	13	18	53	12	5	13	69	2	1
百分比	5.9	11.8	12.7	17.6	52.0	11.8	4.9	12.7	67.6	2.0	1.0

T50②

陶片总数（片）	陶质陶色								纹 饰							
	夹 砂					泥质		硬陶								
	红	灰	黑	红褐	红胎黑陶	灰	褐	灰	素面	凹弦	篮纹	间断绳纹	细绳纹	附加堆纹带绳	粗绳纹	叶脉纹
96	12	37	8	27	7	1	1	3	37	4	1	2	33	3	13	3
百分比	12.5	38.5	8.3	28.2	7.3	1.0	1.0	3.2	38.5	4.2	1.0	2.1	34.4	3.1	13.6	3.1

续附表九

T50③

陶片总数（片）	陶质陶色												纹饰									
	夹砂							泥质				素面	凹弦	篮纹	凸棱	间断绳纹	粗绳纹	细绳纹	小圆泥饼带凹弦	附加堆	方格纹
	红	灰	红褐	灰黄	外黑内红	红胎黑皮	灰胎黑皮	灰	灰胎黑皮	红胎黑皮												
203	73	20	12	26	10	22	17	3	11	9	88	14	3	1	12	21	51	1	11	1
百分比	36.0	9.9	5.9	12.8	4.9	10.8	8.4	1.5	5.4	4.4	43.4	6.9	1.5	0.5	5.9	10.3	25.1	0.5	5.4	0.5

T50④

陶片总数（片）	陶质陶色								纹饰								
	夹砂						泥质	硬陶	素面	凹弦	篮纹	间断绳纹	细绳纹	附加堆纹带绳纹	粗绳纹	叶脉纹	云雷纹
	红	灰	黑	黄	红胎黑陶	灰胎黑陶	黄	褐									
128	39	23	10	8	19	15	6	8	28	4	7	4	22	8	52	2	1
百分比	30.5	17.9	7.8	6.3	14.8	11.7	4.7	6.3	21.8	3.1	5.5	3.1	17.2	6.3	40.6	1.6	0.8

T50⑤

陶片总数（片）	陶质陶色								纹饰									
	夹砂					泥质		硬陶	素面	凹弦	篮纹	间断绳纹	细绳纹	附加堆带绳纹	粗绳纹	叶脉纹	云雷纹	曲折纹
	红	灰黑	褐	灰黄	红胎黑陶	黄褐	灰											
132	35	47	7	12	28	1	2	34	2	7	15	32	1	38	1	1	1	
百分比	26.5	35.6	5.3	9.1	21.2	0.8	1.5	25.7	1.5	5.3	11.4	24.2	0.8	28.7	0.8	0.8	0.8	

T50⑥

陶片总数（片）	陶质陶色											纹饰								
	夹砂							泥质				素面	连珠纹	凹弦	间断绳纹	细绳纹	附加堆带绳纹	粗绳纹	方格纹	附加堆带方格
	红	黑	灰黄	红褐	浅黄	红胎黑皮	灰胎黑皮	灰	灰胎黑皮	红胎黑皮	灰黄									
91	11	15	17	6	4	5	1	5	15	5	7	61	1	1	3	8	4	11	1	1
百分比	12.1	16.5	18.6	6.6	4.4	5.5	1.1	5.5	16.5	5.5	7.7	67.0	1.1	1.1	3.3	8.8	4.4	12.1	1.1	1.1

T50⑦

陶片总数（片）	陶质陶色				纹饰				
	夹砂		泥质		素面	篮纹	凹弦	粗绳纹	戳印
	红	灰黄	灰黄	红胎黑皮					
9	4	1	3	1	5	1	1	1	1
百分比	44.4	11.1	33.4	11.1	55.6	11.1	11.1	11.1	11.1

续附表九

T51③

陶片总数(片)	陶 质 陶 色					纹 饰							
	夹 砂												
	红	黑	褐	红褐	红胎黑陶	素面	压印	篮纹	间断绳纹	细绳纹	附加堆纹带绳纹	粗绳纹	云雷纹
34	13	6	1	7	7	15	1	2	2	2	3	8	1
百分比	38.2	17.6	3.0	20.6	20.6	44.1	2.9	5.9	5.9	5.9	8.8	23.5	3.0

T51④

陶片总数(片)	陶 质 陶 色					纹 饰						
	夹 砂											
	红	灰	黑	灰黄	红褐	素面	篮纹	凸棱	间断绳纹	细绳纹	粗绳纹	按窝
46	4	14	10	6	12	14	2	2	3	8	16	1
百分比	8.7	30.4	21.7	13.1	26.1	30.5	4.3	4.3	6.5	17.4	34.8	2.2

T51⑤

陶片总数(片)	陶 质 陶 色					纹 饰	
	夹 砂						
	灰	灰黄	红褐	黑褐	红胎黑陶	素面	细绳纹
13	2	2	2	6	1	4	9
百分比	15.4	15.4	15.4	46.1	7.7	30.8	69.2

T51⑥

陶片总数(片)	陶 质 陶 色								纹 饰							
	夹 砂				泥 质			硬陶								
	灰	黑	红褐	红胎黑陶	灰	黑	红胎黑陶	灰	素面	凹弦	篮纹	凸棱	间断绳纹	细绳纹	粗绳纹	云雷纹
110	30	25	6	19	9	9	11	1	49	1	2	4	1	23	29	1
百分比	27.2	22.7	5.5	17.3	8.2	8.2	10	0.9	44.5	0.9	1.8	3.6	0.9	20.9	26.5	0.9

T51⑨

陶片总数(片)	陶 质 陶 色			纹 饰			
	夹 砂						
	灰	黑	红褐	凹弦	间断绳纹	细绳纹	粗绳纹
21	3	12	6	2	1	17	1
百分比	14.3	57.1	28.6	9.5	4.8	80.9	4.8

续附表九

| | 永兴T1② | | | | | | | | | | | | | |

陶片总数（片）	陶质陶色									纹饰				
	夹砂					泥质								
	红	褐	黑	灰黄	红胎黑陶	红	灰黄	灰胎黑皮	红胎黑皮	素面	凸棱	凹弦	刻划	按窝
230	78	40	17	32	4	3	4	7	45	214	8	4	3	1
百分比	33.9	17.5	7.4	13.9	1.7	1.3	1.7	3.0	19.6	93.1	3.5	1.7	1.3	0.4

| | 永兴T1③ | | | | | | | | | | | | | | | | | |

陶片总数（片）	陶质陶色											纹饰						
	夹砂							泥质										
	红	灰	黑	灰黄	灰胎黑陶	红胎黑陶	红褐	灰	红胎黑皮	灰黄	灰胎黑皮	夹植物壳红陶	素面	刻划带凸棱	凸棱	凹弦	刻划	附加堆纹	镂孔	按窝	戳印
187	34	5	6	5	9	12	34	10	43	4	22	3	153	1	9	7	6	6	1	2	2
百分比	18.2	2.7	3.2	2.7	4.8	6.4	18.2	5.3	23.0	2.1	11.8	1.6	81.8	0.5	4.8	3.8	3.2	3.2	0.5	1.1	1.1

附表一○ 碳十四测定年代表

序号	采集单位	实验室编号	采集日期	测定日期	测试方法	测定年代(BC)	树轮校正(BC)	高精度表校正年代(BC)		考古学时代	备注
1	F2穴内堆积	WB80-45	1980.4.22	1980.10.	常规碳十四	2625±145	3160±170	3360~2920		新石器	原采集单位记为T17④的层西南角红烧土中,坐标200×100-180cm
2	T16④层	WB80-46	1980.5.9	1980.10.	常规碳十四	2675±85	3220±125	3350~3035		新石器	T16南壁下的红烧土块中
3	红烧土坑1	WB80-47	1980.5.12	1980.10.	常规碳十四	2515±130	3030±205	3264~2784		新石器	原采集单位记为T16④的层西南角红烧土中
								68.2%置信度	95.4%置信度		
4	T47④层	BA01072	2000.11.	2001.11.	加速器质谱(AMS)	1790±170		2280(7.1%)2250 2230(61.1%)2030	2400(1.4%)2370 2350(94%)1930	新石器	
								68.2%置信度	95.4%置信度		
5	T49⑦层	BA01071	2000.11.	2001.11.	加速器质谱(AMS)	740±110		1010(68.2%)760	1250(95.4%)400	西周	

注:
1. 本表数据依据原测年报告和《中国考古学中碳十四年代数据集》综合而成。为与正文保持一致,采集单位据第三次整理结果进行了更动,原记录单位见备注。
2. 原测年报告中的年代是以距今年代计算,为便于数据比较,本表中一律换算为公元前(BC)年代。
3. 序号1、2、3的年代半衰期取5730年。因涉及树轮校正,本表按半衰期5568年更改,可参看《中国考古学中碳十四年代数据集》。
4. 序号4、5的年代半衰期取5568年。

附表一一 石器鉴定表

序 号	器物编号	器物名称	石 料 质 地
1	M1:4	石钺	青灰色 砂质板岩
2	M1:3	石钺	青灰色 砂质板岩
3	M4:2	三孔石刀	灰黄色 粉砂质板岩
4	M6:4	一孔石刀	灰黄色 粉砂质板岩
5	M6:3	三孔石刀	灰黄色 粉砂质板岩
6	M8:8	五孔石刀	灰黄色 粉砂质板岩
7	M14:2	石钺	灰黄色 粉砂质板岩
8	M15:2	石钺	灰黄色 粉砂质板岩
9	M23:1	石锛	深灰色 变质砂岩
10	M26:4	石钺	青灰色 砂质板岩
11	M28:1	石钺	灰黄色 粉砂质板岩
12	M29:2	石钺	灰黄色 粉砂质板岩
13	M29:4	石钺	灰黄色 粉砂质板岩
14	M37:5	石钺	青灰色 粉砂质板岩
15	M37:9	石钺	青灰色 粉砂质板岩
16	M37:6	三孔石刀	灰黄色 粉砂质板岩
17	M39:3	石钺	青灰色 粉砂质板岩
18	M39:4	七孔石刀	灰黄色 粉砂质板岩
19	M39:5	三孔石刀	灰黄色 粉砂质板岩
20	M40:4	三孔石刀	灰黄色 粉砂质板岩
21	M40:5	石钺	灰绿色 变质砂岩
22	M40:3	石钺	青灰色 夹大片灰黄斑流纹岩
23	M40:7	石钺	灰黄色 粉砂质板岩
24	M40:2	石钺	青灰色 变质砂岩
25	M40:8	石钺	青灰色 变质砂岩
26	M40:11	石钺	青灰色 粉砂质板岩
27	M40:14	石钺	青灰色 绿泥石英片岩
28	M40:15	石钺	灰绿色 粉砂质板岩
29	M40:13	石锛	青灰色 变质砂岩
30	M44:8	石钺	青灰色 变质砂岩
31	M44:10	石钺	灰色夹白斑 闪长岩

续附表一一

序　号	器物编号	器物名称	石　料　质　地
32	M44：6	五孔石刀	土黄色　粉砂质板岩
33	M44：14	三孔石刀	深灰色　砂质板岩
34	M44：9	石凿	浅灰色　硅质板岩
35	M44：12	十一孔石刀	深灰色　砂质板岩
36	M47：4	石钺	绿泥片岩
37	M47：12	石锛	灰黄色　变质砂岩
38	M47：14	石锛	灰黄色　变质砂岩
39	M47：11	三孔石刀	灰黄色　粉砂质板岩
40	M47：5	七孔石刀	灰黄色　粉砂质板岩
41	M47：10	五孔石刀	土黄色　粉砂质板岩
42	M49：6	五孔石刀	灰黄色　粉砂质板岩
43	M49：8	石钺	灰黄色　砂质板岩
44	M49：7	四孔石刀	灰黄色　粉砂质板岩
45	M54：3	石锛	灰黄色　砂质板岩
46	M54：7	三孔石刀	灰黄色　粉砂质板岩
47	M54：4	五孔石刀	深灰色　变质砂岩
48	M55：4	石钺	深灰色　变质砂岩
49	M57：8	石钺	灰绿色　粉砂质板岩
50	M57：9	石钺	青灰色　变质砂岩
51	M57：11	石钺	青灰色　变质砂岩
52	M57：10	石锛	灰绿色　砂质板岩
53	M58：5	石钺	深灰色　粉砂质板岩
54	M58：7	石锛	土黄色　砂质板岩
55	M58：9	一孔石刀	灰绿色　砂质板岩
56	M58：11	石钺	深灰色　变质板岩
57	M58：3	九孔石刀	青灰色　砂质板岩
58	M58：8	双孔石钺	土黄色　粉砂质板岩
59	M62：1	砺石	灰黄色　花岗岩
60	M62：3	石球	花岗岩
61	M68：2	三孔石刀	青灰色　砂质板岩
62	M70：2	石钺	青灰色　变质砂岩

续附表一一

序　号	器物编号	器物名称	石　料　质　地
63	M83:3	石锛	灰绿色　砂质板岩
64	M89:10	石凿	青灰色　砂质板岩
65	M89:8	石锛	青灰色　变质砂岩
66	M89:12	石锛	灰白色　粉砂质板岩
67	M89:9	石锛	灰绿色　砂质板岩
68	M89:15	石钺	青灰色　绿泥石英片岩
69	M89:16	石钺	青灰色　绿泥石英片岩
70	M90:5	石器	深青灰色　粉砂质板岩
71	M91:4	石锛	浅灰色　粉砂质板岩
72	M91:5	石锛	灰绿色　粉砂质板岩
73	M91:7	石凿	浅灰色　粉砂质板岩
74	M104:1	石锛	深灰色　变质砂岩
75	M106:3	砺石	土黄色　花岗岩
76	M107:2	石锛	深灰色　变质砂岩
77	M107:3	石锛	深灰色　变质砂岩
78	M108:1	石锛	浅灰色　粉砂质板岩
79	M114:4	石器	灰色　变质砂岩
80	M120:3	石块	黄色　石英岩
81	M121:1	石锛	深灰色　砂质板岩
82	M121:2	石钺	灰绿色　绿泥石英片岩
83	M124:2	石钺	灰绿色　绿泥云母石英片岩
84	M125:6	长方形石器	灰绿色　泥质板岩
85	M128:3	石锛	灰色　变质砂岩
86	M130:2	砺石	灰色　变质砂岩
87	M133:6	石钺	青灰色　绿泥云母石英片岩
88	M134:2	石锛	灰色　砂质板岩
89	M134:1	石锛	青灰色　粉砂质板岩
90	M134:3	石钺	青灰色　石榴角闪片岩
91	M140:3	石杵	黄色　花岗岩
92	M140:4	石块	黄色　石英岩
93	M141:2	石锛	青灰色　变质砂岩

续附表一一

序 号	器物编号	器物名称	石 料 质 地
94	M151:1	石钺	灰黄色　粉砂质板岩
95	M151:4	石钺	青灰色　石榴角闪片岩
96	M151:2	石镞	青灰色　砂质板岩
97	M151:3	石镞	青灰色　砂质板岩
98	F1:1	穿孔石器	白色　白云母花岗片麻岩
99	红烧土坑9:6	石钺（残）	绿泥白云母片岩
100	H49:3	石磨棒	花岗岩
101	H60:8	研磨石	花岗岩
102	H60:9	扁球状石器	石英岩
103	H60:2	石锛	青灰色　粉砂质板岩
104	H60:10	石锛	青灰色　砂质板岩
105	H60:3	石锛	灰色　砂质板岩
106	T1①:7	石锛	灰色　变质砂岩
107	T2②:7	砺石	深灰色　砂质板岩
108	T2④:23	石锛	灰色　粉砂质板岩
109	T3③:20	石磨棒	浅灰色　流纹岩
110	T3③:10	石砍砸器	灰白色　石英岩
111	T3④:66	石钺	土黄色　粉砂质板岩
112	T4③:2	残石器	长石石英砂岩
113	T4④:4	石钺	青灰色　粉砂质板岩
114	T7③:47	石钺	青灰色　砂质板岩
115	T8③:87	椭圆形石器	花岗岩
116	T8③:11	石锛	深灰色　变质砂岩
117	T8③:16	石钺	青灰色　粉砂质板岩
118	T8③:18	石钺	灰黄色　粉砂质板岩
119	T8③:20	石钺	灰黄色　粉砂质板岩
120	T8③:12	砺石	深灰色　粉砂质板岩
121	T9③:21	石锛	灰红色　变质砂岩
122	T9③:56	石钺	青灰色　粉砂质板岩
123	T10②:1	石钺	青灰色　粉砂质板岩
124	T10③:12	石钺	青灰色　粉砂质板岩

续附表——

序　号	器物编号	器物名称	石　料　质　地
125	T11②:12	砺石	白云母花岗片角岩
126	T14③:10	石钺	青灰色　绿泥石英片岩
127	T14③:29	椭圆形石器	花岗岩
128	T15③:25	石凿	青灰色　粉砂质板岩
129	T16③:10	石锛	青灰色　粉泥质板岩
130	T16④:23	石锛	灰色　粉泥质板岩
131	T16④:24	石锛	青灰色　粉泥质板岩
132	T16④:25	石锛	灰白色　泥质板岩
133	T17④:54	石锛	粉泥质板岩
134	T20④:36	扁平石器	红色　粉砂岩
135	T20④:37	石斧	灰色　变质砂岩
136	T21④:13	砺石	土黄色　变质砂岩
137	T23④:7	石锛	深灰色　粉砂质板岩
138	T23④:17	石锛	灰黄色　粉砂质板岩
139	T23④:10	石锛	深灰色　粉砂质板岩
140	T23④:18	石锛	深灰色　粉砂质板岩
141	T23④:9	石锛	灰色　粉砂质板岩
142	T24④:3	石锛	灰色　粉砂质板岩
143	T24④:34	石钺	青灰色　粉砂质板岩
144	T25③:1	石坯料	褐色　变质粉砂岩
145	T25④:5	石斧	青灰色　变质砂岩
146	T25⑤:15	石锛	灰白色　泥质板岩
147	T25⑤:11	石锛	青黑色　粉砂质板岩
148	T25④:4	石锛	深灰色　粉砂质板岩
149	T25④:9	石锛	青灰色　粉砂质板岩
150	T26④:1	石锛	青灰色　粉砂质板岩
151	T26④:15	石锛	灰色　粉砂质板岩
152	T26④:49	石锛	浅灰色　变质砂岩
153	T26④:10	石锛	土黄色　粉砂质板岩
154	T26④:3	石锛	灰色　粉砂质板岩
155	T26⑤:41	石刀（？）	灰色　粉砂质板岩

续附表一一

序　号	器物编号	器物名称	石　料　质　地
156	T28④:12	石凿	灰绿色　粉砂质板岩
157	T29④:22	石凿	灰色　变质砂岩
158	T29④:23	石锛	土黄色　粉砂质板岩
159	T31④:7	石斧	灰绿色　粉砂质板岩
160	T32④:5	石锛	灰黄色　粉砂质板岩
161	T33④:20	石镞	青灰色　粉砂质板岩
162	T34④:8	石钺	灰色　粉砂质板岩
163	T34④:7	石钺	青灰色　粉砂质板岩
164	T34④:30	石锛	灰色　粉砂质板岩
165	T35④:12	石钺	土黄色　粉砂质板岩
166	T35④:43	石凿	深灰色　粉砂质板岩
167	T35④:11	石钺	青灰色　粉砂质板岩
168	T36④:16	石器	白色　白云母石英片岩
169	T36④:5	石钺	青灰色　粉砂质板岩
170	T36④:10	石钺	青灰色　粉砂质板岩
171	T36④:6	石钺	青灰色　粉砂质板岩
172	T36④:8	石镞	青灰色　粉砂质板岩
173	T38④:24	石镞	灰色　粉砂质板岩
174	T38④:39	石锛	灰色　粉砂质板岩
175	T41④:6	石斧	灰绿色　粉砂质板岩
176	T42④:27	石锛	灰色　粉砂质板岩
177	T43④:6	残石器	白色　石英岩
178	T44③b:3	石楔（？）	青灰色　粉砂质板岩
179	T44③b:6	石锛	青灰色　粉砂质板岩
180	T44⑤a:17	椭圆形石器	红褐色　砂岩
181	T44④:5	石锛	红褐色　粉砂岩
182	T45④:7	石锛	灰色　粉砂质板岩
183	T45④:4	石钺	青灰色　粉砂质板岩
184	T46③a:11	石锛	青灰色　粉砂质板岩
185	T46⑤b:10	石斧	灰色　粉砂质板岩
186	T46④:3	石锛	深灰色　粉砂质板岩

续附表一一

序 号	器物编号	器物名称	石 料 质 地
187	T47④:3	石球	花岗岩
188	T47②:2	砺石	灰黄色 变质粉砂岩
189	T47④:8	石斧	斜长角闪岩
190	T47②:5	石镞	灰色 粉砂质板岩
191	T48①:1	砺石	深灰色 粉砂质板岩
192	T49②:3	石器	变质砂岩
193	T49⑦:5	砺石	白云母石英片岩
194	T49④:3	砺石	深灰色 变质砂岩
195	T50④:5	砺石	白云母砂岩
196	T51④:1	砺石	深灰色 粉砂质板岩

附表一二　玉器测试鉴定表

编号	器物名称	重量（克）	比重	孔隙度（%）	摩氏硬度	X-射线衍射分析、拉曼光谱分析、红外光谱分析结果	定名	简要描述	备注
M1:5	残玉环	3.765	2.99	1	4.5	透闪石（X-射线衍射）	闪石玉	整体为暗绿色，半透明绿色与不透明的白色相间分布；内含石墨矿物	
M1:6	玉管	6.246	2.90	22	4.5	透闪石（X-射线衍射）	闪石玉	色乳白微黄；光泽度较好，表面有黄褐色斑点；一端残破处可见色白、疏松	
M1:7	玉管	6.007	2.90	10	5.5-6		闪石玉	象牙白色；光泽度较好，表面黏附黄色物质	
M1:8	玉饰	1.226	2.89	21	5.5		闪石玉	象牙白色；结构不细腻	
M4:4	玉坠	5.918	2.96	5	5.5	透闪石（X-射线衍射）	闪石玉	白色；结构细腻，局部见透明度较高的条纹	
M8:2	玉钺	>200			6-6.5		闪石玉	白色微黄；整体结构不均匀，局部见绿色透明区；内含石墨矿物	重量超出仪器最大测重值
M8:4-1	玉饰	9.616			6.5	软玉类（红外光谱）	闪石玉	总体呈象牙白色；质地不均匀，粗大斑晶处透明度较高；含黑色石墨矿物	半球形，重量含少量粘胶
M8:4-2	玉饰	7.410			6.5		闪石玉	残断面见晶体的解理面及形态，晶体较粗大	半球形
M8:4-3	玉管	1.669			5.0		闪石玉	表面为象牙白色，有黄褐色附着物；光泽好，残断处可见内部为白色、质地较松软	重量含少量土
M8:4-4	玉管	7.150	2.92	19	3.5	透闪石（X-射线衍射）	闪石玉	象牙白色；三面近平，一面有弧度（色白，光泽好）局部含有斑晶	
M8:4-5	玉管	6.257	2.89	18	5.5		闪石玉	象牙白色；整体结构较细腻	

续附表一二

编号	器物名称	重量（克）	比重	孔隙度（%）	摩氏硬度	X-射线衍射分析、拉曼光谱分析、红外光谱分析结果	定名	简要描述	备注
M8:4-6	玉管	5.977	2.90	17	6-6.5		透闪石玉	象牙黄色；光泽好，斑状结构，近于四面体	
M8:4-7	玉管	4.036	2.93	13	5.0		闪石玉	象牙白色；局部质地不均匀	
M8:4-8	玉管	3.221	2.92	11	5.0		闪石玉	象牙白色；斑状、条纹状结构；较多纺锤状矿物斑晶	
M19:1	玉环	32.030			6.5		闪石玉	白色微黄，局部有黄色沁入；斑状结构，个别斑晶粗大，内含少量石墨矿物	重量含纸标签
M19:2	玉环	30.215			6.5		闪石玉	褐色沁呈花斑状分布，质地不均匀，见粗大晶体及结理面闪光；表面黏附有褐色物质	
M19:3	玉坠	3.607	2.94	9	5.0		闪石玉	象牙白色；斑状结构，见石墨矿物包体	
M27:4	玉饰	4.535	2.92	11	6.0		闪石玉	象牙白色；斑状结构	
M27:5	玉管	4.567	2.84	0	2.5	绢云母（红外光谱）	绢云母玉	灰黄绿色；微透明，结构细腻	
M32:1	玉饰	2.669	2.93	22	4.0	透闪石（X-射线衍射）	闪石玉	白色；局部显斑状结构，局部见沁斑	
M32:2-1	玉管	4.183	2.60	0	6.5-7	石英（X-射线衍射）	玛瑙	白色；结构细腻；表面圆形刻痕下有圆弧状的裂痕	
M32:2-2	玉管	3.156	2.60	0	6.5-7		玛瑙	白色；结构细腻；两侧孔眼边部呈现橄榄形雕刻，一端可见明显纹理	

续附表一二

编号	器物名称	重量（克）	比重	孔隙度（%）	摩氏硬度	X-射线衍射分析、拉曼光谱分析、红外光谱分析结果	定名	简要描述	备注
M32:3	玉坠	4.332	2.90	17	4.5	透闪石（X-射线衍射）	闪石玉	象牙白色；质地较细腻，残破处见内部色白松软	
M34:3-1	玉管	0.948	2.92	11	6.0	透闪石（丝绢光泽处）（拉曼光谱）	闪石玉	白色，局部含黄色；局部显示丝绢光泽；结构不均匀；内含石墨矿物	
M37:7	玉管	4.848	2.90	11	5.5		闪石玉	象牙白色；斑状结构；基底较细腻	
M37:8	玉管	4.876	2.90	12	6.0		闪石玉	象牙白色；基底细腻，但含有斑晶	
M39:1	玉环	>200			6-6.55	透闪石（X-射线衍射）	闪石玉	色不均匀，以白色为主，表面附着有黄褐色物质；斑状结构，有些晶粒呈双锥状，并含有石墨矿物；残破处见内部色白、质地松散	重量超出仪器最大测重值
M39:2-1	玉饰	2.036	2.90	20	4.5	透闪石（X-射线衍射）	闪石玉	象牙白色；光泽较好，整体结构细腻，局部显示较高的透明度，残破处见质细但疏松	
M39:2-2	玉管	1.985	2.92	12	6.0		闪石玉	象牙白色；因透明差异而导致斑状感	
M40:1	玉环	>200			6.0	透闪石（X-射线衍射）	闪石玉	象牙白色；整体结构细腻，局部含大斑晶；残破处可见内部颜色纯白	硬度6.0指有光泽处，无光泽处硬度3.5-4；重量超出仪器最大测重值
M40:10-1	玉管	3.336	2.90	21	5.5	透闪石（X-射线衍射）	闪石玉	象牙白色；残断面经过抛磨，光泽很好	

续附表一二

编号	器物名称	重量（克）	比重	孔隙度（%）	摩氏硬度	X-射线衍射分析、拉曼光谱分析、红外光谱分析结果	定名	简要描述	备注
M40:10-2	玉管	1.171	2.94	11	5.0		闪石玉	象牙白色；致密，显示条纹	
M40:10-3	玉管	2.353	2.95	17	6-6.5	透闪石（X-射线衍射）	闪石玉	象牙白色；结构细腻，局部见透明度较高的条纹和斑晶	
M40:10-4	玉管	1.926	2.94	9	5.0		闪石玉	象牙白色；结构致密，较多斑晶，光泽尚好	
M40:10-6	玉管	1.040	2.94	12	5.5-6		闪石玉	象牙白色；光泽较好，结构致密但不均匀，显斑状结构	
M40:10-7	玉管	2.211	2.88	27	4.5		闪石玉	象牙白色；光泽好；结构细腻，见一黑色片状石墨矿物	
M40:10-8	玉管	2.594	2.91	15	4.5	透闪石（X-射线衍射）	闪石玉	象牙白色；结构细腻	
M40:23	玉璜	4.680	2.94	12	4.5	透闪石（X-射线衍射）	闪石玉	象牙白色；斑状结构，局部见黑色片状石墨矿物	
M42:1	玉钺	183.38			6-6.5		闪石玉	灰白与深黑相间；整体花斑状结构，局部石墨矿物富集使玉器呈现灰黑外观	重量含纸标签
M42:2	玉镯	162.90			6-6.5		闪石玉	灰白色，略带绿色；斑状结构，含有粗大斑晶，含较多的石墨矿物，侧面含一条半透明绿色细腻的条纹	重量含纸标签
M42:3	玉管	4.480	2.92	12	5.5		闪石玉	象牙白色；斑状结构	

续附表一二

编号	器物名称	重量（克）	比重	孔隙度（%）	摩氏硬度	X-射线衍射分析、拉曼光谱分析、红外光谱分析结果	定名	简要描述	备注
M42:4	玉管	4.730	2.84	0	2.5	绢云母（X-射线衍射）	绢云母玉	灰黄色；微透明，结构细腻，断面有切割痕	
M42:5	玉管	4.610	2.83	0	2.5	绢云母（X-射线衍射）	绢云母玉	浅黄色；结构细腻均匀	
M44:5-1	玉管				6-6.5	透闪石（X-射线衍射）	闪石玉	象牙白色；含密集的细小纹理和少量斑晶	
M44:5-2	玉管				6-6.5	透闪石（X-射线衍射）	闪石玉	淡黄褐色；晶间缝隙处有黄色物渗透富集；结构较粗	
M44:5-4	玉管				6-6.5	透闪石（X-射线衍射）	闪石玉	淡黄色；细密纹理发育，含少量粗大斑晶	
M44:5-3	玉管				6-6.5	透闪石（X-射线衍射）	闪石玉	白色，局部有橙红色沁；结构不均匀	
M44:5-5	玉管				6-6.5	透闪石（X-射线衍射）	闪石玉	象牙白色，局部有橙红色沁；局部透明度较好	
M44:5-6	玉管				6-6.5	透闪石（X-射线衍射）	闪石玉	灰黄色，黄色外观与表面分布的黄色胶状物有关；结构较细腻，局部显示透明度较好的细纹，见石墨包体和纺锤	
M44:5-7	玉管				6-6.5	透闪石（X-射线衍射）	闪石玉	象牙白色，黄沁与表面附着的黄色胶状物有关；含少量纹理一端残破处可见内部色白，质松	

续附表一二

编号	器物名称	重量(克)	比重	孔隙度(%)	摩氏硬度	X-射线衍射分析、拉曼光谱分析、红外光谱分析结果	定名	简要描述	备注
M44:5-8	玉管				6-6.5	透闪石（X-射线衍射）	闪石玉	浅灰黄色，色不均匀；局部因纤维状晶体定向排列而产生丝绢光泽；含较多纺锤状晶体	
M44:5-9	玉管				6-6.5	透闪石（X-射线衍射）	闪石玉	浅黄色；因透明度有差异而呈斑状	
M44:5-10	玉管				6-6.5	透闪石（X-射线衍射）	闪石玉	色不均匀，局部有橙红色沁；并显示纹理	
M44:5-11	玉管				6-6.5	透闪石（X-射线衍射）	闪石玉	象牙白色；结构较细腻，含细小纹理，局部含大斑晶	
M44:5-12	玉管				6-6.5	透闪石（X-射线衍射）	闪石玉	微黄色；光泽较好；基底细腻，但结构不均匀，局部透明度好，并含小斑晶	
M44:5-13	玉管				6-6.5	透闪石（X-射线衍射）	闪石玉	灰白色；光泽较好；结构细腻，局部显示斑晶	
M44:5-14	玉管				6-6.5	透闪石（X-射线衍射）	闪石玉	灰白色，局部橙色沁可能与表面附着的黄色胶状物有关；结构细腻，有一些小的纺锤状晶体；	
M44:5-15	玉管				6-6.5	透闪石（X-射线衍射）	闪石玉	灰白色；光泽较好；基底细腻，局部显晶斑（有些呈双锤状）	
M44:5-16	玉管				6-6.5	透闪石（X-射线衍射）	闪石玉	浅黄色；斑状结构；含纺锤状晶体和细纹	
M44:5-17	玉管				6-6.5	透闪石（X-射线衍射）	闪石玉	象牙白色；光泽较好；结构细腻，局部含少量斑晶	

续附表一二

编号	器物名称	重量（克）	比重	孔隙度（%）	摩氏硬度	X-射线衍射分析、拉曼光谱分析、红外光谱分析结果	定名	简要描述	备注
M44:5-18	玉管				6-6.5	透闪石（X-射线衍射）	闪石玉	象牙白色；结构较细腻，显示细密的纹理	
M44:5-19	玉管				6-6.5	透闪石（X-射线衍射）	闪石玉	白色夹杂黑色斑；色斑处为夹杂黑色石墨包体的透明大晶体，个别晶粒含黄色或橙色包体	
M44:5-20	玉管				6-6.5	透闪石（X-射线衍射）	闪石玉	象牙白色；基底细腻，含细脉，局部富集粗大晶体，有些晶体呈纺锤状	
M44:5-21	玉管				6-6.5	透闪石（X-射线衍射）	闪石玉	白色夹杂绿色；绿色区较透明，含片状石墨包体	
M44:5-22	玉管				6-6.5	透闪石（X-射线衍射）	闪石玉	象牙黄色，局部有黄色沁	
M44:5-23	玉管				6-6.5	透闪石（X-射线衍射）	闪石玉	象牙白色，表面附着有黄色胶状物；结构较细腻，局部显示条纹、小的纺锤状晶体	
M44:5-24	玉管					透闪石（X-射线衍射）	闪石玉	灰白色；斑状结构，有些斑点为含细小黑色石墨的透闪石晶粒，有些斑点为绿色半透明区，另见少量绿褐色晶体	
M44:5-25	玉管					透闪石（X-射线衍射）	闪石玉	象牙白色，表面及内孔壁附着有黄褐色物质；斑状结构	
M44:5-26	玉管					透闪石（X-射线衍射）	闪石玉	象牙白色；结构不均匀，含一些纺锤状小晶体，局部区域晶体粗大，解理面闪光明显	
M44:5-27	玉管					透闪石（X-射线衍射）	闪石玉	象牙白色；基底较细腻，含透明双锤状透闪石斑晶	

续附表一二

编号	器物名称	重量（克）	比重	孔隙度（%）	摩氏硬度	X-射线衍射分析、拉曼光谱分析、红外光谱分析结果	定名	简要描述	备注
M44:5-28	玉管					透闪石（X-射线衍射）	闪石玉	象牙白色；基底细腻，但含条纹和晶粒	
M44:16	玉镯	>200			6-6.5	透闪石（X-射线衍射）	闪石玉	象牙白色；光泽较好，结构细腻，局部含透明度较高的区域	重量超出仪器最大测重值
M44:17	玉璜	16.829	2.90	16	5.5		闪石玉	象牙白色；局部显示透明斑晶	
M44:5-29	玉饰				5.5-6	透闪石（X-射线衍射）	闪石玉	象牙白色；结构较为细腻，局部含粗大晶体；侧面一残破处可见内部松散、色白	
M46:2-1	玉管	1.249	2.91	14	5.5		闪石玉	象牙白色；光泽较好，局部透明度好；质地总体上较为细腻，但局部见粗大斑晶	
M46:2-2	玉管	1.293	2.94	13	6-6.5		闪石玉	象牙白色；见透明度较高的条纹和斑晶	
M46:2-3	玉饰	0.597	2.93	25	4.5		闪石玉	象牙白色；光泽好，基底较为细腻，但含有透明度略高的粗大斑晶	
M46:2-4	玉饰	1.329	2.89	22	5.5	透闪石（X-射线衍射，拉曼光谱）	闪石玉	象牙白色；质地较为细腻	半球形
M46:2-5	玉饰	1.554	2.90	12	5.5		闪石玉	象牙白色；整体细腻，光泽好，一侧显示较高的透明度	半球形
M46:2-6	玉饰	1.644	2.93	18	6.0		闪石玉	象牙白色；光泽较好，质地十分细腻，总体不透明，但其中夹有透明度较高的区域	半球形
M47:2-1	玉饰	8.318	2.91	16	6.0	透闪石（X-射线衍射）	闪石玉	象牙白色；斑状结构	半球形

续附表一二

编号	器物名称	重量（克）	比重	孔隙度（%）	摩氏硬度	X-射线衍射分析、拉曼光谱分析、红外光谱分析结果	定名	简要描述	备注
M47:2-2	玉饰	2.875	2.89	14	6.0		闪石玉	象牙白色；基底细腻，见透明度较高的细纹、斑晶	三角形
M47:2-3	玉饰	0.686	2.91	23	6.0		闪石玉	象牙白色；仅局部显示一半透明的区域	半球形
M47:2-4	玉饰	1.316	2.91	21	6.0		闪石玉	象牙白色；结构细腻，仅局部见有因透明度差异而造成的细纹	三角形
M47:3-2	玉琮	12.333	2.92	11	5.5	透闪石（X-射线衍射）	闪石玉	象牙白色；局部夹有绿色、透明度较高的区域	
M47:15	玉环	>200			5.5	透闪石（X-射线衍射）	闪石玉	象牙白色；整体结构细腻，光泽较好	重量超出仪器最大测重值
M47:16	玉璜	>200			6-6.5	透闪石（X-射线衍射）	闪石玉	象牙白色，颜色略有不均；结构较为细腻，局部含斑晶	重量超出仪器最大测重值
M49:4	玉璜	4.204			5.0	透闪石（X-射线衍射）	闪石玉	象牙白色；结构很细腻，仅局部见透明度好的条纹	重量含粘胶
M54:1	玉镯				6-6.5	透闪石（X-射线衍射）	闪石玉	象牙白色，略黄，色不均匀，有些区域为绿色半透明；结构不均匀，个别透明晶体内含石墨包体；残破处可见内部色白、松散	
M54:2-2	玉管	2.455	3.05	14	6.5		闪石玉	象牙白色；斑状结构（颜色反差较小），局部晶体粗大	
M54:2-3	玉饰	6.213	2.95	6	6.0		闪石玉	灰色略带绿色调；结构不均匀，见有绿色半透明细腻区	

续附表一二

编号	器物名称	重量（克）	比重	孔隙度（%）	摩氏硬度	X-射线衍射分析、拉曼光谱分析、红外光谱分析结果	定名	简要描述	备注
M54:2-4	玉饰	1.184	2.87	27	5.5	透闪石（X-射线衍射）	闪石玉	象牙白色；结构较细腻均匀，仅局部显示细腻的条纹（因透明度差异造成）	锥形
M54:2-5	玉饰	8.520	2.94	7	6.0	透闪石（纺锤状透明晶体）（拉曼光谱）	闪石玉	白色夹杂绿色；斑状结构，斑晶为半透明的粗大晶体；另见结构细腻、半透明的绿色区域；含石墨矿物	
M54:2-6	玉坠	2.581	2.90	14	4.0	透闪石（纺锤状透明晶体）（拉曼光谱）	光闪石玉	一侧色白无光泽，另一侧光泽较好，呈象牙白色；细腻的基底上不均匀地分布着透明晶	硬度4.0指有光泽处，无光泽处硬度小于2.0
M57:1	玉璜	6.980	2.93	3	6-6.5		闪石玉	灰白-浅黄白色；结构较粗，解理面闪光清晰可见	
M57:2	玉饰	5.503			6.0		闪石玉	象牙白色；局部少量绿色半透明区	重量含纸标签
M57:7-1	玉管	6.605	2.93	16	6.0		闪石玉	象牙白色；结构较粗，不均匀	
M58:1	玉镯	64.151			6.5		闪石玉	象牙白色；结构细腻，局部见因透明度差异而致的条纹；残破处见内部色白而松软	
M58:2-1	玉管	6.976	2.92	13	4.5		闪石玉	似鸡骨白色；结构粗，呈花斑状结构	
M58:2-2	玉管	5.202	2.92	14	4.0		闪石玉	白色；斑状结构	
M58:2-3	玉管	4.104	2.92	14	4.0		闪石玉	鸡骨白；花斑状结构	

续附表一二

编号	器物名称	重量（克）	比重	孔隙度（%）	摩氏硬度	X-射线衍射分析、拉曼光谱分析、红外光谱分析结果	定名	简 要 描 述	备 注
M58:2-4	玉管	10.446	2.96	5	5.5		闪石玉	灰色；结构很粗；在一粗大斑晶内见有黑色石墨矿物	
M59:1之一	玉环	62.196			6.5	黑色矿物为石墨；绿色矿物为软玉（拉曼光谱）	闪石玉	绿色夹白色，白色呈飘絮状分布于绿色中；绿色部分透明度较高，另见黑色片状、强光泽的石墨矿物呈星点状分布	
M59:1之二	玉环	35.352			6.5	软玉类（红外光谱）黑色矿物为石墨（拉曼光谱）	闪石玉		与上面 M59:1 之一为同一玉环的两部分
M59:2-1	玉坠	3.385	2.92	12	5.5		闪石玉	象牙白色；整体细腻，局部见斑状结构，较多星点状分布的黑色片状石墨矿物	梯形
M59:2-2	玉坠	2.605	2.92	14	4.0		闪石玉	象牙白色；斑状结构	长梯形
M62:2	玉璜	13.572	2.88		2.5	绢云母（X-射线衍射）大颗粒为白云母（红外光谱）	绢云母玉	灰绿色；半透明，一端见颗粒较大的白云母，其解理面有强烈反光现象	
M89:18	滑石饰	4.477			1.0	滑石（X-射线衍射，红外光谱）	滑石玉	白色；结构松软，表面不光洁	
M103:1	玉镯	81.615	6.50				闪石玉	灰白色；结构不均匀，含粗大斑晶；含较多石墨矿物，呈条带状分布	重量含纸标签
M103:2-1	玉管	1.473	2.38	24	4.5	蛇纹石（X-射线衍射）	蛇纹石玉	象牙白色；质地较细腻，局部显黄色沁；一端破损处显示污浊的凹洞	

续附表一二

编号	器物名称	重量（克）	比重	孔隙度（%）	摩氏硬度	X-射线衍射分析、拉曼光谱分析、红外光谱分析结果	定名	简 要 描 述	备 注
M103:2-2	玉管	1.323	2.91	18	5.0		闪石玉	象牙白色；质地均匀，局部浅表处有黄色沁分布，光泽较好	
M103:2-3	玉管	1.324	2.58	21	3.0	蛇纹石＋滑石（X-射线衍射）	蛇纹石玉（含滑石）	象牙白色；质地较松散，光泽暗淡	
M103:5	玉璜	11.771			6.5	透闪石（X-射线衍射）白色、绿色为软玉（红外光谱）	闪石玉	白色区不透明，其中夹有绿色透明区；光泽度较好，残断处见片状结构	
T3④:14	玉饰	1.105	2.58	3	3.0	蛇纹石（X-射线衍射）浅色基底为蛇纹石，黑色矿物为石墨（拉曼光谱）蛇纹石＋微量高岭土（红外光谱）	蛇纹石玉	质地较细腻，近表面分布较多的黑色石墨矿物	靴形
T6②:23-1	玉环	>200			6-6.5	透闪石（X-射线衍射）	闪石玉	象牙白色，表面附着有黄褐色物质；结构细腻，局部含晶粒绿色半透明区；含石墨矿物	重量超出仪器最大测重值
T6②:23-2	玉环	>200			6-6.5	透闪石（X-射线衍射）	闪石玉	象牙白色，表面附着有黄褐色物质；斑状结构；含小晶粒，局部透明度较好；含少量石墨	稍残，有切割花纹，重量超出仪器最大测重值
T6②:24	玉饰	12.701			1.0	滑石（X-射线衍射，红外光谱）	滑石玉	浅黄褐色；微透明，局部见解理面闪光	鱼形，因残留树脂类黏结物质，未能对其进行比重测试
T17④:60	玉饰	6.887	2.93	8	5.5-6		闪石玉	象牙白色；结构细腻	

续附表一二

编号	器物名称	重量（克）	比重	孔隙度（%）	摩氏硬度	X-射线衍射分析、拉曼光谱分析、红外光谱分析结果	定名	简要描述	备注
T20④:43	滑石饰	3.201			1.0	滑石（X-射线衍射，红外光谱）	滑石玉	暗褐色；半透明，质地较松软	因残留树脂类黏结物质，未能对其进行比重测试
T27④:22	玉璜	14.240	2.81	0	2.5	绢云母（X-射线衍射）	绢云母玉	灰绿色；结晶颗粒明显可见，其解理面闪光明显	
T24④:32	玉纺轮（?）	81.066			2.5		绢云母玉	浅褐色；微透明，结构细腻，局部疏松处呈现白色外观	
失去编号的4件	玉饰1	0.663			5.5		闪石玉	象牙白色，表面粘有黄褐色物质，外表坚硬且光泽度很高，残破处见内部色白而松软	半球形，重量含少量土
	玉饰2	0.913	2.83	24	5.5	透闪石（X-射线衍射）	闪石玉	近于白色，较细腻的基底上显示粗大的透明斑晶	半球形
	玉管1	4.784	2.84	0	2.5	绢云母（X-射线衍射）	绢云母玉	灰黄绿色，微透明，细腻均匀	
	玉管2	4.499	2.91	14	6~6.5		闪石玉	象牙白色，结构不均匀，局部显示绿色半透明区域	

注：由于摩氏硬度值是通过刻划样品而得到的，属于有损方法，为了尽可能地避免对古玉样品表面的损伤，测量时每种标准矿物刻划古玉样品的次数仅限于1次，加之出土古玉表层叠加有外来物质，附表一二中所列的摩氏硬度值有可能略高于其真正的硬度，特此说明。

附表一三　石刀测量数据表（一）

序号	器物号	孔数	顶长	刃长	窄宽	宽宽	顶厚	最厚	左边距	孔间距												右边距
										1—2	2—3	3—4	4—5	5—6	6—7	7—8	8—9	9—10	10—11	11—12	12—13	
1	M6:5	1	117.62	134.08	73.04	80.18	2.76	7.62	56.68													51.96
2	M6:4	1	138.80	154.54	105.40	119.08	3.90	7.80	67.42													52.62
3	M44:14	上3	178.90	189.56	88.16	105.20	4.90	6.06	缺	42.26	43.00											51.18
		下3							31.44	41.68	36.88												35.50
4	T17④:20	3	166.12	174.92	79.42	81.36		5.00	30.10	31.34	30.20											30.20
5	M4:2	3	216.08	223.84	89.78	129.90	2.60	5.52	55.00	41.34	41.30											38.92
6	M6:3	3	226.02	233.40	95.00	114.54	3.58	5.90	43.16	43.90	42.48											55.38
7	M37:6	3	176.48	188.00	85.30	98.94	4.00	7.70	31.68	32.42	32.00											33.24
8	M39:5	3	214.40	228.03	107.30	115.00	3.74	5.78	43.10	43.68	41.50											44.32
9	M40:4	3	174.90	178.84	76.88	85.60	2.32	6.78	32.16	33.84	32.00											41.78
10	M47:11	3	203.00	210.44	91.20	106.50	2.48	7.08	31.66	50.18	46.88											34.62
11	M54:7	3	178.72	185.00	65.18	79.42	3.10	7.12	35.54	37.60	35.14											36.20
12	M68:2	3	214.30	217.46	68.36	72.16	3.58	8.06	50.50	41.32	45.34											48.48
13	M67:1	3	219.88	229.28	84.08	97.48	2.36	6.48	57.36	41.14	41.46											44.52
14	M49:7	4	188.34	198.00	93.00	103.16	2.74	5.42	52.66	26.58	24.78	24.66										16.60
15	采:31	5	225.00	233.00	83.20	95.20		6.88	28.84	23.72	25.90	23.54	23.54									37.28
16	M8:8	5	259.04	264.26	73.42	92.76	2.00	6.00	35.10	33.54	32.28	35.64	36.00									38.00
17	M44:6	5	320.90	326.32	86.28	110.00	1.70	5.20	44.72	41.10	39.62	39.22	44.24									48.44
18	M47:10	5	232.16	240.40	86.12	95.18	2.14	6.00	28.88	30.48	27.46	29.38	28.28									27.20
19	M49:6	5	217.46	226.10	90.60	112.16	3.00	7.00	36.08	22.60	21.92	19.00	19.58									31.16
20	M54:4	5	279.68	288.72	86.08	107.72	4.62	6.32	42.80	26.86	37.10	36.48	39.62									38.44
21	M37:2	5	296.64	305.10	92.28	100.74	2.06	6.94	34.00	35.78	35.78	36.90	40.20									37.00
22	M1:2	7	315.20	327.00	72.00	96.42		7.52	40.82	22.00	24.36	22.16	24.72	21.22	22.58							40.30
23	M14:1	7	317.16	311.36	101.16	122.48	2.76	5.00	33.38	35.00	27.70	28.92	23.64	25.08	27.48							33.74
24	M39:4	7	350.42	361.90	87.14	118.08	2.50	5.50	42.02	35.92	23.24	33.90	27.62	27.56	34.94							33.48
25	M47:5	7	384.62	391.72	76.24	95.00	2.46	5.80	41.84	34.82	36.10	35.52	36.30	36.10	36.78							43.32
26	M40:16	9	395.74	405.10	79.00	81.44		6.90	29.00	31.78	28.72	27.82	24.84	29.70	30.20	31.94	22.96					27.88
27	M58:3	9	418.66	427.00	83.78	112.00	3.14	5.40	47.36	30.18	30.44	30.20	31.00	31.00	31.00	29.62	31.16					41.18
28	M47:8	9	435.50	468.82	99.34	122.00	3.66	6.10	42.00	33.24	29.22	36.36	30.10	31.38	32.40	34.84	30.16					43.32
29	M15:1	11	404.24	413.30	84.12	112.30	1.60	5.38	40.58	22.92	21.66	22.10	22.24	23.10	22.68	22.86	22.52	22.32	21.84			39.22
30	M44:12	11	474.82	481.68	70.60	99.00	2.54	4.64	24.82	30.20	32.10	28.24	27.62	31.10	32.28	27.76	29.62	24.50	24.50			30.32
31	M44:11	13	496.96	508.74	115.60	115.60	2.54	5.70	36.94	25.46	24.74	24.74	25.00	23.86	25.10	23.86	23.86	23.38	23.44	23.00	24.40	44.22

注：均以毫米计。个别缺失数据系因不便于测量所致。缺顶厚数据系因顶部残缺。测量方法参见《薛家岗石刀钻孔定位与制作技术的观测研究》，《中国历史文物》2003年6期。

附表一三　石刀测量数据表（二）

序号	器物号	孔数	内孔径 1	2	3	4	5	6	7	8	9	10	11	12	13	外孔径 1	2	3	4	5	6	7	8	9	10	11	12	13
1	M6:5	1	15.24													18.82												
2	M6:4	1	23.86													25.94												
3	M44:14	上3	17.80	17.12	17.50											19.42	18.84	19.16										
		下3	12.54	12.46	12.54											12.90	12.90	13.00										
4	T17④:20	3	13.54	14.00	13.46											15.00	15.44	15.44										
5	M4:2	3	15.18	14.22	14.68											16.28	15.90	16.38										
6	M6:3	3	14.20	13.70	13.76											17.00	17.06	17.06										
7	M37:6	3	16.24	16.00	16.10											17.80	17.66	18.00										
8	M39:5	3	14.44	14.62	14.40											14.44	14.62	14.40										
9	M40:4	3	11.80	11.28	11.24											13.00	12.84	12.68										
10	M47:11	3	14.08	14.00	13.74											15.90	16.00	15.80										
11	M54:7	3	11.42	11.62	11.28											12.48	12.54	12.72										
12	M68:2	3	9.72	9.90	10.16											14.20	14.84	14.20										
13	M67:1	3	13.00	12.36	12.34											15.34	15.36	15.36										
14	M49:7	4	11.16	11.68	11.46	11.64										12.76	13.00	13.00	13.00									
15	采:31	5	11.48	11.58	11.36	11.62	11.34									13.14	13.32	13.46	13.10	13.10								
16	M8:8	5	9.86	10.18	9.90	9.56	9.82									11.40	11.42	11.44	11.44	11.44								
17	M44:6	5	12.60	12.14	12.00	11.90	12.00									13.66	13.36	13.60	13.60	13.60								
18	M47:10	5	11.58	11.86	12.40	12.48	12.80									12.34	12.56	13.00	13.32	13.68								
19	M49:6	5	12.88	12.70	13.12	13.12	12.20									13.82	13.70	14.16	14.10	13.64								
20	M54:4	5	11.44	12.06	11.74	11.72	11.78									14.66	15.34	15.18	14.42	14.88								
21	M37:2	5	14.92	14.86	15.16	14.90	14.16									17.28	17.54	17.62	17.62	17.28								
22	M1:2	7	12.82	11.74	11.70	12.44	11.62	11.76	12.28							15.72	14.70	14.90	14.80	14.54	14.92	14.46						
23	M14:1	7	10.54	10.00	10.18	10.20	10.24	10.58	16.28							12.64	12.64	12.92	12.92	12.66	12.72	13.00						
24	M39:4	7	12.16	12.38	13.44	13.84	13.00	13.00	13.42							13.50	14.10	16.00	17.00	15.88	15.88	15.88						
25	M47:5	7	12.10	11.88	12.06	12.48	12.46	12.42	12.24							14.40	14.40	14.42	14.92	14.38	14.00	14.00						
26	M40:16	9	11.76	12.00	12.10	12.52	12.40	12.10	11.28	11.20	11.32					12.68	12.92	12.92	13.36	12.88	12.88	13.00	12.86	12.86				
27	M58:3	9	10.20	9.72	9.54	9.62	9.80	9.82	9.78	9.48	9.68					10.96	11.20	10.50	10.20	10.56	10.56	10.88	10.78	11.10				
28	M47:8	9	12.36	11.28	12.00	12.44	10.40	11.40	10.68	11.28	11.36					13.62	12.86	13.12	13.48	13.48	13.48	13.64	13.10	13.26				
29	M15:1	11	8.38	8.54	9.30	9.24	9.60	8.92	9.34	9.50	9.58	9.56	9.64			10.68	10.52	10.84	10.92	10.82	10.82	10.98	11.36	11.20	11.38	11.50		
30	M44:12	11	11.64	12.40	11.88	12.26	11.86	12.00	11.68	11.52	11.52	11.10	11.78			14.44	14.74	13.94	14.20	14.10	14.32	14.32	14.32	14.50	14.50	14.22		
31	M44:11	13	9.94	9.44	9.32	9.66	10.18	9.20	10.38	9.74	9.62	10.30	10.18	10.46	9.86	11.00	10.66	10.80	10.66	10.88	10.88	11.16	10.74	10.98	11.18	11.18	11.18	11.18

附表一三　石刀测量数据表（三）

序号	器物号	孔数	1	2	3	4	5	6	7	8	9	10	11	9	10
1	M6:5	1	30.80												
2	M6:4	1	24.36												
3	M44:14	下3	23.16	24.20	25.30										
4	T17④:20	3	14.00	16.10	13.46										
5	M4:2	3	17.10	18.54	18.68										
6	M6:3	3	15.90	17.74	15.80										
7	M37:6	3	14.52	16.10	12.10										
8	M39:5	3	13.14	14.32	13.78										
9	M40:4	3	17.00	19.54	20.00										
10	M47:11	3	21.28	23.46	18.84										
11	M54:7	3	15.12	14.52	14.56										
12	M68:2	3	12.94	12.52	10.34										
13	M67:1	3	14.32	15.38	17.44										
14	M49:7	4	19.48	20.78	20.70	20.40									
15	采:31	5	17.10	15.14	16.70	15.88	17.90								
16	M8:8	5	12.74	13.56	12.12	12.74	11.96								
17	M44:6	5	13.44	15.30	16.74	15.68	13.28								
18	M47:10	5	14.22	13.66	13.90	14.18	13.84								
19	M49:6	5	17.92	19.00	17.46	16.48	16.48								
20	M54:4	5	19.18	18.30	18.36	16.10	15.40								
21	M37:2	5	15.20	14.86	16.00	15.10	17.16								
22	M1:2	7	19.44	22.90	24.60	23.34	25.58	24.90	22.54						
23	M14:1	7	18.36	18.62	18.04	17.32	16.84	16.84	17.24						
24	M39:4	7	19.34	17.34	18.56	20.14	20.24	18.68	19.22						
25	M47:5	7	19.18	17.68	17.24	18.84	18.80	19.86	17.28						
26	M40:16	9	10.78	11.28	12.00	10.36	12.40	15.48	14.44	14.72	13.86				
27	M58:3	9	21.20	20.70	19.62	20.42	20.38	19.82	20.94	21.18	18.44				
28	M47:8	9	23.34	22.90	20.70	20.64	22.50	22.82	22.84	19.64	19.54				
29	M15:1	11	15.08	13.72	13.88	14.56	14.26	14.80	13.84	13.04	13.00	13.14	12.56		
30	M44:12	11	19.50	18.34	17.92	17.00	15.50	14.66	13.00	13.00	13.04	14.20	14.12		
31	M44:11	13	18.64	18.90	19.84	19.74	19.12	19.08	18.60	17.58	18.00	17.92	17.08	16.62	16.30

附录一

薛家岗玉器简述

冯 敏

（中国科学技术大学科技史与科技考古系）

一 玉器种类分析

本次所研究的玉器共 127 件。首先进行目验分类，每种类别中均选择一定数量的样品进行物相测试。其中，对于 70 件完整的器物，采用 X-射线衍射方法测试；对于已残破的 8 件器物，于破口处取 1 毫克微量样品进行 9 次红外光谱分析；另外，还对 8 件器物的不同部位进行了 12 次拉曼光谱的无损测试。结合比重、硬度等物理性质的测试结果，最终确定闪石类玉器共 112 件，占总数的 88.1%；蛇纹石类玉器共 3 件，占总数的 2.4%，其中 1 件样品含有滑石矿物；玛瑙类玉器共 2 件，占总数的 1.6%；滑石类玉器共 3 件，占总数的 2.4%；绢云母类玉器共 7 件，占总数的 5.5%。即薛家岗玉器的种类虽然不少，但闪石类占绝大多数。

二 外观观察与物性测试

内容主要包括颜色、光泽等外观特征观察和比重、硬度等物理性质测试。

1. 闪石类

大多数样品呈现象牙白色，少数样品因表面黄色胶状物的渗透而略显黄色。除编号为 T8②:14 的玉璜外，所有古玉均不透明，多数表面保留有较好的光泽，而且表面硬度较大，其摩氏硬度多数变化于 5~6.5 之间。少数样品因过度清洗，表面不仅失去了原有的光泽，其硬度也明显下降，甚至仅为摩氏硬度 2 级。从残破样品的破口处可以发现，与外表相比玉器内部的结构普遍较疏松，颜色发白。因此，多数闪石类样品具吸水性，放入水中立即冒泡，随着内部空气的逐渐排出，样品在水中的重量逐渐增加，当所有空气排尽后，可测得一个较为稳定的比重值，其数值变化于 2.83~3.05，在所测试的 58 件古玉中 84.5% 的样品比重值大于 2.90。根据内部空气排出前后浮力的变化，可以大致计算出样品的孔隙度，其最低值为 0%，最高值为 27%，在所测的 58 件样品中 81% 的样品孔隙度大于或等于 10%，说明古玉经历了明显的风化溶蚀作用。

多数玉璜颜色斑驳，有8件以白色间暗绿色为特征，其中，暗绿色部分有较高的透明度。

2. 蛇纹石类

这类样品共3件，颜色为灰黄白色，不透明，表面光泽不强，表面硬度为3。玉片饰物质地细腻，断口处亦见内部色白、较疏松，比重2.58（可能受所含有的杂质矿物影响）。而2件玉管的风化程度较高，具较强的吸水性，孔隙度均大于20％，外观与闪石类玉器极为相似，难以凭肉眼将之与透闪石玉相区别，这一现象值得引起足够的重视。

3. 玛瑙类

纯白色，微透明至半透明。由于玛瑙在风化过程中保持高度的稳定性，这两件玛瑙玉器均保留了较强的光泽，而且，其比重2.60、硬度6.5～7，均与理论值接近。

4. 滑石类

由于滑石的硬度极低，这类样品的表面被刻划得较为严重。3件样品的风化程度不一。其中一件风化严重，颜色发白，不透明，呈现类似于粉笔的疏松结构。另外2件滑石玉器基本未风化，并略具透明感，其中一件呈淡黄色，另一件呈褐色。由于这3件器物均曾被树脂类物质黏结过，故未能对它们进行比重测试。

5. 绢云母类

绢云母是指颗粒极为细小的白云母。这类样品的表面与内部的物理性质基本一致，微透明，局部保留较好的油脂光泽。硬度2.5。这类玉器共7件，其中2件为扁平状玉璜，1件为玉纺轮，其余4件均为玉管。玉管类的样品为灰黄色或黄绿色，呈玉璜状的2件玉器颜色稍深，为灰绿色。除玉纺轮外，6件样品均进行了比重测试，其比重值变化于2.81～2.88之间，而孔隙度近似于零。

三　显微结构

1. 闪石类

薛家岗的闪石玉器，其矿物颗粒较为粗大，有时肉眼即可分辨其颗粒，而且结构也不均匀，多数样品上可见到明显的斑状结构，有些透闪石斑晶的形态为双锥状；另见有因透明度差异而导致的条纹状构造。编号为M34:3-1的样品局部还显示出明显的丝绢光泽，众所周知，产于新疆和田地区的闪石玉，其矿物颗粒十分细小，结构致密、均匀。因此，薛家岗闪石玉的质地与和田玉存在着极为明显的差异。

与"外硬内软"现象相对应的显微结构是：玉器的抛光表面致密度较高，从剖面上可看出近表面的外层显示出较高的透明度。

值得一提的是，在 25 件闪石玉器中，均发现了石墨矿物的伴生。

以上这些显微结构和矿物组合特点为寻找玉石的矿源地提供了极为重要的线索。

2. 蛇纹石类

玉片饰物的矿物粒度较为一致，组成较为均匀的结构，与部分闪石玉器一样，1 件蛇纹石质玉器中也见有相当数量的石墨矿物，说明蛇纹石玉料和闪石玉料出自同一产地。而 2 件玉管的结构并不均匀。

3. 玛瑙类

2 件玛瑙样品均十分纯净，不含其他杂质，结构细腻。当光照角度合适时，于一端面处可以见到玛瑙特有的纹理。

4. 滑石类

3 件滑石类玉器结构各不相同。呈白色外观的一件，因风化严重而呈疏松状结构；呈褐色外观的一件，矿物粒度细小，结构致密；呈淡黄色的一件，矿物颗粒较为粗大，可明显看到其解理面的闪光。

5. 绢云母类

呈灰黄绿色的玉管类，其结构细腻、均匀，质地较纯，不含其他矿物；呈灰绿色的玉璜，其颗粒稍粗大，局部结构疏松，见有斑状分布的土黄色黏土类矿物，在器物的一端，白云母颗粒清晰可辨，解理面闪光明显。

四 加工工艺

1. 切割

许多器物上留下了椭圆形或抛物线状的弧形线条，这些连续的弧形线条彼此间并不平行，而且，所切割的表面有时并不十分平整。这些现象都说明所采用的切割方式为线切割。在镂雕的样品上也见有线切割留下的痕迹。编号为 M59:2-2 的器物其刃部显示平行线痕，但是否为锯切割还值得商榷。

2. 钻孔

孔径较大的玉管主要采用实心钻，孔壁上常见有弧线，有些圆度不理想。而有些饰物上的小孔圆度较好，边缘十分尖锐，似为管钻所为，但孔径减少较快。部分较大的玉环显示出管钻的迹象。钻孔通常为双面对钻，两面对钻深度大致相当，部分钻孔对位欠准确，个别样品错位严重，有的样品还显示两次开孔的迹象。个别较薄的器物为单向钻孔。隧孔也由实心钻倾斜对钻而成。

在一玛瑙样品表面上也发现了管钻的痕迹。在反射光照明条件下，表面可以看到很浅的圆形凹槽，其内部出现了与凹槽相连的环状裂隙。推测当时曾试图用管钻凿孔，由于玛瑙脆性较大，刚一开始钻孔便诱发出了内部的环状裂隙，而且，裂隙的范围远远大于管钻的直径，为防止裂隙向四周蔓延而使整个玛瑙碎裂，便停止了钻孔，留下了现在所见到的浅凹槽和环状裂隙。

3．镂雕

镂雕器物的图案基本上呈左右对称状。在镂空部位可以看到圆形钻孔的痕迹，推测当时是先在拟镂空的部位钻一圆孔，然后再用线切割的方式将孔壁向所要求的方向扩大，直至切割出拟定的形态，在切割结束处可以看到线切割留下的弧度。

4．打磨

玉器表面均经过打磨，光泽较好。大多数钻孔内壁未经打磨，少数孔壁具有较好的光泽。

5．刻纹

薛家岗的玉器以简洁为风格，基本上所有器物均为素面，仅 2 件样品的表面见有刻意所为的阴刻线。

值得注意的是小玉琮，四面各具一纵向凹槽、两端各具射口，而且，横向的刻槽将器物分为两节，转角处两侧的面上有三道阴刻线，这些均与良渚玉琮很相似。

附录二

拂去历史轻尘　倾听远古回声
——薛家岗考古散记

杨德标

　　安徽这块沃土，被横贯其中的淮河、长江分割为淮北平原、江淮丘陵和皖南山区三大部分，千百年来就是一片生机盎然的绿色世界。当人类进入新石器时代，这里就已居住着很多氏族部落的先民，他们用自己的聪明才智为子孙后代留下了不可磨灭的丰碑史迹，沉寂5000多年的潜山薛家岗遗址就是其中之一。

　　薛家岗遗址位于潜山县城南10公里处的永岗行政村永明村民组，西北距天柱山15公里，南距王河镇5公里，它的东侧约300米是潺潺的潜水。遗址位于一条狭长的山岗之上，总面积约10万平方米。

　　薛家岗遗址的发现、发掘与初步研究，我都有幸参加，许多往事至今仍萦绕脑际，难以忘怀。

　　薛家岗遗址最初是在1977年12月潜山县文化局指派县文化馆从事文物工作的余本爱同志在进行文物普查时发现的。据他介绍，他们在普查前办了一个文物培训班，各大队书记都参加。讲课时，他根据在枞阳县由省文物局举办的文物培训班学到的知识，拿了一些陶鼎足当标本，指给大家看：谁那里出这一类的东西，我们就要去调查。结果，永岗大队的冯华松同志说："我们薛家岗上就有这些东西，群众在上面种庄稼，经常捡到这些东西，不知是做什么用的，你们去看看。"后来县里的同志进行了初步调查，次年5月省博物馆的阚绪杭等同志也去调查过。到了1978年10月，笔者到皖西南一带去进行考古调查，第一站是潜山县，任务是调查县城北部彰法山上的古墓葬和出土的青铜器，县里同志说薛家岗上经常发现陶器和石器，出于职业感觉，我便提出和县里的同志一道去调查。10月19日，已是深秋，天气仍然有些炎热，由县城开往王河镇的汽车每天只有早晚两班车，而第一班早已开走了，我们只好背着黄布书包，穿着人工编织的草鞋，在没有交通工具和山路崎岖的情况下，一行三人由县城出发步行到薛家岗。到薛家岗时已是中午12点多了，个个走得满头大汗，刚过不惑之年的我头脑早已是昏昏然。中午饭是王河镇的一位文化干部安排在群众家吃的，三个人交了一斤半粮票，却吃了两斤多，真是饿极了。在薛家岗遗址上，我们不仅采集到许多陶器标本，同时在一位姓董的农民家中还收集到1件三孔石刀。当主人把石刀展现在我们面前时，我不觉一惊：

"呀，这是三孔石刀，我们安徽从未见过。"我左看右看，爱不释手，顺手给了他一元钱："给你买几包香烟抽，东西给我吧。"这件文物现收藏在县博物馆。那个时候，我们对于薛家岗遗址的文化内涵虽不说眼见能辨，但基本上知道遗址的重要性，新鲜感和诱惑力便油然而生。这次调查，我们意识到这是一处新石器时代的遗址，地下会埋有不少文物，值得发掘，假使有收获，也为安徽新石器时代考古工作开了一个好头。11 月份我返回合肥后，把薛家岗遗址的调查情况向省文物局和文物工作队领导作了汇报，并初步提出发掘薛家岗遗址的设想，为安徽在新石器时代考古工作中填上一个空白。那时谁都不可回避的一个事实是，长江中游和下游已发现了很多新石器时代遗址，各自形成了自己的文化体系，但在江西九江以东到安徽芜湖以西（芜湖有蒋公山遗址）的安徽境内漫长的长江两岸，却只有极少的新石器时代文化遗址，基本上是个空白地带，而这个空白地带有很大部分是在皖西南的安庆地区境内，其新石器时代文化与周边新石器时代文化是如何互相联系、互相影响、互相促进的都不太清楚，这不仅给长江中、下游原始文化交流的研究带来很大困难，同时也给研究山东大汶口文化与长江中下游文化的关系造成一定困难。早在 1976 年，怀宁县文教局曾发现了黄龙新石器时代遗址，并将材料报送到国家文物局，国家文物局在（76）文物字第 77 号给安徽省文物局的信件中就指出，这个遗址的发现，"它对于探讨长江中下游原始文化的发生、发展，以及它和中原地区原始文化的联系，是一个重要线索。"薛家岗遗址与黄龙遗址相距不到 10 公里，但面积更大，保存更好，所以薛家岗遗址绝不是一花独放，而应是一支报春的红梅。我的建议得到了领导的重视，并决定支持我去做这项工作。

1979 年 3 月初，省里正式决定由我主持薛家岗的发掘工作。我受命后心里七上八下，知道自己在古遗址的发掘方面经验不足，难度很大，远比发掘一处古墓葬要复杂得多。出发前我做了各方面的准备工作，并和安庆地区文化局文图科的张超儒同志取得联系，筹划着如何组织力量进行发掘。经过讨论，由我负责主持发掘工作，张超儒负责后勤，余本爱协调民工等事务，就这样临时搭建了一个"草台班子"，以当时考古界常用的专业书籍《工农考古基础知识》为指导，唱起发掘薛家岗遗址的大戏了。

1979 年 3 月 18 日我们一行五人先期到达薛家岗，除我、张超儒、余本爱以外，还有怀宁县的许闻、望江县的宋康年。我们五人住在永岗大队部内，这是一座四合院式的土墙房屋，是 70 年代盖给下乡知青住的，前面仅是一堵土墙，大门为木制的，门不太大，东西两侧厢房各有五间，后一排房子要"阔气"些，东西两头为厨房，中间有一个三间通道式的"会议大厅"，"大厅"东头有一土坯讲台，台下前面有五排土墩子，上面放着松木板作凳子，后面放着五六排长木板凳，每个板凳上可坐 6~8 个人。"大厅"的西头有四间小房子，四个门两两相对，中间一个人行道，向外仅有窗子没有门，听说这是专门为下乡的女知青设计的。我们五人到后，先享受二人一间的住宿待遇，而我更

"高人一头"，一人住一间 5 平方米的小间，除床之外，别的只能放几件小杂物和一盏煤油灯。竹板床是大队帮我们搭的，棉被是从群众家租的，一床每晚付四角钱的租金。因为煤油是计划供应，一个房间只能点一盏煤油灯，点灯的时间不能太长，否则没有煤油会挨摸黑之苦。当时大队部没有人住，只有一个供销社的代销点，晚上大门一关，除偶尔听到远处的狗叫声外，里面极为安静。

3 月 21 日工作开始进行，从住地步行到遗址，只要 15 分钟，大家穿的是一色的蓝色中山服，身背一个黄布书包，包内装着两把小铲（一把尖头、一把平头）、一本小笔记本，再有就是人手一本的《工农考古基础知识》，每次上工前，大家都要在一起以此为教材学习一遍，并要求按土质土色的变化观察平剖面，一层一层地揭，遇到疑难之处，大家坐在一起讨论，各抒己见，尽量避免损失。

3 月 22 日，我们首先在西区开 5×5 米的探方一个。这个探方是我们五个人共同发掘的一个探方，目的是先取得一点经验，然后再分别发掘。在发掘期间，我们是白天工作，晚上开碰头会，总结一天的收获和不足，每次都要求第二天发掘时一定要非常细心，一点点揭。经过几天的发掘，出土了不少器物，在实践中大家也掌握了一些知识。3 月 26 日下午我到王河镇邮局给文物工作队领导打电话，汇报了发掘工作，同时取回了 1000 元发掘费。

经过一个探方的发掘，我们有了一点认识，加上领导的支持，我们的胆子也大了，3 月 28 日我们又在遗址不同的地方开了 3 个探方，29 日阚绪杭同志也来到工地，次日加开 1 个探方。此时的发掘工作仍一如既往，每个同志都兢兢业业地埋头工作着。4 月份的江淮地区气候时冷时热，时雨时晴，常常在发掘中途突然下一场雨，让大家淋个透湿，但人人仍是情绪高昂。

4 月 9 日这一天的下午，天气多云凉爽，发掘工作与往日一样正常进行。忽然 5 号探方有人大叫："杨队长（队长是群众给封的），快来呀，这里出宝啦！"这一大喊把工地上所有人都吸引过去了，把宝围了个里三层外三层，最前面的人抢先趴在地下看，最后面的人踮着脚伸着头向里面瞅。我也不例外地从人群中向里面钻，还不停地叫："请让一让，请让一让！"经过一阵紧张的清理，这件宝贝终于露出了真面目，全体工作人员高兴的几乎跳了起来，"这不就是像南京北阴阳营遗址出土过的七孔石刀一样吗"？我失声地说了一句。这是第一次在薛家岗遗址上经过考古队员用汗水发掘出来的石刀，它完整地平放在黄沙土上面，取出后，它的下面还叠压着两件单孔石钺，旁边有玉管玉璜等器物，这是多么完好的一座新石器时代墓葬呀。民工们被劝走后，负责探方的阚绪杭同志开始绘平面图，那时我们统一规定探方四壁剖面图的比例为 1∶50，而遗迹平面图为 1∶20，为了绘图方便，每个遗迹在绘图前首先取某一点为基点，记下"0"点标记，要绘总平面图时，就可以将该点直接落到总平面图上，很快就可将遗迹图转绘到上面去。图绘完了，我就开始拍照，上世纪 70 年代因条件限制，相机只是上海生产的一种扁平折叠式海鸥牌相机，拍摄前常要在机身一侧装上一个像枣核一样大小的乳白色小灯泡，每按一次按钮，小灯泡就"噼啪"一声响，同时还冒出一串烟。我们的拍摄技术本来就很差，再加上这样的相机，拍出的照片效果就可想而知了。

这一次发掘引起了省文物局和省文物工作队的高度重视，4 月 21 日，洪沛局长和葛伯和队长以及安庆地区宣传部长田茂德、潜山县委副书记董怀章、县委常委兼宣传部长徐继达等领导到工地听取了我们的工作汇报并观看了出土文物。

这次发掘，我们是带着摸索经验、了解遗址的堆积情况的目的而工作的，所以五个探方也是分布在不同的地方。通过发掘我们每个人都认识到薛家岗遗址的重要性了，为了做好第二次发掘工作，我们决定将发掘工作暂告一段落，回单位总结经验，找出不足，并制定下一步的发掘计划。

1979 年秋季，第二次发掘工作全面展开。9 月 17 日我和文物队一行三人先期到达潜山县城，各地县的文物干部也陆续到县城集中。这次发掘除第一次参加发掘的人员之外，又从各县新增加四五个同志。新来的同志过去也都没有发掘古遗址的知识，与往常一样是边工作边学习，第一次参加发掘的同志则成了他们的"老师"。

第二次发掘正式开始是 9 月 20 日，这一次布方是联成一片进行的。布方的面积及工作安排，都比前次大许多，一开始每个探方都是 10×10 米。我早已知道这样大的探方地层是难以控制的，我们这班人本来对遗址发掘就缺乏经验，再加上薛家岗遗址土质坚硬，颜色变化不一，除锄头、大锹及两齿钉耙外，小平头铲和其他任何工具都不好使用；而民工根本不懂什么叫文化层，只要挖出东西就行。但最后仍之所以如此，这与我们挖"宝"思想占据着主导地位是有关的，因为在此之前，安徽的文物考古工作，在全国是落后的，怕就怕不挖出"宝"，弄得上下各方面都很失望，出现这个结局是交待不了的啊！

9 月份的江淮地区，气温仍然高达 36 度左右，我们的工作确实很辛苦，一到考古工地，还来不及发思古之幽情，紧张的发掘就开始了。我们都是每天早上 6 点起床，7 点 30 分准时开工，从手拿小铲，马不停蹄地在探方内辨地层、看遗迹、捡陶片、作记录，到每天捡回的坛坛罐罐的陶片，就是要接通古代与今世的幽隔。我们祖先失落掉的真实的历史，就需要我们今天的子孙用尽自己的智慧去思考、寻找、追问、解答。近两个星期的紧张发掘工作，在四个探方 400 平方米内，我已记不清发掘出多少墓葬了。这里要说明一点，第一次发掘时，每出土一组器物，我们确定为墓一、墓二、墓三等。而这次发掘我们都一反常态，不敢定为几号墓了，只暂定为一组、二组、三组……除灰坑等遗迹仍归我统一编号外，每一个探方出土的每一组器物，则由各探方发掘者自己按顺序编号一组、二组、三组……当时我的想法是，每一组器物都集中放在黄沙土层上，每组与组之间又十分规整、密集，没有墓坑，虽然认为是墓，但又不敢确定为墓。1982年《考古学报》第3期发表拙作《潜山薛家岗新石器时代遗址》一文，将"组"重新改正为"墓"，是我国著名考古学家石兴邦先生于1980年6月来皖参观时提出要我改正的。

　　400平方米的发掘工作，虽然仅用了一个月左右的时间，但对于我们这些面向黄土背朝天的考古工作者来说，却取得了极为丰硕的发掘成果，不仅出土了一批墓葬和遗迹，同时出土了一大批器形独特、纹饰优美的陶器、石器和玉器等遗物。尤其是以奇数递增的一至十三孔石刀，这是前所未有的。可以肯定地讲，它在江淮地区新石器时代文化中，是一颗璀璨的明珠。我记得最清楚的是10月11日下午，考古专业人员正在指挥民工一铲一铲地清理时，突然，在7号探方的一位同志大叫："杨司令"（"司令"是工地上同志们给我加封的），"这里发现了1件十一孔大石刀，比前几天出土的带彩绘花纹的九孔石刀还要大呢！"他这一喊，工地上所有的人都站起来了，那些年青的民工一下子跑过去，把这个探方围了个水泄不通，我慌忙大声喊："大家不要去看，工作结束后，再请你们慢慢观赏。"这时工地上的人欢欣雀跃是无法控制的，喜悦、兴奋的情绪还没有完全消失，紧挨着的6号探方又发现了1件十三孔的大石刀。这一发现，好像给全体工作人员打了一针兴奋剂，大家都露出了从未有过的笑容！老天爷呀，好事成双，你给安徽考古工作者送来这么贵重礼物，真感谢您呀！这一墓内的石器还叠压着几层，最下层为石锛，很有规律。工地上一个高潮接着一个高潮，有的人情不自尽地把草帽抛向空中，以示庆贺。大家手舞足蹈，听不清在议论着什么，个个喜笑颜开。这次的发现再次引发人们对薛家岗遗址出土国宝的无限珍爱！这确实是国宝呀，因为全国至今未发现过。高兴之余，我们提前收工，在回住地的路上，大家还是滔滔不绝地谈笑着，有人又情不自禁地大声哼着："早也盼，晚也盼，望穿双眼"（现代京剧《智取威虎山》中的唱段）。快到住地了，不知是谁说："老杨，今晚我们应该加餐来庆贺吧？"70年代末，大到粮、油、肉、蛋，小到烟、酒、糖等副食品，还是按计划凭票供应的，平时想多吃一点鱼肉还是比较困难，"干部下乡，四菜一汤"是办不到的，连吃一点蔬菜还必须是提前一天到十里之外的王河镇去买，而去王河镇只能步行，连最简单的交通工具——自行车也无用武之地。当天晚上加餐也只是临时在农民家买到一点不要票买的鸡蛋，算是很幸运的了。酒是最便宜的山芋干白酒，也是在住地代销店里"赊"的。这是我们自到薛家岗之后第二次喝白干酒（第一次是10月5日中秋佳节的晚上，那天每桌是一盆花生米烧鸭外加白干酒，也算加餐了）。桌上大家眉飞色舞地谈论着白天的收获，我说："这仅仅是开始，下面可能还会有更重大的发现，我们慢慢地干下去！"这一次每人只喝了四两，谁也不贪杯，因为第二天还有发掘任务在等着我们。

　　十三孔石刀出土的消息像长了翅膀一样，很快传到县里和省里，地方政府的同志当然是近水楼台先得月。以徐继达同志为首的第一批领导，首先目睹了这些遗物，接着新华社安徽记者站、安徽日报社、安徽电视台、安徽青年报社、合肥晚报社、安庆报社等新闻单位都先后报道了薛家岗遗址出土新石器时代遗物的消息。人们深为我们的祖先在5000多年前就能创造如此辉煌的成就而惊叹不已。

发掘工作是充满诱人魅力的，当你翻开这部铺展于地下的神秘史册，刚刚弄明白一个问题还来不及欣喜，就又落入另一个困惑之中，它催促着你，甚至是逼着你去寻找一把合适的钥匙，打开另一把锈迹斑斑的锁，去探索一个个新的未知。不是吗？我们还未弄清为什么奇数递增的1、3、5、7、9、11、13孔石刀会在这里奇迹般地出现时，又发现了一对高2.1厘米、直径1.6厘米的的小玉琮和一个直径近9厘米、纹饰简洁规整的大陶球。玉琮是否人们所说的权势的象征？或是礼仪上的某种意义？精美的大陶球内装小陶丸，摇之有声，清脆悦耳，是乐器？还是生产工具？这些都是考古学家要追问的问题。

通过这一年两次的发掘，我们已经认识到薛家岗遗址的重要性。它不仅有墓葬、灰坑，也有居住遗迹等。这些发现不仅引起了有关方面的领导的重视，同时也提醒了安徽的考古工作者：安徽不是没有古遗址，而是我们工作未能很好地去做。对这样一处新石器时代重要遗址丰富的文化内涵，我们怎么可能不乘胜追击而停滞不前呢？我当时的想法是，薛家岗的发掘工作，一定要多次发掘下去，争取做出更好的成绩来。我的想法得到了各级领导的支持。

1980年春季，薛家岗第三次发掘工作开始。春节一过，我就开始做发掘前的准备工作，同时还要想想前两次发掘中的不足。3月底，我们由合肥直达潜山县城，4月1日到薛家岗住地，仍住在大队部的四合院内，那时房租不是以每间房子多少钱计算，而是以人数计费，每晚每人两角钱，人走为止。这次的工作规模很大，参加发掘的人员增加到21人，在人员构成上，其中有13人是第一次参加发掘，参加人员的单位除安庆地区外，还扩大到淮北和皖南各市县；年龄上，从十七岁到六十岁不等（因为80年代初我国还未实行六十岁退休制，有不少老同志受到"文化大革命"的冲击刚刚恢复工作，年纪已经很大了）；文化程度上也是相差甚远，有中学毕业刚参加工作的，也有解放前大学毕业的老知识分子。大家一起来这里参加发掘工作，个个精神饱满，形成了一个十分团结的整体。4日发掘工作开始，一开始我们布10×10米的大探方5个，后又在遗址东南角布5×5米和4×8米探方各1个，以了解遗址的分布情况。

我们的工作有条不紊地进行着。这次我们的主要精力是着眼地层的变化、墓葬的形制和遗迹遗物的分期。4月19日上午，在17号探方内发现两堆陶球，中间又放一个陶盆，当时难以解释，认为按墓葬处理还是稳妥一些。29日起，我们仅在17号探方内就先后发现了5座长方形土坑墓，这一发现更加深了我们对薛家岗遗址重要性的认识，尤其中 30 日那天下午，又在此探方内发现一个土坑墓，清理完后仅发现 1 件陶鼎，而且此鼎没有三足，出土后我们几个人左瞅右瞅，也有人怀疑不是鼎，但它底部有三处安装鼎足时留下的痕迹，所以应该是残器随葬。我后来在整理前三次发掘的材料时，无意中又发现不少墓葬都存在着残器随葬现象，而且不仅有陶器，还有玉器、石器。5 月 5 日，在 16 号探方内又出土了一片彩绘陶片，在白衣上用棕褐色颜料绘成弧形三角纹，这是发掘以来首次发现，在整个皖西南地区也是首次，为了慎重，在工地上我们不宣扬，不吭声，随土包着由我一人专管带回了住地。

　　第三次的发掘得到了国家文物局的重视，原国家文物局副局长黄景略先生曾于 1980 年 5 月 5 日赴薛家岗，随后几天都到工地指导工作，并为大家讲授了田野考古操作的一些技术规范，同时还指出每个探方隔梁的重要性。他说："打探方隔梁时，要特别小心注意，因为每个隔梁仅一米宽，隔梁土色土质的变化，直接与相邻探方的土色土质变化有关系，它可以帮助你更正本探方的地层变化和时代的早晚等。"这样肯切的技术指导，仍是今天遗址发掘中不可缺少的。

　　整个野外工作进行了两个多月，虽然人人脸上因风吹雨淋而显得黝黑，但大家都没有怨言，一心扑在发掘上。我后来到安庆出差，当地同志告诉我一个故事让我很感动，他们说，在发掘期间，参加工作的东至县一位同志妻子快临产了，文化局领导和他的父母商议决定不告诉这位同志，怕影响到他的野外工作，并特意把他的妻子接到安庆娘家生孩子。由于当时的通讯是很落后的，发掘结束后，这位同志路过安庆顺便回家看望父母时，一进家门正好撞上妻子，才看到了已出生两个月的小孩。后来我问他这事时，他笑笑说："忠孝不能两全嘛"。我们很多同志为了薛家岗遗址的探索，付出了不少代价。

　　1981 年 9 月，第四次发掘工作开始。这次我们共开探方 5 个，仍为 10×10 米的大探方，但中间加留了一道 50 厘米宽的控制梁，在遗迹的编号上，我们将原来墓葬按组编号的做法取消，改为由我统一编排墓号，因此，现在薛家岗遗址的墓号是由第四次发掘时，才开始按顺序编排的。

　　第四次发掘基本上是按部就班，在生活方面也有所改善，但这时国家的经济刚处于转型期，计划经济仍处于主导地位，有很多事还是地方政府给予了大力支持。有一件小事让我记忆犹新：新到工地的两个文物干部，烟瘾很大，但烟要凭票才能买到，超额的只好找当时的县委副书记徐继达同志特批。其中一人抽得快，一天上工地时已没有烟抽而急得在探方旁来回上下不停地跑，而另一位则站在上风口慢慢地抽着烟，并用烟味逗引该同志，结果晚上吃饭时借故为了吃菜多少而大吵起来。我丈二和尚摸不着头脑，还是没烟抽的那位同志道出了其中缘由，我一听大笑起来，安慰他们说："别吵了，明天再找徐继达书记去批。"如今回想起来，倒是有趣得很。

　　自从第三次发掘之后，我便受命开始整理这三次发掘的材料，撰写发掘报告。由于薛家岗遗址出土了一批独特的器物群，具有鲜明的地方特色，因此我在 1981 年 12 月杭州召开的中国考古学会第三次年会上发表了《谈薛家岗文化》一文，并首次尝试着提出了"薛家岗文化"。后来在撰写发掘报告时，我根据已有的材料将薛家岗新石器时代遗存分为四期，并再次正式提出了"薛家岗文化"的命名，1982 年在《考古学报》第 3 期上发表。

经过前四次发掘之后，对薛家岗出土的遗物需要坐下来冷静地思考与研究，而大规模的发掘应暂时停下来。不过由于前几次的收获影响较大，中山大学人类学系考古专业的商志䃋老师于 1981 年底特来安徽，要求将该专业 79 级学生带到薛家岗遗址实习。这一要求得到了省文物局和省文物队领导的同意。我对中大学生的实习是积极支持的，我认为这批学生他们年青，知识层次较高，在老师的指导下发掘时可以解决一些技术难题，对薛家岗的进一步研究能起到好的作用。1982 年 9 月上旬，15 位同学来到薛家岗，由教师曾骐、李始文、李抱荣、冯永驱先后带队指导。在发掘前我们做了详细的实习计划，目的是进一步搞清楚薛家岗前四次发掘时的地层划分是否完善，薛家岗第三期文化是否是不挖墓坑堆土掩埋等等。这次发掘除中大的学生外，还有我们文物工作队和市县文物部门来的十几位同志，整个考古队有 30 余人，加上 50 多个民工，就如一个相当不小的农田基本建设工地，其壮观场面在当时我省考古史上是绝无仅有的。

这次发掘共布探方 19 个，均为 5×5 米，每个同学负责一个探方，而另 4 个探方则由省文物工作队和各市县的文物干部负责。同学们虽然没有考古实践经验，但工作十分认真，不放过一点疑惑。如 33 号探方的 M117 器物出露后，就是不见墓坑，负责探方的同学花了整整三天时间将墓坑边线找出来，但因为太长，最后还是没敢将其定为墓坑。后来，其他同学根据这一经验找到了不少墓坑。在第五次发掘期间，找墓坑是很重要的一件事，围绕着它，我们还比较关注当地的埋葬习俗。我还清楚记得的一件事是我们这些文博干部和同学们都住在那个大四合院内，一天晚上已是深夜 12 点多了，外面天黑得伸手不见五指，忽然在不远处传来不停的敲打锣鼓声和凄喊声，还不时放着鞭炮。经过一村又一村走着，深夜的狗声、人声夹杂着炮竹声，很是凄凉吓人。后来一打听，才知道这是潜山县这一带死人的一种葬俗：凡是正常生病死亡的人，尸体要停放家中三天才能出殡，在出殡的前一天晚上，村子里要有几个人和道士一起在深夜挨村游一趟，道士身穿黑色的大长袍，头带"人"字形黑帽，嘴里哼着咒语，敲锣打鼓放鞭炮，还散纸钱，以示死者告别。到第三天晚上才能把棺材抬到薛家岗遗址的高地上，棺材下面垫着一层 10~20 厘米厚的灰砖或土坯，然后将棺材放上，棺周围用竹子之类的东西简单围起来，但棺两头不能包裹。三年后，家人再将棺内的人骨架取出，用一个小棺材装好，再挖穴埋入土坑内，这也是一种二次葬。但非正常死亡的人则又必须是即死即埋，而不能进行二次葬。

　　在发掘期间，虽然因条件所限大家的生活较为艰苦，但有时也有意外的乐趣让大家苦中取乐。比如，那一年安徽正在号召开展灭狗运动，一天早上，我们还未上班，一位大嫂带着自家的一只大狗到我们住地的代销店买东西，离开前她问我："杨队长你们要狗吗？"我说："要不要钱？""不要。"她把狗丢下就走了。我知道我们这些同学不少是广东人，有爱吃狗肉的习惯，于是把大门一关，大声叫："同学们，一位大嫂送一条狗给我们吃，你们要不要？"正在吃早饭的同学们不约而同的回答："我们要。"一位年纪最小的同学还用广东腔乐滋滋地说："狗肉好吃嘞。"于是大家开始了一场关门打狗的活动，那热闹的场面让人久久难忘。之后，留下了四位同学负责烧狗肉，忙活了一天，晚上大家尝到了一顿难得的美餐。今天回想起来，在薛家岗的这些日日夜夜，生活太丰富多彩了。

　　是啊！在薛家岗发掘的几百个日日夜夜，送寒接暑，顶风淋雨，我们这些探索原始社会物质与精神财富的人，个个无任何怨言。而感到欣慰的是，我们碰到了这样好的原始聚落遗址，发掘出一大批独具特色的石器、陶器和玉器等遗物，填补了安徽新石器时代考古学文化的空白，为我国考古学界和史学界提供了一批丰富的实物材料。薛家岗遗址的发掘，还不仅仅局限于学术上的收获，她又是一所实实在在的锤炼和培养一批文博干部的临时学校和实习基地。薛家岗遗址经过前后五次有计划的大规模发掘工作，使一批从各市县来的文物干部在实践中成长起来，成为各地方文博干部的骨干力量。这些同志，从80年代之后，绝大部分都已成为当地文博行政或事业单位的领导或业务骨干，为当地的文物工作做出了很多贡献。

　　目前，薛家岗遗址已被国家公布为全国重点文物保护单位，发掘的资料也已初步整理成书，但这一工作还没有划上句号，薛家岗遗址的研究仍在继续，还有很多谜团等待着我们去探索。

后 记

薛家岗遗址从发现、发掘到报告的编写，经历了二十多个年头，它凝聚了安徽省几代考古工作者的心血和汗水，特别是杨德标付出了艰辛的劳动，起到了主要的作用，使薛家岗考古工作成为安徽新石器时代考古的里程碑，为安徽考古填补了一项空白。同时，该项工作也为安徽各地、市、县的文物部门培养了一大批急需的文物干部。因此，薛家岗遗址的考古工作在安徽的考古史上是有着十分重要的意义的。

薛家岗遗址前三次的发掘材料，曾在《考古学报》1982年第3期上发表了考古报告，引起了考古界的极大关注，很多专家、学者都进行了研究和探讨，这本报告的完成，实际上是以这些研究成果为基础的。此外，近些年来出版了不少好的发掘报告，它们在体例、内容表达方式上都有一些改变，我们在编写这本报告时，也参考了它们的有益经验。

本书的第一稿曾让安徽大学陆勤毅教授修改并提出了一些建议，插图排版由本所的程蓓协助完成。重写稿的编写提纲经过了六次修改，其中提纲第三稿曾分送给多位老师和友人征求意见，北京大学考古文博学院严文明、赵辉和李水城等诸位老师对提纲进行了认真的修改并提出了很多宝贵意见，中国历史博物馆考古部戴向明、中国社会科学院考古研究所董新林、浙江省文物考古研究所方向明等也对提纲的修改提出了不少好的建议。

本书的编写，是由朔知和杨德标共同完成的，在长达四年的整理、编写过程中，我们多次交换了意见和想法，配合默契，使得本书能够在预期的时间内完成。编写的具体分工如下：

第一、二、三章，第四章的遗迹部分，第五章，第六章的遗迹部分，第七章，第八章由朔知撰写；第四章的遗物部分，第六章的遗物部分由杨德标撰写。

本书的插图由本所张捷、周群和天长市文物管理所季春华绘制，大部分插图和全部插图清绘是由张捷完成的，插图排版由朔知、张捷、郑玲共同完成；器物摄影由朔知、杨德标完成。

玉器的测试、鉴定得到了中国科学技术大学科技史与科技考古系王昌燧教授的热心支持，由冯敏负责完成；石器的鉴定得到了安徽省地质调查研究院的支持，由杜官森、张勇负责完成。

　　本书英文提要由中国社会科学院考古研究所李新伟先生翻译，日文提要由筱原典生和中国社会科学院考古研究所朱岩石先生翻译完成。

　　本书的最终完成和出版，得到了国家文物局和安徽省文物局有关领导和专家的高度重视，他们一直关注着本书的编写进展情况；同时，也得到了本所领导和全体同志的关怀和支持。为了让本书早日面世，在本所工作任务繁重的情况下，杨立新所长、马元龙书记仍在人员、时间、场地、摄影器材和技术等各方面都给予了全力支持，办公室、资料室的同志在很多方面给予了热忱的帮助，考古部的同事们——特别是曾经参加过薛家岗遗址发掘的同事——更是给予了无私的支持与帮助。在编写和编辑的过程中，文物出版社的谷艳雪编辑一直与编者相互沟通，就体例、内容表达方式、插图的编排等问题多次交换意见。

　　在此，我们向关心和支持薛家岗发掘报告编写工作的领导、老师、同仁和有关人士表示真诚的谢意！向全省各地、市、县尤其是潜山县各级政府和文化、文物部门参与、支持薛家岗考古工作的同志致以崇高的敬意。

　　作为安徽省新石器时代考古的第一部大型报告，我们在编写的过程中虽然勤勉有加，但无奈学识有限，能力有限，在很多方面都不能尽如人意，特别是在综合研究方面更是显得薄弱，报告中新石器、商周两章讨论的撰写，是利用在黄山一带进行田野考古发掘的空闲时间完成的，很多内容未及推敲、修改，疏漏和错误实在难免，唯一值得欣慰的是这批重要而丰富的资料没有湮没，最终得以面世。此外本书在编写时根据发掘资料的现实情况，制定了与以往的发掘报告不完全一样的编写体例，可能有些表达方式并不太妥当，这些都还请大家给予谅解。

　　仰望云海深处的黄山，若隐若现的峻美风光总是吸引着我们的目光；遥思平静冷清的薛家岗，乍隐还现的远古神密一直触动着我们的思绪。本书的出版，只能算是对薛家岗遗址研究的一个新的起点而远非终点，路也漫漫，其修也远，只待上下求索罢。

朔知　杨德标

2004 年 5 月 31 日于黄山脚下考古工地

XUEJIAGANG IN QIANSHAN

(ABSTRACT)

The Xuejiagang 薛家岗 site (N 30°40′, E 116°30′) is located between the Yonggang 永岗 and Lihua 利华 villages, Wanghe 王河 Township, 10 km south to the Qianshan 潜山 County, Anhui 安徽 Province. The site, with a total area of 10 ha, occupies a narrow low hill which is surrounded by low-lying paddy fields. At an elevation of 20 m, the hill is 1400 m long, 400 m wide at its west end, 200 m wide at its east end and runs from east to west. Main of the cultural deposits concentrate at two locations: the Xuejiagang location at the east end of the hill, and the threshing ground of the Yongxing 永兴 village in the middle of the hill. The site entered in the list of Major Historical Monuments and Cultural Relics under State Protection in 1996.

The site was discovered in 1977. Since then, six excavations had been conducted in 1979, 1980,1981, 1982 and the autumn of 2000. Within the 2331.25 sq m exposed area, were found five house foundations, 153 burials, 56 ash-pits, five small pits, nine pits filled with red burned earth, three red burned earth piles, one stone material pile, one well, several red burned earth remains of unidentified function and some 1600 artifacts. Neolithic remains include three house foundations, 150 burials, eight ash-pits, the stone material pile, eight pits filled with red burned earth, two red burned earth piles, some red burned earth remains of unidentified function and about 1200 artifacts. Remains of the Xia 夏 (about 2100 − 1600 B.C.), Shang 商 (about 1600 − 1100 B.C.) and Zhou 周 (about 1100 − 221 B.C.) Dynasties include two house foundations, one burial, 47 ash-pits, five small pits, one pit filled with red burned earth, a few red burned earth remains of unidentified function and nearly 400 artifacts. Two burials, one ash-pit, the well, remains of the temple and some ten artifacts can be dated to the period from the Song 宋 (960 − 1279 A.D.) to Ming 明 (1368 − 1644 A.D.) Dynasties.

Neolithic deposits at the site consist of three main layers: 1. the lower layer of yellow earth; 2. the middle layer of yellow sandy earth (the first flourish period of the site); and

3. the upper layer of gray-yellow earth. Only several ash-pits of the late Longshan 龙山 period and the Xia Dynasty had been found. Obviously it was a period of less human activities. The Shang and Zhou Dynasties witnessed the second flourish period of the site. Thick cultural deposit layers, ash-pits and ditches of that period were found all over the site, and some of them destroyed the Neolithic deposits. However, the site declined again after the Han 汉 (206 B.C. – 220 A.D.) Dynasty. Thanks to the establish of the Yongming 永明 Temple, the site was revived in the Song and Ming Dynasties.

Neolithic assemblage of the site can be divided into six phases according to typological research of the artifacts.

Flat-bottom and tripod ceramic vessels were popular in the first phase. Ring-foot vessels were seldom found. All the vessels were hand-made. Most of the ding 鼎 tripods were red sandy-ware, while other vessels were made of gray or black fine clay. Convex and concave lines were the most popular surface decorations of the vessels. There were also some incised or stamped patterns. Ding tripods, *dou* 豆 stemmed plates, *hu* 壶 vessels and *gui* 鬶 tripods were the most common vessels. There were also some ceramic bowls, *gui* 簋 vessels, cups and spindle wheels. The adze is the main type of stone tools. Developed jade and stone industry still had not appeared. Cultural styles of the archaeological cultures in the Tai Lake 太湖 and Ningzhen 宁镇 areas to the east and the Edong 鄂东 (eastern Hubei 湖北 Province) area to the west can be seen on these artifacts. Cultural characteristics of the site itself were not very clear. This phase was an initial phase with multi-cultural elements.

Tripod and flat-bottom vessels were still popular in the second phase. Yet the number of ring-foot vessels became to increase. All the ceramic vessels were hand-made. Some vessels were made of fine clay mixed with shell powder. Convex and concave lines were still the most popular surface decorations. Incised patterns increased. *Ding* tripods, *dou* stemmed plates, *hu* vessels, *gui* tripods and bowls were the most common vessels. Yet the number of *dou* stemmed plates decreased. There were a few small ceramic balls. Basin-shaped *ding* tripods, wide flat concave-surface feet of *ding* tripods, *dou* with bowl-shaped plates, round-belly and oblate-belly *hu* vessels appeared. The quantity of stone tools (mainly adzes and *yue* 钺 axes) also increased. The *yue* axes had two types: rectangular in shape with an arc-shaped blade and round corner rectangular in shape with an arc-shaped blade and a big hole in the middle. This phase can be called formation phase, during which exotic cultural elements had been absorbed to form the site's own characteristics.

Although most of the ceramic vessels of the third phase were still hand-made, some of them were wheel-made. Beside the fine clay mixed with shell powder pottery emerged in the second phase, a few thin-body fine clay black pottery appeared. *Ding* tripods, *dou* stemmed plates, *hu* vessels, *gui* tripods and bowls were still the most common vessels. There were also some ceramic cups, pots, *bo* 钵 bowls, *gui* vessels and spindle wheels. As for surface decorations of ceramic vessels, though convex and concave lines kept in fashion, various carved and stamped patterns - especially incised or stamped arc-side triangles and stamped small holes, became popular. As one of the main vessels, a typical *dou* stemmed plate of this phase usually had a stem with a bead-like upper part and a trump-like lower part. The *dou* stemmed plate with a straight stem and a platform-like foot was a newly appeared type. Most of the *hu* vessels had a round belly. Long-neck and double-belly *hu* vessels which were popular in the first phase almost disappeared. The adze and the *yu* axe were still the main types of stone tools. The shape of a typical *yu* axe turned to be trapezia-like. Less external affections can be recognized from these artifacts. The site entered a mature stage with steady characteristics.

Number of burials sharply increased in the fourth phase. Jade objects and multi-holes stone knives, which might have been for ritual usage, were discovered in a few burials. Differences in size and burial offerings were obvious among burials. Burial M5 was a representative of some central burials of the cemetery. Majority of the ceramic vessels were hand-made. Some of them had been re-formed on the turntable. Fingerprint left on some vessels even indicates that they were wheel-made. While red sandy-ware pottery decreased, fine-clay and gray sandy-ware pottery increased. Fine-clay black surface pottery was still in fashion. Yet only a few fine-clay mixed with shell powder pottery was found. *Ding* tripods, *dou* stemmed plates, *hu* vessels, basins and spindle wheels were the major ceramic products. The *hu* vessel became to be the main type in ceramic assemblage. The proportion of *ding* tripods and *dou* stemmed plates in the assemblage decreased. Basins took the position of bowls. The number of the *gui* tripod with long trump-like neck, one of the typical vessels in previous phases, sharply decreased. The number of spindle wheels obviously increased. Ceramic balls were often found in burials. Besides, there were some ceramic pots, *gui* vessels, cups and *gu* 觚 vessels. Convex and concave lines were the most popular surface decorations of the vessels. Openwork and incised patterns were also often found. The number of curved-belly *ding* tripods greatly increased. Basin-shaped *ding* tripods were more popular. The *fu* 釜- shaped *ding* tripod was a new type of this phase. Duck-beak-shaped and maple-leaf-shaped feet on these *ding* tripods were one of the most typical characteristics of this phase.

The fourth phase witnessed a great development of stone industry. Green-gray sandy slate and gray-yellow silty slate were the main materials for stone tool manufacture. Grinding and polishing techniques were mature. Drilling technique had achieved to a really high standard so that holes of different sizes could be drilled at exact positions. Main types of stone tools include the knife, the *yue* axe, the adze, the chisel and the arrowhead. The multiholes knife, which has a thin long trapezia-shaped body with holes in odd number, a straight or slightly concave blade and decorated with red paintings, was the most characteristic stone tool. Most of the *yue* axes are trapezia-shaped, some are in the shape of the Chinese character "风 (*feng*)" and some have a oblique arc-shaped blade. Some adzes are small in size. There were also some stepped adzes. Most of the arrowheads (their number is really small) were willow-leaf-shaped.

The appearance of large number of jade objects was one of the most significant differences between the fourth and the third phases. Fine amphibole was the main material for jade industry. Surface decorations were seldom found. Cut marks can be clearly seen on some samples. Main types of jade objects include the *yue* axe, the bracelet, the *huang* 璜 ornament, the pendant and the tube. Small objects, such as tubes and pendants were large in number. Large objects, such as *yue* axes and bracelets were small in number.

All these fine artifacts with clear characteristics indicated a flourish phase of the site. The sudden prosperity of jade and stone industry might have been the result of the influence from earlier archaeological cultures in the Lower Yangzi River Valley.

The fifth phase owned the largest burial number. Quantity of burial offerings was quite different among the burials. Some especially rich burials such as burials M40 and M44 appeared. Besides some wheel-made ones, majority of the ceramic vessels were still hand-made. Gray-brown sandy ware and red-brown sandy ware pottery appeared. Fine-clay mixed with shell powder pottery was seldom found. *Ding* tripods, *dou* stemmed plates, *hu* vessels, basins, spindle wheels and balls were the major ceramic products. The *ding* tripod and the *hu* vessel were the two most important type. The number of bowl decreased. There were also some cups, pots and *yan* 甗 vessels. However, *gui* tripods disappeared. Surface decorations of the vessels were similar with those of the fourth phase. Yet on the surface of some vessels there were basket patterns and attached stripes. Main of *ding* tripods had a curved-belly and long duck-beak-shaped feet. The round-belly *ding* tripod which was made of gray-brown or red-brown sandy clay and decorated with basket patterns and attached stripes was a new type. The number of basin-shaped *ding* tripods decreased. There were still some *fu-*

shaped and *hu*-shaped *ding* tripods. The typical *dou* stemmed plate had a straight stem and a shallow plate or a high stem and a bowl-shaped plate. The typical *hu* vessel had a curved or oblate belly. Basins were similar with their counterparts of the fourth phase. Yet their number decreased. Balls were also popular and quite different in size.

Stone industry achieved its apex in this phase. Yet types and manufacture techniques of the fourth phase continued. Knives and *yue* axes were typical stone tools. The stone knife entered the late stage of its development. Some of them had a slightly convex blade. Sub-types of the *yue* axes include long-trapezia-shaped, short-trapezia-shaped and "风"-shaped. Some had an oblique arc-shaped blade. Red painting was found on most of them. Adzes were often found in cultural layers instead of in burials. They have three sub-types: rectangular-shaped, trapezia-shaped and step-shaped. Willow-leaf-shaped arrowheads were still popular. However, the arrowhead with round-body short-tang appeared.

Jade manufacture also developed in the fifth phase. The products exhibited the harmony of raw material and manufacture techniques. Surface decorations, including some engraving patterns, simplified animal-face patterns and tooth-like patterns, were relatively simple. Types of jade objects include the *yue* axe, the bracelet, the ring, the *huang* ornament, the pendant and the tube. Large objects, such as *yue* axes, bracelets, huang ornaments and rings, obviously increased.

More than two identical objects were often discovered in one burial.

Exotic cultural elements clearly increased. It seems that influence from the Liangzhu 良渚 culture to the east was stronger than that from the northern cultures. Influence from the Qujialing 屈家岭 culture to the west was seldom recognized. The most significant exotic element was the *ding* tripod with basket patterns from the northern cultures. Though small in number, they foreshadowed the end of the Xuejiagang culture. The development of jade and stone industries was the most important characteristic of this phase. It indicated that the site entered a period of full bloom.

Red sandy ware, gray-yellow and gray-body black-surface fine clay pottery were common in the sixth phase. Besides, there were also some brown sandy wares and fine clay black vessels. Majority of the pottery was hand-made. Traces of clay-strip forming technique can be recognized on some vessels. However, evidence of wheel-making technique can also be found. Convex and concave lines, incised patterns, openwork patterns, stamped patterns and attached strips were the most popular surface decorations. There were some basket patterns as well. Main types of ceramic vessels include the *ding* tripod, the *dou* stemmed plate and the *gui* tripod. The number of pots increased, while *hu* vessels decreased. Feet of *ding* tripods were quite different from the fifth phase. Most of the them were flat with concave lines on the surface. There were some maple-shaped feet. Duck-beak-shaped and chisel-shaped feet were seldom found. The number of *gui* tripods increased. They were all red sandy ware, each had a tube-like neck and a nipped or roll-leaf-shaped spout.

Stone industry seemed to decline in this phase. Majority of the stone tools were careless-ly made with different raw materials at the makers' will. Both the numbers and types of stone tools decreased. Their main types include the *yue* axe, the adze, the arrowhead and the axe. Besides, there were a few choppers, rollers and knives. Multi-holes knives were sel-dom found. The number of arrowheads increased. Besides the willow-leaf-shaped ones, there were some triangular-pyramid-shaped ones. Jade industry almost disappeared and obviously lost its importance in social life.

Few of the artifacts of this phase had clear relationship with their counterparts in the previous phase. Artifacts with cultural styles of the Dawenkou 大汶口 culture centered in the area north of the Huai 淮 River, such as the flat *ding* foot with concave lines, the red sandy ware *gui* tripod with a tube-like neck and a nipped or roll-leaf-shaped spout, the fine clay black goblet, suddenly blossomed and took the place of artifacts with local cultural traditions. Though the red sandy ware *gui* tripod with a short neck showed some similarities with the *gui* tripod of the Liangzhu culture, in general, artifacts with Liangzhu style were scarce. Influence from the Qujialing culture to the west also disappeared. This phase was a period of change.

We suggest that the first to fifth phases (the fist to third phases belong to the early peri-od of the site, the fourth and fifth phases belong to the middle period of the site) of the site are closely successive periods with identical cultural tradition, and hence can be named as the Xuejiagang culture. The sixth phase (the late period of the site), with a number of new cul-tural elements, indicates another archaeological culture.

The first phase corresponded with the date of the cemetery of the middle layer of the Songze 崧泽 site, the late period of the Daxi 大溪 culture, and the late period of the Lingji-atan 凌家滩 cemetery. The second and third phases were a bit later than the first phase. The fourth phase equaled to the third phase of the Beiyinyangying 北阴阳营 site, the early and middle periods of the Liangzhu culture and the early period of the Qujialing culture. The fifth phase should not be earlier than the middle period of the Liangzhu culture. The sixth phase was contemporary with the late period of the Liangzhu culture, the Shijiahe 石家河

culture and the late period of the Dawenkou culture in northern Anhui.

The absolute dates of the site are: cal. 3500 B. C. - 3300 B. C. for the early period (from the first to the third phases), cal. 3300 B. C. - 2800 B. C. for the middle period (the fourth and the fifth phases), and cal. 2600 B. C. for the late period (the sixth phase).

Inner settlement pattern of the site is still not clear. Its 3000 sq m large cemetery can be divided into southern and northern sub-parts. The southern part has at least two burial groups, and the northern part has more than four burial groups. There are some small burial groups outside the two parts. Burials in the same burial groups were regularly lined from northwest to southeast. Each burial group has two to four such burial lines. Majority of the deceaseds were heading to the northeast. Thus we can recognize four levels in the cemetery:

Cemetery - sub-part - burial group - burial line - single burial

Burials of the first and the second phases mainly concentrated in the southern part and the southern area of the northern part. In the third phase, although burials almost evenly distributed in the two parts, the center of the cemetery obviously moved northward. Burials in the northern part concentrated in its southwest area. There were still some burials in the southern part in the fourth phase. However, the northern area of the northern part became the center of the cemetery. The fifth phase owned the largest number of burials. Some of the previous burial areas had been abandoned. The northern area of the northern part kept to be the center of the cemetery. Only a few burials scattered between the southern and northern parts. In other words, there seemed to have a buffer zoon between the two parts.

Subsistence production, handcraft industries and trade were the three parts of the economy of the Xuejiagang period. Data for the interpretation of subsistence economy are scarce. We can only know that the Xuejiagang people might have lived on rice agriculture, fishing, hunting and animal domestication. Handcraft industries were very important in economic life. They include weaving, pottery manufacture and stone and jade industries. There was no evidence of the existence of bone tool manufacture. Pottery manufacture played an important role in these industries. Majority of the ceramic vessels were handmade. Carburization technique had been preferably applied to make black pottery. Jade and stone industries were also very important and achieved a really high standard at that period. Raw materials were carefully chosen to make different objects, and the products exhibited a high level of craft specialization. Besides, long-distance trade might have played an important role for the obtaining of raw materials and the exchange of finished jade and stone products.

The Xujiagang site also has abundant assemblage of the Xia, Shang and Zhou Dynasties. Besides the deposit layers of those periods, there were some ash-pits and a few burials and house foundations. All these features can be dated to the late period of the Erlitou 二里头 culture, the Erligang 二里岗 period and the Western Zhou period.

Artifacts of these periods include pottery, stone tools, some bronze objects, proto-porcelains and impressed stoneware.

Most of the pottery was gray sandy ware or red-brown sandy ware with cord patterns on the surface. Other surface decorations include attached strips, trellis patterns and double-ring patterns. Main types of ceramic objects consist of the *ding* tripod, the *ding*-shaped *li* 鬲 tripod, the *li* tripod, the pot, the spindle wheel and the net-weight. There were also a few *he* 盉 vessels, *jue* 爵 vessels, *jia* 斝 vessels, *yan* 甗 vessels, *bo* 钵 bowls, bowls, crucibles and bird-shaped vessels.

Main types of stone tools include the adze, the arrowhead, the chisel and the milling stone. There were some square-shaped or trapezia-shaped adzes. Arrowheads have various types, including taper-shaped, triangular-pyramid-shaped, flat diamond-shaped, triangle-shaped with double wings and flat taper-shaped with a short tang. Some milling stones were long strip-shaped each with a hole at one end.

Two cultural traditions can be recognized from these artifacts. One is that of the Central Plains area with some local cultural elements; the other is the local tradition which centered in the conjunction area of the Middle and Lower Yangzi River Valley. The deep-belly pot with cord patterns, the *jia* vessel, the *jue* vessel, the *li* tripod, the dou stemmed plate and the false-belly *dou* stemmed plate are examples of the Central Plains area tradition. The *he* vessel and the bird-shaped vessel are representatives of the local tradition within the Wan 皖 River Valley. The *ding*-shaped *li* tripod, the small *ding* tripod and the *yan* vessel with a spout, especially the first one, are typical artifacts of the local tradition of the Middle and Lower Yangzi River Valley (mainly the east of Hubei and the north of Jiangxi 江西).

In general, besides some local cultural elements of the small area where the site located, artifacts of the Xia, Shang and Zhou Dynasties from the Xuejiagang site also have cultural elements of the Central Plains area and the Middle and Lower Yangzi River Valley. Since some cultural elements of the Central Plains area found at the site are similar to that of the Panlongcheng 盘龙城 site, we infer that these elements might have come down from the Middle Yangze River Valley through the river.

日 文 提 要

　薛家崗遺跡は安徽省潜山県の北、約 8km にあたる王河鎮永崗村と利華村の交わる北緯 30° 40′、東経 116° 30′ の地点にある。遺跡のある一帯は海抜 20m 余りの低地で、広い農地に東西方向に走る狭い丘陵の上に分布している。丘陵の大きさは約 1400m、西端の広さは約 400m で、東端が約 200m である。潜水の東約 300m に位置する。総面積は約 10 万㎡。遺跡の主体は東端の薛家崗地点とほぼ中央にある永興村民組晒稲場の二箇所にある。遺跡は 1996 年に全国重点文物保護単位に指定されている。

　薛家崗遺跡は 1977 年末に発見され、1979 年から 1982 年にかけて五度の発掘が行われ、2000 年秋に補足発掘が行われた。六度の発掘で 52 個のグリッドを掘り、実際の発掘面積は 2467.75 ㎡である。住居址 5 棟、墳墓 153 基、灰坑 56 基、小坑 5 基、紅焼土坑 9 基、紅焼土堆積 3 箇所、石材堆積 1 箇所、井戸 1 箇所及びたくさんの性質の不明な紅焼土堆積などが発見された。完全なあるいは復元可能な遺物は 1600 件余り。そのうちわけは、新石器時代の住居址 3 棟、墳墓 150 基、灰坑 8 基、石材堆積 1 箇所、紅焼土坑 8 基、紅焼土堆積 2 個所及びたくさんの性質の不明な紅焼土堆積、遺物は約 1200 件。夏商周時代の住居址 2 棟、墳墓 1 基、灰坑 47 基、小坑 5 基、紅焼土坑 1 基、紅焼土堆積 1 箇所及び少量の性質不明な紅焼土堆積、遺物は 400 件余り。宋明時代の墳墓が 2 基、灰坑 1 基、井戸一箇所、この他にいくつかの寺院遺跡と遺物が 10 件余りである。

　大まかに言って、薛家崗遺跡の主要な地層は新石器時代後期と夏商周時代、宋明期の三つに分けられ、そのうち新石器時代の層はまた三つに分けられる。1. 黄土を主体とした新石器下層、2. 黄砂土を主体とした新石器中層、これは第一次活動期で、遺跡の最も重要な地層が形成された時期でもある、3. 灰黄土を主体とした新石器上層。竜山時代末期から夏代にかけての時期で、遺跡からはいくつかの灰坑が発見されるだけで、人類活動の低調気といえる。商周時代は第二次活動期。厚い文化層があり、大量の灰坑、灰溝が広く分布している。多くの場所で新石器時代の地層とき

りあっている。漢代以後、遺跡はまた衰退する。宋、明代が第三次活動期となり、
遺跡の上に永明寺が建立されて活動が活発化する。

　薛家崗新石器時代の遺構は六期に分けられる。

　第一期。土器は平底、三足器が多く、圏足は少ない。すべて手捏製。夹砂陶は紅
陶のみで、鼎が多い。その他はほぼ泥質陶で、黒色と灰色の二系統に分けられる。
文様の種類は少なく、最も多いのが隆線文と凹線文で、その他に少量の条痕文と押
圧文がある。土器の組み合わせは鼎、豆、壺、鬹を主体とし、その他に碗や簋、杯、
紡錘などがある。石器には石斧がある。第一期の文化は独自の特徴が少なく玉、石
器などはまだ発展していない。東の太湖や寧鎮地区の影響を強く受け、部分的に鄂
東地区の影響も受けている。文化の多元化時期にあたり、文化の創始期である。

　第二期の土器には三足器と平底器が多く、圏足器も増え始める。すべて手捏製。
胎土に貝殻粉を含む土器が少量あらわれる。文様は依然として隆線文と凹線文が主
で、条痕文の割合も増えてくる。土器の組み合わせは鼎、豆、壺、鬹、碗を主とす
るが、豆の数は減少傾向にある。この他に少量の球形土器も見つかっている。新た
に盆形鼎、横装扁平で足面が少し凹んだ鼎足、鉢形豆、鼓腹壺と扁腹壺などがあわ
られる。石器の数は増加傾向にあり、主に石斧、石鉞などがある。石鉞の形は長方
形弧刃と真中に大きな穴のあいている円弧刃の二種類がある。第二期文化には明確
な独自の特徴があり、外来文化の影響は相対的に弱まっている。文化の整合と定型
の時期で、文化の形成期である。

　第三期の土器は基本的に手捏製であるが、轆轤使用のものも見られる。新たに少
量の薄胎純黒陶が出現し、胎土に貝殻粉を含む土器も依然として存在する。土器の
組み合わせは鼎、豆、壺、鬹、碗を主とし、その他に杯、甕、鉢、簋、紡錘などが
ある。文様はやはり隆線文と凹線文が流行するが、各種条痕文や押圧文も流行し、
なかでも弧三角形条痕文や小円穴形押圧文が多く見られる。豆はこの時期の主要な
器形の一つで、上部が算盤球のような形で、下部が喇叭形の高足のものがもっとも
流行する。また、新たに真っ直ぐな柄を持ち、足部が台状になった盤形豆があらわ
れる。壺は鼓腹のものが主となり、第一期にあわられた長頚のものと双折腹壺はこ
の時期にはなくなっている。石器はいまだに石斧、石鉞が主で、そのうち、石鉞の
形状は台形に近づき、後の「風」形鉞の祖型となった。この時期は独自の特徴を持
つ安定した土器群を形成し、外来文化の要素は更に減少した。文化発展の成熟期と
いえる。

　第四期には墳墓の数量が急激に増加し、少数の墳墓から玉器と儀礼的性質を持った多孔石刀などが発見され、M15 を代表とする中心墳墓が出現するなど墳墓間の差異が明確になってくる。土器は手捏製のものが主だが、遅挽き轆轤で形を整えたものや、早挽き轆轤で胎土を伸ばした痕の残る土器もでてくる。この時期には夾砂紅陶の数は減少し、泥質あるいは夾砂灰陶が大幅に増加し、泥質黒衣陶も依然として主要な位置をしめている。胎土に貝殻粉を含む土器はだいぶ少なくなっている。土器の組み合わせは鼎、豆、壺、盆、紡錘を主とし、壺が最も主要な器形の一つになる。鼎と豆の比重は相対的に減少し、第三期に流行した碗は盆に取って代わられた。また第三期以前の代表的土器、長頚喇叭口甖の数は急激に減少して終末を迎えた。紡錘の数は大幅に増加し、球形土器も副葬品の中によく見られるようになる。これ以外に少量の甕、簋、杯、觚などがある。この時期の文様は隆線文と凹線文を主体とするが、穿孔、条痕文なども頻繁に現れるようになる。折腹鼎の数が増大し、盆形鼎も発達し、新しく釜形鼎が出現する。またこの時期の最も特徴的な鼎足として鴨嘴形足と楓形足があらわれてくる。

　この時期、石器の製作も長足の発展を遂げた。青灰色の砂質頁岩や灰黄色砂質頁岩を主な材料としている。研磨技術は成熟し、穿孔の技術も高いレベルにある。石器の種類は多種多様で、石刀、石鉞、石斧、石鑿、石鏃などがある。最も特徴的なものは多孔石刀で、どれも奇数の穴があけられ、全体は薄く横長の台形をしている。刃の部分はまっすぐか、あるいは少し内側にへこんでいる。中には表面が朱色で彩色されているものもある。石鉞は大体台形で、あるものはすでに「風」形になっている。また、新たに斜弧刃鉞も出現した。石斧は小形石斧や脊梁に段のある有段石斧があらわれた。石鏃は少なく、基本的に柳葉形である。

　玉器が大量に出現するのも第三期と大きく異なる現象の一つである。この時期の玉器は主に角閃石類で、玉質が良く、基本的に素面である。装飾的文様はほぼ見られず、あるものには切痕がみられる。玉器の種類は簡単で、主に玉鉞、玉鐲、玉璜、垂飾、玉管などがあり、小型の玉管や垂飾が多い。やや大きいものには少数の玉鉞、玉鐲などがある。

　この時期、独自の特徴を持った器物は十分に発達し、明確な特色を形成した。文化の繁栄期といえる。また、突然発展しはじめた玉器や石器製作は、早い時期の長江下流域文化の影響を受けたものであろう。

　第五期の墳墓は最も多く、副葬品の数量にも大きな差異がうまれ、M40、M44 などの中心墳墓があらわれた。土器はまだ手捏製のものが主で、轆轤製のものは少数である。新たに夾砂灰褐陶や紅褐陶があらわれた。胎土に貝殻粉を含む土器はほぼ見られなくなった。土器の組み合わせは鼎、豆、壺、盆、紡錘、球形土器が主で、そのうち最も主要な種類は鼎と壺である。碗は減少し、この他に少数の杯、甕、甑などがある。長頚喇叭口鬶は見られなくなった。この時期の文様は第四期のものとほぼ同様で、それに加えて小数の篦目文と押引文があらわれた。折腹鼎はこの時期の主要な鼎となり、その足部は細長い鴨嘴形に変化していった。新出現の灰褐色と赤褐色土器を主とした鼓腹鼎は腹部に篦目文や押引文を施す。盆形鼎は減少し、この他に釜形鼎、壺形鼎がある。豆は依然として直柄盤形豆と高柄鉢形豆が主体。壺も依然として折腹壺、扁腹壺が主体。盆の数は減少するが、形状は第四期のものに相似する。球形土器もこの時期に良く見られるが、大きさに大きな差異があらわれている。

この時期、石器の製作は最高潮に達したが、技術と形状は基本的に第四期の風格を受け継いでいる。最も代表的なものは石刀と石鉞である。後期になると刃の部分が外側に弧を描く石刀が出てくる。石鉞は長台形、短台形、「風」形と若干の斜弧刃石鉞があり、多くのものに朱が塗られている。石斧は墳墓から出土した数量は少ないが、地層中から多く見つかっている。長方形、台形、有段石斧の三種類がある。石鏃の形状は依然として柳葉形が主だが、短茎円頭無茎石鏃が新たにあらわれた。

玉器は第四期の基礎の上に更に大きな発展があり、原料選択や製作の上での統一が進んだ。文様は簡単だが、少量の彫刻や簡化された獣面文、歯状文などがあらわれた。玉器の種類は豊富で、玉鉞、玉鐲、玉環、玉璜、垂飾、玉管などがある。第四期に比べ大型の玉鉞、玉鐲、玉璜、玉環などが増加した。

この時期の墳墓の副葬品には一つの墳墓から二件以上の同一器物が同時にあわられる現象がある。

第四期と比べ外来文化の要素は増している。北方文化より東部の良渚文化の影響のほうが大きく、西部の屈家嶺文化の影響はほとんど見られない。軽視してならないのは篦目文鼎を代表とする北方文化の要素である。数は少ないが、薛家崗文化終焉の伏線となっている。玉、石器も高度に発展し、この時期の最も明確な特徴となっている。よって、この時期は文化発展の最盛期であるといえる。

第六期の土器は夾砂紅陶、泥質灰黄陶、灰胎黒色陶がある。これ以外に少量の夾砂褐陶と泥質純黒陶がある。主に手捏製で、多くの土器に輪積みの痕が見られる。

同時に轆轤の痕が見られるものもある。文様は隆線文と凹線文、条痕文、穿孔、押圧文、押引文などがあり、その他に篦目文がある。土器の種類は鼎、豆、鬶を主とし、甕が増加し、壺は減少した。鼎足の形状には大きな変化があらわれ、横装偏平足が多く見られるようになり、足の正面に何本かの溝が走る。また楓葉形足も少数ながら存在しているが、鴨嘴形や鑿形足はほぼ見られなくなった。鬶は比較的多く見られるがどれも夾砂紅陶で、頚部は管状、小口注口や巻葉注口になっている。

　石器の製作技術は退化傾向にあり、多くは精巧でない。材料選択の面でも雑になってきている。数も種類も少なく、主に石鉞、石斧、石鏃、大型石斧があり、これ以外にごく少数の伐採具や擂粉木、石刀などがある。多孔石刀は基本的に見られなくなった。石鏃は増加し、柳葉形鏃のほかに三菱錐状鏃がある。玉器はほとんどなくなり、重要性を失っている。

　この時期には前期文化の特徴を継承しているものはほとんどみられず、種類や数の上からも新しい文化的要素が大きく増加している。たとえば正面に溝をつけた横装偏平足、夾砂紅陶で管状頚部の小口注口や巻葉注口になっている鬶、泥質純黒陶高柄杯などは、どれも淮河以北の大汶口文化を主体とする文化特徴であり、これが現地文化に取って代わった。また、夾砂紅陶短頚鬶は良渚文化の影響を受けたものであろうが、良渚文化の他の要素はほとんど見られない。西部の屈家嶺文化の影響もほぼ見られない。この時期、文化は大きく変貌を遂げた。文化の変容期である。

　薛家岗遺跡の第五期までは継承関係のある連続した文化だったが、第六期に大きな変化があらわれた。そのうち第一、二、三期を早期、第四、五期を中期、第六期を後期とする。第五期までが「薛家岗文化」で、第六期は新しい文化である。

　各期の相対年代はおおよそ以下のようになる。第一期は崧沢中層墓地の少し早い段階と大渓文化の少し遅い時期に近く、凌家灘墓地後期にあたる。第二、三期の年代は第一期よりやや遅れる。第四期は北陰陽営三期、良渚文化早中期、屈家嶺文化早期とほぼ同時期に当たる。第五期は良渚文化中期より遅い。第六期は良渚文化後期、石家河文化と安徽北部の大汶口文化後期にあたるだろう。

　薛家岗遺跡の絶対年代は大体次のようになる。早期（第一、二、三期）は紀元前 3500－3300 年前後、中期（第四、五期）は紀元前 3300－2800 年前後、後期（第六期）は紀元前 2600 年前後。

　遺跡の集落形態ははっきりとはわからないが、比較的集中した墓地がある。面積は 3000 平方メートルほどで、南北両区にわけることができる。南区は二つ以上の墳墓群にわけられ、北区は四つ以上の墳墓群にわけられる。両区以外にも少数の墳墓群が存在する。各墳墓群の配列にはそれぞれ西北一東南方向への強い統一性が見られる。また各墳墓群の中心には 2〜4 列の西北一東南方向の墓列が見られるが、墳墓の方向は東北一西南向きになっている。

　墓地の構成は以下の如くである：

　　　　墓地ー墓区ー墓群ー墓列ー墳墓

　墓地の使用状況は第一、二期が南区と北区の南側に集中し、第三期は基本的に南北両区にまたがり、北区は西南部に集中しているが、北方に移動していく傾向がある。第四期は南区にもある程度の数は残されているが、中心はすでに北区北部に移動している。第五期には早期の墳墓群は廃棄され、北区北部を中心としている。また最も繁栄した時期でもある。南北両区の間にごく少数の墳墓があるが、ぼらばらに分布しており、南北両区の間には自然の境界が存在するようである。

　薛家崗遺跡新石器時代の経済形態の主体は生業経済、手工業経済と貿易経済である。生業経済の材料は豊富ではなく、稲作、漁猟、牧畜業などが明らかになっている。手工業は特に目を引く経済形態で、紡績、土器、石器、玉器製造などの部門があるが、骨器製造を証拠立てるものは見つかっていない。なかでも土器製造は主要な部門のひとつで、土器成形技術は手捏製を主とし、すでに優れた炭素吸着技術を有し、広く応用されている。玉器、石器製造業も主要な部門のひとつで、玉器、石器の製作技術にも十分に発達した特徴がある。玉、石器の原料選択にも十分注意し、製作上も高度に専門化されている。この他に薛家崗の玉、石器の原料と生産物の行方の間には遠方貿易の存在の可能性もある。

　薛家崗遺跡の夏商周時代の文化遺構は豊富で、文化堆積も地層を主とし、多くの灰坑が発見されている。その他にも少数の墳墓や住居址も発見されている。年代は二里頭文化後期と二里崗期、西周期にあたる。

　この時期の遺物には土器、石器、少量の青銅器、原始磁器と印文硬陶などがある。土器は夹砂灰陶と紅褐陶を主とする。文様はほとんどが縄文で、その他に少量の押引文、格子文、重圏文などがある。主要な器形には鼎、鼎式鬲、鬲、甕、紡錘、網錘などがあり、他に少量の盉、爵、斝、甑、鉢、碗、坩堝、鳥形器などがある。

　石器は石斧、石鏃、石鑿、砥石が最も多く、その他は少ない。石斧は常形が主で、その他に若干の方形と台形のものがある。石鏃の形態は多様で、円錐形、三菱錐形、扁菱形、三角形帯両翼と扁円錐形短鋌などがある。砥石は大きめの普通の形状のもの以外に、細長い形状の砥石も多く発見され、一端には小さな穴があけられている。

文化要素の面からは二つの主要な要素が見られる。ひとつは中原地区の同時代の文化要素、あるいは中原文化の要素を主とし、少数の現地文化の特徴と融合している。もうひとつは長江中流と下流にまたがる現地文化の要素である。中原地区の文化要素は主として縄文深腹甕、斝、爵、鬲、豆、贋腹豆など。現地文化の要素をもつものには盉と鳥形器があり、これは皖河流域の現地小区域の特徴的文化要素のひとつである。この他の現地文化は隣り合う長江中、下流域の鄂東、贛北一帯文化要素と相似する。たとえば鼎式鬲、三足小鼎、注口つき甑など。そのうち、鼎式鬲はこの地区に広く分布する独特の形態である。

薛家崗遺跡の夏商周時代文化の特徴は中原地区の要素とともに大量の長江中、下流域地区の文化要素も持つ。同時に小区域の特徴をもつ文化要素も存在する。少なくない中原文化の要素により、盤竜城と同様、あるいは相似する部分がある。これは長江中流から川沿いに伝播してきたものであろう。

彩版

遗址远景（东北→西南）

1. 遗址近景（西南→东北）

2. 遗址表面地貌（北→南）

遗址近景和地貌

1. 圆腹罐形鼎 M5：2

2. 盆形鼎 M29：1

3. 圆腹罐形鼎 M128：2

4. 甗 M31：6

新石器时代陶鼎、甗

1. 盘形豆 M34：1

3. 盘形豆 M91：1

2. 盘形豆 M70：3

4. 钵形豆 M127：3

5. 钵形豆 M133：5

新石器时代陶豆

1. 扁腹壶 M74：1

4. 折腹壶 M117：2

2. 折腹壶 M79：2

5. 直口壶 M117：3

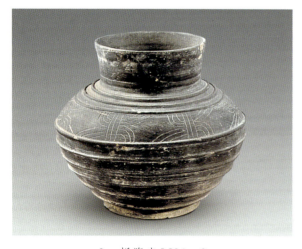

3. 折腹壶 M91：2

6. 直口壶 M117：3底部

新石器时代陶壶

1．折腹壶 T6 ② : 104

2．长颈壶 T7 ③ : 73

3．壶形器 M60 : 1

新石器时代陶壶、壶形器

1. 鬶 M5：1

3. 盆 H42：18

4. 高柄杯 M112：3

2. 鬶 M108：4

新石器时代鬶、盆、高柄杯

1．球 M27：1

2．彩绘陶片 T16 ⑤：18

3．刻纹陶片 T26 ④：61

4．刻纹陶片 T25 ④：29

新石器时代陶球及彩绘、刻纹陶片

1. 钺 M8：2

2. 长方形玉器 M2：2

新石器时代玉钺、长方形玉器

1．镯 M44：16

2．镯 M58：1

3．镯 M103：1

4．环 T6 ②：23－2

新石器时代玉镯、环

1．M40∶23

2．T17④∶63-1

3．M47∶16

4．M49∶4

新石器时代玉璜

1. 璜 M103：5

2. 坠 M32：3

3. 坠 M19：3

4. 饰 T6②：24

5. 坠 T7③：36、T6②：27、T6②：12

6. 纺轮（？）T24④：32

7. 管 M32：2-1、2（放大）

8. 琮 M47：3-2（放大）

新石器时代玉璜、坠、饰、纺轮（？）、管、琮

1. 十一孔石刀 M15：1

2. 九孔石刀 M58：3

新石器时代石刀

新石器时代十三孔石刀 M44：11

1. M44：14

2. M68：2

新石器时代三孔石刀

1. M37：9

2. M40：15

3. M44：10

新石器时代石钺

新石器时代彩绘石钺 M44：7

新石器时代彩绘石钺 M58：8

1. T10 ③ : 12

2. T14 ③ : 10

3. T35 ④ : 12

新石器时代石钺

1. 锛 M57：10

2. 凿 M44：9

3. 镞 T23④：25-1

新石器时代石锛、凿、镞

1. 鼎式鬲 H25：88

2. 鬲 H31：1

3. 鬲采：1

4. 罐 H35：4

夏商周时期陶鼎式鬲、鬲、罐

1．陶假腹豆 H28：5

2．陶斝 H25：90－2

3．陶壶采：5

4．印纹硬陶釜形器 H28：4

夏商周时期陶假腹豆、壶、斝及印纹硬陶釜形器

夏商周时期陶鸟形器 H17：72

图版

1. 第三次发掘现场
   （南→北）

2. 第四次发掘现场
   （东南→西北）

发掘现场

1. 第五次发掘探方 T28—T42（南→北）

2. 第六次发掘 T48—T50 发掘结束现场（北→南）

发掘现场

1．M47发掘现场

2．M54发掘现场

发掘现场

1. 陶罐 F1：8

2. 陶棒 F1：5

3. 穿孔石器 F1：1

4. 陶杯 F4：1

5. 陶插簪器 F4：3

F1、F4 出土器物

1. 陶罐 H22：1

2. 陶鼎足 H39：5

3. 陶豆柄 H39：1

4. 陶钵形豆 H41：14

5. 陶鬶 H41：15

H22、H39、H41 出土器物

1. 陶鬹 H42：17

2. 陶鼎足 H54：1、2（上），H54：3、4（下）

3. 陶片 H54：8

H42、H54 出土器物

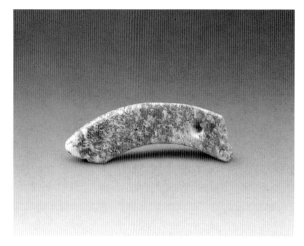

1. 玉环 M1：5

2. 玉璜 M1：1

3. 玉管 M1：6、M1：7

4. 玉饰 M1：8（放大）

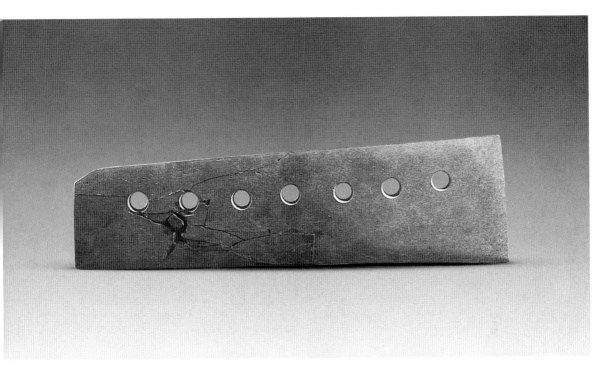

1．七孔石刀 M1：2

2．石钺 M1：3

3．石钺 M1：4

M1 出土器物

1. 陶杯 M2：3

3. 陶盘形豆 M3：3

2. 长方形玉器 M2：2

4. 陶扁腹壶 M3：2

5. 陶鬶 M3：1

M2、M3 出土器物

1. 陶扁腹壶 M4：3

3. 石钺 M4：1

2. 玉坠 M4：4

4. 三孔石刀 M4：2

M4 出土器物

1. 陶圆腹罐形鼎 M5：2

2. 陶盘形豆 M5：3

3. 陶双折腹壶 M5：5

4. 陶鬶 M5：1

5. 陶碗 M5：6

6. 陶簋 M5：4

M5 出土器物

1. 陶扁腹壶 M6：2

2. 陶盆 M6：1

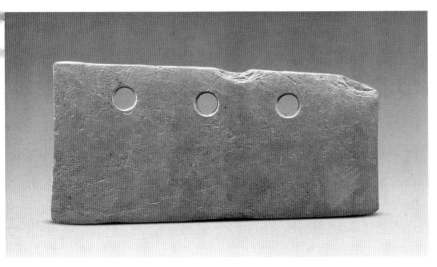

3. 三孔石刀 M6：3

4. 一孔石刀 M6：4

M6 出土器物

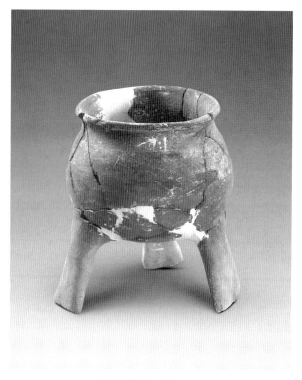

1. 陶圆腹罐形鼎 M7：3

2. 陶鬶 M7：2

3. 陶釜形鼎 M8：10

4. 陶盘形豆 M8：9

M7、M8 出土器物

1. 玉钺 M8 : 2

2. 玉饰 M8 : 4-1

3. 玉管 M8 : 4-8、M8 : 4-5、M8 : 4-4、
M8 : 4-3、M8 : 4-6、M8 : 4-7

M8 出土器物

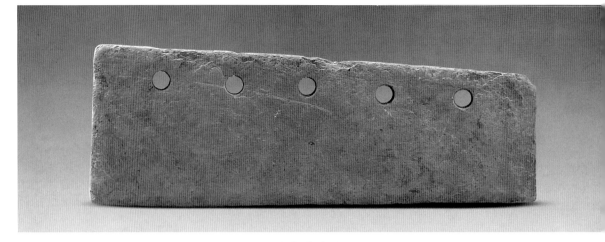

1. 五孔石刀 M8:8

2. 石钺 M8:6

3. 石钺 M8:7

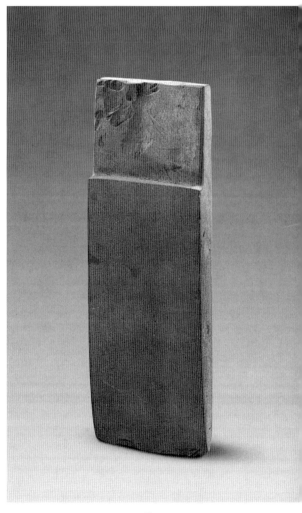

4. 石锛 M8:3

M8 出土器物

1. 陶高圈足壶 M9：1

2. 陶盆 M9：2

3. 陶碗 M10：2

M9、M10 出土器物

1. 陶盘形豆 M11：4

4. 陶盘形豆 M12：1

2. 陶折腹壶 M11：1

5. 陶球 M12：2

3. 陶球 M11：3

6. 石锛 M12：3

M11、M12 出土器物

1. 陶高圈足壶 M13：2

2. 陶碗 M13：1

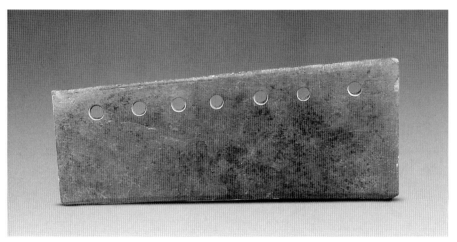

3. 七孔石刀 M14：1

4. 石钺 M14：2

M13、M14 出土器物

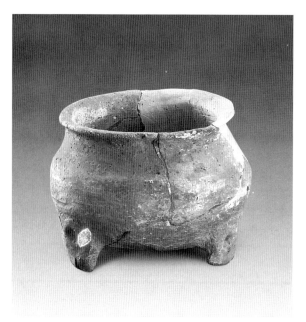

1. 陶圆腹罐形鼎 M15：4

2. 石钺 M15：2

3. 十一孔石刀 M15：1

M15 出土器物

1. 陶折腹罐形鼎 M16：2

2. 陶折腹壶 M16：3

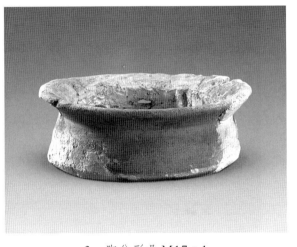

3. 陶盆形鼎 M17：1

4. 陶直口壶 M17：2

5. 陶折腹壶 M18：1

6. 陶折腹壶 M18：2

M16、M17、M18 出土器物

1. 玉环 M19：1

2. 玉环 M19：2

4. 陶扁腹壶 M20：2

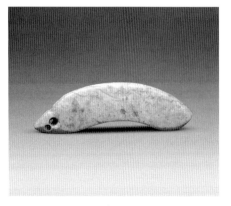

3. 玉坠 M19：3

5. 陶盆 M20：1

M19、N20 出土器物

2．陶纺轮 M21：1

1．陶折腹壶 M21：3

3．陶球 M22：1

4．陶纺轮 M22：2

M21、M22 出土器物

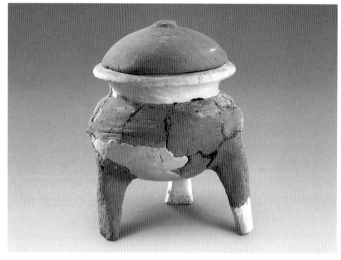

1．陶圆腹罐形鼎 M23：3

2．陶圆腹壶 M23：2

3．石锛 M23：1

M23 出土器物

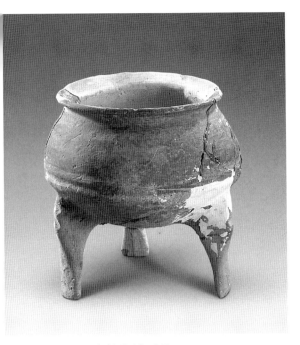

1. 陶折腹罐形鼎 M24：1

2. 陶折腹罐形鼎 M24：2

3. 陶扁腹壶 M25：2

4. 陶盆 M25：1

M24、M25 出土器物

1. 陶折腹罐形鼎 M26：3

2. 陶钵形豆 M26：5

3. 陶折腹壶 M26：2

4. 陶鬶 M26：1

5. 陶碗 M26：6

6. 石钺 M26：4

M26 出土器物

1. 陶圆腹罐形鼎 M27：3

2. 陶球 M27：1

3. 陶球 M27：2

4. 玉饰 M27：4

M27 出土器物

1. 陶盘形豆 M28：3

2. 陶扁腹壶 M28：4

3. 陶碗 M28：2

4. 石钺 M28：1

M28 出土器物

1. 陶盆形鼎 M29：1

2. 陶直口壶 M29：5

3. 陶碗 M29：3

4. 陶碗 M29：6

5. 石钺 M29：2

6. 石钺 M29：4

M29 出土器物

1．陶盆形鼎 M30：1

4．陶折腹罐形鼎 M31：3

2．陶扁腹壶 M30：3

3．陶纺轮 M30：2

5．陶壶形鼎 M31：4

M30、M31 出土器物

1. 陶长颈壶 M31∶1

4. 陶甗 M31∶6

2. 陶直口壶 M31∶5

3. 陶碗 M31∶7

5. 陶甗 M31∶2之甑

M31 出土器物

1. 陶圆腹罐形鼎 M32：8

3. 陶球 M32：7、M32：9

4. 玉坠 M32：3

2. 陶盘形豆 M32：5

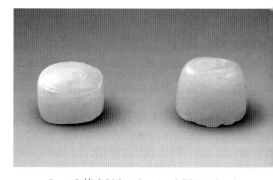

5. 玉管 M32：2-1、M32：2-2

6. 玉饰 M32：1

M32 出土器物

1．陶扁腹壶 M33：3

2．陶盆 M33：1

3．陶纺轮 M33：2

4．陶球 M33：6

5．陶器盖 M33：4

M33 出土器物

1. 陶鼎足 M34：2

2. 陶盘形豆 M34：1

4. 陶折腹壶 M35：1

3. 玉管 M34：3-1、玉饰 M34：3-2（放大）

5. 陶碗 M35：2

M34、M35 出土器物

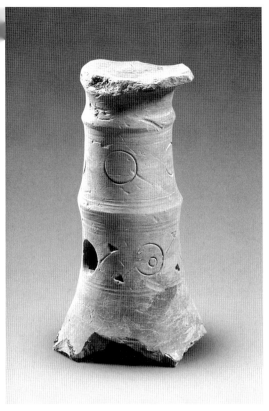

1. 陶豆柄 M36:3

2. 陶高圈足壶 M36:6

3. 陶盆 M36:1

4. 陶纺轮 M36:4

5. 陶纺轮 M36:5

M36 出土器物

1. 玉管 M37：7、M37：8

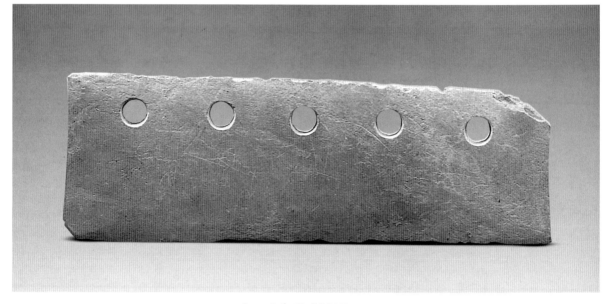

2. 五孔石刀 M37：2

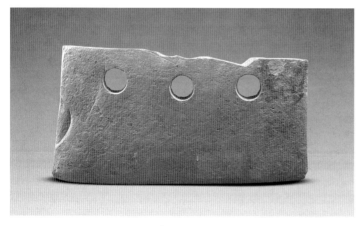

3. 三孔石刀 M37：6

4. 石钺 M37：1

M37 出土器物

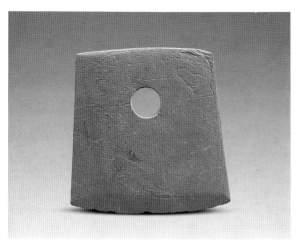

1．石钺 M37：4

4．玉钺 M42：1

2．石钺 M37：5

5．玉镯 M42：2

3．石钺 M37：9

6．玉管 M42：3、M42：4、M42：5

M37、M42 出土器物

1. 陶盆 M38：1

2. 玉环 M39：1

3. 玉饰 M39：2-1

4. 玉管 M39：2-2

M38、M39 出土器物

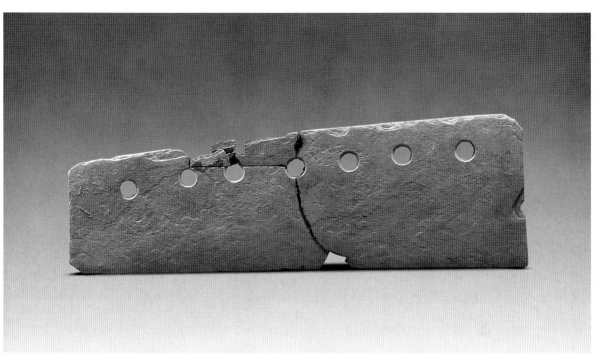

1．七孔石刀 M39：4

2．三孔石刀 M39：5

3．石钺 M39：3

M39 出土器物

1. M40 器物出土情况（东北→西南）

M40 器物出土情况

1. 陶壶形鼎 M40：22

2. 陶盘形豆 M40：19

3. 陶高圈足壶 M40：18

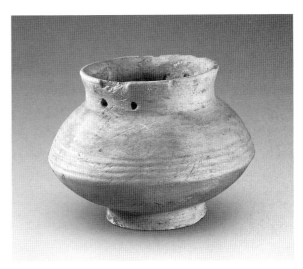

4. 陶扁腹壶 M40：20

5. 陶盆 M40：17

6. 陶盆 M40：21

M40 出土器物

1. 玉钺 M40：9

2. 玉环 M40：1

3. 玉璜 M40：23

4. 玉管 M40：10-6、
M40：10-2、
M40：10-4、
M40：10-3、
M40：10-7、
M40：10-1、
M40：10-8

M40 出土器物

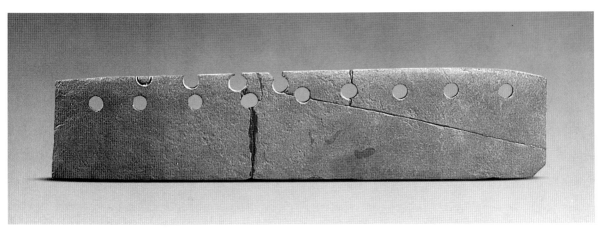

1. 九孔石刀 M40：16

2. 三孔石刀 M40：4

3. 石锛 M40：12

4. 石锛 M40：13

M40 出土器物

1. 石钺 M40：2

2. 石钺 M40：3

3. 石钺 M40：5

4. 石钺 M40：7

M40 出土器物

1. 石钺 M40:8

2. 石钺 M40:11

3. 石钺 M40:14

4. 石钺 M40:15

M40 出土器物

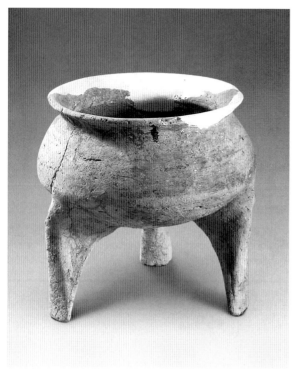

1. 陶折腹罐形鼎 M41：3

2. 陶钵形豆 M41：2

3. 陶圆腹壶 M41：1

4. 陶球 M41：4

M41 出土器物

1．陶盆形鼎 M43：3

2．陶盘形豆 M43：2

3．陶扁腹壶 M43：1

4．陶碗 M43：4

5．陶碗 M43：6

6．陶纺轮 M43：5

M43 出土器物

1．陶缸 M44：1

2．陶钵形豆 M44：3

3．玉钺 M44：15

4．玉镯 M44：16

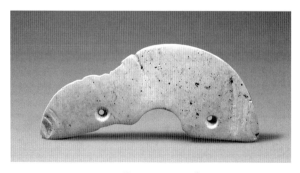

5．玉璜 M44：17背面

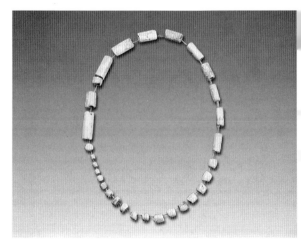

6．玉管、玉饰 M44：5

M44 出土器物

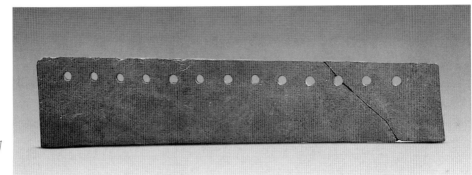

1. 十三孔石刀
   M44：11

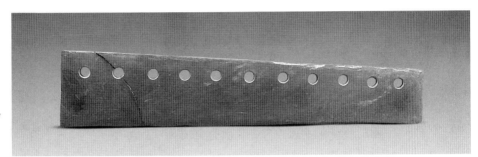

2. 十一孔石刀
   M44：12

3. 五孔石刀
   M44：6

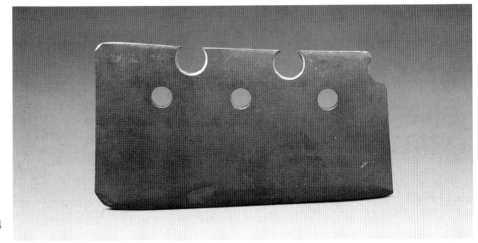

4. 三孔石刀
   M44：14

M44 出土器物

1. 石钺 M44：7

3. 石钺 M44：10

2. 石钺 M44：8

4. 石锛 M44：13

5. 石凿 M44：9

M44 出土器物

1．陶折腹壶 M45：2

2．石钺 M45：3

3．陶长颈壶 M46：1

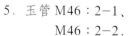

4．玉饰 M46：2-4（放大）

5．玉管 M46：2-1、
　　M46：2-2，
玉饰 M46：2-5、
　　M46：2-6、
　　M46：2-3

M45、M46 出土器物

1. 陶高圈足壶 M47：13

2. 玉钺 M47：7

3. 玉环 M47：15

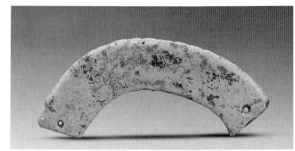

4. 玉璜 M47：1

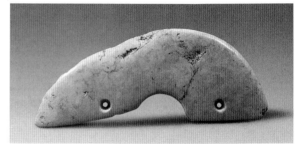

5. 玉璜 M47：16（上：正面，下：背面）

6. 玉饰 M47：2-1、M47：2-3、M47：2-4

7. 玉琮 M47：3-2

M47 出土器物

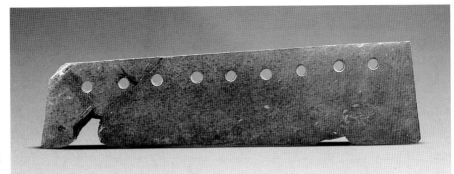

1．九孔石刀 M47：8

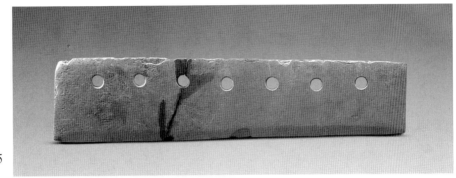

2．七孔石刀 M47：5

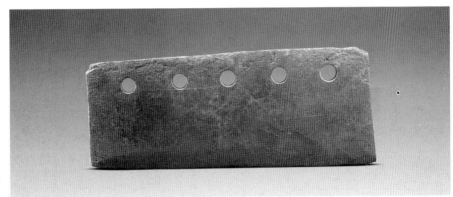

3．五孔石刀 M47：10

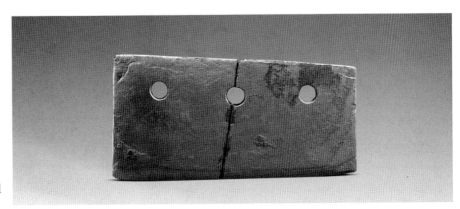

4．三孔石刀 M47：11

M47 出土器物

1. 石钺 M47：4

2. 石钺 M47：6

3. 石锛 M47：12

4. 石锛 M47：14

M47 出土器物

1．陶折腹罐形鼎 M48：7

2．陶钵形豆 M48：4

3．陶钵形豆 M48：6

4．陶扁腹壶 M48：5

5．陶纺轮 M48：8

M48 出土器物

1. 玉钺 M48:2

2. 石钺 M48:1

3. 石钺 M48:3

M48 出土器物

1. 陶钵形豆 M49：3

2. 陶扁腹壶 M49：1

4. 陶纺轮 M49：5

3. 陶碗 M49：2

5. 玉璜 M49：4

M49 出土器物

1. 五孔石刀 M49：6

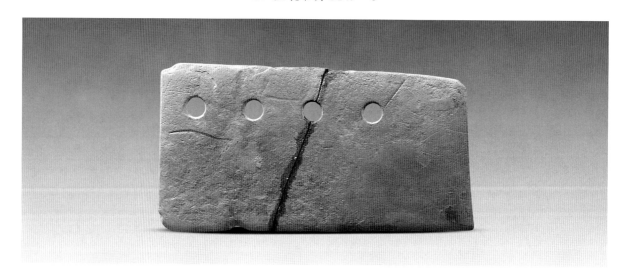

2. 四孔石刀 M49：7

3. 石钺 M49：8

M49出土器物

1. 陶圆腹罐形鼎 M50：2

2. 陶盘形豆 M51：1

3. 陶钵形豆 M51：2

4. 陶纺轮 M51：4

5. 陶球 M51：3

6. 陶球 M51：5

M50、M51 出土器物

1. 陶盘形豆 M52：4

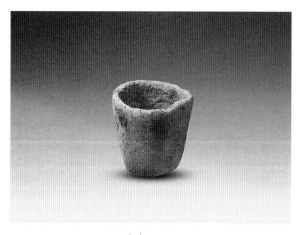

2. 陶杯 M52：6

3. 陶盂 M52：3

4. 陶球 M52：7

M52 出土器物

1. 陶钵形豆 M53：4

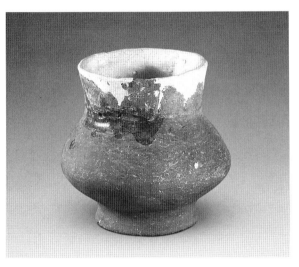

2. 陶扁腹壶 M53：1

4. 陶纺轮 M53：2

3. 陶直口壶 M53：3

5. 陶器盖 M53：5

M53 出土器物

1．陶鼎 M54：11

2．陶盘形豆 M54：10

3．陶扁腹壶 M54：9

4．陶折腹壶 M54：12

M54 出土器物

1. 玉镯 M54：1

2. 玉坠 M54：2-4

3. 玉坠 M54：2-6

4. 玉管 M54：2-2、玉饰 M54：2-3

5. 玉饰 M54：2-5

M54 出土器物

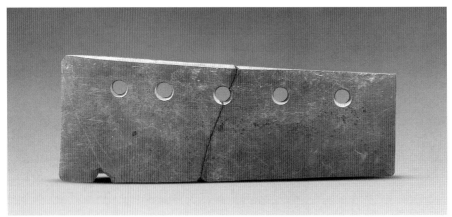

1. 五孔石刀 M54：4

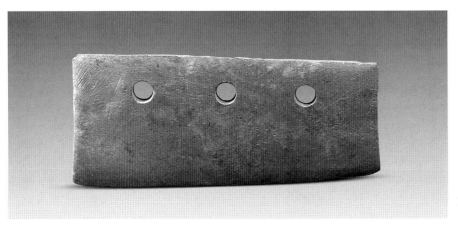

2. 三孔石刀 M54：7

3. 一孔石刀 M54：6

4. 石锛 M54：3

M54 出土器物

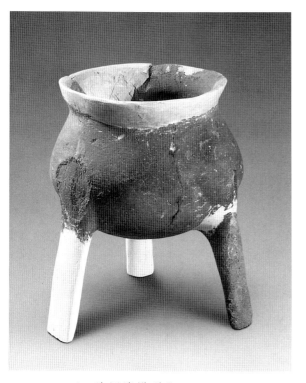

1．陶圆腹罐形鼎 M55：2

2．陶钵形豆 M55：3

3．陶折腹壶 M55：1

4．石钺 M55：4

M55 出土器物

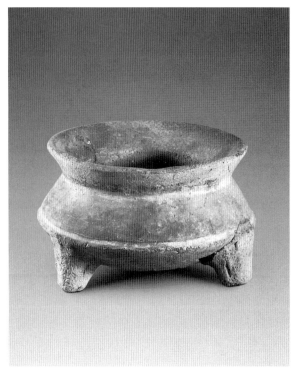

1. 陶釜形鼎 M56：4

2. 陶钵形豆（柄）M56：1

3. 陶扁腹壶 M56：2

4. 陶纺轮 M56：3

M56 出土器物

1. 陶扁腹壶 M57：5

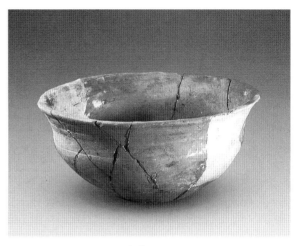

2. 陶盆 M57：3

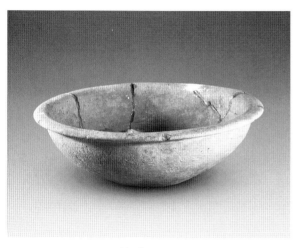

3. 陶盆 M57：6

4. 陶罐 M57：4

5. 玉璜 M57：1、玉管 M57：7-1

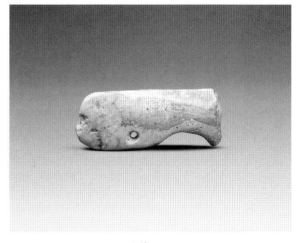

6. 玉饰 M57：2

M57 出土器物

1．石钺 M57：8

2．石钺 M57：9

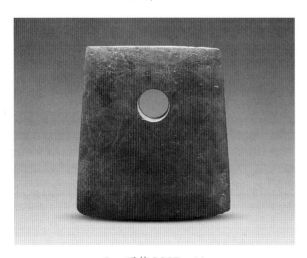

3．石钺 M57：11

4．石锛 M57：10

M57 出土器物

1. 陶扁腹壶 M58：13

4. 玉镯 M58：1

2. 陶盆 M58：14

5. 玉管 M48：2-1～4

3. 玉钺 M58：10

6. 石锛 M58：7

M58 出土器物

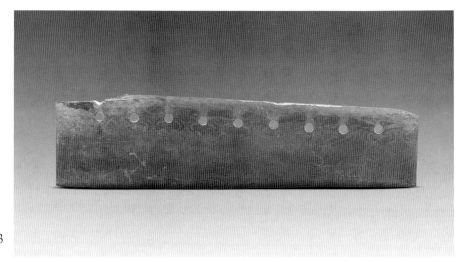

1. 九孔石刀 M58：3

2. 一孔石刀 M58：9

4. 石钺 M58：8

3. 石钺 M58：5

5. 石钺 M58：11

M58 出土器物

1. 陶扁腹壶 M59∶4

2. 陶纺轮 M59∶5

3. 玉环 M59∶1

4. 玉坠 M59∶2-1、M59∶2-2

5. 石环 M59∶3-1、
M59∶3-2

M59 出土器物

1. 陶壶形器 M60：1

2. 陶鬶 M60：2

3. 陶圆腹罐形鼎 M61：2

4. 陶扁腹壶 M61：1

5. 陶壶 M61：3

M60、M61 出土器物

1. 陶直口壶 M62：4

2. 陶簋 M62：5

3. 陶纺轮 M62：6

4. 玉璜 M62：2

5. 石球 M62：3

6. 砺石（？）M62：1

M62 出土器物

1．陶盆形鼎 M63：2

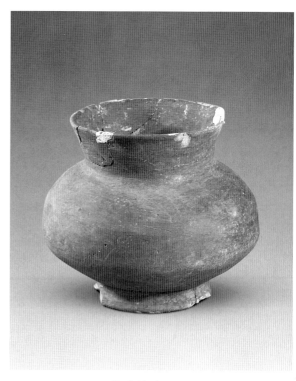

2．陶扁腹壶 M63：3

3．陶盘形豆 M64：1

4．陶圆腹壶 M64：2

M63、M64 出土器物

1．陶盆形鼎 M65：6

2．陶扁腹壶 M65：2

3．陶壶 M65：4

4．陶鬶 M65：5

5．陶碗 M65：1

M65 出土器物

1．陶盆形鼎 M66：2

2．陶钵形豆 M66：3

3．陶折腹壶 M66：4

4．陶碗 M66：1

5．陶纺轮 M66：5

M66 出土器物

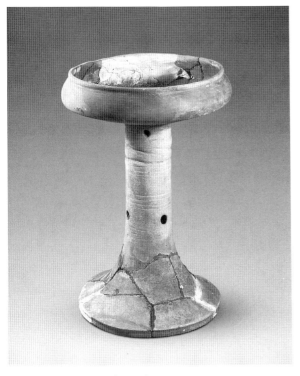

1. 陶盘形豆 M67：3

2. 石钺 M67：2

3. 陶盆 M67：4

4. 三孔石刀 M67：1

M67 出土器物

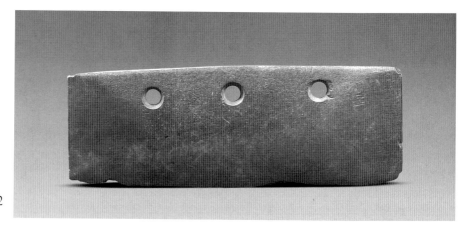

1. 三孔石刀 M68：2

2. 陶扁腹壶 M68：1

3. 陶盘形豆 M69：3

4. 陶扁腹壶 M69：1

5. 陶盆 M69：2

M68、M69 出土器物

2．陶扁腹壶 M70：6

1．陶盘形豆 M70：3

3．陶球 M70：1

4．陶拍 M70：5

5．石钺 M70：2

6．石钺 M70：7

M70 出土器物

1. 陶盘形豆 M71：2

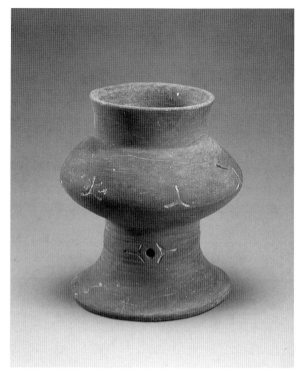

2. 陶高圈足壶 M71：5

3. 陶纺轮 M71：3

4. 陶拍（？）M71：1

M71 出土器物

1. 陶盆 M72：7

2. 陶球 M72：1～3（前），M72：4、5（后）

4. 陶球 M72：6

3. 陶球 M72：9～12（前），M72：13～16（后）

5. 陶球 M72：8

M72 出土器物

1. 陶球 M73：1、M73：4

2. 陶扁腹壶 M74：1

3. 陶纺轮 M74：2

M73、M74 出土器物

1. 陶圆腹罐形鼎 M75：1

4. 陶折腹罐形鼎 M76：1

2. 陶双鼻壶 M75：3

5. 陶长颈壶 M76：2

3. 陶簋 M75：2

M75、M76 出土器物

1．陶折腹罐形鼎 M77：1

2．陶豆柄 M77：2

3．陶圆腹罐形鼎 M78：1

4．陶圆腹壶 M78：3

5．陶碗 M78：2

M77、M78 出土器物

1．陶折腹罐形鼎 M79：1

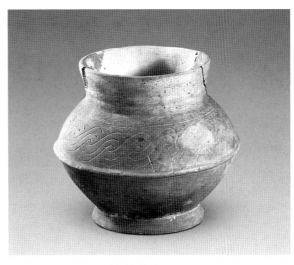

2．陶折腹壶 M79：2

3．陶折腹罐形鼎 M80：1

4．陶盘形豆 M80：2

5．陶杯 M80：3

M79、M80 出土器物

1. M81 器物出土情况（东北→西南）

2. 陶圆腹罐形鼎 M81：3

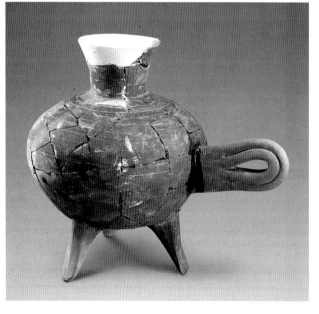

4. 陶碗 M81：2

3. 陶鬶 M81：1

M81 器物出土情况、出土器物

1. 陶盘形豆 M82：1

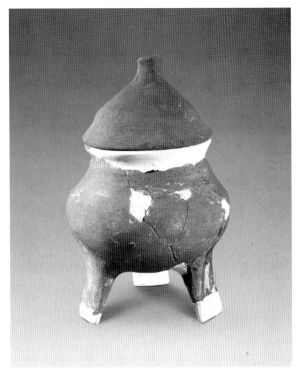

2. 陶圆腹罐形鼎 M83：2

3. 陶杯 M83：1

4. 石锛 M83：3

M82、M83 出土器物

2．陶簋 M84：1

1．陶圆腹罐形鼎 M84：3

3．陶双折腹壶 M84：5

4．陶鬶 M84：4

5．陶纺轮 M84：2

M84 出土器物

1. 陶圆腹罐形鼎 M85：2

2. 陶碗 M85：4

3. 陶簋 M85：3

4. 陶杯 M85：1

5. 陶纺轮 M85：5

M85 出土器物

1．陶折腹罐形鼎 M86：1

2．陶圆腹壶 M86：4

3．陶扁腹壶 M86：5

4．陶双鋬罐 M86：3

5．石钺 M86：2

6．陶壶形鼎 M87：1

M86、M87 出土器物

1. 陶圆腹罐形鼎 M88：1

2. 陶盘形豆 M88：2

3. 陶折腹壶 M88：5

4. 陶碗 M88：3

5. 陶小口罐 M88：6

6. 陶器耳 M88：4

M88 出土器物

1. 陶盘形豆 M89：1

3. 陶圆腹壶
M89：5

4. 陶圆腹壶
M89：6

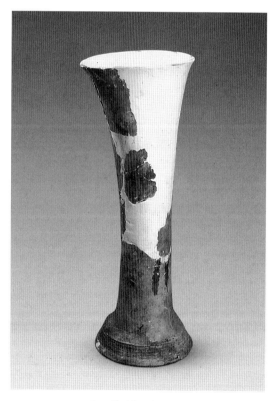

5. 陶碗 M89：2

2. 陶瓠 M89：4

6. 陶棒 M89：17

M89 出土器物

1. 滑石饰 M89：18

2. 石钺 M89：15

4. 骨环 M89：7

3. 石钺 M89：16

M89 出土器物

1. 石锛 M89：8

2. 石锛 M89：9

3. 石锛 M89：12

4. 石凿 M89：10

5. 石凿 M89：11

6. 石器 M90：5

M89、M90 出土器物

1．陶圆腹罐形鼎 M90：4

2．陶盘形豆 M90：6

3．陶长颈壶 M90：1

4．陶长颈壶 M90：2

5．陶鬶 M90：3

6．陶碗 M90：7

M90 出土器物

1．陶圆腹罐形鼎 M91：3

2．陶盘形豆 M91：1

3．陶折腹壶 M91：2

4．陶高圈足壶 M91：9

5．陶鬶 M91：10

M91 出土器物

1. 陶碗 M91：11

2. 陶盒 M91：8

3. 石锛 M91：4

4. 石锛 M91：5

5. 石锛 M91：6

6. 石凿 M91：7

M91 出土器物

1．陶纺轮 M92：1

2．陶盘形豆 M93：2

3．陶扁腹壶 M93：4

4．陶壶 M93：3

5．陶盆 M93：1

M92、M93 出土器物

1．陶折腹罐形鼎 M94：1

2．陶球 M94：3、M94：2

3．陶折腹壶 M95：2

M94、M95 出土器物

1．陶圆腹罐形鼎 M96：4

2．陶折腹壶 M96：1

3．陶簋 M96：2

4．陶纺轮 M96：3

M96 出土器物

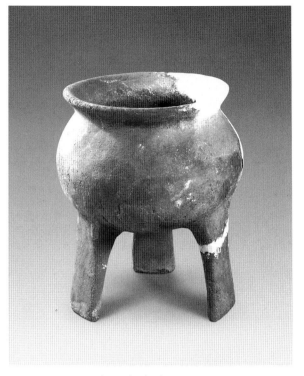

1．陶圆腹罐形鼎 M97：2

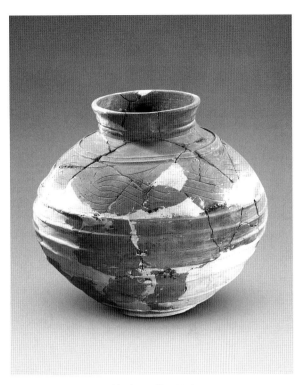

2．陶小口罐 M97：1

3．陶圆腹罐形鼎 M98：1

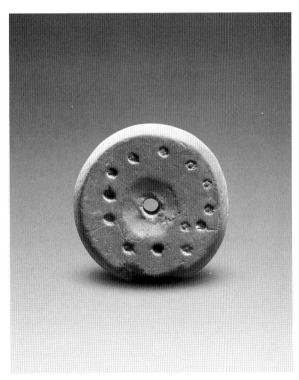

4．陶纺轮 M98：2

M97、M98 出土器物

1. 陶折腹罐形鼎 M99：1

2. 陶钵形豆（柄） M99：5

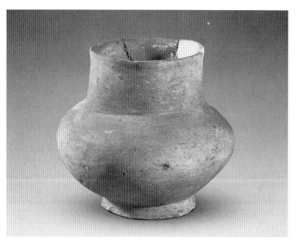

3. 陶直口壶 M99：2

4. 陶圆腹壶 M99：3

5. 陶碗 M99：4

6. 陶球 M99：6

M99 出土器物

1. 陶钵形豆 M100：1

3. 陶折腹罐形鼎 M101：1

4. 陶圆腹壶 M101：2

2. 陶甗 M100：2

5. 陶纺轮 M101：3

M100、M101 出土器物

图版一〇三

1. 陶折腹罐形鼎 M103：3

2. 陶折腹壶 M103：4

3. 陶球 M103：6、M103：7

4. 玉镯 M103：1

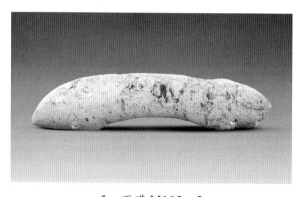

5. 玉璜 M103：5

6. 玉管 M103：2-1～3

M103 出土器物

1．陶鼎足 M104：3

2．陶扁腹壶 M104：2

3．陶球 M104：6、M104：5

4．石锛 M104：1

M104 出土器物

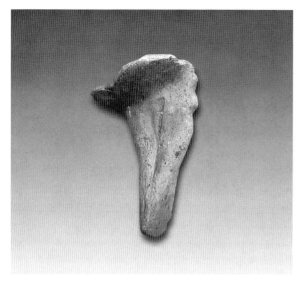

1. 陶鼎足 M105∶8

2. 陶盘形豆 M105∶2

3. 陶盆 M105∶1

4. 陶球 M105∶4、
   M105∶5、
   M105∶3

M105 出土器物

1. 陶双折腹壶 M106：1

4. 石锛 M107：2

2. 陶长颈壶 M106：2

3. 砺石 M106：3

5. 石锛 M107：3

M106、M107 出土器物

1．陶圆腹罐形鼎 M108：2

2．陶盘形豆 M108：3

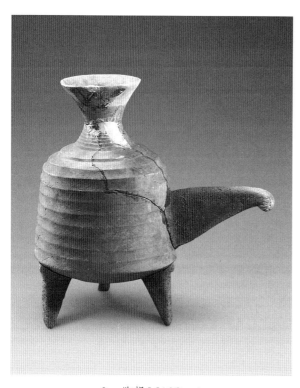

3．陶鬶 M108：4

4．石锛 M108：1

M108 出土器物

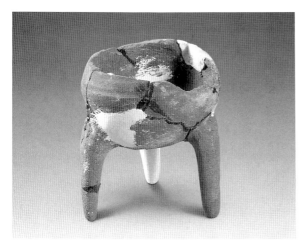

1. 陶圆腹罐形鼎 M109：1

2. 陶杯 M109：2

3. 陶圆腹罐形鼎 M110：1

4. 陶钵形豆 M112：2

5. 陶高柄杯 M112：3

M109、M110、M112 出土器物

1. 陶圆腹罐形鼎 M113：4

2. 陶盘形豆 M113：2

3. 陶鬶 M113：3

4. 陶罐 M113：5

M113出土器物

1. M114 器物出土情况（东→西）

3. 陶圆腹壶 M114：1

4. 陶簋 M114：2

2. 陶圆腹罐形鼎 M114：3

5. 石器 M114：4

M114 器物出土情况、出土器物

1．陶圆腹罐形鼎 M115：1

3．陶圆腹壶 M116：1

2．陶鬶 M115：3

4．陶钵 M116：4

5．陶纺轮 M116：5

M115、M116出土器物

1. M117器物出土情况
（西→东）

2. 陶盘形豆 M117：5

3. 陶鬶 M117：4

4. 陶碗 M117：8

5. 陶纺轮 M117：7

M117器物出土情况、出土器物

1．陶圆腹壶 M117：1

3．陶直口壶 M117：3

2．陶双折腹壶 M117：2

4．陶直口壶 M117：3底部

5．陶双折腹壶 M117：6

M117出土器物

1. M118 器物出土情况（南→北）

2. 陶盘形豆 M118：3

3. 陶双折腹壶 M118：1

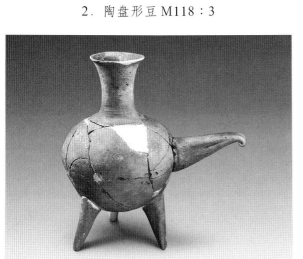

4. 陶鬶 M118：2

5. 陶杯 M118：5

M118 器物出土情况、出土器物

1. 陶圆腹壶 M119：1

2. 陶纺轮 M119：2

3. 陶盘形豆 M120：2

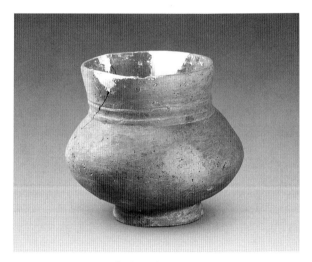

4. 陶直口壶 M120：1

5. 石块 M120：3

M119、M120 出土器物

1. 石钺 M121：2

2. 石锛 M121：1

3. 陶碗 M122：2

M121、M122 出土器物

1. M123 器物出土情况
（东北→西南）

2. 陶圆腹罐形鼎 M123：1

3. 陶折腹壶 M123：2

4. 陶纺轮 M123：3

M123 器物出土情况、出土器物

1. M124 器物出土情况（西→东）

4. M129 器物出土情况（东北→西南）

2. 陶鬶 M124：1

5. 陶圆腹壶 M129：1

3. 石钺 M124：2

6. 陶折腹壶 M129：2

M124、M129 器物出土情况、出土器物

1. M125 器物出土情况（东北→西南）

2. 石斧 M125：7

3. 长方形石器 M125：6

M125 器物出土情况、出土器物

1. 陶圆腹罐形鼎 M125：4

2. 陶钵形豆 M125：5

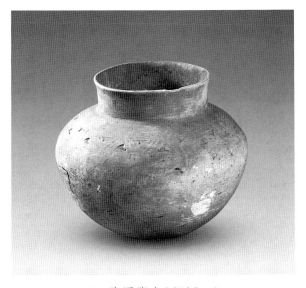

3. 陶圆腹壶 M125：1

4. 陶鬶 M125：3

5. 陶碗 M125：2

M125 出土器物

1. M126（左下）、
   M127（右上）
   器物出土情况
   （东→西）

2. 陶圆腹罐形鼎 M126：1

3. 陶钵形豆 M126：3

4. 陶壶 M126：2

M126、M127 器物出土情况及 M126 出土器物

1．陶钵形豆 M127：3

2．陶折腹壶 M127：4

3．陶圆腹罐形鼎 M128：1

4．陶圆腹罐形鼎 M128：2

5．石锛 M128：3

M127、M128 出土器物

1. 陶扁腹壶 M130：1

2. 砺石 M130：2

3. 陶圆腹罐形鼎 M131：1

4. 陶壶形鼎 M131：2

5. 陶碗 M132：1

6. 陶球 M132：2

M130、M131、M132 出土器物

1. M133 器物出土情况（北→南）

2. 石钺 M133∶6

M133 器物出土情况、出土器物

1．陶折腹罐形鼎 M133：2

4．陶折腹壶 M133：1

2．小陶鼎 M133：7

5．陶圆腹壶 M133：4

3．陶钵形豆 M133：5

6．陶碗 M133：3

M133 出土器物

1. 陶圆腹壶 M134：4

3. 石锛 M134：1

2. 石钺 M134：3

4. 石凿 M134：2

5. 陶折腹罐形鼎 M135：1

6. 陶簋 M135：4

M134、M135 出土器物

1. 陶扁腹壶 M136：2

3. 陶盆形鼎 M137：2

2. 玉钺 M136：1

4. 陶圆腹壶 M137：4

5. 陶纺轮 M137：3

M136、M137 出土器物

1. 陶钵形豆 M138：1

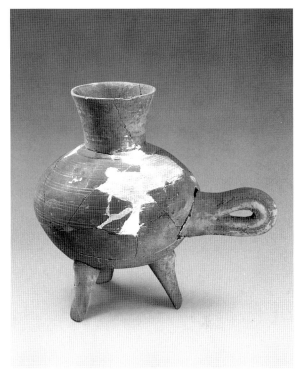

2. 陶鬶 M138：4

3. 陶碗 M138：5

4. 陶纺轮 M138：6

M138 出土器物

1. M139 器物出土情况（西北→东南）

2. 陶折腹壶 M139：2

3. 陶纺轮 M139：1

M139 器物出土情况、出土器物

1. M140 器物出土情况
（东南→西北）

2. 陶扁腹壶 M140：1

3. 陶纺轮 M140：2

4. 石杵 M140：3

5. 石块 M140：4

M140 器物出土情况、出土器物

1．M141 器物出土情况（西北→东南）

2．石锛 M141：2

3．M142 器物出土情况（东南→西北）

4．石钺 M142：1

5．石钺 M142：2

M141、M142 器物出土情况、出土器物

1. M143 器物出土情况（西南→东北）

2. 石钺 M143：1

3. M144 器物出土情况（西→东）

4. 陶碗 M144：1

M143、M144 器物出土情况、出土器物

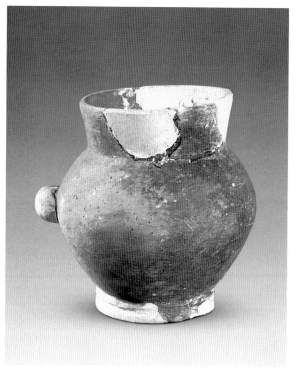

1. 陶直口壶 M146：1

2. 陶扁腹壶 M146：2

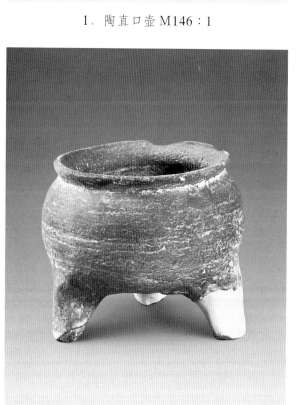

3. 陶圆腹罐形鼎 M148：2

4. 陶折腹壶 M148：1

M146、M148 出土器物

1. 陶折腹罐形鼎 M149∶2

2. 陶簋 M149∶1

3. 石镞 M150∶2

M149、M150出土器物

1. 陶釜形鼎 M151：6

3. 石钺 M151：1

2. 陶扁腹壶 M151：5

4. 石钺 M151：4

5. 石镞 M151：3、M151：2

M151 出土器物

1. 陶球红烧土坑 3:1 （放大）

2. 红烧土坑 9 （东→西）

红烧土坑 3 出土器物及红烧土坑 9

1. 石料堆1石料出土情况（南→北）

2. 石料第一类：石料堆1∶6、8（上），石料堆1∶20～22（下）

石料堆1石料出土情况及其出土石料

1. 石料第二类：石料堆1：2、4、23、7（上），石料堆1：26、24、27、25、28、14、16（下）

2. 石料第三类：石料堆1：1、17、19（上），石料堆1：18、13（下）

石料堆 1 出土石料

1. 釜形鼎 T23 ⑤：15

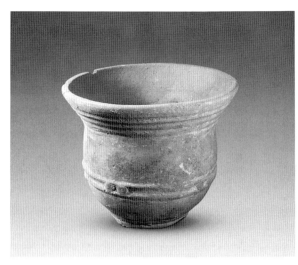

4. 尊 T3 ④：4

2. 盆形鼎 T4 ④：5

5. 簋 T23 ⑤：26

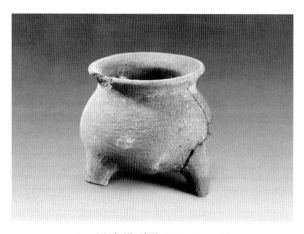

3. 圆腹罐形鼎 T37 ⑤：69

6. 折腹壶 T4 ④：7

新石器时代地层下层出土陶器（前五次发掘）

1. 鼎足 T17 ⑤：119

2. 器耳 T17 ⑤：117

3. 球状陶器 T23 ⑤：23

4. 棒 T26 ⑤：47－1、47－2、40－2、40－3，T31 ⑤：10

新石器时代地层下层出土陶器（前五次发掘）

1. 玉饰 T3 ④ ：14
2. 石锛 T25 ⑤ ：18

3. 石刀 (?) T26 ⑤ ：41

4. 石锛 T25 ⑤ ：13
5. 石凿 T25 ⑤ ：12

新石器时代地层下层出土玉、石器（前五次发掘）

1．釜 T20 ⑤：46

2．釜 T28 ④：6

3．支脚 T28 ④：13

新石器时代地层中层出土陶器（前五次发掘）

1. 圆腹罐形鼎 T27 ④：12

2. 圆腹罐形鼎 T46 ⑤ b：13

3. 圆腹罐形鼎 T8 ③：86

4. 折腹罐形鼎 T17 ④：111

新石器时代地层中层出土陶鼎（前五次发掘）

1. 折腹罐形鼎 T40 ⑤：15

2. 折腹罐形鼎 T17 ④：105

3. 折腹罐形鼎 T7 ③：55

4. 釜形鼎 T8 ③：13

5. 盆形鼎 T6 ②：28

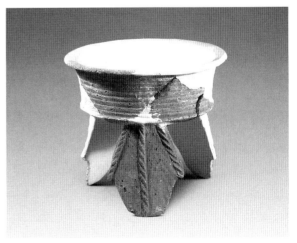

6. 盆形鼎 T17 ④：115

新石器时代地层中层出土陶鼎（前五次发掘）

1. 鼎足 T18 ④ : 78、T18 ④ : 77

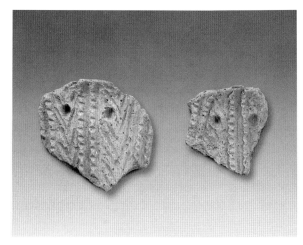

2. 鼎足 T45 ⑤ a : 38、T45 ⑤ a : 39

3. 鼎足 T19 ④ : 55、T19 ④ : 56、T34 ④ : 22

4. 鼎足 T20 ④ : 102、T19 ④ : 54

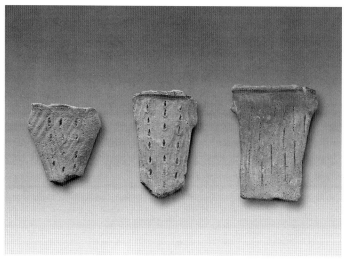

5. 鼎足 T17 ④ : 132、
   T32 ④ : 15、
   T25 ④ : 22

新石器时代地层中层出土陶鼎足（前五次发掘）

1. 盘形豆 T8 ③：84

2. 盘形豆 T14 ③：39

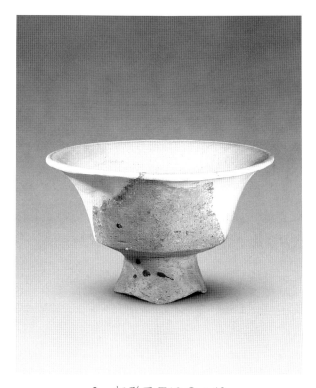

3. 杯形豆 T19 ④：42

4. 杯形豆 T19 ④：28

新石器时代地层中层出土陶豆（前五次发掘）

1. 钵形豆 T6 ② : 170

2. 钵形豆 T8 ③ : 85

3. 钵形豆 T18 ④ : 58

4. 圆腹壶 T14 ③ : 8

5. 圆腹壶 T6 ② : 172

新石器时代地层中层出土陶器（前五次发掘）

1. 折腹壶 T14③：20

2. 折腹壶 T8③：47

3. 折腹壶 T8③：28

4. 高圈足壶 T17④：17

5. 高圈足壶 T17④：104

6. 高圈足壶 T17④：15

新石器时代地层中层出土陶壶（前五次发掘）

1. 高圈足壶 T6 ② : 11

2. 杯形壶 T19 ④ : 22

3. 双折腹壶 T9 ③ : 44

4. 壶 T10 ③ : 2

新石器时代地层中层出土陶壶（前五次发掘）

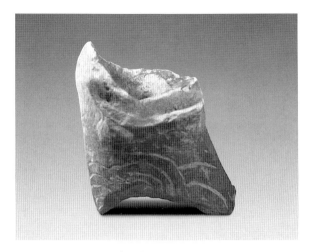

1. 鬶颈 T28④：25

2. 盆 T7③：53

3. 盆 T14③：1

4. 盆 T11②：9

5. 盆 T26④：60

6. 盆 T26④：2

新石器时代地层中层出土陶器（前五次发掘）

1. 碗 T28 ④：16

2. 碗 T16 ④：19

3. 钵 T16 ④：17

4. 甑 T6 ②：29

5. 尖底器 T16 ④：27外表

6. 尖底器 T16 ④：27内表

7. 器盖 T24 ④：20

新石器时代地层中层出土陶器（前五次发掘）

1. 纺轮 T17 ④：62

2. 纺轮 T7 ③：51

3. 纺轮 T17 ④：110

4. 纺轮 (?) T23 ④：21

新石器时代地层中层出土陶纺轮（前五次发掘）

1．球 T26 ④：41

2．球 T17 ④：19

3．球 T23 ④：19

4．陶垫 T10 ③：3

5．戳印纹陶片 T44 ⑤ a：53

新石器时代地层中层出土陶器（前五次发掘）

1．环 T8③：71

2．环 T6②：23-1

4．玉饰 T6②：5-1、T6②：5-2、T6②：106-1

5．玉饰 T6②：5-3、T17④：60、T7③：17-2

6．玉饰 T6②：16-3、玉管 T6②：16-2、
玉饰 T6②：16-1

3．璜 T27④：22

7．滑石饰 T20②：43

新石器时代地层中层出土玉器（前五次发掘）

1. 多孔石刀 T26④：57

2. 一孔石刀 T7③：15

3. 斧 T31④：7

4. 斧 T46⑤b：10

5. 钺 T7③：47

6. 钺 T9③：56

新石器时代地层中层出土石器（前五次发掘）

1. 长方形锛 T23 ④：18

2. 长方形锛 T16 ④：24

3. 长方形锛 T24 ④：26

4. 长方形锛 T24 ④：58
5. 梯形锛 T16 ④：23

6. 梯形锛 T24 ④：17

7. 梯形锛 T24 ④：8

8. 小型锛 T24 ④：15

新石器时代地层中层出土石锛（前五次发掘）

1．凿 T28 ④：12　　　　　　　　　　2．凿 T35 ④：43

3．镞 T33 ④：20　　　4．镞 T16 ④：2　　　5．镞 T23 ④：25－2

新石器时代地层中层出土石器（前五次发掘）

1. 杵 T17④：72

2. 锤 T17④：71

3. 椭圆形石器（碾?）T14③：29

4. 椭圆形石器 T44⑤a：17

新石器时代地层中层出土石器（前五次发掘）

1. 石芯 T20 ④：22、
　　　　T20 ④：75、
　　　　T32 ④：6

2. 砺石 T11 ②：12

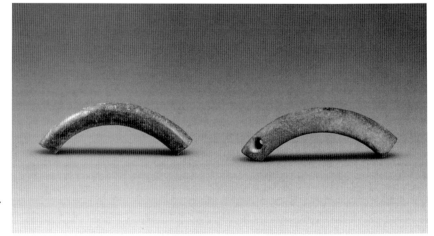

3. 环 T24 ④：60、
　　T19 ④：46

新石器时代地层中层出土石器（前五次发掘）

1．罐形鼎 T36④：18

2．罐形鼎 T3③：8

3．鼎足 T45④：26、T44④：46

4．鼎足 T44④：47、T44④：48、T44④：49

5．鼎足 T45④：27、T45④：28

6．扁壶 T36④：19

新石器时代地层上层出土陶器（前五次发掘）

1．鬶颈 T45 ④：32、T36 ④：13

2．罐 T36 ④：11

3．杯 T46 ④：12
4．高柄杯柄 T36 ④：20

5．球 T45 ④：10-2、
　　T44 ④：25、
　　T43 ④：5、
　　T45 ④：10-1

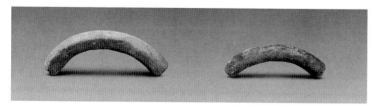

6．环 T45 ④：34、
　　T45 ④：35

7．刻纹陶片 T45 ④：37、
　　　　　　T46 ④：22

新石器时代地层上层出土陶器（前五次发掘）

1. 砍砸器 T3 ③：10

2. 磨棒 T3 ③：20

3. 刀 T36 ④：14

4. 带把刀形石器 T36 ④：15

5. 长方形石器 T45 ④：33

6. 残石器 T43 ④：6

新石器时代地层上层出土石器（前五次发掘）

1. 钺 T36 ④：6
2. 钺 T45 ④：4

3. 钺 T45 ④：14
4. 钺 T36 ④：5

5. 锛 T45 ④：9　　6. 镞 T36 ④：12-2　　7. 镞 T36 ④：12-1　　8. 镞 T36 ④：8

新石器时代地层上层出土石器（前五次发掘）

1. 鼎足 T47④：15、T47④：30、T47④：14、T47④：26

2. 豆柄 T47④：31、
   T47④：32

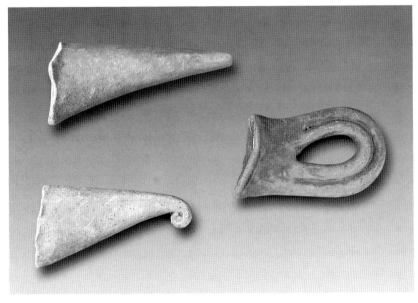

3. 鬶把 T47④：18（左上）、
   T47④：17（左下）、
   T47④：16（右）

新石器时代地层下层出土陶器（第六次发掘）

1. 鼎 T48 ⑤：14

2. 鼎足 T48 ⑤：7、T47 ③：35、T48 ⑤：9

4. 豆柄 T47 ③：34

3. 鼎足 T48 ⑤：8、T47 ③：36、T47 ③：37

5. 鬶足 T48 ⑤：10

6. 玉珠 T48 ⑤：2（放大）

新石器时代地层中层出土陶、玉器（第六次发掘）

1. 鼎足永兴 T1 ③：8、T1 ③：9、T1 ③：10

2. 豆盘口沿永兴 T1 ③：6

3. 豆盘口沿永兴 T1 ②：6、T1 ②：5

4. 鼎足永兴 T1 ②：9、T1 ②：10

永兴地点新石器时代地层出土陶器（第六次发掘）

1. 鼎足 H18：41、
采：23、
采：29

2. 鼎足 H17：142、采：24

3. 鼎足 H36：2、H35：35

4. 鬶颈 T19 ③：45

5. 鬶足采：21、鬶颈 H35：33

6. 鬶颈采：28、采：27

7. 鬶颈 H28：14

晚期地层单位出土及采集的新石器时代陶器（前五次发掘）

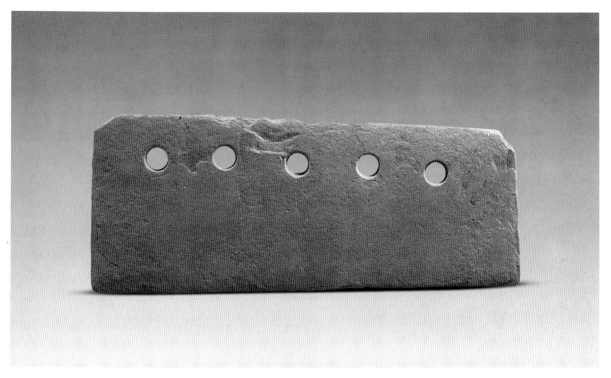

1. 五孔石刀采：31

2. 镰 T12②：6

晚期地层单位出土及采集的新石器时代石器（前五次发掘）

1．石镞 H2：1

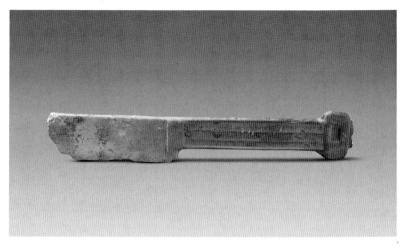

2．青铜削 H8：27

3．陶拍(?) H8：1

4．石镞 H8：23

5．砺石 H8：2

6．石镞 H16：30、
　　 H16：29、
　　 H16：37、
　　 H16：33

商周时期 H2、H8、H6 出土器物

2. 陶鼎 H17：89

1. 陶缸 H17：95

3. 陶饼 H17：1、H17：2、H17：3（上），H17：4、H17：5、H17：6、H17：74（下）

夏商周时期 H17 出土器物

1. 石刀 (?) H17：91

2. 砺石 H17：76、H17：78

3. 梯形石锛 H17：81

4. 长方形石锛 H17：86

5. 石镞 H17：57

6. 石碾 (?) H17：68

7. 垫石 H17：90

夏商周时期 H17 出土器物

1．陶鼎式鬲 H20：17

2．陶纺轮 H20：8

3．石凿 H20：3

4．砺石 H20：13

夏商周时期 H20 出土器物

1. H25

2. 陶豆 H25：93

3. 陶斝 H25：90-1

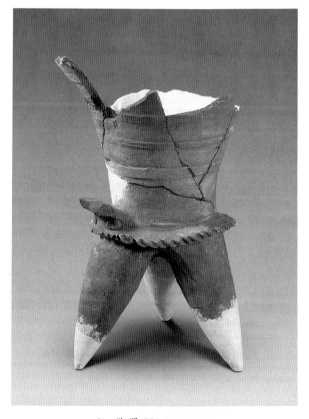

4. 陶斝 H25：90-3

夏商周时期 H25 及出土器物

1．陶罐 H25：113

2．陶罐 H25：101

3．陶爵 H25：100

4．陶纺轮 H25：43、H25：79、H25：99

5．陶网坠 H25：67、
　　　 H25：45−5、
　　　 H25：45−3、
　　　 H25：45−2（上）、
　　　 H25：45−1、
　　　 H25：45−6、
　　　 H25：45−7、
　　　 H25：45−8、
　　　 H25：53、
　　　 H25：45−9、
　　　 H25：45−10（下）

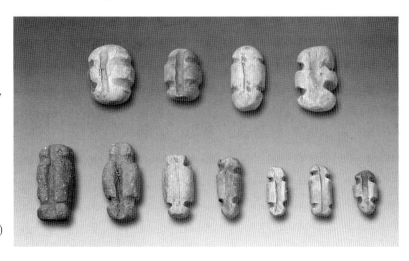

夏商周时期 H25 出土器物

1．石锛 H25：46

2．梯形石锛 H25：104

3．小型石锛 H25：87

4．石锛 H25：1-2

夏商周时期 H25 出土器物

1. 陶甗 H26：1

3. 陶假腹豆 H28：10

4. 长方形石锛 H28：6-2

2. 陶坩锅 H27：24

5. 石磨棒 H28：7

夏商周时期 H26、H27、H28 出土器物

1. 陶鼎 H30：34

2. 陶鼎足 H30：62

3. 石镞 H30：20、H30：24

4. 小陶罐 H35：27

5. 陶鼎式鬲 H35：2

6. 陶鼎式鬲足 H35：31

夏商周时期 H30、H35 出土器物

1. 陶鼎式鬲 H37：1

2. 陶斝 H37：3

3. 陶鬲 H38：19

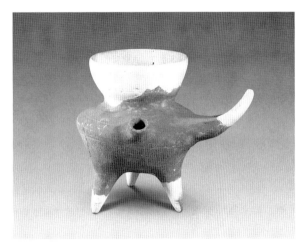

4. 陶盉 H38：13

5. 石凿 H38：15

6. 陶鬲足 H47：3

夏商周时期 H37、H38、H47 出土器物

1. 陶饼 H60：18、H60：19、H60：20

2. 陶鬲足 H60：11

3. 陶网坠 H60：21

4. 石凿 H60：7

5. 研磨石 H60：8

6. 扁球状石器 H60：9

夏商周时期 H60 出土器物

1. 陶簋 K2∶2

2. 石磨棒 K2∶1

3. 陶鼎式鬲 M152∶1

4. 陶鼎形器 M152∶2

5. 陶假腹豆 M152∶3

6. 陶盉 M152∶4

夏商周时期 K2、M152 出土器物

1. 鼎 T22 ③：15

3. 鼎式鬲 T21 ③：10

2. 鼎式鬲 T44 ③ b：30

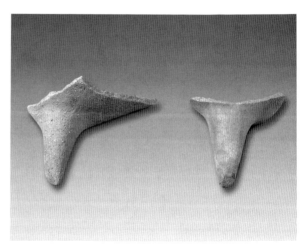

4. 鼎式鬲足 T44 ③ b：41、T44 ③ b：42

5. 鬲 T38 ③：6

夏商周时期地层出土陶器（前五次发掘）

1．鬹 T35 ③：4

2．鬹足 T38 ③：40

3．深腹罐 T7 ②：9

4．折肩罐 T44 ③ b：4

5．折肩罐 T22 ③：2

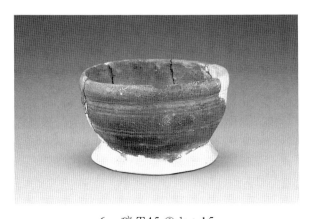

6．碗 T45 ③ b：15

7．钵 T22 ③：5

夏商周时期地层出土陶器（前五次发掘）

1. 纺轮 T9 ② : 27

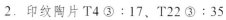

2. 印纹陶片 T4 ③ : 17、T22 ③ : 35

3. 柱状陶器 T22 ③ : 1

4. 器耳 T44 ③ b : 45

夏商周时期地层出土陶器（前五次发掘）

1．长方形锛 T9 ② : 8

2．长方形锛 T19 ③ : 12

3．梯形锛 T18 ③ : 9

4．小型锛 T16 ③ : 3

5．凿 T21 ③ : 14

6．凿 T15 ③ : 25

夏商周时期地层出土石器（前五次发掘）

1. 锸（?）T22 ③：4

2. 镞 T9 ②：17-1、T19 ③：14

3. 镞 T23 ③：5、T9 ②：17-2、T7 ②：54

4. 镞 T9 ②：25、T19 ③：2、T10 ②：4

5. 砺石 T9 ②：6、T8 ②：1

夏商周时期地层出土石器（前五次发掘）

1．削 T45 ③ b：1

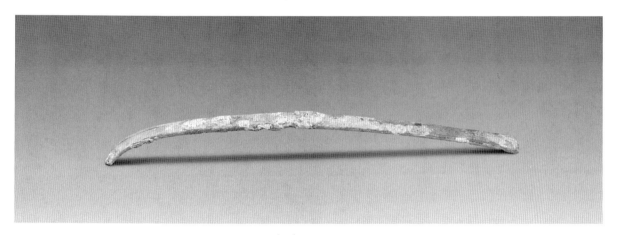

2．铜条 T5 ② ：22

3．镞 T5 ② ：2

夏商周时期地层出土铜器（前五次发掘）

1. 陶鼎式鬲 T49 ⑨：1

2. 陶罐 T49 ⑧：21

3. 石杵 T49 ③：8

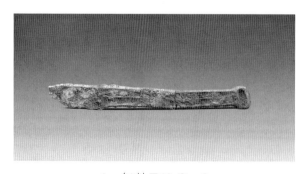

4. 铜削 T49 ②：2

5. 石锛 T49 ③：1

6. 砺石 T51 ⑨：1

夏商周时期地层出土陶、石、铜器（第六次发掘）

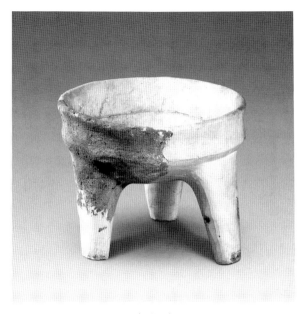

1. 小鼎采：4

2. 盆采：2

3. 罐采：3

4. 甗流口采：8

采集的夏商周时期陶器

1. 碗 T15 ② ：2

2. 碗 T22 ② ：7

3. 盏 T15 ② ：1

4. 盏 T37 ② ：73

5. 器盖 T42 ② ：29

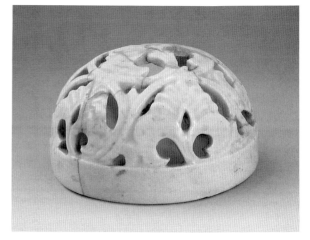

6. 香熏盖 T42 ② ：1

唐宋时期地层出土瓷器

1．瓷龙耳雕塑 T32 ② : 2

2．小陶罐 T42 ② : 5

3．铜盒 T23 ② : 2

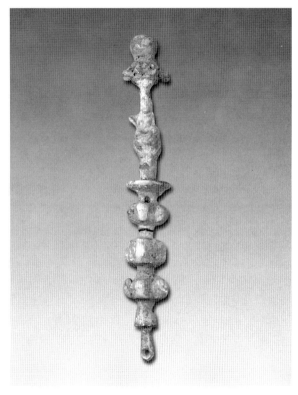

4．铜柱状饰 T23 ② : 4

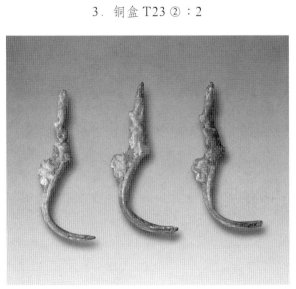

5．铜钩 T23 ② : 1-1、
　　　T23 ② : 1-2、
　　　T23 ② : 1-3

唐宋时期地层出土瓷、陶、铜器

封面题签　严文明
封面设计　周小玮
责任编辑　谷艳雪

图书在版编目（CIP）数据

潜山薛家岗/安徽省文物考古研究所编著. —北京：
文物出版社，2004.12
ISBN 7－5010－1640－2

Ⅰ.潜… Ⅱ.安… Ⅲ.文化遗址－发掘报告－潜
山县 Ⅳ.K878.05

中国版本图书馆 CIP 数据核字（2004）第 141634 号

潜 山 薛 家 岗

安徽省文物考古研究所　编著

*

文物出版社出版发行

（北京五四大街 29 号）

http://www.wenwu.com

E-mail:web@wenwu.com

北京安泰印刷厂印刷

新 华 书 店 经 销

787×1092　1/16　印张：55.25

2004 年 12 月第一版　　2004 年 12 月第一次印刷

ISBN 7－5010－1640－2/K·842　定价：398.00 元